Bibliothek
des 18. Jahrhunderts

Herausgegeben
von der Verlagsgruppe
Kiepenheuer
Leipzig und Weimar

LAWRENCE STERNE

Das Leben und die Ansichten Tristram Shandys

Ταράδδει τοὺς Ἀνθρώπους οὐ τὰ Πράγματα,
ἀλλὰ τὰ περὶ τῶν Πραγμάτων Δόγματα.

Nicht die Dinge bringen die Menschen in Verwirrung,
sondern die Ansichten über die Dinge.

Epiktet

Mit 12 zeitgenössischen Abbildungen

1989
Dieterich'sche Verlagsbuchhandlung
Leipzig

Englischer Originaltitel:
The Life and Opinions of Tristram Shandy, Gentleman
Dem deutschen Text liegt die Übersetzung von Rudolf Kassner zugrunde,
die anhand des Originaltextes und älterer Übersetzungen
überprüft und revidiert wurde.
Mit einem Nachwort von Walther Martin
und Anmerkungen von Jürgen Ronthaler

Die Illustrationen zeigen Radierungen von Daniel Berger
nach Kupfern der Originalausgabe von Daniel Chodowiecki.
Ihre Wiedergabe erfolgt mit freundlicher Genehmigung
des Kupferstich-Kabinetts der Staatlichen Kunstsammlungen Dresden.
Das Schutzumschlagbild – eine Handzeichnung von Daniel Chodowiecki –
ist der Operette ›Der Deserteur‹ entnommen,
erschienen 1921 im Gustav Kiepenheuer Verlag Potsdam.

ISBN 3-7350-0042-8

Erste Auflage
Lizenz Nr. 387/190/101/89 LSV 7321
Gesamtherstellung: Offizin Andersen Nexö,
Graphischer Großbetrieb, Leipzig III/18/38
Schrift: Baskerville
Gestaltung: Walter Schiller, Altenburg
Printed in the German Democratic Republic
Bestell-Nr. 786 324 1
01980

Erstes Buch

Erstes Kapitel

Wenn doch mein Vater oder meine Mutter oder eigentlich beide – denn beide waren gleichmäßig dazu verpflichtet – hübsch bedacht hätten, was sie vornahmen, als sie mich zeugten! Hätten sie geziemend erwogen, wieviel von dem abhinge, was sie damals taten – daß es also nicht nur die Erzeugung eines vernünftigen Wesens galt, sondern daß möglicherweise die glückliche Bildung und ausgiebige Wärme des Körpers, daß vielleicht des Menschen Geist und seine ganze Gemütsbeschaffenheit, ja sogar – denn was wußten sie vom Gegenteile? – das Wohl und Geschick seines ganzen Hauses durch ihren damals vorherrschenden Seelen- und Körperzustand bestimmt werden konnte; – wenn sie, wie gesagt, das alles getreulich erwogen und überdacht hätten und dementsprechend vorgegangen wären, so würde ich nach meiner Überzeugung eine ganz andere Figur in der Welt gemacht haben als die, in welcher mich fortan der Leser dieses Buches erblicken wird. Glaubt mir, gute Leute, es ist das gar keine so geringfügige Angelegenheit, wie viele von euch wohl meinen. Ihr alle habt wohl von den Lebensgeistern gehört, wie diese vom Vater in den Sohn einströmen usw. usw., und noch manches andere von ähnlicher Art. Gut, nehmt aber mein Wort, neun Zehntel von eines Menschen Vernunft und Unvernunft, alle seine Erfolge und Entgleisungen in diesem Leben hängen von den Bewegungen und der Aktivität ebenjener Lebensgeister ab, desgleichen von der Spur, auf die ihr sie bringt, und von der Gangart, in die ihr sie versetzt, so daß, wenn sie einmal im Trabe sind – ob im rechten oder im unrechten, macht keinen Unterschied –, sie dahinstürzen, drunter und drüber, als wären sie alle toll und aus dem Häuschen; und indem sie immer wieder und wieder dieselbe Spur verfolgen, bahnen sie sich eine Straße, so eben und glatt wie ein Gartenweg, wovon sie später, sobald sie sich einmal daran gewöhnt haben, selbst der Teufel in eigener Person manchmal nicht würde verjagen können.

Sag doch, lieber Mann, sprach meine Mutter, du hast doch nicht etwa vergessen, die Uhr aufzuziehen?

Großer Gott, rief mein Vater aus, bemühte sich aber, seine Stimme zu mäßigen, hat jemals seit der Erschaffung der Welt ein Weib den Mann mit einer so albernen Frage mittendrin unterbrochen?

Bitte, was hat Ihr Vater gesagt? – Nichts.

Zweites Kapitel

– Nun wahrhaftig, ich kann in der Frage nichts Besonderes sehen, weder etwas Gutes noch etwas Böses. – Dann, soviel lassen Sie sich gesagt sein, Herr, war es zum mindesten eine höchst unzeitgemäße Frage – eben weil sie die Lebensgeister konfus machte und zerstreute, jene Lebensgeister, deren Aufgabe es gewesen wäre, den *Homunculus* bei der Hand zu nehmen und zu geleiten und in Sicherheit an eben den Ort zu bringen, welcher für seinen Empfang bestimmt war.

Wie unerheblich und lächerlich auch immer sich solch ein *Homunculus*, Herr, in diesem unserem leichtsinnigen und leichtherzigen Zeitalter vor den Augen der Torheit oder des Vorurteils ausnehmen mag, vor den Augen der Vernunft und Wissenschaft steht er da als ein wissenschaftlich erwiesenes Wesen, das durch Rechtsbestimmungen umschrieben und beschützt wird. Die allerexaktesten Philosophen, die nebenbei stets den weitesten Verstand haben, indem nämlich ihre Seelen im umgekehrten Verhältnis zu ihren Methoden stehen, beweisen uns unwiderleglich, daß der *Homunculus* von derselben Hand geschaffen sei wie wir, daß er auf dieselbe Art empfangen und mit denselben Bewegungskräften und -fähigkeiten begabt sei, daß er gleich uns aus Haut, Haaren, Fett, Fleisch, Adern, Arterien, Sehnen, Nerven, Knorpeln, Knochen, Mark, Gehirn, Drüsen, Geschlechtsteilen, Säften und Gelenken bestehe und daß er ein Wesen von soviel Lebendigkeit und in jedem Wortsinn so sehr und so wahrhaftig unser Mitmensch sei wie der Lordkanzler von England. Man kann ihm wohltun, er kann beleidigt und verletzt werden, er kann Genugtuung nehmen, mit einem Wort: Er hat alle Rechte und Ansprüche des Menschentums, soweit solche nach Tullius, Pufendorf oder den besten Sittenlehrern sich aus diesem Zustand und dieser Bestimmung ergeben.

Was also dann, Herr, wenn ihm auf seiner einsamen Wanderung ein Unfall zustößt oder wenn infolge des Schreckens darüber – was bei einem so jungen und unerfahrenen Reisenden keineswegs verwunderlich wäre – unser junger Herr am Ende seines Weges in einem höchst erbarmungswürdigen Zustand, so völlig außer Atem ankommt? Muskelkraft und Manneskraft sind erschöpft, die eigenen Lebensgeister über jede Beschreibung verworren und durcheinander, und in dieser höchst jämmerlichen Nervenverfassung hat er nun neun lange Monate dazuliegen, eine leichte Beute plötzlicher Anfälle oder höchst melancholischer Träume und Phantasien. – O ich zittere, wenn ich daran denke, wie hier und jetzt die Grundlage gelegt wurde für tausend Schwächen des Körpers oder Geistes, die keine Geschicklichkeit des Arztes oder kein Verstand des Philosophen später jemals würde wieder gänzlich in Ordnung bringen können.

Drittes Kapitel

Ich verdanke die obige Anekdote meinem Onkel Toby Shandy, dem gegenüber sich mein Vater, der durchaus ein philosophischer Kopf war und sich über die geringfügigsten Dinge Gedanken machte, oft und heftig über das Unrecht beklagte, das mir damit und damals zugefügt worden war. Besonders geschah dies aber eines Tages, wie sich Onkel Toby sehr genau erinnerte, mit ganz besonderer Heftigkeit, als mein Vater eine höchst überraschende und unerklärliche Schiefheit in meiner Art, den Hut aufzusetzen, zum erstenmal wahrnahm. Indem er die Prinzipien, auf Grund derer ich dabei so vorgehn müßte, zu erläutern und zu rechtfertigen versuchte, schüttelte der alte Herr den Kopf und sagte mit einem Ton, der bei weitem mehr Kummer als einen Vorwurf ausdrückte, er habe es in seinem Herzen stets geahnt und durch diese und noch tausend andere Wahrnehmungen, die er an mir gemacht, bestätigt gefunden, daß ich niemals so denken und handeln würde wie ein anderes Menschenkind. – Aber ach! fuhr er fort, abermals den Kopf schüttelnd und eine Träne abwischend, die ihm über die Wange rollte, meines Tristrams Unglück begann schon neun Monate, bevor er auf die Welt kam.

Meine Mutter, die dabeisaß, sah auf, doch verstand sie ebensowenig wie ihr Hintern, was mein Vater damit sagen wollte. Onkel Toby Shandy aber, der die Geschichte oft genug gehört hatte, verstand meinen Vater sehr gut.

Viertes Kapitel

Ich weiß, es gibt Leser in der Welt, wie auch viele andere gute Leute, die durchaus keine Leser sind, die sich nicht wohl fühlen, wenn sie nicht von Anfang bis zu Ende in alle unsere persönlichen Geheimnisse eingeweiht werden.

Aus purer Nachgiebigkeit solch launenhaftem Wunsche gegenüber und auch aus einer mir angeborenen Abneigung, irgendeine Seele auf der Welt zu enttäuschen, habe ich alles schon so genau und umständlich erzählt. Da mein Leben und meine Ansichten wahrscheinlich einiges Aufsehen in der Welt machen dürften und, wenn ich richtig mutmaße, alle nur möglichen Klassen, Berufe und Stände der Menschen fesseln werden – sie werden nicht weniger als selbst *Der Fortschritt des Pilgers* gelesen sein und am Ende sich als das erweisen, was Montaigne für seine *Essays* fürchtete: ein Buch nämlich für das Erkerfenster –, so erachte ich es für notwendig, mich nach jedermann der Reihe nach ein wenig zu richten; und darum muß ich um Verzeihung bitten, wenn ich in derselben Weise eine Weile fortfahre: Deshalb bin ich auch sehr froh, daß ich die Geschichte meines Lebens so und nicht anders begonnen habe und auf diese Weise imstande bin, auch weiterhin jede Angelegenheit darin, wie Horaz sagt, *ab ovo* zu beginnen.

Ich weiß wohl, Horaz empfiehlt diese Manier nicht unter allen Umständen, vielmehr denkt der alte Herr dabei nur an das epische Gedicht oder an die Tragödie (an welche, hab ich vergessen). Überdies, wenn dem auch nicht so wäre, würde ich Herrn Horaz um Verzeihung bitten müssen, denn bei der Abfassung dessen, was ich mir vorgenommen habe, werde ich mich weder an seine Regeln noch an die irgendeines anderen Menschen halten, der je gelebt hat.

Denen aber, die in solchen Dingen nicht so weit zurückgreifen wollen, kann ich keinen besseren Ratschlag geben, als den übrigen Teil dieses Kapitels zu überschlagen; denn ich erkläre von vornherein, daß ich dieses nur für die Neugierigen und Wißbegierigen geschrieben habe.

Schließt also die Tür!

Ich wurde in der Nacht zwischen dem ersten Sonntag und dem ersten Montag des Monats März im Jahre des Herrn eintausendsiebenhundertundachtzehn gezeugt. Das weiß ich ganz genau. – Wie ich aber dazu komme, so genau in einem Bericht über eine Sache Bescheid zu wissen, die sich ereignete, bevor ich geboren war, das geht auf eine andere kleine Geschichte zurück, die bisher nur im engsten Familienkreise bekannt war, hiemit aber, damit über diesen Punkt Klarheit herrsche, veröffentlicht wird. Mein Vater, müssen Sie wissen, der ursprünglich Handel mit türkischen Waren getrieben, seit Jahren aber dieses Geschäft aufgegeben hatte, um sich auf sein väterliches Landgut in der Grafschaft ** zurückzuziehen und dort auch zu sterben, mein Vater war, glaube ich, in allem, was er unternahm, einer der pünktlichsten Männer, die je auf Erden gelebt haben, ob es sich nun um ein Geschäft oder um ein Vergnügen handelte. Um ein Beispiel dieser seiner peinlichsten Pünktlichkeit, deren Sklave er in der Tat zuletzt geworden war, zu geben, so hatte er es sich viele Jahre seines Lebens hindurch zur Regel gemacht, am ersten Sonntagabend jedes Monats das ganze Jahr hindurch, so gewiß als der Sonntagabend regelmäßig kam, eine große Uhr im Hause, die oben am Ende der Hintertreppe stand, eigenhändig aufzuziehen. Und da er sich um die Zeit, von der ich jetzt spreche, im Alter zwischen fünfzig und sechzig Jahren befand, so hatte er gleicherweise eine andere kleine Familienangelegenheit für denselben Zeitpunkt zur Erledigung angesetzt, um auf solche Weise beides, wie er sich oft zu Onkel Toby ausdrückte, sich auf einmal vom Halse zu schaffen und damit nicht mehr den ganzen übrigen Monat hindurch belästigt zu werden.

Hierdurch ereignete sich nun ein Mißgeschick, das im wesentlichen mich betraf und dessen Folgen, fürchte ich, mich bis hin zum

Grabe begleiten werden. Durch eine unglückselige Verkoppelung von Ideen, die keinerlei Verbindung miteinander in der Natur haben, war es nämlich am Ende so weit gekommen, daß meine Mutter niemals hören konnte, wie die besagte Uhr aufgezogen wurde, ohne daß ihr nicht alsogleich jene gewisse andere Angelegenheit unvermeidlich in Erinnerung kam, und umgekehrt. Solche höchst merkwürdige Ideenverknüpfungen sollen nach der Behauptung des scharfsinnigen Locke, der sicherlich die Natur solcher Dinge besser verstand als die meisten Menschen, mehr verkehrte Handlungen verursacht haben als alle anderen nur möglichen Quellen des Vorurteils im Menschen.

Doch dies nur nebenbei.

Nun wird es durch eine Eintragung in meines Vaters Taschenbuch, das auf meinem Tisch liegt, klar, daß ›an Mariä Verkündigung‹, die auf den fünfundzwanzigsten desselben Monats fiel, in welchen ich meine Zeugung verlege, sich mein Vater auf die Reise nach London begab, zusammen mit meinem Bruder Bobby, um diesen in die Schule von Westminster zu bringen, und da sich aus derselben Quelle ergibt, ›daß er zu seiner Frau und Familie erst in der zweiten Maiwoche zurückkehrte‹, so ist die Sache beinahe zur Gewißheit erhoben. Was zu Beginn des nächsten Kapitels folgt, stellt sie über jeden Zweifel. Aber, bitte, mein Herr, was hat Ihr Vater den ganzen Dezember, Januar und Februar gemacht? – Ei, Madame, er hatte die ganze Zeit über Ischias.

Fünftes Kapitel

Am 5. November 1718, welcher Tag neun Kalendermonate von dem oben fixierten Zeitpunkt entfernt, diesem also so nahe ist, wie es ein Gatte billigerweise nicht anders erwarten durfte, wurde ich, Tristram Shandy, in diese unsere sehr räudige und höchst unheilvolle Welt gesetzt. – Ich wollte, ich wäre auf dem Mond geboren oder auf einem der Planeten (mit Ausnahme von Jupiter und Saturn, weil ich zu keiner Zeit Kälte vertragen konnte), denn es hätte auf keinem von ihnen (für Venus möchte ich allerdings nicht einstehen) übler um mich stehn können als auf diesem unserem durchaus gemeinen und schmutzigen Planeten, den ich, mit Verlaub zu sagen, fürwahr so ansehe, als sei er aus den Fetzen und Schnitzeln der übrigen verfertigt. Das schließt freilich nicht aus, daß derselbe Planet nicht gut genug sei, wenn einer mit einem großen Titel oder Besitz darauf geboren worden wäre oder es so hätte einrichten können, daß er hier auf einen der hohen Posten oder zu Würden oder Macht berufen würde. Doch das ist keineswegs bei mir der Fall; und jedermann redet ja vom Jahrmarkt je nach dem Geschäft, das er darauf gemacht hat. Aus welchem Grunde ich erneut behaupte, daß dieser Planet eine der allergemeinsten Welten sei, die je geschaffen wurden. Denn ich kann wahrhaftig sagen, daß ich von der Stunde an, da ich den ersten Atemzug darin getan, bis zu jener, da ich kaum mehr einen ohne große Mühe zu machen vermag wegen eines Asthmas, das ich mir beim Schlittschuhlaufen gegen den Wind in Flandern zugezogen, ohne Unterlaß der Spielball derjenigen gewesen bin, die in der Welt Frau Fortuna genannt wird. Und obwohl ich ihr nicht unrecht tun will, daß ich sage, sie habe mich zu allen Zeiten das Gewicht eines jeglichen großen oder doch merklichen Übels fühlen lassen, so will ich doch mit dem besten Gewissen der Welt von ihr behaupten, daß diese überaus ungnädige Prinzessin mich auf jeder Strecke oder bei jeder Biegung und an jeder Ecke meines Lebensweges, wo immer sie meiner habhaft werden konnte, mit einer solchen Masse von Widerwärtigkeiten und unseligen Zwischenfällen heimgesucht hat, wie solche nur je ein kleiner Lebensheld ertragen mußte.

Sechstes Kapitel

Zu Beginn des letzten Kapitels habe ich Sie genau darüber unterrichtet, wann ich geboren wurde; noch aber habe ich nicht gesagt: wie. Aber nein – dieses besondere Ereignis wird für ein eigenes Kapitel aufgehoben, und da wir, nebenbei gesagt, beide, mein Herr, einander gänzlich fremd sind, würde es wohl auch nicht ganz passend gewesen sein, wenn ich Sie auf einmal in zu viele mich selbst betreffende Einzelheiten eingeweiht hätte. Sie müssen ein wenig Geduld haben. Ich habe es nämlich auf mich genommen, nicht nur mein Leben, wie Sie sehen, zu erzählen, sondern Ihnen auch meine Ansichten im allgemeinen zu unterbreiten in der Hoffnung und sicheren Erwartung, daß Sie durch die Kenntnis meines Charakters und meiner Art, welche Ihnen die Kenntnis des einen (des Lebens) verschafft, mehr Geschmack finden werden am anderen, an meinen Ansichten. Indem Sie mit mir zusammen ein Leben entlang weiterschreiten, wird die oberflächliche Bekanntschaft, die schon zwischen uns angehoben hat, langsam zur Vertrautheit gedeihen, und diese muß dann – wenn sich nicht einer von uns etwas zuschulden kommen läßt – in Freundschaft enden. *O diem praeclarum!* – denn dann wird nichts von dem, was mich berührt, Ihnen in seiner Art geringfügig oder langweilig erscheinen. Sollten Sie, teurer Freund und Genosse, mich darum jetzt zu Beginn noch für etwas sparsam und zurückhaltend im Wiedergeben von Einzelheiten halten, so haben Sie Geduld, lassen Sie mich fortfahren und meine Geschichte auf meine eigene Weise erzählen. Und wenn ich dann und wann am Wege verweile und spiele oder für einen Augenblick auch die Narrenkappe mit den Schellen aufsetze, so laufen Sie bitte darum nicht davon, und trauen Sie mir schon aus Höflichkeit ein wenig mehr Weisheit zu, als ich nach außen zeigen mag, und lachen Sie mit mir, während wir zusammen dahinschlendern, oder lachen Sie meinetwegen über mich, mit einem Wort: Tun Sie, was Sie wollen, nur verlieren Sie nicht gleich die Geduld und gute Laune.

Siebentes Kapitel

Im selben Dorf, wo meine Eltern wohnten, lebte auch ein mageres, langes, höchst schätzenswertes, gutes altes Weib von einer Hebamme, das mit Hilfe von ein bißchen gesundem Menschenverstand und einigen Jahren voll von Arbeit in seinem Beruf, worin es sich sehr wenig auf die eigenen Kräfte und gar viel auf die der Natur verließ, es auf seine Weise zu keinem geringen Rufe in der Welt gebracht hatte. Brauche ich noch zu sagen, daß ich mit diesem Wort ›Welt‹ nicht mehr verstanden wissen will als einen sehr kleinen Kreis innerhalb des großen Weltkreises, einen sehr kleinen Kreis von ungefähr vier englischen Meilen Durchmesser, mit der Hütte, worin die gute Frau wohnte, als angenommenen Mittelpunkt? Sie war, so scheint es, in ihrem siebenundvierzigsten Lebensjahre in großer Not mit drei oder vier kleinen Kindern Witwe geworden. Da sie nun um diese Zeit als eine Person von ehrbarer Aufführung und ernstem Betragen bekannt, zudem ein Frauenzimmer von wenig Worten und obendrein noch ein Gegenstand des Erbarmens war, dessen Unglück samt dem Stillschweigen, mit dem dieses getragen wurde, um so lauter nach Freundeshilfe rief, so ward die Frau des Pfarrers von Mitleid erfaßt. Diese hatte schon oft den Übelstand beklagt, dem die Herde ihres Mannes nach wie vor ausgesetzt wäre, daß nämlich nichts, was einer Hebamme auch nur ähnlich sähe, von welcher Art und welchem Rang immer, innerhalb von sechs oder sieben Meilen im Umkreis, der Fall mochte noch so dringend sein, aufzutreiben sei, welche besagten sechs oder sieben Meilen in dunklen Nächten und auf schlechten Wegen, da das ganze Land in tiefen, weichen Lehm verwandelt war, zu vierzehn wurden, was natürlich alles soviel hieß wie auf eine Hebamme verzichten, so kam ihr der Gedanke, daß es ebensosehr eine richtige Wohltat für das ganze Kirchspiel wie für das arme in Frage stehende Geschöpf selber wäre, wenn sie dieses ein wenig in den Anfangsgründen der Entbindungskunst unterrichten ließe, um es hinterdrein als Hebamme einzusetzen. Da keine Frau in der ganzen Nachbarschaft besser geeignet war, einen einmal gefaßten Plan auch durchzusetzen, so führte sie die Sache auch bald auf eine sehr liebevolle Art und Weise durch, ohne – und das ging auf ihren großen Einfluß auf den weiblichen Teil des Kirchspiels zurück – dabei auf die geringste Schwierigkeit zu stoßen. Allerdings kam ihr Mann, der Pfarrer, ihr angelegentlich dabei zu Hilfe und zahlte, um die Sache so gut zu machen, als es nur ging, und der armen Person ein Recht auf ihre Praxis auch vor dem Gesetz zu geben, gleichwie seine Frau ihr eins durch die Amtseinsetzung verliehen hatte, zahlte er, sage ich, aus eigener Tasche von Herzen gern dem Kreisarzt die Gebühren für die gewöhnliche Lizenz von im ganzen achtzehn Shilling und vier Pence, so daß also die gute Frau durch die beiden Pfarrersleute in den wirklichen und leibhaftigen Besitz ihres Amtes samt allen *Rechten*, *Artikeln* und *Gefällen* gesetzt wurde.

Diese letzten drei Worte übrigens, müssen Sie wissen, entsprachen nicht der alten Form, in welcher solche Lizenzen, Diplome und Bestätigungen gehalten wurden, die bis jetzt in ähnlichen Fällen der Schwesternschaft ausgestellt worden waren. Doch war diese neue Formel dem Kopf des Herrn Didius selber entsprungen, der bei seiner Neigung, dergleichen Instrumente und Bestallungsurkunden in Stücke zu zerlegen und wieder zusammenzusetzen, nicht nur auf diese ein wenig gezierte Verbesserung kam, sondern auch manche von den alten lizenzierten Matronen der Gegend dazu brachte, ihre Diplome erneuern zu lassen, um diese seine Schnörkel dann darin eingefügt zu sehen.

Ich gestehe, daß ich niemals Didius um diese seine Einfälle beneiden konnte. Doch jeder nach seinem Geschmack. Fand doch der große Dr. Kunastrokius das höchste Vergnügen darin, daß er Eselsschwänze kämmte und die abgestorbenen Haare mit den Zähnen herausriß, obwohl er stets eine Beißzange in der Tasche trug. Und weil wir schon einmal dabei sind, haben nicht die weisesten Männer aller Zeiten, Salomon nicht ausgenommen, ihre Steckenpferde gehabt, ihre Rennpferde, ihre Münz- und Muschelsammlungen, ihre Trommeln und Trompeten, ihre Geigen, Paletten, ihre Figuren- und Schmetterlingssammlungen? Solange ein Mensch sein Steckenpferd friedlich und ohne Aufsehen auf des Königs Landstraße reitet und weder Sie noch mich zwingt, hinter ihm aufzusitzen – ei, mein Herr –, was geht es dann uns beide an?

Achtes Kapitel

De gustibus non est disputandum, das heißt: Über Steckenpferde ist nicht zu streiten und gegen Steckenpferde ist nichts einzuwenden. Ich wenigstens tue es nicht, auch brächte ich es mit einigem Anstand nicht über mich, selbst wenn ich deren geschworener Feind wäre, denn da ich zu gewissen Zeiten und gelegentlich bei Mondwechsel sowohl geige als auch male, je nachdem wo es mich gerade juckt, so sollen Sie nur wissen, daß ich selber ein paar Klepper im Stalle stehen habe, auf denen ich abwechselnd und ganz offen spazierenreite und Luft schöpfe, wenn auch, zu meiner Schande sei es gesagt, die Ritte darauf zuweilen etwas länger ausfallen, als ein weiser Mann es für angezeigt halten möchte. Die Wahrheit aber ist: Ich bin kein weiser Mann, bin vielmehr ein Sterblicher von gar geringer Bedeutung in der Welt, so daß es ganz gleichgültig ist, was ich tue, und darum tobe ich nicht deswegen und rege ich mich selten darüber auf. Auch nimmt es mir durchaus nicht meine Ruhe, wenn ich so große Lords und gewaltige Persönlichkeiten wie folgende, wie wen?, wie Lord A, B, C, D, E, F, G, H, I, K, L, M, N, O, P, Q und so weiter alle in einer Reihe im Sattel ihrer Pferdchen erblicke. Einige mit sehr langen Steigbügeln, die mehr in ernstem und gemäßigtem Schritt reiten; andere, die im Gegenteil – die Beine bis ans Kinn gezogen, die Reitpeitsche zwischen den Zähnen – dahingaloppieren, wie ebenso viele bunte Teufelchen, die auf Pfandverschreibungen reiten; bei dem einen oder anderen sieht es gerade so aus, als wäre er entschlossen, sich den Hals zu brechen. Um so besser, sage ich zu mir selber, denn schlimmstenfalls wird die Welt auch ohne sie, so gut es geht, auskommen, und was die übrigen anbelangt – je nun, Glück auf den Weg, sie sollen nur reiten, ich will ihnen nicht in die Zügel fallen, denn wenn die ehrenwerten Lords noch heute nacht abgeworfen würden, ich wette zehn gegen eins, daß viele von ihnen morgen früh wieder beritten sein werden – wenn auch um die Hälfte schlechter als zuvor.

Nicht ein einziger von diesen und ähnlichen Fällen vermöchte mich also um meine Ruhe zu bringen. Wohl aber kann der Fall eintreten, daß ich, offen gestanden, alle Fassung und Geduld verliere, und zwar dann, wenn ich einen Menschen sehe, der zu großen Taten geboren ist und, was noch mehr ist, dessen Natur ihn immer zu guten Taten geneigt macht; wenn ich einen sehe wie Euch, mein Lord, dessen Grundsätze und Lebensart so weit und adlig sind wie Euer Blut und den aus diesem Grunde eine verkommene Welt nicht einen Augenblick lang entbehren kann; wenn ich einen solchen Mann auch nur eine Minute über die Zeit hinaus, welche die Liebe zu meinem Lande ihm zugesteht und mein Eifer für seinen Ruhm wünscht, ein Steckenpferd reiten sehe – dann, mein Lord, höre ich auf, Philosoph zu sein, und wünsche im ersten Anfall einer ehrlichen Ungeduld das Steckenpferd mitsamt allem, was dazu gehört, zum Teufel.

›Mein Lord!

Ich bleibe dabei, daß dies eine Widmung sei – trotz ihrer eigentümlichen Abweichung in den drei wesentlichen wesentlichen Anforderungen, die man an eine Zueignung stellen muß: Inhalt, Form und Platz. Ich bitte, sie als solche hinzunehmen und mir zu erlauben, sie mit ehrfurchtsvollster Ergebenheit Euer Lordschaft zu Füßen legen zu dürfen – vorausgesetzt, daß Sie auf Ihren eigenen Füßen stehen, was Sie stets können, wenn Sie wollen, das heißt, mein Lord, sooft es notwendig ist und – wie ich hinzufügen möchte – stets auch in der besten Absicht und zum besten Ende. Ich habe die Ehre

Mein Lord,
Euer Gnaden ganz gehorsamster,
ergebenster
und untertänigster Diener
Tristram Shandy‹

Ich erkläre feierlich vor der ganzen Menschheit, daß die obige Widmung für keinen Prinzen, Prälaten oder Potentaten, Herzog, Marquis, Graf, Vicomte oder Baron dieses oder sonst eines Reiches der Christenheit verfaßt sei, noch bin ich damit hausieren gegangen oder habe sie öffentlich oder privat, direkt oder indirekt irgendeiner Person oder Persönlichkeit, groß oder klein, angeboten. Hingegen ist sie im wahren Sinne des Wortes im jungfräulichen Zustand und hat sich noch keiner lebenden Seele bisher hingegeben.

Ich kehre diesen Umstand darum hervor, damit auf solche Weise jedes Ärgernis aus dem Wege geräumt und jedem Einwurf begegnet werde, welcher sich gegen dieselbe wegen der Art und Weise erheben ließe, in welcher ich sie am vorteilhaftesten zu Gelde zu machen beabsichtige. Welche Art und Weise keine andere ist, als sie öffentlich auszubieten, was ich hiermit tue.

Jeder Autor hat seine eigene Methode, die Ware an den Mann zu bringen. Was mich anbelangt, so verabscheue ich es, um ein paar Guineen in einem dunklen Laden zu handeln und zu feilschen, und darum bin ich entschlossen, gleich von Anfang an mit euch großen Leuten in dieser Angelegenheit offen und ehrlich zu verhandeln und zu sehen, ob ich dabei nicht besser fahre.

Wenn also ein Herzog, Marquis, Vicomte oder Baron im Herrschaftsbereich Seiner Majestät lebt, der so eine ganz knappe, nette Dedikation braucht und dem die obige genehm ist (ich will mich nebenbei davon nur trennen, wenn sie ihm wirklich, wie gesagt, paßt), so kann er sie für fünfzig Guineen haben, was sicherlich um zwanzig Guineen weniger ist als das, wofür ein Mann von Genie dergleichen Dinge liefern sollte.

Mein Lord, wenn Sie sie nochmals überblicken, werden Sie sich davon überzeugen, daß es sich um keine gewöhnliche Schmiererei handelt wie bei so mancher anderen Widmung. Die Komposition ist, Euer Gnaden sehen selber, gut, das Kolorit leuchtend, die Linie sitzt. Oder, um mich wissenschaftlicher auszudrücken: Vorausgesetzt, daß wir an meine Arbeit den Malermaßstab, in 20 geteilt, anlegen, so dürfte dann der Umriß etwa mit 12 zu bewerten sein, die Komposition mit 9, die Farbe mit 6, der Ausdruck mit 13½, ja die Zeichnung – wenn mir erlaubt ist, meine eigene Zeichnung zu verstehen und absolute Vollkommenheit der Zeichnung 20 Einheiten bedeuten soll –

kann, meine ich, nicht weit von 19 sein. Und daneben oder darüber hinaus hat das Ganze Haltung, und die tiefen Schatten des Steckenpferdes (das nur eine Nebenfigur und eine Art Hintergrund ist) verleihen den Hauptlichtern in Ihrer eigenen Figur viel Kraft und lassen sie wundervoll hervortreten. Daneben ist im *tout ensemble* eine gewisse Originalität natürlich keineswegs zu übersehen.

Haben Sie also die Gnade, mein verehrter Herr, die genannte Summe bei Herrn Dodsley zugunsten des Autors zu erlegen, und in der nächsten Ausgabe soll dafür Sorge getragen sein, daß dieses Kapitel ausgemerzt werde und Euer Lordschaft Titel, Orden, Wappen und gute Taten an die Spitze des vorhergehenden Kapitels gesetzt werden. Alles von den Worten an: *De gustibus non est disputandum* und was sonst noch in dem Buch sich auf Steckenpferde bezieht, aber nicht mehr, soll Euer Lordschaft gewidmet werden. Das übrige widme ich dem Mond, der, nebenbei bemerkt, von allen Gönnern und Gönnerinnen, die ich mir denken kann, die meiste Macht darüber hat, daß mein Buch geht und die Leute sich darum reißen.

Strahlende Göttin,

wenn du nicht zu sehr mit Candid und Frl. Kunigunds Angelegenheiten beschäftigt bist – nimm also auch die des Tristram Shandy unter deinen Schutz.

Zehntes Kapitel

Wie weit die Tat des Wohlwollens zugunsten der Hebamme verdienstlich genannt zu werden verdient oder wem solches Verdienst in Wahrheit zugeschrieben werden konnte, scheint auf den ersten Blick für den Fortgang der Geschichte nicht wesentlich zu sein; sicher ist nur, daß die Frau Pastorin zu jener Zeit wirklich den ganzen Ruhm in der Angelegenheit davontrug: Und trotzdem lasse ich es mir nicht nehmen, daß auch der Pfarrer selber, obwohl er nicht so glücklich war, zuerst darauf gekommen zu sein, doch eben, weil er den Plan so herzlich begrüßt hatte, sobald er ihm vorgelegt worden war, und ebenso bereitwillig sein Geld hingegeben hatte, damit er ausgeführt werden konnte, ein Recht auf einigen Anteil, wenn nicht gar auf die ungeschmälerte Hälfte an der Ehre hatte, die jener Wohltätigkeit gebührte.

Der Welt aber gefiel es damals, die Sache anders zu entscheiden.

Legen Sie das Buch weg, und ich will Ihnen einen halben Tag Zeit lassen, die Gründe für dieses Vorgehen zu erraten. So sei denn kundgetan, daß ungefähr fünf Jahre vor dem Datum jener Hebammenlizenz, wovon Sie eben einen so umständlichen Bericht erhalten haben, der genannte Pfarrer sich durch einen Verstoß gegen die gute Sitte und durch Schädigung seines Ansehens zum Gegenstand des Geredes und Getratsches der ganzen Gegend gemacht hatte, denn er hatte sich damit gegen sich selber, seinen Posten und sein Amt versündigt. Der Verstoß bestand nämlich darin, daß er von diesem Tage an nie mehr anders oder besser beritten auf der Bildfläche erschien als auf einem mageren, traurigen, eselartigen Klepper, der kaum mehr wert als ein Pfund fünfzehn Shilling und, um die Beschreibung abzukürzen, ein wahrer Bruder Rosinantes war, denn er entsprach dessen Bild aufs Haar in allem, ausgenommen darin, daß ich mich nicht erinnere, ob irgendwo etwas davon zu lesen stehe, daß Rosinante auch dämpfig gewesen sei; und überdies war Rosinante – was man zugunsten von allen spanischen Gäulen, den fetten wie den mageren, behaupten kann – sonder Zweifel und in allen Punkten wirklich ein Pferd.

Ich weiß wohl, daß dieses Roß des Helden auch ein solches von durchaus keuschem Betragen war, was wohl mit den Grund zur Behauptung des Gegenteils gegeben haben mag. Aber es ist gleichzeitig ebenso erwiesen, daß Rosinantes Enthaltsamkeit (wie es sich aus dem Abenteuer mit den Yangesischen Fuhrleuten ergibt) nicht auf einen körperlichen Mangel oder sonst eine äußere Ursache zurückging, sondern auf seine Mäßigkeit und den regelmäßigen Pulsschlag. Erlauben Sie mir, Gnädige, bei dieser Gelegenheit die Behauptung: Es gibt eine ganze Menge sehr wirklicher, sehr echter und sehr guter Keuschheit in der Welt, zu deren Gunsten Sie beim besten Willen auch nichts anderes vorzubringen vermöchten. Wie immer dem sei, da meine Absicht feststeht, jedem Geschöpf, das die Bühne dieses hochdramatischen Werkes betritt, Gerechtigkeit widerfahren zu lassen – so konnte ich diese Unterscheidung zugunsten von Don Quichotes Roß nicht unterdrücken; in allen anderen Punkten war das Pferd des Pfarrers, wie gesagt, das Seitenstück zu Rosinante, das heißt: genauso ein magerer, dünner und trauriger Klepper, wie nur je einen die Demut in eigener Person bestiegen hat.

Nach der Meinung manch eines Mannes von geringer Urteilsfähigkeit hätte es wohl zu einem guten Teil in des Pfarrers Macht gelegen, der Figur seines Pferdes ein wenig aufzuhelfen, war er doch im Besitze eines sehr schönen, vorn spitz zulaufenden Reitsattels, dessen Sitz mit grünem Plüsch gepolstert und der mit einer doppelten Reihe Silbernägeln geziert und mit einem noblen Paar Steigbügel versehen war aus leuchtendem Messing. Innen war er mit einem grauen feinen Tuch ausgelegt und zudem mit schwarzen Spitzen besetzt, die in langen schwarzen, golddurchwirkten Seidenfransen endeten. Alles das hatte er samt dem langen, reichlich, wie es sein soll, ornamentierten Zaumzeug in den Maitagen seiner Jugend erstanden. Da er aber sein Pferd damit nicht lächerlich machen wollte, so hatte er diesen Schatz hinter der Tür seines Arbeitszimmers aufgehängt und statt dessen sich mit einem solchen Sattel und Zaumzeug versehen, wie es der Figur und dem Werte seines Pferdes jetzt entsprach.

Sie werden einsehen, daß dieser also ausstaffierte Pfarrer auf seinen verschiedenen Ritten durch das Kirchspiel und bei seinen nachbarlichen Besuchen in den umliegenden Gutshäusern genug sah und hörte, um seine Philosophie vom Rosten zu bewahren. Um die Wahrheit zu sagen, konnte er kein Dorf betreten, ohne die Aufmerksamkeit von jung und alt auf sich zu ziehen. Die Arbeit stockte, wenn er vorüberritt, der Eimer blieb halben Weges im Brunnen hängen, das Spinnrad vergaß, sich zu drehen, selbst die Spiele der Kinder wurden unterbrochen, und alles gaffte ihn an und ihm nach, bis er sich wieder aus dem Gesichtsfeld verzogen. Und da seine Art, sich zu bewegen, nicht zu den schnellsten gehörte, hatte er meist noch genügend Zeit zur Verfügung, um Beobachtungen zu machen, das Seufzen der Ernsthaften und das Gelächter derer, die leichten Herzens sind, zu vernehmen, was er alles mit musterhafter Gemütsruhe ertrug. Zu seinem Wesen gehörte es durchaus, daß er einen Spaß aus ganzem Herzen liebte, und da er das Lächerliche mit ebenso sicherem Blick an sich selber sah, so konnte er nach seiner eigenen Aussage den anderen darum nicht zürnen, weil sie ihn in keinem anderen Lichte sahen, als er es selber tat, so daß er, statt die wahre Ursache seines Verhaltens anzugeben, es vorzog, ins Gelächter der Freunde mit einzustimmen, welche nur zu wohl wußten, daß seine Schwäche nicht etwa Geldgier oder Geiz war, und die sich darum erst recht kein Gewissen daraus machten, ihn mit seinen Launen und Grillen aufzuziehen. Und da er niemals viel Fleisch auf seinen Knochen hatte und mager wie sein eigener Klepper war, so behaupteten sie, daß das Roß nicht besser als der Reiter wäre und beide gleich dem Zentauren aus einem einzigen Stück bestünden. Ein andermal und in anderer Stimmung, wenn es sich fügte, daß sein Geist den Versuchungen des Witzes nicht unterlag, pflegte er zu behaupten, er fühle, wie er zusammen mit seiner Schwindsucht sich auf und davon zu machen im Begriffe stände, und trug mit großem Ernst vor, daß er den Anblick eines dicken Pferdes nicht ohne Niedergeschlagenheit und fühlbare Änderung des Pulses zu ertragen vermöchte und daß darum seine Wahl auf einen so dürren Klepper gefallen sei, damit er also nicht nur Haltung bewahre, sondern sich auch in guter Laune erhalte. Es kam auch vor, daß er fünfzig verschiedene Gründe, einen nach dem anderen, dafür anführte, warum er diese seine sanfte und dämpfige Mähre einem feurigen Roß vorziehe. Denn auf jener könnte er ganz mechanisch sitzen und also allerlei ergötzlichen Gedanken über die Eitelkeit der Welt und die Vergänglichkeit alles Fleisches nachhängen, gerade als hätte er einen Totenschädel vor sich hingelegt. Auch zu anderen Geistesübungen könnte er, langsam vor sich hinreitend, seine Zeit ebenso nutzen wie zu Hause im Studierzimmer, dort wie hier wäre er sicherlich ebenso in der richtigen Verfassung und Lage, eine Lücke in seiner Predigt auszufüllen wie ein Loch in seinen Hosen zu stopfen. Schnelles Traben und langsames Nachdenken hätten wie Witz und Urteil jedes seinen eigenen, miteinander unverträglichen Rhythmus. Auf seinem Klepper könnte er alles vereinbaren und alle Gegensätze miteinander versöhnen, er könnte dort mit seiner Predigt fertig werden, er könnte dort mit seinem Husten fertig werden, und er könnte dort auch, sollte die Natur ihn dazu einladen, mit seinem Schlaf fertig werden. Kurz, er führte bei solchen Angriffen alle erdenklichen Ursachen zur Verteidigung an, nur nicht die wahre – und mit dieser hielt er bloß aus Bescheidenheit und Zartgefühl zurück, weil er glaubte, daß sie ihm Ehre machte.

Die Wahrheit war nun folgende: In den ersten Amtsjahren, zur Zeit also, da der prachtvolle Sattel samt dem Zaumzeug angeschafft wurde, war es seine Art und Gewohnheit oder Eitelkeit gewesen, nennen Sie es, wie Sie wollen, sich im entgegengesetzten Extrem auszuleben. Man sagte ihm in der Grafschaft, in der er lebte, allgemein nach, daß er alles für ein schnelles Pferd hergebe, und meist hatte er auch eines der besten im ganzen Kirchspiel zu Hause im Stalle sattelfertig stehen. Und da die nächste Hebamme, wie gesagt, vom Dorf volle sieben Meilen entfernt wohnte und zudem in einer Gegend mit elenden Wegen, kam es, daß der arme Mann mindestens einmal in der Woche flehent-

lich um sein Pferd gebeten wurde, und weil er nicht harten Herzens und jeder neue Fall dringender und auch ergreifender als der letzte war, so brachte er es bei aller Liebe für sein Pferd nicht über sich, den Menschen diesen Liebesdienst zu versagen. Die Folge davon war natürlich, daß das Pferd entweder spatlahm oder mit Mauke behaftet war. Oder es hatte das Zittern in den Gliedern oder war dämpfig oder hatte sonst irgendeine Krankheit, die ihm kein Fleisch am Leibe ließ, so daß er alle neun bis zehn Monate ein schlechtes Pferd loswerden und ein gutes statt dessen kaufen mußte.

Als wie beträchtlich sich der Verlust *communibus annis* erweisen mußte, überlasse ich denen auszurechnen, die ähnliche Verluste bei gleichen Geschäften erlitten haben. Doch wie groß immer sie waren, unser braver Mann trug sie viele Jahre lang, ohne zu murren, bis er schließlich durch gehäufte Unfälle derselben Art gezwungen ward, über die Sache nachzudenken. Demzufolge fand er nach reiflicher Abwägung des Ganzen und Summierung der einzelnen Posten den Verlust nicht nur in keinem Verhältnis zu seinen sonstigen Ausgaben stehend, sondern dieser erwies sich auch als so drückend, daß er ihm jede andere Art von Wohltätigkeit innerhalb seines Kirchspiels unmöglich machte. Daneben erwog er, daß er mit der halben Summe, wenn er sie nicht wieder vergaloppierte, zehnmal soviel Gutes tun könnte. Was aber viel ausschlaggebender war als alle anderen Erwägungen zusammen, war der Umstand, daß er bis jetzt alle seine Wohltätigkeit in einen einzigen, ganz bestimmten Kanal geleitet hatte, dorthin, wo Wohltätigkeit schließlich am wenigsten benötigt war, nämlich für jenen Teil der Bevölkerung seines Kirchspiels, der Kinder empfing und Kinder gebar, daß er aber nichts für die Entkräfteten zurückbehielt, nichts für Bejahrte und nichts für die vielen überaus bejammernswerten Szenen und Auftritte bereit hatte, zu denen er stündlich gerufen wurde, allwo Armut, Krankheit und Kummer unter einem Dach hausten.

Das war also der Grund, warum er sich entschloß, mit dieser Art von Ausgabe nicht mehr fortzufahren. Und dazu gab es für ihn offenbar nur zwei Auswege; entweder sich's zum unverbrüchlichen Gesetz zu machen, sein Pferd, wie sehr man ihn auch darum bitten möchte, nie mehr herzuleihen, oder sich damit abzufinden, den letzten armen Teufel von einer Schindmähre genauso, wie ihn die Menschen zugerichtet hatten, mit allen Schmerzen und Schwächen bis ans äußerste Ende des Kapitels zu reiten.

Da er aber im ersten Fall für seine eigene Standhaftigkeit nicht einstehen konnte, so entschloß er sich wohlgemut für den zweiten. Und obwohl er, wie gesagt, diesen sehr gut sich vor den Leuten zur eigenen Ehre auslegen konnte, wenn er gewollt hätte, so zeigte er sich gerade deshalb darüber erhaben, weil er lieber die Verachtung seiner Feinde und das Gelächter seiner Freunde hinnehmen als die Peinlichkeit über sich ergehen lassen wollte, eine Geschichte von sich zu erzählen, die wie eine Lobrede auf ihn selber erscheinen möchte.

Ich habe eine sehr hohe Vorstellung von der Geistigkeit und Zartheit des Gefühlslebens unseres hochwürdigen Herrn, und zwar gerade infolge dieses einzigen Charakterzuges, welcher meiner Meinung nach ebensoviel wert ist wie ein Zug aus der zarten und ehrlichen Seele jenes einzigen und unvergleichlichen Ritters der La Mancha, welchen ich, nebenbei gesagt, mit aller seiner Narrheit mehr von ganzem Herzen liebe als den größten Helden des Altertums und zu dem mir keine Reise zu lang erschienen wäre, wenn ich ihn mit eigenen Augen hätte sehen können. Doch das ist nicht die Moral meiner Geschichte. Was ich dartun wollte, ist, wie sich die Welt dazu verhielt. Denn Sie müssen wissen, daß, solange als diese Erklärung und Begründung zugunsten des Pfarrers gesprochen haben würde, keine Menschenseele dahinterkam, die Feinde, weil sie vermutlich nicht wollten, die Freunde, weil sie nicht konnten. Aber kaum hatte er sich für die Hebamme ins Mittel gelegt und die Auslage für die Lizenz aus eigenem bestritten, so war das ganze Geheimnis aufgedeckt. An jedes einzelne Pferd, das er verloren hatte, erinnerte man sich jetzt, ja man wußte sogar noch von zweien mehr und erinnerte sich aller Einzelheiten des Zugrundegehens. Die Geschichte verbreitete sich wie ein Lauffeuer: Der Pfarrer habe nach langer Pause wieder eine Anwandlung von Stolz; dieser habe ihn neuerdings gepackt, er wollte sich also noch einmal in seinem Leben gut beritten machen. Und wenn dem so wäre, so wäre es auch klar wie Sonne und Mond, daß er die Ausgabe für die Lizenz gleich im ersten Jahr zehnfach hereinbekommen würde. So daß jeder selber beurteilen könnte, was für Hintergedanken er bei der Ausübung dieses Liebesdienstes eigentlich gehabt hätte.

Was für Absichten er mit dieser oder jeder anderen Handlung in seinem Leben verband oder vielmehr welche Meinungen darüber in den Hirnkästen anderer Leute sich umtrieben, war ein Gedanke, der zu häufig in seinem eigenen Gehirn obenauf schwamm und ihm nicht selten seine Nachtruhe raubte, wenn er statt dessen hätte schlafen sollen.

Nun, vor ungefähr zehn Jahren hatte der Ehrenmann das Glück, über diesen Punkt völlige Beruhigung zu erlangen – denn genausolange ist es her, daß er die Pfarrei und damit zugleich endgültig die Welt verließ, um sich vor einem Richter zu verantworten, über den sich zu beklagen er wohl keine Ursache haben dürfte.

Aber so etwas wie ein Verhängnis waltet über den Handlungen gewisser Menschen: Wie sie es auch anfangen mögen, ihre Taten werden stets durch ein gewisses Medium betrachtet, das sie so bricht und ihre Strahlen von ihrer eigentlichen Richtung so ablenkt, daß, wieviel Anerkennung ihre Herzensgradheit auch verdient, die Vollbringer dieser Taten trotzdem gezwungen sind, ohne Lob und Ehre zu leben und zu sterben.

Unser braver Mann war ein höchst trauriges Beispiel für die Wahrheit dieser Erfahrung. Allein, um zu erkennen, wie es soweit kam, und um solche Erkenntnis auch für Sie nutzbringend zu machen, sollen Sie, darauf bestehe ich, erst die zwei folgenden Kapitel lesen, welche Leben und Redeweise unseres Helden so wiedergeben, daß die Moral daraus von selber fließt. Darnach erst werden wir, vorausgesetzt, daß uns nichts in den Weg kommt, wieder mit der Hebamme fortfahren.

Elftes Kapitel

Yorick lautete der Name des Pfarrers, und – was sehr bemerkenswert ist und sich aus einem alten Familienbericht, geschrieben auf altem Pergament und heute noch gut erhalten, ergibt – dieser Name ist neunhundert Jahre lang – hätte ich beinahe gesagt – genau in der gleichen Weise geschrieben und buchstabiert worden. Doch ich will meine Glaubwürdigkeit nicht dadurch erschüttern, daß ich eine sehr unwahrscheinliche, wenn auch völlig unzweifelhafte Tatsache berichte. Ich will deshalb bloß sagen, daß der Name genauso ohne die geringste Änderung in den Buchstaben, seit ich weiß nicht wie lange, geschrieben worden ist. Dies läßt sich kaum für die Hälfte der besten Namen im Königreiche behaupten, welche im Laufe der Jahrhunderte meist ebenso viele Beschneidungen und Umwandlungen erfahren haben wie deren Eigentümer im Laufe der Jahre. Ist daran nun der Stolz oder die Schande der betreffenden Namensträger schuld? Offen gestanden, ich denke manchmal das eine und manchmal das andere, je nachdem, wie die Versuchung ihr Wesen trieb. Doch das ist eine heikle Sache, und sie wird uns noch eines Tages so vermengen und untereinanderbringen, daß keiner von uns mehr imstande sein dürfte, aufzustehen und zu schwören, daß sein eigener Großvater der Mann gewesen, der diese oder jene Tat getan habe.

Diesem Übelstand war hinreichend vorgebaut worden durch die kluge Voraussicht der Familie Yorick und durch die Ehrfurcht und Sorgfalt, mit der sie die erwähnten Berichte aufbewahrt hat, aus denen weiterhin hervorgeht, daß die Familie ursprünglich aus Dänemark stammte und nach England schon zur Zeit der Herrschaft des Dänenkönigs Hormendillus gekommen sei, an dessen Hof, scheint es, ein Vorfahre unseres Yorick, von welchem dieser sich auch in gerader Linie ableitete, eine beachtenswerte Stelle bis zum Tage seines Todes innehatte. Von welcher Art nun diese beachtenswerte Stelle gewesen sei, das sagt uns der Bericht nicht, er fügt bloß hinzu, daß sie seit beinahe zwei Jahrhunderten als völlig unnütz nicht nur an diesem Hof, sondern auch an allen anderen Höfen der Christenheit aufgehoben worden sei.

Mir ist nun der Gedanke gekommen, daß diese Stelle keine andere als die des Hofnarren gewesen sein dürfte und daß Hamlets Yorick bei unserem Shakespeare, dessen Schauspiele bekanntlich zumeist auf authentischen Tatsachen gegründet sind, sicherlich derselbe Mann gewesen sei.

Ich habe nicht die Zeit, in des Saxo Grammaticus dänische Geschichte zu blicken, um mich dessen zu vergewissern, doch wenn Sie Muße dazu haben und des Buches habhaft werden können, so mögen Sie es ebensogut selber tun.

Ich hatte mit genauer Not Zeit genug auf meinen Reisen durch Dänemark mit Mr. Noddys ältestem Sohn, den ich im Jahre 1741 als Hauslehrer begleitete, indem ich mit ihm in erstaunlicher Schnelligkeit durch die meisten Länder Europas kutschierte – von welcher Originalreise, von uns beiden ausgeführt, im Verlaufe des Werkes eine höchst ergötzliche Schilderung gegeben werden wird –, ich hatte gerade nur Zeit, sage ich, eine Beobachtung, welche auf einen, der lange im Lande gelebt hatte, zurückging, bestätigt zu finden, nämlich die Beobachtung, daß die Natur in der Verteilung der Geistesgaben und sonstiger Fähigkeiten an die Bewohner dieses Landes weder sehr verschwenderisch noch allzu sparsam gewesen, sondern gleich einem vernünftigen Vater oder Onkel allen gegenüber die gleiche Liebe und Freundlichkeit bewies, indem sie, ein gleiches Maß in der Verteilung ihrer Gunstbezeigungen bewahrend, alle ihre Geschöpfe mehr oder weniger auf derselben Höhe hielt, was zur Folge hatte, daß wir in diesem Königreich nur sehr selten Fällen von besonderer Begabung begegnen, hingegen aber in allen Schichten und Rangklassen sehr viel und stets genügend Hausverstand vorfinden, von welchem Vorrat an Hausverstand jeder einzelne den ihm gebührenden Anteil mitbekommt, was meiner Ansicht nach durchaus in der Ordnung ist.

Mit uns Engländern, sehen Sie, ist es nämlich umgekehrt. Wir sind bald ganz oben, bald ganz unten. Sie, mein Herr, sind entweder ein großes Genie, oder aber Sie sind – fünfzig gegen eins zu wetten – ein großer Pinsel und ausgemachter Dummkopf. Nicht daß es gänzlich an Zwischenstufen fehlte; o nein! So arg sind wir noch nicht aus der Art geschlagen, aber die beiden extremen Gegensätze von Genie und Dummheit treten auf unserer unsteten Insel häufiger und schärfer hervor, allwo die Natur in ihren Gaben und Anordnungen dieser Art überaus grillen- und launenhaft vorgeht, launenhafter als Fortuna selber in der Verteilung ihrer Güter.

Das ist das einzige, was meinen Glauben hinsichtlich Yoricks Abstammung wankend gemacht hat, der nach allem, was ich von ihm weiß, und nach den Berichten, die ich über ihn erhalten konnte, nicht einen einzigen Tropfen dänischen Blutes gehabt zu haben scheint. In neunhundert Jahren könnte freilich dieses ausgeronnen sein, ich will mich darüber mit Ihnen keinen Augenblick in einen philosophischen Disput einlassen, denn wie immer dem sei, die Tatsache bleibt bestehen, daß er keineswegs ein Mensch von kühler Gemütsart und peinlicher Regelmäßigkeit in seinen Stimmungen gewesen ist, was wir bei einem Menschen von solcher Abstammung hätten erwarten dürfen, daß er sich im Gegenteil als eine höchst quecksilbrige Mischung der verschiedensten Eigenschaften erwies, als ein überaus sonderliches Geschöpf in allen seinen Abwandlungen, mit ebensoviel Lebendigkeit, Launenhaftigkeit und *gaîté de cœur* in sich, wie solche nur das freundlichste Klima erzeugen und bilden kann. Und bei so viel Takelwerk, ach, nicht eine einzige Unze Ballast! Yorick war von äußerster Unerfahrenheit in allen weltlichen Dingen. Mit sechsundzwanzig Jahren verstand er nicht besser seinen Kurs im

Leben zu steuern als ein munteres, argloses Mädchen von dreizehn, so daß bei der ersten Ausfahrt der frische Wind seiner Lebenslust sein Schiff gegen ein anderes anfahren und sich in dessen Takelwerk zehnmal des Tages verfangen ließ, und da gerade die schweren und langsamen meist seinen Kurs kreuzten, so können Sie sich leicht vorstellen, daß es gerade solche waren, mit denen er das Unglück hatte, sich am meisten zu verwickeln. Soviel ich weiß, war immer etwas wie ein schlecht angebrachter Scherz die Ursache zu einem solchen *fracas.* Denn um die Wahrheit zu sagen, war in Yoricks Charakter eine unüberwindliche Abneigung gegen alle Ernsthaftigkeit und Gewichtigkeit; nicht gegen den Ernst als solchen, denn wo dieser am Platze war, konnte niemand durch Tage und Wochen so ernst und gesetzt sein wie er, aber Yorick war ein geschworener Feind des angemaßten und gemachten Ernstes und hatte diesem, soweit er eben darin nichts anderes als einen Deckmantel der Dummheit und Unwissenheit erblickte, offen den Krieg erklärt, wo immer er an ihn geriet und unter welchem Schutz und Schirm dieser auch stehen mochte, er nahm keine Rücksicht und ließ nur selten Gnade walten.

Zuweilen erklärte er auf seine ungebundene Art, dieser sogenannte Ernst sei nur ein Spitzbube, und zwar, wie er hinzufügte, einer von der gefährlichsten Art, ein durchtriebener, und nach seinem Dafürhalten seien durch ihn mehr ehrbare, wohlmeinende Leute innerhalb eines Jahres um Hab und Gut gekommen als durch Beutelschneider und Taschendiebe binnen einem halben. In der unbeschützten, nackten Arglosigkeit eines fröhlichen Herzens liege nach seinem Dafürhalten nur eine Gefahr für dieses selber, während im innersten Kerne des sogenannten Ernstes stets Absicht und somit Betrug verborgen lägen. Er wäre nichts als ein eingelernter und viel geübter Trick, um für vernünftiger und erfahrener zu gelten, als man in Wirklichkeit ist; und von diesem Ernst und allen seinen Anmaßungen gelte genau das, was ein witziger Franzose schon längst folgendermaßen ausgedrückt hätte: ›Eine gewisse geheimnisvolle Haltung des Körpers sei oft nur dazu da, um gewisse Schäden des Geistes und Gemütes zuzudecken‹, welche Definition des Ernstes nach Yoricks sehr unvorsichtiger Ausdrucksweise in goldenen Lettern niedergeschrieben zu werden verdiente.

Aber die Wahrheit ist, daß er in den Dingen der Welt gänzlich unerfahren und ohne Routine und gerade bei solchen Gelegenheiten vorlaut und unvorsichtig im Gespräch war, wo die Lebensart und der

Brauch am meisten dem Menschen Zwang auferlegt und ihn unter Druck setzt. Yorick kannte jedoch nur einen einzigen Druck und Zwang, und zwar jenen, den die in Rede stehende Handlung ausübt, welchen Eindruck er dann meist in sein einfaches, ungekünsteltes Englisch zu übersetzen pflegte, zu oft ohne viel Rücksicht auf die Person, die Zeit und den Ort, so daß, wenn einer erbärmlichen oder unedlen Handlung Erwähnung getan wurde, er keinen Augenblick lang überlegte, wer der Held dieser erwähnten Handlung, was dessen Stellung im Leben wäre oder wieweit dieser die Macht hätte, sich an ihm später dafür zu rächen, nein, wenn die Handlung schmutzig war, so entsprang sie eben einem schmutzigen Charakter und so weiter. Und da seine Erklärung meist das Unglück hatte, mit einem *Bonmot* zu schließen oder sonstwie mit Humor gewürzt zu sein, so gelangte auf diese Weise Yoricks unvorsichtiger Ausdruck wie auf Flügeln überallhin. Mit einem Worte, obwohl er nie die Gelegenheit suchte, ihr aber auch nur selten aus dem Weg ging, das zu sagen, was ihm am Herzen lag, und zwar ohne viel Umstände, so unterlag er zu oft der Versuchung im Leben, seinen Witz und Humor auszustreuen, seine Späße und Anspielungen fallenzulassen. – Und sie gingen nicht verloren, denn es fehlte keinesfalls an denen, die sie aufklaubten und sammelten.

Was die Folge davon war und wie es dadurch mit Yorick zur Katastrophe kam, werden Sie im nächsten Kapitel lesen.

Zwölftes Kapitel

Pfandschuldner und Pfandgläubiger weichen in der Länge ihrer Geldbeutel nicht mehr und nicht weniger voneinander ab als Spötter und Verspottete in der Länge ihres Gedächtnisses. Doch insofern läuft hier der Vergleich, wie die alten Gelehrten sich ausdrücken, auf allen vieren – was, nebenbei gesagt, noch immer um ein Bein oder zwei mehr ist, als einige der besten Vergleiche im Homer haben –, daß nämlich der eine eine Summe be- und der andere ein Gelächter erhebt auf Kosten eines dritten, ohne sich weiter viel Gedanken darüber zu machen. Die Zinsen laufen jedoch in beiden Fällen. Periodische oder zufällige Zahlungen können nur dazu dienen, die Erinnerung daran frisch zu erhalten, bis endlich in einer bösen Stunde – sieh da! – der Gläubiger des einen wie des anderen auf der Bildfläche erscheint und damit, daß er sein Kapital samt Zinsen zurückverlangt, beide das volle Maß ihrer Verschuldung fühlen läßt.

Da der Leser ohnehin (denn die Worte ›wenn‹ und ›falls‹ sind mir zuwider) eine gründliche Kenntnis des menschlichen Herzens besitzt, brauche ich ihm nicht erst zu sagen, daß unser Held in diesem Tempo nicht fortfahren konnte, ohne gelegentliche Mahnungen zu erhalten. Um die Wahrheit zu sagen, hatte er eine ganze Masse solcher kleinen Buchschulden auf sich geladen, die er trotz Eugenius' Warnung zu leicht nahm, indem er sich sagte, daß, da nicht eine davon aus Bosheit gemacht worden sei, sondern alle im Gegenteil seiner Ehrlichkeit entsprängen und der Freude am Spaß, alle mit der Zeit gestrichen werden würden.

Eugenius konnte ihm da nicht recht geben und wiederholte immer wieder, daß eines Tages trotz allem abgerechnet werden würde, und zwar – wie er im Tone tiefer Traurigkeit hinzufügte – bis auf den letzten Heller und Pfennig. Worauf Yorick meist in seiner gewohnten Sorglosigkeit des Herzens mit einem Pah! antwortete oder, sooft der Gegenstand im freien Felde zur Sprache kam, mit einem Purzelbaum oder Sprung. Trafen sie sich aber einmal vor dem geselligen Kamin, allwo der Schuldige hinter Lehnsesseln und einem Tisch eingezwängt war und nicht in der Tangente entwischen konnte, so geschah es, daß Eugenius mit seiner Vorlesung über Vorsicht und Verschwiegenheit ungefähr in folgenden Worten fortfuhr, wobei ich zugebe, daß diese in Wirklichkeit etwas besser gesetzt gewesen sein mögen:

Glaube mir, lieber Yorick, diese deine höchst unvorsichtige Art und Weise, dich über andere lustig zu machen, wird dich früher oder später in eine sehr peinliche Lage bringen und in Schlingen geraten lassen, aus denen dich dann kein neuer Witz wird herausreißen oder herausziehen können. Bei solchen Witzen kommt es, wie ich sehe, zu oft vor, daß die ausgelachte Person sich für die beleidigte hält, und zwar mit allen Rechten und Ansprüchen, die zu einer solchen Situation gehören. Und sobald auch du ihn oder die Sache einmal in dieser Beleuchtung ansiehst und dann die Freunde, die Angehörigen, Vettern und Verbündeten des Beleidigten zusammenzählst und dir dazu dann noch alle die vor Augen hältst, die zu ihm, dem Beleidigten, im Gefühl der gemeinsamen Gefahr als Bundesgenossen stoßen werden, so übertreibst du keineswegs, wenn du dir sagst, daß auf zehn Witze jedesmal hundert Feinde kommen. Doch bis du nicht einen ganzen Schwarm von Wespen dir um die Ohren summen hörst und von ihnen halb totgestochen bist, wirst du niemals glauben, daß es tatsächlich so und nicht anders sei.

Ich darf wohl bei einem Manne wie dir, den ich hochschätze, nicht argwöhnen, daß er bei seinen Ausfällen auch nur im mindesten von Grillenhaftigkeit oder böser Absicht getrieben sei – vielmehr glaube und weiß ich in diesem Fall, daß solche aus einem ehrlichen Herzen und aus einer gewissen Freude am Spaß kommen. Doch bedenke, mein Junge, daß Dummköpfe hier keinen Unterschied zu sehen vermögen und Schurken ihn nicht sehen wollen. Und du weißt nicht, was es heißt, jene herausfordern und diese zum besten haben. Wann immer die sich zu gemeinsamer Abwehr einmal zusammentun, werden sie, darauf verlasse dich, den Krieg gegen dich auf eine Weise führen, daß du dessen und damit auch deines Lebens herzlich überdrüssig werden wirst.

Rachsucht aus irgendeinem verruchten Winkel her wird ein solches Märchen von Unehre über dich ersinnen und zu erzählen anheben, daß weder die äußerste Herzensunschuld noch der reinste Lebenswandel die Kraft haben werden, es zu zerstören. Das Glück deiner Familie wird wanken, dein guter Name, der dich dorthin stellte, wo du jetzt stehst, wird aus vielen Wunden bluten, deine Ehrlichkeit wird angezweifelt, deine Tätigkeit verleumdet, dein Witz vergessen und deine Gelehrsamkeit für lächerlich erklärt werden. Und um jetzt noch die letzte, schaurigste Szene dieses deines Trauerspiels heraufzubeschwören, so werden Grausamkeit und Feigheit, Zwillingsdirnen, von der Bosheit im Dunkeln angeworben und aufgehetzt, zusammen über alle deine Schwächen und Mißgriffe herfallen. Die Besten unter uns, mein teurer Junge, sind hier verwundbar, und glaube mir, Yorick: Ist es einmal beschlossen, daß, um ein geheimes Gelüsten zu befriedigen, ein unschuldiges und hilfloses Geschöpf geopfert werden soll, so ist nichts leichter, als in jedem Dickicht, in das es sich verirrte, Reisig genug zu sammeln, um ein Opferfeuer daraus zu machen.

Yorick hörte selten diese traurige Prophezeiung seines Schicksals an, ohne daß nicht eine aus dem Auge sich stehlende Träne den Blick mit dem Versprechen begleitete, seinen Klepper von nun an mit mehr Mäßigung zu reiten. Aber ach, es war zu spät – eine große Verschwörung, mit *** und **** an der Spitze, hatte sich gebildet, noch bevor sie zum ersten Male vorausgesagt worden war. Der ganze Angriffsplan war genau so, wie es Eugenius verkündigt hatte, auf einmal zur Ausführung gekommen – wobei ebensowenig Gnade auf seiten der Verbündeten zu erwarten war wie Argwohn seitens Yoricks in bezug auf das, was gegen ihn alles in Bewegung gesetzt würde, so daß, während er, der leichtherzige, gutmütige Mann, meinte, nun reife langsam die verdiente Beförderung heran, sie ihn in der Wurzel trafen und er gleich manchem anderen würdigen Mann vor ihm zu Boden fiel ... Immerhin kämpfte Yorick eine Zeitlang mit aller erdenklichen Tapferkeit, bis er, überwältigt von der Überzahl und erschöpft von den Drangsalen des Krieges, freilich noch mehr von der Art, womit dieser geführt wurde, sein Schwert hinwarf. Und wiewohl er bis zum letzten Augenblick anscheinend den Mut nicht sinken ließ, so starb er dennoch, wie auch allgemein angenommen wurde, an gebrochenem Herzen.

Der Grund, warum auch Eugenius diese allgemeine Meinung teilte, war der folgende: Wenige Stunden, bevor Yorick den letzten Atemzug tat, trat Eugenius vor sein Bett, um ihn noch einmal zu sehen und ihm ein letztes Lebewohl zu sagen. Als er Yoricks Bettvorhang zurückschob und den Kranken fragte, wie er sich heute fühlte, blickte dieser ihm in die Augen, faßte seine Hand und, nachdem er ihm für die vielen Freundschaftsdienste gedankt hatte, wofür er ihm auch fürderhin, sollte sie beide das Schicksal noch einmal in einer anderen Welt zusammenführen, immer von neuem danken wolle, erklärte er ihm, daß er binnen wenigen Stunden seinen Feinden entwischt sein würde. – Nicht doch, antwortete, während Tränen ihm die Wangen herunterliefen, Eugenius mit der sanftesten Stimme, womit jemals ein Mensch geredet hat, nicht doch, Yorick. – Yorick erwiderte nur mit einem Blick nach oben und einem leisen Händedruck. Das war alles, aber es schnitt Eugenius ins Herz. – Komm, Yorick, sagte Eugenius, die Tränen wegwischend und alles, was an ihm an Männlichkeit war, zusammennehmend, mein lieber Junge, hab Mut, dulde nicht, daß deine Mannhaftigkeit dich, wo du ihrer am meisten bedarfst, im Stich läßt! Wer weiß, über welche Hilfsquellen du noch in dir verfügest und was Gottes Allmacht für dich zu leisten vermag! – Yorick legte die Hand aufs Herz und schüttelte leise den Kopf. – Was mich betrifft, fuhr Eugenius fort, indem er jetzt bei diesen Worten zu weinen begann, so weiß ich gar nicht, wie ich von dir scheiden soll, und ich möchte mich gern mit der Hoffnung trösten, fügte er hinzu, wobei sich seine Miene aufheiterte, daß noch genug von dir übrigbliebe, um daraus einen Bischof zu machen, und

daß ich dies noch erlebte. – Ich bitte dich, Eugenius, sagte jetzt Yorick, und hob seine Nachtmütze, so gut es eben ging, mit der linken Hand vom Kopfe hoch, denn seine rechte lag noch fest in der Hand des Eugenius, ich bitte dich, sieh dir doch einmal diesen meinen Schädel an! – Ich sehe keinen Schaden darauf, entgegnete Eugenius. – Dann laß dir sagen, mein Freund, fuhr Yorick fort, daß er in Wirklichkeit also geschunden und mißhandelt wurde von den Hieben, welche *** und **** und noch andere mir unsanft im Dunkeln versetzt haben, daß ich jetzt mit Sancho Pansa ausrufen könnte: Sollte ich je wieder aufkommen und sollte es dann Bischofsmützen nur so hageln, so würde doch keine einzige auf meinen Kopf passen. – Yoricks letzter Atemzug hing nur noch mit dünnem Faden an seinen zitternden Lippen, bereit zu scheiden, kaum daß er diesen Satz zu Ende gesprochen hatte, und doch hatte darin etwas vom Ton des Cervantes gelegen, und als er ihn sprach, konnte Eugenius gewahren, wie des Sterbenden Augen von einem Leuchten durchzuckt wurden, das ein schwaches Abbild jener Geistesblitze war, die (wie Shakespeare von Yoricks Ahnherrn sagte) eine ganze Tafelrunde in Gelächter zu versetzen vermochten.

Eugenius war nach dieser Szene überzeugt, daß das Herz seines Freundes gebrochen sei. Er drückte ihm die Hand und ging leise aus dem Zimmer hinaus und weinte, während er ging. Yorick folgte Eugenius mit dem Blick bis zur Tür und schloß dann die Augen und öffnete sie niemals wieder.

Er liegt in einer Ecke des Friedhofes der Pfarrei von ** unter einer einfachen Marmorplatte begraben, mit welcher sein Freund Eugenius ihn mit Erlaubnis des Testamentsvollstreckers zudeckte, worauf nichts als die drei Worte standen, Grabschrift und Klageruf in einem:

ACH, ARMER YORICK!

Zehnmal des Tages hat Yoricks Geist den Trost zu hören, wie diese überaus monumentale Inschrift mit klagender Stimme jeglicher Art von denen gelesen wird, die ihn betrauern und verehren. Ein Fußweg führt quer durch den Friedhof am Grabe vorbei, und kein Besucher geht vorüber, ohne stehenzubleiben, einen Blick darauf zu werfen und, bevor er weiterzugehen sich anschickt, noch zu seufzen:

Ach, armer Yorick!

Dreizehntes Kapitel

Es ist schon lange her, daß der Leser dieses sprunghaften Werkes von der Hebamme Abschied genommen hat, so daß es an der Zeit ist, ihrer wiederum vor ihm Erwähnung zu tun, nur damit er wisse, daß so ein Wesen noch auf der Welt ist und daß ich ihn damit, soweit ich den Plan des Ganzen jetzt übersehen kann, ein für allemal bekannt machen will. Doch da neues Material sich darbieten und zwischen dem Leser und mir viel Unerwartetes vorfallen kann, das unverzüglicher Erledigung bedarf, so war es ganz in der Ordnung, dafür zu sorgen, daß das Frauenzimmer in der Zwischenzeit nicht verlorenginge, weil wir, wenn sie einmal gebraucht werden wird, auf keinen Fall ohne sie werden auskommen können.

Ich glaube, ich habe Ihnen schon gesagt, daß diese gute Frau eine Person von nicht geringer Bedeutung und Wichtigkeit allenthalben im Dorf und in der Umgebung war, daß ihr Ruhm sich bis an den äußersten Rand jenes Geltungskreises ausgebreitet hatte, wie einen solchen jeder lebendige Mensch, ob er nun ein Hemd am Leibe hat oder keines, um sich herum besitzt, welcher besagte Kreis nebenbei – sooft dieser oder jener Mensch nach der Meinung der Menschen großen Einfluß oder große Bedeutung haben soll – in Euer Gnaden Vorstellung im geraden Verhältnis zum Rang, Beruf, zur Erkenntnis, zu den Fähigkeiten, zur Höhe und Tiefe (nach beiden Richtungen gemessen) der Person, die vor Sie gestellt wird, sich ausdehnt oder einschrumpft.

Im gegenwärtigen Falle habe ich ihn, wenn ich mich recht erinnere, mit vier bis fünf Meilen im Durchmesser festgelegt, so daß er nicht nur das ganze Kirchspiel umfaßte, sondern sich auch bis zu zwei oder drei Bauernhäusern an den Rändern des nächsten Kirchspiels erstreckte, was schon manches besagte. Ich muß hinzufügen, daß die gute Frau außerdem noch auf einem großen Gehöft und in einigen anderen Hütten und Pachthöfen, die ein halbes Stündchen von dem Rauche ihres eigenen Schornsteins entfernt liegen mochten, wie gesagt, sehr wohl gelitten war. Im übrigen soll hier ein für allemal zur Kenntnis gebracht werden, daß alles das genau auf einer Landkarte eingezeichnet und beschrieben werden wird, die sich jetzt noch in den Händen des Kupferstechers befindet und die nebst einigen anderen Stücken und Erläuterungen des Werkes dem Ende des zwanzigsten Buches hinzugefügt werden soll, nicht um das Werk anzuschwellen – ich verabscheue schon den bloßen Gedanken an dergleichen –, sondern als Kommentar, *Scholium*, Illustration und Schlüssel zu solchen Passagen, Ereignissen und Andeutungen, welche man entweder einer besonderen Erklärung für bedürftig halten oder denen man einen zweifelhaften und dunklen Sinn unterlegen wird, wann einmal mein ›Leben und meine Ansichten‹ von der ganzen Welt (Achten Sie auf das Wort Welt, und merken Sie sich es!) gelesen werden wird, ein Ereignis, zu dem es, unter uns gesagt und trotz allem, was die Rezensenten von Großbritannien dagegen zu sagen und zu schreiben haben werden, nach meinem unwandelbaren Entschluß wird kommen müssen. Ich brauche Euer Wohlgeboren nicht darauf aufmerksam zu machen, daß alles das im Vertrauen gesagt wurde.

Vierzehntes Kapitel

Als ich eines Tages in den Ehekontrakt meiner Mutter Einblick nahm, um mich und den Leser, bevor wir weitergingen, erst über einen Punkt darin aufzuklären, hatte ich das Glück, kaum daß ich anderthalb Tage darin gelesen hatte (es hätte mich auch einen Monat kosten können), gerade auf die Sache zu stoßen, die ich brauchte, was deutlich erweist, daß, wenn ein Mensch sich hinsetzt, um eine Geschichte zu schreiben – und wäre es nur die von Hans Guckindieluft oder Thomas Däumling –, er ebensowenig wie seine Schuhsohlen weiß, auf welche Schwierigkeiten und Hindernisse er am Wege stoßen oder welche Tänze er bei dem einen oder anderen Umwege werde tanzen müssen, bevor alles vorbei ist. Könnte ein Geschichtsschreiber seine Geschichte so vor sich hertreiben wie ein Maultiertreiber den Maulesel – geradeaus, sagen wir: von Rom nach Loreto, ohne sich nach rechts oder links umzusehen –, so dürfte er es wagen, Ihnen auf die Stunde vorauszusagen, wann er das Ende seiner Reise erreicht haben werde; doch in der Welt des Geistes ist das unmöglich, denn wenn unser Geschichtsschreiber ein Mann von auch nur ein wenig Geist ist, wird er fünfzig auf keine Weise vermeidliche Abweichungen von der geraden Linie mit der oder jener Gesellschaft, die er am Wege trifft, machen. Sein Auge wird ohne Unterlaß von Aussichten und Ansichten in Anspruch genommen sein, und er wird ebensowenig umhinkönnen, vor ihnen haltzumachen, wie er es zustande zu bringen vermöchte zu fliegen. Er wird zudem verschiedene

Nachrichten zu vergleichen,
Anekdoten zu sammeln,
Inschriften zu entziffern,
Geschichten einzuweben,
Überlieferungen zu sichten,
Großen Herren aufzuwarten,
Lobreden auf diese Tür,
Schmähverse auf jene aufzukleben haben,

von welchen Aufgaben sowohl der Maultiertreiber als auch der Maulesel selber befreit sind. Alles in allem: Vor jedem Abschnitt gibt's Archive zu durchstöbern und Schriftrollen, Urkunden, Dokumente und endlose Geschlechtsregister zu lesen, vor welchen haltzumachen und auf welche einzugehen die Gerechtigkeit und Billigkeit ihn stets von neuem auffordern. Kurzum, das Ende ist an keiner Stelle abzusehen. Ich für meinen Teil erkläre, daß ich schon sechs Wochen über meinem Werke sitze und mich sogar, sosehr es ging, beeilt habe und doch noch nicht einmal geboren bin. Ich war gerade nur in der Lage, zu sagen, *wann* es geschah und nicht *wie*, so daß die Sache, wie Sie sehen, noch sehr weit von ihrem Ende entfernt ist.

Diese unvorhergesehenen Hindernisse, von denen ich, offen gestanden, ganz zu Beginn noch keine rechte Vorstellung hatte und die sich nach meiner Überzeugung, je weiter ich komme, eher vermehren als vermindern müssen, haben mir einen Fingerzeig gegeben, dem zu folgen ich durchaus gewillt bin, das ist: mich nicht zu übereilen, sondern ganz gemächlich weiterzugehen, indem ich jedes Jahr zwei Bände meines Lebens veröffentliche, was ich, wenn man mich in Ruhe läßt und ich einen leidlichen Vertrag mit meinem Verleger abschließen kann, bis ans Ende meines Daseins fortzusetzen gedenke.

Fünfzehntes Kapitel

Der Artikel in meiner Mutter Ehekontrakt, den ich, wie gesagt, erst aufzustöbern hatte und jetzt, da er gefunden, dem Leser unterbreiten muß, ist in dem Dokumente selbst ungleich ausführlicher und deutlicher formuliert, als ich jemals ihn auszudrücken mir anmaßen könnte, so daß es eine Roheit wäre, ihn der Sprache der Juristen zu entkleiden. Er lautet wie folgt:

Und dieser Vertrag bezeugt ferner, daß besagter Walter Shandy, Kaufmann, in Betracht der erwähnten, vorzuhabenden und mit Gottes Segen wahrhaft und feierlich zu vollziehenden Heirat zwischen besagtem Walter Shandy und vorgenannter Elizabeth Mollineux und auch aus diversen anderen guten und gültigen Ursachen und Überlegungen, als welche ihn im besonderen dazu bewogen haben, verspricht, angelobet, einwilliget, entschließet sich und ist völlig übereingekommen gegen und mit John Dixon und James Turner, den obgenannten Bevollmächtigten, nämlich daß im Falle es einmal so ausfallen, sich zufällig ergeben oder ereignen oder sonstwie zutragen sollte, daß besagter Kaufmann Walter Shandy sein Geschäft auflöse vor der Zeit oder den Zeiten, da besagte Elizabeth Mollineux entsprechend dem Laufe der Natur und sonstwie aufgehört haben wird, Kinder in sich zu tragen und zur Welt zu bringen, und daß besagter Walter Shandy nach Auflösung oder Auflassung seines Geschäftes zum Mißfallen und wider den Willen, die Zustimmung und das Gefallen obgenannter Elizabeth Mollineux sich von der Stadt London wegbegeben sollte, um sich auf Shandy Hall in der Grafschaft von ** zurückzuziehen und dort oder auf sonst einem Landsitz, Schloß, Halle, Gehöft oder Edelhof, den er schon gekauft hat oder später noch kaufen sollte, oder sonst auf Teilen und Stücken davon zu wohnen, daß alsdann und, sooft als die genannte Elizabeth Mollineux mit einem Kinde oder auch mehreren gesetzmäßig und ehelich empfangenen Kindern geschwängert ist, besagter Walter Shandy auf eigene Kosten, zu seinen Lasten und aus eigenem Vermögen während der Schwangerschaft der genannten Elizabeth Mollineux, und zwar sechs Wochen vollgerechnet vor ihrer zu erwartenden oder angenommenen Niederkunft, die Summe von hundertundzwanzig Pfund in guter und gültiger Münze an John Dixon und James Turner oder deren Vertreter auf Treu und Glauben für und zu folgendem Gebrauch und Nutzen, Absicht, Ende und Zweck zahlen oder zahlen lassen solle: damit die gedachte Summe von hundertundzwanzig Pfund zu Händen der besagten Elizabeth Mollineux gelange oder sonstwie von gedachten Bevollmächtigten dazu verwendet werde, um eine Kutsche mit brauchbaren und leistungsfähigen Gäulen zu mieten, damit der Körper der besagten Elizabeth Mollineux samt dem Kind beziehungsweise den Kindern, mit dem oder denen besagte E. M. zur Zeit schwanger gehen sollte, nach der Stadt London gebracht oder geführt werde und damit alle anderen einschlägigen Kosten, Rechnungen, Forderungen bei der vorbedachten Niederkunft und Kindbett (davor und nachher) in genannter Stadt oder deren Vorstädten gezahlt werden. Und daß besagte Elizabeth Mollineux von Zeit zu Zeit und zu jeder Zeit und allen Zeiten, die hier festgesetzt sind, besagte Kutsche und Pferde ruhig, ohne Streit und Widerrede mieten und freien Ein- und Aus- und Rücktritt während ihrer Fahrt und Reise in und aus der Kutsche haben möge entsprechend dem Sinne, der Meinung und Absicht dieses Vertrages ohne alles Hindernis, Störung, Belästigung, Verlust, Unterbrechung und Beschwerung welcher Art immer. Und daß überdies besagter Elizabeth Mollineux es gesetzlich zustehen solle, von Zeit zu Zeit und in dem Maße, als sie in gedachter Schwangerschaft fortschreitet, in dem oben festgesetzten und vereinbarten Zeitraum an einem solchen Ort (oder Orten) bei einer solchen Familie (oder Familien) mit solchen Verwandten, Freunden oder anderen Personen innerhalb der Stadt London zu leben, wie es ihr nach eigenem Willen und Vergnügen und ganz ohne Ansehung ihrer dermaligen Schwangerschaft gutdünken würde, so als ob sie eine *femme seule* und unverheiratet wäre. Und dieser Vertrag bezeugt ferner, daß zur besseren Erfüllung gegenwärtigen Vergleiches besagter Walter Shandy, Kaufmann, genannte John Dixon und James Turner beziehungsweise deren Erben, Exekutoren, Vertreter kraft eines Kauf- und Verkaufvertrages, der für ein Jahr – vom Tage vor dem Inkrafttreten dieses Vertrages an gerechnet – zugunsten genannter John Dixon und James Turner von ihm, dem besagten Walter Shandy, Kaufmann, zu diesem Zwecke gemacht wird, in dem Besitz des ganzen Erb- und Lehngutes der Shandys in genannter Grafschaft bestätigt samt allen Rechten, Stücken und Zubehör, mit allen und jeden Häusern, Gebäuden, Scheuern, Ställen, Obstgärten, Gärten, wüsten Plätzen, Höfen, Hütten, Ländereien, Wiesen, Weiden, Gehegen, Sümpfen, Hinterland, Wäldern, Büschen, Fischereien, Wasserleitungen, Wassern und Wasserläufen, zusammen mit allen Mieten, Reversionen, Erbzinsen, Sporteln, Pachtshillingen, Kautionen, gegebenen Ansprüchen, Minen, Gruben, Hab und Gütern der Hörigen und Flüchtlinge, Hörigen selber, den Bedürftigen, verwirkten Gütern, allen anderen Freiheiten, Rechten und Rechtsprechungen, Privilegien und Erbschaften. Und ebenso mit dem

Recht, die Pfarrei der besagten Familie Shandy zu vergeben und zu verschenken samt allen Zehnten und Schollen. – In drei Worten: Meine Mutter durfte (wenn sie wollte) in London niederkommen.

Doch um allen etwa möglichen Finten und Ränken von seiten meiner Mutter vorzubeugen, welchen Finten ein Kontrakt dieser Art zu leicht Tür und Tor öffnete, wurde zur Sicherheit meines Vaters eine Klausel hinzugefügt, an die ohne meinen Onkel Tobias Shandy niemals gedacht worden wäre und die folgendermaßen lautete: Sollte meine Mutter zu welcher Zeit immer durch falsche Schreie oder Wehen meinen Vater zu der Unbequemlichkeit und den Kosten einer Reise nach London veranlassen, daß sie für jeden solchen Fall dann aller ihrer Rechte und durch den Vertrag gewährleisteten Ansprüche für das nächste Mal – für öfter aber nicht – verlustig gehen sollte, und so fort *toties quoties* auf eine ebenso rechtskräftige Art und Weise, als ob ein solcher Vertrag zwischen ihnen beiden niemals abgeschlossen worden wäre. – Dies war nebenbei nur vernünftig, aber trotz aller Vernunft habe ich es doch immer als sehr hart empfunden, daß das ganze Gewicht dieser Klausel, wie es später in der Tat zutraf, auf mich fiel.

Doch ich bin nun einmal zum Unglück gezeugt und geboren, denn was meine arme Mutter betrifft, ob es in ihr nun Wind oder Wasser oder beides zusammen oder keines von beiden oder ob es gar nur eine Schwellung der Einbildungskraft und Phantasie gewesen oder ob der heftige Wunsch und die Sehnsucht ihr Urteil geschwächt hatten, mit einem Wort, ob meine arme Mutter nun getäuscht war oder selber täuschen wollte, das hier zu entscheiden steht mir nicht zu. Tatsache ist, daß, als in der zweiten Hälfte vom September 1717, ein Jahr also, bevor ich geboren war, meine Mutter meinen Vater (was ihm sehr gegen den Strich ging) nach London brachte, er unnachgiebig und unbedingt auf der Klausel bestand, so daß ich also dank diesen Vertragsartikeln zu einer so gequetschten Nase verurteilt bin, als hätten die Schicksalsgöttinnen mir überhaupt keine zugedacht.

Wie es aber dazu kam und was für eine Reihe höchst schmerzvoller Enttäuschungen mich in diesem oder jenem Lebensstadium infolge des Verlustes oder besser: der Quetschung dieses einzigen Gliedes verfolgte, soll alles zu seiner Zeit dem Leser unterbreitet werden.

Mein Vater fuhr, wie sich jeder leicht vorstellen kann, in sehr gereizter Laune mit meiner Mutter aufs Land zurück. Die ersten zwanzig bis fünfundzwanzig Meilen tat er nichts anderes, als sich selber und meine Mutter wegen der verdammten Auslage zu ärgern und zu quälen, von welcher, wie er sagte, jeder Shilling hätte erspart werden können. Doch was ihn mehr als alles andere verdroß, war die ihm besonders ungelegene Jahreszeit, die Zeit, wie gesagt, gegen Ende September, da die Spalierfrüchte, vor allem die Mirabellen, auf die er stets besonders begierig war, abgenommen werden mußten. ›Wäre er in jedem anderen Monat des Jahres durch irgendwelche dumme Nachricht nach London in den April geschickt worden, würde er nicht drei Worte darüber verloren haben.‹ Die zwei nächsten Stationen ging ihm dann wiederum das eine nicht aus dem Kopf: nämlich der harte Schlag, den ihm der Verlust eines Sohnes versetzte, mit dem er, scheint es, im Geiste schon gerechnet hatte und den er sich als zweiten Stab und als Stütze seiner letzten Lebensjahre, falls Bobby versagen sollte, gleichsam in sein Notizbuch vorgemerkt zu haben schien. Die Enttäuschung darob, sagte er, wäre für einen verständigen Mann zehnmal ärgerlicher als all das Geld, das ihn die Reise usw. gekostet hatte – pfeif auf die hundertundzwanzig Pfund –, auf die käme es ihm wahrhaftig nicht an! Doch aufreizender als alles andere an der ganzen Angelegenheit erschien ihm die zu erwartende Anteilnahme der Freunde und Bekannten. Den ganzen Weg von Stilton nach Grantham beschäftigte sie ihn. Er ärgerte sich schon im vorhinein über die lächerliche Rolle, die sie beide am ersten Sonntag in der Kirche spielen würden, wovon er mit der ihm eigenen beißenden Heftigkeit des Witzes, die jetzt noch durch den Ärger geschärft wurde, allerlei launige und zugleich aufreizende Schilderungen zu geben verstand und womit er sich und seine Ehehälfte vor der versammelten Schar der Kirchengänger in ein so peinliches Licht und in eine so unangenehme Situation zu bringen wußte, daß meine Mutter erklärte, diese zwei Stationen seien so wahrhaft tragikomisch gewesen, daß sie vom Anfang bis zum Ende dieser Wegstrecke in einem Atem hätte lachen und weinen müssen.

Von Grantham bis zum Übergang über den Trentfluß geriet mein Vater wiederum immer von neuem ganz außer sich über den gemeinen Betrug, den seiner Meinung nach meine Mutter an ihm verübt hätte. ›Keine Rede‹, sagte er sich immer wieder, ›davon, daß die Frau sich selber getäuscht hat. Und wenn ja – welche Schwäche!‹ Quälendes Wort: Schwäche, Schwachheit, welches seine Phantasie zum Narren hielt und mit ihr, bevor er damit fertig war, allerhand Possen aufführte. Denn sooft nur das Wort Schwäche fiel und ihn traf, fing er alsogleich an, alle Arten von Schwäche durchzugehen: Da gab es die Schwäche des Körpers und dann die Schwäche des Geistes, und schließlich suchte er ein bis zwei Stationen lang durch logische Schlußfolgerungen zu ergründen, inwieweit die Ursache dieser ganzen Peinlichkeit und Plackerei in ihm selber zu suchen sei oder inwieweit nicht.

Kurz, für ihn waren so viele kleine Anlässe zum Ärger aus dieser einen Angelegenheit entsprungen, die ihm alle der Reihe nach den Kopf warm machten, daß meine Mutter, wie immer die Hinreise gewesen sein mochte, jedenfalls eine böse Heimreise hatte. Mit einem Wort, er hätte, wie sie es später meinem Onkel Toby klagte, die Geduld eines jeden Menschen auf der Welt erschöpft und nicht nur die ihre.

Siebzehntes Kapitel

Obwohl mein Vater, wie gesagt, keineswegs in der besten Laune nach Hause fuhr und den ganzen Weg heimwärts brummte und fauchte, so war er doch rücksichtsvoll genug, das böse Ende der ganzen Geschichte vorläufig bei sich zurückzubehalten, nämlich den Entschluß, den er gefaßt hatte, sich selber sein Recht zu verschaffen, wozu ihn Onkel Tobys Klausel ermächtigte. Auch machte er meiner Mutter erst in der Nacht, in der ich gezeugt wurde, also dreizehn Monate später, von dieser seiner Absicht Mitteilung. Damals nahm er nämlich, da er etwas geärgert und aufgebracht war durch den kleinen Zwischenfall, dessen Sie sich erinnern, die Gelegenheit wahr, während beide hinterdrein im ernsten Gespräch über die Zukunft begriffen im Bette lagen, und eröffnete seiner Gattin, daß sie sich diesmal wohl oder übel in den zwischen ihnen geschlossenen Ehevertrag finden, das heißt, mit dem Kinde auf dem Lande niederkommen müsse, um auf diese Weise die Kosten der letzten Londoner Reise auszugleichen.

Mein Vater war ein Mann von vielen Tugenden, aber seine Wesensart war mit etwas gewürzt, was bald die Tugenden in uns um noch eine vermehrt, bald diesen Abbruch tut. In einer guten Sache heißt sie Ausdauer, in einer schlechten Eigensinn. Das wußte meine Mutter, so daß sie es für völlig zwecklos hielt, Gegenvorstellungen zu erheben – und so beschloß sie, fein gelassen zu bleiben und die Dinge so zu nehmen, wie sie kommen würden.

Achtzehntes Kapitel

Da man in dieser Nacht übereingekommen war, oder besser, da in ihr beschlossen worden war, daß meine Mutter mit mir auf dem Lande niederkommen sollte, so traf letztere auch gleich die entsprechenden Maßregeln. Zu diesem Zwecke begann sie ungefähr drei Tage, nachdem sie sich in der Hoffnung fühlte, ein Auge auf jene Hebamme zu werfen, von der wir schon so viel gehört haben. Und bevor die Woche zu Ende gelaufen, kam sie, da der berühmte Dr. Manningham nicht zu haben war, zum endgültigen Entschluß – trotzdem daß ein studierter Geburtshelfer nicht weiter als acht Meilen von uns entfernt wohnte und dieser überdies ein Fünfshillingbuch ausdrücklich über die Hebammenkunst verfaßt hatte, worin er nicht nur die Fehler und Ungeschicklichkeiten der Hebammen ans Licht zog, sondern auch eine Menge höchst beachtenswerter Verbesserungen vorbrachte und erläuterte, wie man bei ungewöhnlichen Lagen und in anderen Fällen von Gefahr, wie solche jeden von uns bei der Geburt belauern, den Fötus schneller zutage fördern könnte –, ich sage, meine Mutter faßte trotz alledem den Entschluß, ihr Schicksal und damit auch meines in die Hände der alten Frau und in keine anderen zu legen.

So etwas gefällt mir jederzeit und auf alle Fälle: Wenn wir das, was wir erstreben, nicht erreichen können, niemals mit dem nächstbesten vorliebzunehmen; nein, so etwas ist stets über jede Beschreibung erbärmlich. So ist jetzt nicht mehr als eine Woche seit dem Tage vergangen, da ich dieses Buch zur Erbauung der Welt begonnen habe – nämlich dem 9. März 1759 –, daß meine liebe, liebe Jenny den Ausdruck von Ernst an mir gewahr ward, als sie wegen eines Stückes Seide zu fünfundzwanzig Shilling die Elle feilschte, und daraufhin dem Krämer schlankweg erklärte, es täte ihr leid, ihm soviel Umstände gemacht zu haben, und sofort in das nächste Geschäft ging, um sich dort ein Stück Stoff, zehn Pence die Elle, zu kaufen. Das ist nur ein anderer Fall derselben Seelengröße. Was freilich im Falle meiner Mutter den Ruhm und die Ehre ein wenig verringerte, war der Umstand, daß sie diesen ihren eigenen Fall nicht bis hinauf zur äußersten Spitze der Heldenhaftigkeit treiben konnte, weil nämlich unsere gute, alte Hebamme wirklich einige Ansprüche auf Vertrauen zu ihrer Geschicklichkeit machen konnte, zum mindesten insoweit, als errungene Erfolge eine gewisse Garantie geben; denn während einer zwanzigjährigen Praxis im Kirchspiel hatte sie noch jeden Muttersohn ohne Unfall und Schaden, der ihr in die Schuh geschoben werden könnte, ans Tageslicht befördert.

Obwohl diese Tatsache nicht ohne Gewicht war, so vermochte sie dennoch nicht ganz bei meinem Vater einige Bedenken und Besorgnisse zu beseitigen, die sich seiner angesichts einer solchen Entscheidung bemächtigt hatten. Um ganz von der natürlichen Macht der Menschlichkeit und Gerechtigkeit in uns oder von dem Verlangen zu schweigen, das den Gatten und Vater beseelt, sowenig wie möglich hier dem Zufall zu überlassen, so war mein Vater diesmal mehr denn je besorgt, ob auch alles gut verliefe, denn sonst würde er nach gar zu vielen Richtungen dem Kummer preisgegeben sein, wenn Mutter und Kind etwas bei der Geburt in Shandy-Hall zustieße. Er wußte, die Welt würde nur nach dem Erfolg und Ausgang einer Sache urteilen und bei einem möglichen Unfall seinen Kummer noch dadurch vermehren, daß sie ihm allein alle Schuld zuschob. Ach, hätte man der armen Mrs. Shandy nur ihren Wunsch erfüllt und wäre sie in die Stadt gefahren, dort niedergekommen und wieder zurückgekehrt – es heißt, sie sei auf den Knien gelegen und habe darum gefleht. Was meiner Ansicht nach im Hinblick auf die große Mitgift, die Mrs. Shandy ihrem Gatten in die Ehe gebracht hat, kein gar so großes Opfer gewesen wäre! Frau und Kind würden beide zur Stunde am Leben sein.

Darauf, das wußte mein Vater zu gut, war nichts zu erwidern. Und doch wollte er nicht nur sich selber vor übler Nachrede schützen, auch war es nicht einzig und allein die Sorge um den Nachkommen und die Frau, was ihn in diesem Punkte so übertrieben ängstlich machte. Nein, nein! Mein Vater betrachtete nämlich die Dinge von vielen und mancherlei Seiten; und ebendaher kam es, daß ihm die Sache überdies noch um des allgemeinen Besten willen am Herzen lag, denn ihm bangte vor den argen Mißbräuchen, die durch ein unheilvolles Beispiel allgemein einreißen könnten.

Er wußte zu gut, wie alle politischen Schriftsteller, die diesen Gegenstand zur Sprache brachten, vom Beginn der Herrschaft der Königin Elizabeth an bis in seine eigene Zeit einstimmig darüber Klage führten, daß der Zug der Menschen und des Kapitals nach der Hauptstadt aus ganz lächerlichen Gründen so gewaltig geworden sei, daß für unsere Verfassung daraus eine Gefahr erwachsen müßte – obwohl ihn, nebenbei gesagt, das Bild eines Zuges nicht sehr befriedigte. Eine Krankheit war es, diese Metapher gefiel ihm besser und wuchs ihm gleich zu einer ganzen Allegorie aus, indem er behauptete, es wäre ein und dasselbe im Staats- und im Menschenkörper. Würden das Blut und die Lebensgeister schneller nach dem Kopf zu getrieben, als sie nachher ihren Weg nach abwärts fänden, so müsse notwendigerweise eine Zirkulationsstörung erfolgen, die im einen und im anderen Falle den Tod nach sich zöge. Es bestehe kaum die Gefahr, pflegte er zu sagen, daß wir unsere Freiheiten durch die Politik der Franzosen oder durch Invasion verlören, auch befürchte er keinerlei Schwindsucht infolge der Menge verdorbener Materie und fauler Säfte in unserer Konstitution, was alles zusammen, wie er hoffe, nicht so schlimm wäre, wie sich's die Leute einbildeten, aber er fürchte in der Tat, daß wir einmal bei einem zu heftigen Zustrom ganz plötzlich an einem Staats-Schlaganfall stürben, und dann, pflegte er hinzuzufügen, gnade uns Gott!

Mein Vater konnte niemals die Geschichte dieser Krankheit zum besten geben, ohne zugleich das Mittel zu deren Heilung hinzuzufügen:

Wenn ich ein Fürst wäre mit unumschränkter Herrschergewalt, sagte er, seine Reithosen mit beiden Händen heraufziehend, indem er sich vom Lehnsessel erhob, so würde ich fähige Richter ernennen in jeder der großen Zugangsstraßen der Hauptstadt, die genau zu untersuchen hätten, was jeder Querkopf, der hierherkommt, hier zu suchen hat. Und wenn sich nach gerechtem und vorurteilslosem Verhör sein Geschäft oder Gewerbe nicht als ein hinreichender Grund erwiese, die Heimat zu verlassen und mit Kind und Kegel, den Kindern der Pächter usw. usw. in langem Zuge hierherzukommen, sollten sie alle zusammen zurückgeschickt werden von einer Polizeistation zur anderen wie Vaganten und Bettler, die sie schließlich auch sind, bis zum Ort ihres gesetzlichen Aufenthaltes. Auf diese Weise würde ich dafür sorgen, daß meine Hauptstadt nicht unter ihrer eigenen Last zusammenbräche, daß das Haupt nicht zu mächtig wäre für den Rumpf, der es trägt, daß die Gliedmaßen, jetzt dürr und ausgezehrt, den ihnen entsprechenden Teil von der Gesamtnahrung erhielten und damit ihre natürliche Stärke und Schönheit wiedergewännen. Ich würde auf eine wirksame Art dafür sorgen, daß die Wiesen und Kornfelder meines Landes lachten und sängen, daß Lebensfreude und Gastfreundschaft wieder aufblühten und auf diesem Wege soviel Gewicht und Einfluß in die Hände der Landedelleute meines Reiches gelangten, wie notwendig ist, um gegen das, was der Hochadel, wie ich sehe, ihnen jetzt nimmt, ein Gegengewicht zu schaffen.

Warum findet man so wenig Schlösser und Herrensitze, fragte er da jedesmal, nicht ohne innere Bewegung zu verraten, indem er im Zimmer auf und ab schritt, in so vielen der köstlichsten Provinzen von Frankreich? Woher kommt es, daß die wenigen übriggebliebenen *châteaux* jetzt ohne Dach sind, ohne Einrichtung und in einem so schauderhaften Zustand von Verwahrlosung und Verheerung? Warum? – Weil, Herr, fügte er hinzu, es in diesem Königreiche keine Landinteressen mehr gibt, für niemanden; das sehr geringe Interesse, das noch irgendein Mensch für irgendeine Sache hat, konzentriert sich auf den Hof und den Anblick des Monarchen: Vom Sonnenschein, den dessen Antlitz ausstrahlt, lebt jeder Franzose, und an den düsteren Wolken, die darüber hinziehen, stirbt er.

Eine andere politische Ursache, die meinen Vater zwang, sich vor dem geringsten Unfall während einer Niederkunft seiner Frau auf dem Lande in acht zu nehmen, war, daß ein jedes Beispiel dieser Art unfehlbar die Macht zuungunsten des schwächeren Landadels vom eigenen und höheren Range verschieben würde, was zusammen mit vielen anderen angemaßten Rechten, die jener andere Teil der englischen Aristokratie stündlich an sich reißt, sich als tödlich für das monarchische System des patriarchalischen Hausregiments erweisen müßte, das bei der Weltschöpfung von Gott eingesetzt worden sei.

In diesem Punkt war er ganz der Ansicht Sir Robert Filmers, daß nämlich die Grundlagen und Einrichtungen der größten Monarchien im Morgenlande ursprünglich dem wundersamen trefflichen Muster und Vorbilde dieser hausväterlichen. Gewalt nachgebildet worden wären, welches dann im Zeitraume eines oder mehrerer Jahrhunderte, sagte er, allmählich in eine gemischte Regierungsform ausgeartet sei, welche Form wiederum, wie erwünscht immer sie bei großen gesellschaftlichen Verbänden dieser Art sein möge, Möglichkeiten zur Unruhe in sich barg bei kleineren und, soweit er es übersehen konnte, selten etwas anderes verursachte als Kummer und Verwirrung.

Aus allen diesen privaten und öffentlichen Ursachen wollte also mein Vater auf alle Fälle einen männlichen Entbinder und meine Mutter einen solchen unter keinen Umständen. Mein Vater bat und flehte, sie möchte doch für diesmal wenigstens von ihrem Vorrecht in dieser Sache zurücktreten und ihn statt ihrer die Wahl treffen lassen; meine Mutter wiederum bestand gerade auf diesem ihrem Vorrecht, selber die Wahl zu treffen und keines anderen Menschen Hilfe als die des alten Weibes in Anspruch zu nehmen. Was konnte mein Vater tun? Er wußte sich kaum mehr zu helfen, sprach die Sache mit ihr in allen möglichen Stimmungen durch, beleuchtete seine Beweisgründe von jeder Seite, ging die Sache als Christ, als Heide, als Ehemann, als Vater, als Patriot, als Mensch durch. Meine Mutter antwortete auf alles nur als Weib; was nicht leicht für sie war, denn da sie ihre Sache nicht in so vielen Rollen verteidigen konnte, so war der Kampf höchst ungleich: sieben zu eins. Was konnte meine Mutter also tun? Ihre Stellung wurde vorteilhaft – sonst würde sie ja sicherlich besiegt worden sein – durch eine persönliche Gekränktheit im Grunde ihres Herzens ihrem Manne gegenüber gestärkt, welcher Vorteil ihr Kraft verlieh und sie instand setzte, sie mit meinem Vater so durchzufechten, daß schließlich beide Teile einen Erfolg aufzuweisen hatten und beide das *Tedeum* anstimmen durften. Mit einem Wort, meine Mutter sollte das alte Weib haben – und dem Geburtshelfer wiederum sollte gestattet sein, mit meinem Vater und Onkel Toby im hinteren Wohnzimmer eine Flasche Wein zu trinken – wofür er fünf Guineen zu erhalten hätte.

Ich muß um die Erlaubnis bitten, bevor ich das Kapitel beende, die schöne Leserin zu warnen, und zwar dahin, es nach ein oder zwei unvorsichtigen Worten, die vorhin gefallen sind, für absolut ausgemacht zu halten, daß ich ein verheirateter Mann sei. Ich gestehe zu, die zärtliche Erwähnung ›meiner lieben, lieben Jenny‹ zusammen mit einigen hie und da eingefügten Bemerkungen, die eine gewisse Kenntnis des Ehestandes verraten, könnten die ehrlichsten Richter der Welt zu einem solchen Urteil verführen. Alles, worum ich hier bitte, Madame, ist erstens strenge Gerechtigkeit und zweitens, daß Sie sowohl in meinem wie in Ihrem Interesse das eine nicht verabsäumen: nicht früher über mich zu urteilen oder eine Meinung zu fassen, bis Sie nicht bessere Beweise gegen mich haben, als augenblicklich, wie ich sicher weiß, gegen mich vorgebracht werden können. Nicht daß ich so eitel oder unvernünftig wäre, Madame, zu wünschen, Sie sollten darum gleich glauben, daß meine liebe, liebe Jenny meine ausgehaltene Geliebte sei, nein, das hieße meinem Charakter nach der anderen Seite hin schmeicheln und ihm einen Zug von Freiheit geben, auf den er keinerlei Anspruch hat. Alles, was ich erreichen möchte, ist, daß weder Sie noch sonst der scharfsinnigste Geist auf Erden einige Bände lang die geringste Möglichkeit hätten zu erfahren, wie es darum in Wirklichkeit steht. Es ist nicht unmöglich, daß meine liebe, liebe Jenny, so zärtlich diese Benennung auch klingen mag, mein Kind ist. Überlegen Sie, ich bin im Jahr achtzehn geboren. Auch wäre gar nichts Absonderliches oder Unnatürliches dabei, wenn meine liebe, liebe Jenny meine Freundin wäre. Freundin! Meine Freundin! Sicherlich kann eine Freundschaft, Madame, zwischen zwei Wesen verschiedenen Geschlechtes bestehen ohne – Pfui, Herr Shandy! –, ohne etwas anderes, Madame, als jenes überaus zarte, köstliche Gefühl, das stets in die Freundschaft zwischen zwei Wesen verschiedenen Geschlechtes hineingemischt ist. Ich ersuche Sie, nur einmal die keuschen und empfindsamen Stellen in den besten französischen Romanen zu studieren. Sie werden in der Tat darüber erstaunt sein, wie mannigfaltig die keuschen Ausdrücke sind, womit das Gefühl, von dem zu sprechen ich die Ehre habe, ausgeschmückt ist.

Neunzehntes Kapitel

Ich wollte mich eher trauen, das schwerste Problem der ganzen Geometrie auseinanderzusetzen, als mir anmaßen, erklären zu können, wie ein Mann von der Vernunft meines Vaters, voll von Einsicht und Kenntnissen, was der Leser schon wahrgenommen haben muß, voll Interesse für alles, was Philosophie ist, weise in seinen Urteilen über Politik und Staatseinrichtungen, in seiner Polemik (wie er noch finden wird) keineswegs einseitig und verbohrt, imstande sein konnte, eine derart absonderliche und ungewöhnliche Vorstellung in seinem Gehirn zu hegen, daß ich fürchte, der Leser werde, sowie er davon hört, das Buch alsogleich wegwerfen, wenigstens wenn er ein Choleriker ist. Bei sanguinischer Anlage wird er vielleicht darüber lachen und bei ernster und melancholischer sie auf den ersten Blick als phantastisch und überspannt verwerfen. Ich meine nämlich meines

Vaters Vorstellung oder Idee betreffend die Wahl und Beilegung von Taufnamen, von welcher Wahl nach seiner Ansicht ganz bestimmt mehr abhinge, als ein oberflächlicher Geist zu fassen vermöchte.

Seine Ansicht in dieser Sache war, daß es eine seltsame Art von magischer Kraft gäbe, die durch gute oder böse Namen, wie er sie nannte, unserem Charakter und unserer Lebensführung unabweisbar eingeflößt würde. Der Held des Cervantes konnte nicht mit mehr Ernst, Überzeugung und Eifer über seine Ansichten debattieren, noch konnte er sich eifriger auslassen über die Macht der Zauberei in der Entwürdigung und Schändung seiner Taten, oder über Dulcineas Namen, der seinen Taten Ruhm und Glanz verlieh, als mein Vater über Namen wie Trismegistus oder Archimedes einerseits oder dann wieder über Niki und Simkin andererseits zu erzählen wußte. Wie viele Cäsars oder Männer von der Art des Pompejus, pflegte er zu sagen, haben nur dadurch, daß der Namen selber sie inspirierte, sich dieses Namens erst würdig erwiesen? Und wie viele wiederum gibt es nicht, fügte er gleich hinzu, die im Leben Außerordentliches geleistet haben würden, wenn nicht ihr Geist und Charakter völlig erdrückt und zuschanden gemacht worden wäre von einem albernen Namen wie Nikodemus?

Aus Ihren Blicken (oder aus was sonst es sein mochte) erkenne ich sehr deutlich, Herr (so pflegte mein Vater zu sagen), daß Sie diese meine Ansicht nicht aus vollem Herzen unterschreiben, welche in der Tat für jene, die nicht bis in die Tiefe gedrungen sind, ich gestehe das offen ein, mehr Phantastisches in sich birgt als auf dem Boden der Vernunft Gegründetes. Und doch bin ich, werter und lieber Herr, vorausgesetzt, daß ich Ihren Charakter richtig beurteile, im Innersten gewiß, daß ich kaum zu viel wagen würde, wenn ich Ihnen jetzt einen Fall vorlegte, ich meine: Ihnen nicht als einer der streitenden Parteien, sondern Ihnen als Richter, und mich dann ganz Ihrer Vernunft und Ihrem Drang nach Wahrheit überließe. Sie sind als Mensch so frei von kleinlichen, beengenden, durch Erziehung bedingten Vorurteilen wie nur irgendeiner, und Sie sind, wenn ich weiter in sie eindringen darf, von einer solchen Weite des Geistes, daß Sie es nicht über sich brächten, eine Ansicht nur darum nicht aufkommen zu lassen, weil sich die Menschen noch nicht damit befreundet hätten. Da ist also Ihr Sohn, Ihr einzig geliebter Sohn, von dessen Sanftmut und Offenheit Sie so viel und so manches erwarten dürfen, Ihr Willy, Herr! Würden Sie nun diesen Ihren lieben und einzigen Willy Judas genannt haben, Herr? Würden Sie, mein teurer und sehr werter Herr, fuhr er, ihm die Hand auf die Brust legend, auf die einschmeichelndste Art fort, und zwar mit jenem zarten und unwiderstehlichen *piano* der Stimme, welches die Natur des *argumentum ad hominem* unbedingt verlangt, würden Sie, Herr, wenn ein Jude von einem Paten Ihnen diesen fürchterlichen Namen für Ihr Kind vorschlüge und, damit Sie einwilligten, zugleich seine Börse anböte, würden Sie, frage ich, Ihre Einwilligung zu einer solchen Entweihung und Verfluchung Ihres Kindes geben wollen? O Gott, rief er, zum Himmel blickend, wenn ich Ihre Gemütsart recht kenne, Herr, so sind Sie dessen in keinem Falle fähig, vielmehr würden Sie das Angebot des Juden mit Füßen treten oder diese Versuchung dem Versucher mit Abscheu an den Kopf werfen.

Und Ihre Geistesgröße bei dieser Handlungsweise, die ich bewundere, zusammen mit Ihrer edlen Verachtung des Geldes, die Sie bei der ganzen Verhandlung bewiesen haben, ist wahrhaft vornehm, doch was beides noch vornehmer macht in meinen Augen, ist das Prinzip, das hier zugrunde liegt, ist der Umstand, daß Ihre Vaterliebe die Richtigkeit und Gültigkeit ebenjener Hypothese bestätigt, daß nämlich, wenn Ihr Sohn Judas hieße, ihn die Idee des schmutzigsten Geizes und Verrates, die mit diesem Namen ein für allemal verbunden sind, durch das ganze Leben wie ein Schatten begleiten und ihn am Ende auch zu einem Geizhals und Schurken gemacht haben würde trotz, Herr, Ihres guten Beispiels.

Ich bin nie einem Menschen begegnet, der ihm in dieser Sache zu erwidern verstanden hätte. Um es einmal mit wenig Worten zu sagen, wie mein Vater wirklich war: Er war unwiderstehlich sowohl in seinen rednerischen Ausbrüchen wie in seiner Kunst zu disputieren, er war der geborene Redner: *Θεοδίδακτος*. Überredung hing an seinen Lippen, und alle Elemente der Rhetorik und Logik waren in ihm so in eins verschmolzen, er verstand es so ausgezeichnet, die Schwächen und Leidenschaften des Gegners zu erraten, daß die Natur *in persona* hätte aufstehen und bezeugen müssen: Dieser Mann ist in der Tat beredt. Ob er die schwache oder starke Seite in einer Streitfrage vertrat, in beiden Fällen war es gewagt, ihn anzugreifen. Und trotzdem hatte er niemals Cicero oder Quintilianus *De oratore* oder Isokrates oder Aristoteles oder Longinus unter den Klassikern noch Vossius oder Skioppius oder Ramus oder Farnaby unter den Modernen gelesen, und was noch merkwürdiger ist, er hatte niemals in seinem Leben seinen Geist auch nur durch einen einzigen Funken oder Lichtstrahl aus den Büchern über Crackenthorpe oder Burgersdicius oder aus sonst einem holländischen Logiker oder Kommentator entzünden und erleuchten lassen. Er hatte auch keine Ahnung davon, worin der Unterschied zwischen einem *argumentum ad ignorantiam* und dem *ad hominem* bestünde, so daß ich mich wohl erinnere, wie sich, als er mit mir ins Jesus-Kolleg zu ** ging, um dort meinen Namen eintragen zu lassen, mein ehrenwerter Lehrer und zwei oder andere Mitglieder der gelehrten Gilde darüber nicht genug wundern konnten, daß ein Mann, der diese Werkzeuge nicht einmal dem Namen nach kannte, mit ihnen so geschickt umzugehen wüßte.

Und trotzdem war mein Vater dauernd gezwungen, damit, so gut es ging, zu operieren, denn er hatte tausend kleine skeptische Wahnvorstellungen von durchaus komischer Beschaffenheit zu verteidigen, von denen die meisten sich nach meiner Meinung ihm zuerst als bloße Grillen oder Bagatellen aufgedrängt hatten, die ihn beim ersten Auftauchen eine halbe Stunde lang belustigten und welche er sich dann, nachdem er daran seinen Witz geschärft hatte, bis zur nächsten Gelegenheit, die sich ihm bot, aus dem Kopf schlug.

Ich erwähne diesen Umstand nicht nur als Hypothese oder Mutmaßung für das Entstehen und die Entwicklung vieler sonderbarer Ansichten meines Vaters, sondern als Warnung für meine gelehrten Leser vor wahlloser Aufnahme solcher und ähnlicher Gäste, die nämlich nach freiem, jahrelang währendem ungehindertem Eintritt in unser Gehirn schließlich dort das Heimatrecht zu beanspruchen pflegen, worin sie alsdann wie Hefe wirken, öfters aber nach Art der zarten Leidenschaften des Herzens als Spaß beginnen und als sehr wirklicher Ernst enden.

Ob es sich nun mit den sehr originellen Vorstellungen meines Vaters ebenso verhielt oder ob dessen Urteilskraft mit der Zeit von seiner Neigung für Witze zum besten gehalten wurde oder wieweit er mit allen seinen Ideen, wie sonderbar sie sich auch ausnahmen, vollkommen recht hatte – das soll der Leser im gegebenen Augenblick selber entscheiden. Was ich hier behaupte, ist, daß er es in diesem einen Falle der Frage der Beeinflussung des menschlichen Charakters durch den Namen, auf welche Weise immer sich diese Idee in ihm festgesetzt hatte, sehr ernst meinte. Er war hier ganz eindeutig, ging auch ganz systematisch vor und setzte gleich allen systematischen Philosophen Himmel und Erde in Bewegung und drehte und wendete jedes Ding in der Natur so, daß es seiner Hypothese schließlich als Stütze dienen mußte. Mit einem Wort sei es nochmals gesagt: Mein Vater meinte es ernst. Und darum geriet er auch ganz außer Fassung, sooft er die Menschen, vornehmlich solche aus den höheren Ständen, die hier mehr Einsicht verraten sollten, so sorglos und gleichgültig fand in der Frage der Namen, die sie ihren Kindern geben sollten, oder gar noch sorgloser als in jener, ob sie ihr Schoßhündchen Ponto oder Cupido taufen sollten.

So etwas, pflegte er zu sagen, ließe einen schlechten Eindruck zurück und habe die erschwerende Begleiterscheinung, daß, wenn schon einmal ein falscher oder gemeiner Name zu Unrecht oder aus Gedankenlosigkeit gegeben worden sei, es dann nicht so wie mit dem guten Ruf des Menschen gehe, der von dem Unrecht, das an ihm haftet, oder der Unbill, die ihm zuteil wurde, wieder rein gewaschen werden und womöglich, wenn nicht in diesem, so doch in einem späteren Leben, vor der Welt wieder zu Ehren gebracht werden könne. Dagegen wäre aber der durch solch einen Namen verursachte Schandfleck niemals mehr zu verwischen, meinte er, ja er war sogar im Zweifel darüber, ob ein Parlamentsbeschluß es zuwege bringen könnte. Er wüßte so gut wie Sie, daß sich das Gesetz eine gewisse Macht über Familiennamen anmaßte, aber aus triftigen Gründen, die er angeben könnte, habe das Gesetz bisher noch nicht gewagt, hier einen Schritt weiterzugehen.

Es war zu beobachten, daß, obwohl mein Vater, seiner Ansicht entsprechend, die größte Vorliebe und den heftigsten Widerwillen für und gegen gewisse Namen hatte, es dennoch welche gab, die auf den Waagschalen vor ihm so im Gleichgewicht des Für und Wider schwebten, daß sie ihm absolut gleichgültig waren. Jack, Dick und Tom gehörten zu diesen. Mein Vater nannte sie neutrale Namen, indem er ganz im Ernst daran festhielt, daß, seitdem die Welt bestehe, es mindestens ebensoviel Schufte und Narren wie weise und gute Menschen gegeben habe, die diese Namen ohne Nutzen oder Schaden getragen hätten, so daß nach seiner Vorstellung deren Wirkungen auf uns sich gegenseitig aufhöben wie gleich große Kräfte, die aus entgegengesetzten Richtungen aufeinander wirken. Aus welchem Grunde er, wie er oft erklärte, nicht einen Pfifferling für die Wahl zwischen ihnen geben wollte. Bob, so hieß mein Bruder, war ein anderer aus der Zahl der neutralen Taufnamen, der gleichfalls sehr wenig nach der einen oder anderen Richtung ausschlug. Und da mein

Vater zufällig in Epsom weilte, als dieser seinem Sohne gegeben wurde – so dankte er oft dem Himmel dafür, daß der Name nicht schlechter ausgefallen sei. Andreas war so etwas wie eine negative Größe in der Algebra für ihn; er ist schlimmer als nichts. William stand ziemlich hoch, Numps wiederum sehr tief bei ihm angeschrieben; aber Nick wäre des Teufels, sagte er.

Doch gegen keinen Namen der Welt war er von einer so unüberwindlichen Abneigung erfüllt wie gegen Tristram. Er hatte davon in der Tat die schlechteste Meinung, die einer nur haben konnte, ja, er verachtete ihn und war der Ansicht, dieser könnte unmöglich etwas *in rerum natura* hervorbringen, was nicht an sich gemein und erbärmlich wäre, so daß er oft mitten im Streit über diesen Gegenstand, in den er, nebenbei gesagt, häufig genug verwickelt wurde, in eine plötzliche und höchst lebhafte *Epiphonema* oder besser *Erotesis* ausbrach, eine Terz oder oft sogar eine volle Quinte über der Tonlage des ganzen Disputes, und kategorisch an seinen Gegner die Frage richtete, ob er jemals von einem Manne gelesen oder auch nur davon habe reden hören, der Tristram geheißen und dennoch irgend etwas Großes und Denkwürdiges vollbracht habe. Nein, rief er dann aus, Tristram! – die Sache ist ganz unmöglich.

Was hätte meinem Vater weiter fehlen können, als ein Buch zu schreiben, um diese seine Idee der Welt kundzutun? Denn einem feinen Kopfe frommt es wenig, allein in der Welt mit einer Ansicht dazustehen und ihr nicht zugleich den geeigneten Ausdruck zu verleihen. Genau das war es, was mein Vater tat. Denn im Jahre sechzehn, also zwei Jahre vor meiner Geburt, hatte er sich mit einer Abhandlung eigens über den Namen Tristram abgemüht, worin er der Welt mit großer Offenheit und Bescheidenheit die Gründe für seine große Abscheu vor diesem Namen dartat.

Halten wir diese Tatsache nun neben den Titel unserer Geschichte – muß da nicht der freundliche Leser meinen Vater aus ganzer Seele bemitleiden, wenn er sieht, wie die Pläne eines rechtschaffenen und wohlgesinnten Mannes mit einer Neigung für gewiß sonderbare, aber gänzlich unschädliche Ideen vom Schicksal also durchkreuzt werden, wenn er ihn gleichsam am Pranger und seine harmlosen Systeme und Wünsche umgeworfen und vereitelt sieht, wenn er Zeuge sein muß, wie eine ganze Kette von Ereignissen sich dauernd gegen ihn kehrt, und zwar auf eine so grausame und verletzende Art und Weise, als wenn sie mit Absicht gegen ihn geplant wären, nur um ihn samt seinem ganzen Denken zu verhöhnen – kurz, wenn er sieht, wie ein solcher Mann in einem Alter, das nicht mehr geschaffen ist für Sorgen, zehnmal am Tage an seinen Schmerz erinnert wird und zehnmal am Tage das Kind seiner Gebete Tristram nennen hört?! Welch überaus trauriger und düsterer Zweisilber, der seinem Ohr klingt wie *Nincompoop* oder sonst irgendein Schimpfname unter der Sonne. Bei seiner Asche schwöre ich: Wenn jemals ein boshafter Geist darin ein Vergnügen fand, geschäftig die Vorsätze und Absichten eines sterblichen Menschen zu durchkreuzen, so ist es hier gewesen. Und wenn es nicht notwendig wäre, daß ich zuerst geboren würde, bevor man mich taufte, so wollte ich dem Leser gleich jetzt berichten, wie es damit zugegangen ist.

Zwanzigstes Kapitel

Wie konnten Sie nur so unaufmerksam beim Lesen des letzten Kapitels sein, Madame? Ich habe Ihnen darin gesagt, daß meine Mutter keine Papistin war. – Papistin? Sie haben mir nichts dergleichen gesagt, Herr! – Madame, ich bitte um die Erlaubnis, Ihnen zu wiederholen, daß ich es zum mindesten so deutlich gesagt habe, wie nur Worte so etwas, wenn Sie daraus Schlüsse zu ziehen wissen, auszudrücken vermögen. – Dann muß ich eine Seite übersehen haben. – Nein, Madame, Sie haben nicht ein einziges Wort übersehen. – Dann muß ich geschlafen haben. – Mein Stolz, Madame, würde es nicht über sich bringen, Ihnen diese Ausflucht zu erlauben. – Dann erkläre ich, daß ich einfach nichts von allem weiß. – Genau das ist es, was ich Ihnen vorwerfe. Und als Strafe dafür bestehe ich darauf, daß Sie sofort, das heißt, sobald Sie an den nächsten Punkt anlangen, zurückblättern und das ganze Kapitel noch einmal lesen. – Ich habe der Dame diese Buße weder aus Übermut noch aus Grausamkeit auferlegt, sondern aus dem besten aller Beweggründe und werde sie darum auch nicht um Verzeihung bitten, wenn sie wiederkommt; es ist nur geschehen, um eine schlechte Angewohnheit zu strafen, die sich auch vieler anderer Menschen bemächtigt hat: die Angewohnheit, einfach draufloszulesen und mehr das Abenteuerhafte als jene Bildung und Kenntnis zu suchen, welche ein Buch dieser Art, wenn es so gelesen wird, wie es gelesen werden soll, unfehlbar dem Menschen mitteilen müßte. Der Geist sollte dazu angehalten werden, im

Verlaufe der Erzählung weise Betrachtungen anzustellen und nützliche Schlußfolgerungen zu ziehen, welche Gewohnheit den jüngeren Plinius zu der Bemerkung veranlaßte, er habe niemals ein so schlechtes Buch gelesen, daß er nicht daraus einigen Nutzen gezogen hätte. Selbst die Geschichte Roms oder Griechenlands, ohne dieses Ziel und ohne Aufmerksamkeit durchflogen, sind uns von geringerem Nutzen, behaupte ich, als die Geschichte von *Parismus und Parismenus* oder *Die sieben Kämpen von England*, wenn wir diese mit der gebührenden Aufmerksamkeit lesen.

Doch hier kommt unsere schöne Freundin zurück. Haben Sie das Kapitel durchgelesen, wie ich es wünschte? – Sie haben es also getan. Und ist Ihnen die Stelle beim zweiten Lesen aufgefallen, die uns zu obgenannter Schlußfolgerung ermächtigt? – Nicht ein Wort ist mir aufgefallen. – So haben Sie die Güte, Madame, über die vorletzte Zeile jenes Kapitels nachzusinnen, wo ich folgendes sage: Es war notwendig, daß ich erst geboren würde, bevor ich getauft werden konnte. Wäre nun meine Mutter eine Papistin gewesen, so würde es keinesfalls notwendig gewesen sein.*

* Das römische Ritual fordert die Taufe des Kindes in gefährlichen Fällen, ehe es geboren ist, doch mit dem Vorbehalt, daß ein Teil vom Körper des Kindes dem Taufenden sichtbar sein müsse. Die Doktoren der Sorbonne jedoch haben auf Grund einer am 10. April 1733 stattgehabten Beratung die Befugnisse der Hebammen erweitert und entschieden, daß, wenn auch kein Teil vom Körper des Kindes sichtbar sein sollte, die Taufe dennoch mittels Einspritzung – *par le moyen d'une petite canule* – zu Deutsch: mittels einer kleinen Spritze, zu geschehen habe. – Es ist sehr seltsam, daß der heilige Thomas von Aquino, der doch soviel Verständnis für technische Dinge besaß, um die Knoten der Scholastik zu schürzen und zu lösen, nach all der Mühe, die er auf diesen Punkt verwendete, ihn endlich als eine zweite *chose impossible* aufgegeben hat. *Infantes in maternis uteris existentes* (sagt der heilige Thomas) *baptizari possunt* n u l l o m o d o. – O Thomas! Thomas!

Falls der Leser gerne wissen möchte, wie die Frage der Taufe mittels Einspritzung den Doktoren der Sorbonne vorgetragen wurde und wie ihre Beratung hierüber verlief, so gebe ich hier die Tatsachen:

MEMOIRE PRESENTE
A MESSIEURS LES DOCTEURS DE SORBONNE*

Un Chirurgien Accoucheur représente à Messieurs les Docteurs de la Sorbonne, qu'il y a des cas, quoique très rares, où une mère ne sçauroit accoucher, et même où l'enfant est tellement renfermé dans le sein de sa mère, qu'il ne fait paroître aucune partie de son corps, ce qui seroit un cas, suivant les Rituels, de lui conférer, du moins sous condition, le baptême. Le Chirurgien, qui consulte, prétend, par le moyen d'une petite canule, de pouvoir baptiser immédiatement l'enfant, sans faire aucun tort à la mère. – Il demande si ce moyen, qu'il vient de proposer, est permis et légitime, et s'il peut s'en servir dans les cas qu'il vient d'exposer.

DENKSCHRIFT DEN HERREN DOKTOREN DER SORBONNE UNTERBREITET

Ein Arzt und Geburtshelfer unterbreitet den Herren Doktoren der Sorbonne, daß es Fälle gibt – wenn sie auch sehr selten sind –, wo eine Mutter nicht niederkommen kann und wo das Kind dermaßen im Mutterleib eingeschlossen ist, daß kein Teil seines Körpers sichtbar wird, was nach dem Ritual die Voraussetzung dafür wäre, ihm bedingungsweise die Taufe zu gewähren. Der Arzt, der diese Anfrage stellt, bemerkt, daß er mittels einer kleinen Kanüle das Kind unmittelbar taufen kann, ohne der Mutter den geringsten Schaden zuzufügen. – Er fragt an, ob das Mittel, das er vorschlägt, als erlaubt angesehen und in den von ihm angeführten Fällen angewendet werden kann.

* Vide Deventer, Paris edit., 4to, 1734, p. 366.

REPONSE

Le Conseil estime, que la question proposée souffre de grandes difficultés. Les Théologiens posent d'un côté pour principe, que la baptême, qui est une naissance spirituelle, suppose une première naissance; il faut être né dans le monde, pour renaître en Jésus Christ, comme ils l'enseignent. S. Thomas, 3 part. quaest. 88, art. II, suit cette doctrine comme une verité constante; l'on ne peut, dit ce S. Docteur, baptiser les enfants, qui sont renfermés dans le sein de leurs mères, et S. Thomas est fondé sur ce, que les enfants ne sont point nés et ne peuvent être comptés parmi les autres hommes; d'où il conclut, qu'ils ne peuvent être l'objet d'une action extérieure pour recevoir par leur ministère, les sacrements nécessaires au salut: *Pueri in maternis uteris existentes nondum prodierunt in lucem, ut cum aliis hominibus vitam ducant; unde non possunt subjici actioni humanae, ut per eorum ministerium sacramenta recipiant ad salutem.* Les rituels ordonnent dans la pratique ce que les théologiens ont établi sur les mêmes matières, et ils défendent tous d'une manière uniforme, de baptiser les enfants qui sont renfermés dans le sein de leurs mères, s'ils ne font paroître quelque partie de leurs corps. Le concours des théologiens, et des rituels, qui sont les règles des diocèses, paroît former une autorité qui termine la question présente; cependant le Conseil de conscience considérant d'un côté, que le raisonnement des théologiens est uniquement fondé sur une raison de convenance, et que la défense des rituels suppose, que l'on ne peut baptiser immédiatement les enfants ainsi renfermés dans le sein de leurs mères ce qui est contre la supposition présente; et d'un autre côté, considérant que les mêmes théologiens enseignent, que l'on peut risquer les sacrements, que Jésus Christ a établis comme des moyens faciles, mais nécessaires pour sanctifier les hommes; d'ailleurs estimant, que les enfants renférmés dans le sein de leurs mères, pourroient être capables de salut, parce qu'ils sont capables de damnation. – Pour ces considérations, et en égard à l'exposé, suivant lequel on assure avoir trouvé un moyen certain de baptiser ces enfants ainsi renfermés, sans faire aucun tort à la mère, le Conseil estime que l'on pourroit se servir du moyen proposé, dans la confiance qu'il a, que Dieu n'a point laissé ces sortes d'enfants sans aucun secours, et supposant, comme il est exposé, que le moyen, dont il s'agit est propre à leur procurer le baptême, cependant comme il s'agiroit, en autorisant la pratique proposée, de changer une règle universellement établie, le Conseil croit que celui qui consulte doit s'adresser à son évêque, et à qui il appartient de juger de l'utilité et du danger du moyen proposé, comme, sous le bon plaisir de l'évêque, le Conseil estime qu'il faudroit recourir au Pape, qui a le droit d'expliquer les règles de l'église, et d'y déroger dans le cas, où la loi ne sçauroit obliger, quelque sage et quelque utile que paroisse la manière de baptiser dont il s'agit, le Conseil ne pourroit l'approuver sans le concours de ces deux autorités. On conseille au moins à celui qui consulte, de s'adresser à son évêque, et de lui faire part de la présente décision afin que, si le prélat entre dans les raisons, sur lesquelles les docteurs soussignés s'appuyent, il puisse être autorisé dans le cas de nécessité, ou il risqueroit trop d'attendre que la permission fût demandée et accordée d'employer le moyen qu'il propose si avantageux au salut d'enfant. Au reste, le Conseil, en estimant que l'on pourroit s'en servir, croit cependant, que si les enfants dont il s'agit, venoient au monde, contre l'espérance de ceux qui se seroient servis du même moyen, il seroit nécessaire de les baptiser sous condition; et en cela le Conseil se conforme à tous les rituels, qui en autorisant le baptême d'un enfant qui fait paroître quelque partie de son corps, enjoignent néanmoins et ordonnent de le baptiser sous condition, s'il vient heureusement au monde.

Déliberé en Sorbonne, le 10 Avril, 1733.

A. Le Moyne
L. De Romigny
De Marcilly

ANTWORT

Das Kollegium stellt fest, daß die aufgeworfene Frage sehr schwierig zu lösen ist. Die Theologen haben einerseits den Grundsatz aufgestellt, daß der Taufe, die eine geistige Geburt ist, eine körperliche Geburt vorangehen muß; man muß zuerst in diese Welt geboren werden, ehe man in Jesus Christus wiedergeboren werden kann, lehren sie. Der heilige Thomas schließt sich im 3. Teil, Punkt 88, Artikel 11, dieser Lehre als einer feststehenden Wahrheit an. Man kann nicht, sagt dieser heilige Doktor, Kinder taufen, die im Mutterleib eingeschlossen sind, und der heilige Thomas stützt sich dabei auf die Tatsache, daß die Kinder noch nicht geboren sind und demnach nicht zu den übrigen Menschen gezählt werden können; woraus er folgert, daß sie nicht das Objekt einer äußeren Handlung sein können, um dadurch die Heilssakramente zu erhalten: ›Kinder im Mutterleibe sind noch nicht ans Licht gelangt, um mit den anderen Menschen zu leben; daher können sie nicht einer menschlichen Handlung unterworfen werden, um mit deren Hilfe die Heilssakramente zu empfangen.‹ Die Ritualvorschriften stimmen mit der in dieser Angelegenheit von den Theologen geübten Praxis überein und sie verwerfen einmütig die Taufe derjenigen Kinder im Mutterleibe, von denen noch kein Teil des Körpers zu sehen ist. Die Übereinstimmung der Theologen und der Ritualvorschriften, wie sie in den Diözesanregeln festgelegt sind, stellt eine derartig maßgebliche Richtschnur dar, daß damit der Fall geklärt sein müßte; indessen zieht das angerufene Gewissenskollegium einerseits in Betracht, daß die Beweisführung der Theologen sich einzig und allein auf eine durch Gewohnheit entstandene Übereinkunft stützt und daß das Verbot in den Ritualvorschriften von der Voraussetzung ausgeht, daß keine Möglichkeit besteht, ein im Mutterleib eingeschlossenes Kind zu taufen, was aber mit den Voraussetzungen des vorliegenden Falles nicht im Einklang steht; andererseits zieht es die Tatsache in Betracht, daß dieselben Theologen lehren, daß man von den Sakramenten frei Gebrauch machen soll, die Jesus Christus als einfache, aber notwendige Mittel zur Heiligung der

Es ist ein schreckliches Unglück für dieses mein Buch, noch mehr aber für die Republik der Wissenschaften – meine eigene Sache geht hier in der allgemeinen Sache auf –, daß diese selbe gemeine Sucht nach neuen Abenteuern in allen Dingen so von uns Besitz ergriffen hat und uns zur Gewohnheit geworden ist und wir so sehr darauf erpicht sind, die Ungeduld unserer Begierde auf diese Art und Weise

Menschen eingesetzt hat; außerdem nimmt das Kollegium an, daß die im Mutterleib eingeschlossenen Kinder des Heils teilhaftig sein müßten, da sie ja auch der Verdammnis anheimfallen können. – Aus allen diesen Erwägungen und im Hinblick auf das Gutachten, demzufolge versichert wird, daß man ein sicheres Mittel entdeckt habe, diese so eingeschlossenen Kinder zu taufen, ohne der Mutter irgendwelchen Schaden zuzufügen, kommt das Kollegium zu dem Schluß, daß man sich des vorgeschlagenen Mittels bedienen dürfe im vollen Vertrauen darauf, daß Gott das Schicksal dieser Kinder nicht ohne Möglichkeit der Rettung gelassen habe, und in der Annahme, daß, wie die Ausführungen des Gutachtens besagen, das Mittel, um das es sich handelt, auch wirklich geeignet ist, ihnen die Taufe zu vermitteln. – Da es sich indessen um die Änderung eines allgemein feststehenden Brauches handeln würde, wenn man dem vorgeschlagenen Verfahren zustimmen wollte, ist das Kollegium der Ansicht, daß sich der Antragsteller an seinen Bischof wenden müßte und wem es sonst zukommt, die Nützlichkeit und die Gefährlichkeit des vorgeschlagenen Mittels zu beurteilen – und da das Kollegium weiterhin annimmt, daß bei Einverständnis des Bischofs an den Papst appelliert werden müßte, der das Recht hat, die Regeln der Kirche auszulegen, und daß von da aus die Entscheidung wieder abgeändert werden könnte in dem Falle, daß nichts gesetzlich Zulässiges und nichts Weises und Nützliches in der vorgeschlagenen Taufweise gefunden würde – kann also das angerufene Kollegium den Vorschlag nicht endgültig billigen ohne die Zustimmung dieser beiden Autoritäten.

Mindestens muß dem Fragesteller angeraten werden, sich an seinen Bischof zu wenden und ihm die vorliegende Entscheidung mitzuteilen, damit, falls der Prälat sich den Gründen anschließt, auf die sich die endesunterzeichneten Doktoren in ihrer Entschließung gestützt haben, er sich für berechtigt halten könnte, in den dringlichen Fällen schnell zu entscheiden, wo es zu gefährlich wäre, zu warten, bis ein Gesuch um Genehmigung des für das Seelenheil des Kindes so vorteilhaften vorgeschlagenen Mittels eingereicht und beantwortet sein könnte.

Übrigens ist das Kollegium der Ansicht, daß – unter der Voraussetzung der Billigung dieses Taufverfahrens, wenn die Kinder, um die es sich handelt, entgegen der Erwartung derer, die das Mittel anwandten, doch zur Welt kommen sollten – es notwendig sein würde, sie vorsichtshalber noch einmal zu taufen; und hierin schließt sich das Kollegium allen geltenden Ritualregeln an, die bei der Erlaubnis, ein Kind zu taufen, von dem ein Teil des Körpers sichtbar geworden ist, nichtsdestoweniger einschärfen und vorschreiben, es vorsichtshalber nochmals zu taufen, wenn es glücklich zur Welt kommt.

Beschlossen in der Sorbonne, den 10. April 1733

A. Le Moyne
L. De Romigny
De Marcilly

zu stillen, daß nur mehr noch die groben und sozusagen fleischlichen Teile eines Werkes in uns eingehen; die feinen Anspielungen und alle Mitteilungen unter der Hand aber verflüchtigen sich nach oben, die gewichtige Moral fällt unter den Tisch, und beides geht für die Welt so verloren, als wenn es am Boden des Tintenfasses liegengeblieben wäre.

Ich wünschte in der Tat, der Leser möchte nicht bei vielen so merkwürdigen und kuriosen Stellen vorbeigegangen sein, wie diese war, bei welcher unsere Leserin ertappt wurde. Ich wünschte, das möchte seine Wirkung tun, und alle gutgesinnten Leute beiderlei Geschlechts möchten durch dieses ihr Beispiel angehalten werden, nicht nur zu lesen, sondern auch zu denken.

Tristram Shandys Empfehlungen an die Herren Le Moyne, De Romigny und De Marcilly, er hofft, daß sie alle nach einer so ermüdenden Beratung eine gute Nacht gehabt haben werden. Er möchte nur sehr gern wissen, ob, wenn nach der Zeremonie der Verheiratung und vor jener von deren Vollzug oder Consummation die Taufe aller Homunculi auf einmal sozusagen in Bausch und Bogen durch Injektion des Taufwassers vorgenommen würde, dies nicht einen viel kürzeren und sicheren Weg bedeuten möchte. Unter der Bedingung, wie oben, daß, wenn selbige den Homunculis gut bekommt und diese hierauf sicher zur Welt gebracht werden, jeder einzelne von ihnen vorsichtshalber noch einmal getauft werden sollte. – Und vorausgesetzt (an zweiter Stelle), daß die Sache sich bewerkstelligen lasse, so wie Tristram Shandy sie in der Tat auch für möglich hält: *par le moyen d'une petite canule* und *sans faire aucun tort au père.*

Einundzwanzigstes Kapitel

Ich möchte wissen, was all der Lärm und das Hin- und Herrennen über uns bedeuten mag, wandte sich mein Vater nach anderthalb Stunden Schweigen an Onkel Toby, der, müssen Sie wissen, dem Feuer gegenübersaß, seine Friedenspfeife rauchte und in stummer Betrachtung eines Paares neuer schwarzer Plüschhosen versunken war, die er heute zum erstenmal trug. – Was mögen die oben nur anstellen, Bruder? sprach mein Vater. Man hört kaum sein eigenes Wort.

Mich dünkt, versetzte mein Onkel Toby, indem er die Pfeife aus dem Munde nahm und mit dem Pfeifenkopf zwei- bis dreimal auf den Nagel des linken Daumens klopfte, als er seine Rede begann: Mich dünkt ..., sagte er –. Doch um in Onkel Tobys Gefühle in dieser Sache richtig einzudringen, müssen Sie erst in die Lage gesetzt werden, seinen Charakter richtig zu verstehen, welchen ich Ihnen also jetzt erst einmal in großen Umrissen zeichnen will, bevor das Gespräch zwischen ihm und meinem Vater fortgeführt werden kann.

Bitte, wie hieß doch der Mann – denn ich schreibe in solcher Eile, daß ich keine Zeit habe, mich dessen zu erinnern und nachzusehen –, der zuerst die Beobachtung gemacht hat, ›daß die Atmosphäre und das Klima Englands sehr unbeständig sind?‹ Wer immer er war, er hat richtig und gut beobachtet. Doch die Schlußfolgerung daraus, nämlich: ›daß wir diesem Umstande die große Menge sonderbarer und grillenhafter Charaktere verdanken‹, stammt nicht von ihm; sie ward von einem anderen Manne gezogen, der mindestens anderthalb Jahrhunderte später lebte. Und weiter: daß das reichhaltige Lager höchst originellen Materials die wahre und natürliche Ursache davon sei, warum unsere Komödie um so vieles besser ist als die französische oder als alle jene, die sonst noch auf dem Kontinent geschrieben wurden oder geschrieben werden können; diese Entdeckung ward – genau genommen – erst um die Mitte der Regierung König Wilhelms gemacht, als der große Dryden selber in einer seiner langen Vorreden (wenn ich mich recht erinnere) zufällig auf diese glückliche Beobachtung kam. In der Tat begann auch gegen das Ende der Regierung der Königin Anna der große Addison diese Idee zu vertreten und vor der Welt ausführlicher in einer oder zwei Nummern seines ›Spectators‹ auseinanderzusetzen; die Entdeckung selber stammt jedoch nicht von ihm. Endlich viertens die Beobachtung, daß diese merkwürdige Unregelmäßigkeit unseres Klimas, die eine ebenso merkwürdige Vielartigkeit der Charaktere bei uns verursacht, uns also in gewissem Sinne dadurch entschädigt, daß sie uns etwas gibt, womit wir, sollte das Wetter wieder einmal nicht erlauben auszugehen, uns aufheitern können – diese letzte und vierte Beobachtung ist nämlich meine eigene und entsprang meinem Gehirn gerade am heutigen Regentag, dem 26. März 1759, zwischen neun und zehn Uhr morgens.

So also – so, meine verehrten Genossen und Mitarbeiter bei der großen Ernte der Gelehrsamkeit, die heute vor unseren Augen reift, so, mit langsamen Schritten allmählichen Wachsens, ist es möglich geworden, daß unser physikalisches, metaphysisches, physiologisches, polemisches, nautisches, mathematisches, änigmatisches, technisches, biographisches, romantisches, chemisches und obstetrisches Wissen mit seinen fünfzig Abzweigungen (die meist auch auf ›-isch‹ endigen) in diesen letzten zwei Jahrhunderten allmählich bis nahe an jenen höchsten Grad der Vollkommenheit geklettert ist, die wir – nach den Fortschritten der letzten sieben Jahre zu urteilen – sehr bald erreicht haben werden.

Wenn sich dieses Ereignis vollzogen haben wird, so ist zu hoffen, daß damit dann auch jeglicher Art von Schrifttum und Schreiberei ein Ende bereitet sein wird. Und dieser Mangel an Schrifttum und Schreiberei wiederum wird dem Lesen ein Ende bereiten, und das muß wiederum nach der Regel: Wie der Krieg Armut erzeugt, so muß die Armut Frieden erzeugen, im Laufe der Zeit jeglicher Art von Gelehrsamkeit ein Ende bereiten, und dann werden wir alle wieder von vorn anfangen müssen, oder, mit anderen Worten, wir werden genau wieder da stehen, von wo wir zuerst ausgegangen sind.

Glückliche, dreimal glückliche Zeiten! Ich wünschte nur, der Zeitpunkt meiner Zeugung ebenso wie deren Art und Weise wären ein wenig anders gewesen oder könnten ohne irgendwelche Unbequemlichkeit für meinen Vater und meine Mutter um zwanzig bis fünfundzwanzig Jahre verschoben werden auf eine Zeit, da ein Mensch in der Welt der Wissenschaft und Literatur mehr Aussicht auf Erfolg hätte.

Doch ich vergesse Onkel Toby, der noch immer die Asche aus seiner Pfeife klopft.

Sein Charakter gehört jener besonderen Art an, die unserem Klima alle Ehre macht, und ich würde keine Bedenken tragen, ihn unter die erstklassigen Erzeugnisse desselben zu rechnen, fänden sich nicht zu viele kräftige Züge von Familienähnlichkeit darin, welche beweisen, daß er dieses Einzigartige seines Charakters und Temperaments mehr dem Blute als dem Wind und Wasser oder irgendwelchen Erscheinungsformen oder Mischungen beider Elemente verdankt. Ich habe mich oft darüber gewundert, warum mein Vater, obwohl er, wie ich zugebe, seine Gründe gehabt haben dürfte, beim Wahrnehmen einiger Anzeichen von Überspanntheit in meinem Wesen, als ich noch ein Knabe war, sich nicht ein einziges Mal bemüht hat, solche auf die angegebene Weise zu erklären; denn alle Shandys waren Originale, durchaus. Ich meine die Männer – die Frauen in unserer Familie hatten überhaupt keine Eigenart – mit Ausnahme freilich meiner großen Tante Dinah, die vor sechzig Jahren einen Kutscher heiratete und von ihm ein Kind bekam, wofür sie sich, wie mein Vater gemäß seiner Hypothese über die Taufnamen zu bemerken beliebte, bei ihren Paten und Patinnen hätte bedanken müssen.

Es dürfte höchst sonderbar erscheinen – ich hätte ebensogut dem Leser ein Rätsel aufgeben können, was keinesfalls in meinem Interesse liegt, als ihn erraten lassen, wie es dazu kommen konnte –, daß ein Ereignis solcher Art so viele Jahre, nachdem es geschehen war, dafür eigens geschaffen oder aufgehoben schien, den Frieden und die Einigkeit, die bisher in allen Dingen zwischen meinem Vater und Onkel Toby geherrscht hatten, zu unterbrechen. Man sollte meinen, daß die ganze Wucht des Unglücks sich im ersten Anprall auf die Familie erschöpft hätte – wie es meist bei solchen Ereignissen der Fall ist. Doch nichts nahm bekanntlich in unserer Familie den gewohnten Lauf. Es ist ja immerhin möglich, daß sie, ich meine: die Familie, zur Zeit, als sich das Unglück zutrug, von einer anderen Sorge heimgesucht war. Und da solche Heimsuchungen durch Kummer und Sorge meist zu unserem Besten sind, den Shandys aber bisher noch nichts Gutes gebracht hatten, so sollte dieses unglückliche Ereignis vielleicht auf andere, bessere Zeiten und Umstände warten, welche ihm alsdann Gelegenheit geben könnten, sich all des Nutzens, den es in sich barg, ein für allemal zu entledigen. Nehmen Sie gefälligst zur Kenntnis, daß ich nichts darüber entscheide oder mich irgendwie festlege. Meine Methode ist, den, der lernen will, auf neue Spuren der Forschung zu bringen, auf welchen er dann zu den ersten Quellen der Geschehnisse, die ich schildere, selber gelangen kann; nicht wie der pedantische Fescue oder auf die rasch entscheidende, schneidende Art des Tacitus, der sich und den Leser überwitzt, sondern mit der allzeit beflissenen Bescheidenheit eines Herzens, das den Lernbegierigen beistehen will. Denn nur für solche schreibe ich, nur von solchen werde ich schließlich gelesen werden – wenn wir annehmen dürfen, daß diese Art Lektüre überhaupt so lange aushält – bis ans Ende der Welt.

Warum also diese Veranlassung zu Kummer und Kränkung für meinen Vater und Onkel Toby so lange ausgeschaltet und aufgehoben ward, wird von mir hier nicht aufgeklärt werden und darum unentschieden bleiben müssen. Allein, wie und in welcher Richtung die Sache sich dahin lenkte, daß sie Veranlassung zum Mißbehagen zwischen ihnen ward, nachdem sie einmal zu wirken angefangen hatte, das kann ich mit großer Genauigkeit auseinandersetzen, und zwar folgendermaßen:

Mein Onkel Tobias Shandy, Madame, besaß im Verein mit jenen Tugenden, die gewöhnlich den Mann von Ehre und Rechtschaffenheit zieren, in einem sehr hohen Grade eine andere, die selten oder nie in das Verzeichnis der männlichen Tugenden aufgenommen zu werden pflegt: nämlich die äußerste, ja eine ganz einzigartige natürliche Schamhaftigkeit, wiewohl ich das Wort ›natürlich‹ aus dem Grunde gleich wieder berichtigen muß, weil ich eine Frage nicht zu früh stellen will, die ohnehin nicht lange der Beantwortung harren wird, die Frage nämlich, ob diese seine Schamhaftigkeit in der Tat natürlich oder erworben war. Doch wie immer Onkel Toby dazu gekommen, es war Schamhaftigkeit im wahren Wortsinne, und zwar eine Schamhaftigkeit, Madame, nicht bloß in Worten, denn er war nicht so glücklich, über eine sehr große Auswahl von Worten im Leben zu verfügen, sondern in allen seinen Handlungen. Und diese seine Schamhaftigkeit hatte also Besitz von ihm ergriffen und sich so in ihm gesteigert, daß sie, wenn so etwas überhaupt möglich ist, der Schamhaftigkeit eines Weibes gleichkam, jener nur dem Weibe eigentümlichen Keuschheit, Madame, und Reinheit des Geistes und der Phantasie, Madame, wodurch dieses Ihr Geschlecht in einem so hohen Grade dem unsrigen Ehrfurcht einflößt.

Sie werden sich wahrscheinlich einbilden, Madame, daß Onkel Toby diese seine hohe Eigenschaft aus ebenderselben Quelle bezogen oder einen großen Teil seiner Zeit im Verkehr mit Ihrem Geschlecht zugebracht habe, daß er sich also diese Gemüts- und Geistesanlage dank einer gründlichen Kenntnis Ihres Geschlechtes und vermöge jener Kraft der Nachahmung erworben habe, welche durch so schöne Beispiele unwiderstehlich gemacht wird.

Ich wünschte, ich dürfte das so sagen – doch mit Ausnahme seiner Schwägerin, meines Vaters Frau und meiner Mutter, hat Onkel Toby kaum drei Worte in ebensoviel Jahren mit dem anderen Geschlecht gewechselt. Nein, Madame, Onkel Toby hat diese seine Tugend durch einen Schlag erworben. Einen Schlag? Ja, Madame, durch den Schlag eines Steines, der durch eine Kugel von der Mauer des Hornwerkes bei der Belagerung von Namur abgeschleudert ward und Onkel Toby direkt in die Leisten traf. Wie konnte aber daraus, sagen Sie, diese Wirkung entstehen? Die Geschichte davon, Madame, ist lang und interessant, doch müßte ich alles auf einmal erzählen und durcheinanderbringen, wenn ich sie schon hier zum besten geben wollte. Sie bleibt für einen späteren Zeitpunkt aufbewahrt, und zwar soll dann jede Einzelheit an ihrem gehörigen Ort Ihnen wahrheitsgetreu unterbreitet werden. Bis dahin steht es nicht in meiner Macht, mehr Licht über diese Angelegenheit auszubreiten und mehr zu sagen, als bisher darüber gesagt wurde, daß nämlich Onkel Toby ein Mann von beispielloser Schamhaftigkeit war, welche Schamhaftigkeit schließlich durch einen erhöhten Familiensinn noch feiner und kostbarer geworden war, denn beide, der Stolz und die Schamhaftigkeit, arbeiteten in ihm so zusammen, daß er niemals ohne die größte Gemütserregung von der Affäre der Tante Dinah hören konnte. Die geringste Anspielung darauf genügte, um ihm das Blut in die Wangen zu treiben; wenn aber gar mein Vater sich darüber vor fremden Leuten ausließ, wozu ihn freilich die Erläuterung seiner Hypothese vom Einfluß der Namen öfters zwang, so bewirkte dieser unselige Mehltau, diese Fäulnis an einem der schönsten Zweige unserer Familie, daß Onkel Tobys Herz in seiner Schamhaftigkeit und seinem Ehrgefühl blutete, und er nahm dann meist in denkbar größter Betroffenheit meinen Vater beiseite, um ihm darob Vorstellungen zu machen und zu erklären, daß er alles in der Welt dafür hergeben wollte, wenn mein Vater endlich einmal diese Geschichte ruhen ließe.

Mein Vater hegte, wie ich glaube, gewiß die aufrichtigste und zärtlichste Liebe für Onkel Toby, die jemals ein Bruder für den anderen empfunden, und würde alles getan haben, was ein Bruder vom anderen innerhalb der Grenzen des Vernünftigen hätte verlangen können, um Onkel Tobys Herz darüber sowie über jeden anderen Punkt zu beruhigen, doch das ging über seine Kraft.

Mein Vater war, wie ich schon gesagt habe, ein geborener Philosoph, sowohl spekulativ wie systematisch, und die Affäre meiner Tante Dinah war in seinen Augen eine so folgenschwere Angelegenheit wie die rückläufige Bewegung der Planeten für Kopernikus. Die Abweichungen der Venus von ihrer Bahn bestätigten das System des Kopernikus, das nach ihm seinen Namen erhielt. Und die Nebenwege meiner Tante Dinah in deren Liebesbahn leisteten meinem Vater dieselben Dienste bei der Aufstellung seines Systems, welches fortan nach meinem Dafürhalten das Shandysche genannt werden wird.

Jeder anderen Familienschande gegenüber hatte mein Vater ein so lebhaftes Schamgefühl wie nur irgendein anderer Mann; weder er noch Kopernikus, wage ich zu sagen, würden diese Angelegenheit jeder in seinem Falle verbreitet oder die Welt noch darauf aufmerksam gemacht haben, wenn sich nicht beide der Wahrheit irgendwie verpflichtet gefühlt hätten. *Amicus Plato*, sagte dann immer mein Vater und erläuterte ein Wort nach dem anderen für Onkel Toby, *Amicus Plato*, das heißt: Dinah war meine Tante, *sed magis amica veritas* – aber die Wahrheit ist meine Schwester.

Der Gegensatz in den Charakteren meines Vaters und meines Onkels war eine Quelle manch eines brüderlichen Zwistes. Der eine konnte es nicht hören, wenn jenes Familienskandals Erwähnung getan wurde, während der andere kaum einen Tag vergehen ließ, ohne darauf anzuspielen.

Um Himmels willen, rief Onkel Toby, und um meinetwillen, um unserer aller willen, lieber Bruder Shandy, laß die Geschichte unserer Tante und deren Asche nun endlich einmal in Frieden ruhen! Wie kannst du nur sowenig Gefühl und Mitleid für den guten Ruf unserer Familie haben? – Was bedeutet der Ruf einer Familie im Vergleich mit einer Hypothese? antwortete mein Vater. Und weil wir gerade dabei sind – was ist überhaupt das Leben einer Familie? – Das Leben einer Familie! rief jetzt Onkel Toby, indem er sich in seinem Lehnstuhl zurückwarf und dabei die Hände, seine Augen und ein Bein hob. – Ja, das Leben ..., erwiderte mein Vater mit Nachdruck. Wie viele tausend solcher Leben werden nicht jedes neue Jahr weggeworfen (in allen zivilisierten Ländern wenigstens) und werden für nicht wertvoller als gewöhnliche Luft angesehen, wenn es eine Hypothese gilt! – In meinem bescheidenen Weltverstand, rief jetzt Onkel Toby, ist jeder einzelne solche Fall ein regelrechter Mord, wer immer diesen begeht. – Hier bist du eben im Irrtum, war die Antwort meines Vaters, denn *in foro scientiae* gibt es so etwas wie Mord gar nicht, sondern nur den Tod, Bruder.

Onkel Toby gab sich niemals dazu her, darauf mit irgendeinem anderen Gegenargument zu antworten als damit, daß er ein halbes Dutzend Takte aus dem Lillabullero pfiff. – Sie müssen nämlich wissen, das war das Ventil, durch das er seiner Erregung gewöhnlich Luft machte, sooft irgend etwas ihn empörte oder überraschte, vor allem aber, sooft ihm etwas zu glauben zugemutet wurde, was er seinerseits nur für absurd halten konnte.

Da nicht ein einziger unter unseren Logikern noch einer von deren Kommentatoren, deren ich mich entsänne, daran gedacht hat, für diese besondere Art von Argumentation einen Namen zu finden – so nehme ich mir hiemit die Freiheit, dies auf eigene Verantwortung zu tun, und zwar aus zwei Gründen: Erstens damit es, um jeder Verworrenheit bei Disputen einen Riegel vorzuschieben, von jetzt an für immer von jeder anderen Art von Argumentation unterschieden werde, wie etwa dem *argumentum ad verecundiam, ex absurdo, ex fortiori* oder wie immer sie heißen. Und zweitens damit meine Kindeskinder, wenn einmal mein Haupt zur ewigen Ruhe gebettet sein wird, sagen können, daß dieses Haupt ihres gelehrten Großvaters einstmals nicht weniger erfinderisch gewesen sei als das anderer Menschen, daß dieser Großvater einen Namen und Begriff erfunden habe und ihn in seinem Edelmut in die Schatzkammer der *ars logica* geworfen habe, allwo er jetzt als eines der am schwersten zu widerlegenden Argumente der ganzen Wissenschaft gelte; und wenn der Zweck einer Disputation mehr darin liegt, einen Gegner zum Schweigen zu bringen als ihn zu überzeugen, so möge man noch gefälligst hinzufügen: als eines der besten.

Darum ordne ich hiemit strenge an und befehle, daß es hinfür mit dem Namen und Titel eines *argumentum fistulatorium* und keinem anderen bezeichnet und darunter bekanntgemacht werde und daß es fürderhin seinen Platz und Rang neben dem *argumentum baculinum* und dem *argumentum ad crumenam* habe und für alle Zeiten im selben Kapitel wie diese behandelt werde.

Was nun das *argumentum tripodium*, das immer nur von der Frau gegen den Mann, und das *argumentum ad rem*, das umgekehrt nur vom Mann gegen die Frau gebraucht wird, anbelangt, so sollen auch diese beiden – da sie beide genügend Stoff für eine einzige Vorlesung geben und zudem das eine die beste Antwort auf das andere ist – abgesondert bleiben und gemeinschaftlich für sich behandelt werden.

Zweiundzwanzigstes Kapitel

Der Gelehrte Bischof Hall, ich meine den berühmten Dr. Joseph Hall, der Bischof in Exeter war unter König Jakob I., sagt uns in einer seiner Dekaden am Ende seiner göttlichen Meditationskunst, gedruckt zu London 1610 bei John Beal in der Aldersgate-Street, ›daß es eine schmähliche Sache für einen Mann sei, sich selber zu loben‹. Meiner Ansicht nach hat er damit recht.

Andererseits aber, wenn eine Sache einmal auf eine meisterhafte Art ausgeführt ist, worauf ein anderer Mensch dann im allgemeinen nicht leicht kommt, so halte ich es für ebenso schmählich, daß ein Mensch um die Ehre der Erfindung kommen und aus der Welt scheiden sollte, während die Idee in seinem Gehirn verkommt.

Das ist genau die Lage, in der ich mich befinde.

Denn in dieser langen Abschweifung, zu der ich – wie zu allen meinen übrigen Abschweifungen (eine einzige ausgenommen) – nur durch den Zufall verleitet worden bin, steckt ein Meistergriff von Abschweifungs-Geschicklichkeit, dessen Verdienst, fürchte ich, von meinen Lesern übersehen wurde – nicht aus Mangel an Scharfblick, sondern weil er von einer Vollkommenheit ist, wie sie in einer Abschweifung tatsächlich selten gesucht und erwartet wird. Und zwar ist es der, daß ich, obwohl meine Abschweifungen, wie Sie bemerkt haben dürften, nur recht und billig sind und ich vom Ort und Gegenstand, an dem ich gerade bin und hafte, so oft und auch so weit davonfliege wie nur irgendein Schriftsteller in Großbritannien, ich dennoch stets darauf bedacht bin, daß dabei die Haupthandlung während meiner Abwesenheit nicht stillestehe.

Ich war zum Beispiel gerade dabei, Ihnen im großen die Umrisse von Onkel Tobys höchst grillenhaftem Charakter zu zeichnen – als meine Tante Dinah und ihr Kutscher uns in den Weg kamen und uns einige Millionen von Meilen mitten ins Herz des Planetensystems führten. Trotzdem dürften Sie bemerkt haben, daß die Zeichnung von Onkel Tobys Charakter währenddessen ganz langsam fortschritt; nicht die großen Konturen konnten gegeben werden – das war unmöglich –, wohl aber durfte auf einige naheliegende Züge und zarte Linien hingewiesen werden, während wir weitergingen, so daß Sie jetzt mit Onkel Tobys Charakter besser bekannt sind, als Sie es vorhin waren.

Durch dieses Vorgehen also ist der Mechanismus meines Werkes etwas ganz Einzigartiges geworden: Zwei entgegengesetzte Bewegungen werden ins Spiel gesetzt und trotz scheinbaren Widerspruchs miteinander versöhnt. Mit einem Wort: Mein Werk ist abschweifend, und es ist vorwärtsschreitend, und zwar beides zur gleichen Zeit.

Herr, das ist eine ganz andere Geschichte als die von der Bewegung der Erde um ihre eigene Achse bei ihrer täglichen Rotation zugleich mit ihrem Fortschreiten auf der elliptischen Bahn um die Sonne, das uns das Jahr bringt und jene Verschiedenheit und Abwechslung in den Jahreszeiten hervorruft, deren wir uns hienieden erfreuen, wenn ich auch zugeben muß, daß ich in meiner Methode dadurch angeregt worden bin, wie ich denn überhaupt glaube, daß die größten unter unseren berühmten Entdeckungen und Erfindungen aus an sich geringfügigen Andeutungen hervorgegangen seien.

Abschweifungen sind unbestreitbar der Sonnenschein, sie sind das Leben, die Seele des Lesestoffes. Nehmen Sie sie zum Beispiel aus diesem Buche heraus, so können Sie gleich das ganze Buch mitnehmen. Ein einziger kalter ewiger Winter wird dann auf jeder Seite herrschen. Billigen Sie aber diese Abschweifungen dem Verfasser wieder zu, so schreitet er alsogleich wie ein fröhlicher Bräutigam einher, grüßt freundlich, bringt Farbe und Abwechslung mit sich und regt den Appetit zum Weiterlesen an.

Die ganze Kunst liegt auch hier im guten Kochen und Anrichten, so daß nicht nur der Leser, sondern auch der Autor dabei seinen Vorteil findet. Dessen Verlegenheit in dieser Hinsicht ist überhaupt höchst beklagenswert; denn vom Augenblick an, wo er mit der Abschweifung einsetzt, steht, wie ich es in den meisten Fällen beobachtet habe, die Haupthandlung stockstill, und wenn er dann mit der Haupthandlung fortfährt, so hört die Abschweifung wieder auf.

Doch das heiße ich schlechte Arbeit liefern. Und aus diesem Grunde habe ich, sehen Sie, das Hauptwerk und die vielen zufälligen Nebenbestandteile sich an so vielen Stellen schneiden lassen, habe die fortschreitenden und abschweifenden Bewegungen so ineinander geschachtelt und geflochten, ein Rad so ins andere greifen lassen, daß der ganze Mechanismus im Gange gehalten worden ist und, was mehr ist, vierzig Jahre lang im Gange bleiben soll, wenn es dem Quell der Gesundheit gefällt, mich so lange mit Leben und Lebensmut zu segnen.

Dreiundzwanzigstes Kapitel

Ich fühle eine gar heftige Neigung in mir, dieses Kapitel närrisch zu beginnen, und will meiner Phantasie keine Hindernisse in den Weg legen. Dementsprechend fahre ich also fort:

Wenn das Glasfenster des *Momus* tatsächlich vorn in die menschliche Brust, wie es jener Erz- und Urkritikus vorschlug, eingesetzt worden wäre – so würde erstens dummerweise die Folge daraus erwachsen sein, daß die Weisesten und Größten unter uns, in dieser oder jener Münze und Währung jeden Tag ihres Lebens hätten Fenstergeld zahlen müssen. Und zweitens würde sich ergeben haben, daß, wäre das besagte Glas schon eingesetzt, wir nichts anderes mehr zu tun hätten, um den Charakter eines Menschen zu erkennen, als einen Stuhl zu nehmen und uns ganz leise davor wie vor einen durchsichtigen Bienenkorb zu setzen, hineinzublicken, die Seele in ihrer ganzen Nacktheit zu betrachten, ihre Erregungen und Bewegungen zu studieren, die Entwicklung ihrer Narrheiten zu verfolgen, von deren Zeugung an bis zum Augenblick, wo sie auskriechen, sie in ihrer Ausgelassenheit bei ihren Luftsprüngen, Ausbrüchen und Capriccios zu beobachten und dann, nachdem wir einige Zeit und Aufmerksamkeit den Anwandlungen ihres mehr feierlichen Betragens geschenkt haben, wie ja ein solches meist auf Ausschweifungen und Sprünge folgt, Feder und Tinte zu nehmen und nur das und nichts anderes niederzuschreiben, als was wir mit eigenen Augen gesehen haben und somit beschwören können. Doch das ist ein Vorteil, auf den ein Biograph auf unserem Planeten verzichten muß. Auf dem Planeten Merkur kann es sich (vielleicht) so, wenn nicht besser für ihn fügen, denn dort muß die intensive Hitze des Landes, die infolge der Sonnennähe nach zuverlässigen Schätzungen der Rotglut des Eisens nahekommen dürfte, schon lange meiner Ansicht nach die Körper der Bewohner verglast haben (als wirkende Ursache, *causa efficiens*), um sie dem Klima anzupassen (als Endziel, *causa finalis*), so daß durch beide (*causa efficiens* und *causa finalis*) alle Wohnorte und Behausungen der Seele von oben bis unten nichts anderes sein können (solange eine gesunde Philosophie uns nicht das Gegenteil zu beweisen vermag) als ein einziger feiner, durchsichtiger Körper von hellem Glase (den Nabelknoten ausgenommen), so daß ferner – bevor die Einwohner alt und genugsam verrunzelt wären, was zur Folge hätte, daß die Sonnenstrahlen beim Durchgehen durch dieselben entweder ungeheuerlich gebrochen oder in so schiefem Winkel an der Oberfläche zurückgeworfen werden würden, daß kein Menschenauge mehr durchzusehen vermöchte –, so daß also, wiederhole ich, die Menschenseele – es sei denn, die dortigen Anstandsregeln oder der unbedeutende Vorteil, den der undurchsichtige Nabelknoten gewährt, verhinderten dies – den Narren draußen auf offener Straße ebensogut wie im Hause drinnen spielen könnte.

Doch das gilt, wie gesagt, nicht von den Einwohnern dieser Erde. Unsere Geister scheinen nicht durch den Körper durch, sondern sind von einer dunklen Hülle unkristallisierten Fleisches und Blutes umgeben, so daß wir also, wenn wir bis zum spezifischen Charakter des Menschen vordringen wollen, einen anderen Weg einschlagen müssen.

Vielfach sind in Wahrheit die Wege, die der menschliche Witz einzuschlagen gezwungen war, um das mit Genauigkeit durchzuführen.

Einige zum Beispiel schildern alle ihre Charaktere mit Blasinstrumenten. Virgil macht von dieser Art der Schilderung Gebrauch bei der Geschichte von Äneas und Dido, doch ist sie trügerisch wie der Hauch und die Stimme des Ruhmes und verrät zudem einen engen Geist. Es ist mir nicht unbekannt, daß die Italiener Anspruch darauf erheben, einen ganz bestimmten Charakter mathematisch genau mit dem *Forte* und *Piano* eines ebenso bestimmten Blasinstrumentes, das sie brauchen, schildern zu können – eine Methode, auf deren Unfehlbarkeit sie bestehen. Ich wage es nicht, den Namen des Instrumentes hier zu erwähnen; es genüge zu wissen, daß auch wir es besitzen, aber denken Sie um Himmels willen nicht daran, einen Charakter damit zu beschreiben. Das klingt alles sehr rätselhaft und soll absichtlich so sein, zum mindesten *ad populum.* Und darum bitte ich Sie, Madame, wenn Sie bis hierher kommen, so schnell wie möglich weiterzulesen und nicht stehenzubleiben, um diesbezüglich Fragen zu stellen.

Dann wiederum gibt es andere, die den Charakter eines Menschen nur mittels dessen Ausleerungen schildern, doch da entsteht freilich meist nur eine sehr ungenaue Umrißlinie – es sei denn, daß man zu gleicher Zeit eine Skizze von dessen Anfüllungen entwirft, eine Zeichnung dann durch die andere ergänzt und verbessert und auf diese Weise die richtige Figur erhält. Ich würde nichts gegen diese Methode einzuwenden haben, nur dürfte sie meiner Meinung nach zu sehr nach der Studierlampe riechen und in dem Maße mühevoller sein, als sie uns zwingt, ein Auge auf die übrigen ›Unnatürlichkeiten‹ zu werfen. Warum übrigens die natürlichsten Handlungen im Menschen dessen unnatürlichste genannt werden, ist eine andere Frage.

Dann gibt es wiederum andere, viertens, die jedes der erwähnten

Mittel verschmähen – doch tun sie dies nicht wegen ihrer eigenen Fruchtbarkeit, sondern der vielerlei Handgriffe wegen, die sie dem ehrbaren Gewerbe der pentagraphischen Bruderschaft, das im Abschreiben und Kopieren besteht, abgeguckt haben. – Das sind, müssen Sie wissen, unsere großen Geschichtsschreiber.

Einen von diesen wird man einen Charakter in Lebensgröße gegen das Licht zeichnen sehen; das ist unduldsam, unehrlich und hart gegenüber dem Charakter dessen, der ihm sitzt.

Wiederum andere werden, um das gutzumachen, den Charakter in der kleinsten Kammer des Hauses zeichnen; das ist die unbilligste Art, weil man dort sicherlich in dieser oder jener seiner lächerlichsten Stellungen wiedergegeben werden muß.

Um alle diese Irrtümer zusammen und jeden einzelnen bei der Wiedergabe von Onkel Tobys Charakter zu vermeiden, bin ich entschlossen, ihn ohne die geringste äußere Hilfe zu zeichnen. Mein Stift oder Pinsel soll also weder einem jener Blasinstrumente folgen, die jemals diesseits oder jenseits der Alpen geblasen wurden, noch will ich Rücksicht darauf nehmen, was er in sich aufnimmt oder von sich gibt, auch werde ich keineswegs seine ›Unnatürlichkeiten‹ berühren, nein, nein, nein, vielmehr will ich Onkel Tobys Charakter mit Hilfe seines Steckenpferdes schildern.

Vierundzwanzigstes Kapitel

Wenn ich in meinem Inneren nicht ganz sicher wäre, daß der Leser schon alle Geduld wegen Onkel Tobys Charakter verloren haben müsse, so würde ich ihn vorher noch davon überzeugt haben, daß kein Instrument so geeignet sei zur Charakterzeichnung wie das, worauf ich eben verfallen bin.

Wiewohl ich nicht behaupten kann, daß ein Mensch und sein Steckenpferd genauso aufeinander wirken wie Körper und Seele, so besteht doch zweifellos eine Art Verbindung und Gemeinsamkeit zwischen beiden. Meine Ansicht ist nämlich die, daß es zwischen diesen beiden wie zwischen elektrischen Körpern zugeht, daß es also dank dem erhitzten Körperteil des Reiters, der unmittelbar in Berührung mit dem Rücken des Steckenpferdes kommt, nach langen Ritten und durch andauernde Reibung schließlich dazu komme, daß der Körper des Reiters mit so viel steckenpferdlicher Materie angefüllt wird, wie er nur irgendwie aufzunehmen und zu halten vermag. Woraus sich denn auch ergeben muß, daß, wenn man in der Lage ist, eine genaue Beschreibung des einen zu geben, man sich auch eine ziemlich deutliche Vorstellung vom Geist und Charakter des anderen machen kann.

Nun, das Steckenpferd, das Onkel Toby ritt, verdient meiner Meinung nach schon wegen seiner Einzigartigkeit in jedem Sinne eine Beschreibung, denn Sie hätten von York nach Dover, von Dover nach Penzance in Cornwall und von Penzance nach York zurückreiten können, ohne auf dem ganzen langen Wege einem zweiten dieser Art zu begegnen. Oder wenn Sie ihm begegnet wären, so würden Sie unfehlbar, wie groß auch Ihre Eile gewesen wäre, stehengeblieben sein, um es in Augenschein zu nehmen. In der Tat war sein Wuchs und Gang so merkwürdig, es war vom Kopf bis zum Schweif so durchaus unähnlich jedem anderen Wesen derselben Art, daß sich zuweilen ein Streit darüber erhob, ob es überhaupt noch ein Steckenpferd sei oder nicht. Gleichwie aber jener Philosoph einem skeptischen Manne gegenüber, der im Gespräche die Möglichkeit der Bewegung bestritt, sich keines anderen Argumentes bedienen konnte, als daß er aufstand und einmal durchs Zimmer schritt, so wollte auch Onkel Toby von keinem anderen Argument Gebrauch machen, um zu beweisen, daß sein Steckenpferd wirklich ein Steckenpferd sei, als daß er sich auf dessen Rücken setzte und darauf herumritt und es den Menschen überließ, die Sache nach eigenem Gutdünken zu entscheiden.

In Wahrheit aber bestieg Onkel Toby sein Roß mit so viel Lust, und dieses wiederum trug ihn so vortrefflich – daß er sich kaum viel Gedanken darüber gemacht haben dürfte, was die Menschen dazu sagten oder darüber dachten.

Es ist nun die höchste Zeit, daß ich Ihnen eine Beschreibung davon gebe. Um aber regelrecht zu verfahren, bitte ich Sie um die Erlaubnis, Ihnen erst mitteilen zu dürfen, wie Onkel Toby dazu gekommen ist.

Fünfundzwanzigstes Kapitel

Da die Wunde an seinen Leisten, welche Onkel Toby bei der Belagerung von Namur empfing, ihn für den ferneren Dienst untauglich machte, so hielt man es für das beste, daß er nach England zurückkehrte, um, wenn es überhaupt noch möglich wäre, dort geheilt zu werden.

Er war vier Jahre lang ans Zimmer und einen Teil davon ans Bett gefesselt. Während der ärztlichen Behandlung, welche die ganze Zeit über ununterbrochen andauerte, duldete er unsägliche Schmerzen, und zwar infolge einer Reihe von Splitterablösungen am *os pubis* und dem nach außen gekehrten Ende jenes Teiles des *coxendic*, der *os ilium* genannt wird – denn diese beiden Knochen waren sowohl infolge der unregelmäßigen Eckig- und Kantigkeit des Steines, der, wie gesagt, von der Brustwehr abgeschlagen worden war, als auch wegen dessen Umfangs arg geprellt worden – welch letzterer Umstand dem Wundarzt den Gedanken aufdrängte, daß die große Verletzung, die sich Onkel Toby an den Leisten dadurch zugezogen hatte, mehr durch die Schwere des Steines als durch die Schleudergewalt des Wurfes verursacht worden sei – was, wie er mehr als einmal sagte, als ein großes Glück angesehen werden müßte.

Mein Vater hatte damals gerade sein Geschäft in London gegründet und dort auch ein Haus gemietet. Und da eine aufrichtige Freundschaft und Herzlichkeit zwischen den beiden Brüdern bestand und mein Vater zudem der Ansicht war, daß Onkel Toby nirgendwo bessere Pflege finden würde als in meines Vaters Haus, so überließ er ihm darin die besten Zimmer. Auch ließ er, was ein noch deutlicheres Zeichen seiner Liebe war, bei keiner Gelegenheit einen Freund oder Bekannten seine Schwelle betreten, ohne dessen Hand zu ergreifen, ihn die Treppe hinauf zu seinem Bruder Toby zu führen und eine Stunde mit ihm an dessen Bett zu verplaudern.

Die Geschichte von der Verwundung eines Soldaten läßt die Schmerzen der Wunde vergessen. Wenigstens dachten so die täglichen Besucher Onkel Tobys und lenkten darum schon aus Höflichkeit das Gespräch auf diesen Gegenstand, und von da ging es dann weiter auf die Belagerung über.

Diese Gespräche waren unendlich wohlgemeint. Und Onkel Toby empfand dadurch eine große Erleichterung und würde noch mehr davon gefühlt haben, wenn sie ihn nicht zugleich in eine unvorhergesehene, wachsende Verlegenheit gebracht hätten, die drei Monate lang seine Heilung bedeutend verzögerte. Hätte er nicht schließlich ein Mittel gefunden, sich aus dieser Verlegenheit zu ziehen, so würde sie ihn meiner Meinung nach ins Grab gebracht haben.

Worin diese Verlegenheit Onkel Tobys bestand, können Sie unmöglich erraten. Wenn Sie es vermöchten, würde ich nämlich erröten, und zwar nicht als Verwandter oder als Mann, auch nicht wie eine Frau, sondern in meiner Eigenschaft als Schriftsteller, insofern, als ich mir nicht wenig gerade darauf einbilde, daß bis jetzt wenigstens mein Leser noch niemals imstande gewesen ist, irgend etwas in meinem Buche im voraus zu erraten. Ich bin darin so empfindlich und so eigen veranlagt, Herr, daß ich, sollte mir einmal der Gedanke aufblitzen, Sie könnten in der Lage sein, auch nur im mindesten von dem auf einer Seite Gesagten auf das, was auf der nächsten Seite steht, Schlüsse zu ziehen, sofort diese Seite aus meinem Buche herausreißen würde.

Zweites Buch

Erstes Kapitel

Ich habe ein neues Buch begonnen, damit genug Raum da sei, um die Art von Verlegenheiten und Verwicklungen besser auseinandersetzen zu können, in welche Onkel Toby infolge der vielen Fragen über die Belagerung von Namur gebracht wurde, wo er bekanntlich seine Wunde empfangen hatte.

Ich brauche den Leser, für den Fall, daß er die Geschichte der Kriege König Wilhelms gelesen hat, nur daran zu erinnern. Sollte er sie nicht gelesen haben, so will ich ihn darüber belehren, daß zu den berühmtesten Stürmen bei dieser Belagerung jener gehörte, der von den englischen und holländischen Truppen auf die Spitze der vorgetragenen Kontereskarpe am St. Nicolastor, das vor der großen Schleuse liegt, ausgeführt wurde. Hier waren die englischen Truppen dem schrecklichsten Feuer der Kontergarde und der Halbbastion von St. Rochus ausgesetzt. Das Ergebnis des heißen Ringens war in wenigen Worten dies, daß die Holländer sich in der Kontergarde einnisteten und die Engländer sich zu Herren des verdeckten Weges von St. Nicolas machten trotz der Tapferkeit der französischen Offiziere, die ihnen auf dem offenen Glacis mit gezogenem Degen entgegentraten.

Da dies eben der Hauptangriff war, von dem Onkel Toby bei Namur Augenzeuge sein konnte – die Hauptarmee der Belagerer war nämlich durch den Zusammenfluß der Maas und Sambre zu sehr getrennt, weshalb man nicht viel von den beiderseitigen Kampfhandlungen sehen konnte –, so war Onkel Toby in seinen Schilderungen davon besonders beredt und ausführlich, und die vielen angedeuteten Verlegenheiten entsprangen der schier unüberwindlichen Schwierigkeit, diese seine Geschichte so zu erzählen, daß alle sie verstünden, und so klare Vorstellungen vom Unterschied zwischen einer Eskarpe und Kontereskarpe, dem Glacis und verdeckten Weg, dem Halbmond und dem Ravelin zu erwecken, daß seine Zuhörer ihm folgen konnten.

Kriegsschriftsteller selber verwechseln gern und leicht diese Begriffe, so daß Sie sich nicht zu wundern brauchen, Herr, wenn Onkel Toby in seinem Bemühen, sie klarzustellen und falsche Vorstellungen nicht aufkommen zu lassen, sehr oft nicht nur seine Gäste, sondern auch sich selber in Verwirrung brachte.

In der Tat verhielt es sich so, daß, wenn die betreffenden Herren, die mein Vater die Treppe hinauf in die Krankenstube führte, nicht zufällig über ein leichtes Auffassungsvermögen verfügten oder mein Onkel gerade einen seiner guten Tage hatte, es eine recht schwierige Sache blieb – Onkel Toby mochte sich anstellen, wie er wollte –, den Vortrag frei von Dunkelheiten zu halten.

Was aber die Schilderung dieses Angriffs für Onkel Toby noch verwickelter gestaltete, war der Umstand, daß beim Sturm auf die Kontereskarpe vor dem St. Nicolastor das Gelände von den Ufern der Maas an bis zur großen Schleuse von einer solchen Unmenge von Deichen, Gräben, Flüssen und Schleusen kreuz und quer nach allen Richtungen zerschnitten war und Onkel Toby sich darin so verirrte oder dazwischen so festrannte, daß er oft weder nach vorwärts noch nach rückwärts konnte, um sein Leben zu retten, und sich nicht selten gezwungen sah, nur deshalb den Angriff ganz aufzugeben.

Diese überaus einschüchternden Rückschläge erschütterten Onkel Toby heftiger, als wir uns das jetzt und hier vorzustellen vermögen. Und da mein Vater in seiner Güte immer neue Freunde und Frager zu ihm mit sich hinaufzog – so hatte er keineswegs eine leichte Aufgabe vor sich.

Ohne Zweifel besaß Onkel Toby viel Selbstbeherrschung und konnte, meine ich, die Haltung so gut bewahren wie nur irgendein Mensch auf Erden. Doch kann sich jedermann vorstellen, wie er sich innerlich abplagte und seufzte und schnaubte, wenn er es wieder einmal nicht zuwege brachte, sich aus dem Ravelin zurückzuziehen, ohne dadurch in den Halbmond zu geraten, oder den verdeckten Weg zu verlassen, ohne die Kontereskarpe herunterzufallen, oder den Deich zu überschreiten, ohne in den Graben zu purzeln. Und er ward wirklich verdrießlich. Diese kleinen und stündlichen Plackereien mögen vielleicht einem Manne, der Hippokrates nicht gelesen hat, kaum der Rede wert erscheinen. Wer aber Hippokrates oder Dr. James Mackenzie kennt und über die Wirkungen, welche die Leidenschaften und Stimmungen des Geistes und Gemütes auf die Verdauung haben (auf die ›Verdauung‹ sozusagen einer Wunde nicht weniger als auf die eines Mittagessens), nachgedacht hat, der wird leicht ermessen, wie heftig Onkel Tobys Wunde allein dadurch gereizt und verschlimmert werden mußte.

Onkel Toby hatte nicht die Gabe, darüber zu philosophieren. Ihm genügte, daß er fühlte, wie es damit stand, und nachdem er die heftigsten Schmerzen und den Kummer durch Monate ertragen hatte, faßte er den Entschluß, sich auf die eine oder andere Art aus dieser mißlichen Lage herauszuhelfen.

So lag er denn eines Morgens im Bett auf dem Rücken – die Schmerzen sowie auch die Lage der Wunde in den Lenden erlaubten ihm keine andere Stellung –, als ihm plötzlich der Gedanke durchs Gehirn schoß, daß, wenn er sich so etwas wie eine Karte der Befestigungen der Stadt und Zitadelle von Namur samt Umgebung kaufen und auf ein Brett kleben könnte, das Mittel vorderhand gefunden wäre, sich die ganze Sache leichter zu machen. – Ich mache darum auf seinen Wunsch, zugleich mit der Stadt und Zitadelle auch die Umgebung von Namur auf einer Karte zu besitzen, aufmerksam, weil er die Wunde in einem der Quergräben erhielt, und zwar dreißig Klafter entfernt vom zurückspringenden Winkel des Schützengrabens gegenüber dem vorspringenden Winkel der Halbbastion von St. Rochus, so daß er dann mit ziemlicher Sicherheit genau in den Punkt, an dem er gestanden hatte, als ihn der Stein traf, eine Nadel stecken könnte.

Alles das ging nach Wunsch und befreite ihn nicht nur von einer Unzahl überaus trostloser Erläuterungen, sondern erwies sich auch, wie Sie später lesen werden, als glückliches Mittel, meinem Onkel Toby zu einem Steckenpferd zu verhelfen.

Wenn man nun schon einmal die Unkosten einer geselligen Veranstaltung dieser Art zu tragen hat, wäre nichts dümmer und ungeschickter, als die Dinge so schlecht zu ordnen und zu stellen, daß es den Kritikern und Leuten von Geschmack dann leichtfällt, sie wieder umzuwerfen oder einzurennen. Auch dürften diese durch nichts so leicht zu so etwas veranlaßt werden wie dadurch, daß man sie nicht mit einlädt oder, was ebenso verletzend ist, seine Aufmerksamkeit den übrigen Gästen so ausschließlich widmet, als säße so etwas wie ein Kritiker (von Beruf) gar nicht mit am Tisch.

Ich nehme mich vor beiden in acht; denn erstens habe ich absichtlich für alle Fälle ein halbes Dutzend Plätze für sie frei gelassen, und zweitens mache ich ihnen allen den Hof. – Also, meine Herren, ich küsse Ihre Hände und gestehe, keine andere Gesellschaft würde mir halb soviel Vergnügen machen wie die Ihre, und ich bin wahrhaftig froh, Sie zu sehen. Ich bitte nur, sich hier wie zu Hause zu fühlen und sich ohne Umstände an den Tisch zu setzen und zuzulangen.

Ich habe gesagt, ich hätte sechs Plätze frei gelassen, und wäre beinahe in meiner Liebenswürdigkeit so weit gegangen, auch noch einen siebenten frei zu lassen, und zwar den meinen. Doch da mir ein Kritiker (nicht einer von Beruf, sondern von Natur) gestand, ich hätte meine Sache gut gemacht, so will ich ihn gleich besetzen, in der Hoffnung, daß ich inzwischen in die Lage kommen werde, im nächsten Jahr mehr Raum für Kritiker zu schaffen.

Wie in aller Welt ist es nur möglich, daß Ihr Onkel Toby, der allem Anschein nach der Armee angehörte und den Sie bisher wenigstens nicht als einen Narren hingestellt haben, gleichzeitig ein solcher Querkopf und Faselhans sein konnte, daß er ... Sehen Sie selber nach!

So, mein Herr Kritikus, hätte ich antworten können, doch ich verschmähe es. Es ist nämlich nicht die Sprache eines Mannes von Welt und steht nur einem zu, der keine klare Anschauung von den Dingen hat und nicht tief genug bis zu den ersten Ursachen der menschlichen Unwissenheit und Verworrenheit zu tauchen vermag. Zudem ist es eine zu kühne Antwort – und auch darum verwerfe ich sie. Denn obwohl sie der Soldatennatur Onkel Tobys ausgezeichnet entsprochen hätte – und wenn er bei derlei Angriffen nicht die Gewohnheit gehabt hätte, Lillabullero zu pfeifen, so würde er sicherlich, da es ihm an Tapferkeit nie fehlte, genau diese und keine andere Antwort gegeben haben –, mir hätte sie keinesfalls angestanden. Sie sehen klar und deutlich, daß ich als ein Mann von Bildung schreibe, daß auch meine Vergleiche, Anspielungen, Illustrationen und Metaphern solche eines gelehrten Geistes sind und daß ich mich durchsetzen und meine Art jener der anderen entgegenhalten muß – wo würde ich auch sonst bleiben? Es wäre um mich geschehen, Herr, ich wäre vernichtet, und im selben Augenblick, da ich mich hierher an die Stelle eines Kritikers gesetzt hätte, würde ich Raum für zwei gemacht haben.

Darum antworte ich also:

Bitte, mein Herr, ist Ihnen unter den vielen Büchern, die Sie gelesen haben, jemals Lockes Versuch über den menschlichen Verstand untergekommen? Antworten Sie mir nicht zu schnell – denn ich weiß, es zitieren viele das Buch, ohne es gelesen zu haben. Wenn Sie in derselben Lage sind, so will ich Ihnen, da ich zur Belehrung schreibe, in wenigen Worten sagen, was das Buch ist: eine Geschichte. – Eine Geschichte? Von wem? Wovon? Wo? Wann? – Übereilen Sie sich nicht! Es ist ein Geschichtsbuch (wodurch es sich möglicherweise der Welt empfehlen mag) darüber, was im menschlichen Geiste vorgeht. Wenn Sie nur soviel und nicht mehr über das Buch zu sagen wissen, so werden Sie, glauben Sie mir, in einer Gesellschaft von Philosophen keine ganz lächerliche Figur machen.

Doch das nur nebenbei.

Wenn Sie einen Gang mit mir wagen wollen, um der Sache bis auf den Grund zu sehen, so werden wir finden, daß es dreierlei Ursachen für die Dunkelheiten und Verworrenheiten im Geiste des Menschen gibt.

Stumpfe Organe, lieber Herr, an erster Stelle. An zweiter oberflächliche und schnell schwindende Eindrücke von den Gegenständen, für den Fall, daß die Organe selber nicht stumpf sind. Und drittens ein Gedächtnis wie ein Sieb, unfähig, das Empfangene zu behalten. Rufen Sie doch bitte gleich die Kammerzofe Dolly herunter, ich will Ihnen meine Kappe samt Schellen schenken, wenn ich Ihnen die Sache auf der Stelle nicht so klarmache, daß Dolly sie ebensogut versteht wie Malebranche. Sobald Dolly ihren Brief an Robin zusammengefaltet hat und mit ihrem Arm in die lange Tasche rechts bis ganz herunter gefahren ist – nehmen Sie die Gelegenheit wahr, sich dessen zu entsinnen, daß unsere Organe und Fähigkeiten zur Wahrnehmung durch nichts in der Welt so gut illustriert und erklärt werden können wie eben durch das eine winzige Ding, das Dollys Hand dort in der Tasche unten sucht: Ihre Organe, mein Herr, sind nicht so stumpf, daß ich Ihnen das erst zu sagen brauche – sie fischt nach einem zollangen Stückchen roten Siegelwachses.

Dieses Siegelwachs wird nun geschmolzen und auf den Brief geträufelt. Wenn aber nun Dolly so lange in der Tasche nach dem Fingerhut herumwühlt, bis das Wachs hart geworden ist, so wird es nicht mehr das Merkmal des Fingerhutes wie sonst annehmen. Gut. Ist aber Dollys Siegelwachs, weil Dolly kein besseres hat, Bienenwachs, so wird dieses den Abdruck des Fingerhutes wohl empfangen, aber nicht halten, wie fest immer Dolly drücken mag. Die dritte Annahme ist aber die, daß das Wachs wohl gut sei, der Fingerhut desgleichen, nur wurde dieser in zu großer Eile aufgedrückt, da natürlich gerade in diesem Augenblick die Herrin klingeln muß. In diesen drei Fällen wird der Abdruck des Fingerhutes dem Urbild so wenig gleichen wie ein Stiefelhacken.

Nun müssen Sie aber wissen, daß keine von diesen die wahre Ursache der Verworrenheit in Onkel Tobys Vorträgen war. Aber gerade darum habe ich mich darüber so breit ausgelassen. Nach dem Muster großer Physiologen – um den Leuten zu zeigen, woher sie eben *nicht* kam.

Woher sie aber kam, darauf habe ich schon angespielt: Eine in der Tat sehr ergiebige Quelle von Dunkelheiten ist es und wird es immer bleiben. Und zwar ist es jener schwankende Gebrauch der Worte, der schon so viele der klarsten und überlegensten Köpfe in Verlegenheit gebracht hat.

Ich wette zehn zu eins, daß Sie in der Geistesgeschichte vergangener Jahrhunderte zu Hause sind. Was für schreckliche Schlachten, genannt Logomachien, wurden da nicht durch Worte veranlaßt, und wie wurden solche nicht mit Hilfe von Galle und Tinte in die Länge gezogen! Eine zartbesaitete Natur vermöchte die Berichte darüber nicht ohne Tränen in den Augen zu lesen.

Wenn du, lieber Kritiker, alles erwogen und bei dir selber überlegt hast, wieviel von deiner eigenen Wissenschaft, von deinen Reden und Gesprächen bald durch dieses, bald durch jenes Wort verdorben wurde und in Konfusion geriet – was für ein Lärm und Gepolter herrschte auf Konzilien über *οὐσία* und *ὑπόστασις*, in den Schulen der Gelehrten über Kraft und Geist, über Essenzen und Quintessenzen, über Substanzen und den Raum; welche Verwirrung auf noch größeren Schauplätzen infolge von Worten von viel geringerer Bedeutung und ebenso unbestimmtem Sinn! – wenn du das alles überlegst, so wirst du dich nicht über Onkel Tobys Verlegenheit wundern, vielmehr eine Träne des Mitleids über diese schrecklichen Eskarpen und Kontereskarpen vergießen, über sein Glacis und den verdeckten Weg, den Ravelin und den Halbmond. Also nicht durch Ideen und Begriffe, sondern nur durch Worte, beim Himmel, ist sein Leben gefährdet gewesen.

Drittes Kapitel

Nachdem Onkel Toby seine Karte von Namur ganz so, wie er sie wollte, erhalten hatte, machte er sich gleich daran, sie mit allem Fleiß zu studieren. Denn da nichts für ihn von so großer Wichtigkeit war wie seine Genesung, und die Genesung, wie Sie schon erfahren haben, durchaus von seinen Leidenschaften und Stimmungen abhing, so kam es für ihn sehr darauf an, alles zu tun, um den Gegenstand so völlig zu beherrschen, daß er dann ohne weitere Gemütserregung darüber zu sprechen vermöchte.

Nach einem eingehenden und mühevollen Studium der Sache, das zwei Wochen in Anspruch nahm und nebenbei Onkel Tobys Wunde an den Leisten keineswegs sehr gut bekam, war er mittels einiger Randbemerkungen zu Füßen des Elefanten nebst Gobesius' Kriegsarchitektur und Geschützwissenschaft, übersetzt aus dem Flämischen, instand gesetzt, einen Vortrag mit ziemlicher Klarheit zu halten. Und bevor zwei Monate vergangen waren, hatte er es darin schon zu einer gewissen Meisterschaft gebracht und konnte nicht nur den Angriff auf den vorspringenden Winkel der Kontereskarpe mit großer Übersicht führen, nein, Onkel Toby war jetzt, nachdem er viel tiefer in die Kunst eingedrungen war, als der ursprüngliche Anlaß dazu es verlangte, durchaus in der Lage, die Maas und Sambre zu überschreiten, konnte bis weit hinaus an Vaubans Linien, bis zur Abtei von Salsey Ablenkungsangriffe unternehmen und seinen Besuchern einen genauso klaren Bericht von jedem dieser Angriffe geben wie von jenem auf das St. Nicolastor, wo er die Ehre hatte, verwundet zu werden.

Doch die Wißbegierde wächst bekanntlich genauso wie der Durst nach Reichtum mit dem Erwerb. Je mehr Onkel Toby über seiner Karte grübelte, um so lieber gewann er sie. Und zwar geschah dies nach demselben Prozeß und durch dieselbe Art von elektrischer Assimilation, wie gesagt, durch welche meiner Ansicht nach die Seelen der Kunstkenner, Naturfreunde und Sammler durch lange Reibung mit dem Gegenstand und intensiven Verkehr endlich zu ihrem Entzücken so weit kommen, daß sie selber in ihren geliebten Bildern aufgehen oder selber zum Schmetterling oder zur Geige werden.

Je mehr Onkel Toby von der süßen Quelle der Wissenschaft trank, um so heftiger wurde der Durst und die Ungeduld zu trinken, so daß, bevor das erste Jahr seines Krankenlagers verlaufen war, es kaum mehr eine Festung in Flandern oder Italien gab, von der er sich nicht auf die eine oder andere Art eine Karte verschafft hätte, welche er dann sofort nach Erhalt studierte, indem er zugleich die Geschichte der verschiedenen Belagerungen durchlas und die Berichte über Zerstörungen, Verbesserungen und neue Anlagen sorgfältig damit verglich, was er alles mit so großem Fleiß und heftigem Entzücken tat, daß er darüber sich selber, seine Wunde, sein Krankenlager und sein Essen vergaß.

Im zweiten Jahr kaufte Onkel Toby den Ramelli und Cataneo, übersetzt aus dem Italienischen, desgleichen den Stevinus, Moralis, den Chevalier de Ville, Lorini, Coehorn, Sheeter, den Grafen von Pagan, den Marschall Vauban, Mons. Blondel und noch beinahe ebensoviel weitere Bücher über Festungsbau, wie Don Quichote Ritter- und Heldengeschichten besaß, als der Pfarrer und Barbier in seine Bibliothek eindrangen.

Zu Beginn des dritten Jahres, also im August 1699, erachtete es Onkel Toby für unbedingt notwendig, etwas mehr über die Bahn der Geschosse zu wissen. Und da er es für das beste hielt, seine Kenntnis gleich aus der Quelle selber zu schöpfen, begann er mit N. Tartaglia, der wohl der erste gewesen sein dürfte, welcher den Irrtum entdeckte, demgemäß eine Kanonenkugel alles Unheil in der Richtung einer geraden Linie anrichten solle. N. Tartaglia bewies Onkel Toby, daß dies eben ganz und gar unmöglich sei. Ach, ohne Ende ist das Suchen nach Wahrheit!

Kaum aber hatte Onkel Toby sich über den Weg beruhigt, den die Kanonenkugel nicht nimmt, ward er unmerklich weitergeführt und im Geist dazu entschlossen, nachzuforschen und herauszufinden, welchen Weg sie statt dessen wirklich nehme. Zu welchem Ende er gezwungen war, sich neuerdings mit dem alten Maltus einzulassen, den er nun mit allergrößter Hingebung studierte. Er ging dann über zu Galileo und Torricellius, wo er mittels bestimmter geometrischer Regeln unwiderleglich bewiesen fand, daß die genaue Bahn eine Parabel oder auch Hyperbel sei und daß der Parameter oder *latus rectum* des Kegelschnittes besagter Bahn im selben Verhältnis zur Größe und Totalsumme stehe wie die ganze Linie zum Sinus des doppelten Neigungswinkels, den der Geschützlauf mit der Horizontalebene bildet, und daß der Halbparameter ... Halt ein! lieber Onkel Toby, gehe keinen Schritt weiter in dieser dornigen Wildnis – verschlungen sind hier die Pfade, verwirrend die Gänge dieses Labyrinths und vielfach die Mühe, welche die Verfolgung des bezaubernden Trugbildes der Erkenntnis über dich bringt. Onkel Toby, fliehe, fliehe davor wie vor einer Schlange! Kannst du es überhaupt verantworten, du lieber, anständiger Mensch, mit deiner Wunde an den Leisten, klopfenden Herzens ganze Nächte lang aufzusitzen und dein Blut in fieberhafte Wallung zu bringen! Ach, das wird die Symptome deiner Krankheit nur verschärfen, deine Ausdünstung behindern, die Lebensgeister verdampfen lassen, die Grundfeuchtigkeit auftrocknen, die Körperkräfte aufzehren, dich verstopfen, deine Gesundheit untergraben und alle die Schwächen des kommenden hohen Alters nur beschleunigen. O mein Onkel! Mein Onkel Toby!

Viertes Kapitel

Nicht einen Groschen möchte ich für den literarischen Geschmack des Menschen geben, der nicht einsehen will, daß auch die beste einfache Erzählung unmittelbar an die letzte, so beredte Ansprache an Onkel Toby angehängt, dem Gaumen des Lesers nur schal und geschmacklos vorkommen müsse; daher habe ich das Kapitel geschlossen, obwohl ich noch mitten in der Erzählung war.

Autoren meiner Art haben mit Malern den einen Grundsatz gemein: Wo eine sehr genaue Wiedergabe der Wirklichkeit unsere Bilder weniger eindrucksvoll macht, wählen wir das geringere Übel, indem wir es für verzeihlicher halten, gegen die Wahrheit als gegen die Schönheit zu sündigen. Das ist zwar nur *cum grano salis* zu verstehen, aber wie immer dem sei – da wir die Parallele mehr darum gezogen haben, damit unsere feurige Anrede am Ende des letzten Kapitels ein wenig auskühlt, so ist es nicht sehr wesentlich, ob sie auch in anderer Hinsicht vom Leser gebilligt wird oder nicht.

Da Onkel Toby gegen das Ende des dritten Jahres fühlte, daß der Parameter und Halbparameter des Kegelschnittes seine Wunde verschlimmerten, brach er das Studium der Schießlehre plötzlich ab und machte sich wieder an den praktischen Teil der Befestigung; das Entzücken darüber kehrte gleich einer mit Gewalt zugehaltenen Quelle erneut mit doppelter Kraft zurück.

In diesem selben Jahr begann Onkel Toby auch mit der Gewohnheit zu brechen, das Hemd zu wechseln; der Barbier wurde sehr oft weggeschickt, und Onkel Toby blieb unrasiert; dem Wundarzt wurde kaum die nötige Zeit gelassen, die Wunde zu verbinden, ja, diese Angelegenheit schien jetzt Onkel Toby so wenig zu beschäftigen, daß er den Wundarzt kaum öfter als einmal in der Woche fragte, wie es denn überhaupt darum stünde, bis er – siehe da! – eines Tages ganz plötzlich – der Wechsel der Stimmung vollzog sich blitzschnell – nach Genesung förmlich aufzuseufzen begann, sich meinem Vater gegenüber beklagte und mit dem Wundarzt ungeduldig wurde. Als er diesen eines Morgens die Treppe hinaufsteigen hörte, schlug er seine Bücher zu, warf die Meßinstrumente beiseite, um ihm einmal wegen der Verzögerung der Heilung ganz offen die Meinung zu sagen, denn die Heilung, sagte er, müßte jetzt eigentlich schon eingetreten sein. Er verweilte lange bei den Leiden, die er ausgestanden, und bei der nun vier Jahre währenden Qual eines freudlosen Gefängnisses, indem er hinzufügte, daß er es nur der freundlichen Miene und herzlichen Aufmunterung des besten aller Brüder verdanke, wenn er nicht schon längst unter seinem Mißgeschick zusammengesunken sei.

Mein Vater stand dabei. Onkel Tobys Beredsamkeit trieb ihm das Wasser in die Augen; dieser Ausbruch war zu unerwartet gekommen; denn Onkel Toby war von Natur aus nicht beredsam. Um so größer war aber die Wirkung. Der Wundarzt wurde verlegen. Nicht als ob keine Gründe für ähnliche, ja für noch viel heftigere Ausbrüche von Ungeduld vorhanden gewesen wären – aber dieser kam denn doch zu unerwartet. In den vier Jahren der Behandlung hatte der Wundarzt nicht annähernd etwas, das einem solchen Betragen nahegekommen wäre, wahrgenommen. Onkel Toby hatte niemals auch nur ein einziges Wort der Gereiztheit oder Ungeduld geäußert, er war stets ganz Geduld, ganz Ergebung gewesen.

Manchmal verlieren wir das Recht zur Klage dadurch, daß wir keinen Gebrauch davon machen, zuweilen aber verdreifachen wir dadurch deren Wirkung. Der Wundarzt war sprachlos, er wurde es noch mehr, als er vernahm, wie Onkel Toby in demselben Tone fortfuhr und entschieden darauf bestand, daß er die Wunde entweder endlich heile ... oder sich damit abfinden müsse, daß es an seiner Stelle Monsieur Ronjat, der Leibarzt des Königs, tun werde.

Der Wunsch nach Leben und Gesundheit ist uns eingepflanzt, die Liebe zur Freiheit und zu einem größeren Spielraum ihm verschwistert. Dies hatte Onkel Toby mit allen Menschen gemeinsam, doch weder das eine noch das andere allein würde genügt haben, uns ein so ausdrückliches Verlangen nach endlicher Heilung und Freiheit zu erklären. Aber ich habe Ihnen schon gesagt, daß nichts in unserer Familie den gewöhnlichen Gang ging. Und nach dem Zeitpunkt sowohl wie auch nach der Form, worin sich dieses Verlangen im gegenwärtigen Falle äußerte, wird der scharfsinnige Leser schon erraten haben, daß da eine andere Ursache in Onkel Toby mitgewirkt und die ganze Sache überhaupt einen Haken gehabt haben müsse. In der Tat verhielt es sich so, und der Gegenstand des nächsten Kapitels wird sein, die Ursache und den Haken zu finden. Ich gestehe auch, daß es dann Zeit sein werde, zum Kamin in der Wohnstube zurückzukehren, allwo wir Onkel Toby mitten im Satz haben sitzenlassen.

Fünftes Kapitel

Wenn sich ein Mensch einer Leidenschaft überläßt, mit anderen Worten, wenn sein Steckenpferd bockig wird – dann fahre hin, kühle Vernunft und billige Vorsicht.

Onkel Tobys Wunde war beinahe geheilt, und kaum hatte sich der Wundarzt von seinem Erstaunen erholt und durfte diesem Erstaunen Ausdruck verleihen, so eröffnete er ihm, daß sie sich zu schließen beginne und, wenn sie nicht neuerlich aufbreche, was allem Anschein nach nicht zu erwarten wäre, in fünf bis sechs Wochen nicht mehr nässen würde. Fünf bis sechs Wochen; ebenso viele Olympiaden würden zwölf Stunden früher in Onkel Toby die Vorstellung einer kürzeren Dauer erweckt haben. Der Verlauf seiner Vorstellungen war jetzt reißend schnell geworden, Onkel Toby bebte vor Ungeduld, sein Vorhaben auszuführen, und ohne sich mit einer einzigen lebenden

Seele ins Einvernehmen zu setzen – was, nebenbei gesagt, nach meiner Meinung das richtige ist, wenn der Mensch von vornherein entschlossen ist, keines anderen Menschen Ratschlag anzunehmen –, befahl er Trim, seinem Burschen, ein ganzes Bündel aus Zupfleinwand und Binden zusammenzupacken und eine vierspännige Reisekutsche für morgen Punkt zwölf Uhr zu bestellen, da um diese Zeit, wie er wußte, mein Vater an der Börse sein würde. Nachdem er noch eine Banknote für den Wundarzt zusammen mit einem Brief voll des zärtlichsten Dankes für den Bruder auf dem Tisch zurückgelassen hatte, packte er seine Karten und Bücher über Festungsbau, seine Instrumente usw. zusammen und machte sich mit Hilfe einer Krücke auf der einen Seite und seines Burschen Trim auf der anderen nach Shandy Hall auf.

Der Grund oder besser der Anlaß zu dieser plötzlichen Auswanderung war folgender:

Da der Tisch in Onkel Tobys Zimmer, an dem er die Nacht, bevor sich die Veränderung in ihm vollzogen, mit seinen Karten usw. um sich herum saß, viel zu klein war für die unendliche Menge großer und kleiner Werkzeuge der Wissenschaft, die darauf standen, so war es nicht zu verwundern, daß das geschah, was geschehen mußte, das heißt, daß er, als er nach der Schnupftabakdose langte, seinen Zirkel herunterwarf und, indem er sich nach diesem bückte, mit seinem Ärmel das Reißzeug und die Lichtschere mit sich zog und daß er weiter, da die Würfel für heute nun schon einmal gegen ihn entschieden hatten, bei seinem Versuch, die Lichtschere im Fallen aufzuhalten, Monsieur Blondel vom Tische stieß, der auf den schon untenliegenden Comte de Pagan sauste.

Es war gänzlich zwecklos für einen so lahmen Mann, wie mein Onkel Toby war, auch nur daran zu denken, das ganze Ungemach jetzt selber wieder in Ordnung zu bringen. Er klingelte darum nach seinem Burschen Trim. – Trim, sagte Onkel Toby, seh Er, ich bitte Ihn, was ich hier angestellt habe. Ich muß mir von heute an das alles besser einrichten. Kann Er meinen Zollstab nehmen und die Länge und Breite dieses Tisches abmessen und dann zum Tischler gehen und mir einen ebenso großen bestellen? – Ja, Ihro Gnaden, antwortete Trim mit einer Verbeugung, aber ich hoffe, Ihro Gnaden werden bald wohlauf genug sein, auf Ihro Gnaden Landsitz zu gehen, denn da Ihro Gnaden ein solches Vergnügen an Befestigungen zeigen, so könnten wir uns die Sache dort schon ein wenig besser einrichten.

Ich muß hier erzählen, daß dieser Bursche Onkel Tobys, der auf den Namen Trim hörte, Korporal in Onkel Tobys Kompanie gewesen war. Sein wirklicher Name lautete James Butler. Doch da er einmal den Spitznamen Trim erhalten hatte, wollte ihn Onkel Toby, außer wenn er einmal recht böse auf ihn war, nie mehr anders nennen.

Der arme Kerl war dienstuntauglich durch eine Wunde am linken Knie geworden, die er von einer Musketenkugel in der Schlacht bei Landen zwei Jahre vor dem Treffen bei Namur erhalten hatte, und da er im Regiment sehr beliebt und zu allen möglichen Dingen geschickt war, nahm ihn Onkel Toby als Burschen auf. Er leistete ihm in der Tat sehr gute Dienste, indem er Onkel Toby im Felde und in den Quartieren als Kammerdiener, Reitknecht, Barbier, Koch, Schneider und Krankenwärter aufwartete und vom Anfang bis zum Ende ihn mit größter Treue und Liebe pflegte.

Onkel Toby erwiderte die Liebe seines Burschen, und was ihn noch mehr an diesen band, war die Gleichheit der Interessen. Denn Korporal Trim (so wollen wir ihn künftig nennen) hatte sich durch eine vier Jahre währende Achtsamkeit auf alles, was sein Herr über befestigte Plätze vorgetragen, und dank dem Umstand, daß er beständig in seines Herrn Pläne, Karten usw. gucken und spähen konnte, abgesehen noch von dem, was er, obwohl persönlich durchaus ohne Sinn für das Reiten auf Steckenpferden, durch die Beteiligung an dieser Reiterei in seiner Eigenschaft als Bursche davon gewann und annahm, keine geringe Kenntnis in dieser Wissenschaft erworben; ja die Köchin und das Stubenmädchen meinten sogar, er wüßte über jede Art von festen Plätzen so viel wie Onkel Toby selber.

Noch einen Zug darf ich nicht vergessen, um Trims Porträt zu vollenden – es ist das der einzige dunkle darauf. Der Bursche liebte es nämlich, sich mit seinen Ratschlägen in alles hineinzumischen – vielmehr er hörte sich gern reden; allerdings ermangelte seine Haltung dabei niemals der Ehrfürchtigkeit, und es fiel auch nicht schwer, ihn, wenn es sein mußte, zum Schweigen zu bringen. Ward aber einmal seine Zunge in Gang gebracht, so war sie nicht mehr aufzuhalten, sie lief dann wie von selber. Das beständige Einflechten von ›Euer Gnaden‹ samt aller erdenklichen Untertänigkeit im Benehmen sprach aber so sehr zugunsten seiner Beredsamkeit, daß, wenn er einem auch vielleicht gelegentlich lästig fiel, man ihm doch deswegen nicht böse sein konnte. Bei meinem Onkel Toby war beides nur selten der Fall – zum mindesten brachte gerade dieser Fehler an

Trim den Herrn und den Diener nie auseinander. Onkel Toby, sagte ich, liebte den Menschen, und da er in einem treuen Diener immer nur den Freund aus ärmeren Verhältnissen sehen konnte, brachte er es nie über sich, ihm über den Mund zu fahren. So war Korporal Trim.

Wenn ich mich unterstehen darf, fuhr Trim fort, Euer Gnaden eines zu raten und meine Meinung in dieser Angelegenheit auszusprechen. – Tu Er es, Trim, sagte Onkel Toby, red Er nur, und sag Er ohne Furcht, was Er sich denkt. – Nun dann, antwortete Trim (ohne die Ohren hängenzulassen oder sich am Kopf zu kratzen gleich einem Dorflümmel, vielmehr sein Haar von der Stirn zurückstreichend und aufrecht dastehend, als stünde er vor seinem Zug), meine ich, sagte Trim, das linke Bein, das steif war, ein wenig vorsetzend und mit der rechten Hand auf die Karte von Dünkirchen zeigend, die auf die Wand gesteckt war, meine ich, sagte Korporal Trim, mit allem schuldigen Gehorsam gegenüber Euer Gnaden besserem Urteil, daß alle die Ravelins, Bastionen, Kurtinen und Hornwerke sich gar erbärmlich und jammervoll ausnehmen auf dem Papier, verglichen damit, was Euer Gnaden und ich daraus machen könnten, wenn wir nur schon auf dem Lande wären und anderthalb Ruten Acker besäßen und damit machen dürften, was wir wollten. Da der Sommer bald da ist, fuhr er fort, könnten Euer Gnaden im Freien sitzen und mir die Nographie (sag er Ichnographie, fuhr Onkel Toby dazwischen) der Stadt oder Zitadelle angeben, vor welcher Euer Gnaden gerade am liebsten sitzen möchten – und ich will alsogleich auf deren Glacis von Euer Gnaden eigener Hand niedergeschossen werden, wenn ich nicht ganz nach Euer Gnaden Wunsch und Befehle die Fortifikationen ausführe. – Ich kann mir denken, daß Er das schon zuwege bringen würde, Trim, sagte mein Onkel Toby. – Denn wenn Euer Gnaden, fuhr der Korporal fort, mir nur das Polygon angeben wollten mit genauen Winkeln und Seiten ... – Das könnte ich sogar sehr genau, sagte mein Onkel. – So wollte ich, schloß Korporal Trim, mit dem Graben anfangen, und wenn mir Euer Gnaden dann noch die richtige Tiefe und Breite nennen wollten ... (die weiß ich allerdings haargenau, Trim, antwortete Onkel Toby), so wollte ich dann die Erde aufwerfen, und zwar nach der einen Seite für die Eskarpe und nach der anderen gegen das freie Feld zu für die Kontereskarpe. (Sehr gut, Trim, rief Onkel Toby.) Und wenn ich diese beiden nach Wunsch abgedacht hätte, so wollte ich Euer Gnaden das Glacis mit Rasen austapezieren, geradeso, wie es bei den schönsten Festungen von Flandern ist und wie Euer Gnaden genau wissen, daß sie sein sollen, und ich würde auch die Wälle und Brustwehren mit Rasen ... – Die besten Festungsingenieure sagen nicht Rasen, sondern Gazons, Trim, sagte Onkel Toby. – Ob Rasen oder Gazons, macht hier keinen großen Unterschied, fuhr Trim fort. Euer Gnaden wissen jedenfalls, es taugt zehnmal besser dazu als Ziegel oder Sand. – Das weiß ich wohl, daß Gazons in manch einer Hinsicht besser sind, Trim, sagte Onkel Toby, mit dem Kopfe nickend, denn so eine Kanonenkugel dringt in den Gazon ein, ohne weiter viel Erde aufzuwerfen, womit der Graben ausgefüllt (wie damals beim Nicolastor) und das Überschreiten für den Feind erleichtert werden würde.

Euer Gnaden verstehen diese Sachen alle besser als irgendein Offizier in Seiner Majestät Diensten, wollen also Euer Gnaden vom Bestellen des neuen Tisches absehen, und wenn wir erst einmal auf dem Lande sind, dann will ich unter Euer Gnaden Anleitung arbeiten wie ein Pferd und die Fortifikationen mit allen Batterien, Sappen, Graben und Palisaden so anfertigen, daß alle Welt im Umkreis von zwanzig Meilen herbeikommt, um sie anzusehen.

Onkel Toby war allmählich scharlachrot angelaufen, da Trim also fortfuhr, aber es war nicht die Röte der Schuld, der Scham oder des Zornes, vielmehr war es ganz und gar und ausschließlich die Röte der Freude; er war ganz Feuer und Flamme für Korporal Trims Projekte und Schilderungen. – Trim, sagte Onkel Toby, Trim, halt Er inne! – Wir könnten nämlich die Kampagne, fuhr aber Trim fort, ganz genau am nämlichen Tage beginnen, an dem Seine Majestät und die Verbündeten ins Feld rücken, und dann Stadt für Stadt geradesoschnell zerstören. – Trim, rief Onkel Toby, halt Er inne, und füg Er kein Wort mehr hinzu. – Euer Gnaden, fuhr Trim fort, könnten dann bei schönem Wetter im Lehnstuhl (auf denselben hinweisend) sitzen und mir von da aus Befehle erteilen. (Genug, Trim, rief Onkel Toby, genug.) Und so würden Euer Gnaden nicht nur Vergnügen und Zeitvertreib, sondern auch gute Luft und Bewegung haben und dadurch wieder gesund werden. Euer Gnaden Wunde würde dann in einem Monat ganz geheilt sein. – Er hat genug gesagt, Trim, halt Er inne, rief Onkel Toby (die Hände in die Hosentaschen steckend). Mir gefällt Sein Plan ganz mächtig. – Und wenn Euer Gnaden erlauben, gehe ich jetzo auf der Stelle einen Pionierspaten kaufen, damit wir ihn dann haben, auch will ich gleich eine Schaufel und eine Axt bestellen und auch ein paar ... – Sag Er kein Wort mehr, Trim, rief Onkel Toby, auf einem Bein hüpfend, von Entzücken völlig überwältigt. Und indem er Trim eine Guinee in die Hand drückte, schloß er: Trim, sag Er kein Wort mehr, sondern geh Er hinunter, mein Junge, und bring Er mir auf der Stelle mein Abendessen.

Trim eilte hinunter und brachte das Abendessen, doch war es zwecklos. Trims Operationsplan füllte derart Onkel Tobys Gehirn aus, daß dieser nichts zu sich zu nehmen vermochte. Trim, sagte Onkel Toby, bring Er mich zu Bett. Doch auch das war umsonst getan, denn Korporal Trims Schilderung hatte Onkel Tobys Phantasie so angefeuert, daß er kein Auge schließen konnte. Je länger er darüber nachdachte, um so bezaubernder erschien ihm die Szene, so daß er zwei Stunden vor Tagesanbruch zu einem endgültigen Entschluß gekommen war und den ganzen Entwurf zu seinem und Trims Abmarsch ins reine gebracht hatte.

Onkel Toby besaß ein kleines hübsches Landhaus im selben Dorf, in welchem meines Vaters Gut Shandy lag. Es war ihm von einem alten Onkel samt einem kleinen Grundstück hinterlassen worden, das ihm hundert Pfund jährlich eintrug. Hinter dem Haus und unmittelbar daran angrenzend, befand sich ein Küchengarten von ungefähr einem halben Acker, und am Ende des Gartens, abgetrennt durch eine Eibenhecke, lag ein Rasenplatz zum Kugelspiel, der genau den Umfang besaß, den Korporal Trim brauchte, so daß, als Trim die Worte aussprach: anderthalb Ruten Land, um damit machen zu dürfen, was wir wollen, sich ebendieser Rasenplatz überaus lebhaft auf der Netzhaut von Onkel Tobys Phantasie widerspiegelte – was schließlich auch die Veranlassung dazu gab, daß er die Farbe wechselte, ja, daß die Röte seines Gesichtes sich bis zu besagtem übermäßigem Grade steigerte.

Noch nie war ein Liebhaber zu seiner Geliebten mit mehr Feuer und Ungeduld geeilt, als Onkel Toby sich beeilte, um sich dieses Glückes im geheimen zu erfreuen. Ich sage: im geheimen, denn der genannte Rasenplatz war nicht nur vom Hause, wie gesagt, durch die Eibenhecke abgetrennt, sondern auch auf den anderen drei Seiten vor den Blicken anderer Sterblicher durch rauhe Stechpalmen und ein dichtes Holundergebüsch geschützt, so daß die Vorstellung der Unsichtbarkeit nicht wenig jene im voraus gekosteten Freuden in meines Onkels Geist vermehrte. O eitler Gedanke, Onkel Toby, sich einzubilden, ein Mensch könnte sich einer Sache erfreuen, die nur anderthalb Ruten Landes einnehme, ohne daß ein anderer davon erführe, wie dicht immer die Stätte seines Glückes von Buschwerk umgeben sein und wie heimlich sie ihm darum vorkommen mag.

Wie Onkel Toby und Korporal Trim die Sache in Angriff nahmen samt der Geschichte der Feldzüge, die durchaus nicht ereignisarm verliefen, alles das zusammen dürfte keine ganz uninteressante Nebenhandlung in der *Epitasis* oder der Entwicklung des Dramas bilden. Doch müssen wir für den Augenblick den Vorhang fallen lassen, und der Schauplatz soll sich in die Wohnstube mit dem Kamin verwandeln.

Sechstes Kapitel

Was mögen die oben nur anstellen, Bruder? sagte mein Vater. – Ich denke, antwortete Onkel Toby, indem er, wie gesagt, die Pfeife aus dem Mund nahm und die Asche am Daumen ausklopfte, als er den Satz begann. Ich denke, versetzte er, es würde nicht übel sein, wenn wir die Klingel zögen, Bruder.

Was ist das für ein Gepolter da oben über unseren Köpfen, Obadiah? rief mein Vater. Mein Bruder und ich können kaum unser eigenes Wort mehr hören.

Gnädiger Herr, antwortete Obadiah, indem er sich über seine linke Schulter weg verneigte, der gnädigen Frau ist sehr unwohl geworden.

Und wohin rennt jetzt Susanne durch den Garten, als wäre einer hinter ihr her, um ihr etwas anzutun? fragte mein Vater. – Gnädiger Herr, sie läuft den kürzesten Weg in die Stadt, um die Hebamme zu holen, sagte Obadiah. – Dann sattle Er nur gleich das Pferd, rief mein Vater, und begebe Er sich geradenwegs zu Doktor Slop, dem Geburtshelfer, sage Er ihm mit unseren besten Empfehlungen, daß die Frau in den Wehen liege und ich darum wünsche, er möchte auf der Stelle kommen, und zwar gleich mit Ihm.

Es ist doch sehr eigen, wandte sich mein Vater an Onkel Toby, kaum daß Obadiah hinter sich die Tür geschlossen hatte, daß meine Frau, da nun schon einmal ein so erfahrener Operateur wie Doktor Slop in der allernächsten Nachbarschaft lebt, eigensinnig bis zuletzt auf ihrer Laune beharrt und damit das Leben meines Kindes, das schon einmal Unglück gehabt hat, der Unwissenheit eines alten Weibes anvertraut. Und nicht nur das Leben meines Kindes, Bruder, nein, auch ihr eigenes und damit die Leben aller anderen Kinder, die ich vielleicht noch aus ihr zeugen wollte.

Es mag sein, versetzte mein Onkel Toby, daß meine Schwägerin es tut, um Kosten zu sparen. – Nichts da, Unsinn, entgegnete mein Vater, der Doktor muß so oder so bezahlt werden, ob er dabei ist oder nicht, schon um ihn bei guter Laune zu erhalten.

Dann kann es nur einen einzigen anderen Grund dafür geben, sagte Onkel Toby in der Einfalt seines Herzens: das Schamgefühl. Meiner Schwägerin, fügte er hinzu, würde es vielleicht unangenehm sein, käme eine Mannsperson ihr so nahe an ihren **.

Ich will nicht sagen, ob Onkel Toby hier seine Rede für beendigt hielt oder nicht; es gereicht zu seinem Vorteil, wenn man ersteres von ihm annimmt, da er, wie mich dünkt, kein einziges Wort hätte hinzusetzen können, wodurch seine Rede gewonnen haben würde.

Wenn Onkel Toby dagegen nicht bis zum Ende des Satzes gekommen ist – dann verdankt die Menschheit in der Tat nur dem plötzlichen Zerbrechen von meines Vaters Tonpfeife eines der entzückendsten und auch deutlichsten Beispiele einer Redefigur, die von den Rhetorikern *Aposiopesis* genannt wird ... Du gerechter Himmel! Wie bestimmt und entscheidet nicht das *poco più* oder *poco meno* der italienischen Künstler, das unfaßbare Mehr oder Weniger, die genaue Linie der Schönheit in der Phrase ebensosehr wie in der bildenden Kunst! Wie geben nicht erst die leichten und feinen Striche des Meißels, des Pinsels, der Feder, des Geigenbogens und so weiter allem Gebilde die richtige Rundung und damit uns daran erst das wahre Vergnügen! O meine Landsleute! Habt Fingerspitzengefühl! Geht behutsam mit eurer Sprache um, und vergeßt niemals, ach niemals, von wie kleinen Wörtlein und Redeteilchen eure Beredsamkeit und euer Ruhm schließlich abhängen.

Meiner Schwägerin, sagte also Onkel Toby, würde es vielleicht unangenehm sein, käme eine Mannsperson ihr so nahe an ihren **. Machen wir diese Sternchen – so ist es, wie gesagt, ein *Aposiopesis.* Streichen wir sie und setzen statt dessen: Hinteren, so ist es eine Schweinerei. Streichen wir den Hinteren und schreiben statt dessen: verdeckter Weg, so haben wir eine Metapher, und ich wage zu sagen, Onkel Toby würde, weil nun einmal schon sein Kopf ganz angefüllt war mit Ausdrücken der Befestigungslehre, dieses Wort seiner Rede hinzugefügt haben, wenn er überhaupt noch eins hinzusetzen wollte.

Doch ob das der Fall war oder nicht oder ob meines Vaters Tabakpfeife in diesem kritischen Augenblick aus Zufall zerbrach oder weil mein Vater wütend ward, wird erst zu gegebener Zeit ersichtlich werden.

Siebentes Kapitel

Mein Vater war nicht nur ein guter Natur-, sondern auch so etwas wie ein Moralphilosoph. Darum würde er, als seine Pfeife mitten entzweibrach, nur eines haben tun müssen: die zwei Hälften nehmen und sie sachte obenhin aufs Feuer legen. Er tat aber nichts dergleichen, vielmehr warf er sie mit denkbar größter Heftigkeit hinein und stand, um dieser seiner Handlung mehr Nachdruck zu verleihen, noch dazu vom Stuhle auf.

Es sah wie Erregung aus und erwies sich auch nach der Art und Weise, wie er Onkel Toby antwortete, als solche.

Will einen Mann nicht so nahe heranlassen, rief mein Vater und wiederholte Onkel Tobys Worte. Beim Himmel, Bruder Toby, du würdest Hiobs Geduld auf die Probe stellen, und ich glaube, ich habe Hiobs Plagen schon ohne dessen Geduld. – Warum? – Wo? – Worin? – Wozu? – In bezug worauf? antwortete Onkel Toby äußerst erstaunt. – Zu denken, rief mein Vater aus, daß ein Mensch so alt geworden ist wie du und so wenig von Weibern versteht. – Ich verstehe ganz und gar nichts von Weibern, erwiderte Onkel Toby. Ich meine auch, fuhr er fort, daß die Erschütterung, die mein Gemüt ein Jahr nach der Zerstörung von Dünkirchen infolge der Affäre mit der Witwe Wadman erhielt – welche Erschütterung wiederum, wie du weißt, von meiner gänzlichen Unkenntnis des anderen Geschlechtes herrührte – Grund genug sei dafür, daß ich behaupte, ich verstünde weder etwas von Weiberangelegenheiten, noch bildete ich es mir ein. – Trotzdem solltest du doch, Bruder, scheint mir, antwortete mein Vater, wenigstens das rechte Ende eines Weibes vom falschen zu unterscheiden wissen.

Im Meisterwerk des Aristoteles heißt es, ›wenn ein Mensch an Vergangenes denkt, so blickt er zur Erde – denkt er aber an Zukünftiges, so schaut er gen Himmel‹.

Onkel Toby aber, nehme ich an, dachte weder an das eine noch an das andere und blickte darum geradeaus. – Das rechte Ende! sagte Onkel Toby, murmelte die Worte vor sich hin und heftete dabei den

Blick seiner beiden Augen auf einen schmalen, durch zwei schlecht zusammengefügte Kacheln gebildeten Spalt am Kamin. Das rechte Ende einer Frau!

Ich gestehe offen, sagte Onkel Toby, daß ich ebensowenig weiß, welches das rechte Ende ist, wie ich den Mann im Mond kenne. Auch wenn ich den ganzen Tag darüber nachzudenken hätte, schloß Onkel Toby, noch immer den Spalt am Kamin im Auge behaltend, so würde ich es ganz bestimmt nicht herausfinden.

Dann, Bruder, antwortete mein Vater, bleibt mir nichts anderes übrig, als es dir zu sagen. Jedes Ding in dieser Welt, fuhr mein Vater fort und stopfte sich eine neue Pfeife, hat zwei Handhaben oder Enden. – Nicht immer, unterbrach ihn Onkel Toby. – Zum mindesten, entgegnete mein Vater, hat jeder von uns zwei Hände, was auf dasselbe hinauskommt. Wenn nun einer sich hinsetzen und kühlen Kopfes sich Gedanken machen wollte über die Machart, Gestalt, Konstruktion, die Zweckmäßigkeit und Gebrauchsfähigkeit aller Teile, die das Ganze jenes Lebewesens bilden, das Weib genannt wird, und wenn er sich daranmacht, dieselben analogisch zu vergleichen … – Ich habe die Bedeutung des Wortes: ›analogisch‹ nie ganz verstanden, unterbrach ihn Onkel Toby.

Analogie, antwortete mein Vater, ist ein bestimmtes Verhältnis, eine Übereinstimmung zwischen verschiedenen … Hier brach ein verteufeltes Klopfen an der Tür meines Vaters Definition genauso wie vorhin seine Tabakpfeife in zwei Teile und zermalmte zu gleicher Zeit das Kopfende einer ebenso bemerkenswerten wie absonderlichen Abhandlung, wie sie nur jemals im Leib der Spekulation gezeugt worden ist. Es hat noch Monate gedauert, bevor mein Vater Gelegenheit bekam, damit in Sicherheit niederzukommen. Und bis zu dieser Stunde ist es ebenso fraglich wie der Gegenstand der Abhandlung selber (im Hinblick auf die ganze Verworrenheit und alle die Sorgen, die uns unsere häuslichen Mißgeschicke bereiten und die jetzt einander dicht auf dem Fuße folgen), ob ich im dritten Buch dafür noch Raum genug finden werde oder nicht.

Achtes Kapitel

Es sind anderthalb Stunden vergangen, anderthalb Stunden mäßig langsamen Lesens, seit Onkel Toby geklingelt und Obadiah den Befehl erhalten hat, das Pferd zu satteln und Dr. Slop, den Geburtshelfer, zu holen, so daß also kein Mensch billigerweise wird behaupten können, ich habe Obadiah nicht genügend Zeit gelassen, vom Zeitmaß des Dichters aus gesehen und auch in Rücksicht der äußersten Dringlichkeit des Auftrages, hinzureiten und wieder zurückzukommen, obwohl in Wirklichkeit der Mann vielleicht nicht Zeit genug gehabt hat, seine Stiefel anzuziehen.

Wenn ein überkritischer Geist sich hier nun einhaken will und entschlossen ist, mittels eines Zeitpendels die genaue Zeitspanne zwischen dem Klingeln vorhin und dem Klopfen jetzt an der Tür herauszufinden und, nachdem er herausgefunden, daß es nicht mehr als zwei Minuten und dreizehnzweifünftel Sekunden seien, mich jetzt für einen solchen Bruch der Einheit und Wahrscheinlichkeit der Zeit tadeln wollte, so müßte ich ihn daran erinnern, daß die Idee der Dauer und deren einfache Abwandlungen nur von der Reihenfolge unserer Ideen herzuleiten und daß diese Erkenntnis das einzig zuverlässige *pendulum* ist, womit allein ich als wissenschaftlich denkender Autor in der Sache kontrolliert zu werden wünsche, indem ich zugleich das Urteil aller anderen Pendel von mir weise und verabscheue.

Ich möchte ihn deshalb bitten zu bedenken, daß es im ganzen nur acht armselige Meilen von Shandy Hall zu Dr. Slop, dem Geburtshelfer, sind, daß aber, während Obadiah die besagten Meilen hin- und zurückgeritten ist, ich Onkel Toby von Namur durch ganz Flandern nach England gebracht habe, daß ich ihn beinahe vier Jahre lang krank im Bett liegen und jetzt mit Korporal Trim in einer vierspännigen Reisekutsche zweihundert Meilen bis nach Yorkshire reisen ließ. Alles das muß die Einbildungskraft des Lesers für Dr. Slops Auftreten auf dem Schauplatz unserer Ereignisse vorbereitet haben – zum mindesten ebensosehr (hoffe ich) wie ein zwischen zwei Akte eingeschobener Tanz oder Gesang oder eine Zwischenaktmusik.

Sollte aber mein überkritischer Leser unnachgiebig bleiben und sich darauf versteifen, daß zwei Minuten dreizehn Sekunden nicht mehr seien als zwei Minuten dreizehn Sekunden – nach allem, was ich darüber jetzt gesagt habe – und daß meine Ausrede, wenn sie mich vielleicht auch dramatisch rettet, mich dennoch als Biographen verdammen werde, indem sie mein Buch, das früher ein apokryphisches Buch war, von jetzt an zu einem ausgesprochenen Roman macht, sollte man mir also so zusetzen, so mache ich diesem Einwand und dem ganzen Streit darüber sofort damit ein Ende, daß ich den Leser jetzt wissen lasse, daß in Wirklichkeit Obadiah noch keine sechzig Yards vom Stall weggeritten war, als er mit Dr. Slop zusammenstieß. Auch brachte er einen sehr schmutzbedeckten Beweis dafür mit, daß er wirklich mit ihm zusammengestoßen sei, welcher Beweis um ein Haar sehr tragisch hätte ausfallen können.

Stellen Sie sich vor – doch es ist besser, damit ein anderes Kapitel anzufangen.

Neuntes Kapitel

Stellen Sie sich eine kleine, vierschrötige, höchst unrepräsentable Figur vor von vierundeinemhalben Fuß Höhe, mit einem sehr breiten Rücken und einem Schmerbauch, der einem Sergeanten der Reitergarde alle Ehre gemacht hätte.

Das sind ungefähr die Umrisse von Dr. Slops Körper, der, wenn Sie Hogarths Analyse der Schönheit gelesen – wenn nicht, so bitte, tun Sie es gleich! –, ebensogut mit drei wie mit hundert Strichen karikiert und vor den Geist des Beschauers gebracht werden kann.

Stellen Sie sich also einen solchen Menschen vor – so und nicht anders sah Dr. Slop wirklich aus –, wie er langsam und gemächlich daherritt, wie er Schritt für Schritt auf der Wirbelsäule seines winzigen Ponys durch den Schmutz daherkam, eines Pferdchens von lebhafter Farbe, aber von ach! so wenig Kraft, daß es nur mit Mühe dazu gebracht werden konnte, unter einer solchen Last einen schwachen Trab zu nehmen, selbst wenn die Straßen für schwache Trabe geschaffen gewesen wären. Doch sie waren es nicht. Und stellen Sie sich jetzt dagegen Obadiah auf einem Ungetüm von einem Kutschpferd vor, das im vollsten Galopp in entgegengesetzter Richtung daherjagte.

Wenn Dr. Slop den Obadiah schon eine Meile vorher bemerkt hätte, wie dieser über einen schmalen Feldweg mit größter Geschwindigkeit gleich einem rechten Teufelskerl durch dick und dünn hindurchspritzend und schnaubend ihm direkt entgegenkam, würde da nicht eine solche Erscheinung, je näher sie kam, mit einem solchen Wirbel von Schmutz und Wasser um ihre Achse, der Gegenstand

einer berechtigteren Furcht für Dr. Slop in dieser Lage gewesen sein als der böseste von Whistons Kometen? Vom Kern dieser schrecklichen Erscheinung nicht zu reden, ich meine Obadiah und sein Kutschpferd. Nach meiner Vorstellung würde der Wirbel allein schon genügt haben, wenn nicht den Doktor, so doch dessen Pony einzusaugen und mit sich fortzureißen. Wie groß, glauben Sie, muß nicht der Schrecken und die Wasserscheu Dr. Slops gewesen sein, wenn Sie lesen (was Sie eben jetzt tun), daß er gerade sehr bedächtig auf Shandy Hall zuritt und nicht weiter als sechzig Yards davon und nur mehr noch fünf Yards von der plötzlichen Biegung des Weges entfernt war, die durch einen spitzen Winkel der Gartenmauer gebildet wurde, und noch dazu sich gerade im schmutzigsten Teil dieses sehr schmutzigen Weges befand – als Obadiah und das Kutschpferd wie rasend und wild geworden um die Ecke bogen und – bums – in ihn hineinritten. Nichts in der Welt dürfte schrecklicher sein als ein solches Zusammenprallen, wobei wir nicht vergessen dürfen, wie völlig unvorhergesehen dieser Zusammenprall für Dr. Slop und umgekehrt wie unvorbereitet dieser für den Zusammenprall war. Was konnte Dr. Slop tun? Er bekreuzigte sich, so: + puh! – Warum puh? – Der Doktor war doch Katholik, Herr. – Das ist mir gleich, er hätte sich lieber am Sattelknauf festhalten sollen. – Freilich wohl. Doch wie die Sache einmal stand, hätte er lieber gar nichts tun sollen. Denn indem er sich bekreuzigte, verlor er seine Peitsche, und indem er nun versuchte, die Peitsche im Herunterfallen zwischen Knie und Sattel aufzufangen, verlor er den Steigbügel, und indem er diesen verlor, verlor er schließlich seinen Sitz, und mitten in dieser Menge von Verlusten (welche nebenbei beweisen, wie wenig es nützt, wenn wir uns bekreuzigen) verlor der beklagenswerte Doktor seine Geistesgegenwart. So, ohne auf Obadiahs Anprall erst zu warten, überließ er das Pony seinem Schicksal und purzelte der Länge nach herunter, nicht anders als ein Pack Wolle, doch ohne weitere Folgen, als daß er (wie es nicht anders sein konnte) mit dem breitesten Körperteil zwölf Zoll tief in den Kot sank.

Obadiah zog zweimal seine Mütze vor Dr. Slop. Das erstemal, als dieser herabfiel, und dann, als er im Schlamme saß. Höchst unzeitige Höflichkeit! Wäre es nicht besser gewesen, das Pferd anzuhalten, abzusteigen und Dr. Slop beizustehen? Herr, Obadiah tat alles, was ihm die Lage nur irgendwie erlaubte, aber das Trägheitsmoment seines Kutschpferdes war so enorm, daß Obadiah das alles nicht auf einmal tun konnte. Er mußte erst dreimal im Kreise um Dr. Slop herumreiten, bevor er überhaupt darangehen und es bewerkstelligen konnte, und als er endlich sein Biest zum Stehen gebracht hatte, geschah dies mit einer solchen Explosion von Schmutz, daß es wohl besser gewesen sein würde, Obadiah wäre eine Meile von da entfernt gewesen. Kurzum, noch niemals war Dr. Slop in seinem Leben so besudelt worden; noch niemals war überhaupt ein Doktor so gründlich transsubstantiiert worden, seitdem so etwas Mode geworden war.

Zehntes Kapitel

Als Dr. Slop die hintere Wohnstube betrat, allwo mein Vater und Onkel Toby sich über die Natur und das Wesen der Frauen unterhielten – war es schwer zu entscheiden, ob Dr. Slops Aussehen oder sein Erscheinen mehr Überraschung hervorriefen, denn da der Unfall sich so nahe am Hause zugetragen, hatte es Obadiah nicht der Mühe wert gefunden, Dr. Slop wieder in den Sattel zu heben, und ihn so hereingeführt, wie er war: nicht abgewischt, ungewaschen und unabgebürstet, mit allen Kotflecken und Spritzern auf sich. Er stand da wie Hamlets Geist, stumm und regungslos, anderthalb Minuten in der Tür (Obadiah hielt ihn noch immer an der Hand) in der ganzen Majestät des Schmutzes. Sein Hinterteil, auf das er gefallen war, ein einziger Kotfleck, und an jedem anderen Körperteil auf solche Art durch Obadiahs Explosion bekleckst, daß man (ohne inneren Vorbehalt) hätte schwören mögen, nicht ein einziger Spritzer sei hier verlorengegangen.

Hier wäre einmal eine gute Gelegenheit für Onkel Toby gewesen, über meinen Vater zu triumphieren, denn jeder Sterbliche, der Dr. Slop mit dieser Sauce auf sich gesehen hätte, würde wenigstens darin mit Onkel Toby einig gewesen sein, daß seine Schwägerin Dr. Slop in solcher Verfassung vielleicht nicht an ihren ** hätte herankommen lassen. Doch das wäre ein *argumentum ad hominem* gewesen. Und da Onkel Toby darin nicht sehr geübt war, so können Sie sich wohl denken, daß er davon auch keinen Gebrauch machte. – Doch falsch, der Grund war ein anderer, und zwar der, daß es nicht in seiner Natur lag, irgendeinen Menschen zu kränken.

Dr. Slops Erscheinen gerade um diese Zeit war nicht weniger unerklärlich als die Art und Weise, in der es geschah; obwohl eine Minute Überlegung meinem Vater bestimmt zu einer Erklärung verholfen hätte; denn er hatte erst die Woche vorher Dr. Slop wissen lassen, daß meine Mutter soweit sei und nicht mehr lange werde warten wollen. Und da der Doktor inzwischen nichts gehört hatte, so war es seinerseits nicht nur natürlich, sondern verriet zugleich einen gewissen politischen Sinn, einen Ritt nach Shandy Hall zu machen, wäre es auch nur darum, um nachzusehen, wie die Sache eigentlich stünde.

Doch meines Vaters Gedanken nahmen unglücklicherweise eine falsche Richtung, indem sie gleich jenem vorhin angeführten überkritischen Kopfe sich zugleich an das Klingeln und an das Klopfen sozusagen klammerten, die Zwischenzeit genau abschätzten und sich in diesen Denkvorgang so vertieften, daß ihnen keine Kraft für etwas anderes mehr übrigblieb – eine sehr häufige Schwäche der größten Mathematiker, die mit aller Macht am Beweis arbeiten und alle Geisteskräfte darauf verwenden, so daß ihnen naturgemäß keine mehr für die Anwendung desselben bleiben.

Das Klingeln und das Klopfen an der Tür hatten gleicherweise stark auf Onkel Tobys Sinnesapparat gewirkt, doch eine durchaus verschiedene Gedankenreihe darin aufgeregt. Denn diese beiden unvereinbarlichen Geräusche brachten unmittelbar Stevinus, den großen Ingenieur, vor Onkel Tobys geistiges Auge. Was Stevinus damit zu tun hatte, ist freilich ein sehr schweres Problem. Doch muß es gelöst werden – wenn auch nicht im nächsten Kapitel.

Elftes Kapitel

Schreiben, richtig verstanden (Sie können sicher sein, daß ich mir einbilde, es zu verstehen), ist nur ein anderes Wort für Konversation. Gleichwie ein Mensch, der weiß, wie er sich in guter Gesellschaft zu benehmen hat, niemals wagen würde, alles zu sagen, so wird auch ein Autor, der die Grenzen des Anstands und der guten Lebensart kennt, nicht alles denken. Sie können dem Verstande des Lesers keinen höheren Respekt erweisen, als wenn Sie die Sache freundschaftlich mit ihm halbieren, also einen Teil ihm zu denken überlassen und den anderen sich selber vorbehalten.

Ich für meinen Teil spende ja ununterbrochen Komplimente dieser Art und tue alles, was in meiner Macht ist, die Einbildungskraft des Lesers so geschäftig zu halten wie die meine.

Jetzt ist aber die Reihe an ihm. Ich habe eine umständliche Beschreibung von Dr. Slops Sturz und dessen trauriger Erscheinung in der rückwärtigen Wohnstube gegeben; des Lesers Einbildungskraft muß sich also jetzt eine Zeitlang damit beschäftigen. Der Leser soll sich also vorstellen, daß Dr. Slop seine Geschichte schon erzählt habe – mit welchen Worten und wie übertrieben immer es seiner Phantasie gefallen mag. Er soll sich vorstellen, daß auch Obadiah seine Erzählung beendet habe, und zwar mit so viel erheuchelter Reue in den Blicken und Betroffenheit des ganzen Wesens, wie dies nach des Lesers Meinung am besten dazu dient, die beiden jetzt nebeneinanderstehenden Figuren wirkungsvoll voneinander abzuheben. Er soll sich ferner vorstellen, daß mein Vater die Treppe hinaufgegangen sei, um nach meiner Mutter zu sehen. Und, um schließlich das Werk seiner Einbildungs- und Vorstellungskraft damit zu krönen, soll er sich den Doktor nun gewaschen, gerieben, bemitleidet und beglückwünscht denken und sich vorstellen, wie er jetzt, in Obadiahs Pantoffeln, der Tür der Wöchnerin zuschreitet und im Begriffe ist, dort einzutreten.

Doch gemach, guter Dr. Slop, weg mit deiner entbindenden Hand von der Türklinke! Stecke sie ruhig wieder in deinen Busen, um sie dort warm zu halten! Du weißt wenig davon oder denkst nicht daran, welche Hindernisse und verborgene Ursachen dem Wirken und den Griffen dieser deiner Hand noch im Wege stehen. Dr. Slop, bist du überhaupt mit dem geheimen Artikel jenes feierlichen Vertrages vertraut, welchem du dein Herkommen verdankst? Bist du dessen gewahr, daß in diesem selben Augenblick über deinem Haupte oben eine Tochter der Lucina höchst entbindsam wirkt und waltet? Ach – es ist nur zu wahr. Und, nebenbei, großer Sohn des Pilumnus, was kannst du überhaupt tun? Ich sehe nämlich, du bist ganz unbewaffnet gekommen. Du hast deine *tire-tête*, deine von dir selber erfundene *forceps* oder Zange, deine Haken, deine Klistierspritze samt allen anderen Instrumenten der Erlösung und Entbindung zu Hause gelassen. Beim Himmel! So ist es: In diesem Augenblicke hängen sie in einem Sack aus grüner Netzleinwand zwischen zwei Pistolen über deinem Bett. Läute mit der Glocke, rufe Obadiah, und sende ihn gleich auf seinem Kutschpferd zurück in dein Haus, um sie eiligst zu holen!

Beeile Er sich, Obadiah! sagte mein Vater. Er erhält einen Taler dafür. Und Onkel Toby rief: Ich lege noch einen drauf.

Zwölftes Kapitel

Ihre plötzliche und unerwartete Ankunft, sagte Onkel Toby zu Dr. Slop (alle drei setzten sich an den Kamin, als Onkel Toby zu reden anhob), hat mir sofort Stevinus in den Sinn gebracht, der, müssen Sie wissen, einer meiner Lieblingsautoren ist. – Dann, fügte mein Vater hinzu, vom *argumentum ad crumenam* Gebrauch machend, will ich zwanzig Pfund gegen einen Taler wetten (der dann für Obadiah ist, wenn er zurückkommt), daß dieser Stevinus ein Ingenieur oder etwas Ähnliches ist oder Bücher geschrieben hat, die direkt oder indirekt etwas mit Festungsbaukunst zu tun haben.

So ist es auch, antwortete Onkel Toby. – Ich habe es gewußt, sagte mein Vater, obwohl ich bei meinem Seelenheil nicht einzusehen vermag, was für eine Verbindung zwischen dem unerwarteten Eintreten Doktor Slops und einer Abhandlung über Festungsbau bestehen könnte; trotzdem aber habe ich es, wie gesagt, gleich geahnt. Wir mögen reden, wovon wir wollen, Bruder, die Gelegenheit mag noch so entlegen und unpassend erscheinen, sicher ist, daß du dein Lieblingsthema mit hineinziehst. Ich erkläre, Bruder Toby, fügte mein Vater hinzu, daß ich herzlich froh darüber bin, den Kopf nicht so voll von Hornwerken und Kurtinen zu haben. – Das glaube ich gern, rief Dr. Slop dazwischen und lachte laut über sein Wortspiel.

Der Kritiker Dennis konnte ein Wortspiel oder etwas, das so aussah, nicht mehr von ganzem Herzen verwünschen und verabscheuen als mein Vater; ein solches vermochte ihn in der Tat jederzeit in Wut zu versetzen, aber davon mitten in einem ernsten Gespräch unterbrochen zu werden, das war nach seinen eigenen Worten taktlos wie ein Nasenstüber – er machte da keinen Unterschied.

Herr, sagte jetzt Onkel Toby, indem er sich an Dr. Slop wandte, die Kurtinen, die mein Bruder Shandy hier meint, haben nichts mit Bettvorhängen zu tun, wiewohl meines Wissens Du Cange sagt, daß die Kurtinen wahrscheinlich davon ihren Namen hätten, noch hat das Hornwerk, von dem er redet, das allergeringste von der Welt mit dem Gehörn des Hahnreis zu tun. Vielmehr ist Kurtine oder Vorhang ein Wort, mein Herr, das wir in der Festungsbaulehre für jenen Teil der Mauer oder Rampe brauchen, der zwischen zwei Basteien liegt und sie verbindet. Die Belagernden wagen es sehr selten, ihre Angriffe direkt gegen die Kurtine zu richten, und zwar aus dem Grunde, weil diese stets so gut flankiert oder gedeckt ist. (Das ist allerdings auch mit gewissen anderen Vorhängen der Fall, rief Dr. Slop lachend dazwischen.) Jedoch, so fuhr Onkel Toby fort, um sie zu sichern, werden Ravelins vorgebaut, wobei noch dafür Sorge getragen wird, sie über den Graben hinaus auszudehnen. Alle Menschen, die wenig vom Festungsbau verstehen, verwechseln zumeist den Ravelin mit dem Halbmond – obwohl das zwei ganz verschiedene Dinge sind, nicht dem Aussehen oder der Konstruktion nach, denn wir bauen beide in allen Punkten ganz gleich, beide bestehen immer aus zwei Frontseiten, welche einen vorspringenden Winkel mit der Brustwehr bilden, und zwar nicht in gerader Linie, sondern eben in Form eines Halbmondes. – Wo ist da der Unterschied? unterbrach mein Vater ein wenig gereizt Onkel Toby. – In ihrer Lage, antwortete Onkel Toby, denn wenn ein Ravelin vor der Kurtine liegt, so ist er dann kein Ravelin mehr, sondern ein Halbmond, und ein Halbmond ist gleichfalls nur so lange ein Halbmond, als er vor einer Bastei steht. Doch wenn er den Platz wechselt und vor eine Kurtine kommt, ist er kein Halbmond mehr. Ein Halbmond ist also in diesem Fall kein Halbmond mehr, sondern ein Ravelin. – Mir scheint, sagte mein Vater, als hätte auch die edle Wissenschaft von der Verteidigung ihre schwachen Seiten. – Was nun das Hornwerk anbelangt (Huh! seufzte mein Vater.), dessen mein Bruder vorhin Erwähnung tat, fuhr Onkel Toby fort, so ist dieses ein gar beträchtlicher und sehr wichtiger Teil eines äußeren Werkes. Es heißt bei den Franzosen *ouvrage à corne* und wird überall meist darum angelegt, um damit solche Stellen zu decken, die wir für weniger geschützt halten als andere. Das Hornwerk wird von zwei *épaulments* oder Halbbasteien gebildet – die im übrigen meist sehr hübsch aussehen –, und wenn Sie mit mir einen Gang in meinen Garten machen wollen, kann ich Ihnen eines zeigen, das zu sehen sich lohnt. Ich leugne nicht, fuhr Onkel Toby fort, daß es viel widerstandsfähiger wird, sobald wir es krönen, aber freilich wird es dadurch auch viel kostspieliger und nimmt sehr viel Raum in Anspruch, so daß es meiner Ansicht nach am besten dazu dient, das Lager zu decken oder zu verteidigen, sonst würde wohl die Doppelzange … – Bei der Mutter, die uns beide gebar, Bruder Toby, fuhr jetzt mein Vater auf, da er sich nicht mehr zurückhalten konnte, du könntest einen Heiligen um die Geduld bringen. Du hast uns jetzt nicht nur so unter der Hand auf dein Lieblingsthema gebracht, sondern dein Kopf ist auch so voll von diesen verfluchten Werken, daß dir, obwohl meine Frau über uns in den

Wehen liegt und du sie schreien hörst, es um nichts anderes zu tun ist, als auch diese unsere männliche Hebamme mit Gewalt abzulenken und aufzuhalten. – Geburtshelfer, wenn ich bitten darf, fiel Dr. Slop ein. – Von ganzem Herzen, antwortete mein Vater, mir ist es gleich, wie die Leute Sie heißen, aber ich wünsche das ganze Festungswesen samt seinen Erfindern zum Teufel. Es ist bisher der Tod von Tausenden gewesen und wird zuletzt auch noch meiner sein. Wahrhaftig, Bruder Toby, ich möchte mein Gehirn nicht mit allen diesen Sappen, Minen, Blenden, Gabionen, Palisaden, Ravelins, Halbmonden und ähnlichem Affenzeug anfüllen, selbst wenn ich dafür Namur und alle Städte Flanderns geschenkt erhielte.

Onkel Toby war im Ertragen von Schmähungen geduldig – nicht aus Mangel an Mut, denn ich habe Ihnen schon in einem früheren Kapitel gesagt, daß er ein durchaus mutiger Mann war. Und ich will hier noch hinzufügen, daß ich keinen Mann kenne, dessen Schutz, wenn die Gelegenheit sich dazu böte oder es verlangte, ich mich eher anvertraut haben würde. Auch entsprang diese Geduld nicht einer gewissen Unempfindlichkeit oder Stumpfheit des Auffassungsvermögens, denn Onkel Toby fühlte die Unfreundlichkeit meines Vaters in diesem Augenblick wie nur irgendeiner, aber er war eine durchaus friedliche Natur von äußerster Sanftmut, im tiefsten Wesen ohne Mißton und Sprung; alles in ihm war harmonisch gestimmt. Onkel Toby hatte kaum das Herz, an einer Fliege Rache zu üben.

Geh! sprach er eines Tages bei Tische zu einem großen Brummer, der ihm während des Essens um die Nase herumgesummt war und ihn arg gequält hatte und den er nun nach vielen vergeblichen Versuchen endlich im Fluge erhascht hatte – ich will dir nicht wehe tun, sprach Onkel Toby, indem er vom Sessel aufstand und mit der Fliege in der geschlossenen Hand das Zimmer durchschritt – und ich will dir nicht ein einziges deiner Härchen ausreißen aus deinem Kopf. Flieg! rief er, das Fenster aufschließend und die Hand öffnend, um sie wegfliegen zu lassen, flieg, armes kleines Wesen, mach dich auf und davon! Warum soll ich dir wehe tun? Die Welt ist sicherlich groß genug für uns beide.

Ich war erst zehn Jahre alt, als sich das ereignete. Ob nun der Umstand, daß die Handlung an sich in diesem dem Mitleiden sehr zugänglichen Lebensalter meiner Gemütsstimmung entgegenkam, so daß eben das Mitleiden augenblicklich mein ganzes inneres Wesen in die Schwingungen einer überaus wohltuenden Empfindung versetzte, oder wie weit die besondere Art der Handlung und der Ausdruck in ihr dazu beigetragen haben oder auch bis zu welchem Grade und durch welche heimliche Magie der Ton der Stimme selber oder die zu diesem Akt reinster Güte abgestimmte Gebärde einen Weg zu meinem Herzen gefunden haben mochten – alles das wüßte ich heute nicht mehr genau zu sagen. So viel weiß ich aber, daß die Lehre von einem allumfassenden und unbegrenzten Wohlwollen, die mir in dieser Stunde von Onkel Toby eingeprägt worden war, niemals mehr gänzlich in meinem Gemüt erloschen ist. Und obwohl ich keinesfalls das unterschätzen will, was das Studium der humanistischen Wissenschaften auf der Universität für mich auch in dieser Hinsicht getan hat, oder das herabwürdigen möchte, womit die übrigen Hilfsmittel einer kostspieligen Erziehung zu Hause und in der Fremde mich versehen und genährt haben, so denke ich mir doch oft, daß ich ein gut Teil dessen, was in mir Menschenliebe ist, diesem einen zufälligen Eindruck meiner Kindheit verdanke.

*** Diese Anekdote ist für Eltern und Erzieher soviel wert wie ein ganzes Buch über dieses Thema.

Ich mußte diesen Charakterzug in Onkel Tobys Bild von den anderen absondern, denn er hat nichts mit Onkel Tobys Steckenpferd zu tun, sondern ist der Ausdruck von seinem tiefsten Wesen. Mein Vater war in diesem Punkte – ich meine im Ertragen einer Unbill – ganz anders geartet, wie im übrigen der Leser schon längst bemerkt haben dürfte. Er empfand alles schärfer und lebhafter, und damit hing eben eine gewisse Reizbarkeit zusammen. Obwohl diese ihn gewiß niemals zu etwas verleitete, was wie Bosheit aussah, so verriet sie sich dennoch den kleinen Reibereien und Plagen des Lebens gegenüber als Raunzerei, zum mindesten als eine spaßhafte und witzige Form derselben. Doch war er von Natur aus frank und offen, zu jeder Zeit der besseren Überzeugung zugänglich, und unter den kurzen Aufwallungen seiner scharfen Säfte gegen andere, vornehmlich gegen Onkel Toby, den er wahrhaft liebte, litt er selber zehnmal mehr (außer in der Angelegenheit der Tante Dinah oder wenn es um eine Hypothese ging) als etwa diejenigen, denen er weh getan hatte.

Die Charaktere dieser beiden Brüder, so gesehen, beleuchteten sich gegenseitig und traten sehr deutlich zutage in dem kleinen Zwist um Stevinus.

Ich brauche dem Leser, wenn sich dieser selber ein Steckenpferd hält, nicht erst zu versichern, daß eines Menschen Steckenpferd sein empfindlichster Teil ist und daß solche unversehene Hiebe auf das Steckenpferd auch von Onkel Toby gefühlt wurden. Ja, es ist so, wie ich oben gesagt habe: Onkel Toby fühlte sie wirklich, und zwar äußerst schmerzhaft.

Was sagte er also? Wie benahm er sich nun? Herr, groß, groß! Denn kaum war mein Vater mit seiner Schmährede gegen Onkel Tobys Steckenpferd zu Ende, so wendete dieser sein Gesicht ohne die geringste Aufwallung von Dr. Slop, zu dem er gesprochen hatte, weg und sah meinen Vater an mit einem Ausdruck, der so viel Gutmütigkeit, so viel Sanftmut, so viel Brüderlichkeit und Zartheit des Herzens ausstrahlte, daß dieser schnell vom Stuhl aufstand, Onkel Toby bei beiden Händen faßte und ausrief: Bruder Toby, ich bitte dich sehr um Verzeihung – Bruder Toby, vergib mir, bitte, die Heftigkeit, die das Erbteil von der Mutter her ist. – Lieber, teurer Bruder, antwortete Onkel Toby, indem er sich mit Hilfe meines Vaters vom Sessel erhob, sage kein Wort mehr darüber! Von dir nehme ich alles herzlich gern hin, und wenn es zehnmal ärger gewesen wäre. – Nein, nein, entgegnete mein Vater, es ist unedel genug, einen Menschen zu verletzen, noch schlimmer, einen Bruder; aber einen Bruder kränken von so sanfter Art, der uns durch nichts jemals herausgefordert hat, dessen Herz keinerlei Rachegefühl kennt, das ist niedrig, beim Himmel, ja, das ist feige. – Von dir nehme ich alles herzlich gern hin, Bruder, sagte Onkel Toby, und wenn es fünfzigmal ärger gewesen wäre. – Überdies, Bruder Toby, sagte jetzt mein Vater, mich gehen deine Freuden und Vergnügungen nur insoweit etwas an, als es in meiner Macht steht (was ja leider nicht der Fall ist), deren Maß und Menge zu vergrößern und zu vermehren.

Bruder Shandy, antwortete Onkel Toby, und blickte ihm liebevoll ins Gesicht, darin bist du sehr im Irrtum, denn du vermehrst meine Freuden und mein Vergnügen damit gewaltig, daß du in deinem Alter noch Kinder erzeugst für die Familie der Shandys. – Doch damit vermehrt er ja auch sein eigenes Vergnügen, Herr! fiel Dr. Slop ein. – Nicht um einen Pfifferling, entgegnete mein Vater.

Dreizehntes Kapitel

Mein Bruder tut es nur aus Grundsatz und Pflichtgefühl, sagte Onkel Toby. – Weil es nun einmal zum Familienleben gehört, nehme ich an, meinte Dr. Slop. – Pah! schloß mein Vater, es lohnt nicht die Mühe, davon zu reden.

Vierzehntes Kapitel

Am Schluß des letzten Kapitels haben wir meinen Vater und Onkel Toby zurückgelassen, wie sie beide gleich Brutus und Cassius am Ende der großen Szene sich nach gegenseitiger Abrechnung aussöhnen.

Als mein Vater die letzten drei Worte gesprochen hatte, setzte er sich nieder. Onkel Toby folgte genau seinem Beispiel, nur läutete er noch vorher, um dem diensthabenden Korporal Trim den Befehl zu geben, nach Hause zu gehen und den Stevinus zu holen; denn Onkel Tobys Haus war nicht weiter als quer über die Straße gelegen.

Ein anderer würde vielleicht Stevinus als Gegenstand einer Unterhaltung haben fallenlassen, aber Onkel Toby fühlte keine Rache im Herzen, und um dies meinem Vater zu beweisen, setzte er das Gespräch über das Thema fort.

Ihr plötzliches Erscheinen, Doktor Slop, fing mein Onkel wieder an, brachte mir sofort Stevinus in den Sinn. (Mein Vater wollte jetzt nicht mehr, können Sie versichert sein, auf Stevinus wetten.) – Weil nämlich, fuhr Onkel Toby fort, der berühmte Segelwagen, der dem Prinzen Moritz gehörte und der von so wundervoller Kunstfertigkeit und Geschwindigkeit war, daß er ein halbes Dutzend Menschen dreißig deutsche Meilen, ich weiß nicht mehr in wie wenig Minuten, trug, eine Erfindung eben dieses großen Mathematikers und Ingenieurs war.

Sie hätten Ihrem Diener die Mühe ersparen können, den Stevinus zu holen, zumal der Kerl obendrein lahm ist, antwortete Dr. Slop, denn bei meiner Rückkehr von Leyden über den Haag bin ich zwei lange Meilen bis Scheveningen zu Fuß gegangen, um ihn mir anzusehen.

Das ist nichts im Vergleich zu dem, sagte Onkel Toby, was der gelehrte Peirescius tat, der die Kleinigkeit von fünfhundert Meilen von

Scheveningen nach Paris und zurück zu Fuß ging, nur um ihn anzusehen.

Manche Leute vertragen nun einmal nicht, daß man sie überbietet. – Um so viel größer war dann auch seine Narrheit, sagte Dr. Slop. Doch muß bemerkt werden, daß Slop dies nicht aus Verachtung für Peirescius sagte, sondern nur darum, weil die Mühe, deren sich Peirescius unterzog, aus Liebe zur Wissenschaft so viele Meilen durchzustapfen, die Leistung des Dr. Slop rein zu nichts machte. – Um soviel größer war dann auch seine Narrheit, wiederholte er noch einmal. – Warum? fuhr mein Vater dazwischen und ergriff damit Partei für seinen Bruder, nicht nur um seine Schmähung von vorhin wieder so schnell wie möglich gutzumachen, sondern auch, weil mein Vater jetzt wirklich anfing, sich für das Gespräch zu interessieren. Warum soll Peirescius oder sonst einer jetzt beschimpft werden wegen seines Hungers nach diesem oder sonst einem Bissen der Erkenntnis? Denn obwohl ich nichts von dem in Frage stehenden Segelwagen weiß, der Erfinder muß jedenfalls einen ungewöhnlichen Kopf für Mechanik gehabt haben. Auch vermag ich nicht zu ahnen, auf Grund welcher Prinzipien er dieses Kunststück zuwege gebracht hatte; auf alle Fälle aber muß seine Maschine auf gar gründlichen Prinzipien aufgebaut gewesen sein, sie mögen heißen, wie sie wollen, denn sonst würde sie nicht nach der Schilderung meines Bruders so allen Erwartungen entsprochen haben.

Sie entsprach nicht nur den Erwartungen, fiel Onkel Toby ein, sondern übertraf sie auch alle. Denn wie Peirescius sich elegant ausdrückt, wenn er von der Geschwindigkeit des Wagens spricht: *Tam citus erat, quam erat ventus*, was, wenn ich mein Latein noch nicht ganz vergessen habe, soviel heißt wie: Er war schnell wie der Wind.

Aber bitte, Doktor Slop, sagte mein Vater, indem er Onkel Toby unterbrach (doch nicht, ohne ihn zugleich um Verzeihung zu bitten), auf welchen Prinzipien beruht schließlich die Bewegungsfähigkeit dieses Wagens? – Auf schon ganz feinen sicherlich, antwortete Dr. Slop. Doch ich habe mich oft gewundert, fuhr er fort, der Frage ausweichend, warum unsere Landedelleute, die auf so weiten Ebenen wie hier der unsrigen wohnen (besonders die, deren Frauen noch nicht über das Alter der Kindsgeburten hinaus sind), nicht etwas Ähnliches versucht haben, denn es würde nicht nur höchst förderlich sein bei plötzlichen Berufungen, wie solche seitens des anderen Geschlechtes immer zu gewärtigen sind – vorausgesetzt natürlich, daß der Wind günstig sei –, sondern auch im höchsten Maße ökonomisch, den Wind auszunützen, der nichts kostet und nichts frißt ungleich den Pferden, die (der Teufel soll sie holen) sowohl viel kosten als auch viel fressen.

Aber gerade aus diesem Grunde – weil er nichts kostet und nichts frißt – ist dieser Plan schlecht. Denn eben der Verbrauch unserer Produkte verschafft genauso wie deren Herstellung den Hungernden das Brot, belebt den Handel, bringt Geld in die Kassen und erhöht die Bodenrente, und obwohl ich, offen gestanden, als Fürst den wissenschaftlichen Kopf, der solche Beförderungsmittel hervorgebracht hat, reichlich entschädigen wollte, so würde ich dennoch deren Gebrauch rücksichtslos unterdrücken.

Mein Vater war jetzt in seinem Element und wollte seine Abhandlung über die Volkswirtschaft ebenso glücklich fortsetzen wie Onkel Toby vorhin die seine über Festungswerke. Aber sehr zum Schaden mancher wertvollen Erkenntnis hatte das Schicksal an diesem Morgen beschlossen, daß keinerlei Abhandlung von meinem Vater heute zu Ende gesponnen werden sollte, denn als er den Mund öffnete, um den nächsten Satz zu beginnen …

Fünfzehntes Kapitel

… trat Korporal Trim mit dem Stevinus herein. Aber es war zu spät – das ganze Gespräch darüber hatte sich ohne ihn erschöpft und einen neuen Kanal gefunden. Trage Er das Buch nur wieder nach Hause, Trim, sagte Onkel Toby und nickte ihm zu.

Bitte, Korporal, sagte mein Vater scherzhaft, sieh Er erst einmal hinein, ob Er darin etwas von einem Segelwagen zu erblicken vermag?

Korporal Trim hatte im Militärdienst gelernt, ohne Einwendungen zu gehorchen; so trug er denn das Buch auf einen Tisch daneben, um die Seiten durchzublättern. Mit Verlaub, Euer Gnaden, ich kann nichts dergleichen finden, doch will ich erst einmal, fuhr er gleichfalls im scherzenden Ton fort, ganz sichergehen, mit Euer Gnaden Verlaub. Und so nahm er die beiden Einbanddeckel, den einen in die rechte, den anderen in die linke Hand, und schüttelte das Buch tüchtig, wobei er die Blätter nach unten hängenließ.

Da ist etwas herausgefallen, Euer Gnaden, sagte Trim, es ist aber kein Wagen und auch nichts Ähnliches. – So seh Er nach, Korporal, sprach mein Vater lächelnd, was es denn sei. – Ich meine, antwortete Trim, als er sich bückte, um es aufzuheben, es sieht mehr wie eine Predigt aus, denn es beginnt mit einem Text aus der Heiligen Schrift, Kapitel und Vers, und fährt auch dann als Predigt und nicht als Wagen fort.

Alle lachten.

Ich begreife nicht, wie es möglich ist, sagte Onkel Toby, daß so etwas wie eine Predigt in meinen Stevinus kommt.

Ich denke wenigstens, es ist eine Predigt, sagte Korporal Trim. Doch wenn Euer Gnaden erlauben, so will ich eine Seite daraus vorlesen, es ist sehr deutlich geschrieben. (Denn Trim, müssen Sie wissen, hörte sich ebensogern lesen wie reden.)

Es hat stets für mich einen großen Reiz, sprach mein Vater, in Dinge, die mir durch solche Zufälle wie diesen in den Weg laufen, einen Blick hineinzuwerfen, und da wir nichts Besseres zu tun haben, solange wenigstens nicht, bis Obadiah zurückkehrt, so werde ich dir sehr verbunden sein, Bruder, vorausgesetzt, daß Doktor Slop nichts dagegen hat, wenn du Trim dazu bestimmen wolltest, uns ein paar Seiten daraus zum besten zu geben – falls er es so gut zu verrichten vermag, wie er es zu wollen scheint. – Mit Euer Gnaden Erlaubnis, ich habe, sagte Trim, zwei ganze Kampagnen in Flandern als Schreiber beim Regimentskaplan den Dienst versehen. – Er kann so gut lesen wie ich, sagte Onkel Toby. Trim war, versichere ich dir, der beste Kopf im ganzen Regiment und der nächste zur Beförderung, wenn dem armen Kerl damals nicht das Unglück zugestoßen wäre. – Trim legte die Hand aufs Herz und machte eine stumme Verbeugung vor seinem Herrn. Indem er nun seine Mütze auf den Boden legte und die Predigt in die linke Hand nahm, um die rechte frei zu haben, schritt er entschlossen bis in die Mitte des Zimmers vor, allwo er am besten sehen und gesehen werden konnte.

Sechzehntes Kapitel

Sollten Sie aber etwas dagegen haben, wandte sich mein Vater an Dr. Slop. – Nicht das geringste, entgegnete Slop, denn es ist ja noch nicht ausgemacht, zu welcher Partei der Schreiber gehört und auf welcher Seite er steht. Die Predigt kann ja ebensogut die Arbeit eines unserer Geistlichen wie die eines der ihrigen sein, wir riskieren also beide dasselbe. – Sie steht weder auf der einen noch auf der anderen Seite, sondern handelt vom Gewissen, Euer Gnaden, sagte Trim.

Trims Antwort versetzte die Gesellschaft in gute Stimmung, das heißt: alle, mit Ausnahme von Dr. Slop, der, den Kopf gegen Trim gerichtet, ein wenig gereizt aussah.

Fang Er an, Trim, und les Er deutlich, sagte mein Vater. – Ich werde mich bemühen, Euer Gnaden, antwortete der Korporal, indem er sich verneigte und mit einer leisen Bewegung der rechten Hand um Aufmerksamkeit bat.

Siebzehntes Kapitel

Doch bevor der Korporal beginnt, muß ich Ihnen erst seine Haltung beschreiben, sonst wird sich Ihre Phantasie ihn natürlich in einer unbequemen und gezwungenen Haltung vorstellen: steif, kerzengerade, das Körpergewicht auf beide Beine gleich verteilend, das Auge starr, als hätte er stillezustehen, den Blick entschlossen und die Predigt fest in der Hand, als wäre sie ein Schießgewehr. Kurz, Sie würden vielleicht geneigt sein, sich Trim jetzt so vorzustellen, als stünde er in Reih und Glied, bereit anzugreifen. Seine Haltung war aber ganz anders, das heißt, er hielt den Körper wiegend und nach vorn geneigt, so daß dieser mit der Horizontalebene einen Winkel von 85½ Grad bildete, welchen Winkel wirkliche Redner, an die ich mich hiermit wende, als den wahren Einfallswinkel der Überredung kennen. Man kann natürlich auch in jedem anderen Winkel eine Predigt halten oder eine Unterhaltung führen, es ist ganz gewiß so und geschieht auch jeden Tag, doch mit welchem Erfolg, das zu beurteilen überlasse ich der Welt.

Zeigt uns nebenbei nicht die Notwendigkeit einer mathematischen Genauigkeit bei diesem Winkel von 85½ Grad, wie Künste und Wissenschaften sich gegenseitig unterstützen und befreunden?

Wie zum Teufel aber Korporal Trim, der sonst einen spitzen Winkel von einem stumpfen nicht unterscheiden konnte, diesen so genau zu treffen vermochte, ob zufällig oder aus natürlicher Veranlagung, ob aus einem richtigen Gefühl für die Sache oder aus angeborenem Talent zur Nachahmung, das wird in demjenigen Teil der Enzyklopädie der Künste und Wissenschaften erörtert werden, in dem die äußere Form der Beredsamkeit im Senat, auf der Kanzel, im Gerichtssaal, Kaffeehaus, Schlafzimmer und am Kaminfeuer untersucht werden soll.

Er stand also – ich wiederhole alles, um das Bild seiner Stellung mit einem Blick zu umfassen – mit sich wiegendem Körper da, sanft vornübergeneigt; das rechte Bein unter ihm trug sieben Achtel des ganzen Körpergewichts, der Fuß des linken Beins, dessen Defekt die Stellung durchaus nicht beeinträchtigte, war ein wenig vorgeschoben, nicht zu sehr nach auswärts, auch nicht geradeaus, sondern irgendwie dazwischen; das Knie blieb gebeugt, doch um Himmels willen nicht gewaltsam, sondern nur so, daß die Schönheitslinie nicht verletzt würde, und ich füge hinzu, daß auch die von der Wissenschaft gebotene Linie bewahrt bliebe, denn überlegen Sie gefälligst: Das linke Bein hatte ein Achtel des Körpergewichtes zu tragen, so daß damit schon die Stellung des Beines völlig festgelegt ward, weil nämlich weder der Fuß weiter vorgeschoben werden konnte noch das Knie um mehr gebogen sein durfte als bis zu dem Punkte, wo sie ihm erlaubten, genau ein Achtel des ganzen Körpers auf sich zu nehmen und auch zu tragen.

☛ Ich empfehle diese Stellung den Malern. Muß ich noch hinzufügen: auch den Rednern? Ich denke: nein, denn wenn diese sich nicht danach richten, so werden sie einfach auf die Nase fallen.

Soviel über Korporal Trims Körper und Beine. Er hielt die Predigt wohl lose, doch nicht nachlässig in der linken Hand, welche ein wenig über den Magen erhoben und von der Brust weggehalten war; sein rechter Arm fiel lässig an der Seite herab, wie die Natur und die Gesetze der Schwerkraft es ihm gebieten, doch war der rechte Handteller offen und den Zuhörern zugekehrt, bereit, den Gefühlsausdruck, wenn es notwendig sein sollte, zu unterstützen.

Korporal Trims Augen und Gesichtsmuskeln waren in voller Harmonie mit den übrigen Körperteilen; Trim sah frank, ungezwungen und hinreichend selbstsicher aus, zeigte aber dabei keine Spur von Überheblichkeit.

Der kritische Kopf soll jetzt nicht fragen, wie Korporal Trim zu alledem gekommen war. Ich habe ihm schon gesagt, das würde noch aufgeklärt werden. Jedenfalls stand er so vor meinem Vater, Onkel Toby und Dr. Slop, den Körper also wiegend, die Glieder so gegeneinandergestellt und mit einem solchen Rednerschwung in der ganzen Figur, daß ein Bildhauer ihn hätte zum Modell benützen können; ja, es war genauso, daß ich sehr zweifle, ob selbst der älteste gelehrte Bewohner eines Kollegs oder gar der Professor für Hebräisch selber daran hätten viel aussetzen können.

Trim verbeugte sich und las wie folgt:

DIE PREDIGT

Hebräer XIII, 18
Wir vertrauen darauf, daß wir ein gutes Gewissen haben.

Vertrauen! Wir vertrauen darauf, daß wir ein gutes Gewissen haben.

Ganz bestimmt, sagte mein Vater, gibt Er dem Satz einen ganz ungehörigen Sinn, Trim, denn Er rümpft dabei Seine Nase und liest es mit einer solchen höhnischen Betonung, als ob der Pfarrer den Apostel beschimpfen wollte. – Er beschimpft ihn auch, Euer Gnaden, antwortete Trim. – Puh, sagte mein Vater lachend.

Trim hat sicherlich recht, fiel Dr. Slop ein, denn der Verfasser, der, wie ich jetzt schon sehe, Protestant ist, hat, nach der schnippischen Manier zu urteilen, mit der er den Apostel wiederholt, ganz bestimmt die Absicht, den Apostel zu verhöhnen – wenn er es nicht durch die Art und Weise, wie er die Sache behandelt, gar schon getan hat. – Aber woraus, Doktor Slop, sagte mein Vater, schließen Sie so schnell, daß der Verfasser unserer Kirche angehöre? Soweit ich bis jetzt sehen konnte, kann er jeder Kirche angehören. – Weil, antwortete Dr. Slop, wenn er unserer Kirche angehörte, er es ebensowenig wagen dürfte, sich diese Freiheit wie den Bär beim Bart zu nehmen. Herr, wenn in unserer Kirche ein Mensch einen Apostel oder einen Heiligen oder auch nur soviel wie den Nagel eines Apostels oder des Nagels Schnitzel beleidigte, so würden ihm dafür die Augen ausgekratzt werden, sage ich. – Vom Heiligen selber? fragte Onkel Toby. – Das wohl nicht, sagte Dr. Slop, aber er würde sehr bald das Dach eines sehr alten und ehrwürdigen Gebäudes über sich sehen. – Bitte, Doktor Slop, ist die Inquisition ein altes Gebäude oder ist sie ein modernes? fragte Onkel Toby. – Ich verstehe nichts von Architektur, antwortete Dr. Slop. – Mit Euer Gnaden Erlaubnis, sagte Trim, die Inquisition ist das gemeinste, schändlichste … – Schenk Er uns Seine Beschreibung, Trim, rief mein Vater. Ich hasse den Namen schon. – Und trotzdem, sagte Dr. Slop, hat sie ihren Nutzen, denn wenn ich auch nicht in allem ihr Verteidiger sein will, in unserem Fall würde sie dem Mann sehr bald bessere Manieren beigebracht haben. Und ich kann ihm versichern, wenn er in dieser Tonart fortfahren sollte, würde ihn die Inquisition bald fassen und für die Mühe belohnen, die er sich gegeben hat. – Gott helfe ihm dann, sagte Onkel Toby. – Amen, fügte Trim hinzu, denn der Himmel weiß, ich habe einen Bruder, der seit vierzehn Jahren ihr Gefangener ist. – Davon habe ich ja noch kein Wort gehört, rief Onkel Toby schnell. Wie kam er denn dorthin, Trim? – Herr, die Geschichte wird Ihr Herz bluten machen, so wie sie meines schon tausendmal bluten gemacht hat, sagte Trim. Aber sie ist zu lang zum Erzählen. Euer Gnaden werden sie von Anfang bis zu Ende hören, wenn ich eines Tages neben Euer Gnaden an unseren Befestigungswerken arbeite. Sie handelt, kurz gesagt, davon, daß mein Bruder als Diener nach Lissabon gegangen war und dort die Witwe eines Juden heiratete, die einen Wurstladen hatte, was so oder so die Ursache davon wurde, daß er mitten in der Nacht aus seinem Bett, in dem er mit seinem Weib und zwei Kindern zusammen lag, geholt und direkt zur Inquisition geschleppt wurde. Und dort sitzt, Gott helfe ihm!, der arme Teufel bis zu dieser Stunde, fuhr Trim fort, einen Seufzer aus dem Grunde seines Herzens heraufholend. Er war eine ehrliche Seele, fügte er hinzu (sein Taschentuch ziehend), wie nur je eine gelebt hat.

Die Tränen träufelten Trims Wangen schneller herab, als er sie abwischen konnte. Totenstille herrschte einige Minuten lang im Zimmer. Ein sicherer Beweis des Mitgefühls. – Komm Er, Trim, sagte mein Vater, da dieser sah, daß des armen Kerls Schmerz sich Luft gemacht hatte, lese Er weiter, und jage Er sich diese traurige Geschichte aus dem Sinn. Es tut mir leid, daß ich Ihn unterbrochen habe, doch beginn Er mit der Predigt noch einmal, denn wenn der erste Satz eine Beschimpfung bedeuten soll, wie Er meint, so möchte ich doch sehr gern jetzt wissen, womit der Apostel Ihn so herausgefordert hat.

Korporal Trim wischte sein Gesicht ab, steckte sein Taschentuch wieder ein und begann, indem er sich wie vorhin noch einmal verbeugte.

Hebräer XIII, 18
Wir vertrauen darauf, daß wir ein gutes Gewissen haben.

Vertrauen! Wir vertrauen darauf, daß wir ein gutes Gewissen haben.

Gewiß, wenn es in diesem Leben etwas gibt, worauf ein Mensch sich verlassen darf und zu dessen Erkenntnis er auf Grund unstrittigster Gewißheit gelangen kann, so muß es gerade diese Frage sein – ob er ein gutes Gewissen habe oder nicht.

(Es steht fest, daß ich recht habe, sagte Dr. Slop.)

Wenn ein Mensch überhaupt nachdenkt, so muß er mit der wahren Fassung des Gewissensberichtes vertraut, muß er in das Geheimnis seiner eigenen Gedanken und Wünsche eingeweiht sein, er muß sich ferner aller vergangenen Bestrebungen erinnern und zweifellos die wahren Quellen und Triebfedern kennen, die allgemein die Handlungen seines Lebens bestimmt haben.

(Das traue ich ihm keineswegs zu ohne Beistand, sagte Dr. Slop.)

In anderen Dingen können wir durch den falschen Schein getäuscht werden und, wie der Weise klagt, erraten wir selten richtig die Dinge auf dieser Erde, und nur mit Mühe finden wir die, welche uns vor der Nase liegen.* Aber hier hat der Geist alle Gewißheit und alle Tatsachen innerhalb seiner selber, hier weiß er um das Gewebe, das er selber gewoben, kennt dessen Webart und Feinheit und aufs genaueste auch den Anteil, den jede einzelne Leidenschaft in der Ausführung der Muster gehabt hat, die von der Tugend oder dem Laster im voraus geplant worden sind.

(Die Sprache ist schön, und ich erkläre, Trim liest sehr gut, sagte mein Vater.)

Da aber das Gewissen nichts anderes ist als sowohl das Wissen, welches der Geist in sich selber davon hat, wie auch das billigende oder mißbilligende Urteil, das er unvermeidlich über die aufeinanderfolgenden Handlungen seines Lebens fällt, so werden Sie unter solchen Voraussetzungen sagen müssen, daß ein Mensch, gegen den dieser innere Zeuge spricht und der sich also selber anklagt, notwendigerweise ein sündiger Mensch sein muß, daß es aber im anderen Falle, sollte nämlich der Gewissensbericht günstig ausfallen und das

* Buch der Weisheit, 9. Kap., 16. Vers.

eigene Herz den Menschen nicht verurteilen, nicht mehr eine Sache des Vertrauens, wie der Apostel uns weismachen will, sondern eine der Gewißheit und eine Tatsache ist, daß nämlich das Gewissen rein ist und dementsprechend der Mensch also gut sein muß.

(Dann ist der Apostel im Unrecht, muß ich annehmen, sagte Dr. Slop, und der protestantische Geistliche im Recht. – Haben Sie doch Geduld, Herr! entgegnete mein Vater, denn meiner Meinung nach wird es gleich ersichtlich sein, daß der heilige Paulus und der protestantische Geistliche ganz derselben Ansicht sind. – Sie stehen zueinander wie Osten und Westen, rief Dr. Slop, aber das kommt, fuhr er fort, beide Hände erhebend, von der Pressefreiheit. – Höchstens doch nur von der Kanzelfreiheit, antwortete Onkel Toby, denn es geht aus nichts hervor, daß die Predigt jemals gedruckt worden ist oder gedruckt werden wird. – Fahr Er fort, Trim, sagte mein Vater.)

Auf den ersten Blick hin mag das wirklich als der wahre Sachverhalt erscheinen, und ich zweifle nicht daran, daß die Erkenntnis von Recht und Unrecht so richtig dem menschlichen Geiste eingeprägt sei, daß, wofern niemals sich so etwas ereignen sollte, wie daß das Gewissen des Menschen sich durch die lange Gewohnheit der Sünde, ohne es zu fühlen, verhärtete (wie es nach der Heiligen Schrift möglich ist) oder gleich gewissen zarten Körperteilen durch häufigen Druck und ununterbrochenen Gebrauch allmählich den feinen Sinn und das Gefühl verlöre, womit es von Gott und der Natur begabt worden war, ich sage, wofern sich niemals so etwas ereignete; oder wenn es ganz sicher wäre, daß die Selbstliebe unser Urteil nie im mindesten zu beeinflussen vermöchte oder daß auch die kleineren, die niederen Interessen unserer unteren Regionen sich nicht erhüben und die Fähigkeiten der oberen Regionen verwirrten und in Verlegenheit setzten und mit Wolken und dichter Finsternis einhüllen wollten – oder wenn niemals so etwas wie Gunst und Neigung in die heiligen Hallen Zutritt hätte, der Witz jede Bestechung von sich weisen oder sich schämen wollte, als Anwalt verbotener Lust aufzutreten – oder wären wir schließlich dessen ganz sicher, daß das Interesse gänzlich unbetroffen dastünde, während die Anklage verlesen würde, und daß die Leidenschaft niemals den Richterstuhl einnehmen und das Urteil anstelle der Vernunft sprechen wollte, welche Vernunft allein den Vorsitz haben und entscheiden solle – träfe das alles wirklich so zu, wie wir es jetzt annehmen mußten, dann freilich würde und müßte die innere, religiöse oder moralische Verfassung eines Menschen genau mit dessen Selbsteinschätzung übereinstimmen, und die Schuld oder Unschuld eines jeden Menschenlebens dürfte, allgemein gesprochen, mit keinem anderen Maßstabe gemessen werden als mit den Graden der eigenen Billigung und des eigenen Tadels.

Einerseits will ich zwar gern zugestehen: Wann immer das Gewissen den Menschen anklagt (da es hier selten irrt), daß er schuldig sei, so können wir – alle Fälle von Hypochondrie und Melancholie ausgenommen – mit Sicherheit daraufhin das Urteil aussprechen, daß dazu stets hinreichend Ursache vorhanden sein müsse.

Doch die Umkehrung dieses Satzes hält der Stichprobe nicht stand: daß nämlich, wann immer Schuld da sei, das Gewissen uns anklage und daß, wenn es dies nicht tue, der Mann darum auch unschuldig sei. Das ist in der Tat nicht der Fall. So daß der gemeine Trost, den manch guter Christ sich und anderen stündlich spendet, daß er nämlich Gott dafür danke, weil sein eigener Geist ihn nicht irreführe, und daß er darum schon ein gutes Gewissen habe, weil er ein ruhiges besitze, so daß der Trost, sage ich, sehr trügerisch ist, und wie geläufig auch die Folgerung daraus sei und wie unfehlbar auf den ersten Blick hin dieser Maßstab zu sein scheine; wenn Sie näher hinsehen und die Wahrheit an einfachen Tatsachen prüfen – so finden Sie bald, wie sehr er (der Maßstab) dem Irrtum ausgesetzt sei, weil Sie ihn falsch anwenden, und wie verkehrt das Prinzip, worauf er sich stützt, und wie dessen ganze Kraft verloren und zuweilen so verschleudert sei, daß es Mühe kostet, die gewöhnlichsten Beispiele aus dem Leben zu finden, die den Satz zu bestätigen vermögen.

Nehmen wir das folgende Beispiel: Ein Mensch ist lasterhaft und auch in seinen Grundsätzen von äußerster Verderbtheit; unverantwortlich in seinem Betragen den Menschen gegenüber, lebt er schamlos in der Begehung einer Sünde, die weder Vernunft noch Anmaßung zu rechtfertigen vermögen, einer Sünde, durch welche er entgegen allem Gefühle für Menschlichkeit für immer die betrogene Teilhaberin seiner Schuld ruiniert, ihrer besten Mitgift beraubt und nicht nur ihr Haupt mit Unehre bedeckt, sondern auch eine ganze brave Familie in Schande und Kummer jagt. Sicherlich, werden Sie denken, muß das Gewissen diesen Menschen ein sehr gestörtes Leben führen lassen und kann er weder Tag noch Nacht vor dessen Vorwürfen Ruhe haben.

Ach! Das Gewissen hatte die ganze Zeit über etwas ganz anderes zu tun, als über ihn herzufallen. Was Elias dem Gotte Baal vorwirft, trifft auch diesen Hausgötzen: *Auch dieser Hausgott ist sehr geschwätzig und macht sich irgendwo etwas zu schaffen oder ist auf Reisen oder schläft vielleicht gar und konnte nicht aufgeweckt werden.*

Vielleicht ist *es* in Gesellschaft der *Ehre* ausgegangen, um ein Duell auszufechten, eine Spielschuld zu zahlen oder eine schmutzige Jahresrente, den Kaufpreis seiner Wollust. Vielleicht ist dieses Gewissen die ganze Zeit über zu Hause damit beschäftigt, daß es sich laut gegen kleine Diebereien ereifert oder Rache nimmt für einige winzige Verbrechen, vielmehr Versehen, da sein Reichtum und sein Rang im Leben diesen Menschen gegen alle Versuchung gefeit haben, solche selbst im Leben zu verüben, so daß er lustig dahinlebt (Wenn er unserer Kirche angehörte, könnte er es trotzdem nicht, meinte Dr. Slop.), in seinem Bett einen gesunden Schlaf findet und zuletzt dem Tod ohne Bangen entgegensieht, mit viel weniger Bangen als manch ein besserer Mann.

[Alles das ist bei uns ganz unmöglich, sagte Dr. Slop, indem er sich an meinen Vater wandte, ein solcher Fall, sage ich, kann in unserer Kirche gar nicht vorkommen. – Er kommt bei uns nur allzu häufig vor, antwortete mein Vater. – Ich gebe ja zu, sagte Dr. Slop (ein wenig betroffen von der Offenheit), womit mein Vater diese Tatsache nicht abstritt, daß ein Mensch in der römischen Kirche ebenso sündhaft leben könne wie der erwähnte; was er aber nicht kann, ist: so in Sünden sterben. – Das macht freilich wenig aus, erwiderte mein Vater mit einer gewissen Gleichgültigkeit, wie ein Schurke stirbt. – Ich will damit nur sagen, sagte Dr. Slop, daß man ihm die Wohltaten der letzten Sakramente verweigern würde. – Bitte, Doktor Slop, wie viele haben Sie im ganzen? sagte Onkel Toby, denn ich vergesse die Zahl immer ... – Sieben, antwortete Dr. Slop. – Aah, rief Onkel Toby, nicht wie einer, der beruhigt, sondern wie einer, der überrascht ist, wie wenn ein Mensch in einen Schrank blickt und mehr von einer Sache findet, als er erwartet hat. Aah, antwortete also Onkel Toby. – Dr. Slop, der ein feines Gehör für solche Dinge hatte, verstand meinen Onkel so gut, als ob dieser einen umfangreichen Band gegen die sieben Sakramente geschrieben hätte. – Aah! entgegnete Dr. Slop (Onkel Toby im gleichen Ton zurückzahlend), gibt es nicht sieben Kardinaltugenden, Herr? Sieben Todsünden? Sieben goldene Leuchter? Sieben Himmel? – Das ist mehr, als ich weiß, rief Onkel Toby. – Gibt es nicht gleichfalls die sieben Wunder der Welt? Sieben Schöpfungstage? Sieben Planeten? Sieben Plagen? – So viele gibt es in der Tat, fuhr mein Vater mit gespieltem Ernst dazwischen. Doch, bitte, Trim, fahr Er fort mit dem, was jetzt folgt.]

Ein anderer Mensch ist geizig, ohne Erbarmen (hier schwang Trim seine rechte Hand), ein engherziger, selbstischer Geselle, der weder für Freundschaft noch für allgemeine Menschenliebe einen Sinn hat. Seht ihn nur, wie er an der Witwe und an der Waise in ihrer Not vorbeigeht und das ganze Elend, dem die Menschheit anheimgefallen ist, ohne einen Seufzer und ohne ein Gebet mit ansieht! (Dieser Mann, Euer Gnaden, scheint mir noch schlechter zu sein als der andere.)

Wird nicht das Gewissen erwachen und ihn bei solchen Gelegenheiten beißen? Nein, Gott sei Dank ist dazu kein Anlaß, *denn ich zahle jedem, was ich ihm schulde, ich habe keine Unzüchtigkeit vor meinem Gewissen zu verantworten noch den Bruch eines Gelöbnisses oder Versprechens, ich habe niemandes Frau oder Tochter verführt, Gott sei Dank bin ich nicht wie die anderen: ein Ehebrecher, ungerecht oder wie dieser Lüstling da, der eben vor mir steht.*

Ein dritter ist schlau, ein Ränkeschmied. Achtet auf sein Leben: nichts als ein listiges Gewebe dunkler Künste und unerlaubter Schliche, um auf gemeine Art die wahre Absicht der Gesetze, also: Ehrlichkeit im Handel und sicheren Genuß des Eigentums, zunichte zu machen. Ihr werdet sehen, wie dieser Mensch ein ganzes Netzwerk von kleinen Anschlägen auf die Unwissenheit und Verlegenheit des armen und notleidenden Mannes ausheckt, aus der Unerfahrenheit der Jugend oder aus der Arglosigkeit seines Freundes, der ihm auch sein Leben anvertraut haben würde, sich ein Vermögen macht.

Wenn das Alter kommt und die Reue ihn auffordert, auf diese überaus schwarze Rechnung einen Blick zu werfen und sie seinem Gewissen vorzulegen – so sieht das Gewissen schnell einmal in die Statuten hinein, die vor ihm liegen, findet kein einziges Gesetz ausdrücklich durch eine seiner Handlungen verletzt, bemerkt, daß darauf oder hierauf weder Geldstrafe noch Güterverlust steht. Keine Geißel wird über seinem Haupt geschwungen, kein Gefängnis öffnet die Tore für ihn. Wodurch soll also sein Gewissen erschreckt werden? Es hat sich hinter die Buchstaben des Gesetzes verschanzt, sitzt dort unangreifbar, umgeben auf allen Seiten mit allerhand Fällen und Gerichtsentscheidungen, keine Predigt der Welt kann es von dort verjagen.

(Hier tauschten Onkel Toby und Trim gegenseitig Blicke aus. – Ach, Trim, sagte Onkel Toby kopfschüttelnd, das sind gar traurige Befestigungen. – Erbärmliches Zeug, antwortete Trim, im Vergleiche mit dem, was Euer Gnaden und ich machen. – Der Charakter des letzten Mannes, sagte Dr. Slop, Trim unterbrechend, ist verabscheuungswürdiger als alle übrigen und muß wohl von so einem Zungendrescher unter Ihren protestantischen Advokaten hergenommen sein. Bei uns könnte eines Mannes Gewissen unmöglich so lange verblendet bleiben. Dreimal im Jahre mindestens muß er zur Beichte gehen. – Wird der Verblendete dadurch klarsichtiger? fragte Onkel Toby. – Lese Er weiter, Trim, sagte mein Vater, denn sonst kommt Obadiah zurück, und wir sind mit der Predigt noch nicht fertig. – Die Predigt ist sehr kurz, entgegnete Trim. – Ich wünschte, sie wäre länger, meinte Onkel Toby, denn sie gefällt mir gewaltig.)

Einem vierten wird sogar diese Zuflucht fehlen. Er wird mit allen Umständlichkeiten langsamer Schikanen brechen und das stets zweifelhafte Wirken geheimer Schliche und schlauer Schachzüge, mit denen er ursprünglich seine Zwecke zu erreichen suchte, verachten. Sieh dir nur einmal diesen schamlosen Schurken recht aus der Nähe an: Er betrügt, lügt, schwört falsch, raubt und mordet. O schauderhaft! Freilich war viel Besseres in diesem Fall nicht zu erwarten, denn der arme Mann tappte im dunklen! Der Priester hielt sein Gewissen in Gewahrsam, und was er ihn wissen ließ, war, daß er nur an den Papst glauben müsse, zur heiligen Messe gehen, sich bekreuzen, den Rosenkranz beten, ein guter Katholik sein und daß alles dies auf Ehre und Gewissen völlig genüge, ihn in den Himmel zu befördern. Wie aber, wenn er nun wirklich falsch schwört? Warum nicht – er macht dann eben einen inneren Vorbehalt dabei. Wenn er aber ein so verruchter und ehrloser Schurke ist, wie Sie ihn schildern, wenn er raubt und mordet, wird dann nicht auch das Gewissen bei jeder dieser oder ähnlicher Handlung eine Wunde empfangen? Ohne Zweifel, aber der Mann geht damit schnurstracks zur Beichte, der Wunde bekommt diese Kur gar gut, sie wird täglich besser und ist dank der Absolution in kurzer Zeit zugeheilt. O Papsttum, was hast du uns darauf zu erwidern? Daß du, nicht zufrieden mit den vielen natürlichen und vom Schicksal gegebenen Wegen, auf welchen das Menschenherz täglich vor allem an sich selber Verrat übt, noch mit vollem Bewußtsein absichtlich das breite Tor des Betruges aufgetan hast im Angesicht des ahnungslosen Wanderers, der, Gott weiß, selber nur allzu geneigt ist, aus eigenem Willen irrezugehen und vertrauensselig zu sich selber dort von Frieden zu reden, wo kein Frieden ist.

Dafür sind die üblichen Beispiele, die ich aus dem Leben genommen, zu augenfällig, um noch des Beweises und der Bestätigung zu bedürfen. Wenn irgend jemand deren Zuverlässigkeit bezweifeln oder darüber unsicher sein wollte, ob ein Mensch sich über sich selber wirklich so täuschen könnte, so will ich ihn einen Augenblick lang den eigenen Gedanken überlassen und will es dann getrost auf das Urteil seines eigenen Herzens ankommen lassen.

Er soll bedenken, wie verschiedene Grade von Abscheu sein Herz gegen viele verruchte Handlungen fühlt, wiewohl alle der Natur nach gleich schlecht und lasterhaft sind: dann wird er bald entdecken, daß darunter diejenigen, welche zu begehen den Menschen heftige Neigung und Gewohnheit angetrieben haben, gemeiniglich mit allen den falschen Reizen geschmückt und verziert sind, welche eine weiche und schmeichelnde Hand ihnen zu verleihen weiß, und daß die anderen, zu denen er sich nicht hingezogen fühlt, ihm darum alsogleich als das, was sie sind, nackt und unförmig erscheinen werden, versehen mit allen Kennzeichen der Torheit und der Schande.

Als David den in der Höhle schlafenden Saul überraschte und den Saum seines Mantels abschnitt – schlug ihm, wie wir lesen, das Gewissen bei solchem Tun. Doch in der Geschichte mit Urias, als ein treuer und tapferer Diener, den er über alles hätte ehren und lieben sollen, fallen mußte, um der Wollust seines Königs Platz zu machen, da also das Gewissen soviel mehr Ursache hatte zu erschrecken, schlug ihm das Gewissen nicht. Fast ein ganzes Jahr verging vom Anschlag des Verbrechens bis zu dem Tage, da Nathan gesandt ward, den König zu züchtigen, und doch lesen wir nicht ein einziges Mal von einem, wenn auch noch so leisen Kummer und einer Zerknirschung des Herzens, die er während all der Zeit für diese seine Missetat bekundet hätte.

So nimmt das Gewissen – dieser einst so brauchbare Zuchtmeister, der nach dem Willen unseres Schöpfers in uns selbst als billiger und gerechter Richter eingesetzt wurde, durch eine Reihe unglücklicher Ursachen und Hindernisse oft nur eine sehr ungenaue Einsicht in das, was wirklich vorgeht, waltet seines Amtes mit Fahrlässigkeit und ist zuweilen sogar bestochen, so daß man ihm in nichts mehr trauen darf, und darum, finden wir, ist es notwendig, ja von absoluter Dringlichkeit, daß wir ihm ein anderes Prinzip an die Seite stellen, um seine Entscheidungen, wenn nicht zu lenken, so doch zu unterstützen. So daß Sie, wenn Sie sich über alles das, worin nicht irregeleitet zu werden für uns von unendlicher Wichtigkeit ist, ein Urteil bilden wollen, darüber nämlich, auf welcher Stufe wirklichen Verdienstes Sie entweder als Ehrenmann oder als brauchbarer Bürger, als treuer Untertan Ihres Königs oder als wahrer Diener Gottes stehen, Religion und Sittenlehre zu Hilfe rufen müssen. Sie müssen nachsehen: Was steht im Gesetze Gottes geschrieben? Wie liest du es? Befrage dann auch die ruhige Vernunft und die unwandelbaren inneren Bindungen an Recht und Wahrheit! Was sagen diese?

Laß das Gewissen auf diese und solche Aussagen hin die Sache entscheiden! Und wenn dich dann dein Herz nicht verdammt, welchen Fall der Apostel eben annimmt, dann ist dessen Regel und Richtschnur unfehlbar. (Hier schlief Dr. Slop ein.) Du wirst Gott vertrauen, das heißt: Grund haben zu glauben, daß das Urteil, das du über dich selber fällest, das Urteil Gottes sei und nichts andres als eine Vorwegnahme des gerechten Spruches, der über dich späterhin von jenem Wesen gesprochen werden wird, dem du endlich über deine Handlungen wirst Rechenschaft zu geben haben.

Wohl dem Manne in der Tat, wie der Verfasser des Buches *Ecclesiasticus* sagt, *dem die Menge der Sünden das Herz nicht naget, wohl dem Manne, dessen Herz ihn nicht verdammt. Ob er reich sei oder arm, wenn sein Herz nur gut ist* (ein Herz also belehret und geleitet), *so wird nie der Kummer auf seinem Antlitz wohnen, sein Geist wird ihm mehr künden als sieben Wächter, die auf hohem Turm die Stadt bewachen* ... (Ein Turm taugt nichts, wenn er nicht flankiert ist, sagte Onkel Toby.) In den dunkelsten Zweifeln wird es ihn sicherer leiten als tausend Kasuisten und dem Staat, in dem er lebt, eine größere Gewähr für seinen guten Wandel geben als alle Zwangserlasse zusammen, welche die Gesetzgeber stets zu vermehren gezwungen sind. Gezwungen sind, sage ich, so wie die Dinge nun einmal stehen, denn die menschlichen Gesetze sind nicht ein Ergebnis ursprünglicher und freier Wahl, sondern reiner Notwendigkeit, damit gegen die verderbliche Wirkung jener Gewissen eine Schutzwehr gebildet werde, die sich selber kein Gesetz sind, womit der wohlmeinende Gesetzgeber nur beabsichtigte, in allen Fällen der Unsicherheit, Verderbtheit und Irreleitung, wo also die Grundsätze und Kräfte des Gewissens nicht ausreichen, uns zu stützen, diese Gewissenskräfte zu ergänzen und uns durch die Angst vor Kerker und Galgen zu einem gewissenhaften Leben zu nötigen.

(Ich sehe deutlich, sagte mein Vater, daß diese Predigt im Temple oder vor einem Gerichtshof gehalten werden soll. Mir gefällt ihr Gedankengang, und es tut mir leid, daß Doktor Slop, bevor er noch überzeugt werden konnte, eingeschlafen ist, denn es ist jetzt ganz klar geworden, daß der Pfarrer, wie ich mir gleich zu Anfang gedacht habe, den heiligen Paulus nicht im geringsten schmäht und zwischen beiden auch nicht die geringste Meinungsverschiedenheit geherrscht hat. – Was würde schließlich auch dabei gewesen sein, wenn zwischen ihnen eine Meinungsverschiedenheit bestanden hätte, Bruder Shandy, sagte Onkel Toby. Die besten Freunde der Welt können einmal uneins werden. – Wahr, Bruder Toby, sagte mein Vater, Onkel Tobys Hand schüttelnd. Wir werden unsere Pfeifen stopfen, Bruder, und Trim kann dann fortfahren.)

Ja – und was denkt Er denn darüber? fragte mein Vater den Korporal Trim, als dieser ihm die Tabakdose reichte.

Ich denke mir, so antwortete der Korporal, daß die sieben Wachtmänner am Turm, die meiner Meinung nach lauter Posten sind, mehr als genug seien, Euer Gnaden, und durch ein solches Verfahren bald ein ganzes Regiment verbraucht werden würde, was ein Kommandant, der seine Mannschaft liebt, niemals, wenn er es vermeiden kann, zulassen wird, weil zwei Wachtposten, fügte der Korporal hinzu, soviel wie zwanzig sind. Ich selber bin wohl über hundertmal beim *Corps de Garde* Wachthabender gewesen, fuhr Trim fort und streckte sich jetzt mindestens um einen Zoll in die Höhe, und habe die ganze Zeit über, da ich die Ehre hatte, unter Seiner Majestät dem König Wilhelm zu dienen, beim Ablösen sehr bedeutender Posten nie mehr als zwei in meinem ganzen Leben verloren. – Sehr richtig, Trim, sagte Onkel Toby, aber Er überlegt nicht, Trim, daß die Türme in Salomons Zeiten keineswegs unseren Basteien glichen, welche flankiert und von anderen Werken verteidigt werden. Das ist eine Erfindung nach Salomons Tode, Trim; auch hatten sie zu dieser Zeit noch keinerlei Hornwerke, keine Ravelins vor den Kurtinen oder gar solch einen Graben, wie wir ihn anlegen mit einer Wasserrinne in der Mitte und verdeckten Wegen und etlichen Kontereskarpen, die ganz mit Palisaden bedeckt sind, um uns gegen einen Handstreich zu schützen. So daß die sieben Männer am Turme nur eine Abteilung, möchte ich sagen, des *Corps de Garde* sind, dorthin gestellt, nicht nur um Ausschau zu halten, sondern um den Turm auch zu verteidigen. – Mehr als einen Korporalsposten konnten sie auch nicht leisten, Euer Gnaden, sagte Trim. – Mein Vater lächelte innerlich, ohne es im Gesicht zu verraten, da der Gegenstand in Anbetracht dessen, was vorhin vorgefallen war, ihm zu ernst schien, um sich darüber lustig zu machen. So begnügte er sich damit (nachdem er die Pfeife, die er eben angezündet, in den Mund gesteckt hatte), Trim aufzufordern, daß er weiterlese. Trim fuhr demnach fort:

Die Gottesfurcht vor Augen haben und im wechselseitigen Verkehr unsere Handlungen mit dem ewigen Maßstabe von Recht und Unrecht messen – das erste umschreibt die Pflichten der Religion, das zweite die der Sittenlehre, welche beide so untrennbar miteinander verbunden sind, daß ihr diese beiden Tafeln nicht einmal in Gedanken, wie oft auch immer der Versuch dazu gemacht wurde, entzweiteilen könntet, ohne beide zu zerbrechen und zu vernichten.

Ich sage, daß der Versuch dazu oft gemacht worden ist. Und so verhält es sich in Wirklichkeit: Fast immer würde ein Mensch, der überhaupt keinen Sinn für Religion und in der Tat auch genug Ehrlichkeit hat, das ohne weiteres zuzugeben, es dennoch für die größte Beleidigung halten, wenn einer seinen sittlichen Charakter verdächtigte oder die Vorstellung hätte, daß er darin nicht höchst gewissenhaft und rechtschaffen wäre bis in die kleinste Kleinigkeit.

Wenn es einigen Anschein hat, daß er es wirklich ist – so ist man gewiß nicht willens, den Anschein einer so angenehmen und allgemeingefälligen Tugend wie der Rechtschaffenheit zu verdächtigen, doch wenn wir auf den Grund derselben sehen könnten, so würden wir, davon bin ich überzeugt, wenig Ursache finden, ihn um die Ehre seines Motives zu beneiden.

Er mag darüber noch so feierlich deklamieren – diese seine Rechtschaffenheit ruht auf keinem tieferen Grunde als auf dem des Eigennutzes, des Stolzes, der Bequemlichkeit oder sonst einer kleinen und veränderlichen Leidenschaft, die uns in Augenblicken eines schweren Mißgeschicks kein großes Vertrauen in die Handlungsweise eines solchen Menschen geben würde.

Ich will es mit einem Beispiel erläutern:

Ich weiß, daß der Bankier, der mein Vermögen verwaltet, oder der Arzt, den ich kommen lasse (Es ist gar nicht notwendig, in diesem Fall einen Arzt kommen zu lassen, rief Dr. Slop erwachend.), beide keine Religion haben, ich höre sie ja selber täglich darüber spotten und von allen geheiligten Einrichtungen mit so viel Verachtung reden, daß darüber gar kein Zweifel herrschen kann. Gut – und trotzdem lege ich mein ganzes Vermögen in die Hand des einen und vertraue das, was mir noch viel teurer ist, das Leben, der Geschicklichkeit des anderen an. Lassen Sie mich nun einmal prüfen, was für Gründe ich für ein so großes Vertrauen habe. Zuallernächst glaube ich, daß keiner von beiden die Macht, die ich in seine Hände lege, zu meinem Schaden mißbrauchen werde; ich überlege nämlich, daß Ehrlichkeit den Zwecken dieses Lebens ebensogut dient, und ich weiß, daß der Erfolg der beiden Männer von ihrer Anständigkeit im Leben abhängt. Mit einem Wort, ich bin überzeugt, daß sie beide mir nicht schaden können, ohne zugleich sich selber zu schaden.

Setzen wir den Fall nun einmal so, daß das Interesse auf der anderen Seite liege, daß der Umstand eintreten könnte, wo der eine, ohne seinem Ruf zu schaden, sich heimlich mein Vermögen aneignen und mich nackt und hilflos in der Welt zurücklassen könnte, oder daß der andere, indem er mich aus diesem Leben hinausbeförderte, durch meinen Tod ohne Schande für sich und seine Kunst zu einem Vermögen gelangen könnte. Inwiefern könnte ich in einem solchen Falle ihnen beiden vertrauen? Die Religion, der stärkste Beweggrund der Welt, kommt, wie gesagt, nicht in Frage. Die Selbstsucht, der zweitstärkste Beweggrund, ist sehr gegen mich. Was ist mir also geblieben, daß ich es in die andere Waagschale würfe, um der Versuchung das Gleichgewicht zu halten? – Ach, nichts – nichts habe ich, oder vielmehr alles, was ich habe, wiegt leichter als eine Seifenblase. Ich muß mich also auf Gnade und Ungnade dem Ehrgefühl der beiden überantworten oder einem ähnlich launischen Prinzip. Eine recht magere Sicherstellung für zwei der allerkostbarsten Güter: mein Eigentum und mich selber.

Ebensowenig, wie wir einerseits von einer Moral ohne Religion abhängig sein können, ist andererseits Gutes von einer Religion ohne Moral zu erwarten. Nichtsdestoweniger trifft man nicht selten einen Menschen an, dessen moralischer Charakter sehr tief steht und der dennoch die höchste Vorstellung von sich selber im Hinblick auf die Religion hat.

Ein solcher ist dann nicht nur habgierig, rachsüchtig, unversöhnlich, sondern ihm mangeln auch die alltäglichsten Anstandsbegriffe. Doch indem er laut gegen den Unglauben des Zeitalters deklamiert, peinlich gewisse Vorschriften der Kirche befolgt, zweimal täglich diese besucht, die Sakramente empfängt und an einigen nebensächlichen kirchlichen Äußerlichkeiten mit besonderer Freude hängt, wird er sein Gewissen mit dem Urteil täuschen, daß er eben ein Mann von Religion sei und seine Pflichten gegen Gott treulich erfülle. Und Sie werden auch die Wahrnehmung machen, daß ein also beschaffener Mann dank solchem Selbstbetrug meist hochmütig auf jeden anderen Menschen herabblickt, der weniger als er Frömmigkeit heuchelt, obwohl er wahrscheinlich zehnmal mehr wirkliche Rechtschaffenheit besitzt als dieser.

Dieses ist gleicherweise ein arges Übel unter der Sonne, und ich glaube, daß es nicht einen einzigen mißverstandenen Grundsatz gebe, der zu seiner Zeit mehr Unheil angerichtet hat. Als Beweis dafür betrachte man die Geschichte der römischen Kirche (Was werden sie da nur wieder herausfinden? rief Dr. Slop), sehe man, welche Akte von Grausamkeit, Mord, Raub und Blutvergießen (die verdanken sie alle ihrer eigenen Halsstarrigkeit, rief Dr. Slop) durch eine nicht streng von moralischen Grundsätzen geleitete Kirche geheiligt worden sind.

In wie vielen Königreichen der Erde (von hier an bis zum Schlusse dieses Absatzes schwenkte Trim seine rechte Hand in der ganzen Länge des Armes vor- und rückwärts), in wie vielen Königreichen der Erde hat nicht das Schwert des irregeleiteten Kreuzfahrers weder Alter und Verdienst noch Geschlecht und Stand verschont! Und da er unter dem Banner der Religion focht, die ihn von den Bindungen der Gerechtigkeits- und Menschenliebe losgesprochen hatte, so bewies er auch keine. Ohne Gnade zu geben, trat er beide mit Füßen und hatte weder ein Ohr für die Schreie der Unglücklichen noch Erbarmen für deren Mißgeschick.

(Ich bin in manch einer Schlacht gewesen, Euer Gnaden, sagte Trim seufzend, aber nie in einer so traurigen und grausigen wie dieser. Ich würde nicht den Hahn gezogen und losgedrückt haben darin gegen so arme Seelen, und wenn ich dafür zum General befördert worden wäre. – Was versteht Er schon von der Sache? sagte Dr. Slop, und blickte Trim mit etwas mehr Geringschätzung an, als dessen ehrliches Herz es verdiente. Was weiß Er, Freund, von der Schlacht, worüber Er da redet? – Ich verstehe so viel davon, entgegnete Trim, daß ich noch niemals Gnade einem Mann versagt habe, der darum bat; bevor ich meine Muskete gegen eine Frau oder ein Kind anlegte, möchte ich lieber tausendmal mein Leben verlieren. – Da hat Er einen Taler für sich, den kann Er mit Obadiah heute nacht vertrinken, rief Onkel Toby. Obadiah bekommt auch einen. – Gott segne

Euer Gnaden, sagte Trim. Ich wollte lieber, all die armen Frauen und Kinder hätten sie. – Er ist ein guter Kerl, sagte Onkel Toby. – Mein Vater nickte mit dem Kopf, um damit zu sagen: So ist es.

Doch bitte, Trim, schloß mein Vater, mach Er ein Ende, ich sehe, Er hat nur noch ein oder zwei Seiten zu lesen.)

Korporal Trim las weiter:

Wenn das Zeugnis vergangener Jahrhunderte nicht genügt – so überlegen Sie doch gleich, wie die Bekenner dieser Religion jeden Tag daran denken, Gott zu dienen und ihn zu ehren mit Handlungen, die ihnen selbst zur Schande gereichen müssen.

Um sich davon zu überzeugen, folgen Sie mir, bitte, für einen Augenblick in die Kerker der Inquisition! (Gott helfe meinem Bruder Tom!) Sehen Sie, wie die Religion gleich einem Gespenst thront auf schwarzbehangenem Richterstuhl, gestützt auf die Folter und alle übrigen Werkzeuge der Marter, während die Gnade und die Gerechtigkeit gefesselt ihr zu Füßen liegen. Horch – welch ein jämmerliches Stöhnen! (Hier wurde Trims Gesicht aschfahl.) Hier kommt er, der erbarmungswürdige Mann, der es ausgestoßen! (Jetzt begannen Tränen über Trims Wangen herabzuträufeln.) Er ist herbeigeschleppt worden, damit er durch alle Ängste eines Scheinverhörs geschleift werde und die äußersten Qualen erdulde, die je ein schlau ausgedachtes System von Grausamkeiten zu ersinnen vermochte. (Gott strafe sie alle, sagte Trim; seine Wangen wurden blutrot.) Seht, das hilflose Opfer wird seinen Peinigern überantwortet – der Körper ist infolge des Grams und der Entbehrungen des Gefängnisses zum Skelett geworden. (Oh, das ist mein Bruder, rief der arme Trim in heftigster Gemütsaufwallung, indem er die Predigt auf den Boden fallen ließ und die Hände zusammenschlug, ich fürchte, es ist wirklich der arme Tom. – Meines Vaters und Onkel Tobys Herzen waren von dem Weh und Leid des armen Kerls ganz gerührt, selbst Dr. Slop gab Äußerungen von Anteilnahme von sich. – Trim, rief mein Vater, das hier ist keine wahre Geschichte, Er liest doch nur eine Predigt. Bitte, beginn Er den Satz noch einmal!) Seht, das hilflose Opfer wird seinen Peinigern überantwortet. Der Körper ist infolge des Grams und der Entbehrungen im Gefängnis zum Skelett geworden. Ihr werdet gleich sehen, wie jeder Muskel und jeder Nerv vor Schmerzen zuckt.

Gebt acht auf die letzte Bewegung des schrecklichen Folterwerkzeugs! (Ich wollte mich lieber vor ein Kanonenrohr stellen, rief Trim und stampfte mit dem Fuße auf.) Seht, wie es den Körper in Zuckungen gebracht hat! Seht, wie er jetzt gestreckt daliegt – was für ausgesuchte Qualen er in dieser Lage erleiden muß! (Ich hoffe nur, es ist nicht in Portugal.) Mehr kann die menschliche Natur nicht vertragen. Guter Gott, wie seine erschöpfte Seele an den bebenden Lippen hängt. (Ich möchte keine Zeile mehr weiterlesen, rief Trim, um nichts in der Welt, denn ich fürchte, Euer Gnaden, das alles geschieht wirklich so in Portugal, wo mein armer Bruder Tom ist. – Ich sage Ihm noch einmal, Trim, sprach mein Vater, das hier ist kein geschichtlicher Bericht, sondern eine Schilderung. – Es ist nur eine Schilderung, braver Mann, sagte Slop, nicht ein Wort davon ist wahr. – Das wiederum ist eine andere Sache, fuhr mein Vater dazwischen. Doch da sie Trim so nahegeht, so würde es zu grausam von uns sein, wenn wir ihn zwängen, damit fortzufahren. Geb Er mir die Predigt, Trim, ich will sie für Ihn beenden, und Er kann gehen. – Ich möchte bleiben und sie bis zum Ende hören, wenn Euer Gnaden erlaubt, sagte Trim, wiewohl ich sie nicht für das Gehalt eines Obersten weiterlesen möchte. – Armer Trim, sagte Onkel Toby. Mein Vater las:)

Seht, wie er jetzt gestreckt daliegt – was für ausgesuchte Qualen er in dieser Lage erleiden muß! Mehr kann die menschliche Natur nicht vertragen. Guter Gott, wie seine erschöpfte Seele an den bebenden Lippen hängt, bereit und willens, den Körper zu verlassen. Doch das wollen sie eben nicht, daß jene von hinnen scheide. Seht, der arme Teufel wird in seine Zelle zurückgeführt. (Gott sei Dank, rief Trim, wenigstens haben sie ihn nicht getötet.) Morgen ist ein neuer Tag, da werden sie ihn herausholen, um ihn zum Scheiterhaufen zu führen. Achtet wohl des Hohns und Spotts, den sie auf ihn häufen jetzt im Todeskampf, welchen der Grundsatz, es gebe eine Religion ohne Milde und Erbarmen, für ihn vorbereitet hat. (Gott sei Dank ist er dann tot, rief Trim, er leidet keine Schmerzen mehr, und sie können ihn nicht mehr quälen. O Herr! – Halt Er seinen Mund, Trim, rief mein Vater, mit der Predigt fortfahrend, damit Trim Dr. Slop nicht allzusehr aufbringe. Wir werden nicht fertig, wenn wir so weitermachen.)

Der sicherste Weg, den Wert jeder noch umstrittenen Idee zu prüfen, ist: den Folgen nachzuspüren, welche diese Idee nach sich gezogen hat, und sie mit dem Geist des Christentums zu vergleichen. Diese ebenso kurze wie entscheidende Regel hat uns unser Heiland für diese und ähnliche Fälle hinterlassen, und sie ist mehr wert als tausend Beweise: *An ihren Früchten sollt ihr sie erkennen.* Ich will darum die Predigt nicht weiter ausdehnen, sondern nur zwei bis drei kurze, voneinander unabhängige Regeln hinzufügen, die sich daraus ergeben: 1. Sooft sich ein Mensch laut gegen die Religion ereifert, liegt stets der Verdacht nahe, daß nicht die Vernunft, sondern die Leidenschaft über seinen Glauben Macht gewonnen habe. Ein schlechtes Leben und ein aufrichtiger Glaube sind unfreundliche und zanksüchtige Nachbarn, und wo sie sich trennen, geschieht es, darauf kann man sich verlassen, nur um Ruhe zu haben und aus keiner anderen Ursache.

2. Wenn ein so beschaffener Mensch im besonderen Fall sagt, dies oder jenes gehe gegen sein Gewissen, so soll man immer glauben, er wolle damit nicht mehr sagen, als daß dies oder jenes gegen seinen Magen gehe. Ein zufälliger Mangel an Appetit ist immer die wahre Ursache von beiden.

Mit einem Worte: Glaube dem Mann in nichts, der nicht in *allen* Dingen ein Gewissen hat.

Und in eurem eignen Herzen haltet euch stets folgende einfache Unterscheidung gegenwärtig – ein Mißgriff hat hier schon Tausende zugrunde gerichtet –, daß euer Gewissen eben nicht das Gesetz ist; nein, Gott und die Vernunft haben das Gesetz gemacht und das Gewissen in euch eingesetzt, um die Entscheidung zu fällen, und zwar nicht wie ein türkischer Kadi je nach der Ebbe und Flut seiner Launen, sondern gleich einem britischen Richter in diesem Land der Freiheit und Vernunft, welcher kein neues Gesetz macht, aber getreulich sich an jenes hält, von dem er weiß, daß es schon geschrieben ist.

Finis

Er hat die Predigt ausgezeichnet gelesen, sagte mein Vater. – Hätte Er sich seine Bemerkungen dazu erspart, meinte Dr. Slop, so würde Er sie noch besser gelesen haben. – Ich würde sie zehnmal besser gelesen haben, Herr, sagte Trim, wenn mein Herz nicht so voll gewesen wäre. – Aber gerade darum hat Er sie so gut gelesen, Trim, sagte mein Vater. Wenn die Geistlichkeit, fuhr mein Vater, zu Dr. Slop gewendet, fort, an dem, was sie uns darbietet, solch einen inneren Anteil nähme wie dieser arme Kerl, so behaupte ich – da ihre Predigtentwürfe an sich sehr schön sind (Das leugne ich, sagte Dr. Slop.) –, so behaupte ich, daß unsere Kanzelberedsamkeit, wenn sie die Herzen entflammen könnte, ein Muster für die ganze Welt abgeben würde. Aber ach, fuhr er fort, ich gestehe mit Schmerz, daß sie es in dieser Beziehung den französischen Politikern gleichtut, welche das, was sie am grünen Tisch gewinnen, auf den Schlachtfeldern wiederum verlieren. – Es wäre schade, wenn diese Predigt verlorenginge, meinte Onkel Toby. – Auch mir gefällt sie, sie ist dramatisch, sagte mein Vater, und es liegt etwas in ihrer Art, das richtig und geschickt angewendet, die Aufmerksamkeit des Zuhörers leicht gewinnt. – Bei uns wird sehr viel so gepredigt, sagte Dr. Slop. – Das weiß ich sehr wohl, antwortete mein Vater, aber in einem Ton und auf eine Art, die Dr. Slop ebenso peinlich war, wie eine einfache Zustimmung ihm gefallen haben würde. – Doch das, fuhr Dr. Slop ein wenig gekränkt fort, haben unsere Predigten meist voraus, daß sie selten eine Person unter dem Rang eines Patriarchen oder der Frau eines Patriarchen oder eines Heiligen und Märtyrers einführen. – Es kommen zwar in dieser Predigt ein paar sehr schlechte Personen vor, erwiderte mein Vater, ich halte aber deshalb die Predigt nicht um ein Haar für schlechter. – Aber bitte, sagte Onkel Toby, von wem kann sie nur stammen? Wie ist sie in meinen Stevinus gekommen? – Es müßte einer schon ein so großer Zauberer sein wie Stevinus, um die zweite Frage zu beantworten, meinte mein Vater. Auf die erste hingegen ist, denke ich, die Antwort nicht so schwer, denn wenn mich mein Urteil nicht sehr trügt, so kenne ich den Autor. Ganz sicher hat sie unser Pfarrer geschrieben.

Die Ähnlichkeit im Stil und in der Art dieser Predigt mit denen, die mein Vater in der Kirche gehört hatte, war die Ursache zu solcher Annahme, und sie bewies so streng, wie eben ein *argumentum a priori* es für einen philosophischen Kopf vermag, daß die Predigt von Yorick und keinem anderen stammte. Tags darauf erwies sich dies auch *a posteriori* als richtig, als nämlich der Pfarrer Yorick einen Diener zu Onkel Toby schickte, um danach zu fragen.

Es scheint, daß Yorick, begierig wie immer nach Erkenntnis jeder Art, sich den Stevinus von Onkel Toby ausgeliehen und sorglos seine Predigt, sowie er damit fertig war, dahinein gesteckt hatte. In einem Anfall von Vergeßlichkeit, der bei ihm immer möglich war, hatte er den Stevinus zurückgeschickt und damit zugleich auch die Predigt, auf daß sie diesem Gesellschaft leiste.

Vom Unglück verfolgte Predigt! Du gingst nämlich nach dieser deiner Wiederauffindung zum zweitenmal verloren, indem du durch ein ungeahntes Loch in deines Schöpfers Rocktasche in die Tiefen eines zerrissenen und sehr verräterischen Rockfutters fielst und dann vom linken Hinterfuß der pfarrherrlichen Rosinante in den Schmutz getreten wurdest, da sie höchst unmenschlich auf dich ihren Huf setzen mußte, als du in den Kot fielst. Zehn Tage lagst du drinnen begraben, wurdest schließlich von einem Bettler aufgehoben, für einen halben Penny an einen Pfarrschreiber verkauft, an dessen Pfarrer ausgeliefert und bist so deinem eigenen Verfasser lebenslänglich verlorengegangen und wurdest seiner ruhelosen Seele nicht früher zurückgegeben als jetzt, da ich den Menschen deine Geschichte erzähle.

Wird es der Leser glauben, daß diese Predigt Yoricks vor der Eröffnung des Landgerichtes in der Kathedrale von York vor tausend Zeugen, die alle es zu beschwören bereit sind, von einem gewissen *Präbendar* derselben Kirche gehalten und später wirklich gedruckt wurde, und alles innerhalb eines Zeitraumes von nicht mehr als zwei Jahren drei Monaten nach Yoricks Tod? Der arme Yorick war zwar Zeit seines Lebens nicht besser behandelt worden, aber ein wenig hart bleibt es doch, daß man ihn noch nach seinem Tode so mißhandelte und ihn noch ausplünderte, als er schon in seinem Grabe lag.

Da der Mann, der es tat, nur aus Liebe zu Yorick so handelte und gerecht und billig, wie er sich zeigen wollte, nur wenige Exemplare zwecks Verschenkung drucken ließ, und da es ferner heißt, er würde eine ebenso gute haben selber schreiben können, wenn er nur gewollt hätte, so erkläre ich, daß ich diese kleine Geschichte weder veröffentlicht haben würde noch jetzt veröffentliche mit der Absicht, ihn zu verletzen oder seinem Fortkommen innerhalb der Kirche zu schaden. Ich überlasse das anderen, finde mich aber zu meinem Vorgehen aus folgenden zwei Gründen veranlaßt, die ich hiermit anführen will:

Erstens, weil ich durch diesen Akt der Gerechtigkeit dem Geiste Yoricks vielleicht Ruhe verschaffe, der noch immer, wie die Landleute und einige andere glauben, umgehen soll.

Und zweitens, weil durch die Veröffentlichung der Geschichte ich die Gelegenheit finde, der Welt zur Kenntnis zu bringen, daß, sollten Yoricks Persönlichkeit und diese Probe seiner Predigtkunst bei den Menschen Gefallen finden, im Besitze der Familie Shandy noch ein ganzer Band der Welt zu Diensten steht und sich ihr vielleicht in manchem nützlich erweisen könnte.

Achtzehntes Kapitel

Obadiah gewann die zwei Taler einwandfrei, denn er kam, den Sack aus grünem Netzstoff mit den schon erwähnten klirrenden Instrumenten um den Leib gebunden, in dem Augenblick herein, als Korporal Trim das Zimmer verließ.

Es dürfte nun an der Zeit sein, sagte Dr. Slop (dessen Blicke sich aufheiterten), da wir in die Lage gesetzt sind, Frau Shandy zu dienen, daß wir hinaufschicken, um uns nach ihrem Befinden zu erkundigen.

Ich habe, antwortete mein Vater, der alten Hebamme den Auftrag gegeben, bei der geringsten Schwierigkeit herunterzuschicken, denn Sie müssen wissen, Doktor Slop, fuhr mein Vater mit einem etwas verlegenen Lächeln im Gesicht fort, daß Sie gemäß einem ausdrücklichen, feierlich ratifizierten Vertrag zwischen mir und meiner Frau nicht mehr als eine Hilfs- oder Ersatztruppe bedeuten und nicht einmal so viel – daß Sie also nur für den Fall in Frage kommen, als sich dieses alte, dürre Weib von einer Hebamme oben ohne Sie nicht zu helfen wüßte. Weiber haben so ihren Kopf, und in einem solchen Fall, fuhr mein Vater fort, wo sie die ganze Last allein tragen und so heftige Schmerzen erdulden für die Familie und zum Wohle der Gattung, dürfen sie wohl auch das Recht beanspruchen, *en souveraines* zu entscheiden, mit wessen Hilfe und auf welche Art und Weise sie sich ebendieser Peinigung zu unterziehen den Willen haben.

Dieses Recht steht ihnen sicherlich zu, sagte Onkel Toby. – Aber, Herr, entgegnete Dr. Slop und wandte sich, ohne Rücksicht auf Onkel Tobys Ansicht zu nehmen, an meinen Vater, die Frauen täten besser daran, in *anderen* Punkten ihren Kopf durchzusetzen; und ein Hausvater, dem die Fortpflanzung seiner Familie am Herzen liegt, sollte meiner Meinung nach dieses Vorrecht lieber für sich eintauschen und dafür irgendein anderes Recht an die Frau abtreten. – Ich wüßte nicht, antwortete mein Vater ein wenig zu gereizt, als daß man ihn hätte in dieser Angelegenheit für ganz kühl und sachlich halten können, ich wüßte wirklich nicht, welches Recht uns überhaupt noch geblieben ist, worauf wir zugunsten einer so wichtigen Entscheidung wie derjenigen, wer unsere Kinder holen soll, noch verzichten könnten, wenn es nicht gleich das Recht ist, die Kinder zu zeugen. – Man würde dafür auf fast alles verzichten können, sagte Dr. Slop. – Ich bitte um Verzeihung ..., begann Onkel Toby. – Herr, entgegnete Dr. Slop, Sie würden über die Verbesserungen erstaunen, die in den letzten Jahren in der Entbindungswissenschaft gemacht worden sind, vornehmlich in dem Punkte, wie der Fötus sicher und geschickt herauszuziehen sei – worüber jetzt so viel Licht verbreitet wurde, daß ich für meinen Teil (hier hob er beide Hände auf) mein Erstaunen darüber gestehe, wie die Welt bisher … – Ich wollte, sagte Onkel Toby, Sie hätten unsere ungeheuren Armeen in Flandern gesehen.

Neunzehntes Kapitel

Ich habe für einen Augenblick den Vorhang über der Szene fallen lassen, um Ihnen eine Sache in Erinnerung zu bringen und eine andere zu berichten.

Was ich Ihnen zu berichten habe, mag hier vielleicht ein wenig abseitig erscheinen, es hätte hundertfünfzig Seiten früher gesagt werden sollen, aber ich habe schon damals vorausgesehen, daß es später besser am Platze und hier von größerem Nutzen als anderswo sein würde. Schriftsteller müssen vor sich hinsehen und voraussehen, um im Schwung zu bleiben und den Zusammenhang des Werkes nicht zu verlieren.

Wenn diese beiden Punkte erledigt sein werden, wird der Vorhang wieder aufgehen, und Onkel Toby, mein Vater und Dr. Slop können ihr Gespräch ohne fernere Unterbrechung fortsetzen.

Was ich Ihnen zuerst also in Erinnerung zu bringen habe, ist, daß Sie sicherlich durch die schon besprochene eigenartige Ansicht meines Vaters über die Taufnamen und jenen anderen gewissen, schon früher erwähnten Punkt, zu der Meinung gekommen sind, daß – ich habe es bestimmt auch selber schon gesagt – mein Vater sich ebenso sonderbar und grillenhaft in fünfzig anderen Dingen verhalten habe. Die Wahrheit zu sagen, gab es allerdings keinen Zustand im Leben des Menschen, vom ersten Akt der Zeugung an bis herunter zu den engen und schlotternden Hosenbeinen der zweiten Kindheit, über welchen mein Vater nicht seine ganz besondere Ansicht hatte, welche ebenso das Ergebnis eines selbständigen, kritischen, ganz und gar abseitigen Denkens war wie die beiden anderen Ansichten, über die ich mich schon ausgelassen habe.

Mr. Shandy, mein Vater, wollte nichts im Licht der anderen sehen, er rückte jedes Ding in sein eigenes; er wog nichts auf der gewöhnlichen Waage der anderen, o nein, er war ein viel zu feiner Forscher, um auf eine so grobe Täuschung hereinzufallen. Um das genaue Gewicht auf der Goldwaage der Wissenschaft bestimmen zu können, sollte der Stützpunkt, das *fulcrum*, pflegte er zu sagen, beinahe unsichtbar sein, damit alle Reibungen infolge volkstümlicher Vorstellungen vermieden würden. Denn sonst würden die kleinen, aber so wichtigen Erkenntnisse der Philosophie, die den Hauptausschlag geben sollen, bei dieser Waage überhaupt nicht von Gewicht sein. Erkenntnis ist, war eine seiner Lieblingsbehauptungen, ebenso teilbar *in infinitum* wie die Materie selber, und die kleinsten Teilchen davon, Grane und Skrupel, wären ebenso wichtig und bildeten ebenso einen Teil seiner Erkenntnis wie die Gravitation des Weltalls. Mit einem Worte, meinte er oft, Irrtum ist Irrtum, ob er sich in einem Bruchteil oder im Ganzen finde, er sei gleich verhängnisvoll für die Wahrheit, und diese Wahrheit würde ebensosehr durch einen Irrtum über den Staub eines Schmetterlingsflügels wie durch einen über die Größe der Sonne, des Mondes und aller Himmelssterne zusammen am Quellen und Fließen verhindert.

Er klagte oft darüber, daß nur darum, weil dies meist nicht gehörig erwogen oder richtig auf politische Geschäfte wie auf philosophische Wahrheiten angewandt würde, so vieles in der Welt aus den Fugen geraten sei, daß das Gewölbe unserer Politik einzustürzen drohe und die Grundmauern unserer ausgezeichneten Verfassung in Kirche und Staat in der Tat so untergraben wären, wie uns viele, die sie untersucht haben, berichten.

Da schreien alle, sagte er, wir wären als Volk fertig, zugrunde gerichtet. Warum aber, fragte er weiter – indem er vom *Sorites* oder dem Syllogismus des Zeno und Chrysippos Gebrauch machte, ohne im mindesten zu wissen, daß er von diesen komme –, warum? Warum sind wir ein dem Untergang geweihtes Volk? Weil wir verderbt sind. Warum aber, Herr, diese Verderbtheit oder Verderbnis? Weil wir arm sind; unsere Armut und nicht unsere Nachgiebigkeit machen uns wankend. Warum aber sind wir arm? Weil wir, antwortete er, des Pfennigs und des halben Pfennigs nicht achten. Unsere Banknoten, Herr, die Guineen, auch schließlich unser Shilling, die haben schon selber auf sich acht.

Ebenso verhält es sich im Reich der Wissenschaften; die großen, feststehenden Sätze darin können nicht mehr umgeworfen werden. Die Naturgesetze wissen sich selbst zu verteidigen; aber der Irrtum (fügte er hinzu, ernst meine Mutter anblickend), Herr, kriecht in alle jene winzigen und winzigsten Spalte und Ritze hinein, welche gemeiniglich die menschliche Natur unbewacht läßt.

Diesen Gedankengang meines Vaters mußte ich Ihnen noch in Erinnerung bringen. Womit ich Sie aber noch bekanntmachen wollte und was ich für diese Stelle aufgehoben habe, ist folgendes:

Unter den vielen ausgezeichneten Gründen, mit welchen mein Vater in meine Mutter drang, sich lieber Dr. Slops als der alten Hebamme im gegebenen Augenblick zu bedienen, war einer von ganz besonderer Beschaffenheit, an welchen er auch, nachdem er die Sache mit ihr erst als Christ, dann erneut als Philosoph durchgegangen war, seine ganze Kraft verwandte und von dem er als seinem Rettungsanker nicht mehr locker ließ. Doch blieb die Wirkung aus, und zwar keineswegs infolge eines Fehlers in der Beweisführung selber, sondern weil er seine Frau nicht um das Heil seiner Seele, er konnte es anstellen, wie er wollte, von dessen tieferem Sinn zu überzeugen imstande war. Verdammt, sagte er zu sich selber, als er eines Nachmittags aus dem Zimmer trat, nachdem er durch anderthalb Stunden ohne den geringsten Erfolg in sie hineingeredet hatte. Verdammt, sagte er, und biß sich auf die Lippe, während er die Tür hinter sich schloß, Herr einer so schönen Kette von Vernunftschlüssen, wie es in der Natur keine zweite gibt, und gleichzeitig im Besitz einer Frau zu sein mit einem Schädel, in den man nicht ein einziges Glied dieser Kette festzuhaken vermag, selbst wenn man damit seine Seele vom ewigen Tode zu retten vermöchte.

Obwohl dieses Argument, wie gesagt, an meiner Mutter völlig verlorenging, so war es doch für ihn ausschlaggebender als alle anderen Argumente zusammen. Ich will daher versuchen, ihm gerecht zu werden und es mit jener meisterhaften Klarheit zu durchleuchten, deren ich fähig bin.

Mein Vater stützte sich dabei auf die Kraft folgender zwei Grundsätze:

1. daß eine Unze eigenen Witzes und Verstandes soviel wert sei wie eine Tonne fremden,

2. (was nebenbei das Fundament des ersten Grundsatzes ist, obwohl es hier an zweiter Stelle kommt) daß jedes Menschen Witz aus des Menschen eigener und nicht aus einer fremden Seele kommen dürfe.

Da es nun für meinen Vater klar war, daß alle Seelen von Natur aus gleich seien und daß der große Unterschied zwischen dem schärfsten und dem ganz stumpfen Verstand nicht von einer ursprünglichen Schärfe oder Stumpfheit der denkenden Substanz käme, sondern nur von der glücklichen oder unglücklichen Organisation jenes Körperteils, allwo die Seele vornehmlich ihren Sitz habe, so machte er es zum Gegenstand seiner Forschung, genau jene Stelle herauszufinden.

Nach den besten Abhandlungen nun, die er über diesen Gegenstand auftreiben konnte, kam er zur Überzeugung, daß sie ebendort nicht sein konnte, wo sie Descartes festzulegen versucht hatte: nämlich über der Zirbeldrüse im Kleingehirn, welche nach dieser Annahme so etwas wie ein Kissen von der Größe einer Zuckererbse für sie bilden müßte – was an sich wahrhaftig gar keine so unbegründete Annahme war, da ja so viele Nerven alle an dieser einen Stelle münden. Mein Vater würde daher auf diesen Irrtum des großen Philosophen glatt hereingefallen sein, wenn ihn nicht Onkel Toby davor zur rechten Zeit durch eine Geschichte bewahrt hätte, die er ihm von einem wallonischen Offizier aus der Schlacht bei Landen erzählte, welchem ein Teil des Gehirns durch eine Musketenkugel weggeschossen und der andere dann später durch einen französischen Chirurgen herausgenommen worden sei und der sich trotzdem wieder erholt und den Dienst wie früher ohne Gehirn versehen hätte.

Wenn der Tod, überlegte der Vater bei sich selber, nichts anderes ist als die Trennung der Seele vom Körper und es sich ferner als wahr erweist, daß die Menschen auch ohne Gehirn herumspazieren und ihren Geschäften nachgehen können – dann wohnt die Seele sicherlich nicht im Gehirn. Q. E. D.

Was nun den äußerst dünnen, feinen und sehr wohlriechenden Saft anbelangt, den Coglionissimo Borri, der große Mailänder Arzt – wie er in einem Schreiben an Bartolino behauptet –, in den Zellen des rückwärtigen Teiles des Cerebellum gefunden haben will und worin er gleichfalls den Sitz der Seele erblickt (denn Sie wissen, in unserem späten, aufgeklärten Zeitalter leben zwei Seelen in jedem Menschen, die eine wurde nach dem großen Methelingius *animus*, die andere *anima* genannt); was also diese Ansicht Borris anbelangt, so konnte sie mein Vater auf keinen Fall unterschreiben. Schon allein die Vorstellung, daß ein so edles, feines, immaterielles und erhabenes Wesen wie die *anima* oder selbst der *animus* seine Residenz in einer Pfütze haben und darin gleich einer Kaulquappe den ganzen Tag über Winter und Sommer hausen sollte, darin, wie gesagt, oder in sonst einer Flüssigkeit, wie dick oder dünn immer diese wäre, verletzte meines Vaters Phantasie, so daß er zu sagen pflegte, man solle ihm damit nicht kommen, denn er wolle davon nichts hören.

Was ihm am wenigsten Einwürfen irgendwelcher Art ausgesetzt schien, war der Umstand, daß das Hauptsensorium oder Hauptquartier der Seele, der Ort also, wohin alle Nachrichten liefen und woher alle Befehle ausgingen, im Cerebellum oder nahe dabei wäre oder noch besser: irgendwo in der Gegend der *medulla oblongata*, worin nach der einstimmigen Meinung der holländischen Anatomen alle zarten Nervenfasern von allen Organen der sieben Sinne her sich konzentrierten wie die Straßen und Alleen in einem Platz.

Soweit war noch nichts Besonderes in meines Vaters Ansicht – er hatte die größten Philosophen aus allen Zeiten und Breiten auf seiner Seite. Hier aber lag auch der Punkt, wo er einen eigenen neuen Weg einschlug und eine andere, eine Shandy-Hypothese, über jenem Grundstein aufbaute, den andere für ihn gelegt hatten, welche besagte Hypothese sich aufrechterhalten ließe, einerlei, ob die Subtilität und Feinheit der Seele von der Temperatur und Klarheit der Flüssigkeit abhinge oder dem feineren Netzwerk und Gewebe des Cerebellum selbst, welch letztere Ansicht sich meines Vaters besonderer Gunst erfreute.

Er behauptete, daß gleich nach der notwendigen Vorsicht und Sorgfalt beim Zeugungsakt eines jeden Individuums, welcher jegliche Konzentration des Geistes darum erforderte, weil er den Grund lege für jenes ungreifbare Gewebe, worin Witz, Gedächtnis, Phantasie, Beredsamkeit, kurz jedes sogenannte Talent liegt, daß also gleich darnach und nach der Namensgebung – den beiden wirksamsten und wesentlichsten Ursachen alles anderen – als dritte Ursache oder besser als das, was die Logiker die *Causa sine qua non* nennen, ohne welche Ursache alles, was geschähe, jeglicher Bedeutung ermangeln müßte, eben die Bewahrung und Behütung dieses überaus zarten und fein gesponnenen Gewebes vor jeglicher Verheerung in Betracht käme. Eine solche Verheerung werde aber in den meisten Fällen durch den heftigen Druck und die Quetschung hervorgerufen, denen gerade der Kopf infolge der unsinnigen Methode, uns am oberen Körperende in die Welt zu zerren, notwendig ausgesetzt sei.

Das bedarf einer Erläuterung.

Mein Vater, der gerne in allerhand Büchern blätterte, stieß einmal, da er einen Blick warf in *Lithopaedus Senonesis de partu difficili** (veröffentlicht von Adrianus Smelvgot), darauf, daß der Kopf eines Kindes bei dessen Geburt, da die Schädelknochen um diese Zeit noch keine Nähte hätten, sich in einem so weichen und schmiegsamen Zustande befänden, so daß infolge der Gewalt des mütterlichen Druckes, der bei sehr heftigen Wehen im Durchschnitt dem Gewicht von vierhundertundsiebzig Pfund gleichkomme und senkrecht auf den Kopf des Kindes wirke, in neunundvierzig Fällen von fünfzig der besagte Kopf so zusammengepreßt und zu einem so länglichen, kegelförmigen Teigklumpen gebildet werde, wie ihn die Pastetenbäcker rollen und kneten, um Gebäck daraus zu machen. Guter Gott, rief mein Vater, welche Verheerung und Zerstörung muß das nicht in dem unendlich feinen und zarten Gewebe des Cerebellum nach sich ziehen! Oder setzen wir den Fall, daß es wirklich so einen Saft gebe, wie ihn Borri annimmt – genügt dann alles das nicht, daß selbst die durchsichtigste Flüssigkeit der Welt davon trüb und flockig werde?

Aber wie wuchs nicht seine Angst, da er einsah, daß diese auf den Scheitel des Kopfes senkrecht wirkende Kraft nicht nur das Gehirn oder Cerebrum selbst in Mitleidenschaft zieht, sondern notwendigerweise auch das Cerebrum gegen das Cerebellum quetscht, welches der eigentliche Sitz selber des Verstandes sei. Engel und Diener der himmlischen Gnade, schützt uns! rief mein Vater. Vermag eine Seele diesem Anprall und Druck Widerstand zu leisten? Kein Wunder, daß das Gewebe des menschlichen Verstandes so zerrissen und zerfetzt ist, wie wir es allenthalben finden, und daß manche unserer besten Köpfe nicht mehr sind als ein Knäuel verworrener Garne und Seidensträhnen: nichts als ein wüstes Durcheinander – nichts als Wirrwarr im Inneren.

Doch als mein Vater, weiterlesend, auf die geheimnisvolle Tatsache stieß, daß, wenn ein Kind kopfübergewendet, also bei den Füßen herausgezogen würde, was ein Geburtshelfer leicht zuwege bringen könnte, dann das Cerebrum nicht gegen das Cerebellum, sondern

* Der Verfasser irrt sich hier in zweifacher Hinsicht, denn statt Lithopaedus sollte er so zitiert haben: Lithopaedii Senonensis Icon. Zweitens ist Lithopaedus kein Schriftsteller, sondern die Zeichnung von einem versteinerten Kinde. Der von Athosius um 1580 hierüber veröffentlichte Bericht steht am Schluß von Cordaeus' Werken im Spachius. Herr Tristram Shandy wurde zu diesem Irrtum verleitet, entweder weil er den Namen Lithopaedus kürzlich in einem Katalog gelehrter Schriftsteller von Dr. – sah, oder weil er bei der großen Ähnlichkeit der Namen Lithopaedus mit Trinecavellius verwechselte.

das Cerebellum umgekehrt gegen das Cerebrum gedrückt würde, woraus kein Schaden für das Kind erwachsen könnte. Beim Himmel! rief er da, die Welt hat sich tatsächlich verschworen, das bißchen Witz, das Gott uns verliehen, ganz aus uns herauszutreiben, und die Professoren der Geburtshilfe haben sich diesen Verschwörern angeschlossen. Was kümmert es mich, mit welchem Ende mein Sohn zuerst auf die Welt kommt, wenn nur sonst nichts passiert und das Cerebellum ohne Quetschungen durchschlüpft!

Es liegt in der Natur einer Hypothese, daß sie, einmal gefaßt, alles und jedes als Nahrungsstoff an sich reißt. Und vom ersten Augenblick an, da das menschliche Gehirn sie zeugt, wächst sie und nimmt durch alles, was der Mensch sieht, hört und liest, an Kraft zu. Das ist von großem Nutzen.

Nachdem also mein Vater sich damit einen Monat lang getragen, gab es kaum mehr ein Phänomen von Dummheit oder Genius, das er damit nicht zu erklären wußte; so war gleich die Tatsache, daß der älteste Sohn gewöhnlich auch der größte Dummkopf in der Familie ist, dadurch ganz verständlich gemacht. Armer Teufel! rief mein Vater, er hat eben doch erst die Bahn frei zu machen für die Fähigkeiten derer, die nach ihm kommen. Diese Hypothese löst uns auch das Rätsel, warum Dummköpfe oft monströse Köpfe haben, indem sie *a priori* dartut, daß es gar nicht anders möglich sei, es sei denn, daß *** ich weiß nicht was. Sie erklärt ferner ganz wundersam die Schärfe des asiatischen Genius und die größere Wendigkeit und die tiefer eindringende Anschauungsgabe des Geistes in wärmeren Himmelsstrichen; also weg, ein für allemal weg mit der sehr unsicheren, schwankenden und auch schalen Lösung der Frage durch einen klareren Himmel und dauernden Sonnenschein usw., welcher ja, wenn er, Walter Shandy, überhaupt etwas in der Welt verstünde, ebensogut die Fähigkeiten der Seele verdünnen und in nichts auflösen müßte – was das eine Extrem wäre –, wie diese im anderen Extrem, das heißt: durch ein kälteres Klima verdichtet und verdickt werden würden. Oh, er ging der Sache bis auf den Grund nach, er bewies, daß in einem wärmeren Klima die Natur dem schönen Geschlecht eine leichtere Steuer auferlegt habe, daß die Freuden hier ungemischter seien, die Notwendigkeit, Schmerzen zu ertragen, geringer, insoweit als der Druck auf den Scheitel sich als so geringfügig erweise, daß das ganze feine Gewebe des Cerebellum intakt bleibe, nein, nein, er lasse sich da nichts weismachen und glaube nicht, daß bei Geburten, die auf die Natur des menschlichen Körpers Rücksicht nehmen, auch nur soviel wie ein einziger Faden des köstlichen Netzwerkes zerrissen oder verletzt würde – so daß dann in Zukunft die Seele so zu handeln vermöchte, wie es ihr gefiele.

Nachdem mein Vater bis dahin gelangt war – welch ein Lichtglanz wurde jetzt nicht durch die Berichte über den Kaiserschnitt und die ragenden Genies, welche durch diesen ungefährdet in die Welt gebracht wurden, auf diese Hypothese geworfen! Dabei, sehen Sie, sagte er dann, sooft die Rede wiederum darauf kam, wird weder das Sensorium verletzt, noch kommt hier ein Druck des Kopfes gegen die Pelvis in Frage, ebensowenig wie ein Vordrängen des Cerebrum gegen das Cerebellum durch das *os pubis* auf der einen und das *os coxygis* auf der anderen Seite, und bitte, was sind die Ergebnisse gewesen in der Geschichte? Denken Sie an Julius Cäsar, welcher dieser Operation auch den Namen gab, an Hermes Trismegistus, der geboren wurde, bevor die Operation diesen ihren Namen hatte, Scipio Africanus, Manlius Torquatus und unser Eduard VI., der, wenn er am Leben geblieben wäre, auch dieser Operation Ehre gemacht haben würde. Alle die und viele andere mehr, die in den Annalen des Ruhmes genannt werden, kamen auf besagtem Nebenwege zur Welt, Herr.

Der Kaiserschnitt spukte durch sechs Wochen in meines Vaters Kopf. Er hatte zu seiner Beruhigung gelesen, daß Wunden im *epigastrium* und solche in der *matrix* nicht tödlich seien, so daß der Leib der Mutter äußerst bequem geöffnet werden könne, um das Kind herauszulassen. Er berührte auch eines Nachmittags diese Sache meiner Mutter gegenüber, er wollte ja nichts weiter als die Tatsache als solche einmal erwähnen, doch da er sah, daß meine Mutter schon bei der bloßen Erwähnung derselben aschfahl wurde – hielt er es für besser, wie sehr die Operation auch seinen Hoffnungen entgegenkam, davon nicht mehr zu sprechen und sich damit zufriedenzugeben, das zu bewundern, was vorzuschlagen sich als völlig zwecklos erwies.

Das war also meines Vaters Theorie, hinsichtlich welcher ich nur das eine hinzuzufügen habe, daß mein Bruder Bobby ihr alle Ehre machte (ganz abgesehen davon, was er sonst machte) wie nur irgendeiner der großen Heroen, die wir vorhin genannt haben – denn da er, wie gesagt, nicht nur getauft, sondern auch geboren wurde, als mein Vater in Epsom weilte, und zudem meines Vaters Erstling war, da er ferner in die Welt kam mit dem Kopf zuerst und sich späterhin als ein Bengel von ganz besonderer Unbegabtheit erwies, so mußte das alles zusammen meinem Vater zur Bestätigung seiner Ansicht dienen, und was ihm an dem einen mißlungen war, das wollte er nun mit dem anderen besser machen.

Dies ließ sich jedoch nicht von einem Mitglied der Zunft der Hebammen erwarten, die nicht leicht vom alten Zopf abzubringen sind, und das war eine der Hauptursachen, warum mein Vater sich für einen Mann der Wissenschaft entschied, da er sich mit einem solchen leichter verständigen konnte.

Von allen Menschen der Welt war nun niemand für meines Vaters Zwecke geeigneter als Dr. Slop, denn obwohl dessen neuerfundene Zange für Kopfgeburten die Waffe und Rüstung war, die er erprobt hatte und die er für das beste Instrument der Entbindung hielt, hatte er dennoch, scheint es, in sein Buch, wenn auch weniger in der Absicht, nach meines Vaters Theorie zum Heil der Seele eine Fußgeburt zu ermöglichen, als aus rein geburtstechnischen Gründen ein paar Worte zugunsten jener Sache einfließen lassen, die meinen Vater jetzt so sehr beschäftigte.

Diese Tatsache wird uns auch das feste Zusammenhalten zwischen meinem Vater und Dr. Slop erklären im nachfolgenden Gespräch, das sich ein wenig zu heftig gegen Onkel Toby kehrte. Wie sich aber ein schlichter Mann mit nichts als seinem gesunden Menschenverstand gegen zwei solche im Namen der Wissenschaft Verbündete halten konnte, ist schwer vorzustellen. Versuchen Sie also nur, selber darauf zu kommen, wenn es Ihnen beliebt – und während Ihr Denkapparat nun einmal in Bewegung ist, können Sie ihn ermutigen, weiterzugehen und also herauszufinden, wie es eigentlich gekommen ist, daß gerade die Wunde an den Leisten Onkel Tobys ihm zu seiner großen Schamhaftigkeit verholfen hat. Sie können auch ein System bauen, um den Verlust meiner Nase mit den Bestimmungen des Ehevertrages zu begründen und der Welt zu zeigen, wie es geschehen konnte, daß ich entgegen der Hypothese meines Vaters und dem Wunsche der ganzen Familie – Paten und Patinnen nicht ausgenommen – das Unglück hatte, Tristram genannt zu werden. Alle diese Rätsel samt fünfzig anderen mögen Sie sich bemühen aufzulösen, wenn Sie Zeit haben, aber ich sage Ihnen gleich, daß es vorderhand noch vergeblich sein wird, denn nicht der weise Alquife, der Magier in ›Don Belianis von Griechenland‹, noch die nicht weniger berühmte Zauberin Urganda, sein Weib, dürften (wenn sie am Leben wären) sich anmaßen, der Wahrheit hier nahezukommen.

Der Leser wird sich damit zufriedengeben müssen, bis zur völligen Aufklärung aller dieser Dinge noch ein Jahr zu warten – denn dann wird erst eine ganze Reihe von Dingen aufgedeckt werden, auf die er gar nicht gefaßt ist.

Drittes Buch

Multitudinis imperitae non formido judicia;
meis tamen, rogo, parcant opusculis – in
quibus fuit propositi semper, a jocis ad
seria, a seriis vicissim ad jocos transire.
Joan. Saresberiensis, Episcopus Lugdun

Erstes Kapitel

»Ich wünschte, Doktor Slop«, sagte Onkel Toby (indem er seinen Wunsch für Dr. Slop zum zweiten Male aussprach, und zwar um einen Grad heftiger und ernster als er ihn zum ersten Male geäußert hatte), »ich wünschte, Doktor Slop«, sagte also Onkel Toby, »Sie hätten sehen können, was für ungeheure Armeen wir damals in Flandern hatten.«

Onkel Tobys Wunsch leistete Dr. Slop einen schlechten Dienst, was niemals Onkel Tobys Absicht anderen Menschen gegenüber war, denn, Herr, er machte ihn verlegen und brachte dadurch seine sämtlichen Gedanken zuerst in Verwirrung und jagte sie dann in die Flucht, so daß er um nichts in der Welt mehr imstande war, sie zu sammeln.

Bei allen Meinungsverschiedenheiten – ob zwischen Männern oder Frauen, ob über die Ehre, Gewinn oder die Liebe – denn nichts von alledem ändert etwas an der Sache – ist nichts so gefährlich wie ein Wunsch, der unerwartet sozusagen von der Seite auf uns zukommt. Das beste Mittel noch, dessen Anprall zu schwächen, bleibt für den, dem gegenüber der Wunsch geäußert wurde, sich sofort auf die Hinterbeine zu stellen und dem, der den Wunsch geäußert hat, etwas in gleicher Münze zurückzuwünschen. Indem man also die

Rechnung unmittelbar nach Empfang begleicht, verliert man nicht den Boden unter den Füßen und gewinnt zuweilen dadurch noch den Vorteil eines Gegenangriffs.

Doch das wird der Welt erst in meinem Kapitel über die Wünsche völlig klargemacht werden können.

Dr. Slop verstand sich weder auf die Art noch den Sinn einer solchen Verteidigung – er wurde nur verwirrt, und das ganze Gespräch kam für vierundeinehalbe Minute ins Stocken. Fünf hätten genügt, um es gänzlich umzubringen. Mein Vater bemerkte die Gefahr, das Gespräch war ja eines der fesselndsten in der ganzen Welt, ob nämlich das Kind seiner Gebete und Bemühungen ohne Kopf oder mit einem auf die Welt kommen sollte. Er wartete also bis zur letzten Minute, um Dr. Slop, dessentwillen der Wunsch vorhin geäußert worden war, Gelegenheit zu geben, seinerseits einen Wunsch zurückzuwünschen. Da er aber, wie gesagt, sah, daß dieser nur verlegen geworden war und mit dem leeren, betroffenen Blick des in Verlegenheit Geratenen zuerst Onkel Toby und dann ihm ins Gesicht starrte, dann hinaufblickte, dann hinunter, nach Osten und Nordosten und so weiter an der Wandverkleidung entlang, bis er mit seinem Blick in der entgegengesetzten Richtung des Kompasses angelangt war und jetzt in der Tat schon die Messingnägel am Lehnstuhl zu zählen anfing – wußte mein Vater, hier sei keine Zeit mehr mit Onkel Toby zu verlieren, und nahm das Gespräch folgendermaßen auf:

Zweites Kapitel

»Was für ungeheure Armeen ihr in Flandern hattet, Bruder Toby!« antwortete mein Vater, indem er mit der rechten Hand die Perücke vom Kopf nahm und mit der linken ein gestreiftes indisches Taschentuch aus der rechten Rocktasche zog, um sich damit den Schweiß vom Kopf abzuwischen, während er die Frage mit Onkel Toby erörterte.

Hierin nun, meine ich, war mein Vater sehr zu tadeln. Und ich will auch gleich sagen, warum.

Angelegenheiten, die scheinbar nicht wichtiger sind als die, ob mein Vater seine Perücke mit der rechten oder der linken Hand hätte abnehmen sollen, haben schon die größten Königreiche entzweit und die Kronen auf den Häuptern der Monarchen, welche diese Staaten regierten, zum Wackeln gebracht. Aber brauche ich Ihnen zu sagen, Herr, daß die besonderen Umstände, die ein jegliches Ding auf dieser Welt umgürten, diesem auch die Gestalt und den Umfang verleihen, und je nachdem sie es fester zusammenpressen oder sich dehnen lassen nach dieser oder jener Seite, machen sie das Ding erst zu dem, was es ist: groß, klein, gut, schlecht, gleichgültig oder nicht gleichgültig, wie es eben kommt.

Da nun meines Vaters Taschentuch in seiner rechten Rocktasche war, so hätte er es keinesfalls so einrichten sollen, daß die rechte Hand gerade jetzt etwas zu tun bekam. Statt damit die Perücke abzunehmen, wie es tatsächlich geschah, hätte er im Gegenteil gerade dieses Geschäft ganz und gar der linken überlassen sollen. Und dann, als das durchaus natürliche Bedürfnis, sich die Glatze abzuwischen, nach dem Taschentuch verlangte, würde ihm gar nichts anderes in der Welt zu tun übriggeblieben sein, als die rechte Hand in die rechte Rocktasche zu stecken und das Taschentuch herauszuziehen – was er ohne die geringste Gewaltsamkeit oder ohne die unschöne Verzerrung einer Sehne oder eines Muskels hätte zuwege bringen können.

In diesem Fall (es sei denn, daß mein Vater wirklich entschlossen gewesen wäre, aus sich einen Narren zu machen, indem er die Perücke steif in der linken Hand hielt oder einen dummen, widersinnigen Winkel am Ellbogen oder im Schultergelenk bildete) würde seine Stellung bequem, ungezwungen und natürlich gewesen sein. Reynolds selber, der größte und anmutigste aller Maler, würde ihn so haben malen können.

Doch wie mein Vater die Sache anpackte – war seine Haltung verteufelt lächerlich, wie man sich denken kann.

Gegen das Ende der Regierung der Königin Anna und zu Beginn der Regierung König Georgs I. waren ›Rocktaschen sehr tief unten angebracht‹. Ich brauche nicht mehr zu sagen: Wenn sich also der Vater alles Unheils einen ganzen Monat lang abgemüht hätte, würde er keine ärgere Mode für einen Mann in meines Vaters augenblicklicher Körperstellung haben erfinden können.

Drittes Kapitel

Zu keines Königs Regierungszeit ist es eine ganz leichte Sache (wenn Sie nicht zufällig ein so magerer Untertan sind wie ich), mit der Hand quer in der Diagonale über den Körper zu langen, bis Sie die gegenüberliegende Rocktasche erreichen. Im Jahre 1718 aber, als sich dies ereignete, war es besonders schwer, so daß Onkel Toby, da dieser die Zickzackversuche meines Vaters, sich der Tasche auf der anderen Seite zu nähern, wahrnahm, sogleich die eigenen Zickzackannäherungsversuche während seines Kriegsdienstes vor dem St. Nicolastor in den Sinn kamen. Die Erinnerung daran zog nun seine Aufmerksamkeit so gänzlich vom Gegenstand der Debatte ab, daß er mit der rechten Hand die Glocke ergriff, um Trim nach der Karte von Namur samt Zirkel und Winkelmesser zu schicken, damit er die zurückfallenden Winkel der Schulterwehr messen könnte, die beim Angriff, und besonders bei jenem, in welchem er seine Wunde an den Leisten empfangen hatte, eine Rolle spielten.

Mein Vater runzelte die Stirn, und währenddessen schien das ganze Blut des Körpers ihm ins Gesicht zu schießen.

Onkel Toby stieg sofort ab.

Ich habe ja im übrigen noch gar nicht bemerkt gehabt, daß Ihr Onkel Toby schon wiederum auf einem Steckenpferd saß! –

Viertes Kapitel

Eines Menschen Körper und Geist sind, mit der äußersten Ehrerbietung vor beiden sage ich das, genauso wie Jacke und Unterfutter. Zerknittert man das eine, so wird das andere mitgeknittert. Es gibt nur eine einzige Ausnahme: Sie müssen das Glück haben, einen Rock aus gummiertem Taft mit einem Unterfutter aus Florentiner oder sehr dünner persischer Seide zu besitzen.

Zeno, Cleanthes, Diogenes Babylonius, Dionysios, Heracleotes, Antipater, Panaetius und Posidonius unter den Griechen; Cato, Varro und Seneca unter den Römern; Pantenus, Clemens aus Alexandrien und Montaigne unter den Christen und noch anderthalb Dutzend anderer guter, ehrlicher, sorgloser Shandy-Leute, deren Namen ich mich nicht erinnere, haben alle behauptet, ihr Rock sei aus solchem Stoff, daß sie die Außenseite so drücken und knüllen können, wie immer sie wollen, daß sie, kurz gesagt, ganz teuflisch damit umgehen können, und keines von all den Unterfuttern würde darum um einen Knopf schlechter werden als früher, trotz allem, was damit getrieben worden sei.

Ich glaube auf Ehre und Gewissen, daß auch meiner ähnlich verfertigt ist, denn noch niemals ist an einem armen Röcklein ärger gezupft und gerupft worden als in den letzten Monaten an meinem – und doch ist, offen gestanden, das zugehörige Unterfutter, soweit ich darüber urteilen kann, nicht um drei Pfennige schlechter geworden: Hast du nicht, so kannst du nicht, klitsch, klatsch, piff, paff, Hieb und Stoß, einen in die Seite, den anderen vorn in die Brust – so haben sie es mir zugerichtet. Wäre nur das mindeste bißchen Gummi noch in meinem Futter gewesen – beim Himmel! es wäre alles schon lange bis zum letzten Faden ausgefasert und durchgewetzt.

Ja, meine Herrn Kritiker der Monthly Review, denn euch meine ich, wie konntet ihr nur so an meinem Röcklein herumschnitzeln und -fetzen! Wie konntet ihr wissen, ob ihr dabei nicht mein Unterfutter mit zerschneiden würdet!

Von ganzem Herzen und aus ganzer Seele empfehle ich euch und euer Geschäft dem Schutze jenes Wesens, das keinem von uns wehe tun will. Gott segne euch also! Und im nächsten Monat, sollte einer von euch abermals seine Zähne fletschen und gegen mich toben und wüten wie im letzten Mai (in welchem, wie ich mich erinnere, das Wetter sehr heiß war), so verzweifelt nur ja nicht, wenn ich zum zweiten Male darüber meine Laune nicht verliere, da ich entschlossen bin, solange ich lebe oder schreibe (was in meinem Fall dasselbe bedeutet), gegen keinen dieser Ehrenmänner heftigere Worte zu gebrauchen als die, welche Onkel Toby zur Fliege sprach, als sie ihm beim Mittagessen um die Nase summte. Flieg, flieg, du armes Teufelchen, mach dich auf und davon! Warum soll ich dir wehe tun? Die Welt hat Raum genug für uns beide.

Fünftes Kapitel

Jedermann, Madame, der denken kann und den gewaltigen Blutandrang in meines Vaters Gesicht wahrnahm – dank welchem er (da das ganze Blut seines Körpers in das Gesicht gedrungen sein mußte, wie ich schon sagte) in der Sprache der Malerwissenschaft sechsundeinehalbe Tinten, wenn nicht eine ganze Oktave über seiner natürlichen Farbe gerötet gewesen sein mußte, ich sage, jedermann – mit der einzigen Ausnahme von Onkel Toby –, der dieses Phänomen zugleich mit dem heftigen Zusammenziehen der Augenbrauen und der übermäßigen Verdrehung des Körpers dabei beobachten konnte, würde daraus den Schluß gezogen haben, daß mein Vater eben im Begriffe sei, einen Wutanfall zu bekommen. Und wenn er dessen sicher war und zugleich ein Liebhaber solcher Art von Harmonie, wie sie aus dem genauesten Zusammenstimmen zweier solcher Instrumente entsteht, so würde er das seine alsogleich auf die gleiche Tonhöhe geschraubt haben. Und dann wäre die Hölle los gewesen, und das ganze Stück, Madame, müßte wie die sechste Sonate von Avison Scarlatti gespielt worden sein: *con furia*, wie wahnsinnig. – Gott verleihe mir Geduld: Was hat *con furia*, *con strepito* oder irgendein anderes Gesaus und Gebraus mit Harmonie zu tun?

Jedermann, sage ich, Madame, nur Onkel Toby nicht, dessen sanftes Gemüt jede Regung des Körpers stets im denkbar wohlwollendsten Sinn deutete, hätte den Schluß gezogen, mein Vater sei zornig, und würde ihn darum getadelt haben. Onkel Toby hingegen tadelte nur den Schneider, der den Rock mit zwei so tiefsitzenden Taschen zugeschnitten hatte, und saß so lange still da, bis mein Vater das Taschentuch herausbekommen hatte, und sah ihm die ganze Zeit über mit unsagbarem Wohlwollen ins Gesicht – bis mein Vater endlich folgendermaßen fortfuhr:

Sechstes Kapitel

Was für gewaltige Armeen ihr in Flandern hattet! Bruder Toby, ich glaube, Gott hat keinen rechtschaffeneren Menschen geschaffen als dich und keinen reineren Herzens, auch ist es nicht deine Schuld, wenn alle Kinder, die bisher gezeugt worden sind und noch gezeugt werden mögen, können, sollen, werden und müßten, in die Welt kommen mit dem Kopf voraus, aber glaube mir, lieber Toby, die Zu- und Unfälle, die ganz unvermeidlich einem solchen Kinde auflauern, nicht nur bei der Zeugung – obwohl solche es durchaus verdienen, in Betracht gezogen zu werden –, sondern auch die Gefahren und Schwierigkeiten, die unseren Kindern gleich nach der Geburt drohen, sind zahlreich genug – es ist also keine Notwendigkeit vorhanden, sie zu alledem noch ganz unnötigen Gefahren auf ihrem Weg in die Welt auszusetzen. – Sind diese Gefahren, sagte jetzt Onkel Toby, indem er die Hand auf meines Vaters Knie legte und ihm ernsten, fragenden Blickes ins Gesicht sah, sind diese Gefahren heutzutage größer, Bruder, als in früheren Zeiten? – Bruder Toby, antwortete mein Vater, wenn in früheren Zeiten ein Kind gezeugt ward, und zwar so gut es eben ging, wenn es lebendig zur Welt kam und gesund schien und wenn es der Mutter hernach auch gut ging – so waren unsere Vorväter schon zufrieden und haben nicht weiter gedacht. – Onkel Toby zog sogleich seine Hand von meines Vaters Knie zurück, lehnte den Rücken sanft in den Lehnstuhl, hob den Kopf, bis er das Gesims sehen konnte, und brachte die Blasemuskeln seiner Backen und die Schließmuskeln seines Mundes in die geeignete Lage, damit sie jetzt ihre Pflicht täten und Lillabullero pfiffen.

Siebentes Kapitel

Während also Onkel Toby meinem Vater Lillabullero vorpfiff – stampfte Dr. Slop, fluchte und verwünschte Obadiah auf eine gar schreckliche Art. Es würde Ihrem Herzen wohlgetan und Sie für ewig von der häßlichen Sünde des Fluchens geheilt haben, wenn Sie ihn gehört hätten. Ich bin darum entschlossen, Ihnen den Hergang zu erzählen.

Als Dr. Slops Magd den grünen Ranzen mit den Instrumenten Obadiah übergab, ermahnte sie ihn wohlweislich, mit dem Kopf und einem Arm unter die Schnüre zu schlüpfen und so mit dem Ranzen um den Körper geschlungen zu reiten. Deshalb löste sie den Hauptknoten, wodurch die Schnüre verlängert wurden, und half ihm ohne viel Umstände in die Schlinge. Da aber auf diese Weise die Öffnung des Ranzens nicht gehörig verschlossen blieb und damit beim Galopp, den Obadiah auf dem Heimritte einschlagen wollte, nicht eines von den Instrumenten herausgeschleudert werde, so wurden sie darüber einig, das beste sei, den Ranzen wieder abzunehmen. Und in der großen Fürsorglichkeit und Aufmerksamkeit ihrer Herzen nahmen sie nun beide Schnüre und machten, die Öffnung des Ranzens zuhaltend, ein halbes Dutzend Knoten bei jeder Windung hinein, und jeden einzelnen Knoten zog Obadiah, um ganz sicher zu sein, mit allen Leibeskräften fest zusammen.

Dies entsprach also ganz den Zwecken Obadiahs und des Stubenmädchens, ohne daß freilich damit gewissen Übeln abgeholfen worden war, die weder Obadiah noch das Mädchen voraussehen konnten. Die Instrumente hatten nämlich, scheint es, obwohl der Ranzen so fest wie nur möglich zugebunden war, am Boden desselben zuviel Spielraum (der Ranzen war kegelförmig), so daß sich Obadiah nicht in Trab setzen konnte, ohne daß nicht dadurch Zange und Spritze in ein ganz gräßliches Geklirr und Geklapper kamen, das wahrhaftig genügt haben würde, Gott Hymen, falls dieser des Weges gekommen wäre, für immer aus dem Lande zu scheuchen. Und wenn gar Obadiah, um schneller vorwärtszukommen, sein Roß vom Trab in vollen Galopp spornte – war das Geklirr ganz irrsinnig.

Da Obadiah ein Weib und drei Kinder hatte – so kamen ihm die Schandbarkeit der Rammelei und die vielen anderen üblen politischen Folgen dieses Geklirrs nicht ein einziges Mal in den Sinn. Er hatte aber trotzdem etwas dagegen, was aber vornehmlich ihn selber anging und für ihn selber entscheidend war, wie das so oft auch bei den größten Patrioten vorkommt. Der arme Kerl, Herr, konnte nämlich bei diesem Geklirr sich nicht pfeifen hören.

Achtes Kapitel

Da Obadiah aber seine Blas- und Windmusik der ganzen Instrumentalmusik vorzog, die er bei sich trug – so suchte er lange und angestrengt ein Mittel ausfindig zu machen, das es ihm ermöglichte, sich dem Pfeifen hinzugeben.

In allen Verlegenheiten (musikalische ausgenommen), in denen man kleine Schnüre braucht, fällt einem keine so schnell ein wie die eigne Hutschnur. Der tiefere Grund ist so leicht zu fassen, daß ich es verschmähe, darauf näher einzugehen.

Doch Obadiahs Fall war kein ganz einfacher, vielmehr einer, worin mehrere zusammenlagen – er war nämlich zugleich geburtshelferisch, beutelisch, spritz-isch, papistisch und auch, soweit das Kutschpferd betroffen war, kavallistisch, also nur zum Teil musikalisch – und so trug Obadiah keine Bedenken, nach dem ersten besten Mittel zu greifen, das sich ihm bot. Er packte also den Ranzen mit den Instrumenten, drückte ihn mit der einen Hand, so fest er konnte, zusammen, steckte mit dem Daumen und Zeigefinger der anderen die Hutschnur zwischen die Zähne, faßte sie in der Mitte und schnürte nun das Ganze etwa wie einen Reisekoffer dermaßen kreuz und quer und mit einer solchen Menge fester Knoten zusammen, daß Dr. Slop mindestens drei Fünftel von Hiobs Geduld nötig hatte, um alle diese Knoten wieder zu lösen. Ich denke mir in meinem Inneren, wenn Mutter Natur (im Schlafzimmer meiner Mutter nämlich) heute besonders flink gestimmt und überhaupt zu so etwas wie einem Wettlauf aufgelegt wäre und sie und Dr. Slop beide so ziemlich zur selben Zeit losgegangen wären, so würde kein Mensch, der den Ranzen mit allen Knoten Obadiahs gesehen und zugleich eine Vorstellung davon hätte, wie schnell Mutter Natur sein könne, wenn es ihr passe, auch nur den geringsten Zweifel darüber haben, wer den Preis heute davontragen müsse. Meine Mutter hätte unfehlbar um zwanzig Knoten früher entbunden werden müssen als Dr. Slops grüner Ranzen. Ach, du bist doch stets ein Spielball kleiner Zufälle gewesen und wirst es bleiben, Tristram Shandy. Wäre der Wettlauf für dich günstig ausgefallen – es stand fünfzig zu eins für dich –, so würde sich deine Lage später nicht als so drückend erwiesen haben, wie sie es (zum mindesten infolge der Quetschung der Nase) in der Tat war. Auch würden das Glück deines Hauses und die Gelegenheiten, es zu machen, die sich häufig genug dir im Laufe deines Lebens boten, dich nicht so oft, so schmerzlich, so dumm und unwiederbringlich verlassen haben, wenn du selbst nicht gezwungen gewesen wärst, sie im Stich zu lassen. Doch das ist nun vorbei, nur der Bericht darüber steht noch aus. Der kann aber den Neugierigen nicht früher geliefert werden, als bis ich auf die Welt gekommen bin.

Neuntes Kapitel

Gute Einfälle pflegen sich sprunghaft zu bewegen; im Augenblick, da Dr. Slop seine Blicke auf den Ranzen warf (was er erst tat, als der Disput mit Onkel Toby über das Hebammentum ihn endlich daran erinnerte), kam ihm genau derselbe Gedanke: Gott sei's gedankt, sagte er zu sich selber, daß Mrs. Shandy es so schwer hat, denn sonst würde sie schon siebenmal entbunden haben, bevor die Hälfte dieser Knoten gelöst ist.

Doch hier müssen Sie genau sein – der Gedanke schwamm nur so obenauf in Dr. Slops Gehirn und Geist, ohne Segel und ohne Ballast, er war nicht mehr als eine einfache Proposition. Millionen solcher Gedanken schwimmen, wie Euer Gnaden nur zu gut wissen, ruhig mitten im dünnen Saft des menschlichen Verstandes herum (ohne nach vor- oder rückwärts gerissen zu werden), bis plötzlich ein ganz sanfter Windstoß der Leidenschaft oder des Interesses sie nach einer bestimmten Richtung treibt.

Ein plötzliches Getrampel oben im Zimmer um das Bett meiner Mutter herum leistete dieser Proposition genau den genannten Dienst. Zum Teufel, sagte Dr. Slop, wenn ich mich jetzt nicht beeile, wird es noch wirklich so kommen.

Zehntes Kapitel

Was nun die Knoten anbelangt – worunter ich zunächst nicht sogenannte Schleifen verstanden haben möchte, weil im Verlaufe meines Lebens und meiner Ansichten eben diese meine Ansicht, Schleifen betreffend, erst dann am Platze sein wird, wenn ich die Katastrophe meines Großonkels Hammond Shandy, eines kleinen, aber sehr hochgemuten Mannes, erzählen werde, er war in die Händel des Herzogs von Monmouth verwickelt – noch verstehe ich zweitens darunter sogenannte Maschen; es gehört so wenig Geschicklichkeit oder Geduld dazu, sie aufzumachen, daß ich es unter meiner Würde halte, darüber noch eine Ansicht zu haben – nein, unter Knoten, von denen ich hier rede, verstehe ich mit Euer Gnaden Erlaubnis gute, ehrliche, teuflische, feste, harte Knoten, so recht *bona fide* geknüpft, genauso wie Obadiah seine gemacht hat, bei welchen es keinen Schwindel gibt, indem man etwa die zwei Enden der Schnüre durch die Öse oder den Ring laufen läßt, um sie so aufzukriegen. Ich hoffe, Sie verstehen mich.

Was also die Knoten anbelangt und die verschiedentlichen Hemmungen, die solche Knoten, mit Verlaub von Euer Gnaden, uns im Leben bereiten – so kann jedermann, der es sehr eilig hat, natürlich sein Federmesser aus der Tasche ziehen und sie durchschneiden; doch ist das nicht die rechte Art. Glauben Sie mir, meine Herrn, die tapferste Art, zudem auch diejenige, die uns durch Vernunft und Gewissen diktiert wird, ist, dazu die Zähne oder Finger zu nehmen. Dr. Slop hatte jedoch keine Zähne mehr. Da ihm einmal sein Lieblingsinstrument, die glorreiche Zange, beim Herausziehen eines

Kindleins, weil er entweder diese schlecht hielt oder in der falschen Richtung zog, entglitt, so schlug ihr Griff ihm mitten in der schwersten Arbeit drei seiner besten heraus. Er versuchte es also mit den Fingern – aber ach, die Nägel an den Fingern und am Daumen waren ganz kurz geschnitten. – Ich werde damit auf keine Weise fertig, rief Dr. Slop aus. – Das Trampeln über seinem Kopf um das Bett meiner Mutter herum nahm zu. – Der Teufel hole den Kerl! Ich werde, solange ich lebe, die Knoten nicht aufbekommen. – Meine Mutter stöhnte. Leihen Sie mir Ihr Federmesser! Ich muß die Knoten durchschneiden – puh, pah, Herrgott! Ich habe mich in den Daumen geschnitten, bis auf den Knochen – verfluchter Mensch! Wenn es nun innerhalb der nächsten fünfzig Meilen keinen zweiten Geburtshelfer gäbe; ich bin für die nächste Zeit erledigt. Ich wünschte, der Kerl hinge am Galgen, ich wünschte, er würde erschossen, ich wünschte, alle Teufel der Hölle benutzten ihn als Schüreisen.

Mein Vater hielt viel auf Obadiah und vertrug nicht, daß man also mit ihm umging; zudem hatte er auch ein wenig Selbstachtung und konnte nur schlecht das Unbillige, das in Slops Flüchen auch für ihn selber lag, ertragen.

Wenn Dr. Slop sich in einen anderen Körperteil als gerade in den Daumen geschnitten hätte, so würde mein Vater es noch haben hingehen lassen, seine Klugheit würde die Oberhand gehabt haben. So wie die Sache aber lag, war er entschlossen, sich zu rächen.

Kleine Flüche, Doktor Slop, bei großen Gelegenheiten, sprach mein Vater, nachdem er ihm zuerst seine Teilnahme am Unfall ausgedrückt hatte, sind nur nutzlose Kraftvergeudung, wir verschwenden damit die Gesundheit der Seele. – Ich gestehe, Sie haben recht, erwiderte Dr. Slop. – Es ist ganz so, wie wenn einer mit Spatzenschrot auf Basteien schießen wollte, sagte Onkel Toby, sein Pfeifen unterbrechend. – Sie dienen nur dazu, fuhr mein Vater fort, unsere Säfte aufzustören und zu reizen, ohne ihnen etwas von ihrer ätzenden Schärfe zu nehmen. Ich für meinen Teil fluche selten – ich halte es für schlecht, und wenn ich zufällig einmal ins Fluchen gerate, so bewahre ich doch gewöhnlich so viel Geistesgegenwart (Sehr richtig, rief Onkel Toby.), daß das Fluchen seinem Zweck entspricht oder ihn erreicht – das heißt, ich fluche nur so lange, bis ich mich erleichtert fühle. Ein gerechter und weiser Mann sollte stets nicht nur trachten, nicht mehr Galle auszuschütten, als ihm wirklich übergelaufen ist, sondern die Flüche auch nach der Größe der Beleidigung und nach der bösen Absicht derer bemessen, denen sie gelten. – *Beleidigungen kommen nur aus dem Herzen*, zitierte Onkel Toby. – Aus diesem Grunde, fuhr mein Vater mit durchaus cervantischem Ernst fort, habe ich die größte Hochachtung für den Mann, der aus Mißtrauen in seine Diskretion in diesem Punkte sich hinsetzte und (in seinen Mußestunden) Fluchformeln für alle möglichen Anlässe von der allergewöhnlichsten bis zu der allerseltensten Herausforderung verfaßte – diese Flüche wurden dann von ihm gründlich durchdacht, und diejenigen, für die er die Verantwortung übernehmen konnte, legte er dann auf das Kamingesims, so daß er nur die Hand nach ihnen auszustrecken hatte für den Fall, daß er einen brauchte. – Ich habe nicht geahnt, antwortete Dr. Slop, daß einer je an so eine Sache gedacht, viel weniger sie ausgeführt hätte. – Ich bitte um Verzeihung, antwortete mein Vater, ich habe heute früh einen meinem Bruder gegenüber wenn auch nicht gebraucht, so doch ihm vorgelesen, während er den Tee eingoß – er liegt hier über uns auf dem Regal. Vielleicht ist er, wenn ich mich recht erinnere, etwas zu heftig für einen Schnitt in den Daumen. – Durchaus nicht, rief Dr. Slop, der Teufel soll den Kerl holen! – Dann, antwortete mein Vater, steht er Ihnen zur Verfügung, Doktor Slop, unter der Bedingung, daß Sie ihn laut vorlesen. – Somit stand mein Vater auf und holte eine Art Exkommunikation der Römischen Kirche herunter. Er hatte sich, da er ein großer Sammler von Kuriositäten war, eine Kopie davon aus dem Hauptbuch der Kirche von Rochester, geschrieben vom Bischof Ernulphus, verschafft und überreichte sie mit einem Ernst in Miene und Gebärde, welcher Ernulphus selbst geschmeichelt hätte, Dr. Slop. Dieser wickelte den Daumen in den Zipfel seines Taschentuches ein und begann, mit verzerrtem Gesicht, doch ohne weiter Verdacht zu schöpfen, laut vorzulesen – während Onkel Toby so laut, als er nur konnte, die ganze Zeit über Lillabullero pfiff.

Caput XI

Textus de Ecclesia Roffensi,
per Ernulfum Episcopum

EXCOMMUNICATIO *

Ex auctoritate Dei omnipotentis, Patris, et Filii, et Spiritus Sancti, et sanctorum canonum, sanctaeque et intemeratae Virginis Dei genetricis Mariae –

* Da die Echtheit des Urteils von der Sorbonne in der Tauffrage von einigen angezweifelt, von anderen geleugnet wird, bringen wir am besten das Original des Fluches; für dessen Abschrift Mr. Shandy dem Sekretär des Dekans und dem Kapitel von Rochester hiermit seinen Dank ausspricht.

– atque omnium cœlestium virtutum, angelorum, archangelorum, thronorum, dominationum, potestatuum, cherubin ac seraphin, et sanctorum patriarchum, prophetarum, et omnium apostolorum et evangelistarum, et sanctorum innocentium, qui in conspectu Agni soli digni inventi sunt canticum cantare novum, et sanctorum martyrum et sanctorum confessorum, et sanctarum virginum, atque omnium simul sanctorum et electorum Dei, Excommunicamus, et

vel os *s* *vel* os *s*

anathematizamus hunc furem, vel hunc malefactorem, N. N. et a liminibus sanctæ Dei ecclesiæ sequestramus, et æternis suppliciis

vel i n

excruciandus, mancipetur, cum Dathan et Abiram, et cum his qui dixerunt Domino Deo: Recede a nobis, scientiam viarum tuarum nolu-

Elftes Kapitel

Text aus der Kirche von Rochester
von Bischof Ernulphus

BANNFLUCH

Im Namen Gottes des Allmächtigen, des Vaters, des Sohnes und des Heiligen Geistes, und der heiligen Kirchengebote sowie der unbefleckten Jungfrau Maria, Mutter des Heilands.

Ich denke, daß keine Notwendigkeit vorliegt, sagte Dr. Slop, das Papier auf die Knie legend und sich an meinen Vater wendend, da Sie es eben erst selber gelesen haben, Herr, es laut vorzulesen; und da auch Hauptmann Shandy keine große Neigung zu empfinden scheint, es noch einmal zu hören, so kann ich es ja ebensogut für mich selber lesen. – Das ist gegen den Vertrag, antwortete mein Vater, nebenbei ist es so drollig, besonders gegen das Ende zu, daß es mir leid tun würde, wenn ich des Vergnügens beraubt werden sollte, es ein zweites Mal zu hören. – Dr. Slop gefiel das ganz und gar nicht; da aber Onkel Toby sich jetzt erbötig machte, das Pfeifen aufzugeben und selber den Fluch vorzulesen, so dachte Dr. Slop, daß er es dann doch lieber selber lese, von Onkel Tobys Pfeifen gleichsam gedeckt, als daß er es Onkel Toby allein vorlesen lasse. Indem er also das Papier parallel vor das Gesicht hielt, um seinen Ärger zu verbergen, las er laut wie folgt. Onkel Toby pfiff indessen weiter Lillabullero, wenn auch nicht ganz so laut wie vorhin.

Im Namen Gottes des Allmächtigen, des Vaters, des Sohnes und des Heiligen Geistes wie der unbefleckten Jungfrau Maria, Mutter Gottes, und aller himmlischen Tugenden, Engel, Erzengel, Throne, Herrschaften, Mächte, Cherubim und Seraphim und all der heiligen Patriarchen, Propheten und aller Apostel und Evangelisten und der heiligen Unschuldigen, die im Anblick des heiligen Lammes für würdig befunden wurden, zu singen den neuen Gesang, der heiligen Märtyrer und heiligen Bekenner und heiligen Jungfrauen und aller Heiligen zusammen mit den Heiligen und Erwählten Gottes – sei er (Obadiah) verdammt (dafür, daß er die Knoten geknüpft hat). Wir exkommunizieren und verfluchen ihn, und wir bannen ihn von der Schwelle der heiligen Kirche des Allmächtigen Gottes, daß er gepeinigt werde und preisgegeben und ausgeliefert zugleich mit Dathan

mus, et sicut aqua ignis extinguitur, sic extinguatur lucerna eius[*vel* eorum] in secula seculorum nisi resipuerit[n], et ad satisfactionem venerit[n]. Amen.

Maledicat illum[os] Deus Pater qui hominem creavit. Maledicat illum[os] Dei Filius qui pro homine passus est. Maledicat illum[os] Spiritus Sanctus qui in baptismo effusus est. Maledicat illum[os] sancta crux, quam Christus pro nostra salute hostem triumphans ascendit.

Maledicat illum[os] sancta Dei genetrix et perpetua Virgo Maria. Maledicat illum[os] sanctus Michael, animarum susceptor sacrarum. Maledicant illum[os] omnes angeli et archangeli, principatus et potestates, omnisque militia cœlestis.

Maledicat illum[os] patriarcharum et prophetarum laudabilis numerus. Maledicant illum[os] sanctus Johannes Præcursor et Baptista Christi, et sanctus Petrus, et sanctus Paulus, atque sanctus Andreas, omnesque Christi apostoli, simul et cæteri discipuli, quatuor quoque evangelistæ, qui sua prædicatione mundum universum converterunt. Maledicat illum[os] cuneus martyrum et confessorum mirificus, qui Deo bonis operibus placitus inventus est.

Maledicant illum[os] sacrarum virginum chori, quæ mundi vana causa honoris Christi respuenda contempserunt.

Maledicant illum[os] omnes sancti qui ab initio mundi usque in finem seculi Deo dilecti inveniuntur.

und Abiram und allen jenen, die da sagen zu unserem Herrn und Gott: Weiche von uns, denn deine Wege sind nicht die unseren. Und gleichwie Feuer von Wasser gelöscht wird, so soll sein Licht ausgelöscht sein für immer, es sei denn, daß er bereuet (Obadiah wegen der Knoten, die er gemacht hat) und Genugtuung gebe (eben dafür). Amen.

Möge Gott Vater, der die Menschen geschaffen, ihn verfluchen. Möge Gottes Sohn, der für uns Menschen gelitten, ihn verfluchen. Möge der Heilige Geist, der uns in der Taufe verliehen, ihn (Obadiah) verfluchen. Möge das heilige Kreuz, das Christus zu unserer Erlösung und zum Triumph über seine Feinde bestiegen, ihn verfluchen.

Möge die heilige und ewige Jungfrau Maria, Mutter Gottes, ihn verfluchen. Möge der heilige Michael, Anwalt der Seelen, ihn verfluchen. Mögen alle Engel und Erzengel, Herrschaften und irdischen Mächte und alle himmlischen Heerscharen ihn verfluchen. (Unsere Soldaten fluchten fürchterlich in Flandern, sagte Onkel Toby, doch das war nichts im Vergleich damit. Ich hätte nicht das Herz, meinen Hund so zu verfluchen.)

Mögen der heilige Johannes der Vorläufer und der heilige Johannes der Täufer und der heilige Peter und der heilige Paul und der heilige Andreas und alle anderen Apostel Christi zusammen ihn verfluchen. Und mögen die übrigen Seiner Jünger und die vier Evangelisten, die durch ihre Predigten die ganze Welt bekehrten, und möge die heilige und überaus herrliche Gemeinde der Märtyrer und Bekenner, die Gnade gefunden haben vor Gott durch ihre guten Werke, ihn (Obadiah) verfluchen.

Möge der heilige Chor der heiligen Jungfrauen, die um der Ehre Christi willen allen eitlen Dingen dieser Welt entsagten, ihn verdammen. Mögen alle Heiligen, die vom Beginn der Zeiten an in alle Ewigkeit in der Liebe Gottes erfunden werden, ihn verdammen. Mögen Himmel und Erde und alle heiligen Dinge, die darin verweilen, ihn verdammen oder sie (oder wer immer beim Knüpfen der Knoten geholfen hat).

os
Maledicant illum cœli et terra, et omnia sancta in eis manentia.

i n n
Maledictus sit ubicunque fuerit, sive in domo, sive in agro, sive in via, sive in semita, sive in silva, sive in aqua, sive in ecclesia.

i n
Maledictus sit vivendo, moriendo————————

manducando, bibendo, esuriendo, sitiendo, jejunando, dormitando, dormiendo, vigilando, ambulando, stando, sedendo, iacendo, operando, quiescendo, mingendo, cacando, flebotomando.

i n
Maledictus sit in totis viribus corporis.

i n
Maledictus sit intus et exterius.

i n i n
Maledictus sit in capillis; maledictus sit in cerebro.

i n
Maledictus sit in vertice, in temporibus, in fronte, in auriculis, in superciliis, in oculis, in genis, in maxillis, in naribus, in dentibus mordacibus sive molaribus, in labiis, in guttere, in humeris, in harnis, in brachiis, in manubus, in digitis, in pectore, in corde, et in omnibus interioribus stomacho tenus, in renibus, in inguinibus, in femore, in genitalibus, in coxis, in genubus, in cruribus, in pedibus, et in unguibus.

i n
Maledictus sit in totis compagibus membrorum, a vertice capitis, usque ad plantam pedis – non sit in eo sanitas.

os
Maledicat illum Christus Filius Dei vivi toto suæ majestatis imperio –

Möge er (Obadiah) verdammt sein, wo immer er sei – ob im Haus oder im Stall, im Garten oder auf dem Felde, auf der Landstraße oder auf einem Feldweg, im Wald oder im Wasser oder in der Kirche. Möge er verdammt sein, lebendig oder tot. (Hier fing Onkel Toby eine halbe Note im zweiten Takt seiner Melodie auf und pfiff sie unentwegt weiter bis ans Ende des ganzen Satzes. Dr. Slop bewegte sich mit seinen Viertel- und Achtelnoten des Fluches darunter beständig fort wie eine laufende Baßbegleitung.) Möge er verdammt sein beim Essen und Trinken, während ihn hungert, während ihn dürstet, wenn er fastet, wenn er schläft, wenn er schlummert, desgleichen im Gehen, im Stehen, im Liegen, im Arbeiten, während er ausruhet, während er pißt oder scheißt oder ihm zur Ader gelassen wird.

Verdammt sei er (Obadiah) in allen Fähigkeiten seines Leibes.

Verdammt sei er inwendig und auswendig. Verdammt im Haar seines Hauptes! Verdammt im Gehirn und im Scheitel (Das ist ein besonders schlimmer Fluch, rief mein Vater.), in seinen Schläfen, seiner Stirn, seinen Ohren, seinen Augenbrauen, in seinen Wangen, Kinnladen, Nasenflügeln, Schneidezähnen und Mahlzähnen, in seinen Lippen, seinem Schlund, seinen Schultern, Handgelenken, Armen, Händen, Fingern.

Verdammt sei er in seinem Mund, seiner Brust, seinem Herzen und seinem ganzen Inneren bis zum Magen hinunter.

Verflucht sei er in seinen Nieren und Leisten (Gott behüte, rief Onkel Toby.), seinen Schenkeln und Genitalien (mein Vater schüttelte sein Haupt), in seinen Hüften, Knien, Beinen, Füßen und Fußnägeln.

Verflucht sei er in allen seinen Gelenken und den Wirbeln seiner Gliedmaßen, vom Scheitel bis zur Sohle! Möge sich nichts Gesundes mehr an ihm finden!

Möge der Sohn des lebendigen Gottes mit aller Glorie seiner Majestät – (Hier warf Onkel Toby seinen Kopf zurück und gab ein lautes, schrecklich langes Fju-u-u von sich – ein Mittelding zwischen einem Pfiff und einem Ausruf.)

– Beim goldenen Bart Jupiters und Junos (wenn ihre Majestät je einen trug) und bei den Bärten aller übrigen heidnischen Herrschaften, deren Zahl nebenbei nicht gering gewesen ist, da zusammen mit den Bärten der Himmels- und Luft- und Wassergottheiten – nicht

– et insurgat adversus illum cœlum cum omnibus virtutibus quæ in eo moventur at *damnandum* eum, nisi poenituerit[n] et ad satisfactionem venerit[n]. Amen. Fiat, fiat. Amen.

zu reden von den Stadtgottheiten und Feldgöttern und all ihren Frauen – den himmlischen Göttinnen – oder all ihren Huren und Beischläferinnen – den höllischen Göttinnen (im Falle, daß diese welche trugen) – alle diese Bärte zusammen, wie Varro mir auf Ehrenwort versichert, nicht weniger als dreißigtausend wirkliche Bärte im heidnischen Götterhaushalt ausmachen – wobei noch jeder einzelne Bart das Recht beansprucht und das Privileg hat, daß man ihn streiche und bei ihm schwöre, bei allen diesen Bärten zusammen schwöre und gelobe ich, daß ich von den zwei langen abgetragenen Röcken, die ich in dieser Welt mein eigen nenne, den besseren hergegeben haben würde – so willig, wie Cid Hamet den seinen hergab –, wenn ich dabei sein und Onkel Tobys Begleitung hätte hören können.

Verfluch ich ihn, fuhr Dr. Slop fort, und möge der Himmel mit allen Mächten, so sich darin bewegen, sich erheben gegen ihn und ihn (Obadiah) verfluchen und verdammen, es sei denn, daß er bereue und Buße tue. Amen. So sei es, so sei es. Amen.

Ich gestehe, sagte Onkel Toby, ich brächte es in meinem Herzen nicht über mich, dem Teufel in eigener Person mit so viel Bitterkeit zu fluchen. – Er ist der Vater der Flüche, antwortete Dr. Slop. – Darum aber bin ich es nicht, entgegnete Onkel Toby. – Aber er ist schon verflucht und verdammt von aller Ewigkeit her, antwortete Dr. Slop.

Das tut mir leid, sagte Onkel Toby.

Dr. Slop spitzte schon seinen Mund und wollte eben Onkel Toby sein Kompliment von vorhin zurückgeben und Fju-u-u pfeifen, als im übernächsten Kapitel die Tür schnell geöffnet wurde – und dem Streite ein Ende machte.

Zwölftes Kapitel

Wir wollen uns nicht dicktun und behaupten, daß die Flüche, die wir in diesem unserem Land der Freiheit loslassen, uns auch gehörten; ebensowenig wie wir uns einbilden wollen, daß, weil wir Geist genug haben, sie zu schwören, wir auch den Witz hatten, sie zu erfinden.

Ich mache mich anheischig, dies auch jedem Menschenkind gegenüber zu beweisen, ausgenommen einem sogenannten Fachmann gegenüber – wiewohl ich gleich erklären möchte, daß ich im gegenwärtigen Falle nur den Fachmann im Fluchen zurückweise – wie ich im übrigen auch den Fachmann in der Malerei usw. usw. ablehnen würde, denn diese ganze Sippschaft ist so mit all dem Gehänge und Zierkram der Kritik befetischt und behangen – oder, um meine Metapher fallenzulassen (was, nebenbei gesagt, schade ist, denn ich habe sie mir von weither geholt, nämlich von der Küste von Neuguinea), deren Köpfe, Herr, sind so vollgestopft mit Regeln und Schablonen, und sie haben so sehr und so unausrottbar die Neigung, diese bei jeder Gelegenheit anzuwenden, daß ein Werk von Genie lieber mit einem Male zum Teufel gehen möchte, als sich von ihnen zu Tode sticheln und quälen zu lassen.

Und wie sprach also Garrick gestern den Monolog? – Ach, gegen alle Regeln, Herr – höchst ungrammatikalisch, zwischen Substantiv und Adjektiv, die doch in Zahl, Fall und Geschlecht übereinstimmen sollen, ließ er eine Lücke, hielt er inne, als sollte die Sache selbst erst noch festgestellt werden, und zwischen dem Nominativ, der, wie der Herr wohl wissen dürften, das Verbum regieren soll, und eben dem Verbum hielt er die Stimme wohl ein dutzendmal zurück, jedesmal dreidreifünftel Sekunden, mit der Sekundenuhr gemessen! – O wunderbarer Grammatiker! – Indem er also mit der Stimme innehielt, hielt er auch sozusagen den Sinn zurück? Oder füllte nichts die so entstandene Lücke aus? Nicht der Ausdruck einer Gebärde oder eines Gesichtszugs? War das Auge währenddessen ganz stumm? Haben Sie auch genau hingesehen? – Nein, ich sah nur auf meine Sekundenuhr ... O du vortrefflicher Beobachter! –

Und wie steht es mit dem Buch, das soviel Lärm macht? – Oh, das ist ganz wie aus Blei, Herr! Ein Ding ohne Regel – nicht einer von den vielen Winkeln darin ist ein rechter. Ich hatte mein Lineal, den Zirkel und den Winkelmesser in der Tasche, Herr. – O du ganz ausgezeichneter Kritikus.

Und was das epische Gedicht anbelangt, Herr, das Sie mich durchzusehen baten, ich habe also die Länge, Breite, Höhe und Tiefe abgemessen und zu Hause mit den genauen Maßen von Bossu verglichen – es stimmt nirgends und ist nach jeder der vier Richtungen verfehlt. – O du großer Kenner!

Und sind Sie vielleicht auf dem Rückweg bei unserem Maler eingetreten und haben sich das Gemälde angesehen? – Ein ganz trauriges Gekleckse, Herr, nicht bei einer einzigen Gruppierung ist das

Prinzip der Pyramide gewahrt. Und was für ein Preis! Nichts vom Kolorit Tizians, von der Gewalt im Ausdruck eines Rubens, der Anmut eines Raffael, der Reinheit des Dominichino, dem Corregismus sozusagen eines Correggio, der Wissenschaft des Poussin, der Süße des Guido, dem Geschmack Caravaggios und der großen Linie eines Michelangelo. – Himmel, schenke mir Geduld! – Von allem Geschwätz, das in dieser geschwätzigen Welt zusammengeschwätzt wird, ist zwar das Geschwätz der frömmelnden Heuchler das böseste, das der Kritik aber das unausstehlichste.

Gern wollte ich fünfzig Meilen zu Fuß zurücklegen, denn ich habe ja leider kein Pferd, auf dem es sich reiten ließe, um jenem edelgesinnten Mann die Hand zu küssen, welcher die Zügel seiner Einbildungskraft den Händen des Autors selbst überließe und dem etwas gefiele, ohne daß er gleich wüßte, warum und wozu.

Großer Apollo, wenn du gerade in der Laune des Gebers bist, gib mir – ich bitte um nichts mehr – einen Schuß natürlichen Humors und dazu noch etwas von deinem Feuer und sende, wenn du ihn entbehren kannst, den Merkur samt seinen Regeln und Schablonen zusammen mit meinen besten Empfehlungen zum Teufel.

Ich mache mich also anheischig, jedermann gegenüber den Beweis zu erbringen, daß alle Flüche und Verwünschungen, welche wir in den letzten zweihundertfünfzig Jahren als Originalflüche in die Welt hinausgeblasen haben – ausgenommen: Beim Daumen des heiligen Paulus! ferner: Bei Gottes Fleisch und Fisch! welches monarchische Flüche und (wenn man bedenkt, wer sie getan hat) gar nicht so übel sind. Bei solchen königlichen Flüchen kommt es auch nicht so sehr darauf an, ob sie Fleisch sind oder Fisch – ich behaupte also, es gebe keinen Schwur und mindestens keinen Fluch, der nicht immer wieder aus dem Ernulphus abgeschrieben worden wäre, tausendmal zum mindesten; nur daß sie wie alle Kopien unendlichemal kraft- und geistloser sind als das Original. So gilt Gott soll dich verdammen! für keinen üblen Fluch, und so, wie er dasteht, kann er sich wohl sehen lassen. Man setze ihn aber einmal neben des Ernulphus: Gott der allmächtige Vater soll dich verdammen, Gott der Sohn soll dich verdammen, Gott der Heilige Geist soll dich verdammen! – Sie sehen selbst, daneben ist jener arm und überhaupt nichts. Im letzteren ist eine gewisse orientalische Fülle, an die wir nicht heranreichen. Nebenbei ist er erfindungsreicher, besitzt mehr Eigenschaften, die zu einem vollkommenen Flucher gehören, hat eine überaus gründliche

Kenntnis der menschlichen Gestalt, aller Glieder, Nerven, Sehnen, Stränge und Gelenke, so daß, wenn Ernulphus einmal anfängt, ihm kein Glied und Teil so leicht entschlüpft. Gewiß liegt auch eine unverkennbare Härte in seiner Manier und, wie bei Michelangelo, ein gewisser Mangel an Anmut, aber dafür welche Größe in der Auffassung und in der Art, wie er alles schmeckt und spürt.

Mein Vater, der alle Dinge in einem ganz anderen Lichte zu sehen pflegte als alle übrigen Menschen, wollte im übrigen nicht zugeben, daß es sich hier um ein Original handle. Er erblickte darin vielmehr eine Art Fluchhandbuch, das von Ernulphus auf Geheiß eines Papstes verfaßt wurde, als die Kunst des Verfluchens unter einem vorhergehenden, milderen Pontifikate arg in Verfall geraten war. Ernulphus hat also mit großem Fleiß und großer Gelehrsamkeit alle Regeln und Gesetze der Bannflucherei gesammelt, genauso wie Justinian beim Zusammenbruch des Römischen Reiches seinem Kanzler Trebonius befohlen hatte, alle römischen und bürgerlichen Gesetze in einem Kodex zu sammeln, damit sie nicht dank dem Rost der Zeit und dank allen den bösen Zufällen, denen jegliche mündliche Überlieferung ausgesetzt bleibt, für immer der Welt verlorengingen.

Aus diesem Grunde, pflegte mein Vater zu wiederholen, gibt es keinen Fluch vom gewaltigen und schrecklichen Fluch Wilhelms des Eroberers an (Bei Gottes Glanz!) bis zum gemeinsten eines Gassenkehrers (Gott verdamme deine Augen!), der nicht im Ernulphus zu finden wäre. Mit einem Worte, pflegte er hinzuzufügen, den Fluch möchte ich hören, der sich hier nicht schon fände.

Diese Annahme war, wie die meisten meines Vaters, ebenso originell wie sinnvoll; auch habe ich daran nichts auszusetzen, es sei denn, daß er meine eigene über den Haufen wirft.

Dreizehntes Kapitel

Gott sei mit uns! Die gnädige Frau ist einer Ohnmacht nahe. Die Wehen sind weggeblieben, die Tropfen sind zu Ende, die Flasche mit Kampferwasser ist zerschlagen, die Amme hat sich in den Arm geschnitten (und ich mich in den Daumen, rief Dr. Slop), und das Kind steckt noch dort, wo es war, rief Susanna, und die Hebamme ist rücklings über das Kamingitter gefallen und hat sich die Seite so schwarz geschlagen, wie Ihr Hut ist. – Ich will gleich nach ihr sehen, sagte

Dr. Slop. – Das ist nicht nötig, sagte Susanna. Besser, Sie sehen nach meiner Herrin – aber die Hebamme möchte Ihnen gerne erst Bescheid darüber geben, wie die Sache steht. Darum läßt sie also bitten, daß Sie hinaufgehen und augenblicklich mit ihr sprechen.

Die menschliche Natur ist in allen Berufen dieselbe. Eben vorhin war die Hebamme erst über Dr. Slop gesetzt worden. Das hatte dieser noch nicht verdaut. – Nein, sagte Dr. Slop, sie könnte ja ebensogut zu ihm herunterkommen. – Ich bin sehr für Unterordnung und Disziplin, sagte Onkel Toby. Ich weiß nicht, was ohne sie nach der Einnahme von Lille mit der Besatzung von Gent anläßlich der Meuterei wegen des Brotes geschehen wäre im Jahre zehn. – Auch ich, erwiderte Dr. Slop (Onkel Toby zum besten habend, obwohl er selber genauso sein Steckenpferd ritt wie dieser), ich weiß nicht, Hauptmann Shandy, was aus der Garnison da über uns bei der Verwirrung und Meuterei sozusagen, die ich jetzt überall hier antreffe, hätte noch werden können, wenn es nicht eine Unterordnung des Fingers und Daumens unter *** gäbe, deren Anwendung mir nach dem Unfall, der mir eben passiert ist, so gelegen kommt, daß wahrhaftig ohne dieses Instrument der Schnitt in meinem Daumen von der ganzen Familie Shandy so lange, als es Shandys auf der Welt gibt, gefühlt werden würde.

Vierzehntes Kapitel

Gehen wir noch zurück zu *** im letzten Kapitel.

Es gibt da einen besonderen Kunstgriff in der Rhetorik (zum mindesten solange diese in Athen und Rom blühte, und er würde auch heute angewendet werden können, wenn die Redner Mäntel trügen): den Namen eines Dinges nicht zu nennen, wenn Sie es bei sich *in petto* tragen, sozusagen in Bereitschaft, um an der richtigen Stelle hervorgeholt oder vorgewiesen zu werden. Es kann eine Narbe sein, eine Axt, ein Schwert, ein durchlöchertes Wams, ein rostiger Helm, anderthalb Pfund Asche in einer Urne oder einem alten Topf; sehr beliebt war ein Kindlein im königlichen Schmuck. Wenn auch dieses, sollte es noch sehr jung und die Rede so lang sein wie Ciceros zweite Philippika, den Mantel des Redners unzweifelhaft vollmachen wird. Wenn es andererseits zu alt wäre, würde es dem Redner und dessen Gebärdenspiel hinderlich sein, so daß der Redner mit dem Kinde am Schluß ebenso viele Nachteile hat, wie er sich anfänglich

Vorteile davon versprach. Sonst aber, wenn so ein Staatsredner das richtige Alter des Kindes genau bis auf die Minute getroffen hat und sein *Bambino* zudem so listig im Mantel verborgen zu halten weiß, daß kein Mensch es zu riechen vermöchte, und es dann im kritischen Momente so richtig produziert, daß niemand zu sagen wüßte, ob es mit dem Kopf und Schultern herauskam – meine Herren, das hat bisher stets Wunder gewirkt, die Geldbeutel geöffnet, die Gehirne verdreht, Grundsätze erschüttert und die Staatskunst eines ganzen Volkes aus den Angeln gehoben.

Doch sind solche Kunststücke nur in Staaten oder zu Zeiten anwendbar, wo und da die Redner Mäntel trugen, und hübsch weite noch dazu, Bruder, aus einigen zwanzig bis fünfundzwanzig Ellen guten, feinen, preiswerten Purpurtuches mit weiten, fließenden Falten und von ganz großem Wurf. Alles das beweist, mit Euer Gnaden Erlaubnis, daß der Niedergang der Redekunst und der geringe Nutzen, den sie in gegenwärtigen Zeiten stiftet, sowohl zu Hause wie draußen nur auf Rechnung der kurzen Röcke zu setzen sei und darauf, daß die Pluderhosen außer Mode sind. – Wir können eben in unseren, Madame, nichts verbergen, das wert wäre, gezeigt zu werden.

Fünfzehntes Kapitel

Dr. Slop würde nun um ein Haar eine Ausnahme dazu gebildet haben. Da er zufällig seinen grünen Ranzen auf den Knien hatte, als er Onkel Toby auf seine Weise nachzuäffen begann – so war ihm dieser jetzt so dienlich wie der weiteste Mantel der Welt. Zu diesem Zweck fuhr er, als er voraussah, daß der Satz mit seiner neuerfundenen Zange enden würde, mit der Hand in den Ranzen, um jene zum Zuzwicken bereitzuhalten – gerade als Euer Ehrwürden innerlich so mit den *** beschäftigt waren; wodurch, wenn es geklappt hätte, Onkel Toby sicherlich umgeworfen worden wäre; denn der Satz und der hervorgeholte Beweis würden jetzt so in einem Punkt zusammengestoßen sein wie die zwei Linien, welche den spitzen Winkel eines Ravelins bilden. Dr. Slop würde sie in keinem Fall aufgegeben haben, und Onkel Toby hätte eher an die Flucht denken müssen als daran, sie mit Gewalt zu erobern. Leider kramte aber Dr. Slop statt dessen beim Herausziehen so lange im Ranzen herum, daß er sich schon damit um alle Wirkung brachte, und zog schließlich, was das zehnmal

größere Übel war (denn eins kommt ja selten allein), unglücklicherweise mit der Zange auch die Klistierspritze heraus.

Wenn ein Redesatz in zwiefachem Sinne genommen werden kann, so gilt als Regel der Disputierkunst, daß der Gegenredner in dem Sinne antworten darf, der ihm gefällt oder am bequemsten ist. Das brachte nun den Vorteil der Beweisführung auf Onkel Tobys Seite. Guter Gott, rief Onkel Toby, werden denn die Kinder mit einer Klistierspritze auf die Welt gebracht?

Sechzehntes Kapitel

Bei meiner Ehre, Herr Doktor, Sie haben mir mit Ihrer Zange die ganze Haut von meinen beiden Handrücken gerissen und obendrein noch damit alle meine Knöchel zu Gallert gequetscht, rief Onkel Toby. – Das ist Ihre Schuld, erwiderte Dr. Slop. Sie hätten die beiden Fäuste so ballen und zusammenhalten sollen, daß sie dem Kopf eines Kindes glichen, wie ich es Ihnen gesagt habe, und dann ganz stille halten müssen. – Ich habe es doch genauso gemacht, sagte Onkel Toby. – Dann müssen die Zähne meiner Zange nicht gehörig mit Leder gefüttert sein, oder es muß sich die Niete gelockert haben. Möglich, daß mich auch der Schnitt im Daumen etwas ungeschickt gemacht hat, möglich auch ... – Es ist nur gut, fiel mein Vater ein, alle noch etwa zu erwartenden Möglichkeiten damit abschneidend, daß der Versuch mit Ihrer neuen Zange nicht zuerst am Kopf meines Kindes gemacht wurde.

Es wäre ihm nichts, gar nichts geschehen, antwortete Dr. Slop. – Ich behaupte dagegen, sagte Onkel Toby, Sie würden ihm damit das Cerebellum zerquetscht und in einen Milchbrei verwandelt haben, wäre der Schädel nicht geradeso hart wie eine Granate gewesen. – Pah, rief Dr. Slop, der Schädel eines Kindes ist von Natur weich wie Apfelmus, die Nähte geben nach – und nebenbei hätte ich es ja nachher bei den Füßen herausziehen können. – Sie bestimmt nicht, sagte die Hebamme. – Mir wäre lieber, Sie würden es mit dieser Methode gleich zuerst versuchen, sagte mein Vater.

Tun Sie es doch, bitte, fügte Onkel Toby hinzu.

Siebzehntes Kapitel

Und bitte, gute Frau, würden Sie nach allem die Verantwortung übernehmen, zu behaupten, es könne nicht ebensogut die Hüfte des Kindes wie der Kopf sein? – Es ist ganz gewiß der Kopf, sagte die Hebamme. – Weil, fuhr Dr. Slop fort (sich zu meinem Vater wendend), es ebenso bestimmt, wie diese alten Weiber meistens alles ganz bestimmt wissen, sehr schwer zu erkennen und von größter Wichtigkeit ist und die schwersten Folgen nach sich ziehen kann, denn, Herr, wenn die Hüfte für den Kopf genommen wird, ist es leicht möglich (für den Fall, daß es ein Knabe sei), daß die Zange *********************

Was denn eigentlich ganz leicht möglich wäre, wisperte Dr. Slop zuerst leise meinem Vater, dann Onkel Toby ins Ohr. Beim Kopf besteht eben diese Gefahr nicht, fuhr er fort. – Nein, wahrhaftig, sagte mein Vater, aber wenn Ihr Fall mit der Hüfte einmal eintreten sollte, dann macht es ja nichts aus, wenn Sie gleich den Kopf mit abzwikken.

Es ist aus inneren Gründen unmöglich, daß der Leser dies ganz verstehe; genug, daß Dr. Slop es verstand; so nahm er denn den grünen Ranzen in die Hand und lief in Obadiahs Pantoffeln für einen Mann von seinem Leibesumfang flink genug durchs Zimmer zur Tür, und von da ward ihm der Weg von der guten alten Hebamme in meiner Mutter Zimmer gezeigt.

Achtzehntes Kapitel

Es sind genau zwei Stunden und zehn Minuten, sagte mein Vater, auf die Uhr sehend, daß Dr. Slop und Obadiah da sind, aber ich weiß nicht, warum, Bruder Toby, mir kommt's fast wie ein Jahrhundert vor.

Hier, mein Herr, halten Sie bitte meine Kappe, nein, nehmen Sie auch die Schellen und Pantoffeln dazu!

Da, mein Herr, haben Sie alles, sie stehen Ihnen jetzt zu Diensten, und ich mache Ihnen gerne ein Geschenk damit, wenn Sie mir für dieses Kapitel Ihre ganze Aufmerksamkeit schenken wollen.

Obwohl mein Vater sagte, er wüßte nicht, warum, so wußte er es dennoch sehr gut. Auch war er im Augenblick, da er dies aussprach, im Geiste fest entschlossen, meinen Onkel darüber durch eine philosophische Abhandlung über die Dauer und deren verschiedene Erscheinungsarten aufzuklären, um ihm zu zeigen, dank welcher mechanischen Vorrichtung und durch welches Meßverfahren im Gehirn es geschehe, daß die reißende Folge von Gedanken und das beständige Springen von einem Gegenstand zum anderen im Gespräch, seit Dr. Slop ins Zimmer getreten war, ein an und für sich so kurzes Zeitintervall zu einer so langen Zeitspanne ausgedehnt habe. Ich weiß nicht, wie es zugeht, rief mein Vater, aber es scheint mir ein ganzes Jahrhundert.

Das kommt einzig und allein von der Aufeinanderfolge unserer Vorstellungen, sagte Onkel Toby.

Mein Vater, den es wie alle Philosophen juckte, alles, was sich zutrug und ihm begegnete, durchzudenken und zu erörtern, versprach sich ein unendliches Vergnügen gerade davon, von dieser Aufeinanderfolge der Vorstellungen, und hätte nie befürchtet, daß gerade Onkel Toby ihm die Erklärung dazu wegschnappen würde, welcher als schlichter, ehrlicher Mensch alles so nahm, wie es kommt, und sein Gehirn nicht im geringsten mit schwierigen und verworrenen Gedankenfolgen aufregte. Die Ideen von Zeit und Raum oder alle die Fragen, wie wir dazu kämen und woraus diese, nämlich Zeit und Raum, gemacht seien, oder ob sie mit uns geboren würden, oder ob wir sie später am Lebenswege gleichsam aufgeklaubt hätten, ob wir sie schon in den Kinderkleidchen hätten oder erst später, da wir die ersten Hosen bekämen – alle diese Fragen, wie gesagt, mit tausend anderen Untersuchungen über die Unendlichkeit, das Vorauswissen Gottes, die Freiheit und Notwendigkeit und so fort an welchen verzweifelten und uneinnehmbaren Theorien mancher feine Kopf schon verdreht wurde und zerbrach – alles das zusammen hat Onkel Toby niemals auch nur im geringsten bedrückt und ihm wehe getan. Mein Vater wußte das und war darum ebenso überrascht wie enttäuscht von Onkel Tobys ganz zufälliger Lösung.

Verstehst du auch den Sinn des Ganzen? antwortete mein Vater.

Ich? Nein, sagte mein Onkel.

Aber du hast doch irgendeine Vorstellung von dem, was du eben gesagt hast? sagte mein Vater.

Ich verstehe davon nicht mehr als mein Pferd, antwortete Onkel Toby.

Du lieber Himmel, rief mein Vater, nach oben blickend und die

Hände zusammenschlagend – in deiner ehrlichen Unwissenheit steckt ein großer Wert, Bruder Toby, und es würde fast schade sein, ihn in Erkenntnis und Wissenschaft umzuwechseln. Doch ich will es dir erklären:

Um zu verstehen, was Zeit wirklich sei, ohne welche wir die Unendlichkeit nicht zu fassen vermöchten, insofern als das eine nur ein Teil des anderen ist, sollten wir uns einmal niedersetzen und im Ernst darüber nachdenken, welche Vorstellung wir von der Dauer haben, um uns die Art und Weise, auf welche wir zu diesem Begriff gelangt sind, hinreichend erklären zu können. – Wen in der Welt kann das etwas angehen? sagte Onkel Toby. – Denn* wenn du dein Auge nach innen kehrst, fuhr mein Vater fort, und aufmerksam darauf achtest, was in deinem Geist vorgeht, wirst du bemerken, Bruder, daß, während du und ich hier zusammen uns unterhalten und unsere Pfeifen rauchen oder während der Reihe nach Vorstellungen durch unser Gehirn jagen, wir uns bewußt sind, daß wir existieren, und so schätzen wir unsere Existenz von deren Dauer oder von sonst etwas ab und messen an der Aufeinanderfolge der Vorstellungen in unserem Geiste die Dauer unserer selbst oder sonst eines Dinges, das zugleich mit uns existiert; und so gemäß jenem vorgefaßten ... – Mir dreht sich schon alles im Kopf herum, rief Onkel Toby. – Das kommt daher, erwiderte mein Vater, daß wir in unserer Zeitmessung uns so an Minuten, Stunden, Wochen, Monate – und an Uhren (ich wünschte, es gäbe keine im ganzen Königreiche) gewöhnt haben, um die verschiedenen Zeitabschnitte für uns und die, die zu uns gehören, zu messen, daß es ein Wunder ist, wenn in Zukunft die Aufeinanderfolge unserer Vorstellungen noch überhaupt zu etwas nütze sein werde.

Ob wir es nun selber beobachten oder nicht, fuhr mein Vater fort, so findet in jedem normalen Kopf eine solche regelrechte Aufeinanderfolge von Vorstellungen, welcher Art immer, statt, die sich genauso im Zuge zueinanderreihen wie ... – Wie ein Zug Artillerie? fiel Onkel Toby ein. – Wie ein Zug von papperlapapp, rief mein Vater – die sich im Geiste in bestimmten Entfernungen aneinanderreihen und aufeinanderfolgen genauso wie die Bilder in einer Laterne, welche sich infolge der Erwärmung durch eine Kerze dreht. – Offen gestanden, sagte Onkel Toby, sind meine Vorstellungen schon so ver-

* Vergleiche Locke.

rußt wie ein Bratenwender. – Dann, Bruder, habe ich dir nichts mehr über diesen Gegenstand zu sagen, schloß mein Vater.

Neunzehntes Kapitel

Welche Möglichkeit wurde hier vertan! Mein Vater, wie schon lange nicht dazu gestimmt und aufgelegt, eine Frage der Metaphysik bis in jene Regionen eifrig zu verfolgen, wo Wolken und dichte Finsternis alles in einen schwarzen Mantel einhüllen, Onkel Toby in einer der denkbar günstigsten Stimmungen dazu, sein Kopf wie ein Bratenwender, die Ofenröhre unausgekehrt und die Vorstellungen darin herumwirbelnd, alle schwarz vor Ruß und Rauch. Beim Grabstein Lukians, wenn es einen gibt, wenn nicht – so bei seiner Asche, bei der Asche meines lieben Rabelais und meines noch lieberen Cervantes: Meines Vaters und Onkel Tobys Unterhaltung über Zeit und Ewigkeit war ein Gespräch, wie man es sich von Herzen wünschen kann, und die Empfindlichkeit meines Vaters, womit er plötzlich das Gespräch wie mit einem Punkt schloß, bedeutete einen Verlust in der philosophischen Schatzkammer, den Verlust eines Juwels, wie es uns kein Zusammentreffen großer Anlässe und großer Menschen je wird ersetzen können.

Zwanzigstes Kapitel

Obwohl mein Vater das Gespräch nicht mehr fortsetzen wollte, so ging ihm doch Onkel Tobys durch Rauch geschwärzter Bratspieß nicht mehr aus dem Kopf, so ärgerlich er auch zunächst darüber war. Es lag nämlich am Grunde dieses Vergleiches etwas, was unmittelbar seine Phantasie anregte, weshalb er, den Ellbogen auf den Tisch und die rechte Hälfte seines Hauptes in den Handteller stützend, den Blick starr ins Kaminfeuer gerichtet, mit sich selber zu Rate zu gehen und darüber zu philosophieren begann. Doch sein Geist war von den Anstrengungen, neue Gedankengänge zu verfolgen, und dem andauernden Verbrauch seiner Fähigkeiten durch so mannigfache Gegenstände, wie sie im Laufe des Gespräches nacheinander auftauchten, so ermüdet, die Vorstellung von dem beweglichen Bratspieß hatte alle seine Ideen so von oben nach unten gedreht, daß er schon einschlief, bevor er es noch merkte.

Was nun Onkel Toby anbelangt, so hatte sich sein Bratspieß kaum ein dutzendmal umgedreht, als er gleichfalls in Schlaf verfiel. Friede sei mit beiden. Dr. Slop ist mit der Hebamme und meiner Mutter im oberen Stockwerk beschäftigt, Trim damit, ein paar alte Röhrenstiefel in Mörser zu verwandeln, um sie im kommenden Sommer bei der Belagerung von Namur zu verwenden. Eben ist er dabei, Zündlöcher zu bohren mit Hilfe eines glühenden Schüreisens. So sind mir alle meine Helden entschlüpft. Es ist das erstemal, daß ich einen Augenblick übrig habe, und den will ich gleich dazu verwenden, um meine Vorrede zu schreiben.

Die Vorrede des Verfassers

Nein, ich will kein Wort weiter darüber verlieren – hier ist sie. Indem ich sie also veröffentliche, wende ich mich an die Welt, und der Welt überlasse ich sie auch; sie muß für sich selbst sprechen.

Alles, was ich davon weiß, ist, daß, als ich mich an den Schreibtisch setzte, meine Absicht war, ein gutes Buch zu schreiben und, soweit es mein schwacher Verstand zulassen würde, ein weises, eines voller Einsichten – wobei ich nur dafür Sorge trug, all den Witz und alle Urteilskraft (ob davon bei mir nun viel oder wenig vorhanden war) hineinzulegen, welche der große Schöpfer und Spender aller Gaben für geeignet gehalten hatte, mir auf den Lebensweg mitzugeben, so daß, wie Euer Wohlgeboren sehen, es gerade so geworden ist, wie es Gott gefallen hat.

Nun meint Agelastes (tadelnd natürlich), daß wohl etwas Witz darin vorhanden sein dürfte, soweit er von derlei Dingen etwas verstehe, dafür aber ganz und gar kein Urteil. Und Triptolemus und Phutatorius stimmen ihm bei und fragen nur: Wie wäre das auch möglich? Denn Witz und Urteil gingen niemals im Leben zusammen, da es zwei geistige Betätigungen seien, die so weit auseinandergehen wie Ost und West. So drückt es nämlich Locke aus. – Wie einen Wind fahren lassen und aufstoßen, sage ich. – Doch in seiner Entgegnung darauf behauptet der große Kirchenrechtslehrer Didius *(de fartendi et illustrandi fallaciis)* auf das bestimmteste, daß ein Vergleich noch lange kein Beweis sei; ebensowenig, behaupte ich, daß es schon einen Vernunftschluß bedeute, wenn man einen Spiegel abwischt. Aber jedermann sieht dann besser, so viel behaupte ich in der Tat, so daß der Hauptvorteil, den solche Dinge mit sich bringen, darin besteht, daß sie den Verstand hell machen, bevor es zur Beweisführung kommt, um ihn auf solche Weise von allen Stäubchen und Flecken verdunkelnder Materie zu säubern, welche, wenn man sie darin schwimmen ließe, das Begreifen erschweren und alles verderben müßten.

Nun, meine lieben Gegner und Anti-Shandyaner, ihr dreimal weisen Kritiker und Kollegen (denn für euch zunächst schreibe ich diese Vorrede), und auch für euch, höchst schlaue Staatsmänner und einsichtige Doktoren (weg nur mit euren Bärten), die ihr alle wegen eurer Weisheit und euren Ernstes in hohem Rufe steht – Monopolus, mein Politiker, Didius, mein Rechtsbeistand, Kysarcius, mein Freund, Phutatorius, mein Führer, Gastripheres, mein Lebensretter, Somnolentius, mein Balsam und meine Ruhe, nicht zu vergessen ferner alle anderen, ob sie nun schlafen oder wachen, Geistliche oder Laien sind, die ich alle der Kürze halber und keineswegs aus Übelwollen in eines zusammenfasse …, verliert nicht den Glauben an mich, ihr sehr Ehrenwerten.

Mein dringendster Wunsch und mein heißestes Gebet – vorausgesetzt, daß dies nicht schon jemand anders für uns getan hat – für euer, aber auch für mein Heil, ist, daß die großen Gaben und Bescherungen von Witz und Urteilskraft nebst allem, was damit für gewöhnlich zusammengeht, als da ist: Gedächtnis, Phantasie, Geist, Beredsamkeit, schnelle Auffassung und weiß Gott was noch alles, in diesem kostbaren Augenblick ganz ohne Maß und Knauserei, ohne Hemmnis und Störung so warm, wie jeder von uns es verträgt, mit Schaum und Bodensatz und allem übrigen (ich möchte in der Tat nicht einen Tropfen davon verlieren) in die verschiedenen Behältnisse, Zellen und Zellchen, Wohnräume, Schlafkammern und Speisesäle und leeren Räume unseres Gehirns eingegossen würden, und zwar so, daß sie ohne Unterlaß und Unterbrechung einflössen und den Raum voll machten entsprechend dem wahren Inhalt und Sinn meines Wunsches, bis ein jedes ihrer Gefäße, ob groß oder klein, damit angefüllt und gesättigt wäre, so daß um alles in der Welt nichts weiter mehr hinein- oder herausginge.

Gott segne uns! Was für ein edles Werk würden wir dann nicht zuwege bringen! Wie würde ich es nicht herunterkritzeln, wie würde ich mich nicht vom Geist gehoben fühlen, da es gälte, für solche Leser zu schreiben! Und ihr wiederum – gerechter Himmel! Mit welchem Entzücken würdet ihr dann nicht dasitzen und es lesen! Ach, es ist zuviel, ich werde ganz krank, ich falle vor Entzücken in Ohnmacht, es ist mehr, als ich ertragen kann. Haltet mich! Mir schwindelt, mir wird schwarz vor den Augen, ich sterbe, ich bin schon hinüber.

Hilfe, Hilfe, Hilfe ...! Doch haltet inne, mir wird schon besser, denn ich fange an vorauszusehen, daß, wenn dies vorüber ist, wir alle, da wir ja auch weiterhin Männer außerordentlichen Witzes sein würden, keinen Tag mehr bis an unser Lebensende einer Meinung sein könnten; da gäbe es denn gegenseitig so viel Satire und Sarkasmus, so viel Spott und Hohn, Hin- und Hernecken, Stöße und Gegenstöße in alle Winkel und Ecken hinein, daß nichts als Unheil daraus für uns alle erwachsen müßte. Ihr keuschen Sterne, wir würden uns in der Tat dann so beißen und kratzen, so poltern und herumschlagen, uns die Schädel einschlagen und an den Knöcheln zu treffen suchen und an anderen gar empfindlichen Stellen, daß man solch ein Dasein nicht mehr Leben nennen könnte.

Dagegen aber, da wir dann auch alles Leute von großer Urteilskraft wären, würden wir die Dinge alle wiederum in dem Maße in Ordnung zu bringen suchen, als sie von uns übel hergerichtet waren, und obwohl wir uns zehnmal mehr wechselseitig verwünschten, als Teufel und Teufelinnen es zu tun pflegen, so würden wir dennoch, meine lieben Mitgeschöpfe, ganz Artigkeit und gegenseitiges Wohlwollen, Milch und Honig zueinander sein – es würde in der Tat ein zweites Land der Verheißung sein, ein Paradies auf Erden, wenn überhaupt so etwas hier zu haben sein sollte, so daß wir im ganzen keinesfalls schlecht weggekommen wären.

Worüber ich mich am meisten ärgere und vor Wut schnaube und was in diesem Augenblick mehr als anderes meine Erfindungsgabe quält, ist, wie ich die Sache selbst zuwege bringe. Denn es ist, wie Euer Ehrwürden wissen, von jenen himmlischen Ausstrahlungen von Witz und Urteil, die ich in so reichlichem Maße für Euer Ehrwürden und auch für mich gewünscht habe, zu Nutz und Frommen des ganzen Menschengeschlechtes nur ein gewisses Quantum und nicht mehr aufgespeichert, und nur sehr kleine Portionen davon werden in die weite Welt hinausgelassen und dieser zugeteilt, damit sie dann da und dort, in diesen oder jenen Weltwinkeln herumgeistern, Portionen – sage ich – in so schmalen Strömen und mit so kolossalen Zwischenräumen, daß man staunen muß, wie das nur anhält und ausreicht für die Bedürfnisse und Notfälle so vieler großer Reiche und volkreicher Länder.

Es ist hier allerdings das eine in Betracht zu ziehen, daß nämlich in Nowaja Semlja, in Nord-Lappland und in allen jenen kalten Landstrichen der Erde, welche unmittelbar unter den beiden Polen liegen, allwo das ganze Gebiet menschlicher Belange fast neun Monate lang vom engen Raum einer Höhle gebildet ist, allwo die Geister beinahe zu nichts zusammengepreßt sind und die Leidenschaften der Menschen mit allem, was dazugehört, kalt sind wie die Zonen selbst, die denkbar geringste Quantität von Urteil und Verstand genügt. Und was den Witz anbelangt, so kann man ihn sich überhaupt schenken, nicht ein Funken davon wird dort gebraucht, und nicht ein Funken davon wird dort verliehen. Engel und Diener der Gnade, helft uns! Was für eine unselige Sache wäre es also, wenn wir mit einem so reichlichen Mangel an Witz und Urteil dort ein Reich gründen, eine Schlacht schlagen, einen Vertrag machen, eine Wette abschließen, ein Buch schreiben, ein Kind zeugen oder eine Provinzialsynode abhalten müßten. Um Himmels willen, denken wir nicht mehr daran, sondern reisen wir, so schnell es geht, südwärts nach Norwegen, und gehen wir dann, so es Ihnen paßt, weiter herunter nach Schweden und durch die kleine dreieckige Provinz Ingermanland bis zum Bottnischen Meerbusen, weiter an der Küste von Ost- und West-Bottnien bis Karelien herab und so fort durch alle die Staaten und Provinzen, welche an den Finnischen Meerbusen und den nördlichen Teil der Ostsee grenzen, bis nach Petersburg, betreten wir dann Ingermanland, und indem wir uns von da über die nördlichen Teile von Rußland ausbreiten, lassen wir Sibirien ein wenig links, bis wir in das Herz und Innerste der russischen und sibirischen Tatarei geraten sind.

Nun werden Sie wohl auf der langen Tour, auf welcher ich Sie begleitet habe, die Beobachtung gemacht haben, daß die guten Leute hier weit besser daran sind als in den Polargegenden, die wir eben verlassen hatten. Denn wenn Sie, mit der Hand das Auge schirmend, sehr aufmerksam hinsehen, so werden Sie wohl da und dort sozusagen einen kleinen Schimmer von Witz wahrnehmen gleich neben einem durchaus beruhigenden Vorrat von gesundem Hausverstand, womit sie, Qualität und Quantität zusammengenommen, gar gut umzugehen wissen – denn wenn sie mehr davon hätten, vom einen und vom anderen, so würde damit das Gleichgewicht gestört sein; zudem bin ich überzeugt, sie würden keine Gelegenheit haben, beide anzuwenden.

Wenn ich Sie, mein Herr, jetzt wieder nach Hause auf unsere wärmere und üppiger ausgestattete Insel bringe, wo Sie Zeuge der Hochflut unseres Witzes und unserer Laune sein können, wo wir ferner mehr Ehrgeiz und Stolz, Neid und Wollust und alle anderen Leidenschaften von Hurensöhnen zu bändigen und zur Vernunft zu bringen haben, so stehen hier, wie Sie sehen müssen, die Höhe unseres Witzes und die Tiefe unseres Urteils im selben Verhältnis zueinander wie die Länge und Breite unserer Lebensnotdürfte, und deshalb sind sie uns auch in einem solchen Zustrom und in einer solchen bekömmlichen und zuverlässigen Menge zugewiesen, daß niemand Ursache haben sollte, sich zu beklagen.

Es muß dabei aber trotzdem bekannt werden, daß, da unsere Luft bald heiß oder kalt, feucht oder trocken bläst und das Klima zehnmal am Tage wechselt, wir diese genannten Eigenschaften keinesfalls auf eine geregelte und von Anfang an festgesetzte Art und Weise besitzen, so daß gelegentlich fast ein halbes Jahrhundert lang sehr wenig Verstand und Witz bei uns zu sehen ist; die engen Kanäle, durch welche diese Gaben fließen, scheinen dann ausgetrocknet zu sein. Da plötzlich aber öffnen sich wie von selber die Schleusen, und der Strom stürzt wie wütend daher, es sieht so aus, als ließe er sich gar nicht mehr zum Stillstand bringen, und da mag es wohl geschehen, daß wir im Schreiben, im Fechten und in zwanzig anderen Dingen, welche Kühnheit verlangen, die Welt vor uns hertreiben.

Durch eben diese Beobachtungen und ein sehr vorsichtiges Schließen nach Analogien in jener Art von Beweisführung, welche Suidas dialektische Induktion nennt, bin ich in der Lage, folgenden Satz als durchaus richtig und glaubwürdig aufzustellen: daß so viele Ausstrahlungen von diesen beiden Leuchtkörpern von Zeit zu Zeit sich über uns ergießen dürfen, als ER in seiner unendlichen Weisheit, die alles nach richtigem und genauem Maß und Gewicht verteilt, für recht hält, um unseren Weg in dieser Nacht voll Dunkelheit zu erhellen. So daß Euer Ehrwürden jetzt auch schon darauf gekommen sein dürften und es nicht mehr länger verheimlicht werden kann, wie sehr der warme Wunsch zu Eurem Wohle, womit ich begonnen habe, nichts weiter ist als das erste sich einschmeichelnde Grüßen eines gar liebenswürdigen Vorwortschreibers, welcher seinem Leser mit einem Kuß sozusagen den Mund stopfen möchte, wie es mancher Liebhaber mit seiner ein wenig spröden Geliebten zu tun pflegt. Doch ach! Könnte jener Lichtergruß nur so leicht verschafft werden, wie die

Vorrede es wünscht. Aber ich zittere bei dem Gedanken, wie viele Tausende von verspäteten Pilgern (innerhalb des Reiches der gelehrten Wissenschaften wenigstens) deshalb im dunklen herumtappen mußten alle Nächte ihres Lebens lang; wie sie mit ihren Schädeln gegen Pfosten anrannten und auf solche Weise ihr Gehirn herausschlugen, ohne darum das Ziel der Reise zu erreichen, wie einige von ihnen sogar kopfüber in die Senkgruben fielen, andere mit ihren Rockschößen der Länge nach in die Gossen zu liegen kamen. Hier rennt die eine Hälfte einer gelehrten Gilde gegen die andere mit dem Erfolg, daß beide sich gleich Säuen im Dreck sielen, eine über der anderen; dort wiederum fliegen die Brüder einer anderen Gilde, die sich eigentlich bekämpfen sollten, gleich einer Schar wilder Gänse alle in einer langen Reihe nach ein und derselben Richtung. Welche Verwirrung! Was für Mißgriffe! – Geiger und Maler, die mit dem Auge und dem Ohr denken – wundervoll! – ihren leidenschaftlichen Gefühlen ganz hingegeben – in einem Lied, in einem herzergreifenden Bild – statt beides mit dem Quadranten zu messen.

Im Vordergrund des Gemäldes ein Staatsmann, der das Rad der Politik gleich einem dummen Tier in verkehrter Richtung dreht gegen den Strom der Korruption – du lieber Himmel! – statt mit ihm.

In jener Ecke da der Sohn des göttlichen Äskulap, der eben damit beschäftigt ist, ein Werk gegen die Lehre zu verfassen, daß unser Schicksal vorherbestimmt sei; der vielleicht noch Schlimmeres tut: der den Puls des Patienten fühlt statt den des Apothekers; ein Bruder von der Fakultät im Hintergrund auf den Knien, Tränen vergießend; er zieht die Decke von einem verstümmelten Opfer weg und bittet es um Verzeihung, er bietet sogar eine Entschädigung, statt sie zu fordern.

In jener geräumigen Halle eine Versammlung von Richtern aus allen Gerichtshöfen, die eine verflixte, schmutzige und höchst ärgerliche Sache mit aller zustehenden Macht den falschen Weg vor sich hertreiben, indem sie sie aus dem großen Tor hinauszudrängen statt sie hereinzuziehen suchen, und zwar mit einer solchen Wut im Blick und einem solchen Maß von Hartnäckigkeit, als ob wirklich die Gesetze ursprünglich zum Frieden und zur Erhaltung des Menschengeschlechtes gemacht worden wären. Möglich, daß sie einen argen Mißgriff tun, einen strittigen Punkt entscheiden, ob nämlich John o'Nokes Nase in das Gesicht des Tom o'Stiles hineinpasse. Das soll jetzt in fünfundzwanzig Minuten klargestellt werden, was bei kluger

Berücksichtigung der Pro und Kontra sonst ebenso viele Monate in Anspruch genommen haben würde oder, wenn es auf eine militärische Art und Weise gehandhabt worden wäre – mit allen dazugehörigen Kriegsoperationen wie: Scheinangriffen, Überfällen, Hinterhalten, Gewaltmärschen, maskierten Batterien und anderen Streichen und Kniffen der Kriegskunst, welche darin bestehen, daß beide Parteien Vorteile für sich zu erhaschen sich bemühen –, möglicherweise ebenso viele Jahre gedauert und damit einem ganzen Zentumvirat innerhalb des Gewerbes ebensolange Nahrung und Kleidung verschafft haben würde.

Was nun die Geistlichkeit anbelangt – nein, wenn ich nur ein Wort gegen sie sage, werde ich totgeschossen. Ich möchte es auch nicht, und nebenbei, wenn ich auch das Verlangen danach hätte, so würde ich es dennoch nicht wagen, an den Gegenstand zu rühren. Mit meinen Nerven und in dem Zustand, worin ich mich jetzt befinde, hieße es wahrhaftig mein Leben in Gefahr bringen, wenn ich mich durch einen so argen und traurigen Bericht niederdrücken und herunterbringen wollte. Es ist für mich sicherer, wenn ich einen Vorhang darüberziehe und so schnell wie möglich zum Hauptpunkt übergehe, den ich klarmachen wollte, und der ist: Wie es denn komme, daß ihr Männer von allergrößtem Witz für solche von geringster Urteilskraft geltet. Merken Sie wohl, ich sage: geltet, denn es ist ja nicht mehr als eine Behauptung, die ich noch dazu für eine der gemeinsten und boshaftesten halte unter zwanzig anderen, welche ich jeden Tag auf Treu und Glauben hinnehmen muß.

Dies will ich nun mittels der bereits vorausgeschickten und von Euer Hoch- und Ehrwürden gehörig abgewogenen Beobachtungen alsogleich dartun.

Ich hasse es, regelrechte gelehrte Abhandlungen zu schreiben – vor allem ist es ja das Dümmste, was es auf der Welt gibt, wenn man sich seine Beweisführung damit erschwert, daß man eine Reihe großer, dunkler Worte in gerader Linie zwischen sich und dem Leser aufstellt, während, wenn man sich ein wenig umgesehen hätte, man schon irgend etwas hätte herumstehen oder -hängen sehen können, was die Sache sofort aufgeklärt haben würde. ›Denn welchen Schaden oder Nachteil bringt einem Menschen denn der lobenswerte Durst nach Wissen, ob er nun von einem Tropf oder Topf, einem Narren, einem Sessel, einem Pelzhandschuh, einem Flaschenzug, dem Deckel vom Tiegel eines Goldschmiedes, einer Ölflasche, einem alten Pantoffel oder einem Rohrsessel ausgeht?‹ Ich sitze nebenbei gerade auf einem. Wollen Sie mir erlauben, die Frage nach dem Wesen von Witz und Urteil an den Köpfen der beiden Sesselnägel hier oben auf der Lehne zu beantworten? Diese sind, wie Sie sehen, mittels zweier Zapfen befestigt, die in zwei Löcher hineinpassen, und sollen das, was ich zu sagen habe, so klar und deutlich machen, daß Sie hierauf den Sinn und die Absicht meiner Vorrede so leicht durchschauen, als ob jedes Teilchen derselben aus eitel Sonnenlicht bestünde. Ich komme also jetzt direkt zur Sache.

Hier steht also der Witz und dort, dicht daneben, das Urteil, genauso wie die beiden oben hervorgehobenen Nagelköpfe auf der Rückenlehne des Sessels, auf dem ich sitze.

Sie sehen, diese bilden die zuhöchst gelegenen und zugleich zierlichsten Teile des Gestells – was für Witz und Urteil ganz oben an unserem Gestell ebenfalls gilt – wie überhaupt die beiden Paare zweifellos dazu gemacht und aufeinander abgestimmt sind, ›sich gegenseitig zu heben‹, wie wir uns in solchen Fällen zwiefacher Verschönerung ausdrücken.

Nun, um des Versuches willen und um die Sache noch mehr zu verdeutlichen, nehmen wir doch einmal eine von diesen beiden Verzierungen (gleichviel welche) von der Spitze oder dem Zapfen des Stuhles weg – lachen Sie bitte nicht, mein Herr! –, haben Sie aber in Ihrem ganzen Leben etwas gleich Lächerliches und Armseliges gesehen wie das, was sich jetzt Ihrem Auge darbietet? Es ist ein so erbärmlicher Anblick wie eine Sau mit einem Ohr; im einen ist nämlich genausoviel Sinn und Symmetrie wie im andern. Bitte, stehen Sie doch vom Sessel auf, um sich das anzusehen! Jetzt frage ich, ob ein Mann, der etwas auf sich hält, eine Arbeit in diesem Zustand aus der Hand geben wollte? Hand aufs Herz! Beantworten Sie mir die einfache Frage: Wird dieser einzelne Nagelkopf, der hier dasteht wie ein rechter Trottel, einen anderen Zweck auf Erden haben als den, daß er uns fortwährend das Fehlen des zweiten vor Augen und in Erinnerung bringt? Und lassen Sie mich die weitere Frage stellen für den Fall, daß der Sessel Ihnen gehört: Würden Sie nicht in Ihrem Innersten der Meinung sein, daß es viel gescheiter wäre, wenn überhaupt keiner da wäre?

Nun sind aber die beiden Nagelköpfe oder Knöpfe oder obersten Verzierungen des Menschengeistes, welche das ganze Gestell krönen, der Witz und das Urteil, wie ich bewiesen habe, die am meisten benötigten, die geschätztesten, die unentbehrlichsten und am schwersten zu erringenden, und aus allen diesen Gründen gibt es keinen sterblichen Mann unter uns so bar jeder Liebe für einen guten Namen oder ein gutes Unterkommen und so ohne Sinn für das, was ihm dieses zu verschaffen imstande wäre, daß er nicht den festen Willen und Wunsch hätte, Herr und Meister des einen oder des anderen oder, wenn es sich irgendwie machen ließe, beider zu werden oder zum mindesten dafür zu gelten.

Da aber die ernster gestimmten Herrschaften unter uns wenig oder gar keine Aussichten haben, das eine zu erreichen, es sei denn, daß sie sich des anderen bemächtigt haben – was glauben Sie, bitte, das mit ihnen geschehen würde? Wie, meine Herren, trotz aller Ernsthaftigkeit müßten sie sich damit zufriedengeben, innerlich nackt zu gehen – das wäre aber doch nur mit Hilfe einer Philosophie zu ertragen, welche in diesem Fall nicht erwartet werden könnte –, so daß kein Mensch ihnen würde haben zürnen können, wenn sie mit dem wenigen zufrieden gewesen wären, was sie hätten heimlich erschnappen und in ihrem Mantel oder unter den Perücken verstecken können, hätten sie nicht zugleich ein solches Geschrei gegen die rechtmäßigen Eigentümer erhoben.

Ich brauche den verehrten Herren nicht erst zu versichern, daß dies mit so viel Kunst und Schlauheit geschah, daß sogar der große Locke, der sich selten durch falsche Töne hat verführen lassen, übertölpelt wurde. Der Lärm gegen die – in diesem Falle armen – Geister war nämlich, scheint es, so gewaltig und weittragend und mit Hilfe großer Perücken, ernster Mienen und anderer Werkzeuge des Betruges so allgemein und wirkungsvoll, daß selbst der große Philosoph dadurch getäuscht wurde. Es war sein Ruhm, die Welt vom Gerümpel von tausend landläufigen Irrtümern befreit zu haben, dieser eine aber war nicht darunter. Anstatt sich also hinzusetzen, wie es ein Philosoph von seinem Rang hätte tun sollen, und die Sache kühl zu untersuchen, bevor er darüber philosophierte, nahm er die Sache für erwiesen an und schrie mit den anderen und rief genauso laut wie die anderen: Hallo.

Dies hat man nun seitdem zur Magna Charta der Dummheit erhoben – aber Euer Ehrwürden sehen ja ganz klar, daß man sie auf üble Weise erschlichen hat und daß der Rechtstitel darauf keinen Heller wert ist. Was nebenbei eine der vielen niederträchtigen Betrügereien ist, welche die sogenannte ernste Gesinnung und die ernsten Männer einmal später werden zu verantworten haben.

Was die großen Perücken anbelangt, über welche ich mich nach der Meinung der Menschen vielleicht zu frei ausgesprochen habe, so möchte ich mir erlauben, alles, was unbedachterweise zu ihrem Tadel und Schaden gesagt worden sein mag, durch folgende allgemeine Erklärung einzuschränken: daß ich große Perücken, lange Bärte nur dann hasse oder verabscheue oder verwerfe, wenn ich sehe, daß man sich auf sie beruft oder man sie wachsen läßt, nur um den genannten Betrug auszuführen. Im übrigen: Friede sei mit ihnen. Beachtet aber, ich schreibe nicht für sie.

Einundzwanzigstes Kapitel

Mindestens zehn Jahre lang hatte sich mein Vater tagtäglich entschlossen, sie reparieren zu lassen. Doch ist es bisher noch immer nicht geschehen. Keine andere Familie würde es eine Stunde lang ausgehalten haben – und was das allererstaunlichste dabei ist: Es gab in der ganzen Welt kein Ding, worüber mein Vater mehr Beredsamkeit zu entfalten wußte als über Türangeln. Und trotzdem war diese ganze unvergleichliche Beredsamkeit nur eine einzige Seifenblase (zum mindesten für die Türangeln). Bei meinem Vater lagen sich Theorie und Praxis dauernd in den Haaren. Die Stubentür konnte nicht geöffnet werden, ohne daß nicht meines Vaters ganze Philosophie oder seine sämtlichen Grundsätze ihr augenblicklich zum Opfer fielen. Drei Tropfen Öl mit einer Feder darauf geschmiert und ein ordentlicher Hammerschlag würden meines Vaters Ehre und Ansehen für immer wiederhergestellt haben.

Was für ein widersinniges, unbeständiges Geschöpf ist doch der Mensch! Er ächzt unter Wunden, die er zu heilen durchaus die Kraft in sich hat – sein ganzes Leben ein einziger Widerspruch zu seiner Erkenntnis –, die Vernunft, Gottes kostbarste Gabe, dient ihm nur dazu (statt Öl darauf zu träufeln), seine Empfindlichkeit zu reizen, seine Schmerzen zu vermehren und ihn noch melancholischer und schwerblütiger zu machen, als er es ohnehin ist. Armes, unglückseliges Geschöpf, daß es gerade so und nicht anders sein muß! Sind nicht die unvermeidlichen Ursachen des Elends in diesem Leben zahlreich genug, als daß er noch gewollte, wissentlich herbeigeführte, zur vorhandenen Masse des Kummers hinzufügen müßte; ist er nicht töricht genug, gegen Übel anzurennen, die sowieso nicht zu umgehen sind – und sich gleichzeitig mit anderen abzufinden, die er mit dem zehnten Teil der Mühe, die sie ihm bereiten, für immer beseitigen könnte?

Bei allem, was gut und tüchtig ist: Wenn drei Tropfen Öl zu bekommen sind und auch ein Hammer im Umkreis von zehn Meilen von Shandy Hall aufzutreiben ist – so soll die Türangel der Wohnstube noch während der Regierung des gegenwärtigen Königs repariert werden!

Zweiundzwanzigstes Kapitel

Als Korporal Trim mit seinen beiden Mörsern fertig war, ward er über alle Maßen vom Werk seiner Hände entzückt. Und da er wußte, welches Vergnügen er mit ihrem Anblick seinem Herrn bereiten würde, so vermochte er dem Wunsch nicht zu widerstehen, sie gleich ins Wohnzimmer zu tragen.

Nun ist mir, abgesehen von der Vorlesung über Moral, die ich bei der Erwähnung der Türangeln im Sinne hatte, noch eine theoretische Betrachtung aus derselben Angelegenheit erwachsen, und zwar ist es diese:

Wenn die Tür geöffnet worden wäre und sich so in den Angeln gedreht hätte, wie es jede Tür soll – so geschickt zum Beispiel, wie sich unsere Regierung gedreht hat (vorausgesetzt natürlich, daß sich infolgedessen alles für Euer Gnaden günstig gestaltet hat, sonst gebe ich den Vergleich auf) –, so würde in diesem Fall keine Gefahr weder für den Herrn noch für den Diener darin gelegen haben, daß Trim hineinblickte. Im Augenblick nämlich, da dieser meinen Vater und Onkel Toby hätte schlafen sehen, wäre seine Ehrerbietung doch viel zu groß gewesen, als daß er sich nicht alsogleich leise wie der Tod zurückgezogen und beide in ihren Lehnsesseln so in seligen Träumen befangen gelassen hätte, wie er sie gefunden hatte. Aber das war eben, menschlich gesprochen, nicht durchführbar, denn in den vielen Jahren, in denen man hatte die Türangeln fortknarren lassen, gehörte es zu den stündlichen Ärgernissen meines Vaters, daß er nicht die Arme verschränken konnte, um sein Mittagsschläfchen zu halten, ohne daß nicht der Gedanke daran, wer ihn diesmal wieder mit dem Öffnen der knarrenden Tür aufwecken würde, alle anderen beherrschte und so unaufhörlich sich zwischen ihn und die erste sanfte Ankündigung des Schlafes stellte, daß er dadurch, wie er selbst oft bezeugte, um dessen ganze Süßigkeit gebracht wurde.

Wenn die Dinge sich in verrosteten Angeln bewegen, mit Euer Gnaden Erlaubnis, kann es da anders sein?

Was gibt's? Wer ist hier? rief mein Vater, der im Augenblick, als die Tür knarrte, aus seinem Schlafe auffuhr. Ich wünschte, der Schlosser würde endlich einmal nach diesen verfluchten Türangeln sehen.

Nichts weiter, ich bringe nur zwei Mörser, Euer Gnaden, sagte Trim.

Sie sollen hier damit keinen Lärm machen, rief mein Vater schnell. Wenn Doktor Slop Zimt oder sonst etwas im Mörser zu zerstoßen hat, so soll er es in der Küche tun.

Es sind aber zwei Bomben-Mörser für die Belagerung von Messina im nächsten Sommer, Euer Gnaden, antwortete Trim, die ich aus ein paar Kanonenstiefeln gefertigt habe, die, wie Obadiah mir versicherte, Euer Gnaden nicht mehr tragen.

Um Himmels willen, rief mein Vater, vom Sessel aufspringend, ich habe nichts unter allen meinen Sachen, worauf ich so viel Wert lege, wie diese Jagdstiefel – sie haben unserem Urgroßvater gehört, Bruder Toby, und sind zwei Erbstücke.

Dann hat dich Trim darum verkürzt, fürchte ich, sagte Onkel Toby.

Ich habe sie doch nur um die Schäfte verkürzt, Euer Gnaden, rief Trim.

Ich hasse alten Kram, der sich forterbt, mehr als irgendein anderer Mensch, sagte mein Vater, aber diese Reitstiefel, fuhr er fort (lächelnd, aber doch noch immer ärgerlich), sind seit den Bürgerkriegen in der Familie, Bruder; Sir Roger Shandy trug sie in der Schlacht bei *Marston Moor.* Wenn man mir zehn Pfund dafür geboten hätte, würde ich sie nicht hergegeben haben.

Ich will dir so viel dafür geben, sagte Onkel Toby, indem er mit unendlichem Vergnügen auf die beiden Mörser blickte und dabei mit der Hand in die Hosentasche fuhr. Ich will dir zehn Pfund dafür sofort und von Herzen gern dafür geben.

Bruder, antwortete mein Vater in verändertem Tone, es ist dir ganz gleichgültig, wieviel Geld du verschleuderst, wenn es nur wieder für eine neue Belagerung ist.

Habe ich nicht jährlich hundertzwanzig Pfund neben meiner Pension? rief Onkel Toby.

Was bedeutet aber das alles zusammen, antwortete mein Vater, wenn dir zehn Pfund für ein paar alte Stiefel nicht zuviel sind? Und zwölf für die Pontons? Und sechs für die holländische Zugbrücke? Nicht zu reden von der Batterie kleiner Geschütze aus Messing, wovon du vorige Woche sprachst mit noch zwanzig anderen Vorbereitungen für die Belagerung von Messina. Glaube mir, Bruder Toby, fuhr mein Vater fort und nahm ihn sanft bei der Hand, diese militärischen Vorbereitungen gehen über deine Mittel. Du meinst es ja gut, Bruder, aber du stürzest dich damit in noch größere Ausgaben, als du dir zu Anfang ausgerechnet hast, und, nimm mein Wort, sie werden dich noch ganz ruinieren und zum Bettler machen.

Und wenn sie mich zum Bettler machen – was bedeutet das, Bruder Shandy, antwortete Onkel Toby, solange wir die Überzeugung haben, daß dies alles zum Besten der Nation geschieht?

Mein Vater mußte lachen, sein Zorn war schlimmstenfalls nie mehr als ein Strohfeuer, und Trims Einfalt und Dienstfertigkeit und die hochherzige (wenn auch steckenpferdliche) Vaterlandsliebe Onkel Tobys söhnten ihn sogleich wieder mit beiden aus.

Gute, hochherzige Seelen, Gott erhalte euch, und eure Mörserstücke dazu, sagte mein Vater zu sich selber.

Dreiundzwanzigstes Kapitel

Nun ist alles ruhig und still, sagte mein Vater, wenigstens über uns; ich höre nicht einen einzigen Schritt. Bitte, Trim, wer ist in der Küche?

Keine Seele ist in der Küche außer Doktor Slop, antwortete Trim mit einer langanhaltenden Verbeugung.

Zum Teufel, rief mein Vater, nichts geht heute seinen regelrechten Gang. Wenn ich an Astrologie glaubte, Bruder (was mein Vater nebenbei wirklich tat), so würde ich sagen, ein rückläufiger Stern hänge über unserem unglücklichen Haus und bringe alles durcheinander. Ich dachte doch, Doktor Slop sei oben bei meiner Frau, und so sagtest du doch auch. Was macht der Mann sich nur in der Küche zu schaffen?

Er ist gerade dabei, eine Brücke zu machen, Euer Gnaden, sagte Trim.

Das ist ja sehr freundlich von ihm, rief Onkel Toby, sag Er ihm, bitte, ich stünde stets zu seinen Diensten und lasse ihm von ganzem Herzen danken.

Sie müssen nämlich wissen, daß Onkel Toby jetzt die Brücke ebenso mißverstand wie mein Vater vorhin die Mörser. Um aber Onkel Tobys Mißverständnis zu verstehen, bleibt mir, fürchte ich, nichts anderes übrig, als genau den Weg zu schildern, der ihn zu diesem Mißverständnis führte. Oder aber, um die Metapher fallenzulassen (denn es gibt nichts Unehrlicheres an einem Historiker als den Gebrauch einer solchen), um das Unausweichliche dieses Irrtums in Onkel Toby zu verstehen, muß ich sehr gegen meinen Willen zuerst die Schilderung eines Abenteuers Trims geben. Ich sage nur darum: sehr gegen meinen Willen, weil die Geschichte hier noch nicht am Platze ist. Denn von Rechts wegen sollte sie entweder im Abschnitt von Onkel Tobys Liebschaften mit der Witwe Wadman stehen, darin Korporal Trim keine geringe Rolle spielt, oder mitten in dessen und Onkel Tobys Kampagnen auf dem Rasenplatz, denn sie wäre beiderorts am Platz. Wenn ich sie mir aber für einen dieser beiden Orte aufhebe, ruiniere ich mir die Geschichte an der Stelle, wo ich eben jetzt halte, und wenn ich sie jetzt erzähle, so nehme ich manches vorweg und verderbe mir die Geschichte dort und später.

Was wollen also Euer Hochwürden, daß ich in diesem Falle tue?

Erzählen Sie, Mr. Shandy, um jeden Preis. – Tun Sie's auf keinen Fall, Sie sind ein Narr, Tristram, wenn Sie es tun.

O ihr Mächte (denn Mächte seid ihr, hohe Mächte), die ihr einen sterblichen Menschen ermächtigt, eine Geschichte zu erzählen, die wert ist, daß man sie höre, die ihr ihn gütig anweiset, wo er zu beginnen habe und wo zu enden, was er hineinzubringen habe und was auszulassen, was er davon in Schatten stellen und worauf er wiederum Licht fallen lassen müsse – ihr, die ihr dem sehr ausgedehnten Reich aller biographischen Freibeuter vorsteht und zuseht, in was für Klemmen und Wasserlöcher eure Untergebenen stündlich geraten – werdet ihr wenigstens eines für mich tun?

Ich bitte und ersuche euch (solltet ihr nichts für mich zu tun willens sein), daß, wo immer in eurem Reich zufällig drei verschiedene Wege in einem Punkt zusammentreffen wie eben hier und jetzt, ihr aus Barmherzigkeit wenigstens einen Wegweiser in der Mitte aufstellt, damit so ein armer Teufel wie ich wisse, welchen von dreien er zu gehen habe.

Obwohl die Erschütterung, die Onkel Toby im Jahre nach der Zerstörung von Dünkirchen durch das Scharmützel mit der Witwe Wadman erfuhr, in ihm den Entschluß gefestigt hatte, nichts mehr vom anderen Geschlecht oder was irgendwie dazugehörte, wissen zu wollen, so hatte doch Korporal Trim kein solches Abkommen mit sich getroffen. Was meinen Onkel anbelangt, so waren in der Tat merkwürdige und unerklärliche Ereignisse zusammengetroffen, die ihn unmerklich dazu führten, jene schöne und starke Zitadelle zu belagern. Bei Trim dagegen lag der Fall einfacher; hier gab es kein Zusammentreffen von irgendwelchen Dingen, oder es gab vielmehr nur eines, und zwar das zwischen ihm selber und Bridget in der Küche, obwohl in Wahrheit Trims Liebe und Verehrung für seinen Herrn so groß war und er ihn so gern in allem, was dieser tat, nachahmte, daß, wenn Onkel Toby seine Zeit und seinen Geist darauf verwendet hätte, Spitzen zu klöppeln, der brave Korporal nach meiner Überzeugung bestimmt die Waffen niedergelegt hätte und dem Beispiel seines Herrn mit Freuden gefolgt wäre. Als sich darum Onkel Toby zur Belagerung seiner Dame anschickte, so bezog auch Korporal Trim sofort den Posten vor deren Kammerjungfrau.

Kann es Ihrem Scharfsinn, mein teurer Freund Garrick, den zu schätzen und zu ehren ich soviel Grund habe (warum und wofür, tut hier nichts zur Sache), entgangen sein, warum so viele Stückeschreiber und Verarbeiter von Tratsch seit jeher nach dem Muster Onkel Tobys und Trims gearbeitet haben? Ohne mich weiter um das, was Aristoteles oder Pacuvius oder Bossu oder Ricaboni sagen (obwohl ich keinen von ihnen gelesen habe), zu kümmern – es gibt doch keinen größeren Unterschied zwischen einem Einspänner und Madame Pompadours Doppelgespann als zwischen einer einzelnen und einspännigen Liebschaft und einer also nobel gedoppelten, die sozusagen mit vier Pferden durch ein großes Drama paradiert. Herr, so eine einzelne, einfache, einspännige, alberne Affäre dieser Art geht in fünf Akten einfach verloren – doch das trifft weder hier noch dort zu.

Nach einer Reihe von Angriffen und Abwehrerfolgen im Laufe der neun Monate, die Onkel Toby vor der Festung lag und wovon ein sehr genauer Bericht an Ort und Stelle noch folgen wird, erachtete es Onkel Toby, der rechtschaffene Mann, für notwendig, seine

Kräfte zurückzuziehen und die Belagerung nicht ohne einige Entrüstung aufzuheben.

Korporal Trim hatte, wie gesagt, kein solches Abkommen mit sich oder sonst jemand geschlossen. Da ihm jedoch seine Herzenstreue nicht erlaubte, ein Haus zu betreten, das sein Herr mit Abscheu verlassen hatte, so gab er sich damit zufrieden, seinen Anteil an der Belagerung in eine Blockade umzuwandeln, das heißt, er hielt andere davon fern. Denn wenn er auch nicht ins Haus hineinging, so traf er doch niemals Bridget im Dorf, ohne ihr zuzunicken oder zu winken oder zuzulächeln, und zuweilen, wenn die Umstände es möglich machten, drückte er ihr die Hand und ab und zu, doch nur wenn es mit Anstand geschehen konnte, einen ...

Genauso standen die Dinge alle diese fünf Jahre hindurch, das heißt, von der Zerstörung Dünkirchens im Jahre dreizehn bis zum Ende von Onkel Tobys Kampagne im Jahre achtzehn, was also ungefähr sechs bis sieben Wochen vor der Zeit war, von der ich jetzt spreche. Als Trim wie gewöhnlich, nachdem er Onkel Toby zu Bett gebracht, in einer Mondnacht hinunter in den Garten ging, um nachzusehen, ob alles an den Befestigungsanlagen in Ordnung sei, erspähte sein Auge plötzlich am schmalen Weg, der durch blühendes Buschwerk und Hollersträucher vom Rasenplatz getrennt war, seine Bridget.

Überzeugt, daß es keine größere Sehenswürdigkeit auf der ganzen Welt gäbe als diese herrlichen Festungswerke, die er und Onkel Toby erbaut hatten, nahm der Korporal Bridget alsogleich mit aller Höflichkeit und sehr galant bei der Hand und führte sie hinein. Doch war es trotz allem nicht so heimlich getan, daß nicht die bösmäulige Trompete des Klatsches es in alle Ohren geschmettert hätte, und zwar so lange, bis es das Ohr meines Vaters erreichte zugleich mit der verdrießlichen Tatsache, daß meines Onkels sehr kunstreiche Brücke, die auf holländische Art erbaut und bemalt über den Graben führte, in derselben Nacht eingestürzt und aus dem einen oder anderen Grunde in tausend Stücke zerbrochen wäre.

Mein Vater schätzte, wie Sie schon bemerkt haben dürften, Onkel Tobys Steckenpferd nicht sehr hoch, ja, er hielt es in gewissem Sinn für das lächerlichste Tier, das je ein Kavalier bestiegen, und konnte niemals, wenn er nicht direkt darüber Ärger empfand, daran denken, ohne zu lächeln, so daß jenes Tier nie lahmen oder sonst von einem

Unfall betroffen werden konnte, ohne daß sich nicht meines Vaters Phantasie davon überaus angenehm erregt fühlte. Da nun dieser neue Unfall so recht nach seinem Sinn war, mehr denn jeder andere vorher, so erwies er sich auch als eine unerschöpfliche Quelle von Heiterkeit. Guter Toby – meist fing mein Vater so an –, bitte, erzähle mir doch einmal ganz genau und ganz sachlich, wie das mit der Zugbrücke gewesen ist!

Warum mußt du mich denn in einem fort damit hänseln? antwortete Onkel Toby. Ich habe es dir schon zwanzigmal erzählt, Wort für Wort, so, wie Trim es mir geschildert hat. – Bitte, wie war es also, Korporal? rief mein Vater dann, zu Trim gewendet.

Es war das reinste Mißgeschick, Euer Gnaden, sagte Trim, ich war nämlich gerade dabei, Mrs. Bridget unsere Befestigungen zu zeigen, und bin bei dieser Gelegenheit unglücklicherweise zu nahe an den Grabenrand geraten, so daß ich hineinfiel. – Gut, gut, Trim, rief mein Vater (verschmitzt lächelnd und Trim zunickend, doch ohne ihn zu unterbrechen) ... Und da ich Arm in Arm mit Mrs. Bridget ging, Euer Gnaden, so zog ich sie mit, auf welche Weise sie, krach! gegen die Brücke fiel – und da Trims Fuß (sprach jetzt Onkel Toby, Trim die Erzählung aus dem Munde nehmend) in die Küvette geriet, so fiel auch er mit seinem ganzen Körpergewicht gegen das Brückengeländer. Das reinste Glück noch, fügte er jedesmal hinzu, daß der arme Kerl sich nicht das Bein brach.

Ja, wahrhaftig, rief mein Vater, so ein Bein oder ein Glied ist leicht gebrochen bei derlei Rencontres. – Und so, Euer Gnaden, ist die Brücke, die, wie Euer Gnaden wissen, aus sehr weichem Holz war, zerbrochen und in tausend Stücke zersplittert, und zwar in derselben Nacht.

Zu anderen Zeiten, besonders wenn Onkel Toby das Unglück hatte, auch nur mit einer Silbe Kanonen, Bomben und Petarden zu erwähnen, erschöpfte mein Vater sein ganzes Lager von Beredsamkeit, das tatsächlich sehr groß war, im Lobe auf die Sturmböcke der Alten, auf die *Vinea*, die Alexander der Große bei der Eroberung von Troja verwandte. Er erzählte dann Onkel Toby von den Katapulten der Syrer, welche ganz kolossale Steine hundert Fuß weit warfen und allerstärkste Bollwerke in den Grundfesten erschütterten. Fortfahrend, beschrieb er den wundervollen Mechanismus der *Ballista*, wovon Marcellinus soviel Aufhebens macht, ferner die schauerlichen Wirkungen der *Pyroboli*, die Feuer warfen, schilderte die Gefahren der *Terebra* und des *Scorpio*, die Speere warfen. Doch was ist das alles, schloß er meist, im Vergleiche mit den zerstörenden Wirkungen von Korporal Trims Maschine? Glaube mir, Bruder Toby, keine Brücke, keine Bastion, kein Gittertor in der Welt vermag dieser Artillerie schließlich Widerstand zu leisten.

Onkel Toby machte keinen anderen Verteidigungsversuch gegen die Kraft und den Andrang dieser Spottangriffe als den, mit verdoppelter Heftigkeit an seiner Pfeife zu ziehen. So verbreitete er eines Abends nach dem Essen einen so entsetzlichen Qualm im Zimmer, daß mein Vater, der nicht sonderlich fest in der Lunge war, an einem Hustenanfall zu ersticken drohte. Onkel Toby sprang jetzt ohne Rücksicht auf die Schmerzen in den Leisten vom Stuhle auf, trat voll unendlicher Anteilnahme neben meines Vaters Stuhl, klopfte mit der einen Hand meines Vaters Rücken, während er mit der anderen ihm den Kopf hielt oder ihm von Zeit zu Zeit die Augen mit einem frischen Batisttuch, das er aus der Tasche zog, trocknete. Die über alles liebevolle und zärtliche Art, mit welcher Onkel Toby solche kleine Dienste leistete, schnitt jedesmal meinem Vater ins Herz wegen des Schmerzes, den er ihm eben bereitet hatte. Mein Gehirn soll von einem Sturmbock oder meinetwegen auch von einem Katapult, sprach mein Vater zu sich selber, aus meinem Schädel herausgeschlagen werden, wenn ich noch einmal diese würdige Seele verletze!

Fünfundzwanzigstes Kapitel

Da die Brücke nicht mehr auszubessern ging, bekam Trim den Befehl, sofort eine neue zu machen – doch nicht nach dem alten Modell. Denn da inzwischen Kardinal Alberonis Intrigen aufgedeckt worden waren und Onkel Toby richtig voraussah, daß neuerdings die Kriegsfackel aufflammen werde zwischen Spanien und dem Kaiser und daß der Schauplatz der bevorstehenden Kampagne wahrscheinlich Sizilien oder Neapel sein werde, so entschied er sich für eine italienische Brücke (Onkel Tobys Schlüsse waren nebenbei nicht ganz unrichtig), aber mein Vater, welcher der unendlich bessere Politiker von beiden war und Onkel Toby in allen Fragen der äußeren Politik ebenso übertraf wie dieser ihn in denen der Kriegsführung, überzeugte ihn, daß, wenn der König von Spanien und der Kaiser sich bei den Ohren zu fassen bekommen, England, Frankreich und Holland kraft früherer Verträge gleichfalls die Kampfbühne werden betreten müssen. Und wenn es einmal dazu gekommen ist, schloß er, so werden die kämpfenden Parteien so sicher, wie daß wir hier leben, wieder auf dem alten Kriegstummelplatze, nämlich in Flandern, übereinander herfallen. Was willst du dann mit deiner italienischen Brücke anfangen?

Wir werden sie also wieder nach dem alten Modell machen, rief Onkel Toby.

Als Korporal Trim damit fast zur Hälfte fertig geworden war, entdeckte Onkel Toby an ihr einen Hauptfehler, an welchen er bisher noch nicht gedacht hatte. Die Brücke war, wie es scheint, an beiden Enden drehbar und in der Mitte zu öffnen, die eine Hälfte nach dem einen, die andere nach dem anderen Grabenrand zu. Der Vorteil lag darin, daß durch diese Teilung des Gewichtes der Brücke in zwei ganz gleiche Teile Onkel Toby jetzt instand gesetzt war, sie mit der Spitze des Krückstockes und einer Hand zu heben und sinken zu lassen, was bei der Schwäche der Garnison alles war, was er dafür aufwenden konnte. Die Nachteile einer solchen Konstruktion freilich waren unüberwindlich. Denn auf diese Weise, sagte Onkel Toby, lasse ich ja die eine Hälfte meiner Brücke im Besitz des Feindes, und was habe ich dann von der anderen?

Das natürliche Hilfsmittel dagegen war zweifellos, die Brücke nur an dem einen Ende mit Angeln zu versehen, so daß die ganze Brücke auf einmal aufging und sich vertikal aufrichtete – doch das wurde aus den oben angeführten Gründen verworfen.

Eine ganze Woche später hatte Onkel Toby sich endlich für eine Brücke von jener besonderen Konstruktion entschieden, die ebenso in horizontaler Richtung, um den Übergang zu verhindern, eingezogen wie auch von neuem aufgeworfen werden kann, um auf solche Weise einen Übergang zu ermöglichen – von welcher Art Euer Gnaden drei sehr berühmte in Speyer vor dessen Zerstörung und eine, wenn ich nicht irre, in Breisach sehen konnten. Da aber mein Vater Onkel Toby den sehr ernstlichen Rat gab, von Wurfbrücken lieber abzusehen, und mein Onkel zudem auch voraussah, daß Brücken nur das Andenken an Trims Mißgeschick verewigen würden, änderte er seinen Entschluß und entschied sich für die Erfindung des Marquis d'Hôpital, die der jüngere Bernoulli so gut und so gelehrt beschrieben hat, wie Euer Wohlgeboren nachsehen mögen – Act. Erud. Lips. an. 1695 –. Die Brücke wird durch ein Bleigewicht dauernd im Gleichgewicht gehalten, welches zugleich ebenso gute Wachtdienste leistet wie zwei Schildwachen, da die Konstruktion auf einer Kurve beruht, die wohl nicht eine Zykloide ist, dieser jedoch sich nähert.

Onkel Toby verstand das Wesen der Parabel so gut wie nur irgendein Mann in England, er beherrschte aber nicht in demselben Maße die Zykloide, und trotzdem daß er darüber jeden Tag redete, ging es mit der Brücke nicht vorwärts.

Wir müssen darüber einmal jemanden befragen, sagte Onkel Toby zu Trim.

Sechsundzwanzigstes Kapitel

Als Trim hereinkam und meinem Vater meldete, daß Dr. Slop in der Küche mit einer Brücke beschäftigt sei, hielt es Onkel Toby – die Sache mit den Reitstiefeln hatte eben eine ganze Reihe militärischer Vorstellungen in ihm geweckt – für ausgemacht, daß Dr. Slop ein Modell für d'Hôpitals Brücke verfertige. – Das ist sehr freundlich von Doktor Slop, sprach Onkel Toby, sage ihm, ich stünde ihm gern zu Diensten, und sage ihm auch, daß ich ihm von ganzem Herzen danke.

Wenn Onkel Tobys Kopf ein Guckkasten gewesen wäre und mein Vater die ganze Zeit über hineingeblickt hätte, so würde er sich keine deutlichere Vorstellung von Onkel Tobys Ideen haben schaffen können, als die war, die er jetzt hatte. Darum stand er jetzt trotz Katapulten und Sturmböcken und trotz den heftigen Verwünschungen und Vorsätzen von vorhin unmittelbar vor einem neuen Triumph …

Als Trims Antwort ihm den Lorbeer von der Stirn riß und in Stücke zerfetzte.

Siebenundzwanzigstes Kapitel

Ach, diese deine unglückselige Zugbrücke, rief mein Vater.

Gott segne Euer Gnaden, es ist aber eine Brücke für die Nase des jungen Herrn, antwortete Korporal Trim. Indem Dr. Slop diesen mit seinen niederträchtigen Instrumenten in die Welt herauszog, quetschte er seine Nase, wie Susanna erzählte, so flach wie einen Pfannkuchen, und jetzt ist er gerade dabei, eine falsche Brücke aus

Leinwand und einem Stück Fischbein aus Susannas Mieder zu machen, um die Nase wieder aufzurichten.

Bruder Toby, bitte, führe mich in meine Kammer, bitte gleich, rief mein Vater.

Achtundzwanzigstes Kapitel

Vom ersten Augenblick an, da ich mich hinsetzte, um mein Leben zur Unterhaltung der Menschen und meine Ansichten zu deren Belehrung niederzuschreiben, hatte sich unmerklich eine Wetterwolke über dem Haupt meines Vaters zusammengezogen. Eine ganze Flut kleiner Übel und Kümmernisse hatte sich vor ihm aufgetürmt. Nicht eine einzige Angelegenheit hatte, wie er selbst bemerkte, den richtigen Verlauf genommen, und jetzt hat sich nun das Gewitter über uns verdichtet und wird sich bald über seinem Haupt entladen.

Ich beginne darum diesen Teil meiner Geschichte in der schwermütigsten und nachdenklichsten Gemütsverfassung, die jemals eine mitfühlende Menschenbrust gerührt hat. Die Spannkraft meiner Nerven läßt nach, während ich sie erzähle. Mit jeder Zeile, die ich schreibe, wird mein Puls langsamer, und damit zugleich verläßt mich meine frühere Lebhaftigkeit und Sorglosigkeit, welche mich sonst täglich dazu angetrieben hat, tausend Dinge zu sagen, die ich lieber nicht sagen sollte. Und in diesem Augenblick, da ich meine Feder in die Tinte tauche, kann ich nicht umhin zu bemerken, welche Vorsicht, welche traurige Gehaltenheit und Feierlichkeit dabei zum Ausdruck kam. Himmel! welch ein Unterschied zu dem hastigen Gekritzel und den irrsinnigen Spritzern, Tristram, mit denen du sonst in anderer Stimmung bei der Arbeit vorzugehen gewohnt bist! Da wird die Feder fallen gelassen, da gibt es Tintenkleckse auf Tisch und Büchern, als ob dich Feder und Tinte, Bücher und Möbel gar nichts kosteten.

Neunundzwanzigstes Kapitel

Ich will mit Ihnen darüber nicht streiten, es ist aber so, und ich bin davon ganz und gar überzeugt, Madame, daß beide, Mann und Frau, den Kummer und die Sorge (und soviel ich weiß, auch die Freude) am besten in der horizontalen Lage ertragen.

Kaum war mein Vater in seiner Schlafkammer angelangt, als er sich quer über das Bett warf in der denkbar wildesten Unordnung, zugleich aber auch in der bejammernswertesten Stellung eines vom Schmerz gebeugten Mannes, die je mitleidigen Augen eine Zähre entlockt hat. Als er aufs Bett fiel, senkte sich sein rechter Handteller, der die Stirn hielt und teilweise auch die Augen verdeckte, sachte zusammen mit dem Kopf (während der Ellbogen zurückwich) so tief, bis daß die Nase das Polster berührte. Sein linker Arm fiel über die Bettkante hinab, die Knöchel der Finger rührten an den Henkel des Nachttopfes, der unter dem Bettvorhang hervorlugte. Sein rechtes Bein (das linke war an den Leib gezogen) hing vom Bett herab, die Bettkante drückte das Schienbein. Doch mein Vater fühlte das alles nicht. Ein starrer, ganz unnachgiebiger Kummer hatte sich jedes Zuges in seinem Gesicht bemächtigt. Er seufzte einmal auf, die Brust hob sich des öfteren, er äußerte aber keine Silbe.

Ein alter gestickter Lehnstuhl mit verblaßten Fransen stand am Kopfende des Bettes, gegenüber der Seite, wo meines Vaters Kopf sich jetzt ins Polster drückte. Onkel Toby nahm darin Platz.

Bevor ein Kummer verdaut ist, kommt der Trost immer zu früh, und nachdem er verdaut ist, zu spät. Sie sehen also, Madame, daß es zwischen beiden eine Grenze, so schmal und scharf wie ein Haar, gibt, woran sich der, welcher trösten will, zu halten hat. Onkel Toby war aber stets entweder diesseits oder jenseits dieser Grenze und sagte oft, daß er ehrlich glaube, er würde ebenso leicht oder schwer die geographische Länge treffen. Darum zog er, als er sich hinsetzte, den Vorhang ein wenig vor und hielt, da er stets eine Träne zu jedermanns Diensten bereit hatte, sein Batisttaschentuch vor die Augen, seufzte leise auf, sprach aber kein Wort.

Dreissigstes Kapitel

›Nicht alles ist Gewinn, was man in den Säckel tut.‹ Obwohl mein Vater das größte Glück beim Lesen der absonderlichsten Bücher von der Welt empfand und selber die absonderlichste Art zu denken hatte, mit der jemals ein Mensch gesegnet war, so hatte dies doch den Nachteil, daß er dadurch sich den absonderlichsten Sorgen preisgegeben fühlte, wovon gleich jene, unter welcher er augenblicklich zusammengesunken war, das beste Beispiel gibt.

Ohne Zweifel, das Eindrücken des Nasenrückens eines Kindes

durch die Geburtszange – wie wissenschaftlich korrekt immer diese angesetzt worden sein mochte – wird jeden Menschen ärgern, für den das Erzeugen eines Kindes eine so ernste und penible Sache war wie für meinen Vater; doch wird dies darum noch nicht das Übermaß des Kummers begreiflich machen und die unchristliche Art, womit mein Vater sich diesem hingab, rechtfertigen.

Um aber dieses Übermaß zu erklären, muß ich ihn eine halbe Stunde auf dem Bett liegen – und Onkel Toby in seinem alten gefransten Lehnstuhl neben ihm sitzen lassen.

Einunddreissigstes Kapitel

Ich halte es für eine höchst unberechtigte Forderung, rief mein Urgroßvater, indem er das Papier zusammenrollte und auf den Tisch warf. Nach dieser Rechnung, Madame, haben Sie nur zweitausend Pfund Vermögen und nicht einen Shilling mehr. Und trotzdem bestehen Sie auf einem jährlichen Wittum von dreihundert Pfund.

Weil Sie, antwortete meine Urgroßmutter, nur so eine kleine oder besser: keine Nase haben.

Bevor ich mich aber darauf einlasse, das Wort Nase zum zweitenmal zu gebrauchen, wird es nicht unangemessen sein – um allen Mißverständnissen darüber in diesem überaus interessanten Teil meiner Geschichte vorzubeugen –, das, was ich selber darunter verstehe, klarzumachen und mit Präzision und Deutlichkeit zu definieren, was ich gern unter diesem Begriff verstanden haben möchte, denn meiner Ansicht nach sind nur aus diesem und keinem anderen Grunde, weil diese Vorsorge aus Leichtsinn und Verkehrtheit von Schriftstellern nicht getroffen wurde, alle polemischen Schriften der Gottesgelehrtheit nicht so klar und beweiskräftig wie solche über Irrwische oder sonstige wichtige Themen aus Natur- und Geisteswelt. Was können Sie also Besseres tun, bevor sie eine Sache angehen, vorausgesetzt, daß Sie nicht die Absicht haben, der Welt bis zum Jüngsten Tage dauernd Rätsel aufzugeben, als dieser eine gute Definition zu liefern und sich daran auch zu halten, ich meine eine Definition jenes Wortes, das Sie am meisten Gelegenheit haben, in kleine Münze umzuwechseln wie eine Guinee in Shillinge. Ist das einmal erledigt, dann mag der Vater der Lüge versuchen, Verwirrungen anzurichten, soviel er will, oder eine andere Vorstellung in Ihren Kopf oder den des Lesers stecken, wenn er es noch vermag.

In Büchern strenger Moral und genauen Denkens wie dies, woran ich jetzt schreibe, ist eine Nachlässigkeit in diesem Punkte unverzeihlich. Und der Himmel ist Zeuge, wie sich die Welt dafür an mir gerächt hat, daß ich bisher so viel Wege offengelassen habe für Zweideutigkeiten und mich so ganz auf die Reinheit der Phantasie meines Lesers verlassen habe.

Hier sind zwei Deutungen möglich, rief Eugenius, als wir eines Tages zusammen spazierengingen, und wies mit dem Zeigefinger seiner rechten Hand auf das Wort *Spalt* auf Seite 112 des ersten Bandes in diesem Buch der Bücher – hier sind zwei Deutungen möglich, sagte er also. – Und hier sind zwei Wege, ein schmutziger und ein reiner, unterbrach ich ihn kurz, welchen willst du gehen? – Den reinen auf alle Fälle, antwortete Eugenius. – Eugenius, sagte ich, trat vor ihn hin und legte die Hand auf seine Brust, wer deutet, ist schon mißtrauisch. So trug ich diesmal über Eugenius den Sieg davon, aber ich triumphierte, wie ich immer triumphiere – als Narr. Mein Trost ist dabei nur, daß ich kein unverbesserlicher bin, darum –

definiere und deute ich die Nase wie folgt, indem ich nur noch vorher meine Leser beiderlei Geschlechts, welchen Alters, Aussehens und Standes immer, dem lieben Gott und dem Heil ihrer Seele zuliebe ersuche, sich vor Versuchungen und Einflüsterungen des Teufels zu hüten und keinesfalls zu leiden, daß er listig und kunstvoll euch eine andere Vorstellung einflüstere als die, welche sich aus meiner Definition ergibt. Denn unter dem Wort Nase verstehe ich das ganze lange Kapitel hindurch und ebenso in jedem anderen Teile meines Werkes, wo das Wort Nase vorkommt, eine Nase und weder mehr noch weniger.

Zweiunddreissigstes Kapitel

Weil, antwortete meine Großmutter, Sie nur so eine kleine oder besser: gar keine Nase haben.

Verflucht, rief mein Urgroßvater, mit der Hand zur Nase fahrend, so klein ist sie wiederum nicht. Sie ist um einen ganzen Zoll länger als die meines Vaters. – Nun war meines Urgroßvaters Nase auf das genaueste so wie die Nasen der Männer, Weiber und Kinder, die

Pantagruel auf der Insel Ennasin vorfand. Nebenbei, wenn Sie die absonderliche Art und Weise kennenlernen wollen, wie man sich bei einem so flachnasigen Volk verschwägert, so müssen Sie das Buch lesen. Von selber werden Sie niemals darauf kommen.

Sie sah wie ein Treff-As aus, mein Herr.

Sie ist um einen ganzen Zoll, fuhr mein Urgroßvater fort, indem er mit Finger und Daumen seinen Nasenrücken umfaßte und seine eben ausgesprochene Behauptung wiederholte, sie ist um einen ganzen Zoll länger als die meines Vaters.

Sie dürften wohl die Ihres Onkels meinen, antwortete meine Urgroßmutter.

Das überzeugte meinen Urgroßvater. Er faltete das Papier wieder auf und unterschrieb das Übereinkommen.

Dreiunddreissigstes Kapitel

Was für eine unbillige Rente, mein Lieber, müssen wir da nicht jährlich von unserem kleinen Gut zahlen, sagte meine Großmutter zu meinem Großvater.

Mein Vater, antwortete mein Großvater, hatte nicht mehr Nase im Gesicht – von einer ganz kleinen Andeutung abgesehen –, als hier eine auf meinem Handrücken sitzt.

Sie müssen wissen, daß meine Urgroßmutter den Großvater zwölf Jahre überlebte, so daß mein Vater die ganzen Jahre hindurch (zu Michaelis und Mariae Verkündigung) die Witwenrente von hundertundfünfzig Pfund halbjährlich zu zahlen hatte.

Niemand auf der Welt entledigte sich einer Zahlungspflicht mit mehr Anmut und Leichtigkeit als mein Vater. Solange es noch nicht über hundert Pfund ging, warf er sie auf den Tisch, Goldstück auf Goldstück, mit einer Eleganz und einer ehrlichen Bereitwilligkeit, mit der eben hochherzige Seelen und nur solche Geld hinwerfen können. Sobald es aber über die hundert ging, stieß er gemeiniglich ein unwilliges Hm aus, rieb sich die Nase mit der Breitseite seines Zeigefingers, schob die Hand bedächtig unter die Perücke, sah sich jedes Goldstück auf beiden Seiten an, bevor er sich davon trennte, und kam selten bis zur letzten Guinee, ohne das Taschentuch ziehen zu müssen, um sich die Schläfen abzuwischen.

Der Himmel beschütze mich gnädig vor jenen Geistern der Verfolgung, die keine Nachsicht mit solchen und ähnlichen Seelenvorgängen in uns kennen. Nie möchte ich in den Zelten derer ruhen, die in nichts nachgeben und nachlassen wollen und kein Verständnis für die Macht der Erziehung und das Vorherrschen solcher von den Vorfahren übernommenen Ansichten haben.

Mindestens seit drei Generationen hatte dieser Grund- und Glaubenssatz zugunsten langer Nasen allmählich in unserer Familie Wurzel gefaßt. Die Überlieferung sprach dafür, und auch die genannten Zinsen waren jedes halbe Jahr fällig und da, um ihn zu befestigen, so daß die Grillenhaftigkeit meines Vaters dabei nicht wie sonst bei allen seinen andern Vorstellungen die Ehre für sich allein in Anspruch nehmen durfte. Denn zum größten Teil hatte er ihn mit der Muttermilch eingesogen, doch gewiß auch seinen Teil noch dazu getan. Wenn also diesmal die Erziehung es war, die diesen Irrtum oder dieses Vorurteil eingepflanzt hatte (falls es überhaupt etwas Ähnliches war), so begoß ihn doch mein Vater fleißig und wartete seiner, bis daß er ganz ausgereift war.

Er erklärte oft, wenn er seinen Gedanken über diesen Punkt Ausdruck verlieh, daß er es nicht fassen könne, wie sich auch die größte Familie in England gegen eine ununterbrochene Reihenfolge von sechs oder sieben kurzen Nasen zu halten vermöchte. Hingegen, pflegte er gleich hinzuzufügen, müsse es eines der wichtigsten Probleme des öffentlichen Lebens bleiben, warum dieselbe Aufeinanderfolge langer und schöner Nasen die betroffene Familie nicht zu den höchsten Ämtern und Stellen im Königreich höbe. Er rühmte sich dessen häufig, daß die Familie der Shandys unter Heinrich VIII. einen sehr hohen Rang eingenommen, ihre Erhebung aber nicht politischen Ränken, sondern einzig dem besagten Umstand verdankt habe; leider aber, fügte er hinzu, habe auch für sie wie für andere Familien das Glücksrad sich gedreht, und sie habe sich vom Schlage, den sie durch die Nase meines Urgroßvaters erhielt, nie mehr ganz erholt. Diese Nase war in der Tat ein Treff-As gewesen, rief er, den Kopf schüttelnd, und zwar ein so gemeines für eine vom Unglück geschlagene Familie, wie je nur eines Trumpf gewesen ist.

Nur nicht voreilig und fürwitzig, lieber Leser! – Wohin reißt dich deine Phantasie? So wahr es eine Wahrheit in uns Menschen gibt: Unter meines Urgroßvaters Nase verstehe ich das äußere Geruchsorgan oder jenen Teil des Gesichtes, der daraus herausragt und nach dem Urteil der Maler bei guten und schönen Nasen und proportionierten Gesichtern ein Drittel derselben einnehmen soll, gemessen vom Haaransatz.

Ach, was hat ein Autor nicht für ein saures Leben!

Vierunddreissigstes Kapitel

Es ist ein besonderer Segen, daß die Natur den menschlichen Geist mit demselben glücklichen Widerwillen und der gleichen Störrigkeit gegen die Annahme neuer Überzeugungen ausgerüstet hat, wie wir sie bei alten Hunden gegen das Erlernen neuer Künste beobachten.

Zu was für einem Wetterhahn müßte nicht der größte Philosoph werden, wenn er nur solche Bücher lesen, solche Tatsachen beobachten und solche Gedanken denken wollte, dank denen er dauernd gezwungen wäre, den Gesichtspunkt zu wechseln!

Mein Vater nun verabscheute, wie gesagt, alles das. Er klaubte eine Ansicht irgendwo auf, wie ein Mann im Urzustand einen Apfel aufklaubt. Sie wird dadurch zu seinem Eigentum, und wenn er ein Mann von Geist ist, so wird er lieber sein Leben als diese Ansicht und den Apfel aufgeben.

Ich weiß wohl, daß Didius, der große Rechtslehrer, diesen Punkt bestreiten und mich anherrschen wird: Woher hat aber der Mensch das Recht auf den Apfel? *Ex confesso*, wird er sagen, befanden sich die Dinge im Naturzustand. Der Apfel gehört ebensogut John wie Frank. Bitte, Mr. Shandy, welche Besitzurkunde kann er nun dafür aufweisen? Und wie ist er in sein Eigentum übergegangen? War es damals, als ihm im Herzen darnach gelüstete? Oder da er ihn aufklaubte? Oder da er ihn kaute? Oder briet? Oder schälte? Oder nach Hause brachte? Oder verdaute? Oder darnach …? Denn das ist klar, Herr, wenn das Aufklauben gleich zu Anfang den Apfel nicht zu seinem Eigentum machte, kein darauffolgender Akt vermöchte es.

Bruder Didius, wird Tribonius antworten (da des Tribonius, des Zivil- und Kirchenrechtslehrers, Bart dreiundeinenhalben und dreiachtel Zoll länger ist als der des Didius, so bin ich froh, daß er statt meiner den Knüppel schwingt, und brauche mich nicht weiter um eine Antwort zu sorgen), Bruder Didius, wird Tribonius antworten, die Sache ist schon längst dahin entschieden, wie Sie es in den Fragmenten des Gregorius und Hermogenes, ferner in allen Gesetzbüchern von Justinian herunter bis zu Ludwig XIV. und *Des Eaux* lesen können, daß nämlich der Schweiß einer Menschenstirn und die Ausdünstungen des Gehirns ebenso des Menschen Eigentum seien wie die Reithosen, die er über seinen Steiß zieht. Indem besagte Ausschwitzungen usw. bei der Anstrengung des Findens und Auflesens auf den obgenannten Apfel fallen, sooft dieser gefunden und aufgeklaubt wird, und also unwiederbringlich vom Aufklauber dem Aufgeklaubten einverleibt, dann nach Hause getragen, gebraten, geschält, verdaut werden, ist es offenbar, daß, wer den Apfel aufgelesen hat, dadurch etwas, was sein eigen war, mit dem Apfel, der nicht sein eigen war, vereinigt und sozusagen gemischt hat, wodurch er sein Eigentum erworben hat oder, mit anderen Worten, der Apfel tatsächlich Johns Apfel wurde.

Mittels derselben gelehrten Schlußreihe verteidigte mein Vater alle seine Ansichten als sein Eigentum: Er hatte beim Aufklauben derselben keine Mühe gescheut, und je weiter sie vom gewöhnlichen Wege entfernt gelegen hatten, um so besser für sein Besitzrecht. Kein Sterblicher beanspruchte sie für sich, sie hatten ihm zudem beim Kochen und Verdauen so viel Arbeit gekostet, wie der obenerwähnte Fall erheischte, so daß sie jetzt in der Tat für sein Hab und Gut gelten durften. Dementsprechend hielt er sie fest mit Zähnen und Klauen, stürzte sich auf alles, was in erreichbarer Nähe war und umgab – kurz gesagt – sein Eigentum ebenso rundherum mit Wällen und Gräben wie Onkel Toby seine Zitadelle.

Nur eine Schwierigkeit war peinlich – der Mangel an Material, um damit für den Fall eines kecken Angriffs so etwas wie eine Verteidigungslinie herzustellen, zumal da nur wenige große Geister ihren Witz und ihr Talent an diesem Gegenstand der großen Nasen geübt und erprobt hatten. Beim Trott meines mageren Kleppers! Die Sache ist unglaublich, und ich komme darüber nicht hinweg, wenn ich bedenke, was für ein Schatz von kostbarer Zeit und Begabung an viel geringere Gegenstände verschwendet und wie viele Millionen von Büchern in allen Sprachen, Typen und Einbänden über Dinge hergestellt wurden, die nicht halb soviel zur Einigung und Befriedigung der Welt beitragen können. Ein um so größeres Gewicht legte mein Vater auf das, was zu haben war, und obwohl er öfters über Onkel Tobys Bibliothek scherzte – die nebenbei lächerlich genug war –, sammelte er gleichzeitig alle Bücher und Abhandlungen, die systematisch von Nasen handelten, mit derselben Sorgfalt wie Onkel Toby seine über den Festungsbau. Es ist wahr, ein viel kleinerer

Tisch konnte sie fassen – aber das war nicht deine Schuld, lieber Onkel Toby.

Hier – warum lieber hier als an anderer Stelle meiner Geschichte, weiß ich eigentlich nicht zu sagen –, aber hier und an dieser Stelle verhält mich mein Herz dazu, dir, lieber Onkel Toby, den Dankeszoll zu entrichten, den ich deiner Güte schulde. Laß mich also hier den Sessel beiseite schieben und mich auf dem Boden niederknien, während ich die wärmsten Gefühle der Liebe und Verehrung für dich und das Außerordentliche deines Charakters ausschütte, die jemals Natur und Tugend in der Brust des Neffen geweckt haben! Frieden und Ruhe mögen für immer über deinem Haupte sein! Du beneidest keinen Menschen um das Behagen und die Bequemlichkeit, die dieser im Leben fand, du schmähest keines Menschen Meinung. Du schwärzest keines Menschen Charakter an, verschlingst nicht des Nächsten Brot; leise, mit dem treuen Trim hinter dir, umwandelst du den kleinen Kreis deiner Freuden und Vergnügen, ohne je einen Menschen aus dem Wege zu stoßen. Für jedes Menschen Kummer hast du eine Träne und für jedes Menschen Not einen Shilling.

Solange aber ich noch einen Shilling in der Tasche habe für einen, der Unkraut ausjätet – soll keines auf dem Weg von deiner Haustür bis zum Rasenplatz wachsen. Und solange die Familie Shandy noch anderthalb Ruten Landes ihr eigen nennt, sollen deine Festungen, lieber Onkel Toby, nicht zerstört werden.

Fünfunddreissigstes Kapitel

Meines Vaters Sammlung war nicht groß, dafür aber eigenartig. Darum hatte er auch einige Zeit darauf verwendet. Er hatte gleich zu Anfang das große Glück, Bruscambilles Prolog über lange Nasen beinahe für nichts zu erstehen, denn er gab für Bruscambille nicht mehr als drei Halbkronen dank dem Umstand, daß der Buchhändler sofort bemerkte, wieviel sich mein Vater aus dem Buch machte, kaum daß er seine Hand darauf gelegt. Es gibt nicht drei Exemplare von Bruscambille in der ganzen Christenheit, sagte der Antiquar, mit Ausnahme von denen, die in den Bibliotheken der Sammler angekettet sind. Mein Vater warf das Geld blitzschnell hin, steckte Bruscambille in die Brusttasche, eilte nach Hause von Piccadilly nach der Colemanstraße so schnell wie einer, der einen Schatz birgt, ohne auch nur für einen Augenblick von Bruscambille den ganzen Weg lang die Hand zu lassen.

Alle, die noch nicht wissen, welchen Geschlechtes Bruscambille sei – zumalen sein Prolog über lange Nasen leicht von Angehörigen beider Geschlechter geschrieben werden konnte –, werden nichts gegen das Gleichnis einzuwenden haben, daß nämlich mein Vater, zu Hause angekommen, sich an Bruscambille schadlos hielt und damit ergötzte, wie – zehn zu eins – Euer Gnaden sich mit Ihrer Geliebten ergötzen, das heißt, vom Morgen bis in die Nacht hinein, was nebenbei, wie köstlich es sich auch für den Verliebten erweisen mag, wenig oder gar kein Vergnügen denen gewährt, die danebenstehen. Beachten Sie, daß ich meinen Vergleich nicht ausführe – meines Vaters Auge war größer als sein Appetit, sein Eifer größer als die Erkenntnis –, er wurde kühler, und seine Gefühle waren geteilt, er erwischte nämlich Prignitz, kaufte Andreas Scroderus, Paraeus, Bouchets Abendkonferenzen und vor allem den großen und gelehrten Hafen Slawkenbergius, von welchem ich jetzt nicht reden will, da ich später darüber noch sehr viel zu sagen haben werde.

Sechsunddreissigstes Kapitel

Von allen Abhandlungen, die mein Vater sich zu verschaffen und zur Unterstützung seiner Hypothese zu studieren bemühte, war keine, von welcher er anfangs grausamer enttäuscht wurde als vom berühmten Dialog zwischen Pamphagus und Cocles aus der keuschen Feder des großen und verehrungswürdigen Erasmus über den vielfachen Nutzen und zweckdienlichen Gebrauch großer Nasen. Nun soll jetzt nicht, liebes Kind, der Teufel in diesem Kapitel irgendeine kleine Stelle, wo sich der Grund und Boden etwas hebt, dazu benutzen, um mit deiner Phantasie davonzureiten – wenn du es noch hindern kannst. Sollte er aber dennoch so flink sein und sich auf dich hinaufgeschwungen haben, so bitte ich dich, nur recht wie ein wildes Füllen, das noch keinen Sattel getragen hat, zu hüpfen, dich im Kreise zu drehen, zu springen, hinten und vorne auszuschlagen mit langen oder kurzen Schlägen, bis daß du, gleich Tickletobys kitzliger Stute, den Riemen oder Gurt zerrissen und Seine Wohlgeboren in den Schmutz geworfen hast. Du brauchst ihn ja nicht gleich umzubringen.

Bitte aber, wer war Tickletobys Stute? Das ist eine ebenso ehrenrührige und ungebildete Frage, Herr, wie die nach dem Ausbruch des zweiten Punischen Krieges *(ab urb. cond.)*. Wer also Tickletobys Stute gewesen sei? Lies, lies, lies, lies, mein sehr ungebildeter Leser, oder – bei der Gelahrtheit des großen heiligen Paraleipomenon! – ich sage dir gleich, du tätest besser daran, dieses Buch hier sofort wegzuwerfen. Denn ohne viel Lesen, womit ich, wie Euer Ehrwürden wissen, viel Kenntnis verstehe, werden Sie ebensowenig in der Lage sein, in die Moral und den Sinn der nächsten marmornen Seite (buntes Sinnbild meines Werkes) einzudringen, wie die Welt mit allem ihrem Scharfsinn fähig war, die vielen Meinungen, Abhandlungen und Wahrheiten zu enträtseln, die noch immer geheimnisvoll hinter dem dunklen Schleier der schwarzen Seite verborgen liegen.

Siebenunddreissigstes Kapitel

Nihil me poenitet huius nasi, sprach Pamphagus, das heißt: Meine Nase hat mich zu dem gemacht, was ich bin. – *Nec est, cur poeniteat*, antwortete Cocles, das heißt: Wie zum Teufel könnte auch eine solche Nase keinen Erfolg haben?

Die Lehre, sehen Sie, war von Erasmus, so wie mein Vater immer gewünscht hatte, mit der äußersten Einfachheit niedergelegt, doch meines Vaters Enttäuschung lag darin, daß aus einer so bedeutenden Feder nicht mehr zu holen war als die nackte Tatsache ohne eine einzige von den spekulativen Subtilitäten und Taschenspielereien der Argumentation, welche der Himmel den Menschen zur Erforschung der Wahrheit und deren Verteidigung nach allen Richtungen verliehen. Mein Vater rief anfangs ganz schrecklich pfui! und puh! – es ist schon etwas wert, einen großen Namen zu haben! Da es aber ein Gespräch von Erasmus war, so kam er bald wieder zu sich selber und las ihn mit großem Fleiß wieder und wieder, jedes Wort, ja jede Silbe im strengsten und buchstäblichsten Sinne nehmend. Doch er konnte nichts herausbringen, auf diesem Wege wenigstens nicht. Kann sein, daß mehr damit gemeint ist, als die Worte ausdrücken, dachte mein Vater. Große Gelehrte, Bruder Toby, schreiben nicht Dialoge über lange Nasen um nichts und wieder nichts. Ich will in den geheimen und allegorischen Sinn einzudringen versuchen: da gibt's Spielraum für einen denkenden Menschen, Bruder.

Mein Vater las weiter ...

Nun erachte ich es aber für nötig, Euer Ehr- und Hochwürden wissen zu lassen, daß neben dem mannigfachen Nutzen langer Nasen bei der Schiffahrt, den Erasmus aufzählt, eine lange Nase nach seiner Behauptung auch nicht eines gewissen häuslichen Nutzens ermangle, daß sie nämlich im Notfalle anstelle eines Blasebalges sehr zu brauchen sei – *ad excitandum focum* (um das Feuer anzufachen).

Die Natur hat meinen Vater mit ihren Gaben überreich bedacht und hat die Saat der Wortkritik so tief in ihn gelegt wie die Saat jeder anderen Erkenntnis – so daß er einmal sogar sein Federmesser zückte, um an einem Satz zu versuchen, ob er dort nicht einen besseren und tieferen Sinn hineinzukratzen vermöchte. Bis auf einen einzigen Buchstaben, Bruder Toby, rief mein Vater, bin ich hinter den geheimen Sinn des Erasmus gekommen; ein einziger ... – Da bist du ihm ja nah genug, antwortete treuherzig Onkel Toby. – Pah, rief mein Vater, ich bin noch immer sieben Meilen davon entfernt. – Jetzt hab ich's! rief mein Vater und schnippte mit den Fingern. Sieh nur her, Bruder Toby, wie ich den Sinn verbessert habe ... – Aber du hast damit ja ein Wort verdorben, antwortete Onkel Toby. – Mein Vater setzte die Brille auf, biß sich in die Lippen und riß in seiner Wut die Seite heraus.

Achtunddreissigstes Kapitel

O Slawkenbergius, du sehr verläßlicher Erforscher meiner *disgrazias*! Du trauriger Vorherverkünder mancher Schläge und jäher Schicksalswendungen, die ich in diesem oder jenem Lebensstadium der Kürze meiner Nase und keiner anderen Ursache, von der ich wüßte, verdanke. Sage mir, Slawkenbergius, welcher geheimnisvolle Impuls trieb dich? Wie war der Klang jener Stimme? Von wannen kam sie? Wie hallte sie in deinem Ohr? Bist du sicher, daß du sie gehört hast? Jene Stimme, die dir zuerst zurief: Geh, Slawkenbergius, widme ihr die Arbeit deines Lebens, opfere deine Mußestunden, rufe alle Gewalten und Fähigkeiten der Natur herbei, schinde dich im Dienst der Menschheit, und schreibe für sie einen riesigen Folianten über ihre Nasen!

Wie diese Mitteilung bis in des berühmten Slawkenbergius Hörraum gedrungen, so daß Slawkenbergius auch gleich gewußt hat, wessen Finger die Taste der Orgel berührt und wessen Hand die Bälge bewegt habe, darüber können wir, da Hafen Slawkenbergius doch tot ist und seit neunzig Jahren im Grabe liegt, nur Mutmaßungen anstellen.

Auf Slawkenbergius aber war gespielt worden, soviel ich weiß, wie auf einem von Whitefields Jüngern, das heißt, er hatte eine so sichere Kenntnis davon, wer von den beiden ›Meistern‹ eben an ihm, seinem ›Instrument‹, übe, daß irgendwelches Denken darauf zu verwenden unnötig wäre.

Denn in dem Rechenschaftsbericht, den Hafen Slawkenbergius der Welt gibt bezüglich der Motive und Umstände, warum er so viele Jahre seines Lebens an dieses einzige Werk verwendet habe – gegen das Ende seiner Prolegomena, die (nebenbei bemerkt) hätten vorangehen sollen, doch der Buchbinder hat sie höchst einfältig zwischen die Analyse des Inhalts und das Buch selbst gesteckt –, teilt er dem Leser mit, daß, seitdem er das Alter der Urteilsreife erreicht habe und imstande sei, sich kühl und besonnen hinzusetzen und im Geiste den wahren Zustand und die wirkliche Lage des Menschen in Erwägung zu ziehen und den Hauptgrund und Plan des menschlichen Wesens zu unterscheiden – oder, um meine Übersetzung zu kürzen, denn Slawkenbergius schrieb lateinisch und nicht wenig wortreich an dieser Stelle, – seitdem ich, sagt Slawkenbergius, überhaupt etwas begriff und wußte, was was sei, und wahrgenommen habe, daß die Angelegenheit der Nase von allen meinen Vorgängern sehr zusammenhanglos behandelt worden sei, habe ich, Slawkenbergius, den starken Drang und zugleich den mächtigsten und unwiderstehlichsten Ruf in mir gespürt, mich für dieses Unternehmen zu rüsten.

Um Slawkenbergius Gerechtigkeit widerfahren zu lassen, so ist er mit einer stärkeren Lanze versehen gewesen und ist in vollerer Karriere in die Schranken geritten als irgendein anderer, der vor ihm zum Turnier gekommen, und verdient darum tatsächlich in vieler Hinsicht als ein Muster zu gelten für alle Verfasser zum mindesten so umfangreicher Bände – denn er hat, Herr, den ganzen Gegenstand umfaßt, hat jeden Teil zuerst dialektisch untersucht und dann in den hellsten Tag gestellt, ihn mit allem Licht durchleuchtet, welches entweder aus dem Zusammentreffen so vieler Talente in ihm erzeugt worden war oder welches die tiefste Kenntnis der Wissenschaft ihn darüber auszugießen befähigte, indem er im Verlauf des Werkes alles erbettelte, borgte oder stahl, was darüber in Schulen und in den

Hallen der Gelehrten vor ihm geschrieben oder erzankt worden war, so daß das Werk des Slawkenbergius mit Recht nicht nur als Modell gelten darf, sondern auch als eine höchst sorgfältige Sammlung und regelrechte Einführung in die Nasenlehre, da es alles enthält, was darüber gewußt werden kann und gewußt zu werden braucht.

Aus diesem Grunde enthalte ich mich auch, von so vielen (anderweitig) wertvollen Büchern und Abhandlungen in meines Vaters Bibliothek zu reden, die entweder direkt von der Nase handeln oder dieses Thema bloß berühren. So hat zum Beispiel Prignitz hier vor mir auf dem Tische, der mit unendlicher Gelehrsamkeit und nach redlichster und sorgfältigster Prüfung von mehr als viertausend Schädeln aus mehr als zwanzig Beinhäusern in Schlesien, die er alle durchstöbert hat, uns gelehrt, daß die menschlichen Nasen, was das Maß und die Bildung des knochigen Teiles anbelangt, in jedem gegebenen Landstrich, mit Ausnahme der tatarischen Krim, wo alle Nasen mit dem Daumen eingedrückt werden, so daß sich kein Urteil über die Anlage der Nase bilden lasse, ähnlicher untereinander seien, als wir meist annehmen. Der Unterschied zwischen den einzelnen Nasen sei ganz gering und keineswegs beachtenswert; hingegen beruhe aber der Umfang und Ausdruck jeder einzelnen Nase sowie der Rang und die höhere Preiswürdigkeit auf dem knorpeligen und fleischigen Teil, in dessen Buchten und Kanäle das Blut und die Lebensgeister durch die Wärme und Lebhaftigkeit der Phantasie, die ja nur einen Schritt weiter wohnt, hineingezwungen und hineingetrieben werden (ausgenommen die Fälle von Idioten, die Prignitz, der viele Jahre in der Türkei gelebt hat, für Wesen unter dem unmittelbaren Schutz des Himmels hält). Daher kommt und muß es auch kommen, sagt Prignitz, daß die Vortrefflichkeit einer Nase im direkten arithmetischen Verhältnis steht zur Vortrefflichkeit der Phantasie ihres Besitzers.

Aus demselben Grunde, weil – um es noch einmal zu sagen – alles im Slawkenbergius enthalten ist, sage ich gleicherweise nichts von Scroderus (Andrea), der, wie alle Welt weiß, sich anließ, Prignitz mit großer Heftigkeit zu bekämpfen, indem er auf seine eigene Weise zuerst logisch, dann mittels einer Reihe harter Tatsachen bewies, ›daß nicht, wie Prignitz behauptet, die Phantasie die Nase, sondern daß umgekehrt die Nase die Phantasie erzeuge‹.

Die Gelehrten verdächtigten hier den Scroderus einer schamlosen Sophisterei, und Prignitz schrie laut während des Disputes, daß Scroderus diese Idee ihm unterschoben habe – doch Scroderus ließ sich nicht beirren und blieb bei seiner Behauptung.

Mein Vater war gerade dabei, zu erwägen, auf wessen Seite er sich in diesem Streite schlagen sollte, als Ambrosius Paraeus die Sache im Augenblick entschied und dadurch, daß er beide Systeme, das des Prignitz sowohl wie das des Scroderus, umwarf, meinen Vater von der Parteinahme für eines von beiden entband.

Dafür zeugt,

– ich mache den gelehrten Leser nicht damit bekannt, indem ich es sage, sondern ich erwähne es bloß, um dem Gelehrten zu beweisen, daß ich die Tatsache selber kenne –

daß dieser Ambrosius Paraeus erster Wundarzt und Nasenausbesserer bei Franz IX. von Frankreich und bei diesem und den folgenden oder vorangehenden Königen (ich weiß nicht welchen) in hoher Gunst gestanden hatte und daß er, abgesehen von dem Schnitzer, den er in der Geschichte von Taliacotius' Nasen und in seiner Art, die Nasen anzusetzen, machte, beim ganzen Ärztekollegium seinerzeit für gelehrter und sachverständiger galt in allen Nasen-Angelegenheiten als irgendeiner von denen, welche sonst jemals Nasen in die Hand genommen hatten.

Nun überzeugte Ambrosius Paraeus meinen Vater, daß die wahre und wirksame Ursache dessen, was so sehr die Aufmerksamkeit der Menschen in Anspruch genommen hat und worauf Prignitz und Scroderus soviel Gelehrsamkeit und Talent verschwendet haben, weder das eine noch das andere, sondern genauest die Tatsache wäre, daß die Länge und Güte einer Nase einfach auf die Weichheit und Schlaffheit der Ammenbrust zurückzuführen sei, ebenso wie davon, daß die Plattheit und Kürze der Nasen auf die Prallheit und den elastischen Widerstand desselben Ernährungsorgans bei der Stillung durch kräftige und lebhafte Ammen zurückginge – was, wenn auch ein Glück für die Frau, für das Kind von Verderben sei, insofern als dessen Nase jetzt so abgeblitzt, geprellt, stumpf gemacht und auch abgekühlt werde, daß sie nun niemals ihre *mensuram legitimam* erreiche, während hingegen bei einer weichen und schlaffen Ammen- und Mutterbrust die Nase darin nach einem Worte des Paraeus wie in Butter versinkend gepflegt, genährt, aufgeblasen, erfrischt, erquickt und zu einem ständigen Wachstum angeregt wird.

Ich habe nur zwei Dinge zu Paraeus zu bemerken: erstens, daß er alles mit der äußersten Keuschheit und in den anständigsten Ausdrücken beweist und erklärt – wofür seine Seele ewiglich in Frieden ruhen möge.

Und zweitens, daß er mit seiner Hypothese nicht nur die Systeme des Prignitz und Scroderus umwarf, sondern auch die Eintracht und den Frieden unseres Hauses zerstörte und für drei volle Tage meinen Vater und meine Mutter auseinanderbrachte und das ganze Haus und alles darin mit Ausnahme von Onkel Toby auf den Kopf stellte.

Eine gleich lächerliche Geschichte eines Streites zwischen einem Mann und seiner Frau ist sicherlich noch in keinem Zeitalter oder Land durch das Schlüsselloch einer Haustür auf die Straße hinausgedrungen.

Meine Mutter, müssen Sie wissen, – doch erst habe ich Ihnen noch fünfzig notwendigere Dinge zu erzählen, Dunkelheiten aufzuklären, wie ich es Ihnen versprochen habe, die, eines dem andern auf den Fersen folgend, sich in dreifachem Zirkel dicht um mich drängen. Eine Kuh war (eines Morgens) in Onkel Tobys Befestigungen eingebrochen, hatte zweieinhalb Fuder getrocknetes Gras aufgefressen und dabei die Rasenstücke aufgerissen, welche die Hornwerke und den verdeckten Weg verkleideten. Trim bestand darauf, daß er vor ein Kriegsgericht gestellt, die Kuh erschossen, Dr. Slop kruzifiziert, ich selber ge-tristramt und gleich am Tage meiner Taufe zum Märtyrer gemacht werde – arme Teufel, die wir alle sind! – Ich verlangte, endlich gewickelt zu werden – doch jetzt ist keine Zeit mit Schreien und Wehklagen zu verlieren ... Ich habe meinen Vater quer über dem Bett liegen und Onkel Toby neben ihm im gefransten Lehnsessel sitzen lassen und hatte doch versprochen, zu beiden in einer halben Stunde zurückzukehren; fünfunddreißig Minuten sind seitdem schon vergangen. Von allen irdischen Verlegenheiten, in die ein Autor geraten kann, ist meine augenblickliche die größte; denn ich habe noch den Folianten des Hafen Slawkenbergius zu erledigen, ein Gespräch zwischen meinem Vater und Onkel Toby über die Lösungen des Prignitz, Scroderus, Ambrosius Paraeus, Ponocrates und Grangousier zu berichten, eine Erzählung des Hafen Slawkenbergius zu übersetzen und alles dies in fünf Minuten weniger als gar keiner Zeit – ach, mein Kopf –, ich wünschte, meine Feinde könnten einmal sehen, wie es drinnen aussieht!

Neununddreissigstes Kapitel

Keine einzige Szene in unserer Familie war unterhaltender – um ihr in diesem Punkt Gerechtigkeit widerfahren zu lassen –, und hier nehme ich meine Mütze ab und lege sie auf den Schreibtisch neben das Tintenfaß, um folgende Erklärung der Welt gegenüber noch feierlicher zu gestalten, die Erklärung, daß ich in meinem Innersten glaube (wenn Liebe und Befangenheit mich nicht blind machen), der Schöpfer und Lenker aller Dinge habe nie vorher eine Familie geschaffen (in jener Epoche wenigstens, in der ich mich hingesetzt habe, ihre Geschichte zu schreiben), worin die Charaktere mit soviel Sinn für das Dramatische entworfen und einander gegenübergestellt worden sind wie unsere, keine, welcher die Begabung zu nie vorher dagewesenen Szenen und die Kraft, diese vom Morgen bis Abend unaufhörlich zu wechseln, mit so unbegrenzter Zuversicht einverleibt und anvertraut war wie der Familie der Shandys.

Und keine davon war unterhaltender, sage ich, auf diesem unserem launigen Theater als die, welche sich immer wieder aus eben demselben Kapitel über lange Nasen gewinnen ließ, vornehmlich wenn meines Vaters Phantasie sich an der Frage erhitzt und er nur noch den einen Wunsch hatte, daß sich Onkel Tobys Phantasie miterhitze.

Onkel Toby kam meinem Vater bei dessen Versuch soweit wie möglich entgegen und saß, seine Pfeife rauchend, mit unendlicher Geduld ganze Stunden lang da, während mein Vater mit allen Mitteln meines Onkels Kopf bearbeitete und jeden Zugang zu demselben ausspähte, durch welchen er des Prignitz und des Scroderus Lösungen der Frage hineintrichtern könnte.

Ob diese Fragen über Onkel Tobys Verstand gingen oder ob das Gegenteil richtig ist oder ob sein Gehirn gleich feuchtem Holz durch keinen Funken entzündet zu werden vermochte oder ob es schon so voll von Sappen, Minen, Kurtinen, Blenden und ähnlichen militärischen Unmöglichkeiten war, daß er keinen klaren Blick mehr für die Lehren des Prignitz und Scroderus hatte, will ich hier nicht entscheiden, das sollen Schulmänner, Küchenjungen, Akademiker und Ingenieure untereinander ausfechten.

Es kam noch das Mißgeschick hinzu, daran ist kein Zweifel, daß mein Vater jedes Wort für Onkel Toby zu übersetzen und aus dem Latein des Slawkenbergius wiederzugeben hatte, wodurch, da er selber kein großer Lateiner war, die Übersetzung nicht immer sehr klar wurde, vor allem aber nicht dort, wo Klarheit besonders erwünscht war. Damit war aber die Tür aufgetan für ein zweites Mißgeschick, daß nämlich meines Vaters Ideen in dessen Übereifer, Onkel Tobys Augen zu öffnen, in demselben Maße schneller liefen als die Übersetzung, und wiederum die Übersetzung schneller lief als Onkel Tobys Gedanken. Weder das eine noch das andere vermochte die Durchsichtigkeit der Vorlesungen meines Vaters zu steigern.

Vierzigstes Kapitel

Die Gabe, durch Vernunftschlüsse zur Erkenntnis der Wahrheit zu gelangen – im Menschen meine ich, denn in den höheren Wesensordnungen, bei den Engeln und Geistern, geschieht das alles, mit Euer Hochwürden Erlaubnis, wie man mir versichert, mittels Intuition, und tieferstehende Wesen wiederum ziehen ihre Schlußfolgerungen, wie Euer Hochwürden wissen, mit der Nase, wiewohl eine Insel im Meer schwimmen soll (nicht ohne manche Unbequemlichkeit), deren Bewohner, wenn die Kunde darüber nicht trügt, so wunderbar begabt sind, daß sie gleichfalls mit der Nase ihre Schlüsse ziehen und zuweilen damit auch das Richtige treffen – doch das gehört weder hierher noch dorthin.

Die Gabe also, es so zu tun, wie es bei uns getan werden sollte, oder der große und hauptsächlichste Akt der Schlußfolgerung im Menschen besteht, wie die Logiker uns lehren, darin, daß wir die Übereinstimmung oder den Widerspruch zwischen zwei Ideen untereinander mittels einer dritten (genannt *medius terminus*) finden, genauso wie der Mensch – nach einer richtigen Bemerkung Lockes – mittels einer Elle herausfinden kann, ob zwei Kegelbahnen von derselben Länge sind, da beide nicht durch Juxtaposition zusammengebracht werden können, um gemessen zu werden.

Hätte derselbe große Denker zusehen können, wie mein Vater seine Theorie von der Nase erläuterte, und meines Onkels Betragen dabei beobachtet, wie aufmerksam dieser auf jedes Wort war, wie oft er die Pfeife aus dem Mund nahm, mit welchem wundervollen Ernst er deren Länge betrachtete, zuerst von der Seite, indem er sie zwischen Finger und Daumen hielt, dann von vorn, jetzt von hier, dann von dort, in allen möglichen Richtungen und Überschneidungen, so würde er daraus geschlossen haben, daß Onkel Toby den *medius terminus* sozusagen in der Hand halte und damit jetzo schlußfolgere und die Wahrheit jeder Hypothese über lange Nasen messe in derselben Reihenfolge, in welcher mein Vater sie ihm eine nach der anderen präsentierte; das war nebenbei mehr, als mein Vater verlangte. Sein Ziel bei all der Mühe, die er sich mit diesen philosophischen Vorlesungen gab, war, Onkel Toby instand zu setzen, nicht zu diskutieren, sondern zu begreifen; die Grane und Skrupeln aller Gelehrsamkeit hinzunehmen, nicht aber sie nachzuwägen. Onkel Toby tat aber, wie der Leser sehen wird, weder das eine noch das andere.

Einundvierzigstes Kapitel

Schade, rief mein Vater eines Abends im Winter nach dreistündiger mühevoller Übersetzung des Slawkenbergius, schade, rief mein Vater aus – und legte meiner Mutter Zwirnkarte als Lesezeichen in das Buch, während er sprach –, daß sich die Wahrheit stets in so uneinnehmbare Festungen einschließt und oft so hartnäckig ist, sich auch nicht nach der bedränglichsten Belagerung zu ergeben.

Nun geschah, was bisher freilich schon oft geschehen war, daß Onkel Tobys Phantasie, während mein Vater ihm Prignitz auseinandersetzte, durch nichts aufgehalten, einen kurzen Flug nach dem Rasenplatz unternahm. Im übrigen hätte auch ruhig sein Leib einen kleinen Spaziergang dorthin machen können, denn trotz aller zur Schau getragenen scheinbaren Aufmerksamkeit des tiefsinnenden Gelehrten, der da auf seinen *medius terminus* achtet, hatte Onkel Toby tatsächlich so wenig von der Vorlesung begriffen und all dem Für und Wider, wie wenn mein Vater Hafen Slawkenbergius aus dem Lateinischen in die Sprache der Irokesen übersetzt hätte. Doch das Wort ›Belagerung‹ im Bilde meines Vaters brachte gleich einem Talisman Onkel Tobys Phantasie so schnell zurück, wie ein Ton der Berührung einer Taste folgt. Er spitzte die Ohren, und da mein Vater sah, daß er die Pfeife aus dem Munde nahm und seinen Stuhl näher an den Tisch rückte, begann mein Vater den Satz mit großem Vergnügen von neuem, indem er nur dessen Plan und Anlage änderte und das Bild von der Belagerung ausließ, um gewissen Gefahren, die von hier aus drohten, aus dem Wege zu gehen.

Schade, sagte mein Vater, daß die Wahrheit nur auf der einen

Seite und nicht auch auf der anderen sein kann, Bruder Toby, wenn man bedenkt, welchen Scharfsinn alle diese gelehrten Männer bei der Lösung der Nasen bewiesen haben.

Können Nasen gelöst werden? antwortete Onkel Toby.

Mein Vater stieß den Stuhl zurück, stand auf, setzte den Hut auf, machte vier Schritte zur Tür, riß sie auf, steckte den Kopf hinaus, machte die Tür wieder zu, beachtete nicht die knarrende Türangel, kehrte zum Tisch zurück, zog meiner Mutter Zwirnkarte wiederum aus Slawkenbergius heraus, eilte zum Schreibtisch, kam langsam abermals zurück, wickelte die Zwirnkarte um den Daumen, knöpfte die Weste auf, warf die Zwirnkarte ins Feuer, biß das seidene Nadelkissen meiner Mutter durch, hatte den Mund voll Kleie, verwünschte es; jedoch – wohlgemerkt! – sein Fluch ›daß du verwirrt wärest!‹ richtete sich gegen Onkel Tobys Gehirn, das schon konfus genug war, und er kam mit Kleie geladen heraus, und diese Kleie, Euer Wohlgeboren, war gerade wie das Pulver für die Kugel.

Gut, daß meines Vaters Wutanfälle niemals lange dauerten. Doch solange sie dauerten, hielten sie ihn auch mächtig in Atem. Und es ist eines der unerklärlichsten Probleme, denen ich in meinem Studium der menschlichen Natur begegnet bin, daß nichts meines Vaters Temperament so provozieren und seine Leidenschaft so wie Pulver zum Explodieren bringen konnte – wie die unerwarteten Streiche, die seiner Gelehrsamkeit von der drolligen Einfalt von Onkel Tobys Fragen gespielt wurden. Wenn zehn Dutzend Hornissen ihn hinten an ebenso vielen Stellen auf einmal gestochen hätten, so hätte er nicht mehr mechanische Übungen in weniger Sekunden ausführen und heftiger auffahren können als über diese einzige, aus drei Worten bestehende Frage, die sehr zur Unzeit seinem in vollem Galopp begriffenen Steckenpferd sozusagen in die Zügel fiel.

Onkel Toby war das alles eins. Er rauchte seine Pfeife mit unveränderter Gemütsruhe. Seinem Herzen war nichts ferner gelegen, als meinen Vater zu verletzen, und da sein Kopf selten herausfinden konnte, wo der Stachel säße, so vertraute er stets meinem Vater, daß dieser sich wieder von selber beruhigen würde. Diesmal brauchte es fünf Minuten und fünfunddreißig Sekunden dazu.

Bei allem, was gut ist, schwur mein Vater, als er wieder zu sich kam, wobei er den Fluch aus des Ernulphus Fluchsammlung entlehnte – obwohl, um meinem Vater gegenüber gerecht zu sein, das Fluchen ein Laster war, in das er (wie er Dr. Slop gegenüber aus-

führte, als er sich mit ihm über Ernulphus stritt) so selten wie nur irgendein Mann auf Erden verfiel –, bei allem, was gut und groß ist, Bruder Toby, sagte mein Vater, wenn einem nicht zuletzt die Philosophie, die uns allen eine wahre Freundin ist, zu Hilfe käme, du müßtest einen ganz außer Fassung bringen. Unter Lösung der Nasen, von der ich sprach, habe ich, was du wohl hättest verstehen müssen, wenn du mir nur einen Gran Aufmerksamkeit geschenkt hättest, nur die unterschiedlichen Gründe gemeint, welche gelehrte Männer aus verschiedenen Gebieten der Wissenschaft für die Tatsache der kurzen und langen Nasen gegeben haben.

Dafür gibt es aber doch nur eine einzige Ursache, antwortete Onkel Toby, warum eines Menschen Nase länger als die andere sei: weil Gott es so gefallen hat.

Das ist Grangousiers Lösung des Problems, sagte mein Vater.

Der da oben ist es, fuhr Onkel Toby fort, zum Himmel blickend und der Unterbrechung durch meinen Vater nicht achtend, der uns alle macht und bildet und uns in solchen Formen und Verhältnissen zusammensetzt und zu solchen Zwecken, wie sie seiner unendlichen Weisheit gutdünken.

Das ist wohl eine fromme Erklärung, rief mein Vater, aber keine philosophische, und in ihr steckt darum auch mehr Religion als gesunde Wissenschaft.

Es war ein sehr bedeutsamer Zug in Onkel Tobys Charakter, daß er Gott fürchtete und die Religion ehrte. Kaum hatte also mein Vater seine Bemerkung beendet, als Onkel Toby Lillabullero mit mehr Eifer, wenn auch falscher als gewöhnlich, zu pfeifen anfing.

Wo ist nur die Zwirnkarte meiner Frau hingekommen?

Zweiundvierzigstes Kapitel

Tut nichts – als Zubehör zur Näherei mochte sie wohl von meiner Mutter vermißt werden, nicht aber von meinem Vater als Buchzeichen im Slawkenbergius.

Slawkenbergius war auf jeder Seite eine reiche Fundgrube unerschöpflichen Wissens für meinen Vater. Er öffnete ihn nie vergeblich und sagte oft beim Schließen des Buches, daß, wenn alle Künste und Wissenschaften der Welt, samt den Büchern, die von ihnen handelten, verlorengingen, wenn, sagte er oft, alle Weisheit und alle Verfassungen der Staaten durch Mißbrauch jemals in Vergessenheit gerieten und alles, was Staatsmänner über die Licht- und Schattenseiten der Höfe und Königreiche entweder selber geschrieben oder andere zu schreiben veranlaßt haben, gleichfalls vergessen wäre und nur Hafen Slawkenbergius übrigbliebe, so würde darin genug enthalten sein, um die Welt wieder einzurichten und ins Geleise zu bringen. Er war also tatsächlich ein Schatz, ein Handbuch alles dessen, was über Nasen und jede andere Sache gewußt werden mußte, und als solches war Hafen Slawkenbergius morgens, mittags und des Abends meines Vaters Erholung und Ergötzen. Er kam gar nicht aus seinen Händen. Man hätte schwören können, Herr, es sei das Gebetbuch eines Geistlichen, so abgegriffen, spiegelnd und mit Finger- und Daumenabdrücken versehen war er an allen Stellen von Anfang bis zu Ende.

Ich selber bin nicht so versessen auf Hafen Slawkenbergius wie mein Vater. Es steckt zweifellos viel drin, doch nach meiner Meinung sind das Beste, wenn auch nicht das Lehrreichste, so doch das Unterhaltsamste an Slawkenbergius seine Erzählungen. Viele davon sind, da er ein Deutscher war, nicht ohne Phantasie erzählt. Sie bilden das zweite Buch, machen fast die Hälfte des ganzen Folianten aus und sind in zehn Dekaden eingeteilt, wovon jede zehn Erzählungen enthält. Philosophie ist nicht auf Erzählungen aufgebaut, und darum hatte Slawkenbergius sicherlich unrecht, sie unter jenem Titel in die Welt zu schicken. Einige aus seiner achten, neunten und zehnten Dekade scheinen mir, gestehe ich, mehr spielerisch und launig als gedankenvoll – doch im allgemeinen sehen die Gelehrten darin nur die Einzelschilderungen soundso vieler davon unabhängiger Tatsachen, die sich jedoch alle irgendwie um den Hauptangelpunkt seines Gegenstandes drehen und von ihm mit großer Treue gesammelt und seinem Werke als bildliche Erläuterungen seiner Lehre von den Nasen beigefügt wurden.

Da wir genug Muße zur Verfügung haben, so will ich Ihnen, Madame, mit Ihrer Genehmigung die neunte Erzählung der zehnten Dekade mitteilen.

* Da Hafen Slawkenbergius de Nasis äußerst selten ist, wird es dem gelehrten Leser nicht unangenehm sein, einige Seiten des Originaltextes kennenzulernen. Ich enthalte mich jeder Bemerkung hierüber und will nur sagen, daß sein erzählendes Latein sehr viel gedrängter ist als sein philosophisches und, wie ich glaube, mehr Latinität besitzt.

SLAWKENBERGH FABELLA*

Vespera quadam frigidula, posteriori in parte mensis Augusti, peregrinus, mulo fusco colore insidens, mantica a tergo, paucis indusiis, binis calceis, braccisque sericis coccineis repleta, Argentoratum ingressus est.

Militi eum percontanti, quum portas intraret dixit, se apud Nasorum promontorium fuisse, Francofurtum proficisci, et Argentoratum, transitu ad fines Sarmatiæ mensis intervallo, reversurum.

Miles peregrini in faciem suspexit – Di boni, nova forma nasi!

At multum mihi profuit, inquit peregrinus, carpum amento extrahens, e quo pependit acinaces: Loculo manum inseruit; et magna cum urbanitate, pilei parte anteriore tacta manu sinistra, ut extendit dextram, militi florinum dedit et processit.

Dolet mihi, ait miles, tympanistam nanum et valgum alloquens, virum adeo urbanum vaginam perdidisse: itinerari haud poterit nuda acinaci; neque vaginam toto Argentorato habilem inveniet. – Nullam

Viertes Buch

Die Erzählung des Slawkenbergius

Es war an einem kühlen, erfrischenden Abend nach einem sehr schwülen Tage gegen Ende August, als ein Fremder auf einem dunkelbraunen Maultier, eine kleine Kleidertasche hinten aufgepackt, die nur wenige Hemden, ein paar Schuhe und ein Paar rotseidene Reithosen enthielt, in die Stadt Straßburg einritt.

Er sagte dem Wachtposten, der ihn am Stadttor ausfragte, daß er am Vorgebirge der Nasen gewesen, auf dem Wege nach Frankfurt sei und heute über einen Monat auf seiner Reise bis an die Grenzen der Tatarei wieder zurück in Straßburg sein würde.

Der Wachtposten sah dem Fremden ins Gesicht – er hatte noch nie in seinem Leben eine solche Nase gesehen.

Sie ist mir bisher sehr zustatten gekommen, sagte der Fremde. Seine Hand aus einer Schleife aus schwarzem Band, worin ein kurzer Säbel hing, ziehend, fuhr er damit in die Tasche und drückte, sehr höflich das Schild seiner Mütze mit der linken Hand berührend, mit der rechten einen Gulden dem Wachtposten in die Hand und ritt weiter.

Es tut mir leid, sprach der Posten zu einem kleinen, zwerghaften, säbelbeinigen Trommler neben sich, daß ein so höfliches Menschenwesen seine Scheide verlieren mußte; er kann doch nicht ohne eine unquam habui, respondit peregrinus respiciens – seque comiter inclinans – hoc more gesto, nudam acinacem elevans, mulo lento progrediente, ut nasum tueri possim.

Non immerito, benigne peregrine, respondit miles.

Nihili æstimo, ait ille tympanista, e pergamena factitius est.

Prout christianus sum, inquit miles, nasus ille, ni sexties maior sit, meo esset conformis.

Crepitare audivi, ait tympanista.
Mehercule! sanguinem emisit, respondit miles.

Miseret me, inquit tympanista, qui non ambo tetigimus!

Eodem temporis puncto, quo hæc res argumentata fuit inter militem et tympanistam, disceptabatur ibidem tubicine et uxore sua, qui tunc accesserunt, et peregrino prætereunte, restiterunt.

Quantus nasus! æque longus est, ait tubicina, ac tuba.

Et ex eodem metallo, ait tubicen, velut sternutamento audias.

Tantum abest, respondit illa, quod fistulam dulcedine vincit.
Aeneus est, ait tubicen.
Nequaquam, respondit uxor.
Rursum affirmo, ait tubicen, quod æneus est.

Rem penitus explorabo; prius, enim digito tangam, ait uxor, quam dormivero.

Mulus peregrini gradu lento progressus est, ut unumquodque verbum controversiæ, non tantum inter militem et tympanistam, verum etiam inter tubicinem et uxorem eius, audiret.

Nequaquam, ait ille, in muli collum fræna demittens, et manibus

solche für seinen Säbel weiterreisen und wird keine dazu passende in ganz Straßburg finden können. Ich habe niemals eine gehabt, antwortete der Fremde, sich nach dem Posten umdrehend und die Hand, während er redete, an die Mütze legend. Ich trage ihn absichtlich so, fuhr er fort – den bloßen Säbel, während das Maultier langsam weiterschritt, vor sich hinhaltend –, um meine Nase zu schützen.

Sie ist es schon wert, daß man sie schütze, lieber Herr, antwortete der Posten.

Sie ist nicht einen einzigen Stüber wert, meinte der säbelbeinige Trommler, denn sie ist aus Pergament.

So wahr ich ein guter Katholik bin, abgesehen davon, daß sie sechsmal größer ist, so ist sie eine Nase genausogut wie die meine, sagte der Posten.

Ich habe sie knattern und knistern gehört, fuhr der Trommler fort.

Zum Donnerwetter, ich habe gesehen, wie sie blutet, antwortete der Posten.

Schade nur, rief der säbelbeinige Trommler, daß keiner von uns sie angerührt hat.

Um dieselbe Zeit, da dieser Streit zwischen dem Posten und dem Trommler statthatte, zankten sich um eben dieselbe Sache ein Trompeter und sein Weib, die des Weges gekommen und stehengeblieben waren, um den Fremden vorbeireiten zu sehen.

Lieber Himmel! Was für eine Nase, sie ist so lang, rief das Weib, wie eine Trompete.

Und vom selben Metall, sagte der Trompeter, man hört es beim Niesen.

Sie ist so sanft wie eine Flöte, sagte das Weib.

Sie ist aus Messing, sagte der Trompeter.

Sie ist ganz so wie ein Wurstzipfel, sagte sein Weib.

Ich sage dir noch einmal, sprach der Trompeter, die Nase ist aus Messing.

Der Sache will ich auf den Grund kommen, sagte das Weib, denn ich will sie mit dem Finger berühren, noch bevor ich heute Nacht zu Bett gehe.

Das Maultier des Fremden schritt so langsam weiter, daß dieser jedes Wort des Streites nicht nur zwischen dem Posten und dem Trommler, sondern auch zwischen dem Trompeter und seinem Weib hören konnte.

Nein, sagte er, die Zügel auf den Hals des Tieres fallen lassend

ambabus in pectus positis, (mulo lente progrediente) nequaquam, ait ille respiciens, non necesse est ut res isthæc dilucidata foret. Minime gentium! meus nasus nunquam tangetur, dum spiritus hos reget artus – Ad quid agendum? ait uxor burgomagistri.

Peregrinus illi non respondit. Votum faciebat tunc temporis sancto Nicolao; quo facto, in sinum dextrum inserens, e qua negligenter pependit acinaces, lento gradu processit per plateam Argentorati latam quæ ad diversorium templo ex adversum ducit.

Peregrinus mulo descendens stabulo includi, et manticam inferri iussit: qua aperta et coccineis sericis femoralibus extractis cum argenteo laciniato Περιζώματι, his sese induit, statimque, acinaci in manu, ad forum deambulavit.

Quod ubi peregrinus esset ingressus, uxorem tubicinis obviam euntem aspicit; illico cursum flectit, metuens ne nasus suus exploraretur, atque ad diversorium regressus est – exuit se vestibus; braccas coccineas sericas manticæ imposuit mulumque educi iussit.

Francofurtum proficiscor, ait ille, et Argentoratum quatuor abhinc hebdomadis revertar.

Bene curasti hoc jumentum? ait muli faciem manu demulcens – me, manticamque meam, plus sexcentis mille passibus portavit.

Longa via est! respondit hospes, nisi plurimum esset negotii. – Enimvero, ait peregrinus, a Nasorum promontorio redii, et nasum spe-

und seine beiden Hände auf die Brust legend, die eine über die andere, gleich einem Heiligen (während das Maultier leicht einen Fuß vor den andern setzte), nein, sprach er, zum Himmel blickend – wie verleumdet und enttäuscht ich auch immer sein mag, so stehe ich doch nicht so tief in der Menschen Schuld, daß ich ihnen gestatten wollte, sich davon auf ihre Art zu überzeugen, nein, sprach er, meine Nase soll niemand anrühren, solange mir der Himmel Kraft verleiht.

Kraft, wozu? sagte das Weib des Bürgermeisters.

Der Fremde achtete nicht auf des Bürgermeisters Weib – denn er leistete dem heiligen Nikolaus ein Gelübde. Nachdem er hierauf seine Arme mit derselben Feierlichkeit auseinandergefaltet, mit der er sie vorhin gekreuzt hatte, ergriff er die Zügel mit der linken Hand, steckte die rechte, mit dem Säbel lose am Handgelenk baumelnd, in die Brust und ritt so langsam, wie nur ein Maultier einen Fuß vor den anderen setzen konnte, durch die Hauptstraßen von Straßburg, bis der Zufall ihn vor das große Gasthaus am Marktplatz gegenüber der Kirche brachte.

Kaum war der Fremde abgestiegen, so befahl er, daß sein Maultier in den Stall geführt und der Mantelsack ins Haus getragen werde. Nachdem er diesen geöffnet und seine rotseidenen Hosen mit einem silberbefransten (Anhängsel, das ich nicht zu übersetzen wage) herausgenommen, zog er die Hosen mit dem silberbefransten Hosenlatz an und ging alsogleich, den kurzen Säbel in der Hand tragend, aus dem Gasthaus hinaus auf den großen Paradeplatz.

Er war daselbst gerade dreimal auf und ab gegangen, als er die Trompetersfrau am anderen Ende des Platzes erblickte – so machte er aus Angst, sie könnte sich an seiner Nase vergreifen, kehrt, ging schnurstracks in das Gasthaus zurück, zog sich aus, legte die rotseidenen Hosen usw. in den Mantelsack und ließ das Maultier vorführen.

Ich reite weiter, sagte der Fremde, nach Frankfurt und werde heute über einen Monat wieder in Straßburg zurück sein.

Ich hoffe, fuhr der Fremde fort, den Kopf des Maultieres mit der linken Hand streichelnd, als er es besteigen wollte, ich hoffe, Ihr seid freundlich gewesen mit diesem meinem getreuen Sklaven – er hat mich zusammen mit dem Mantelsack, fuhr der Fremde fort, den Rücken des Tieres abklatschend, über sechshundert Meilen getragen.

Eine lange Reise, Herr, erwiderte der Wirt, wenn einer nicht gerade ein wichtiges Geschäft hat. – Pst, pst, sagte der Fremde, ich bin

ciosissimum, egregiosissimumque quem unquam quisquam sortitus est, acquisivi.

Dum peregrinus hanc miram rationem de seipso reddit, hospes et uxor eius, oculis intentis, peregrini nasum contemplantur. – Per sanctos sanctasque omnes, ait hospitis uxor, nasis duodecim maximis in toto Argentorato major est! – estne, ait illa mariti in aurem insusurrans, nonne est nasus prægrandis?

Dolus inest, anime mi, ait hospes – nasus est falsus.
Verus est, respondit uxor.
Ex abiete factus est, ait ille, terebinthinum olet.
Carbunculus inest, ait uxor.
Mortuus est nasus, respondit hospes.
Vivus est, ait illa – et si ipsa vivam, tangam.

Votum feci sancto Nicolao, ait peregrinus, nasum meum intactum fore usque ad –. Quodnam tempus? illico respondit illa.

Minimo tangetur, inquit ille (manibus in pectus compositis) usque ad illam horam –. Quam horam? ait illa. – Nullam, respondit peregrinus, donec pervenio ad –. Quem locum – obsecro? ait illa. – Peregrinus nil respondens mulo conscenso discessit.

am Vorgebirge der Nasen gewesen und habe mir dort eine von den allerbesten, Gott sei Dank, geholt, die jemals einem Menschen zugefallen ist.

Während der Fremde diesen merkwürdigen Bericht über sich selber gab, hielten der Wirt und die Wirtin beide ihre Augen auf die Nase des Fremden gerichtet. Bei der heiligen Radagunda, sprach die Wirtin zu sich selber, an der allein ist mehr dran als an einem Dutzend der größten in ganz Straßburg zusammengenommen. Ist das nicht, sagte sie ihrem Gatten leise ins Ohr, ist das nicht eine köstliche Nase?

Betrug, meine Liebe, sagte der Wirt, die Nase ist falsch.

Sie ist echt, antwortete die Wirtin.

Sie ist aus Fichtenholz, sprach der Wirt, ich rieche das Harz.

Und ich sehe doch eine Warze darauf, sagte die Wirtin.

Es ist eine tote Nase, antwortete der Wirt.

Es ist eine lebendige Nase, sage ich, erwiderte die Wirtin, und so wahr ich selber lebendig bin, so will ich sie anrühren.

Ich habe eben heute dem heiligen Nikolaus ein Gelübde geleistet, daß niemand meine Nase anrühren soll, bis … Hier hielt der Fremde seine Stimme an und sah gen Himmel. – Bis wann? sagte sie schnell.

Sie soll nie angerührt werden, sagte er, die Hände zusammenschlagend und an die Brust legend, bis zu jener Stunde … – Bis zu welcher Stunde? rief die Wirtin. – Nie, nie, sagte der Fremde, bis ich dorthin … – Um Himmels Willen, wohin? rief die Wirtin. Der Fremde ritt weiter, ohne ein Wort mehr zu sagen.

Der Fremde war noch nicht eine halbe Meile auf seinem Wege nach Frankfurt geritten, als die ganze Stadt Straßburg sich im Aufruhr wegen seiner Nase befand. Die Vesperglocken ertönten, um die Straßburger zur Andacht zu rufen und damit die Arbeit des Tages mit einem Gebet beendet werde. Doch keine Seele in Straßburg hörte sie, die Stadt glich einem Bienenschwarm. Männer, Weiber, Kinder rannten hin und her (während die Vesperglocken immer weiter läuteten), zur einen Tür hinein, zur anderen heraus, hierhin und dorthin, die Straßen entlang, quer über die Straße, die Straße hinauf, die andere hinunter, in diese Gasse hinein, aus jener heraus … Haben Sie sie gesehen? Haben Sie sie gesehen? O sagen Sie, ob Sie sie gesehen haben? Wer sah sie? Wer hat sie wirklich gesehen? Um Gottes willen, wer?

Ach, schade, schade. Ich war in der Kirche, ich beim Waschen, ich beim Stärken, ich beim Scheuern, ich habe gesteppt – Gott helfe mir, ich habe sie nicht gesehen, ich habe sie nicht angefaßt! Ach, wäre ich doch nur der Wachtposten, ach, wäre ich der säbelbeinige Trommler gewesen, war der allgemeine Schrei, die allgemeine Klage in jeder Straße und an jeder Ecke von Straßburg.

Während diese Verwirrung und Unordnung in der ganzen großen Stadt herrschte, ritt der höfliche Fremde so still und freundlich auf seinem Maultier auf der Straße nach Frankfurt, als ginge ihn die ganze Angelegenheit nichts an – er redete den ganzen Weg über in gebrochenen Sätzen bald mit seinem Tier, bald mit sich selber, bald mit seiner Julia.

O Julia! Liebliche Julia! ... Nein, ich kann nicht jetzt stehenbleiben, damit du diese Distel abfressen kannst ..., daß jemals die arglistige Zunge eines Nebenbuhlers mich der Freude berauben sollte, da ich eben nahe daran war, sie zu kosten.

Puh, es ist nur eine Distel – macht nichts –, du sollst dafür heute abend besseres Futter haben.

Verbannt aus meiner Heimat, von meinen Freunden, von dir!

Armer Teufel, du hast die Reise schon sehr satt. Komm, lauf ein wenig schneller! Mein Mantelsack enthält nur zwei Hemden, eine rotseidene Reithose mit einem gefransten ... O Julia!

Aber warum nach Frankfurt? Gibt es vielleicht eine unsichtbare Hand, die, ohne daß ich sie fühlte, mich im geheimen durch die vielen gewundenen Wege und unvorhergesehene Landstriche leitet?

Was, du stolperst gar? Beim heiligen Nikolaus! ... Jeder Schritt ... Bei dieser Geschwindigkeit werden wir die ganze Nacht brauchen bis ...

Zu unserem Glück. – Oder soll ich abermals ein Spielball des Zufalls und ein Opfer der Verleumdung werden? Dazu bestimmt, weitergetrieben zu werden, unschuldig verdächtigt, ungehört, unangerührt. – Wenn es so sein muß, warum bin ich nicht in Straßburg geblieben, wo Gerechtigkeit ...? Doch ich habe geschworen. Komm, du sollst trinken ... Beim heiligen Nikolaus! O Julia ... Warum spitzest du deine Ohren? Es ist doch nur ein Mann usw.

Der Fremde ritt weiter, auf diese Art mit seinem Maultier und mit Julia Zwiesprach pflegend, bis er zu einem Gasthaus kam, wo er alsogleich abstieg; er verlangte, daß man für sein Maultier, wie er es diesem versprochen hätte, sorge, schnallte seinen Mantelsack ab mit den rotseidenen Hosen usw., bestellte eine Omelette zum Abendessen, ging um zwölf Uhr zu Bett und war in fünf Minuten fest eingeschlafen.

Es war um dieselbe Stunde, als sich der Tumult in Straßburg für diese Nacht wenigstens gegeben hatte. Die Straßburger waren alle ruhig zu Bett gegangen, doch nicht gleich dem Fremden, um Geist oder Körper auszuruhen. Die Elfenkönigin hatte in echter Elfenneckerei des Fremden Nase genommen und in dieser Nacht sie, ohne deren Gestalt zu verkleinern, in so viele Nasen von verschiedenem Schnitt und verschiedener Art geschlitzt und geteilt, als es Köpfe in Straßburg gab, die davon träumen konnten. Die Äbtissin von Quedlinburg, die mit den vier großen Würdenträgerinnen ihres Kapitels, der Priorin, der Dekanin, der Unterkantorin und der Senior-Kanonissin diese Woche nach Straßburg gekommen war, um die Universität in einer Gewissensfrage, die Hemdschlitze betreffend, um Rat anzugehen, fühlte sich die ganze Nacht über nicht wohl.

Die Nase des höflichen Fremden hatte sich oben auf die Zirbeldrüse in ihrem Gehirn gesetzt und die Phantasie der vier Würdenträgerinnen des Kapitels so aufgerührt, daß sie die ganze Nacht über kein Auge zudrückten. Kein Glied blieb nur einen Augenblick lang auf derselben Stelle ruhig liegen, und als sie des Morgens aufstunden, glichen sie Gespenstern.

Die Büßerinnen des dritten Ordens des heiligen Franz, die Nonnen des Kalvarienbergs, die Kluniazenserinnen,* die Prämonstratenserinnen, die Karthäuserinnen und alle strengeren Nonnenorden, welche diese Nacht unter härenen Decken lagen, waren noch übler dran als die Äbtissin von Quedlinburg. Sie warfen und wälzten sich die ganze Nacht über von der einen Seite auf die andere und wieder zurück ohne Ende; die verschiedenen Schwesternschaften kratzten und schlugen sich zu Tode. Sie glichen Geschundenen, als sie aus den Betten stiegen, jede von ihnen war des Glaubens, der heilige Antonius habe sie, um sie zu prüfen, mit seinem Feuer heimgesucht – mit einem Wort, sie alle hatten die ganze Nacht über von der Vesper bis zur Frühmette kein Auge geschlossen.

Die Ursulinerinnen handelten noch am weisesten, indem sie gar nicht erst den Versuch machten, schlafen zu gehen.

* Hafen Slawkenbergius meint die Benediktiner-Nonnen von Cluny, deren Orden im Jahre 940 von Odo, dem Abte zu Cluny, gestiftet wurde.

Der Dekan von Straßburg, die Präbendare, Kapitulare und Domizilare (die sich am Morgen nach Kapiteln versammelten, um den Fall der Butterwecken zu erörtern) wünschten alle, sie wären dem Beispiel der Ursulinerinnen gefolgt.

In der Eile und Verwirrung, in der sich alles die Nacht vorher befunden, hatten die Bäcker gänzlich den Sauerteig vergessen. Es gab in ganz Straßburg keine Butterwecken zum Frühstück, der ganze Bezirk um das Münster herum war in dauernder Bewegung. Eine solche Veranlassung zur Unruhe und Bestürzung und ein so eifriges Fragen nach der Ursache dieser Unruhe hatte es in Straßburg nicht gegeben, seit Martin Luther die Stadt mit seinen Lehren auf den Kopf gestellt hatte.

Wenn die Nase des Fremden sich die Freiheit genommen hat, solchermaßen in die Schüsseln* frommer Klosterschwestern usw. zu tunken – was für eine Fastnacht mußte dann nicht ihretwegen erst gar in der Laienschaft herrschen! Eine Schilderung ginge über die Kraft meiner Feder, die ohnehin schon ganz stumpf geworden ist, obwohl ich gestehe (ruft hier Slawkenbergius mit mehr innerer Heiterkeit aus, als ich von ihm erwarten durfte), daß es dafür in der Welt noch manches gute Gleichnis gibt, das meinen Landsleuten eine Vorstellung davon zu geben vermöchte. Aber würde es nicht am Schlusse eines solchen Folianten, den ich um der Menschen willen geschrieben und über dem ich den größten Teil meines Lebens zugebracht habe, töricht sein, zu erwarten, ich sollte Zeit oder Neigung darauf verwenden, nach ihm zu suchen – obwohl das Gleichnis, wie ich zugeben muß, existiert. Es genüge darum, wenn ich sage, der Aufruhr und Wirrwarr in den Köpfen der Straßburger sei so allgemein gewesen und habe eine so übermächtige Herrschaft über alle Geisteskräfte der Straßburger ausgeübt, so viel Merkwürdiges und Unglaubwürdiges sei mit gleicher Zuversicht auf allen Seiten und mit gleicher Beredsamkeit auf allen Plätzen, die Nase betreffend, geredet und auch beschworen worden, daß der ganze Strom der menschlichen Rede und des menschlichen Staunens auf sie abgelenkt zu sein schien. Jedes menschliche Wesen, ob gut oder schlecht, reich oder arm, gelehrt oder ungelehrt, Doktor oder Student, Haus-

* Herrn Shandys Glückwunsch an die Redner! – Es tut ihm sehr leid, daß Slawkenbergius hier seinen Vergleich geändert hat – woran er allein die Schuld trägt; – Herr Shandy als Übersetzer tat bisher alles, was er konnte, um sich daran zu halten – aber hier war es unmöglich.

frau oder Magd, hoch oder niedrig, Nonnen- oder Frauenfleisch, brachte in Straßburg die Zeit damit zu, Nachrichten darüber zu sammeln, jedes Auge lechzte darnach, sie zu sehen, jeder Finger, jeder Daumen brannte darnach, sie anzufassen.

Was diese heftige Begierde noch vermehrte, wenn sie überhaupt durch etwas in der Welt vermehrt werden konnte, war der Umstand, daß der Wachtposten, der säbelbeinige Trommler, der Trompeter und die Trompetersfrau, die Witwe des Bürgermeisters, der Wirt und die Wirtin, wie sehr sie auch einer vom anderen in der Beglaubigung und Beschreibung der Nase des Fremden auseinandergingen, alle in zwei Punkten übereinstimmten, erstens, daß der Fremde gegen Frankfurt geritten sei und nach Straßburg nicht vor einem genauen Monat zurückkehren werde, und zweitens, daß er, ob seine Nase nun falsch oder echt sei, ein wahres Muster von Schönheit, edler Gestalt und feinem Benehmen, daß er so freigebig mit Geld und von so äußerster Höflichkeit sei, wie es noch niemand vorher gewesen von allen, die jemals durch die Tore von Straßburg geritten, daß, als er, den Säbel am Handgelenk lose baumelnd, durch die Straßen ritt und später in seinen rotseidenen Hosen über den Paradeplatz ging, er dies zugleich mit solch edler Zurückhaltung und doch so mannhaft getan, daß davon das Herz einer jeden Jungfrau, deren Augen ihn erblickt (wäre nur die Nase nicht im Wege gewesen), in Gefahr gekommen wäre.

Ich appelliere jetzt nicht an ein Herz, dem das Pochen und Sehnen einer also aufgeregten Neugier fremd ist, wenn ich die Äbtissin von Quedlinburg, die Priorin, Dechantin und Subkantorin rechtfertigen will, weil sie um Mittag nach der Trompetersfrau schickten; diese kam auch gleich durch die Straßen gelaufen, die Trompete ihres Mannes in der Hand, das beste Anschauungsmittel, dessen sie sich bei der Kürze der zur Verfügung stehenden Zeit bedienen konnte – sie blieb nämlich nur drei Tage.

Der Wachtposten und der säbelbeinige Trommler! – Niemand seit der Blüte des alten Athen konnte es ihnen gleichtun; sie hielten ihre Vorlesungen vor denen, die kamen und gingen, unter dem Stadttor mit dem ganzen Pomp der Rede eines Chrysippos und Crantor in den Säulenhallen Athens.

Der Wirt, den Stallknecht zur Linken, hielt die seinige im selben Stil in der Säulenhalle oder, wenn man will, im Torgang seines Wagenschobers, seine Frau die ihrige privater in der Hinterstube. Alles strömte zu diesen Vorlesungen, doch nicht wahllos, sondern die einen dahin und die anderen dorthin, wie das immer so ist und wie Glaube und Leichtgläubigkeit sie führten. Mit einem Wort, jeder Straßburger drängte sich heran, um Kunde zu erlangen, und jeder Straßburger bekam auch die Kunde, die er begehrte.

Zu Nutz und Frommen aller Demonstratoren der Naturphilosophie usw. darf folgende Bemerkung nicht unterlassen werden: sobald nämlich die Trompetersfrau ihre Privatvorlesung vor der Äbtissin von Quedlinburg beendet und jetzt damit begonnen hatte, öffentlich vorzutragen, was sie von einem Stuhl aus mitten auf dem Paradeplatz tat, wurde sie den anderen Demonstratoren damit, daß sie im Nu die vornehmsten Leute von ganz Straßburg an sich gezogen hatte, im höchsten Grade unbequem. Wenn jedoch ein Demonstrator der Philosophie eine Trompete bei sich führt (ruft Slawkenbergius aus), kann ein anderer da noch Anspruch darauf erheben, daneben gehört zu werden?

Während das ungelehrte Volk damit beschäftigt war, auf genannten Wegen und Leitungen der einfachen Kundtuung und Nachricht bis auf den Grund jenes Brunnens zu gelangen, allwo die Wahrheit bescheidentlich und züchtig hofhält, waren die Gelehrten auf andere Art ebenso geschäftig, sie vermittels des Röhrenwerkes der dialektischen Induktion heraufzupumpen; ihnen war also weniger an den Tatsachen als an den möglichen Schlußfolgerungen gelegen.

Keine Fakultät hätte mehr Licht auf diesen Gegenstand werfen können als die medizinische – wenn nicht alle ihre Dispute sich immer wieder in Überbeinen und wäßrigen Geschwülsten festgerannt hätten, wovon sie um nichts in der Welt wieder loszubekommen waren – aber die Nase des Fremden hatte leider weder etwas mit Überbeinen noch mit wäßrigen Geschwülsten zu tun.

Es wurde trotzdem zur sehr großen Befriedigung aller bewiesen, daß eine so gewichtige Masse ungleichartigen Stoffes nicht zu einer Nase zusammenfließen oder sich schichten könnte, solange das Kind noch im Mutterleib wäre, ohne daß dadurch nicht das Gleichgewicht des Fötus gestört und dieser neun Monate vor der Zeit einfach auf den Kopf gestellt würde.

Die Gegner dieser Ansicht gaben die Theorie zu – leugneten aber die Folgen.

Wenn nämlich ein genügender Vorrat von Venen, Arterien usw., behaupteten sie, für die notwendige Ernährung einer solchen Nase nicht schon mit den Elementen und Urstoffen bei deren Bildung gegeben wäre, bevor sie zur Welt käme (abgesehen vom Fall der Überbeine), so könnte sie überhaupt nicht regelmäßig wachsen und sich später am Leben erhalten.

Darauf wurde mit einer Dissertation über die Nahrung geantwortet und über die Wirkung, welche von derselben bei der Vermehrung und Verlängerung der Muskelteile bis zu deren äußerstem Wachstum und Umfang ausgeht ... In der siegreichen Durchführung dieser Theorie ging man so weit, zu behaupten, daß es keinen wirklichen Grund in der Natur gäbe, warum die Nase nicht die Größe des Menschen selbst erreichen sollte.

Die Verteidiger der ersten Theorie nun beruhigten die Welt darüber, so etwas könnte nicht vorkommen, solange die Menschen nur einen Magen und eine Lunge hätten. Denn da der Magen, sagten sie, das einzige zur Nahrungsaufnahme und zur Verwandlung dieser Nahrung in Nährsäfte bestimmte Organ sei und die Lunge das alleinige Organ der Blutbildung, könnte jener unmöglich mehr verarbeiten, als ihm sein Appetit zuführe. Zugegeben, daß der Magen sich auch überladen könne, so habe die Natur der Lunge wenigstens eine Grenze gesetzt – denn dieser Apparat sei von ganz bestimmter Größe und Stärke und vermöchte nur eine gewisse Quantität in einer gegebenen Zeit zu verarbeiten, das heißt, die Lunge könne nur so viel Blut produzieren, als für einen einzelnen Menschen genüge, und nicht mehr, so daß, wenn ebensoviel Nase wie Mensch da wäre, der Tod notwendig erfolgen müsse, oder daß, insoweit als es dann für keinen von beiden eine Stütze und einen Halt gäbe, entweder die Nase vom Menschen oder der Mensch unvermeidlicherweise von der Nase abfallen müßte.

Die Natur paßt sich solchen außerordentlichen Bedürfnissen und Nöten an, riefen die Gegner – denn was sagt ihr zu folgender Kombination: ein ganzer Magen, ein ganzes Lungenpaar, aber ein halber Mensch – für den Fall nämlich, daß diesem beide Beine unglücklicherweise abgeschossen worden sind.

Er stirbt an Vollblütigkeit, antworteten sie, oder muß Blut spucken und in vierzehn Tagen oder drei Wochen an Schwindsucht sterben.

Das tut er doch aber in Wirklichkeit nicht, riefen die Gegner.

Er müßte es aber tun, riefen jene.

Obwohl die, welche mit mehr Eifer und Genauigkeit in die Natur und deren Wirken eindrangen, ein gutes Stück Weges Hand in

Hand gingen, so trennten sie sich schließlich in der Frage der Nase beinahe ebenso entschieden wie die Fakultät selber.

Sie hatten sich freundschaftlich darüber geeinigt, daß es ein sehr genaues und geometrisches Verhältnis zwischen den einzelnen Teilen der menschlichen Gestalt und ihren verschiedenen Bestimmungen, Geschäften und Funktionen gäbe, das nur innerhalb gewisser Grenzen erweitert werden dürfte; wenn auch die Natur spiele, so spiele sie doch innerhalb eines gegebenen Kreises … Gut, aber über den Durchmesser dieses Kreises konnten sie sich nicht einigen.

Die Logiker rückten der Sache näher an den Leib als alle anderen Klassen der Schriftgelehrten, sie begannen und schlossen mit dem Wort Nase; und wenn nicht eine *petitio principii* im Wege gewesen wäre, an welcher einer der Fähigsten unter ihnen sich den Kopf gleich zu Beginn des Streites einrannte, so würde die ganze Kontroverse sehr schnell beendet gewesen sein.

Eine Nase, schloß der Logiker, kann nicht ohne Blut bluten, nicht nur nicht ohne Blut, sondern auch nicht ohne Blut, das darin zirkuliert, um den Blutungsvorgang mit einer Folge von Tropfen zu versehen (ein Strom ist nur eine schnellere Folge von Tropfen und hier also mitverstanden, sagte er).

Da aber der Tod nichts anderes ist als eine Stockung des Blutumlaufes, fuhr der Logiker fort …

Ich leugne die Richtigkeit der Definition – der Tod ist die Trennung der Seele vom Leib, rief sein Gegner. – Dann haben wir uns nicht über die Waffen geeinigt, erwiderte der Logiker. – Folglich hat auch unser Streit ein Ende, schloß der Gegner.

Die Rechtslehrer gaben sich noch kürzer und bündiger. Was sie boten, war der Art nach mehr eine Verordnung als ein Disput.

Wenn so eine ungeheure Nase, sagten sie, eine wahre Nase wäre, dürfte sie nicht innerhalb eines Gemeinwesens geduldet werden, und wenn sie falsch wäre, so würde die Tatsache, daß die menschliche Gesellschaft mit falschen Zeichen und Merkmalen betrogen wird, eine noch größere Verletzung des Rechts sein und müßte noch strenger geahndet werden.

Die einzige Entgegnung darauf war, daß damit, wenn überhaupt etwas, nur das eine bewiesen wäre, daß nämlich die Nase des Fremden weder eine wahre noch eine falsche sei.

Damit war Raum geschaffen zur Fortsetzung des Streites. Es wurde von den Advokaten des kirchlichen Gerichtshofes behauptet, daß es keinen Anlaß gäbe, einen behördlichen Erlaß nicht zu erlassen, zumal der Fremde selber *ex mero motu* eingestanden habe, daß er am Vorgebirge der Nasen gewesen sei und sich dort eine der allerbesten geholt habe usw. usw. Darauf wurde sofort erwidert, daß es unmöglich so etwas wie das Vorgebirge der Nasen geben könne, ohne daß die Gelehrten wüßten, wo es läge. Der Kommissär des Bischofs von Straßburg griff seinerseits die Advokaten an und erklärte, indem er den Sachverhalt in einer Abhandlung über sprichwörtliche Redensarten darlegte, daß das Vorgebirge der Nasen nur ein allegorischer Ausdruck sei und nichts anderes bedeute, als daß eben die Natur ihm diese große Nase verliehen habe. Zum Beweise dafür zitierte er die untenstehenden Gewährsleute und Belegstellen,* was die Sache ein für allemal erledigt haben würde, wenn es sich nicht herausgestellt hätte, daß ein Rechtshandel über etliche Gerechtsame der Ländereien des Domkapitels vor neunzehn Jahren schon auf Grund gleicher Belegstellen entschieden worden war.

Es traf sich – ich darf nicht sagen: unglückseligerweise für die Wahrheit, weil sie diese damit ja in einer anderen Richtung förderten –, es traf sich also damals, daß die beiden Universitäten Straßburgs – die lutherische, gegründet im Jahre 1538 durch den Ratsherren Jakob Sturmius, und die päpstliche, gestiftet vom Erzherzog Leopold von Österreich – während dieser Zeit die ganze Masse und Tiefe ihrer Gelehrsamkeit (mit Ausnahme dessen, was davon zur Schlichtung der Sache der Hemdschlitze der Äbtissin von Quedlinburg erforderlich war) auf die Frage nach Luthers Verdammnis verwendeten.

Die päpstlichen Doktoren hatten es sich zur Aufgabe gemacht, *a priori* zu beweisen, daß Luther infolge des Einflusses der Planeten auf den 22. Oktober 1483 – als der Mond im zwölften Haus, Jupiter,

* Nonnulli ex nostratibus eadem loquendi formula utun. Quinimo et Logistae et Canonistae. – Vid. Parce Barne Jas in d.L.Provincial. Constitut. de conjec. vid. Vol. Lib.4. Titul.1. n.7. qua etiam in re conspir. Om de Promontorio Nas. Tichmak. ff. d. tit.3. fol.189 passim. Vid. Glos. de contrahend. empt. etc. necnon J. Scrudr. in cap. §. refut. per totum. Cum his conf. Rever. J.Tubal, Sentent. et Prov. cap.9ff. 11, 12, obiter. V. et Librum, cui Tit. de Terris et Phras. Belg. ad finem, cum comment. N.Bardy Belg. Vid. Scrip. Argentoratens. de Antiqu. Ecc. in Episc. Archiv. fid. coll. per Von Jacobum Koinshoven Folio Argent. 1583. praecip. ad finem. Quibus add. Rebuff in L. obvenire de Signif. Nom. ff. fol. et de jure Gent. et Civil. de protib. aliena feud. per federa, test. Joha. Luxius in prolegom, quem velim videas, de Analy. Cap.1, 2, 3. Vid. Idea. [Sterne gibt im Vorstehenden eine nicht übersetzbare Verulkung des gelehrten Anmerkungsapparates der Zeit!]

Mars und Venus im dritten, die Sonne, Saturn und Merkur alle zusammen im vierten standen – ganz naturgemäß und unvermeidlich ein Verdammter und seine Lehren logischerweise verdammte Lehren gewesen sein müßten.

Durch Einblicknahme in sein Horoskop,* allwo fünf Planeten auf einmal mit dem Skorpion koitierten (sooft mein Vater auf diese Stelle kam, pflegte er den Kopf zu schütteln), und zwar im neunten Haus, welches die Araber der Religion zuschrieben, war es ersichtlich, daß Martin Luther sich nicht den Stüber darum, nämlich um die Religion, scherte, und aus dem nach der Konjunktion des Mars gerichteten Horoskop machten sie es klar, daß er mit schrecklichen Flüchen und mit Worten der Gotteslästerung auf den Lippen sterben mußte und daß seine in Schuld getauchte Seele im Sturm der Flüche in den See des Höllenfeuers hinabzutauchen hatte.

Dagegen wurde von den lutherischen Doktoren leichthin eingewendet, daß es sich hier um die Seele eines anderen am 22. Oktober 1483 Geborenen handeln müsse, die also vor dem Sturm der Flüche her in die Hölle zu fahren gezwungen gewesen wäre, da sich aus dem Geburtenregister von Eisleben in der Grafschaft Mansfeld ergebe, daß Luther nicht im Jahre 1483, sondern 1484 geboren worden sei und nicht am 22. Oktober, sondern am 10. November, am Abend vor Martini, davon er den Namen Martin hätte.

(Ich muß meine Erzählung hier für einen Augenblick unterbrechen. Wenn ich es nicht täte, würde ich gewiß ebensowenig imstande

* Haec mira, satisque horrenda. Planetarum coitio sub Scorpio Asterismo in nona coeli statione, quam Arabes religioni deputabant, efficit Martinum Lutherum sacrilegium hereticum, Christianae religionis hostem acerrimum atque profanum, ex horoscopi directione ad Martis coitum, religiosissimus obiit, eius anima scelestissima ad infernos navigavit, – ab Alecto, Tisiphone et Megara flagellis igneis cruciata perenniter. – Lucas Gauricus in Tractatu astrologico de praeteritis multorum hominum accidentibus per genituras examinatis.

Dies ist erstaunlich und hinreichend schaurig. Das Zusammentreten der Planeten unter dem Zeichen des Skorpions im neunten Himmelshaus, das die Araber der Religion zuteilten, bringt den Martin Luther hervor als einen ketzerischen Heiligtumsschänder, als einen hitzigen und weltlichen Feind der christlichen Religion; zufolge der Richtung des Horoskopes auf das Hinzutreten des Mars ist er voller religiöser Zweifel gestorben; seine verbrecherische Seele segelte in die Unterwelt, von Alekto, Tisiphon und Megara mit feurigen Geißeln ewig gequält.

(Lucas Gauricus in der astrologischen Abhandlung über die vergangenen Lebensschicksale vieler Menschen, geprüft an ihrem Geburtshoroskop.)

sein, im Bett ein Auge zu schließen wie die Äbtissin von Quedlinburg. Es muß nämlich gesagt werden, daß mein Vater diese Stelle im Slawkenbergius niemals ohne ein Gefühl des Triumphes vorlas – eines Triumphes nicht über Onkel Toby, denn dieser widersprach ihm niemals, sondern über die ganze Welt.

Nun, da siehst du, Bruder Toby, pflegte er jedesmal zu sagen, nach oben blickend, daß Taufnamen keine so gleichgültige Angelegenheit sind. Wäre Luther auf einen anderen Namen als Martin getauft worden, so würde er für alle Ewigkeit verdammt gewesen sein. Nicht daß ich Martin für einen besonders guten Namen hielte, weit davon entfernt, so ist er doch um einiges besser als ein neutraler, aber doch nur um einiges. – Sowenig dies auch an sich sein mag, so hat er ihm dennoch, wie du siehst, einen guten Dienst geleistet.

Mein Vater kannte wohl die Schwäche dieser Stütze für seine Hypothese ebensogut, wie die besten Logiker sie ihm hätten aufdecken können – doch so merkwürdig ist gleichzeitig die Schwäche des menschlichen Charakters: er würde um nichts in der Welt, nicht um sein Leben, darauf verzichtet haben, davon Gebrauch zu machen, sooft sie sich ihm bot. Und das ist sicherlich auch der Grund, warum mein Vater, obwohl viele andere Erzählungen im Slawkenbergius ebenso unterhaltend sind, keine davon mit solchem Entzücken immer wieder gelesen hat wie diese, die ich eben übersetze. Sie kam zweien seiner Haupthypothesen in einem entgegen: der über die Namen und der über die Nasen. Ich sage dreist, er hätte alle Bücher der Alexandrinischen Bibliothek durchlesen können – wenn das Schicksal nicht anders über sie verfügt hätte – und würde dennoch auf kein Buch und keine Stelle in einem Buche gestoßen sein, worin zwei solche Nägel wie diese mit einem Schlag auf den Kopf getroffen worden wären.)

Die zwei Universitäten von Straßburg rangen also schwer mit diesem Problem von Luthers Höllenfahrt. Die protestantischen Doktoren hatten bewiesen, daß er nicht vor dem Winde gesegelt sei, wie die päpstlichen Doktoren annahmen. Da jedermann wüßte, daß man nicht geradezu gegen den Wind segeln kann, so wollten sie zuerst ermitteln, wieviel Strich er im Falle, daß er dennoch gesegelt, vom geraden Kurs abgekommen sei. Und ob Martin Luther das Kap umsegelt habe oder ob er an eine Küste unterm Wind verschlagen worden wäre. Und ohne Zweifel würden sie, da es Fragen von hoher Erbaulichkeit waren – zum mindesten für die Leute, die sich auf diese Art

Seefahrt verstanden –, diese Untersuchung fortgesetzt haben trotz des Umfangs der Nase des Fremden, wenn nicht dieser Umfang der Nase des Fremden die Aufmerksamkeit der ganzen Welt von ihrer Arbeit abgezogen hätte – so waren sie denn genötigt, mit dem Strome zu schwimmen.

Die besondere Angelegenheit der Äbtissin von Quedlinburg und deren vier Würdenträgerinnen war kein Hindernis, denn da einmal die Nase des Fremden in ihrer Ungeheuerlichkeit sich deren Phantasie ebenso bemächtigt hatte wie die Gewissenssache der Äbtissin – so blieb die Angelegenheit der Hemdschlitze liegen. Kurz, die Drucker bekamen den Befehl, die Typen abzulegen, und alle gelehrten Streitigkeiten wurden fallengelassen.

Ich wette ein viereckiges Barett mit einer silbernen Quaste obendrauf gegen eine Nußschale, wenn einer errät, wo sich die beiden Universitäten in der Frage der Nase spalten würden.

Es geht über die Vernunft, riefen die Doktoren auf der einen Seite.

Es ist unter der Vernunft, riefen die anderen.

Es ist eine Glaubensangelegenheit, rief einer.

Es ist dummes Zeug, sagte der andere.

Es ist möglich, riefen die einen.

Es ist unmöglich, die anderen.

Gottes Macht ist unendlich, riefen die Nasisten, er vermag alles.

Er kann nichts tun, riefen die Antinasisten, was mit sich selbst in Widerspruch ist.

Er kann machen, daß die Materie denkt, sagten die Nasisten.

Ebenso sicher, wie ihr eine Samtmütze aus einem Schweinsohr machen könnt, erwiderten die Antinasisten.

Er kann aus zwei mal zwei fünf machen, antworteten die päpstlichen Doktoren.

Das ist falsch, riefen ihre anderen Gegner.

Unendliche Macht ist unendliche Macht, sprachen die Doktoren, welche die Realität der Nase behaupteten.

Das bezieht sich aber nur auf mögliche Dinge, erwiderten die Lutheraner.

Beim Gott im Himmel, schrien die päpstlichen Doktoren, er kann, wenn er will, eine Nase so groß machen wie den Turm von Straßburg.

Da nun der Straßburger Turm der höchste und gewaltigste in der ganzen Welt ist, so leugneten die Antinasisten, daß eine Nase von fünfhundertfünfundsiebzig Fuß auf die Dauer von einem Manne getragen werden könne, zum mindesten von einem von durchschnittlicher Größe. Die päpstlichen Doktoren schworen, es sei möglich, die Lutheraner schrien, nein, es sei unmöglich.

Das gab Veranlassung zu einem neuen Streit über die Ausdehnung und Begrenztheit der moralischen und natürlichen Eigenschaften Gottes. Der Streit führte naturgemäß auf Thomas von Aquino und von Thomas von Aquino auf den Teufel.

Der Nase des Fremden wurde nicht mehr Erwähnung getan, sie hatte nur als Fregatte gedient, um die Doktoren ins Meer der Schultheologie zu schleppen, und hier segelten sie alle nun vor dem Winde.

Hitzigkeit steht im geraden Verhältnis zum Mangel an wahrem Wissen.

Anstatt sie zu kühlen, erhitzte der Streit über die Eigenschaften usw. die Phantasie der Straßburger bis zu einem ganz ungewöhnlichen Grade. Je weniger sie vom Gegenstand verstanden, um so mehr staunten sie darob; der ganze Jammer unbefriedigter Wünsche war über sie gekommen, und so sahen sie ihre Doktoren – die drei Gruppen, welche die Nase für Pergament (Pergamentianer), für Messing (Messingianer) oder für harzendes Fichtenholz (Terpentinianer) hielten – auf der einen, die päpstlichen Doktoren auf der anderen Seite wie Pantagruel und dessen Gesellen auf der Suche nach dem Flaschenorakel auf hoher See entschwinden.

Die armen Straßburger blieben am Ufer zurück.

Was war zu tun? Nur kein Aufschub, der Aufruhr wuchs, jeder war außer sich, die Stadttore wurden geöffnet.

Unglückliche Straßburger! Ist in den Vorratskammern der Natur, in den Lagerräumen der Gelehrsamkeit und im Arsenal des Zufalls ein einziges Werkzeug zur Folterung eurer Neugier und Zerrung eurer Wünsche und Begierden versteckt geblieben? Ist nicht jedes daraus durch die Hand des Schicksals herausgeholt worden, euer Herz zu erregen oder damit zu spielen? Ich tauche jetzt meine Feder nicht in die Tinte, um es zu entschuldigen, daß ihr so gänzlich aus dem Häuschen wart, sondern um einen Lobspruch auf euch zu verfassen. Zeigt mir die Stadt, die also von Erwartung zerfleischt war, die weder essen noch trinken, noch schlafen, noch beten konnte, die durch ganze siebenundzwanzig Tage weder der Pflichten der Religion noch der Natur achtete und diesen Zustand auch nur einen Tag länger ausgehalten hätte.

Am achtundzwanzigsten hatte der höfliche Fremde versprochen zurückzukehren.

Siebentausend Kutschen (Slawkenbergius dürfte sich sicherlich in den Zahlen geirrt haben), siebentausend Kutschen also, fünfzehntausend Einspänner, zwanzigtausend Leiterwagen, alle vollgestopft, sosehr es nur ging, mit Senatoren, Räten, Gemeindevorstehern, Beguinen, Witwen, Ehefrauen, Jungfrauen, Stiftsdamen, Konkubinen, alle in ihren Wagen. Die Äbtissin von Quedlinburg mit der Priorin, der Dechantin und Subkantorin fuhren an der Spitze der Prozession, der Dechant von Straßburg mit den vier großen Würdenträgern des Kapitels hielt sich der Äbtissin zur Linken, die anderen folgten kunterbunt, wie es ging, die einen zu Fuß, die anderen zu Pferde, diese führten, jene wurden geführt, welche wurden getrieben, manche den Rhein abwärts – diese hierhin – jene dorthin – alle aber machten sich bei Sonnenaufgang auf den Weg, um dem höflichen Fremden auf der Straße entgegenzugehen.

Beeilen wir uns, zur Katastrophe unserer Erzählung zu kommen. Ich sage Katastrophe (schreibt Slawkenbergius), insofern als eine in allen Teilen wohlgeordnete Erzählung sich nicht nur einer Katastrophe oder Peripetie der Handlung, sondern dieser sich schon in allen wesentlichen und integrierenden Bestandteilen vorher erfreut – sie hat ihre *Protasis*, *Epitasis*, *Katastasis*, ihre *Katastrophe* oder *Peripetia*, das eine aus dem andern hervorwachsend in derselben Ordnung, wie Aristoteles sie gepflanzt hat – ohne welche Ordnung, sagt Slawkenbergius, der Mensch eine Geschichte lieber gar nicht erzählen, sondern sie lieber bei sich behalten sollte.

In allen meinen zehn Erzählungen meiner zehn Dekaden habe ich, Slawkenbergius, jede einzelne so fest an diese Regel gebunden wie die Nase an den Fremden.

Von seiner ersten Unterhaltung mit dem Wachtposten, bis er, nachdem er die zinnoberroten Seidenhosen ausgezogen, die Stadt Straßburg verläßt, ist die Protasis oder die Einleitung, allwo die Charaktere der *Personae Dramatis* gerade nur berührt werden und der Gegenstand selber auf leichte Art angegangen wird.

Die Epitasis, worin auf die Handlung mehr eingegangen wird und diese sich verstärkt, bis sie auf den Höhepunkt, Katastasis genannt, gelangt, was meist den zweiten und dritten Teil füllt, ist in dem sehr lebhaften Abschnitt meiner Erzählung zwischen dem ersten nächtlichen Tumult wegen der Nase bis zum Schluß der Vorlesung der

Trompetersfrau mitten auf dem großen Paradeplatz enthalten. Vom Zeitpunkt an, da sich die Gelehrten in den Streit einmischen, bis zu jenem, wo die Doktoren endgültig davonsegeln und die Straßburger am Ufer im Unglück zurücklassen, ist die Katastasis oder das Reifwerden der Ereignisse und Leidenschaften bis zu deren endlichem Ausbruch im fünften Akt. Dieser beginnt damit, daß sich die Straßburger nach Frankfurt aufmachen, und endet damit, daß die Irrsale vorbei sind und der Held aus einem Zustand der Unruhe (wie Aristoteles sagt) in einen der Ruhe und des Friedens versetzt wird.

Das, sagt Hafen Slawkenbergius, bildet die Katastrophe oder Peripetie meiner Geschichte – es ist genau der Teil, den ich jetzt erzählen werde.

Wir haben den Fremden hinter einem Vorhang schlafen lassen – er betritt wieder die Bühne.

Warum spitzest du die Ohren? Es ist doch nur ein Mann zu Pferde. – Das war das letzte Wort, das der Fremde zu seinem Maultier sprach. Es war damals nicht der geeignete Moment, dem Leser noch zu erzählen, daß das Maultier es seinem Herrn aufs Wort glaubte und ohne weitere Wenn und Aber den Reisenden und sein Pferd vorbeiziehen ließ.

Dieser Reisende beeilte sich mit allem Eifer, noch dieselbe Nacht nach Straßburg zu kommen. – Was für ein Narr bin ich nicht, sprach er zu sich selber, als er eine Meile weitergeritten war, mir einzubilden, ich könnte noch diese Nacht nach Straßburg kommen. Straßburg! Das große Straßburg, Straßburg, die Hauptstadt des Elsaß, Straßburg, die kaiserliche Stadt, Straßburg, ein unabhängiger Staat, Straßburg mit einer Garnison von fünftausend der besten Truppen der ganzen Welt. Ach, wenn ich jetzt vor den Toren von Straßburg stünde, könnte ich die Erlaubnis zum Eintritt in die Stadt nicht für einen Dukaten erlangen, nicht für anderthalb – es ist zuviel –. Besser zum letzten Gasthaus, an dem ich vorbeigekommen, zurückzukehren, als mich an weiß Gott was für einem Ort niederzulegen und weiß Gott was für einen Preis zu zahlen. Während der Reisende solchen Gedanken nachhing, wendete er den Kopf seines Pferdes um, und drei Minuten, nachdem der Fremde in seine Schlafkammer geleitet worden war, traf der Reisende in ebendemselben Gasthaus ein.

Wir haben Speck im Haus, sagte der Wirt, und Brot, bis elf Uhr heute nacht hatte ich auch noch drei Eier – aber ein Fremder, der vor einer Stunde angelangt war, bekam sie alle in einer Omelette, und wir haben jetzt nichts.

Ach, sagte der Reisende, müde wie ich bin, verlange ich nichts als ein Bett ... – Ich habe ein so weiches, wie Ihr kein solches im ganzen Elsaß bekommt, antwortete der Wirt.

Der Fremde hätte darin schlafen sollen, fuhr er fort, denn es ist mein bestes Bett, doch wegen seiner Nase ging es nicht ...

Er hatte wohl einen Katarrh, sprach der Reisende.

Nicht, daß ich wüßte, antwortete der Wirt. Aber es ist ein Feldbett, und Jacinta, fuhr er fort, mit einem Blick auf das Mädchen, bildete sich ein, er könnte sich darin mit seiner Nase nicht umdrehen.

Ich verstehe Euch nicht, sprach der Reisende zurückfahrend.

Er hat nämlich eine gar zu lange Nase, antwortete der Wirt.

Der Reisende blickte zuerst auf Jacinta, dann auf den Fußboden – fiel auf das rechte Knie, hatte gerade die Hand auf die Brust gelegt ... Treibe nicht dein Spiel mit meiner Herzensunruhe! rief er, sich erhebend.

Ich spiele gar nicht, es ist die herrlichste Nase auf der ganzen Welt, sagte Jacinta.

Der Reisende fiel abermals auf sein Knie, legte die Hand auf die Brust, dann rief er, zur Decke aufblickend: Himmel, du hast mich ans Ende meiner Pilgerfahrt geleitet. Es ist Diego.

Der Reisende war der Bruder jener Julia, die so oft in dieser Nacht vom Fremden angerufen worden war, da er von Straßburg her auf seinem Maultier ritt, und war auf ihr Geheiß, ihn zu suchen, ausgezogen. Er hatte seine Schwester von Valladolid über die Pyrenäen durch Frankreich geleitet und hatte – sozusagen – manchen verfitzten Knäuel Garn zu entwirren, als er auf seiner Suche ihm durch die vielen Krümmungen und jähen Wendungen der dornigen Pfade eines Liebenden folgen mußte.

Julia war unter den Strapazen zusammengesunken – und hatte nicht mehr die Kraft, noch einen Schritt über Lyon hinaus zu machen, wo sie infolge der mannigfachen Ängste eines zarten Herzens – von welchen viele reden und welche gar wenige wirklich empfinden – krank wurde und gerade noch Kraft genug hatte, einen Brief an Diego zu schreiben; und nachdem sie ihren Bruder beschworen hatte, nicht ohne ihn zurückzukommen, und ihm den Brief eingehändigt hatte, legte sie sich aufs Bett.

Fernandez (so hieß der Bruder) konnte, obwohl das Feldbett so weich war wie nur irgendeines im Elsaß, darin kein Auge zudrücken. Sobald es tagte, stand er auf, und als er hörte, daß Diego sich ebenfalls erhoben hatte, betrat er dessen Zimmer und entledigte sich des Auftrags seiner Schwester.

Der Brief lautete folgendermaßen:

Herr Diego! Ob mein Verdacht, Eure Nase betreffend, gerechtfertigt war oder nicht, soll jetzt nicht weiter untersucht werden – es genügt, daß ich nicht die Festigkeit hatte, es auf die Probe ankommen zu lassen.

Wie konnte ich so wenig mich selber kennen, als ich meine Duenna aussandte, Euch zu verbieten, je wieder unter mein Gitterfenster zu treten! Und wie konnte ich Euch so wenig kennen, Diego, daß ich mir einbildete, Ihr würdet auch nur einen Tag länger in Valladolid bleiben, um meine Zweifel zu heben? Mußte ich darum verlassen werden, Diego, weil ich mich getäuscht hatte? Oder war es freundlich von Euch, mich beim Wort zu nehmen, gleichviel, ob mein Verdacht gerechtfertigt war oder nicht, und mich, wie Ihr es getan habt, als die Beute so vieler Ungewißheit und so großen Kummers zurückzulassen?

Wie Julias Herz es aufnahm – wird Euch mein Bruder sagen, wenn er Euch diesen Brief überreicht. Er wird Euch auch sagen, in wie wenigen Augenblicken sie die übereilte Botschaft an Euch bereute, in wie wahnsinniger Hast sie zu ihrem Gitterfenster stürzte und wie viele Tage und Nächte sie hier unbeweglich auf ihren Ellbogen gestützt dalag, die Straße hinauf, durch welche Diego zu kommen gewohnt war, mit ihren Blicken schweifend.

Er wird Euch erzählen, wie auf die Nachricht von Eurer Abreise hin die Lebensgeister sie verließen, wie ihr Herz krank wurde, wie erbarmungswürdig sie trauerte, wie sie den Kopf hängenließ. O Diego! Wie viele müde Schritte hat mich nicht mein Bruder mitleidsvoll an der Hand geführt, da ich darnach verlangte, Eure Spur zu finden! Wie weit über meine Kräfte hinaus hat mich nicht meine Sehnsucht getragen, und wie oft bin ich nicht am Wege, in Ohnmacht fallend, in seine Arme gesunken, so daß ich nur noch ›O mein Diego!‹ zu seufzen vermochte.

Wenn die Artigkeit Eures Betragens den Gefühlen Eures Herzens entspricht, so werdet Ihr so schnell zu mir zurückeilen, wie Ihr von mir geflohen seid. – Doch wie immer Ihr Euch beeilet, so werdet Ihr gerade noch zurechtkommen, mich sterben zu sehen. Der Tod ist ein gar bitterer Trank, Diego, doch wird er, ach! dadurch noch bitterer, daß ich sterbe, ohne – – –

Sie vermochte nicht fortzufahren.

Slawkenbergius nimmt an, die nicht ausgeschriebene Stelle heiße: ohne überzeugt worden zu sein. Ihre Schwäche ließ sie den Brief nicht beenden.

Das Herz des höflichen Diego floß über, da er den Brief las ... Er ließ sofort sein Maultier und Fernandez' Pferd satteln. Und da keine Prosa im Ausdruck solcher Gefühle der Poesie gewachsen ist – der Zufall, der so oft uns auf Heilmittel gegen Krankheiten bringt, hatte ihm ein Stück Holzkohle ins Fenster geworfen –, so machte Diego davon Gebrauch, und während der Stallknecht das Maultier sattelte, erleichterte Diego seinen Geist auf der Wand wie folgt:

ODE

Rauh klingt und sonder Glutgefühl
Der holden Liebe Leier,
Wenn Julias Hand in süßer Spiel-
Erei verleiht nicht Feuer
Dem Teile, der das Herz beglückt
Und zauberisch den Mann ins Paradies entrückt.

2

O Julia!

Die Sprache der Verse war durchaus natürlich – denn sie dienten keinem Zweck und hatten keine Absicht, sagt Slawkenbergius, und es ist nur schade, daß ihrer nicht mehr waren; aber ob Herr Diego zu langsam im Versemachen oder der Stallknecht zu schnell im Satteln des Maultieres war, ist nicht auszumachen; sicher ist nur das eine, daß Diegos Maultier und Fernandez' Roß vor dem Tor des Gasthauses bereitstanden, bevor Diego mit der zweiten Stanze in Gang kam. Ohne also die Ode zu beenden, saßen beide auf, ritten davon, setzten über den Rhein, durchquerten das Elsaß, fanden ihren Weg nach Lyon, und bevor die Straßburger und die Äbtissin von Quedlinburg zu ihrer Kavalkade aufgebrochen waren, hatten Fernandez, Diego und seine Julia die Pyrenäen überstiegen und waren wohlbehalten in Valladolid angelangt.

Es ist unnötig, den mit der Geographie vertrauten Leser darüber zu belehren, daß, als Diego schon in Spanien war, es unmöglich gewesen wäre, dem höflichen Fremden auf der Frankfurter Landstraße zu begegnen; es genügt darum zu sagen, daß, da von allen unruhigen Begierden die Neugierde die stärkste ist, die Straßburger deren Macht gar gewaltig spürten und daß sie darum volle drei Tage und drei Nächte hindurch auf der Frankfurter Straße von der stürmenden Wut dieser Leidenschaft hinauf- und hinabgetrieben wurden, bevor sie endlich nachgaben und nach Hause zurückkehrten – als ach! ein Unglück über sie kam, das von allen denen, die ein freies Volk heimsuchen können, wohl das schmerzlichste ist.

Da von dieser Umwälzung in der Angelegenheit Straßburgs oft gesprochen und wenig gewußt wird, will ich in zehn Worten, sagt Slawkenbergius, sie der Welt erklären und damit meine Erzählung beenden.

Jedermann weiß vom großen ›System der Universalmonarchie‹, das auf Befehl Colberts geschrieben und im Jahre 1664 als Manuskript in die Hände Ludwigs XIV. gelegt worden ist.

Es ist ebenso bekannt, daß eines von den vielen Gliedern dieses Systems die Besitzergreifung Straßburgs war, um auf diese Weise für alle Zeiten einen Eingang nach Schwaben zu haben, damit so die Ruhe von Deutschland jederzeit gestört werden könne, und daß infolge dieses Planes Straßburg unglücklicherweise schließlich in die Hände des Königs fiel.

Es ist das Los und die Aufgabe weniger, die wahren Quellen dieser und ähnlicher Umwälzungen aufzudecken; die gewöhnlichen Sterblichen sehen zu hoch hinauf, die Staatsmänner zu niedrig – die Wahrheit liegt (wieder einmal) in der Mitte.

Eine wie verhängnisvolle Sache ist nicht der Stolz des Volkes auf die freie Verfassung einer Stadt! ruft der eine Geschichtsschreiber aus. Die Straßburger sahen in einer kaiserlichen Garnison innerhalb ihrer Stadtmauern eine Verminderung ihrer Freiheit – also wurden sie die Beute einer französischen.

Das Schicksal der Straßburger, sagt ein anderer, soll für alle freien Völker eine Warnung sein, mit dem Gelde zu sparen. Sie gaben mehr aus, als sie einnahmen, bekamen hohe Steuern, erschöpften ihre Kräfte und wurden mit der Zeit ein so schwaches Volk, daß sie nicht mehr die Kraft hatten, ihre Tore geschlossen zu halten, und so stießen die Franzosen sie auf.

Ach, ach! ruft Slawkenbergius, nicht die Franzosen waren es, die Neugier riß die Tore auf ... Nein, als die Franzosen, die immer auf einen guten Fang aus sind, die Straßburger, Männer, Weiber und Kinder, alle der Nase eines Fremden nachlaufen sahen – so folgten sie jetzt ihrer eigenen und marschierten ein.

Handel und Gewerbe verfielen und sind allmählich immer mehr gesunken, doch aus keiner einzigen von den Ursachen, welche die maßgeblichen Handelsleute anführten, sondern nur darum, weil die Nasen ihnen so in den Kopf gestiegen waren, daß sie nicht mehr ihren Geschäften nachgehen wollten.

Wehe, wehe, ruft Slawkenbergius aus, es ist nicht die erste Festung, und es wird, fürchte ich, auch nicht die letzte sein, die durch eine Nase entweder gewonnen oder verloren worden ist.

Das Ende der Erzählung des Slawkenbergius

Erstes Kapitel

Wie wäre es bei einem so großen Wissen um die Nasen, das unablässig in meines Vaters Gehirn spukte, bei seinen vielen Familienvorurteilen und den zehn Dekaden von Erzählungen, die damit stets Schritt hielten, wie wäre es, sage ich, möglich gewesen, mit einem so feinen – war es nun eine wirkliche Nase? –, wie wäre es also möglich gewesen, daß ein Mann mit einem so feinen Gefühl wie mein Vater die Erschütterung im unteren oder vielmehr im oberen Stockwerk in einer anderen Stellung hätte aushalten können als genau in der oben beschriebenen?

Werfen Sie sich doch nur aufs Bett, ein dutzendmal, doch stellen Sie gefälligst erst einen Spiegel auf einen Stuhl daneben, bevor Sie es tun ... War also die Nase des Fremden eine wirkliche oder eine falsche?

Ihnen das jedoch im voraus zu sagen würde einer der besten Erzählungen in der ganzen Christenheit schaden, Madame, und zwar der zehnten in der zehnten Dekade, welche der von uns übersetzten unmittelbar folgt.

Diese Erzählung, ruft Slawkenbergius ein wenig prahlerisch aus, ist von mir als die Schlußerzählung des ganzen Werkes aufgehoben worden, wohl wissend, daß, wenn sie von mir erzählt sein und der Leser sich durch sie hindurchgelesen haben wird, es für uns beide die höchste Zeit sein dürfte, das Buch zu schließen, insofern, fährt Slawkenbergius fort, als ich von keiner Erzählung wüßte, die nach dieser noch genossen werden könnte.

Es ist in der Tat wirklich einmal eine Erzählung.

Sie beginnt mit der ersten Unterredung im Gasthof zu Lyon, als Fernandez den höflichen Fremden und seine Schwester Julia in deren Zimmer allein ließ, und ist überschrieben:

Die Irrgänge
von Diego und Julia

Herr des Himmels, du bist ein sonderbares Geschöpf, Slawkenbergius. Was für eine überaus wunderliche Ansicht von den Verwicklungen des weiblichen Herzens hast du uns allen damit nicht eröffnet! Wie kann das je übersetzt werden! Und doch, wenn dieses Musterbeispiel unter des Slawkenbergius Erzählungen und die erlesene Moral darin den Leuten gefallen sollte, so werden auf jeden Fall gleich ein paar Bände übersetzt werden. Zwar, wie es in gutes Englisch gebracht werden kann, davon habe ich bis jetzt noch keine Vorstellung. Zur Übersetzung gewisser Absätze würde ich einen sechsten Sinn brauchen. – Was kann er nur mit seinem gleißenden Äugeln eines leisen, langsamen, trockenen Gespräches fünf Noten unter dem natürlichen Ton meinen – was, wie Sie, Madame, wissen, nur wenig mehr als ein Lispeln ist? Im Augenblick, da ich diese Worte ausgesprochen habe, konnte ich so etwas wie ein Schwingen in den Saiten um die Herzgegend wahrnehmen! Doch das Gehirn nimmt davon keine Kenntnis. Es mangelt so oft am gegenseitigen Verständnis zwischen beiden. Ich fühle nur, als hätte ich es verstanden. Mir fehlt aber die Vorstellung. Die Bewegung konnte doch nicht ohne Ursache sein. Ich bin verloren. Ich kann nichts daraus machen – wenn es nicht das ist, mit Euer Erlaubnis, daß die Stimme, in diesem Fall nicht mehr als ein Lispeln, die Augen unvermeidlich dazu zwingt, sich nicht nur auf sechs Zoll einander zu nähern, sondern einander auch in die Pupille zu sehen. Ist das nicht gefährlich? Aber es kann nicht vermieden werden, denn wenn sie zur Decke hinaufsehen, stoßen die beiden Kinne aufeinander, und wenn sie heruntersehen, sich gegenseitig in den Schoß, so kommen die beiden Stirnen in Berührung, was sofort der ganzen Unterredung ein Ende macht. Ich meine dem empfindsamsten Teil derselben. Was übrigbleibt, ist nicht wert, daß man sich darnach bücke.

Zweites Kapitel

Mein Vater lag anderthalb Stunden lang so regungslos über das Bett hingestreckt, als hätte ihn die Hand des Todes niedergeworfen, bevor er mit der großen Zehe jenes Fußes, der über die Bettkante hing, auf dem Fußboden zu spielen begann; Onkel Tobys Herz fühlte sich darob um einige Pfund leichter. Nach wenigen Augenblicken kam auch wieder Gefühl und Leben in die linke Hand, deren Knöchel beständig auf dem Henkel des Nachttopfes geruht hatten. Er schob diesen ein wenig hinter die Bettgardine zurück, zog darnach die Hand herauf in seinen Busen und stieß ein Hm aus. Onkel Toby antwortete auf diesen Laut mit unendlicher Freudigkeit und würde sehr gern einen Satz des Trostes in den Spalt, der sich ihm bot, gepfropft haben, doch da er, wie gesagt, in dieser Hinsicht gerade nicht sonderlich begabt war und zudem fürchtete, es könnte etwas nachkommen, wodurch die Sache noch schlimmer würde, so begnügte er sich einstweilen damit, sein Kinn sanft und beruhigt auf die Krücke seines Stockes zu stützen.

Ob nun dieser Druck Onkel Tobys Gesicht zu einem gefälligeren Oval verkürzte oder ob die herzlichste Menschenliebe in ihm jetzt, da er bemerkte, wie sein Bruder langsam aus einem Meer von Kummer aufzutauchen sich anschickte, seine Gesichtsmuskeln anspannte – so daß der Druck aufs Kinn nur das im Gesicht schon vorhandene Wohlwollen verdoppelte, ist schwer zu sagen. Jedenfalls wurde mein Vater, da er seine Augen nach ihm drehte, von einem solchen Sonnenstrahl der Freude daraus getroffen, daß sein dumpfer Kummer im Augenblick wich.

Mein Vater brach das Schweigen wie folgt:

Drittes Kapitel

Hat wohl jemals ein Mensch, Bruder Toby, rief mein Vater, indem er sich auf den Ellbogen stützte und nach der anderen Seite des Bettes umdrehte, wo Onkel Toby im alten befransten Lehnstuhl, das Kinn auf den Krückstock gestützt, saß, hat jemals ein armer, unglücklicher Mensch, Bruder Toby, so viel Schläge bekommen?

Die meisten, antwortete Onkel Toby (und läutete mit der Glocke am Kopfende des Bettes nach Trim), die ich habe austeilen sehen, hat ein Grenadier bekommen, in Mackays Regiment, wenn ich mich recht erinnere.

Wenn Onkel Toby eine Kugel durch meines Vaters Herz geschossen hätte, so würde dieser nicht schneller mit der Nase in das Kopfkissen haben zurücksinken können. – Um Himmels willen, sagte Onkel Toby.

Viertes Kapitel

War es in Mackays Regiment, sagte Onkel Toby, wo der arme Grenadier so unbarmherzig in Brügge wegen eines Dukaten gepeitscht wurde?

Um Christi willen, er war unschuldig, rief Trim, tief aufseufzend. Und es hätte nicht viel gefehlt, so würden sie ihn zu Tode gepeitscht haben, Euer Gnaden. Sie hätten ihn lieber gleich erschießen sollen, wie er sie bat, er würde dann direkt in den Himmel gekommen sein, denn er war so unschuldig wie Euer Gnaden selber.

Ich danke Ihm, Trim, sagte Onkel Toby.

Ich kann nie an sein und meines Bruders Tom Unglück denken, fuhr Trim fort – denn wir sind alle zusammen in die Schule gegangen –, ohne daß ich flennen muß wie eine Memme.

Tränen sind kein Beweis von Feigheit, Trim. Ich selber muß oft welche vergießen, rief Onkel Toby.

Ich weiß wohl, daß Euer Gnaden weinen können, antwortete Trim, und darum schäme ich mich auch nicht. Aber zu denken, Euer Gnaden, fuhr Trim fort, während sich eine Träne in die Augenwinkel stahl, wie da zwei brave Jungen mit Herzen in ihrer Brust, so warm und ehrlich, wie Gott sie nur je erschaffen, die Kinder rechtschaffener Leute, mutig in die Welt hinausziehen, um darin ihr Glück zu suchen, und dann so ins Unglück geraten! Mein armer Tom mußte auf die Folter, weil er die Witwe eines Juden, die Würste verkaufte, geheiratet hatte – und die Seele des ehrlichen Dick Johnson mußte wegen eines Dukaten aus dem Leibe gepeitscht werden, wegen eines Dukaten, den ein anderer Mann ihm in den Schnappsack gesteckt hatte. Oh, das nenne ich Unglück, rief Trim, sein Taschentuch ziehend, so etwas ist wirklich ein Unglück, Euer Gnaden, worüber ein Mensch Tränen vergießen darf.

Mein Vater konnte nicht umhin zu erröten.

Es wäre schade, Trim, antwortete Onkel Toby, wenn Er je eigenen Kummer erführe, da Er solchen so tief um andere fühlet.

Ach, antwortete der Korporal, während sich sein Gesicht aufheiterte, Euer Gnaden wissen, ich habe weder Weib noch Kind, so kann ich auch keine Sorgen in dieser Welt haben.

Mein Vater mußte lächeln.

Sowenig zum mindesten, wie nur sonst ein Mensch, Trim, antwortete Onkel Toby; schließlich vermöchte ich nicht einzusehen, wie ein Mann von Seiner Herzensheiterkeit durch etwas anderes als durch die Sorge der Armut im Alter zu Leiden kommen könnte, wenn Er den Dienst nicht mehr versehen kann, Trim, und alle Seine Freunde überlebt hat.

Euer Gnaden, man muß sich nur nicht fürchten, sage ich, antwortete Trim mit strahlendem Gesicht.

Ich möchte auch nicht, daß Er sich jemals fürchte, Trim, antwortete Onkel Toby, und darum, fuhr Onkel Toby fort – seinen Krückstock weglegend und sich auf seine Beine stellend, als er das Wort ›darum‹ aussprach –, zur Belohnung für Seine langjährige Treue zu mir und Seine Herzensgüte, wovon ich so viele Beweise habe, soll Er, solange Sein Herr noch einen Shilling hat, nicht anderwärts um einen Penny betteln gehen.

Trim machte einen Versuch, seinem Herrn zu danken – doch war er es nicht imstande. Tränen träufelten die Wangen schneller herab, als er sie zu trocknen vermochte ... Er legte darum nur die Hände auf die Brust, machte eine Verbeugung bis auf den Boden und schloß die Tür.

Ich habe Trim meinen Rasenplatz vermacht, rief Onkel Toby.

Mein Vater lächelte. Ich habe ihm zudem noch eine Pension vermacht, fuhr Onkel Toby fort.

Mein Vater sah ernst drein.

Fünftes Kapitel

Ist das der geeignete Augenblick, sagte mein Vater zu sich selber, sich über Pensionen und Grenadiere zu unterhalten?

Sechstes Kapitel

Als Onkel Toby zuerst des Grenadiers erwähnte, fiel mein Vater, sagte ich, mit der Nase flach ins Kissen zurück, und zwar so plötzlich, als hätte Onkel Toby auf ihn geschossen; doch wurde von mir nicht hinzugefügt, daß auch alle anderen Gliedmaßen meines Vaters zusamt seiner Nase im Augenblick in dieselbe Stellung zurückschnellten, in welcher wir sie vorhin beschrieben haben, so daß, als Trim das Zimmer verließ und mein Vater geneigt war, sich vom Bett zu erheben, er alle vorbereitenden Bewegungen noch einmal zu durchlaufen hatte, bevor er seine Absicht auszuführen imstande war. – Stellungen bedeuten nichts, Madame; der Übergang von einer in die andere ist alles, genauso wie Auflösung eines Mißklangs in eine Harmonie.

Zu diesem Behufe scharrte denn mein Vater noch einmal mit seiner großen Zehe am Boden, stieß den Nachttopf noch tiefer hinter die Bettgardine, machte hm!, erhob sich auf den Ellbogen und war schon wieder im Begriff, eine Ansprache an Onkel Toby zu halten, als er sich des Mißerfolges seines ersten Versuches in dieser Stellung erinnerte; so stand er denn auf, ging dreimal im Zimmer auf und ab und blieb endlich dicht vor Onkel Toby stehen. Und indem er die drei ersten Finger seiner rechten Hand in die Handfläche der linken legte und sich ein wenig vorbeugte, redete er wie folgt Onkel Toby an:

Siebentes Kapitel

Wenn ich über den Menschen nachdenke, Bruder Toby, und jene dunkle Seite ins Auge fasse, an welcher sein Leben preisgegeben erscheint so vielfacher Wirrnis, wenn ich ferner bedenke, wie oft wir das Brot der Kümmernis verzehren und daß wir dazu als zu unserem Erbteil geboren sind … – Ich ward zu nichts anderem geboren, sagte Onkel Toby, meinen Vater unterbrechend, als zu meiner Stelle in der Armee.

Schnaken, erwiderte mein Vater. Hat dir nicht unser Onkel hundertzwanzig Pfund jährlich hinterlassen?

Was hätte ich auch ohne sie anfangen können? sagte Onkel Toby.

Das ist wieder eine andere Frage, sagte mein Vater ein wenig gereizt – doch ich sage, Bruder Toby, wenn einer den ganzen Katalog durchkreuzter Pläne und übler Zufälle durchblättert, mit denen ein Menschenleben beladen ist, so ist es nur erstaunlich, dank welcher verborgenen Quelle von Kraft der Geist des Menschen standzuhalten und sich gegen alles, was uns auferlegt ist, anzustemmen vermag.

Er vermag es nur mit Hilfe des allmächtigen Gottes, rief Onkel Toby, indem er aufblickte und die Handteller eng zusammenlegte, und nicht aus eigener Macht, Bruder Shandy. Ebensogut könnte ein Wachtposten in einem Schilderhaus aus Holz sich vermessen, eine Abteilung von fünfzig Mann abzuwehren. Die Gnade und der Beistand des besten aller Wesen hält uns aufrecht.

Das heißt den Knoten zerschneiden statt ihn aufzuknüpfen, sagte mein Vater. Doch erlaube mir, Bruder Toby, dich hier ein wenig tiefer in das Geheimnis einzuweihen.

Von ganzem Herzen, antwortete Onkel Toby.

Mein Vater wechselte augenblicklich seine gegenwärtige Stellung gegen jene ein, in welcher Sokrates so eindringlich von Raffael in dessen *Schule von Athen* gemalt worden ist, welche, wie Eure Kennerschaft natürlich wissen, so ausgezeichnet ausgedacht ist, daß selbst die Sokrates eigentümliche Art und Weise, einem Gedanken nachzugehen, darin ausgedrückt erscheint, denn er hält hier den Zeigefinger seiner linken Hand so zwischen dem Zeigefinger und dem Daumen seiner rechten, und es sieht jetzt genauso aus, als ob er dem Lüstling, den er mit Beschlag belegt hat, sagen wollte: Du räumst mir dies und das ein. Und dies und das aber brauche ich dich dann nicht zu fragen, denn es ergibt sich daraus von selbst.

So stand auch mein Vater da, den Zeigefinger der linken zwischen dem Daumen und dem Zeigefinger der rechten Hand haltend, und er zog Schlüsse vor Onkel Toby, während dieser in seinem alten gefransten, mit Wollquasten behangenen Lehnstuhl saß.

O Garrick, was für eine köstliche Szene würde nicht dein einziges Genie daraus zu machen verstehen! Und wie gern wollte ich nicht noch eine solche schreiben, um mich deiner Unsterblichkeit zu bedienen und meine eigene mit deiner zu versichern.

Achtes Kapitel

Obwohl der Mensch das merkwürdigste aller Vehikel ist, sagte mein Vater, so ist es doch so leicht und wackelig gebaut, daß die plötzlichen Püffe und Stöße, die es unvermeidlich auf seinem holprigen Lebenswege auszuhalten hat, es umwerfen und zwölfmal am Tage in Stücke zerbrechen müßten, wäre da nicht, Bruder Toby, in uns eine Feder verborgen ... – Diese Feder ist eben für mich die Religion, antwortete Onkel Toby. – Und wird sie meinem Kind die Nase wieder ansetzen? rief mein Vater, die Finger freigebend und die Hände zusammenschlagend. – Sie macht alles Krumme wieder gerade, antwortete Onkel Toby. – Figürlich gesprochen, meinetwegen, aber die Feder, von der ich spreche, ist jene große elastische Kraft, die jeglichem Übel die Waage hält und eben gleich einer verborgenen Feder in einer richtig zusammengesetzten Maschine zwar den Stoß nicht abwenden, ihn aber für unser Gefühl lindern kann, antwortete mein Vater.

Nun, lieber Bruder, fuhr er fort, seinen Zeigefinger, da er sich dem Hauptpunkt näherte, in die frühere Lage zurückbringend, wäre mein Kind heil zur Welt gekommen und nicht an dem kostbarsten Körperteil gezeichnet – phantastisch und ausschweifend, wie ich immerhin der Welt mit meiner Ansicht über die Taufnamen und die magische Wirkung, welche gute oder schlechte Namen auf unseren Charakter und unsere fernere Lebensführung ausüben, erscheinen mag –, der Himmel sei mein Zeuge, daß ich selbst in den glühendsten Ergüssen meiner Wünsche für das Wohlergehen meines Kindes niemals geheischt habe, sein Haupt mit mehr Ruhm und Ehre zu krönen, als solche Namen wie Georg oder Eduard über ihn zu breiten vermöchten.

Aber ach, fuhr mein Vater fort, da das schrecklichste Übel ihn überfallen hat – muß ich mit der größten Kraft des Guten diesem entgegenarbeiten und es also völlig zunichte machen.

Er soll Trismegistus getauft werden.

Ich wünsche nur, daß ihm das gut bekommt, sagte Onkel Toby und erhob sich.

Neuntes Kapitel

Was für ein Kapitel von Zufällen, sagte mein Vater, sich am ersten Treppenabsatz zu Onkel Toby umdrehend, als sie zusammen hinuntergingen, was für ein langes Kapitel von Zufällen schlagen nicht die Ereignisse dieser Welt für uns auf! Nimm Feder und Tinte zur Hand, Bruder Toby, und rechne einmal nach!

Ich verstehe vom Rechnen so wenig wie dies Geländer, sprach Onkel Toby, schlug mit seinem Krückstock danach, traf aber statt dessen meines Vaters Schienbein äußerst heftig ... Die Wahrscheinlichkeit, das Geländer zu verfehlen, stand hundert zu eins, rief jetzt Onkel Toby. – Ich dachte, sprach mein Vater, sein Schienbein reibend, du verstündest nichts vom Rechnen, Bruder Toby. – Es war der reine Zufall, sagte Onkel Toby. – Da haben wir einen mehr für unser Kapitel, antwortete mein Vater.

Die doppelte Gelegenheit, in seiner Antwort witzig zu sein, verscheuchte meinem Vater die Schmerzen am Schienbein sofort – es war gut, daß es sich so traf (wieder ein Zufall), sonst würde die Welt bis zum heutigen Tage nicht den Gegenstand von meines Vaters Berechnung kennengelernt haben ... Ihn zu erraten, das würde auch kein Zufall zuwege gebracht haben. Was für ein wahrhaft glückliches Kapitel über Zufälle daraus jetzt nicht geworden ist! Denn es hat mir die Mühe erspart, ausdrücklich eines zu schreiben; die Wahrheit zu gestehen, habe ich ohnehin alle Hände voll zu tun. Habe ich nicht der Welt ein Kapitel über Knoten versprochen? Dann zwei über das rechte und falsche Ende bei Frauen? Ein Kapitel über Backenbärte? Eines über Wünsche? Ein Kapitel über die Nasen? – Nein, das habe ich schon geliefert. – Ein Kapitel über Onkel Tobys Schamhaftigkeit, um nicht zu reden von meinem Kapitel über Kapitel, das ich noch vor dem Schlafengehen beenden will? Beim Backenbart meines Urgroßvaters, ich werde vor Ende des Jahres nicht die Hälfte davon fertigmachen können.

Nimm Feder und Tinte zur Hand, Onkel Toby, sagte mein Vater, und rechne nach: Es stand eine Million zu eins, daß die Kante der Zange unglückseligerweise von allen Körperteilen gerade diesen erwischen und eindrücken würde, womit zugleich das Glück meines Hauses eingedrückt ward.

Es hätte noch schlimmer ausgehen können, sagte Onkel Toby. – Ich verstehe dich nicht, sagte mein Vater. – Nimm an, antwortete

Onkel Toby, die Hüfte wäre dort gelegen anstelle des Kopfes, wie Doktor Slop es befürchtet hat.

Mein Vater dachte eine halbe Minute nach, sah auf die Erde und legte seinen Finger sacht auf die Mitte der Stirn.

Du hast recht, sagte er.

Zehntes Kapitel

Ist es nicht eine Schande, zwei Kapitel aus dem zu machen, was jetzt auf der Treppe vorgegangen ist? Denn wir sind noch immer nicht weiter als beim ersten Treppenabsatz, und es sind noch fünfzehn Stufen bis ganz hinunter. Und da meinem Vater und Onkel Toby heute das Reden leichtfällt, so kann es noch ebensoviel Kapitel wie Stufen geben. – Sei dem, wie ihm wolle, Herr, ich kann das sowenig ändern wie mein Schicksal.

Plötzlich kommt mir ein Einfall; laß den Vorhang fallen, Shandy! – Ich lasse ihn fallen ... Ziehe eine Linie hier übers Papier, Tristram ... Ich ziehe die Linie – und: Auf in ein neues Kapitel!

Der Teufel soll mich holen, wenn ich hierbei ein anderes Lineal benutzte als mich selber; und wenn ich auch eines hätte – da ich im Leben alles sozusagen ohne Lineal tue –, so würde ich es lieber umbiegen, zerbrechen und ins Feuer werfen. Habe ich mich schon wieder erhitzt? Ich habe allerdings auch Ursache dazu – eine hübsche Geschichte! Soll ein Mensch sich nach dem Lineal richten oder das Lineal nach dem Menschen?

Da dies, wie Sie wissen, mein Kapitel über die Kapitel ist, das ich vor dem Schlafengehen noch zu schreiben versprochen, so schien es mir richtig, mein Gewissen zu erleichtern, bevor ich mich niederlegte, und der Welt geradeheraus zu sagen, was ich davon weiß. Ist das nicht zehnmal besser, als dogmatisch mit einem aufgeblasenen Wissen zu protzen und dann der Welt von einem am Spieß gebratenen Pferd zu erzählen, oder: daß Kapitel den Geist befreien, daß sie der Phantasie helfen und ihr die Richtung geben und in einem Werk von solchem dramatischen Wurf so nötig seien wie der Wechsel der Szenen, zusammen mit fünfzig anderen abgedroschenen Bemerkungen, die so eiskalt sind, daß sie genügen, das Feuer zu löschen, an dem das Pferd gebraten wurde? Oh, um das zu verstehen – was wie ein Windstoß für den Brand des Dianatempels ist –, müssen Sie den

Longinus lesen, schlankweg herunter; wenn Sie nicht nach der ersten Lektüre weiser geworden sind – nur nicht verzagt –, so lesen Sie ihn noch einmal. Avicenna und Licetus haben die Metaphysik des Aristoteles vierzigmal hintereinander gelesen, ohne ein Wort davon zu verstehen. Aber denken Sie an die Folgen! Aus Avicenna wurde einer, der über alles Bücher schrieb, *de omni scribili*, und was Licetus (Fortunatus) anbelangt, so wuchs er, obwohl er, wie alle Welt weiß, als Fötus* geboren wurde von nicht mehr als fünfundeinhalb Zoll Länge, zu einer so erstaunlichen Größe in der Literatur, daß er ein Buch schrieb mit einem Titel so lang wie er selber. Die Gelehrten wissen schon, daß ich seine *Gonopsychanthropologia* über den Ursprung der menschlichen Seele meine.

Soviel von meinem Kapitel über die Kapitel, welches ich für das beste im ganzen Buche halte. Wer es liest, der ist, auf mein Wort, so gut beschäftigt wie einer, der Strohhalme aufzuklauben hat.

Elftes Kapitel

Wir werden alles wieder in Ordnung bringen und richtigstellen, sagte mein Vater, den Fuß auf die erste Stufe nach dem Treppenab-

* Ce fœtus n'étoit pas plus grand que la paume de la main; mais son père l'ayant examiné en qualité de médicin, et ayant trouvé que c'étoit quelque chose de plus qu'un embryon, le fit transporter tout vivant à Rapallo, où il le fit voir à Jérôme Bardi et à d'autres médecins du lieu. On trouva qu'il ne lui manquoit rien d'essentiel à la vie; et son père pour faire voir un essai de son expérience, entreprit d'achever l'ouvrage de la nature, et de travailler à la formation de l'enfant avec le même artifice que celui dont on se sert pour faire éclore les poulets en Egypte. Il instruisit une nourisse de tout ce qu'elle avoit à faire, et ayant fait mettre son fils dans un four proprement accommodé, il réussit à l'élever et à lui faire prendreses accroissements nécessaires, par l'uniformité d'une chaleur étrangère mesurée exactement sur les degrés d'un thermomètre ou d'un autre instrument équivalent. (Vide Mich. Giustinian, negli Scritt. Liguri à Cart. 223, 488.)

On auroit toujours été très satisfait de l'industrie d'un père si expérimenté dans l'art de la génération, quand il n'auroit pu prolonger la vie à son fils poûr quelques mois ou pour peu d'années.

Mais quand on se représente que l'enfant a vécu près de quatre-vingts ans, et qu'il a composé quatre-vingts ouvrages différents, tous fruits d'une longue lecture – il faut convenir que tout ce qui est incroyable n'est pas toujours faux et que la *Vraisemblance n'est pas toujours du côté de la Vérité.*

Il n'avoit que dix neuf ans lorsqu'il composa Gonopsychanthropologia de Origine Animae Humanae. (Les Enfants célèbres, revus et corrigés par M. de la Monnoye de l'Académie Françoise.)

satz setzend. Dieser Trismegistus, sagte mein Vater, einen Schritt zurück machend und sich zu Onkel Toby wendend, war das größte (Bruder Toby) aller irdischen Wesen, er war der größte König, der größte Gesetzgeber, der größte Philosoph und der größte Priester ... – Und Festungsbaumeister, fügte Onkel Toby hinzu. – Ganz ohne Zweifel, sagte mein Vater.

Zwölftes Kapitel

Und wie geht es der Herrin, rief mein Vater, der wiederum den Fuß auf die erste Stufe nach dem Treppenabsatz setzte, Susanna nach, die er unten am Ende der Treppe mit einem ungeheuren Nadelkissen eilen sah – wie geht es der Herrin?

So gut, sprach Susanna vorbeitrippelnd, ohne aufzusehen, so gut, als zu erwarten war.

Was für ein Narr ich nicht bin, sagte mein Vater, abermals seinen Fuß zurückziehend! Die Dinge ihren Weg gehen lassen, das bleibt immer die richtigste Antwort der Menschen. – Und wie geht es dem Kind? – Keine Antwort. – Und wo ist Doktor Slop? fügte mein Va-

Dieser Foetus war nicht größer als das Innere einer Hand; aber sein Vater, der ihn als Mediziner genau untersucht und dabei entdeckt hatte, daß dies etwas mehr als ein bloßer Embryo wäre, ließ ihn ganz lebendig nach Rapallo schaffen, wo er ihn Jérôme Bardi und anderen Ärzten des Ortes vorstellte. Man fand, daß ihm nichts Wesentliches fehlte, was zum Leben notwendig war; und sein Vater, der ein Experiment mit ihm durchführen wollte, unternahm es, das Werk der Natur zu vollenden und die Bildung des Kindes mit demselben Kunstgriff zu fördern, dessen man sich in Ägypten zum Ausbrüten der Hühner bedient. Er gab einer Amme genaue Verhaltungsmaßregeln und, nachdem er seinen Sohn in eine zu diesem Zwecke zugerichtete Ofenröhre hatte legen lassen, gelang es ihm, ihn am Leben zu erhalten und ihm das notwendige Wachstum zu ermöglichen durch eine gleichförmige, fremde Wärme, die genau nach den Graden eines Thermometers oder mit einem anderen, gleichwertigen Instrument gemessen wurde (vgl. Mich. Giustinian, Ligurische Schriften, 223, 488).

Man wäre mit der Emsigkeit eines in der Kunst der Menschenerzeugung so erfahrenen Vaters schon sehr zufrieden gewesen, wenn er das Leben seines Sohnes auch nur um etliche Monate oder wenige Jahre hätte verlängern können. Aber wenn man sich vor Augen hält, daß das Kind 80 Jahre gelebt und 80 verschiedene Werke verfaßt hat, die alle die Früchte eines langen Studiums sind – muß man zum Schluß kommen, daß nicht alles, was unglaublich ist, immer falsch sein muß und daß die *Wahrscheinlichkeit nicht immer mit der Wahrheit zusammengeht.* – Er war erst 19 Jahre alt, als er die Gonopsychanthropologia über den Ursprung der menschlichen Seele schuf. (›Die Wunderkinder‹, durchgesehene und verbesserte Ausgabe von M. de la Monnoye von der Académie Française.)

ter mit erhobener Stimme hinzu und beugte sich über das Geländer. – Susanna war längst fort. Von allen Rätseln des Ehelebens, sagte mein Vater, über den Treppenabsatz schreitend, um sich mit dem Rücken an die Mauer zu lehnen, während er die folgende Ansicht Onkel Toby unterbreitete – von allen verwirrenden Rätseln, sagte er, des Ehelebens, deren es im übrigen, das kannst du mir aufs Wort glauben, Bruder Toby, mehr Eselladungen gibt, als alle Eselinnen Hiobs hätten tragen können, ist keines so verwickelt wie dieses, daß im Augenblick, da die Herrin des Hauses im Wochenbett liegt, jedes weibliche Wesen im Hause, von der Kammerjungfrau an bis herunter zur Aschenfrau, um einen Zoll gewachsen ist und sich um dieses einen Zolles willen mehr einbildet als um alle anderen Zolle zusammen.

Ich denke mir vielmehr, antwortete Onkel Toby, daß wir Männer dadurch eher um einen Zoll kleiner werden. Wenn ich einer schwangeren Frau begegne, fühle ich mich wenigstens immer um diesen Zoll kleiner. Es ist das eine gar schwere Steuer, welche die eine Hälfte unserer Mitgeschöpfe zu tragen hat, Bruder Shandy, sagte Onkel Toby. Eine gar bejammernswerte Bürde ist ihnen da aufgeladen worden, fuhr er fort, den Kopf schüttelnd.

Ja, ja, es ist eine sehr mühevolle Sache das, sagte mein Vater, gleichfalls den Kopf schüttelnd.

Doch sicherlich wurden, seitdem das Kopfschütteln aufgekommen ist, noch nie zwei Köpfe aus zwei so ganz verschiedenen Beweggründen zugleich geschüttelt.

<table><tr><td>Gott segne</td><td rowspan="2">} sie alle,</td><td>meinte Onkel Toby,</td></tr><tr><td>Der Teufel hole</td><td>meinte mein Vater.</td></tr></table>

Dreizehntes Kapitel

Holla, Dienstmann, hier ist ein Fünfziger, geh in den Buchladen, und hol mir einen handfesten Kritiker. Ich will jedem einen Taler geben, der mir jetzt mit seinem Seilwerk hilft, meinen Vater und Onkel Toby die Treppe hinunterzuschaffen und beide ins Bett zu bringen.

Es ist die höchste Zeit, denn abgesehen von einem kurzen Nicker, den beide gemacht haben, während Trim die Jagdstiefel durchbohrte – welcher Nicker nebenbei meinem Vater in Rücksicht auf die knarrende Türangel nicht viel half –, haben beide in den neun

Stunden, seitdem Dr. Slop, über und über vom Schmutz wie mit einer Soße begossen, von Obadiah in die hintere Wohnstube geführt wurde, kein Auge geschlossen.

Sollte jeder Tag meines Lebens so geschäftig sein wie dieser und soviel Zeit wegnehmen ... Schluß!

Ich will den Satz nicht beenden, bevor ich nicht eine Bemerkung gemacht habe über die merkwürdige Beziehung zwischen meinem Leser und mir, so wie jetzt die Sachen gerade stehen, eine Bemerkung, die seit der Erschaffung der Welt nur in bezug auf mich gemacht werden kann und meiner Meinung nach auch für keinen anderen Autor bis zu ihrem Untergang gelten wird, und darum muß sie ihrer Neuartigkeit wegen die Aufmerksamkeit von Euer Gnaden fesseln.

Ich bin in diesem Monat um ein ganzes Jahr älter, als ich heute vor einem Jahr war. Und da ich bis jetzt, wie Sie bemerkt haben müssen, bis beinahe in die Mitte meines vierten Buches und nicht weiter als bis zu meinem ersten Lebenstage gekommen bin, so ist damit bewiesen, daß ich jetzt schon dreihundertvierundsechzig Tage mehr von meinem Leben zu schreiben habe, als da ich damit anfing; anstatt also wie ein gewöhnlicher Schriftsteller mit der Handlung vorwärtszukommen, bin ich im Gegenteil um ebensoviel Bände zurückgeworfen – soll also darum jeder Tag meines Lebens so geschäftig sein? – Warum aber schließlich nicht! Die Beschreibung der Geschehnisse und der Meinungen nimmt darin einen so großen Raum ein ... Und warum sollten sie gekürzt werden? Da ich bei diesem Tempo genau dreihundertvierundsechzigmal schneller leben müßte, als ich schreibe ..., muß daraus also mit Euer Gnaden Erlaubnis folgen, daß, je mehr ich schreibe, ich um so mehr zu schreiben haben werde und daß infolgedessen Euer Gnaden auch um so mehr lesen müssen, je mehr Euer Gnaden lesen.

Wird das auch für Euer Gnaden Augen gut sein? Meinen wird es nicht schaden. Und wenn mir meine ›Ansichten‹ nicht den Tod bringen, so werde ich – wie mir eben klar wird – ein schönes Leben dank eben diesem meinem eigenen *Leben* führen, oder besser: eine ganze Menge schöner Leben.

Was den Vorschlag, zwölf Bände jährlich zu schreiben oder zwei Bände monatlich, anbelangt, so ändert das keineswegs meine Aussichten. Ich mag schreiben, wie ich will, und mich, nach dem Rate Horazens, mittenhinein in den Gegenstand stürzen, so werde ich mich – man mag mich nach Herzenslust peitschen und zwicken – doch nie überholen, schlimmstenfalls werde ich immer um einen Tag meiner Feder vorausgeeilt sein, und ein Tag ist genug für zwei Bände und zwei Bände genug für ein Jahr.

Der Himmel segne alle Papierfabrikanten unter der glückverheißenden Regierung, die sich jetzt für uns eröffnet hat, gleichwie ich darauf vertraue, daß die Vorsehung auch alles andere, was jetzt begonnen worden ist, zu einem glücklichen Ende führen wird. Was die Vermehrung der Gänse anbelangt, so will ich mir darum keine Sorgen machen. Die Natur ist gnadenreich und gütig – am Arbeitsgerät wird es mir also nicht fehlen.

Habt ihr also, gute Freunde, meinen Vater und Onkel Toby von der Treppe und zu Bett gebracht? – Und wie habt ihr das angestellt? – Ah, ich sehe schon, ihr habt am Fuß der Treppe den Vorhang fallen lassen. – Dacht ich mir's doch, daß es nicht anders gehen würde. Hier ein Taler für eure Mühe.

Vierzehntes Kapitel

Dann reich Sie mir die Hosen vom Stuhl her, sagte mein Vater zu Susanna.

Es ist kein Augenblick Zeit zu verlieren, Herr, rief Susanna, das Kind ist so schwarz im Gesicht wie …

Wie was? sagte mein Vater, denn wie alle rhetorisch veranlagten Menschen nahm er es mit Vergleichen sehr ernst.

Um Himmels willen, Herr, rief Susanna, das Kind hat einen Anfall.

Und wo ist Yorick? fragte mein Vater.

Niemals dort, wo er sein sollte, antwortete Susanna, aber der Kurat ist im Ankleidezimmer, hat das Kind im Arm und wartet nur auf den Namen … Und die gnädige Frau sagte zu mir, ich sollte, so schnell ich kann, laufen und fragen, ob das Kind, da Hauptmann Toby doch der Pate ist, nach ihm auch genannt werden soll.

Wenn man nur bestimmt wüßte, sagte mein Vater jetzt zu sich selber, seine Augenbrauen kratzend, daß das Kind am Sterben ist, so könnte man ganz gut Bruder Toby die Höflichkeit erweisen; in diesem Fall wäre es auch schade, einen so herrlichen Namen wie Trismegistus daran zu verschwenden – doch es kann sich ja wieder erholen.

Nein, nein, sagte mein Vater zu Susanna, ich will aufstehen und ...

Es ist aber keine Zeit zu verlieren, rief Susanna, da das Kind schon so schwarz wie mein Schuh ist.

Trismegistus, sagte mein Vater. – Doch bleib Sie stehen, Sie ist ein leckes Gefäß, Susanna, fügte mein Vater hinzu. Kann Sie Trismegistus die ganze Galerie entlang im Kopf behalten, ohne ihn zu verschütten?

Und ob ich es kann, rief Susanna und schlug die Tür hinter sich zu.

Wenn sie es kann, laß ich mich totschießen, sagte mein Vater, sprang mit einem Satz aus dem Bett und suchte im Dunkeln seine Hosen.

Susanna lief, so schnell sie konnte, die Galerie entlang.

Mein Vater beeilte sich, so schnell es im Dunkeln ging, seine Hosen zu finden.

Susanna bekam auf diese Weise einen Vorsprung und behielt ihn auch ... Der Name ist Tris ... und noch etwas, rief Susanna.

Es gibt auf der ganzen Welt keinen Vornamen, sagte der Kaplan, der mit Tris beginnt, außer Tristram.

Dann ist es Tristramgistus, rief Susanna.

Es ist aber kein *gistus* dabei, dumme Gans! Es ist mein eigener Name, antwortete der Kurat, die Hand in das Weihbecken tauchend. Tristram, sprach er, usw. usw. usw. usw. So wurde ich Tristram getauft und muß Tristram bis an mein Lebensende heißen.

Mein Vater folgte Susanna, den Schlafrock über dem Arm, nur mit der Hose bekleidet, die in der Eile nur mit einem Knopf zugeknöpft war, wobei der Knopf nur halb im Knopfloch stak.

Hat Sie den Namen nicht vergessen? rief mein Vater zur Tür herein, die halb offenstand.

Nein, nein, sagte der Kurat, als ob er Bescheid wüßte.

Und dem Kind geht es schon besser, rief Susanna.

Und wie geht es der Herrin?

So gut, rief Susanna, wie es unter diesen Umständen zu erwarten ist.

Pfui, sagte mein Vater, da der Hosenknopf aus dem Knopfloch schlüpfte. Ob dieser Ausruf Susannen oder dem Knopfloch galt, ob pfui ein Ausruf der Geringschätzung oder einer des Schamgefühls war, ist noch zweifelhaft und muß es so lange bleiben, bis ich Zeit haben werde, die drei folgenden Lieblingskapitel zu schreiben: mein Kapitel über Pfuirufe, mein Kapitel über Kammerzofen und mein Kapitel über Knopflöcher.

Alle Aufklärung, die ich dem Leser jetzt schon zu geben in der Lage bin, ist, daß mein Vater nun, da er pfui gerufen, sich umdrehte. Und so, mit der linken Hand die Hosen haltend, den Schlafrock über dem rechten Arm, ging er, ein wenig langsamer, als er gekommen war, die Galerie entlang ins Bett zurück.

Fünfzehntes Kapitel

Ich wünschte, ich könnte ein Kapitel über den Schlaf schreiben. Eine bessere Gelegenheit würde sich dafür nicht mehr bieten als jetzt, da alle Vorhänge in der Familie zugezogen, die Kerzen ausgelöscht und keines einzigen Mitgeschöpfes Augen offen sind, mit Ausnahme eines einzigen, denn das andere Auge der Pflegerin meiner Mutter ist schon seit zwanzig Jahren zu.

Ein schöner Stoff.

Und doch, so schön er auch ist, würde ich es lieber auf mich nehmen, ein Dutzend Kapitel über Knopflöcher zu schreiben als ein einziges darüber, da es mir sowohl leichter aus der Feder gehen als auch mehr Ruhm einbringen würde.

Knopflöcher! In der bloßen Vorstellung davon liegt schon etwas Aufregendes, und glaubt mir, komme ich einmal darüber ... Ihr Langbärte, ihr mögt so ernst dreinschauen, wie immer ihr wollt, ich will trotzdem eine lustige Geschichte daraus machen und sie ganz für mich selber haben; es ist ein noch ganz jungfräulicher Gegenstand, ich werde darin also gegen keine vorhandene Menschenweisheit noch gegen irgendwelch schöne Sprüche verstoßen. – Doch was den Schlaf anbelangt, so weiß ich, daß ich damit nicht zu Rande komme, schon ehe ich wirklich begonnen habe. Zunächst einmal bin ich nicht sonderlich gewandt im Hersagen schöner Sprüche, und dann kann ich um alles in der Welt nicht einer schlechten Sache ein ernstes Gesicht aufsetzen und der Welt sagen: Er ist die Zuflucht der Unglücklichen, die Befreiung der Gefangenen, der weiche Schoß derer, die ohne Hoffnung, der Müden, der gebrochenen Herzen. Noch könnte ich mit einer Lüge im Munde damit anfangen, daß ich behaupte, er sei von allen linden und köstlichen Funktionen unserer Natur, womit der große Schöpfer aller Dinge in seiner Güte uns für jene Leiden entschädigen wollte, mit welchen seine Gerechtigkeit und Laune, beides, uns todmüde gemacht haben, die hauptsächlichste (ich kenne Vergnügen, die zehnmal mehr wert sind). Noch könnte ich beschreiben, was es für einen Menschen bedeutet, wenn er sich nach allen Ängsten und Leidenschaften des Tages auf den Rücken legt, daß dann seine Seele in seinem Inneren so gelagert ist, daß, wohin immer sie jetzt ihre Blicke richtet, die Himmel ruhig und sanft über ihr ausgebreitet scheinen; weder Wünsche noch Furcht oder Zweifel bewegen die Luft; auch gibt es keine Schwierigkeit der Vergangenheit, Gegenwart oder Zukunft, über welche die Phantasie jetzt während dieser süßen Entäußerung unseres ganzes Wesens nicht mit Leichtigkeit hinweggleiten könnte.

Gottes Segen ruhe auf jenem Menschen, sagt Sancho Pansa, der zuerst von allen jene Sache erfunden, welche Schlaf heißt, denn der hüllt den Menschen ganz ein wie ein Mantel. Für mich liegt in diesem Satz gar viel, und er spricht wärmer zu meinem Herzen als alle Dissertationen darüber, die aus den Gehirnen der Gelehrten gepreßt werden.

Nicht daß ich mißbilligte, was Montaigne darüber vorbringt, es ist in seiner Art wundervoll (ich zitiere aus dem Gedächtnis): Die Menschen genießen viele Freuden nicht anders, als sie den Schlaf genießen, sagt er: nämlich ohne ihn zu schmecken und ohne zu fühlen, wie er uns entweicht und vorübergeht. Wir sollten aber recht auf ihn eingehen und über ihn nachdenken, um dem, der uns diese Gabe verliehen, den rechten Dank abstatten zu können. Zu diesem Ende lasse ich mich bisweilen in meinem Schlafe stören, damit ich ihn um so besser und inniger auskoste und spüre. Und doch kenne ich nur wenige, sagt er weiter, die, wenn es nötig ist, mit weniger Schlaf auskommen als ich. Mein Körper ist wohl einer ausdauernden, nicht aber einer heftigen und plötzlichen Beanspruchung gewachsen; ich vermeide deshalb seit kurzem alle größeren Anstrengungen; Spaziergänge ermüden mich nie, doch schon von meiner Jugend an bin ich nie gern auf Pflaster geritten. Ich liebe es, hart und ganz allein zu schlafen, auch ohne meine Frau ... Dies letzte Wort mag den Menschen ein wenig unglaubhaft erscheinen ..., aber man erinnere sich: *La Vraisemblance* (wie Bayle von Liceti sagt) *n'est pas toujours du côté de la vérité.* Soviel über den Schlaf.

Sechzehntes Kapitel

Wenn es meine Frau nur zuläßt, Bruder Toby, so soll Trismegistus in den Windeln zu uns heruntergebracht werden, während wir zusammen frühstücken.

Geh und sag Er Susanna, Obadiah, sie soll hereinkommen.

Sie ist in diesem Augenblick die Treppe hinaufgelaufen, antwortete Obadiah, und schluchzte und weinte und wand die Hände, als wollte ihr das Herz brechen.

Das werden vier gute Wochen werden, sagte mein Vater, indem er den Kopf von Obadiah abwandte und Onkel Toby traurig eine Zeitlang ins Gesicht sah, vier teuflische Wochen werden das werden, Bruder Toby, sagte mein Vater, die Arme in die Seite gestemmt und den Kopf schüttelnd. Feuer, Wasser, Weiber, Wind – Bruder Toby.

Es muß doch ein Unglück geschehen sein, entgegnete Onkel Toby.

Ein Unglück gibt es immer, rief mein Vater – wenn so viele widerstreitende Elemente losgelassen sind und in jedem Winkel des Hauses triumphieren. Es nützt wenig für den Frieden einer Familie, Bruder Toby, daß du und ich selbstbeherrscht hier still und unbewegt sitzen, während ein solcher Sturm über unsere Köpfe hinwegrast … Was ist geschehen, Susanna? –

Das Kind ist Tristram getauft worden, und meine Herrin hat deswegen eben einen Nervenanfall bekommen. – Nein, es ist nicht meine Schuld, sagte Susanna. Ich habe ihm ja gesagt, der Name lautet Tristramgistus.

Frühstücke allein, Bruder Toby, sagte mein Vater, nach dem Hut greifend – doch wie anders war der Klang seiner Stimme, wie anders die Bewegung seiner Gliedmaßen, als es ein gewöhnlicher Leser hier erwartet hätte.

Denn er sagte die Worte mit der süßesten Stimme, und als er den Hut ergriff, bewegte er seine Gliedmaßen so harmonisch und gelassen, wie sie liebenswürdiger von keinem Leid bisher zusammengestimmt worden sind.

Geh Er zum Rasenplatz, und rufe Er Korporal Trim, sagte Onkel Toby zu Obadiah, kaum daß mein Vater das Zimmer verlassen hatte.

Siebzehntes Kapitel

Als das Unglück mit meiner Nase meinen Vater überwältigte – so erinnert sich der Leser noch, wie dieser alsogleich die Treppe hinaufging und sich aufs Bett warf. Darum wird derselbe Leser, sollte ihm nicht ein ungewöhnlicher Einblick in die menschliche Natur eignen, geneigt sein, jetzt nach diesem neuen Schicksalsschlag mit meinem Namen eine Wiederholung derselben aufsteigenden und absteigenden Bewegungen zu erwarten. – Doch nein.

Das verschiedene Gewicht, lieber Herr, nein, schon die verschiedene Hülle zweier Widerwärtigkeiten vom selben Gewicht macht einen großen Unterschied in der Art aus, wie wir sie tragen und überwinden ... Es ist nicht eine halbe Stunde her, daß ich (in der großen Eile, ja Überstürzung eines armen Teufels im Kampf um das tägliche Brot) ein gelungenes Blatt Papier, das ich gerade in meiner schönsten Schrift beendet hatte, statt eines mißlungenen ins Feuer warf.

Im Augenblick riß ich mir meine Perücke vom Kopf ab und warf sie senkrecht mit der denkbar größten Heftigkeit zur Zimmerdecke hinauf – doch ich fing sie im Fallen wieder auf, und damit war alles erledigt. Auch kann ich mir nicht denken, daß etwas anderes in der Natur mir hätte eine solche Erleichterung schaffen können. Eben diese Natur, unsere liebe Gottheit, zwingt uns aus einem momentanen Impuls heraus in allen ärgerlichen Fällen zu einem Ausfall oder Sprung mit diesem oder jenem Körperglied, oder sie schleudert uns an diesen oder jenen Ort oder in diese oder jene Positur, wir wissen gar nicht, warum ... Denn haben Sie acht, Madame, wir leben mitten unter Rätseln und sind von Geheimnissen umgeben ... Die alltäglichsten Dinge, die uns in den Weg kommen, haben ihre dunkle Seite, welche das schärfste Auge nicht zu durchdringen vermag, und auch der klarste und erhabenste Verstand unter uns findet sich verwirrt und verlegen vor jedem Riß in den Werken der Natur, so daß dies wie viele andere Dinge für uns in einer Art und Weise ausläuft, die wir, wenn wir auch die Ursache davon nicht ergründen können, mit Euer Wohlgeboren und Hochehrwürden Erlaubnis doch als für uns heilsam erkennen müssen – und das soll uns genügen.

Mein Vater konnte sich also mit seinem Gram auf keinen Fall wieder hinlegen, er konnte ihn auch nicht, wie vorhin, die Treppe hinauftragen; so ging er denn ganz gelassen damit hinaus zum Fischteich.

Hätte mein Vater das Haupt in die Hand gestützt und darüber nachgesonnen, was jetzt zu tun wäre, so hätte ihn die Vernunft mit aller ihrer Macht über uns nicht auf etwas Besseres bringen können; es liegt eben etwas, Herr, in Fischteichen ... Was es in Wirklichkeit ist, sollen die Systemfabrikanten und Fischteichgräber untereinander ausmachen. Aber im Augenblick der ersten Erregung unseres Gemütes liegt in der Tat etwas so unfaßbar Beruhigendes in einem ruhigen und nachdenklichen Spaziergang zu einem solchen Fischteich, daß ich mich oft gewundert habe, warum weder Pythagoras noch Plato oder Lykurg oder Solon oder Mohammed oder sonst einer von den großen Gesetzgebern eine Vorschrift über Fischteiche herausgegeben hat.

Achtzehntes Kapitel

Euer Gnaden, sagte Trim, die Tür schließend, bevor er begann, haben wohl von dem unglücklichen Ereignis gehört.

Ja, Trim, antwortete Onkel Toby, und es geht mir sehr nahe.

Es geht auch mir herzlich nahe, doch ich hoffe, Euer Gnaden, sagte Trim, werden mir die Gerechtigkeit widerfahren lassen, zu glauben, daß auf mich nicht die geringste Schuld daran fällt.

Auf dich, Trim? rief Onkel Toby, ihm gutmütig ins Gesicht blikkend.

Susanna und der Kurat in ihrer Vernarrtheit sind daran schuld. Was konnten die beiden auch unten im Garten zu tun haben, Euer Gnaden?

In der Galerie willst du sagen, antwortete Onkel Toby.

Trim sah sich auf falscher Fährte und brach mit einer kurzen Verbeugung ab. Zwei Unglücksfälle, sagte der Korporal zu sich selber, sind zum mindesten doppelt soviel, als auf einmal durchgesprochen zu werden braucht; vom Unheil, das die Kuh durch ihr Einbrechen in unsere Befestigungen angestellt hat, soll Ihre Gnaden erst später hören. Trims diplomatisches Geschick und seine Schlauheit ließen hinter der Deckung eines tiefen Bücklings keinen Verdacht in Onkel Toby aufkommen, so daß dieser mit dem, was er Trim zu sagen hatte, fortfuhr:

Obwohl ich für mein Teil nur einen sehr geringen oder gar keinen Unterschied darin finde, ob mein Neffe Trismegistus oder Tristram heißt, so würde ich dennoch, da die Sache meinem Bruder so nahegeht, gern hundert Pfund dafür gegeben haben, wenn die Sache nicht passiert wäre.

Hundert Pfund? erwiderte Trim, Euer Gnaden, ich würde nicht einen Kirschkern dafür geben.

Auch ich nicht, wenn es nur mich anginge, sagte Onkel Toby, doch mein Bruder, mit dem sich darüber nicht reden läßt, behauptet, daß viel mehr vom Taufnamen abhinge, Trim, als sich unwissende Menschen vorstellen können, denn noch niemals seit der Erschaffung der Welt, meint er, sei eine große oder heroische Tat durch einen Menschen namens Tristram vollführt worden, ja, er besteht auch darauf, daß ein Mensch mit diesem Namen weder gelehrt noch tapfer, noch weise sein könne.

Euer Gnaden, das sind alles Flausen, antwortete Trim; ich habe mich ebensogut geschlagen, als mich alle im Regiment Trim nannten, wie früher, als ich noch Samuel Butler hieß.

Und was mich betrifft, Trim, sagte Onkel Toby, obwohl mich Selbstlob schamrot machen möchte, so würde ich, selbst wenn ich Alexander hieße, bei Namur nicht mehr als meine Pflicht haben tun können.

Gott segne Euer Gnaden, antwortete Trim, drei Schritte vorgehend, denkt aber überhaupt ein Soldat an seinen Taufnamen, wenn es zum Angriff kommt? – Oder wenn er im Schützengraben steht, Trim? rief Onkel Toby und blickte entschlossen drein. – Oder wenn er in eine Bresche einbricht? sagte Trim und zwängte sich zwischen zwei Stühlen hindurch. – Oder wenn er die Linie durchbricht? rief Onkel Toby, wobei er sich erhob und seinen Krückstock wie eine Lanze hielt. – Oder wenn er einer feindlichen Schützenlinie gegenübersteht? sagte Trim und legte seinen Stock wie ein Gewehr an. – Oder wenn er das Glacis stürmt? rief Onkel Toby, wobei er in Hitze geriet und seinen Fuß auf den Schemel stellte.

Neunzehntes Kapitel

Mein Vater war inzwischen vom Fischteich zurückgekehrt und – öffnete die Tür ins Wohnzimmer im Höhepunkt der Attacke, gerade als Onkel Toby das Glacis stürmen und Trim wieder laden wollte. Niemals vorher noch war Onkel Toby mitten in einem so rasenden Ritt überrascht worden. Ach, Onkel Toby, wenn heute nicht ein gewichtigerer Gegenstand die ganze Beredsamkeit meines Vaters herausgefordert hätte, wie würdet ihr beide, du und dein Steckenpferd, jetzt hergenommen werden!

Mein Vater hängte seinen Hut mit derselben Gelassenheit auf, mit der er ihn heruntergenommen hatte. Und nach einem raschen Blick auf die Unordnung im Zimmer nahm er einen von den beiden Stühlen, die Korporal Trim als Bresche gedient hatten, ließ sich darauf Onkel Toby gegenüber nieder, und kaum daß der Teetisch abgeräumt und die Tür geschlossen war, brach er in folgende Klage aus:

Meines Vaters Klagerede

Es ist vergeblich, sagte mein Vater, sich ebenso an Ernulphus' Fluch, der am Kamin lag, wie an Onkel Toby wendend, der darunter saß, es ist vergeblich, sagte mein Vater mit der denkbar grämlichsten Eintönigkeit der Stimme, länger gegen die unbequemste unter allen menschlichen Überzeugungen anzukämpfen, wie ich es bisher getan habe, denn ich sehe deutlich und klar, daß der Himmel entweder wegen meiner eigenen Sünden und Narrheiten oder wegen derer der ganzen Familie Shandy es für richtig hält, die schwersten unter seinen Geschützen aufmarschieren zu lassen, und daß das Glück meines Kindes der Zielpunkt ist, gegen den er sie gerichtet hat.

So ein ganz schweres Himmelsgeschütz müßte das ganze Weltall um uns herum in Stücke schlagen, Bruder, sagte Onkel Toby, wenn es so etwas überhaupt gibt.

Unglücklicher Tristram, Kind des Zornes, Kind der Altersschwachheit, der Unterbrechung, des Mißgriffs und der Unzufriedenheit! Gibt es überhaupt ein Unglück oder Unheil im Buch der embryonischen Übel, das den Bau deines Körpers aus seinen Fugen zu bringen oder dein Gewebe zu verknäueln vermöchte und das nicht schon über dich gekommen wäre, noch bevor du in die Welt gesetzt warst? Welche Übel gab es nicht schon auf dem Wege dahin! Und welche dann später! Gezeugt in den absteigenden Lebensjahren deines Vaters, da seine Phantasie und Körperkräfte zu schwinden oder abzunehmen begannen, da die Grundhitze und Grundfeuchtigkeit der Elemente, auf deren richtiger Vermengung dein Wesen beruht, verraucht und aufgetrocknet und nichts übriggeblieben war, deine Keime zu kräftigen als – Mängel. Oh, es ist jammervoll, Bruder Toby, bestenfalls. Und alle die kleinen Hilfeleistungen, die meine und meiner Frau Achtsamkeit und Sorge ihm zu geben vermocht hätten, wären nun besonders notwendig gewesen. Ach, wie sind wir nicht besiegt und geschlagen worden! Du selber weißt ja von jenem Zwischenfall, Bruder Toby – er ist zu traurig, um hier wiederholt zu werden, da die wenigen Lebensgeister, die ich noch wert war in der Welt und die ihm Gedächtnis, Phantasie und schnelle Auffassung hätten bringen sollen, allesamt auseinandergesprengt, durcheinandergemengt, verwirrt, zerstreut und schließlich zum Teufel gejagt wurden.

Nun war der Augenblick gekommen, dieser Unglücksreihe ein Ende zu bereiten und den Versuch zu machen, ob nicht Ruhe und innere Heiterkeit bei deiner Schwägerin samt der nötigen Achtsamkeit auf Stuhl und Nahrungsaufnahme, Bruder Toby, und alle übrigen außergewöhnlichen Neigungen und Appetite in solchem Zustand während der neunmonatigen Schwangerschaft nicht alles wieder hätten gutmachen können. Mein Kind aber ward dieser Gunst beraubt. Wie aufregend und albern zugleich war nicht das Leben, das die Mutter und infolgedessen auch ihr Fötus bei ihrem unsinnigen Verlangen, in der Stadt damit niederzukommen, geführt haben!

Ich habe immer gemeint, meine Schwägerin habe sich mit der größten Ruhe damit abgefunden, sagte Onkel Toby. Ich habe doch nicht ein einziges Wort der Gereiztheit von ihr in dieser Sache gehört.

Sie hat ihren Ärger verbissen, und laß dir's gesagt sein, das war zehnmal schlimmer für das Kind. Und welche Kämpfe hat es dann nicht wegen der Hebamme gesetzt! Was für Stürme Tag für Tag!

Damit hat sie sich Luft machen wollen, sagte Onkel Toby.

Luft! rief mein Vater aufschauend.

Doch was ist das alles, lieber Bruder Toby, im Vergleich mit dem Schaden, der meinem Kinde damit zugefügt wurde, daß es mit dem Kopf zuerst zur Welt gebracht wurde, wo doch mein sehnlichster Wunsch darin bestand, daß bei diesem allgemeinen Schiffbruch seines Körpergefüges wenigstens dieses kleine Kästchen unversehrt und unverbogen erhalten bleiben möchte.

Wie aber wurde trotz allen diesen Vorsichtsmaßregeln mein System schon im Mutterleibe verdreht und das Unterste darin zuoberst gekehrt! Sein kleines Köpfchen wurde rohester Gewalt ausgesetzt, das Gewicht von vierhundertsiebzig Pfund drückte senkrecht auf den Scheitel, so daß bis zu dieser Stunde neunzig Prozent Wahrscheinlichkeit besteht, daß das feine Netzwerk seines geistigen Gewebes zerrissen ist in tausend Fetzen.

Noch aber wäre es gegangen. Ob Narr, Hanswurst, Geck ..., aber gib ihm bloß eine Nase!

Krüppel, Zwerg, Faselhans – laß ihn geschaffen sein, wie immer du willst, dennoch hätte ihm das Tor des Glückes offengestanden! – O Licetus, Licetus, wäre ich gesegnet worden mit einem Fötus von fünfundeinhalb Zoll Länge, wie du – ich würde dem Schicksal haben Trotz bieten können.

Und noch immer war, Bruder Toby, ein letzter Wurf mit dem Würfel übrig für mein Kind. O Tristram! Tristram! Tristram!

Wir werden Herrn Yorick holen lassen, sagte Onkel Toby.

Laß holen, wen du willst, antwortete mein Vater.

Zwanzigstes Kapitel

Mit welcher Geschwindigkeit bin ich nicht vorwärts gekommen durch alle die Kurven, zwei Bände bergauf und zwei bergab, vier zusammen, ohne mich ein einziges Mal umzudrehen oder nach der Seite zu sehen, wen ich über den Haufen geritten habe. Ich will auf niemanden treten, sagte ich zu mir, als ich aufstieg. Ich will einen guten Galopp nehmen, aber ich will niemandem am Weg wehe tun, nicht dem ärmsten Esel. So ging es denn los, hinauf, hinab, durch diesen Schlagbaum hindurch, über jenen hinweg, als ob der Teufel, dieser Fürst aller Jockeis, hinter mir aufgesessen wäre.

Nun kann man bei dieser Geschwindigkeit die allerbesten Absichten und Vorsätze haben – eine Million gegen eins, daß man dabei sich selber oder einem anderen etwas antut. – Er ist abgeworfen worden – er liegt am Boden – er hat seinen Hut verloren – er wird sein Genick brechen. – Sieh nur, ist er nicht mitten in das Gebälk der kritischen Zimmerleute hineingaloppiert? – Er wird sich sein Gehirn an den Pfosten ausschlagen – schon ist er wieder heraus – sieh nur, jetzt reitet er wie verrückt mit voller Wucht durch einen ganzen Haufen von Malern, Geigern, Poeten, Biographen, Ärzten, Richtern, Logikern, Schauspielern, Lehrern, Staatsmännern, Geistlichen, Soldaten, gelehrten Haarspaltern, Kunstsachverständigen, Prälaten, Päpsten und

Ingenieuren. – Habt keine Furcht, rief ich. Nicht dem ärmsten Esel auf der königlichen Heerstraße will ich etwas antun. – Aber Ihr Pferd schleudert nur so den Schmutz mit den Hufen. Sehen Sie, jetzt haben Sie einen Bischof bespritzt. – Ich hoffe zu Gott, es war nur Ernulphus. – Aber Sie haben den Herren Le Moyne, de Romigny und de Marcilly, Doktoren der Sorbonne, Dreck ins Gesicht geschleudert. – Das war im vorigen Jahr. – Aber Sie haben in diesem Augenblick einen König umgeritten. – Da wären traurige Zeiten für die Könige gekommen, wenn sie sich von solchen Rittern umreiten ließen. – Sie haben es aber trotzdem getan, antwortete mein Ankläger.

Ich leugne es, sagte ich, und so bin ich durchgekommen und stehe hier, die Zügel in der einen, die Narrenkappe in der anderen Hand, und will eine Geschichte erzählen. – Welche? – Sie werden sie im nächsten Kapitel hören.

Einundzwanzigstes Kapitel

Als Franz I. in einer Winternacht sich über der verglimmenden Asche eines Holzfeuers wärmte und mit seinem Ersten Minister über verschiedene Staatsangelegenheiten redete,* sprach er, indem er die Asche mit seinem Stock aufstocherte:

Es wäre nicht übel, wenn das gute Einvernehmen zwischen uns und der Schweiz ein wenig gefestigt würde.

Dieses Volk, Sire, antwortete der Minister, bekommt nie genug, am liebsten möchte es den ganzen Staatsschatz schlucken.

Pah, pah, antwortete der König, es gibt noch andere Mittel und Wege, Herr Minister, Staaten zu bestechen, ohne ihnen Geld zu geben. Ich will der Schweiz die Ehre geben, bei meinem nächsten Kind Gevatter zu stehen.

Wenn Eure Majestät dies täten, sagte der Minister, so würden Eure Majestät alle Grammatiker von Europa gegen sich haben. Da die Schweiz als Republik weiblichen Geschlechtes ist, so kann sie nach keinem Sprachgebrauch der Welt Gevatter sein.

Sie kann aber Gevatterin sein, erwiderte der König hastig, und in diesem Sinne kündigen Sie ihr meine Absicht morgen früh durch einen Kurier an.

* Vergleiche Menagiana, Bd. I.

Ich bin erstaunt darüber, sagte Franz I. (nach vierzehn Tagen) zum Minister, als dieser in des Königs Kabinett trat, daß wir noch keine Antwort von der Schweiz haben.

Sire, ich mache meine Aufwartung, sagte der Premierminister, um meine Depeschen in dieser Sache vorzulegen …

Sie nehmen es doch gut auf, sagte der König.

In der Tat, Sire, antwortete der Minister, und sie wissen die Ehre zu schätzen, die Eure Majestät ihnen erwiesen haben, aber die Republik beansprucht als Gevatterin in diesem Fall das Recht der Namensgebung.

Mit vollem Recht, antwortete der König, und sie wird das Kind Franz oder Heinrich oder Ludwig nennen oder sonstwie mit einem Namen, von dem sie weiß, daß er uns genehm sei.

Eure Majestät sind hier im Irrtum, sagte der Minister. Ich habe in dieser Stunde eine Depesche von unserem Gesandten erhalten, die mir den Entschluß der Republik auch in dieser Frage mitteilt.

Und welchen Namen hat also die Republik für den Dauphin bestimmt?

Sadrach, Mesoch, Abed-Nego, antwortete der Minister.

Beim Gürtel des heiligen Petrus, ich will nichts mit den Schweizern zu tun haben, rief Franz I., zog seine Beinkleider hoch und ging hastig durchs Zimmer.

Eure Majestät, sagte der Minister, können jetzt nicht mehr gut abspringen.

Wir werden ihnen Geld geben, sagte der König.

Sire, es sind nicht ganze sechzigtausend Kronen im Staatsschatz, antwortete der Minister.

So will ich die schönsten Juwelen in meiner Krone versetzen, sagte Franz I.

Eure Ehre, Majestät, ist aber in dieser Angelegenheit schon verpfändet, antwortete der Premierminister.

Dann, Herr Minister, schloß der König, beim ***! werden wir den Krieg erklären.

Zweiundzwanzigstes Kapitel

Obwohl ich, lieber Leser, ernstlich gewünscht und mich sorgfältig bemüht habe (dem Maß des bescheidenen Talents entsprechend, das Gott mir gewährt hat, und soweit es mir die gelegentliche Muße von anderen Gelegenheiten leidigen Gewinnstes und gesunden Zeitvertreibs erlaubt hat), daß diese kleinen Bände, welche ich in deine Hände lege, sich gegen viele größere behaupten möchten, so habe ich mich doch vor dir so kurzweilig aufgeführt, daß ich tiefbeschämt dich jetzt ernstlich um deine Nachsicht bitte, indem ich dich nämlich ersuche, mir zu glauben, daß ich nicht daran gedacht habe, in dieser Geschichte meines Vaters und seiner Taufnamen etwa Franz dem Ersten – oder in der Geschichte meiner Nase Franz dem Neunten einen Tritt zu versetzen, oder daß ich etwa mit Onkel Toby den kriegslustigen Geist meines Landes brandmarken wollte – Onkel Tobys Wunde an den Leisten ist in jeder Beziehung eine richtige Wunde – oder mit Trim nicht den Herzog von Ormond gemeint habe, oder daß mein Buch im allgemeinen etwa gegen die Vorherbestimmung oder den freien Willen oder das Steuersystem gerichtet sei. Hingegen ist es mit Euer Gnaden Erlaubnis gegen den *Spleen* geschrieben, um nämlich durch häufiges Heben und Senken des Zwerchfelles und durch solche vom Gelächter hervorgerufenen Erschütterungen der Rippen und Bauchmuskeln die Galle und andere bittere Säfte aus der Gallenblase, der Leber und Bauchspeicheldrüse Seiner Majestät Untertanen samt allen anderen feindlichen dazugehörigen Leidenschaften hinunter bis in den Zwölffingerdarm zu treiben.

Dreiundzwanzigstes Kapitel

– Kann aber die Sache nicht ungeschehen gemacht werden, Yorick? fragte mein Vater. Meiner Meinung nach ist es nicht möglich, fuhr er fort.

Ich verstehe mich schlecht aufs Kirchenrecht, antwortete Yorick; da ich aber von allen Übeln die Ungewißheit für das quälendste halte, so werden wir dort zum mindesten das Schlimmste darüber erfahren.

Ich hasse diese großen Gelage, sagte mein Vater.

Es handelt sich aber hier nicht um den Umfang eines Gelages, antwortete Yorick, sondern darum, daß wir Gewißheit haben wollen, ob der Name geändert werden darf oder nicht, und da sich dort die Bärte so vieler Kommissäre, Offiziale, Advokaten, Proktoren und der hervorragendsten Theologen am selben Tisch zusammenfinden und Didius Sie so dringlich eingeladen hat – soll da einer mit einer solchen Sorge im Herzen die Gelegenheit vorbeigehen lassen wollen?

Notwendig ist nur, fuhr Yorick fort, Didius zuerst davon zu verständigen; er wird dann nach dem Essen das Gespräch so führen, daß der Gegenstand zur Sprache kommt.

Da muß aber mein Bruder Toby mit uns fahren, rief mein Vater, und klatschte in die Hände.

Laß Er meine Knotenperücke, sagte Onkel Toby, und meinen Waffenrock die Nacht über am Feuer hängen, Trim.

Fünfundzwanzigstes Kapitel

Ohne Zweifel, Herr, fehlt hier ein ganzes Kapitel, und so ist im Buch eine Lücke von ungefähr zehn Seiten entstanden, doch ist der Buchbinder weder ein Narr noch ein Schelm oder Laffe, auch ist das Buch darum nicht um einen Deut weniger gut (zum mindesten in dieser Hinsicht); im Gegenteil, das Buch ist durch dieses fehlende Kapitel besser und vollständiger, wie ich es Euer Wohlgeboren gleich beweisen werde. Nebenbei frage ich noch vorher, ob derselbe Versuch nicht auch gleich erfolgreich mit andern Kapiteln gemacht werden könnte – doch würde dann das Experimentieren an den Kapiteln kein Ende nehmen, Euer Hochwohlgeboren, wenn wir damit einmal anfangen, wir haben schon genug davon gehabt, und damit Schluß.

Bevor ich aber mit meiner Beweisführung beginne, lassen Sie mich Ihnen sagen, daß das Kapitel, das ich ausgerissen habe und das Sie statt dessen in diesem Augenblick zu lesen haben würden, die Beschreibung davon enthielt, wie sich mein Vater, Onkel Toby, Trim und Obadiah auf den Weg zur Visitation in *** machten.

Wir werden die gedeckte Kutsche nehmen, sagte mein Vater. Bitte, ist das Wappen ausgebessert worden, Obadiah?

Es würde für meine Geschichte viel vorteilhafter gewesen sein, wenn ich gleich zu Beginn erzählt hätte, daß damals, als zur Hochzeit meines Vaters das Wappen meiner Mutter dem der Shandys beigefügt wurde, der Wagenlackierer – ob nun darum, weil er gleich dem Römer Turpilius oder Hans Holbein aus Basel alles mit der linken Hand machte, oder dieses Versehen mehr dem Kopf als der Hand entsprang oder ob es sich auch nur um eine der vielen ›linkischen‹ Wendungen handelte, die alles in meiner Familie zu nehmen geneigt war – genug, das Resultat war auf alle Fälle uns zur Schmach das, daß anstatt des von rechts oben nach links unten führenden Schrägbalkens im Wappen, das uns seit Heinrich VIII. zukam, er aus einer oder der anderen der angeführten verhängnisvollen Ursachen von links oben nach rechts unten quer über das Wappen der Shandys gezogen war. Es ist kaum zu glauben, daß der Geist eines so weisen Mannes, wie mein Vater einer war, sich durch eine so geringfügige Angelegenheit so beunruhigen ließ. Das Wort Kutsche – wem immer sie gehörte – oder Kutsch-er oder Kutsch-pferd oder Kutschenmiete konnte in unserer Familie überhaupt nicht ausgesprochen werden, ohne daß mein Vater sich nicht alsogleich darüber beklagte, daß er an der Tür der seinigen noch immer dieses gemeine Zeichen der außerehelichen Abstammung trage. Er war in keinem Fall imstande, ein- oder auszusteigen, ohne sich umzudrehen, einen Blick auf das Wappen zu werfen und gleichzeitig zu geloben, daß er von heute an so lange den Fuß nicht mehr in die Kutsche setzen werde, bis der Schrägbalken richtig gezogen wäre. Aber es ging damit genauso wie mit der Türangel. Er gehörte zu den Dingen, von denen das Verhängnis will, daß wohl darüber gemurrt wird (auch in verständigeren Familien als die unsere war), daß sie aber niemals geändert werden.

Ist der falsche Schrägbalken weggepinselt worden? fragte mein Vater.

Nichts ist weggepinselt, nur die Sitze sind ausgebürstet worden, antwortete Obadiah.

So werden wir also reiten, wandte sich mein Vater an Yorick.

Von nichts auf der Welt, ausgenommen Politik, verstehen wir Geistlichen weniger als von Wappenkunde, sagte Yorick.

Das hat damit nichts zu tun, sagte mein Vater. Es würde mir leid tun, wenn ich mit einem Fleck auf dem Wappen vor ihnen erscheinen müßte.

An deiner Stelle würde ich mir nicht soviel aus dem falschen Schrägbalken machen, meinte Onkel Toby, seine Knotenperücke aufsetzend.

O nein, rief mein Vater, wenn du willst, kannst du ja mit Tante Dinah darin hinfahren.

Onkel Toby wurde rot. Mein Vater ärgerte sich über sich selber. Nein, das ist es auch nicht, lieber Bruder Toby, sagte mein Vater, den Ton ändernd, wenn ich aber wiederum lange auf diesen feuchten Polstern sitze, so bekomme ich neuerdings Ischias in den Lenden wie im vorigen Dezember, Januar und Februar. Wenn es dir also recht ist, so nimm du das Pferd meiner Frau, und da Sie doch ohnehin die Predigt halten müssen, Yorick, so reiten Sie am besten voraus und überlassen mir meinen Bruder Toby; wir folgen langsam nach.

Das Kapitel also, das ich auszureißen gezwungen war, enthielt die Beschreibung dieser Kavalkade, an deren Spitze Korporal Trim und Obadiah auf zwei Kutschpferden so langsam, als führten sie eine Patrouille, ritten, während Onkel Toby im verschnürten Waffenrock und mit seiner Knotenperücke auf schlechten Wegen und in tiefsinnigen Gesprächen abwechselnd über die Vorteile der Gelehrsamkeit und des Waffenhandwerks – je nachdem, wer gerade zu Worte kam – mit meinem Vater Schritt zu halten suchte.

Aber die Art und Weise der Beschreibung dieser Reise erhebt sich bei nochmaliger Durchsicht so sehr über den Stil und die Manier von allem anderen, was ich in diesem Buch geschildert habe, daß es darin nicht ohne Schaden für alles übrige und ohne Gleichgewichtsstörung zwischen den Kapiteln bleiben dürfte, da ja aus dem Gleichgewicht (ob des Guten oder des Schlimmen) und aus der Auswägung aller einzelnen Kapitel erst das Maß und die Harmonie des ganzen Werkes hervorgeht. Freilich bin ich selber noch nicht lange beim Handwerk, darum verstehe ich noch zuwenig davon. Aber meiner Meinung nach heißt ein Buch schreiben für alle Welt soviel wie ein Lied singen; die Hauptsache, Madame, ist aber dann, den Ton durchhalten, gleichgültig, ob Sie nun zu hoch oder zu tief eingesetzt haben.

Dies ist der Grund, weshalb manche der fadesten und plattesten Schreibereien so reißend – im Sturme – abgehen, wie Yorick eines Abends zu Onkel Toby sagte. Mein Onkel horchte bei dem Wort ›im Sturme‹ interessiert auf, konnte aber nicht klug daraus werden.

Ich muß nächsten Sonntag bei Hof predigen, sagte Homenas. Gehen Sie, bitte, einmal meinen Text durch! Ich ging also den Text durch, es stimmte alles. Es wird gehen, Homenas, wenn Sie den Ton festhalten. Ich las weiter, und der Ton des Ganzen schien mir in der

Tat erträglich. Und bis zu dieser Stunde würde ich es, mit Erlaubnis von Euer Ehrwürden, nicht gemerkt haben, was für ein leeres, glattes, schales und nüchternes Geleier es ist, hätte nicht mittendarin eine so zarte, reiche, himmlische Melodie herausgeragt – sie riß meine Seele mit sich hinauf in eine andere Welt. Hätte ich aber (wie Montaigne bei einer ähnlichen Gelegenheit beklagt) den Abstieg leicht oder den Aufstieg gangbar gefunden, so hätte ich mich leicht täuschen lassen. –

So aber mußte ich sagen: Ihr Text oder Ihre Noten, Homenas, ist ein guter Text, sind gute Noten, aber der Abfall war zu jäh; das hier ist so gänzlich verschieden vom übrigen Werk, daß ich mich beim ersten Satz auf dem Flug in eine andere Welt fühlte und darum das Tal, aus dem ich gekommen, so tief und drückend und elend fand, daß ich niemals mehr das Herz haben werde, noch einmal hinabzusteigen.

☛ Ein Zwerg, der einen Maßstab bei sich führt, um damit seine eigene Länge zu messen – glauben Sie mir's auf mein Wort –, ist in mehr als einem Sinne ein Zwerg. Soviel über das Ausreißen von Kapiteln.

Sechsundzwanzigstes Kapitel

Schneidet er sie nicht in lauter Streifen und reicht sie herum, damit wir uns die Pfeifen damit anzünden? – Das ist verrucht, antwortete Didius. – Das sollte man ihm nicht so ohne weiteres durchgehen lassen, sagte Dr. Kysarcius –

☛ er war einer der Kysarcii in den Niederlanden.

Meiner Ansicht nach, sagte Didius, sich halb vom Sessel erhebend, um eine Flasche und einen großen Pokal zwischen sich und Yorick beiseite zu schieben, hätten Sie sich diesen verletzenden Spotthieb sparen und einen schicklicheren Ort, Herr Yorick – zum mindesten aber eine schicklichere Gelegenheit wählen können, um Ihre Verachtung für das, was uns beschäftigt hat, an den Tag zu legen. Wenn die Predigt nicht mehr wert war, als damit unsere Pfeifen anzuzünden – so war sie sicherlich nicht gut genug, vor einer so gelehrten Versammlung gehalten zu werden; wenn sie aber gut genug war, vor einer so gelehrten Versammlung gehalten zu werden, so ist sie sicherlich zu gut dafür, daß wir uns hinterher die Pfeifen damit anzünden.

Ich habe ihn damit an einem der beiden Hörner meines *Dilemmas* aufgehängt, sagte Didius. Er soll sehen, wie er davon wieder loskommt.

Ich habe bei der Geburt dieser Predigt so unsagbare Qualen ausgestanden, sagte Yorick, daß ich ehrlich gestehe, Didius, ich wollte lieber mitsamt meinem Klepper tausendmal hintereinander zum Märtyrer werden, als mich noch einmal zu einer ähnlichen Predigt hinsetzen. Ich ward davon am verkehrten Ende entbunden, sie kam nämlich aus dem Kopf statt aus dem Herzen, und ich räche mich jetzt auf diese Weise an ihr für die Schmerzen, die sie mir sowohl beim Verfassen wie beim Sprechen gemacht hat. Predigen, um den Umfang unserer Belesenheit oder die Feinheit unseres Witzes zu zeigen oder um vor den Augen der einfachen Menschen mit unserer spottarmen Gelehrsamkeit, die mit einigen glitzernden Worten ohne Licht und Wärme überglänzt ist, zu prunken, ist kein sehr ehrlicher Gebrauch von der einzigen armen halben Stunde in der Woche, die uns dafür geschenkt ist, und heißt nicht das Evangelium, sondern uns selber predigen. Ich für meinen Teil, fuhr Yorick fort, ziehe es vor, mit fünf Worten mitten hinein ins Schwarze des menschlichen Herzens zu treffen.

Beim Worte das ›Schwarze‹ erhob sich Onkel Toby, um eine Bemerkung über Geschoßbahnen zu machen – als ein einziges Wort, und nicht mehr, von der gegenüberliegenden Tischseite die Ohren aller auf sich zog, ein Wort, das von allen Worten des Wörterbuchs zuallerletzt an dieser Stelle zu erwarten gewesen wäre, ein Wort, das ich mich schäme niederzuschreiben, das aber niedergeschrieben, das gelesen werden muß, ein höchst gesetzwidriges, unkirchliches Wort ... Raten Sie zehntausend mal zehntausend hintereinander, quälen Sie Ihre Erfindungsgabe, soviel Sie wollen, Sie erraten es nicht ... Kurz, ich will es im nächsten Kapitel nennen.

Siebenundzwanzigstes Kapitel

Sapperment! ——————————————————————

—————— Sapp–! schrie Phutatorius halb vor sich hin, doch immerhin laut genug, um gehört zu werden und, was besonders auffiel, mit einem solchen Gesichtsausdruck und einem solchen Ton der Stimme, worin beides, Erschrecken und körperlicher Schmerz, lag.

Ein oder zwei aus der Versammlung, die ein sehr helles Gehör hatten und den Ausdruck darin, vor allem die Mischung zweier Empfindungen, so genau unterscheiden konnten wie eine Terz oder Quint in der Musik, waren davon ganz besonders in Erstaunen und Verlegenheit gesetzt – der Einklang der Empfindungen an sich war ja gut, aber doch gänzlich abseits von jeder gewohnten Tonart und stimmte so gar nicht zu dem angehobenen Gegenstand, daß sie mit all ihrem Wissen von den Dingen nicht wußten, was in der Welt sie daraus machen sollten. Andere wiederum, die nichts vom musikalischen Ausdruck verstanden und nur ein Ohr für die Bedeutung des Wortes hatten, bildeten sich ein, daß Phutatorius, der auch sonst eine heftige Gemütsanlage hatte, eben dabei sei, Didius' Hand den Knüppel zu entwinden, um Yorick damit einmal tüchtig durchzubleuen, und daß das dreisilbige Fluchwort nur die Einleitung zu einer Rede wäre, welche, nach dieser ersten Probe zu schließen, eine sehr unsanfte Behandlung des Gegners vorherverkündigte, so daß Onkel Toby schon jetzt im Herzen einen Stich empfand wegen alles dessen, was Yorick würde über sich ergehen lassen müssen. Da aber Phutatorius plötzlich innehielt, ohne den Versuch oder das Bedürfnis fortzufahren, begann eine dritte Partei anzunehmen, daß alles nur ein unfreiwilliger Atemzug gewesen sei, der sich zufällig zu einem Fünfpfennigfluch formte – ohne sündhafte Absicht und ohne bösen Inhalt.

Andere, vornehmlich ein oder zwei, die Phutatorius zunächst saßen, hatten darin im Gegensatz zu allen gleich das herausgehört, was es war: ein wirklicher und sehr gehaltvoller Fluch, absichtlich gegen Yorick ausgestoßen, für den er, wie man wußte, keine Vorliebe hatte – welcher Fluch, wie mein Vater nachträglich darüber philosophierte, gleichzeitig sehr gereizt und zischend und schäumend und sprudelnd in des Phutatorius Gallenblase obenauf schwamm und dem natürlichen Lauf der Dinge gemäß durch das plötzliche Eindringen des Blutes von dort herausgepreßt wurde, welches Blut wiederum durch die Überraschung – von einer so sonderbaren Theorie über Predigten hervorgerufen – in die rechte Herzkammer des Phutatorius getrieben worden war.

Wie fein wir doch über Tatsachen, die wir mißverstanden haben, zu philosophieren wissen!

Unter denen, die sich mit der Deutung des hervorgestoßenen Dreisilbers beschäftigten, gab es niemanden, der es nicht für ausgemacht gehalten hätte und davon als von einem Grundsatz ausgegangen wäre, daß Phutatorius eben dem Gegenstand der Debatte zwischen Yorick und Didius aufmerksam gefolgt sei. Und da er in der Tat erst den einen, dann den anderen ansah wie ein Mensch, der aufmerksam auf das hört, was vorgeht, war jedermann gezwungen, ebenso zu denken. Die Wahrheit aber war, daß Phutatorius nicht ein Wort, ja nicht einmal eine Silbe von allem, was geredet wurde, vernommen hatte; hingegen waren alle seine Gedanken und seine ganze Aufmerksamkeit von einem Vorgang in Anspruch genommen, der sich augenblicklich im Bereich seiner Pluderhosen abspielte, und zwar in jenem besonderen Fach, worin er alle Vorkommnisse mit mehr Wachsamkeit zu verfolgen pflegte als in anderen. Obwohl er also mit der allergrößten Anspannung der Welt die Augen aufriß und allmählich jeder Nerv und jeder Muskel in seinem Gesicht bis zum höchsten Grade, den das Instrument noch zuließ, hinaufgeschraubt war, um, nach der Meinung aller, die hinsahen, dem gegenübersitzenden Yorick die gebührende Antwort zu geben, so war dennoch dieser Yorick nicht in einer einzigen der Gehirnkammern des Phutatorius auch nur für eine Sekunde gegenwärtig und vorhanden gewesen, hingegen lag die wahre Ursache des Ausrufes um mindestens eine Elle tiefer.

Ich will versuchen, es Ihnen mit allem erdenklichen Zartgefühl zu erklären.

Sie müssen nämlich wissen, daß Gastripheres, der kurz vor dem Mittagessen einen Gang in die Küche gemacht hatte, um nachzusehen, was es heute alles gäbe, als er einen geflochtenen Korb mit köstlichen Kastanien auf dem Anrichtetisch sah, sogleich den Auftrag gegeben hatte, ein paar hundert davon zu rösten und nach dem Essen zu servieren. Gastripheres gab seinem Auftrag damit noch größeren Nachdruck, daß er erklärte, Didius, vor allem aber Phutatorius wären besondere Liebhaber von Kastanien.

Zwei Minuten, bevor Onkel Toby Yoricks Ansprache unterbrach, wurden die Kastanien des Gastripheres hereingebracht, und da vor allem die Vorliebe des Phutatorius dafür dem Aufwärter noch erinnerlich war, so stellte er sie eben vor Phutatorius hin, und zwar noch ganz heiß in einer Serviette aus Damast eingewickelt.

War es nun rein physikalisch gar nicht anders denkbar, als daß, wenn ein halbes Dutzend Hände auf einmal unter die Serviette des Korbes fuhren, eine Kastanie von mehr Hitze und Rundung als die übrigen in Bewegung geraten mußte, oder – jedenfalls kam es so, daß eine solche tatsächlich den Tisch hinunterrollte. Und da Phutatorius mit auseinandergespreizten Beinen dasaß, so fiel sie senkrecht in jene besondere Hosenöffnung des Phutatorius, für welche sich, zur Schande unserer Sprache sei es gesagt, kein einziges keusches Wort in Johnsons Wörterbuch findet. Es genüge, wenn ich sage, daß es jene Öffnung war, die in jeder guten Gesellschaft nach den Gesetzen des Anstandes in der ganzen Welt gleich dem Tempel des Janus (im Frieden wenigstens) geschlossen bleiben soll.

Und die Vernachlässigung dieser Förmlichkeit durch Phutatorius (was nebenbei eine Warnung für jedermann sein sollte) war die Ursache dieses Zu-falles.

Ich sage, dem Sprachgebrauch folgend, Zufall, ohne mich damit in einen Widerspruch zur Ansicht des Acrites und Mythogeras setzen zu wollen. Ich weiß, beide teilten dieselbe Voreingenommenheit und waren gründlich überzeugt und sind es noch bis zu dieser Stunde, daß es in dieser ganzen Angelegenheit gar keinen Zufall gegeben habe, sondern daß der Umstand, daß die Kastanie aus eigenem Antriebe diesen besonderen Lauf genommen und dann mit all ihrer Hitze direkt sich in diesen besonderen Ort und keinen anderen gestürzt habe, ein wahrhaftiges Strafgericht über Phutatorius wäre von wegen dessen höchst schmutziger und unanständiger Abhandlung *De concubinis retinendis*, die er vor zwanzig Jahren veröffentlicht hatte und die in ebendieser Woche in zweiter Auflage vor dem Publico erscheinen sollte.

Es ist nicht meine Sache, mit meiner Feder in diesem Streit Partei zu nehmen – zweifellos läßt sich manches von der einen und der anderen Seite vorbringen; alles, was mich als Geschichtsschreiber angeht, ist, die Tatsache als solche darzustellen und es dem Leser glaubwürdig zu machen, daß die Öffnung in des Phutatorius Hosen weit genug gewesen, die Kastanie aufzunehmen, und daß die Kastanie auf die eine oder andere Art senkrecht und siedend heiß hineingefallen, ohne daß Phutatorius oder ein anderer es im Augenblick gemerkt hätten.

Die natürliche Wärme, welche die Kastanie dem Raume um sich mitteilte, war zu Beginn, etwa in den ersten zwanzig oder fünfundzwanzig Sekunden, nicht unergötzlich und übte keine andere Wirkung aus, als daß sie leise des Phutatorius Aufmerksamkeit auf diese besondere Stelle seines Körpers lenkte. Doch die Hitze wuchs und wuchs und war schon in wenigen Sekunden über das Maß jeglicher nüchternen und sinnvollen Erquickung hinausgegangen, um in aller

Eile bis in die Bereiche des positiven Schmerzes zu steigen – und dorthin, zu diesem Punkte der Gefahr, stürzte panikartig die Seele des Phutatorius mit all ihren Ideen und Gedanken, ihrer Aufmerksamkeit, Einbildungskraft, Entschlußfähigkeit, Überlegung, Phantasie, ihrem Urteils- und Gedächtnisvermögen, zusammen mit zehn Bataillonen von Lebensgeistern, die sich durch verschiedene Hohlwege und Windungen hindurch an den Ort der Gefahr drängten, während sie zugleich alle oberen Regionen, wie Sie sich wohl vorstellen können, so leer ließen wie meine Börse.

Trotz der sichersten Nachrichten, die ihm diese seine zahlreichen Kundschafter zurückbringen konnten, war Phutatorius nicht imstande, in das Geheimnis dessen, was unten vorging, einzudringen, noch vermochte er durch irgendwelche Schlüsse dahinterzukommen, was zum Teufel da unten denn los wäre. Indessen hielt er es, da er die wahre Ursache nicht aufzudecken vermochte, für das klügste, in der gegebenen Situation den Schmerz womöglich wie ein Stoiker zu ertragen, was ihm damit, daß er Gesichter schnitt und den Mund wie die Öffnung einer Börse zuzog, sicherlich gelungen wäre, wenn nur seine Einbildungskraft dabei hätte aus dem Spiele bleiben können. Aber in solchen Situationen ist auf sie kein Verlaß, denn plötzlich schoß jäh in seiner Seele der Gedanke auf, es könnte, wie sehr auch der Schmerz dem eines Brandes gliche, ebensogut ein Biß sein, und daß weiter, wenn es ein Biß sei, möglicherweise ein Wassermolch oder eine Echse oder sonst ein abscheuliches Reptil hinaufgekrochen und seine kleinen Zähne jetzt an *** gesetzt habe. Diese überaus schauderhafte Vorstellung zusammen mit einer frischen Hitzewelle aus der Gegend der Kastanie unten packte Phutatorius mit plötzlicher Panik und brachte ihn im ersten Schrecken und Durcheinander der Leidenschaft – wie es zu allen Zeiten den größten Generälen dieser Erde nicht anders ergangen ist – gänzlich aus dem Häuschen.

Die unmittelbare Folge davon war, daß er sofort aufsprang und dabei jenen Schrei der Überraschung, über den ich mich so lange ausgelassen habe, von sich gab. Ver ... war, wenn auch nicht streng kanonisch, so doch das mindeste von alledem, was ein Mensch in einer solchen Situation äußern durfte. Ob nun kanonisch oder nicht, Phutatorius war für den Ausruf ebensowenig verantwortlich wie für dessen Ursache.

Obwohl die Schilderung des ganzen Vorgangs mich geraume Zeit gekostet hat, so nahm dieser selbst sehr wenig davon in Anspruch, jedenfalls nicht mehr, als für Phutatorius notwendig war, um die Kastanie herauszuziehen und mit Heftigkeit auf den Boden zu werfen, und für Yorick, um vom Sitz aufzuspringen und sie aufzuheben.

Es ist nicht ganz ohne Interesse, den Triumph kleiner Zwischenfälle zu verfolgen und zu lernen, was für ein unwahrscheinlich großes Gewicht ihnen bei der Bildung unserer Ansichten über Menschen nicht weniger als über Dinge zukommt. Kleinigkeiten, gewichtslos wie die Luft, wehen den Samen des Glaubens in unsere Seelen, und dieser dann wurzelt sich so fest darin ein, daß selbst Euklids Beweise, könnte es auch mit ihrer Hilfe gelingen, eine Bresche hineinzuschlagen, nicht die Kraft hätten, ihn umzuwerfen oder auszurotten.

Yorick hob, sagte ich, die Kastanie auf, welche Phutatorius weggeschleudert hatte; die Handlung an sich bedeutete ja nichts, ich schäme mich, sie noch zu erwähnen; er tat es aus keinem anderen Grunde, als weil er die Kastanie darum nicht für schlechter und weniger genießbar hielt und weil er der Ansicht war, daß ein Mensch sich um eine gute Kastanie schon einmal bücken dürfe im Leben. Doch dieses Ereignis, so unbedeutsam es an sich auch war, wirkte anders auf des Phutatorius Geist. Er hielt die Tatsache, daß Yorick aufgestanden war und die Kastanie aufgeklaubt hatte, für ein Geständnis, daß diese Kastanie seine (Yoricks) wäre, daß also nur der Eigentümer besagter Kastanie und niemand anders ihm diesen Streich gespielt habe. Was ihn vornehmlich in dieser Ansicht bestärkte, war der Umstand, daß der rechteckige und sehr schmale Tisch es Yorick, der dem Phutatorius gegenübersaß, nicht schwer machte, eine Kastanie in des Phutatorius – – hineinkollern zu lassen, und daß darum jener es wirklich getan haben konnte. Der mehr als bloß argwöhnische Blick, den Phutatorius jetzt, da dieser Verdacht in ihm aufstieg, auf Yorick warf, sprach zu deutlich diese Meinung aus – und da man annahm, daß Phutatorius naturgemäß mehr über diese Angelegenheit wissen müßte als sonst jemand, so wurde diese seine Ansicht im Nu zur allgemeinen, und aus einer Ursache, die von allen bisher angeführten sehr verschieden war, sah man also die Sache in der allerkürzesten Zeit für erwiesen an.

Wenn sich große und unerwartete Ereignisse auf dem Schauplatz dieser *sublunarischen* Welt zutragen, so macht der Menschengeist, seinem Wesen nach neugierig und forschungsbedürftig, naturgemäß einen Flug hinter die Szene, um nachzusehen, was die Ursache und die Quelle alles Auffallenden sei. In diesem speziellen Falle dauerte das Suchen nicht lange.

Es war allbekannt, daß Yorick sich zu keiner Zeit eine gute Meinung über des Phutatorius Traktat *De concubinis retinendis* zu eigen machen konnte, da er von dessen schädlicher Wirkung auf die Welt überzeugt war, und so ist leicht herauszufinden gewesen, daß Yoricks Streich eine geheime Absicht zugrunde liegen mußte und daß dieses Hineinkollern einer siedend heißen Kastanie in des Phutatorius – – sozusagen nur ein sarkastischer Hieb auf ein Buch war, dessen Lehren, heißt es, manchen braven Mann gerade an dieser selben Stelle heftig erhitzt haben.

Diese Auffassung weckte Somnolentus aus dem Schlafe, machte Agelastes, der sonst nie lachte, lächeln – und wenn Sie sich den Gesichtsausdruck und die Haltung eines Menschen genau vorzustellen vermögen, dem es eben gelungen ist, ein Rätsel aufzulösen, genauso schaute jetzt Gastripheres drein; kurzum, das Ganze wurde von vielen für einen Meisterstreich eines sehr witzigen Kopfes gehalten.

Doch war diese Auffassung, wie der Leser von Anfang bis zu Ende erfahren hat, so grundlos wie die Träume der Philosophie. Zweifellos war Yorick, wie Shakespeare von dessen Vorfahren gesagt hat, ein ›Mann von Witz‹, aber dieser Witz war gerade mit etwas gemäßigt, was ihn unter allen Umständen davon und von ähnlichen Geschmacklosigkeiten zurückgehalten haben würde, für die er sich soeben solch unverdienten Tadel geholt hatte; aber es war das ganze Leben hindurch sein Unglück gewesen, daß ihm Ausdrücke und Handlungen untergeschoben wurden, deren er seiner Natur nach (wenn ich durch meine Hochachtung für ihn nicht ganz mit Blindheit geschlagen bin) nicht fähig war. Was ich an ihm tadle, oder besser: tadle und wofür ich ihn zugleich liebe, ist diese seine merkwürdige Neigung und Anlage, dank welcher er sich niemals die Mühe nahm, etwas vor der Welt zu berichtigen, wie sehr es auch in seiner Macht gelegen hätte. Bei jeder derartigen üblen Nachrede machte er es genauso wie in der Angelegenheit seines mageren Kleppers; er hätte sie zu seinen Gunsten und sich zur Ehre aufdecken und aufklären können, doch sein Geist stand über der Sache. Und überdies betrachtete er den Erfinder, Verbreiter und gläubigen Hörer einer häßlichen Klatscherei stets als üblen Verleumder, und er konnte sich nicht herablassen, gerade dieser Sorte von Menschen den wahren

Sachverhalt einer Geschichte zu erzählen; und so vertraute er darauf, daß die Zeit und die Wahrheit für ihn arbeiten würden.

Diese heroische Anlage brachte ihn vielfach in eine unangenehme Lage – im gegenwärtigen Falle zog sie ihm den bleibenden Groll des Phutatorius zu, der, gerade als Yorick eben mit dem Verzehren der bewußten Kastanie fertig geworden war, sich abermals von seinem Stuhl erhob, um ihn wissen zu lassen – mit einem Lächeln nur das eine sagend, daß er sich bemühen würde, diese Liebenswürdigkeit nicht zu vergessen.

Doch müssen Sie diese zwei Dinge sorgfältig voneinander trennen und unterscheiden:

Das Lächeln war für die Gesellschaft bestimmt,
Die Drohung für Yorick.

Achtundzwanzigstes Kapitel

Können Sie mir sagen, wandte sich Phutatorius an Gastripheres, der ihm zunächst saß, denn ich möchte mich in einer so lächerlichen Sache nicht gleich an den Arzt wenden, können Sie mir sagen, welches das beste Mittel gegen Brandwunden ist? – Fragen Sie Eugenius! sagte Gastripheres. – Das hängt größtenteils, sagte Eugenius, der sich so stellte, als wüßte er von nichts, von der Brandstelle selber ab. Wenn es ein sehr zarter Körperteil ist und dieser leicht verbunden werden kann … – Er ist sowohl das eine wie das andere, antwortete Phutatorius, seine Hand bei diesen Worten mit nachdrücklichem Kopfnicken an die fragliche Stelle legend und, um sich Luft und Linderung zu verschaffen, zugleich sein rechtes Bein hebend … – In diesem Fall, fuhr Eugenius fort, möchte ich Ihnen nur raten, damit auf keine Weise zu spielen. Am besten, Sie schicken zum nächsten Buchdrucker und vertrauen Ihre Heilung einem so einfachen Mittel wie ganz frisch bedrucktem, sehr weichem Papier an und legen ein Blatt davon um die fragliche Stelle herum. Das ist alles. – Feuchtes Papier, sagte Yorick (der seinem Freunde Eugenius zunächst saß), hat, wie ich weiß, diese erfrischende Kühle – aber meiner Ansicht nach ist es nicht mehr als der Träger davon, denn das Öl und die Druckerschwärze sind es, die jene wohltätige Wirkung hervorbringen. – So ist es in der Tat, meinte Eugenius; zudem ist es von allen

Mitteln, die ich zu empfehlen wagen wollte, das mildeste und ungefährlichste.

An Ihrer Stelle, sagte Gastripheres, würde ich, da es doch hauptsächlich auf das Öl und die Druckerschwärze ankommt, diese gleich dick auf einen Lappen schmieren und diesen dann auflegen. – Dadurch würde die Sache nur ärger, antwortete Yorick. – Auch würde es dem Zweck nicht entsprechen, sagte Eugenius, welcher Zweck in der peinlichsten Genauigkeit, ja, wenn ich so sagen darf, in der Eleganz des Rezeptes eingeschlossen liegt, was nach Ansicht der Professoren schon die halbe Kur bedeutet. Denn bedenken Sie nur, wenn die Drucktype sehr klein ist (wie sie es sein soll), so haben die heilkräftigen Teilchen, welche mit dem entsprechenden Körperteil in Verbindung kommen, den Vorteil, daß sie in unendlicher Verdünnung darüber gebreitet werden und zugleich mit einer so mathematisch genauen Gleichmäßigkeit (neue Abschnitte und Kapitelüberschriften in großer Type sollten vermieden werden), wie keine Kunst und Führung des Spatels sie erreichen könnte. – Das trifft ja sehr gut zusammen, sagte Phutatorius, denn die zweite Auflage meines Traktates *De concubinis retinendis* ist eben unter der Presse. – Sie können jedes Blatt davon nehmen, sagte Eugenius, es ist ganz gleichgültig, welches. – Nur dürfen keine Schweinereien darauf stehen, fügte Yorick hinzu.

Der Drucker ist eben, antwortete Phutatorius, beim neunten Kapitel, dem vorletzten im ganzen Buch. – Wie heißt, bitte, der Titel dieses Kapitels? fragte Yorick, sich respektvoll vor Phutatorius verbeugend. – Ich denke, antwortete Phutatorius, es ist jenes *De re concubinaria.*

Um Gottes willen, nehmen Sie dieses Kapitel, bitte, nicht dazu, sagte Yorick.

Auf keinen Fall! fügte Eugenius hinzu.

Neunundzwanzigstes Kapitel

Ja, sagte Didius, sich erhebend und die rechte Hand mit ausgespreizten Fingern auf die Brust legend, wäre ein solcher Bock mit dem Taufnamen vor der Reformation geschossen worden (Er ist aber doch erst vorgestern geschossen worden, sagte Onkel Toby zu sich selber.), als die Taufe noch auf lateinisch vorgenommen wurde (Es ist alles auf englisch erledigt worden, sagte Onkel Toby.), so würde manches so haben zusammentreffen können – mehrere solche Fälle liegen vor –, daß die Taufe für null und nichtig erklärt worden wäre und das Kind einen neuen Namen hätte bekommen können und müssen. Hätte zum Beispiel der Priester aus Unkenntnis der lateinischen Sprache, was gar nicht so selten vorkam, Hans Unverzagts Jungen *in nomine patriae et filia et spiritum sanctos* getauft, so würde die Taufe für null und nichtig gegolten haben. – Ich bitte um Verzeihung, antwortete Kysarcius, da aber in einem solchen Fall das Versehen nur in der Endung lag, so ist die Taufe gültig gewesen. Um sie für null und nichtig zu erklären, müßte der Fehler auf die Stammsilbe des Wortes gefallen sein und nicht auf die Endsilbe.

Mein Vater war von derartigen Spitzfindigkeiten ganz entzückt und hörte mit unendlicher Aufmerksamkeit zu.

Gastripheres zum Beispiel, fuhr Kysarcius fort, tauft Jürgen Strampels Kind in *gomine gatris* usw. usw. anstatt in *nomine patris* usw. Heißt das noch taufen? Nein, sagen die kundigsten Kirchenrechtler, denn hier sind die Wurzeln aller Worte gleichsam aufgerissen, und der Sinn und die Bedeutung des Wortes sind vernichtet und gänzlich verändert, denn Gomen heißt nicht Namen und Gater nicht Vater. – Was bedeuten sie aber? fragte Onkel Toby. – Gar nichts, sagte Yorick. – *Ergo* ist die Taufe ungültig, sagte Kysarcius.

Natürlich, antwortete Yorick, mit einem Ton, der aus zwei Teilen Witz und einem Teil Ernst bestand.

Aber in dem zuerst angeführten Fall, fuhr Kysarcius fort, wo *patriae* statt *patris*, *filia* statt *filii* und so weiter steht, können, da der Fehler nur in der Deklination liegt und die Wurzeln der Worte unverletzt bleiben, die Verdrehungen im Astwerk und Gezweig des Wortes auf keine Weise den Taufakt als solchen behindern, indem nämlich der Sinn bestehenbleibt. – Dann muß aber auch zugleich damit bewiesen werden, antwortete Didius, daß der Priester wenigstens die Absicht hatte, sich grammatisch korrekt auszudrücken. – Ganz recht so, antwortete Kysarcius; und dafür, Bruder Didius, haben wir ein Beispiel in einer Bestimmung der Dekretalien Leos III. – Das Kind meines Bruders geht den Papst nichts an, rief Onkel Toby, es ist das Kind eines protestantischen Edelmannes und nichts weiter und Tristram gegen den Willen und Wunsch des Vaters und der Mutter wie auch aller anderen Verwandten getauft worden.

Wenn der Wille und Wunsch, sagte Kysarcius, Onkel Toby unterbrechend, aller derer, die mit Mister Shandys Kind verwandt sind, in dieser Angelegenheit überhaupt ausschlaggebend sein soll, so kommt Frau Shandy von allen Menschen zuallerletzt in Betracht. – Onkel Toby legte seine Pfeife hin, und mein Vater zog seinen Stuhl näher an den Tisch heran, um die Schlußfolgerung aus einer so überaus sonderbaren Voraussetzung zu hören.

Es ist nicht nur so, Hauptmann Shandy, daß unter den bedeutendsten Advokaten und Rechtslehrern dieses Landes, fuhr Kysarcius fort, die Frage aufgeworfen worden ist, ob die Mutter mit ihrem Kind blutsverwandt sei,* sondern diese Frage wurde auch nach langer, leidenschaftsloser Forschung und gründlichster Abwägung aller Argumente für und wider im negativen Sinne beantwortet, nämlich, es wurde entschieden, daß die Mutter mit ihrem Kinde nicht blutsverwandt sei.** Mein Vater legte im Augenblick seine Hand auf Onkel Tobys Mund, um den Schein zu erwecken, als wollte er ihm etwas ins Ohr flüstern; die Wahrheit aber war, daß er Onkel Tobys Lillabullero fürchtete, und da er sehr begierig war, mehr von dieser überaus sonderbaren Streitfrage zu hören, so bat er Onkel Toby, um Himmels willen nicht jetzt dazwischenzufahren. – Onkel Toby nickte mit dem Kopf, nahm die Pfeife aus dem Mund und gab sich damit zufrieden, das Lillabullero innerlich zu pfeifen. Kysarcius, Didius und Triptolemus führten das Gespräch wie folgt fort:

Wie sehr wir auch mit dieser Entscheidung, fuhr Kysarcius fort, gegen den Strom der öffentlichen Meinung und aller vulgären Vorstellungen schwimmen mögen, so hat sie doch starke Gründe auf ihrer Seite und ist durch den berühmten Rechtsfall, der unter dem Namen ›Der Fall des Herzogs von Suffolk‹ läuft, über jeden Zweifel gesetzt worden. – Er wird bei Brook angeführt, sagte Triptolemus. – Auch Lord Coke nimmt davon Kenntnis, fügte Didius hinzu. – Sie finden ihn auch in Swinburns ›Über Testamente‹, sagte Kysarcius. – Der Fall, Mister Shandy, war der:

Unter der Regierung Eduards VI. machte Karl, Herzog von Suffolk, der aus dem einen Ehebette einen Sohn und dem anderen eine Tochter hatte, ein Testament, worin er seine Güter seinem Sohn hinterließ, und hierauf starb er. Nach seinem Tod jedoch starb der Sohn gleichfalls – doch ohne Testament, ohne Weib und Kind. Seine

* Vgl. Swinburn, Über Testamente, Teil 7, § 8.

** Vgl. Brooks Abriß d. Verwalt. Nr. 47.

Mutter und seine Stiefschwester väterlicherseits (denn diese war dessen erster Ehe entsprungen) lebten noch. Die Mutter übernahm also die Führung der Güter ihres Sohnes gemäß dem Statut vom einundzwanzigsten Regierungsjahr Heinrichs VIII., worin es heißt: Im Fall, daß einer ohne Testament sterbe, soll die Verwaltung der Güter dem nächsten Blutsverwandten zukommen.

Da die Verwaltung der Güter unrechtmäßigerweise der Mutter zugesprochen war, begann die Schwester (vom Vater her) einen Prozeß vor dem geistlichen Gericht, indem sie behauptete, 1. daß sie die nächste Blutsverwandte wäre und 2. daß die Mutter in keiner Blutsverwandtschaft zum Erblasser stünde. Und in diesem Sinne bat sie den Gerichtshof, die der Mutter zugesprochene Verwaltung der Güter zu widerrufen und ihr zu übertragen, da sie kraft dieses Statutes die nächste Blutsverwandte des Verstorbenen wäre.

Daraufhin wurden, da es ein Prozeß von höchster Wichtigkeit war, von dessen Ausgang vieles abhing und wonach späterhin eine Menge ähnlicher Prozesse bei großen Hinterlassenschaften wahrscheinlich in gleicher Weise entschieden werden würde, die gelehrten Staats- und Zivilrechtslehrer des Reiches befragt, ob die Mutter mit ihrem eigenen Sohn blutsverwandt sei oder nicht. Woraufhin nicht nur die weltlichen, sondern auch die geistlichen Anwälte, die *juris consulti*, die Juristen, die Zivilrechtslehrer, die Advokaten, die Richter im Konsistorium und in den geistlichen Gerichtshöfen von Canterbury und York samt dem Rektor der Universität alle einstimmig ihre Meinung dahin aussprachen, daß die Mutter nicht blutsverwandt mit ihrem Kinde wäre.*

Was sagte aber die Herzogin von Suffolk dazu? fragte Onkel Toby.

Diese ganz unerwartete Frage meines Onkels Toby brachte Kysarcius mehr in Verlegenheit, als dies den fähigsten Advokaten hätte gelingen können. Er hielt eine ganze Minute inne und starrte Onkel Toby sprachlos ins Gesicht – und in dieser Minute gelang es Triptolemus, ihn beiseite zu schieben und die Führung des Gesprächs zu übernehmen:

Es ist ein Grundprinzip des Rechts, sagte Triptolemus, daß darin die Dinge nicht auf-, sondern absteigen, und ich zweifle nicht, daß hier die Ursache zu suchen sei, warum – wie wahr immer es sonst

* Mater non numeratur inter consanguineos. Bald. in ult. C. de Verb. signific.

sein möge, daß das Kind aus dem Blut und Samen der Eltern sei – die Eltern nichtsdestoweniger nicht aus dem Blut und Samen des Kindes seien. Insofern als nämlich nicht die Eltern vom Kinde gezeugt wurden, sondern das Kind von den Eltern ... Denn es steht geschrieben: *Liberi sunt de sanguine patris et matris, sed pater et mater non sunt de sanguine liberorum.*

Doch das beweist, Triptolemus, rief Didius, wiederum zuviel – denn aus dieser Annahme würde nicht nur folgen, was ohnehin allgemein zugegeben wird, daß die Mutter mit ihrem Kinde nicht blutsverwandt sei, sondern auch, daß der Vater es nicht sei. – Auch das gilt schon vielfach für die richtigere Ansicht, sagte Triptolemus, weil der Vater, die Mutter und das Kind, obwohl drei Personen, doch nur ein Fleisch sind *(una caro**)* und folglich in keinem Verwandtschaftsgrad zueinander stehen und kein Mittel haben, diesen in der Natur zu erlangen.

Jetzt treiben Sie Ihre Argumentation wiederum zu weit, rief Didius, denn es existiert kein Verbot in der Natur, wohl aber eines im mosaischen Gesetz, daß einer aus seiner Großmutter sich ein Kind zeuge, in welchem Falle diese, angenommen, das Kind sei eine Tochter, verwandt wäre sowohl ...

Wer denkt aber auch daran, seiner Großmutter beizuschlafen, rief Didius.

Ebenjener junge Mann, antwortete Yorick, von dem Selden spricht, der nicht nur daran dachte, sondern seine Absicht vor seinem eigenen Vater mit dem Gesetz der Wiedervergeltung rechtfertigte: Sie, Herr, haben mit meiner Mutter geschlafen, ich werde darum mit der Ihren schlafen, sprach der Fant. – Das ist das *argumentum commune*, fügte Yorick hinzu.

Diese Herren verdienen kein besseres, sagte Eugenius und griff nach seinem Hute. Die Gesellschaft brach auf.

Dreissigstes Kapitel

Und bitte, sagte Onkel Toby und stützte sich auf Yorick, der mit meinem Vater zusammen ihm langsam die Treppe hinunterhalf – erschrecken Sie nicht, Madame, dieses Treppengespräch wird nicht so

* Vgl. Brook, a. a. O.

lang werden wie das letzte –, bitte, Yorick, sagte also Onkel Toby, wie wurde nun schließlich die Sache mit Tristram von den gelehrten Herren entschieden? Sehr zufriedenstellend, Herr, antwortete Yorick. Kein Sterblicher hat etwas mit dem Kind zu schaffen, denn Frau Shandy, die Mutter, ist keineswegs verwandt damit, und da die Mutter doch immerhin das einzig ganz Sichere in eines Menschen Leben ist, so hat Herr Shandy natürlich noch weniger damit zu schaffen. Kurz, auch er ist damit sowenig blutsverwandt wie ich.

Das kann wohl möglich sein, sagte mein Vater und schüttelte den Kopf.

Die Gelehrten mögen sagen, was sie wollen, so muß doch ganz sicher eine Art Blutsverwandtschaft zwischen der Herzogin von Suffolk und deren Sohn bestehen, meinte Onkel Toby.

Die gewöhnlichen Sterblichen wenigstens sind bis zu dieser Stunde derselben Ansicht gewesen, sagte Yorick.

Einunddreissigstes Kapitel

Obwohl die Spitzfindigkeiten dieser gelehrten Unterredungen meinen Vater mächtig anregten und kitzelten, so war das alles schließlich doch nicht mehr als Salbe auf ein gebrochenes Bein. Kaum war er zu Hause angekommen, so lastete das Gewicht seines Kummers nur noch schwerer auf ihm, wie es immer der Fall ist, wenn der Stab uns entglitten ist, auf den wir uns stützen. Er wurde nachdenklich, ging häufig hinunter zum Fischteich, bog die Hutkrempe herunter, seufzte, fuhr niemanden an, und da solche heftige Gemütsausbrüche, in denen wir die anderen gerne anfahren, die Ausdünstung und Verdauung befördern, wie Hippokrates uns lehrt, so würde er sicherlich, da diese ihm fehlten, zu guter Letzt krank geworden sein, wenn nicht seine Gedanken kritisch abgelenkt worden wären und seine Gesundheit durch einen frischen Zuzug von Aufregungen gerettet worden wäre, Aufregungen, die ihm meine Tante Dinah zugleich mit einer Erbschaft von tausend Pfund hinterließ.

Mein Vater hatte den Brief kaum zu Ende gelesen, als er, um die Sache beim rechten Ende anzupacken, alsogleich seinen Kopf damit zu zermartern begann, wie er das Geld am besten zum Vorteil der Familie anlegen oder verwenden könnte. Hundertundfünfzig absonderliche Pläne nahmen abwechselnd von seinem Gehirn Besitz – er wollte dies und jenes tun, dann aber doch wieder etwas ganz anderes. Er wollte nach Rom reisen, er wollte einen Prozeß führen, er wollte Börsenpapiere kaufen, er wollte John Hobsons Maierhof erstehen, er wollte eine neue Front, er wollte aber auch einen neuen Flügel an sein Haus bauen, um es symmetrischer zu haben. Am diesseitigen Ufer des Baches stand eine hübsch gelegene Wassermühle, am jenseitigen, genau gegenüber, sollte jetzt eine Windmühle gebaut werden.

Vor allem aber wollte er zwei Dinge: das große Ochsenmoor einhegen und meinen Bruder Bobby auf Reisen schicken.

Da aber die hinterlassene Summe begrenzt war und er nicht alles, ja in Wirklichkeit nur sehr wenig von dem, was er plante, durchführen konnte, so schienen ihm von allen den Projekten, die sich bei dieser Gelegenheit ihm zur Verwirklichung boten und von denen nur wenige überhaupt einen Sinn hatten, die zwei letztgenannten den meisten Eindruck zu machen. Und er würde sich auch unfehlbar für beide auf einmal entschieden haben, wenn nicht die eben erwähnte kleine Unbequemlichkeit ihn unbedingt der Notwendigkeit ausgesetzt hätte, sich für das eine oder andere zu entscheiden.

Doch das war nicht so leicht getan. Denn obwohl meinem Vater zweifellos dieser unersetzliche Teil der Erziehung meines Bruders schon immer sehr am Herzen gelegen und er als kluger Mann, der er war, sich auch entschlossen hatte, ihn durchzusetzen, und zwar mit dem ersten Geld, das ihm von der zweiten Dividende der Mississippi-Aktien, in denen er spekulierte, ausgezahlt werden würde, so hatte doch das Ochsenmoor, ein schön gelegenes, großes, brachliegendes, ganz mit Ginster bewachsenes, unentwässertes Weideland, das den Shandys gehörte, ebenso alte Ansprüche an ihn. Er hatte schon seit langem sein Herz daran gehängt, es irgendwie urbar zu machen.

Da er aber bisher noch niemals durch ein solches Zusammentreffen von Ereignissen gezwungen worden war, zu entscheiden, welches von seinen Projekten die älteren und gerechteren Ansprüche habe, so hatte er sich wohlweislich enthalten, auf eine genaue oder kritische Prüfung derselben einzugehen, so daß nun, nach Verabschiedung aller anderen Projekte, in dieser Lebenskrise die zwei alten, das Ochsenmoor und mein Bruder, ihn mit sich selber entzweiten. Beide hielten sich gegenseitig so sehr das Gleichgewicht, daß sie den Gegenstand manch heftigen Streites im Kopf des alten Herrn darüber bildeten, welches von beiden er zuerst ausführen sollte.

Die Leute mögen lachen, soviel sie wollen, die Sache war die:

Es war seit jeher Familienbrauch gewesen und ist mit der Zeit eine Art Privileg geworden, daß der älteste Sohn vor seiner Verheiratung freie Ein-, Aus- und Rückreise nach und von fremden Ländern haben sollte, und zwar nicht nur, um durch die mit jeder Reise verbundene Leibesbewegung und gründliche Luftveränderung seine Fähigkeiten auszubilden, sondern auch zur Ergötzung der Phantasie und Laune, damit er sich die Feder an den Hut stecken und später rühmen könne, auch er sei im Ausland gewesen – *tantum valet*, pflegte mein Vater zu sagen, *quantum sonat*.

Das war also ein ebenso vernünftiges wie christliches Vorrecht. Den Jungen ohne Sinn und Grund darum zu bringen und ihn damit zum ersten Shandy zu machen, der nicht durch Europa in der Postkutsche herumgewirbelt worden wäre, und zwar nur deshalb, weil er eine Schlafmütze war, hieß ihn ärger behandeln als einen Türken.

Auf der anderen Seite war der Fall mit dem Ochsenmoor ebenso dringlich; abgesehen von der ursprünglichen Kaufsumme von achthundert Pfund hatte es der Familie durch einen Prozeß vor fünfzehn Jahren noch einmal dieselbe Summe gekostet – und überdies Gott weiß wieviel Sorge und Verdruß.

Zudem war es seit der Mitte des vorigen Jahrhunderts im Besitze der Shandy-Familie. Und obwohl es in seiner ganzen Breite vom Shandy-Haus aus überblickt werden konnte, von der Wassermühle am einen Ende bis zur projektierten Windmühle am anderen – und schon aus diesen Gründen mehr denn jeder andere Besitzteil der Shandys Anspruch auf den Schutz und die Fürsorge seitens der Familie hatte –, ist es durch ein unbegreifliches Verhängnis, das ebenso zu den Menschen gehört wie der Grund, worauf sie treten, die ganze Zeit hindurch höchst schandvoll vernachlässigt worden und hat, um hier die Wahrheit zu sagen, so sehr dadurch gelitten, daß jedem das Herz im Leibe darob bluten müßte, wie Obadiah sich ausdrückte, welch letzterer den Wert des Grundes verstand, weil er darüber geritten war, und den Zustand, in dem jener sich befand, aus Erfahrung kannte. Da aber weder der Ankauf des Grundstückes noch auch dessen Anlage, genaugenommen, das Werk meines Vaters war, so ist ihm auch niemals der Gedanke gekommen, daß es ihn etwas anginge, bis vor fünfzehn Jahren der obenerwähnte verdammte Prozeß begann (der wegen der Grenzen des Grundstückes entstanden war), welcher, als meines Vaters höchsteigene Angelegenheit, natürlicherweise alle Argumente zugunsten des Ochsenmoores weckte, und indem mein Vater sie zusammenzählte, sah er, daß er nicht nur durch sein Interesse, sondern auch durch seine Ehre gebunden sei, etwas dafür zu tun – und dazu war eben jetzt wie nie zuvor die Zeit gekommen.

Ich meine aber, über der ganzen Angelegenheit muß ein besonderes Mißgeschick gewaltet haben, weil die Gründe dafür und dagegen sich gegenseitig immer so die Waage hielten, daß eine Entscheidung schwer wurde. Denn obwohl mein Vater das Für und Wider in allen Stimmungen und Lagen gegeneinander abwog, manche bange Stunde in den tiefsten und abstraktesten Grübeleien darüber, was zu tun wäre, zubrachte, heute landwirtschaftliche Werke, morgen Reisebeschreibungen las, alle anderen Neigungen zurückstellte, die Gründe für beides von neuem in allen Beleuchtungen untersuchte, jeden Tag mit Onkel Toby darüber verhandelte, mit Yorick philosophierte, den ganzen Fall des Ochsenmoors mit Obadiah durchsprach – so ergab sich während der ganzen Zeit daraus dennoch nichts zugunsten der einen Angelegenheit, das sich nicht genau ebensogut von der anderen hätte sagen lassen oder das nicht zum mindesten durch Erwägungen von gleicher Schwere so ausbalanciert worden wäre, daß die Waagschalen im Gleichgewicht blieben.

Gewiß, das stand außer Zweifel: mit den nötigen Mitteln und in anderen Händen würde das Ochsenmoor ein ganz anderes Gesicht bekommen, als es jetzt den Leuten zeigte oder unter diesen Umständen zeigen konnte. Doch genau dasselbe, Wort für Wort, galt von meinem Bruder Bobby, Obadiah mochte sagen, was er wollte.

Im Hinblick auf die Einträglichkeit schien der Streit freilich, offen gestanden, nicht so unentscheidbar zwischen beiden. Denn sooft mein Vater Feder und Tinte nahm und sich daran machte, die Ausgaben einfach für das Ausbrennen, Einhegen und Umbrechen des Moors zu berechnen usw. usw. und dagegen den sicheren Gewinn, den es versprach, in Rechnung setzte, war der letztere nach seiner Berechnung so ungeheuer überwiegend, daß man hätte schwören mögen, dieses Ochsenmoor müsse alles mit sich reißen und die Schlacht gewinnen. Denn soviel war klar, es würde gleich im ersten Jahr hundert Fuder Raps, zwanzig Pfund das Fuder, bringen, dazu kämen dann im nächsten Jahr eine ausgezeichnete Weizenernte und das Jahr darauf, vorsichtig berechnet, hundert, wahrscheinlich aber hundertundfünfzig, wenn nicht zweihundert Scheffel Erbsen und Bohnen nebst endlos viel Kartoffeln. Gut. Der schreckliche Gedanke aber, daß er inzwischen meinen Bruder nicht anders aufzöge als einen Eber, der sich an diesen vielen Erbsen, Bohnen und Kartoffeln mästen könnte, warf alle diese Berechnungen wieder um und ließ den alten Herrn in einem solchen Zustand von Unentschlossenheit, daß er oft meinem Onkel Toby gestand, er wüßte nicht mehr als sein Stiefelabsatz, was er zu tun habe.

Nur einer, der das alles selber durchgemacht hat, kann die Pein ermessen, die einen Menschen quält, dessen Geist von zwei Projekten von gleicher Stärke, die beide zu gleicher Zeit hartnäckig nach entgegengesetzter Richtung ziehen, auseinandergerissen wird. Von der Verheerung am feineren Nervensystem gar nicht zu reden, welches ja, wie Sie wissen, die Lebensgeister und subtileren Säfte vom Herzen zum Kopf geleitet – so läßt sich gar nicht sagen, bis zu welchem Grade eine so unsinnige Zerreibung auf die gröberen und festeren Körperteile wirken muß, indem das Fett hinschwindet und die Kraft des Menschen bei solch andauerndem Vor- und Rückwärtsschreiten abnimmt.

Mein Vater würde sicherlich unter diesem Leid und Übel niedergebrochen sein, wie er auch unter dem Unglück meines Taufnamens niedergebrochen wäre, wenn ihn nicht im ersten wie im zweiten Fall ein neues Unglück erlöst hätte – in diesem Fall der Tod meines Bruders Bobby.

Was ist das Leben des Menschen? Ist es nicht ein dauernder Wechsel der Lage von der einen Seite auf die andere? Von Kummer zu Kummer? Hier wird eine Ursache zu Verdruß zugeknöpft, dort geht gleichzeitig ein anderer Knopf wieder auf.

Zweiunddreissigstes Kapitel

Von diesem Augenblick an muß ich wohl als Erbe der Shandy-Familie angesehen werden, und hier setzt, genaugenommen, die Geschichte meines Lebens und meiner Ansichten ein. Mit all meiner Eile und Hast habe ich doch nur erst den Grund geebnet, um darauf dieses Gebäude zu errichten, ein Gebäude – das sehe ich schon jetzt voraus –, wie es seit Adams Zeiten weder geplant noch ausgeführt worden ist. In weniger als fünf Minuten werde ich meine Feder ins Feuer geworfen haben und den kleinen Tropfen dicker Tinte, der im

Tintenfaß zurückgeblieben ist, ihr nachwerfen. Bis dahin habe ich nur noch zehn Dinge zu tun: Ich habe nämlich ein Ding zu *nennen*, eines zu *beklagen*, eines zu *hoffen*, eines zu *versprechen*, mit einem zu *drohen*, ich habe ferner ein Ding zu *vermuten*, ein Ding zu *erklären*, eines zu *verbergen*, eines zu *wählen* und um eines zu *beten*. Das Kapitel selber nenne ich dementsprechend das Kapitel von den Dingen – und das nächstfolgende Kapitel, das heißt, das erste des nächsten Bandes, soll, wenn ich es erlebe, das Kapitel von den Zwickelbärten sein, um nämlich auf diese Weise irgendeinen Zusammenhang in meinem Werke herzustellen.

Was ich beklage, ist, daß sich die Dinge in solchen Massen um mich herum angehäuft haben, daß ich noch nicht bis zu jenem Teile meines Werkes vordringen konnte, auf den ich den ganzen Weg schon sehr gespannt bin, ich meine die Feldzüge, vor allem aber die Liebesgeschichte Onkel Tobys, welch letztere in ihrem Verlauf so merkwürdig und in ihrem Entwurf so cervantisch ist, daß, wenn es mir nur gelingt, damit auf jedes andere Gehirn denselben Eindruck zu machen, welchen die Begebnisse in mir selber erregen, das Buch, darauf wette ich, seinen Weg in der Welt viel besser machen wird, als sein Schöpfer ihn vor ihm gemacht hat. O Tristram, Tristram, wenn es nur einmal dazu käme, daß das Ansehen, das du als Autor genießest, den vielen Übeln das Gleichgewicht hielte, die dich als Menschen befallen. Du wirst dich noch von deinem Ruhme nähren, wenn du allen Sinn und alle Erinnerung für deine Leiden verloren haben wirst.

Kein Wunder, daß es mich so nach dieser Liebesgeschichte juckt. Sie ist der köstlichste Bissen des Ganzen. Und wenn ich einmal dabei bin, so seid versichert, ihr guten Leute, ich werde da weder allzu wählerisch mit meinen Worten sein noch auch auf die schwachen Mägen, die daran Anstoß nehmen, Rücksicht nehmen. Das ist also die Sache, die ich zu *erklären* habe. In fünf Minuten allerdings werde ich, steht zu fürchten, damit nicht fertig werden. Was ich aber *erhoffe*, ist, daß Euer Hoch- und Ehrwürden sich nicht gekränkt fühlen. Sollten Sie es dennoch tun, so verlassen Sie sich nur darauf, verehrte Herren, daß Sie im nächsten Jahr etwas bekommen, woran Sie genug haben werden. Denn so macht es meine Freundin Jenny. Wer aber Jenny und was das rechte und das falsche Ende einer Frau ist, das ist die Sache, die *verheimlicht* werden muß. Es soll erst im vorletzten Kapitel vor dem Kapitel über die Knopflöcher gesagt werden, nicht um ein Kapitel früher.

Da wir nun einmal am Ende des vierten Bandes angelangt sind – die Sache, um die ich Sie *fragen* muß, ist die: Wie fühlt sich Ihr Kopf dabei? Mein eigener tut mir weh. Was Ihre Gesundheit anbelangt, so ist sie, weiß ich, viel besser. Wahrer Shandyismus, Sie mögen darüber denken, was Sie wollen, öffnet Herz und Lungen und zwingt gleich allen Leidenschaften verwandter Art das Blut und die übrigen Lebenssäfte des Körpers, frei durch dessen Kanäle zu strömen, und bewirkt also, daß das Rad Eures Lebens sich lange und lustig dreht.

Wenn ich gleich Sancho Pansa mir ein Königreich wählen dürfte, so sollte dieses nicht im Meere liegen noch ein Negerkönigreich sein, das ich ausbeuten könnte. Nein, es müßte ein Königreich lustiger, lachender Untertanen sein. Und da die galligen und finsteren Leidenschaften, indem sie im Blut und in den Säften Unordnung schaffen, einen ebenso schlechten Einfluß auf den Staatskörper wie auf unseren natürlichen Leib haben – und da nur die Tugend diese Leidenschaft völlig zu beherrschen und der Vernunft zu unterwerfen vermag –, so möchte ich meinem Gebete beifügen, daß Gott meinen Untertanen die Gnade verleihe, nicht nur lustig, sondern auch weise zu sein. Dann würde ich der glücklichste Monarch und meine Untertanen würden das glücklichste Volk unter der Sonne sein.

Mit dieser Moral nehme ich mit Euer Gnaden Erlaubnis für ein Jahr Urlaub, da ich (wenn nicht dieser entsetzliche Husten mich inzwischen tötet) dann abermals euch an euren Bärten zupfen und der Welt eine Geschichte vor Augen führen werde, von der Sie sich heute wohl kaum etwas träumen lassen.

Fünftes Buch

Dixero si quid forte iocosius, hoc mihi iuris
cum venia dabis. – Hor.
– Si quis calumnietur levius esse quam
decet theologum, aut mordacius quam
deceat Christianum – non Ego, sed Democritus dixit. – Erasmus
Si quis Clericus, aut Monachus, verba
ioculatoria, risum moventia, sciebat,
anathema estc. –
Zweites Konzil von Karthago

Erstes Kapitel

Nur diesen beiden feurigen Gäulen und dem närrischen Postillion, der sie von Stilton nach Stamford lenkte, verdanke ich den Gedanken. Er flog wie der Blitz. Dreiundeinhalb Meilen ging es bergab; wir berührten kaum den Boden; die Bewegung war so rasend, so mitreißend, daß sie sich meinem Hirn mitteilte und auch mein Herz daran teilnahm ... Beim großen Gott des Tages, rief ich, zur Sonne aufblickend und meinen Arm aus dem Vorderfenster der Chaise ausstreckend, als ich mein Gelübde tat: Wenn ich nach Hause komme, so will ich mein Studierzimmer zuschließen und den Schlüssel neunzig Fuß unter der Erde im Ziehbrunnen hinter dem Haus versenken.

Der Wagen nach London bestärkte mich in meinem Vorsatz; er hing nur so am Hügel und wankte dahin, kaum daß er vorwärts kam; acht schwere Tiere zogen ihn hinauf. Mit aller Kraft, sagte ich, einnickend ... Aber die sich mehr dünken, als ihr seid, ziehen auch nicht besser und noch dazu jedem etwas aus der Tasche heraus. – Wie merkwürdig!

Sagt mir, ihr Neunmalweisen, wird es nicht anders werden? Werden wir nur immer an Umfang und nicht an Gehalt zunehmen?

Sollen wir immer so weiter neue Bücher schreiben, wie die Apotheker neue Mixturen machen, indem wir Wasser aus einem Gefäß ins andere gießen?

Sollen wir beständig dasselbe Seil ein- und wieder aufdrehen? Immer auf derselben Spur und im gleichen Schritt bleiben?

Ist das unsere Bestimmung, bis in die Ewigkeit hinein an Feier- und Wochentagen die Reliquien unserer Gelehrsamkeit zu zeigen wie Mönche die ihrer Heiligen, ohne auch nur ein einziges Wunder damit zu wirken?

Ist der Mensch darum mit Kräften begabt, die ihn im Augenblick von der Erde zum Himmel heben, er, das große, das ausgezeichnetste und edelste Geschöpf der Welt, das Wunder der Natur, wie ihn Zoroaster in seinem Buch *περὶ φύσεως* nennt, der Shekinah der göttlichen Gegenwart, wie ihn Chrysostomus, das Ebenbild Gottes, wie ihn Moses, der Strahl der Gottheit, wie ihn Plato, das Wunder aller Wunder, wie ihn Aristoteles nennt, daß er mit einem so jämmerlichen, zimperlichen und schleichenden Schritt einherkriecht?!

Ich verschmähe es, gleich Horaz bei ähnlicher Gelegenheit zu schimpfen, aber wenn der Wunsch nicht mißbraucht wird und darin keine Sünde liegt, so wünsche ich aus ganzer Seele, daß jeder Nachahmer in Großbritannien, Frankreich und Irland die Krätze für seine Plackerei bekomme und daß es ein gutes Krätzehaus gebe, groß genug, alle zu fassen und auszuschwefeln, Zottelmähnen und Stutzschweife, Männlein und Weiblein ... Und das bringt mich auf die Geschichte vom Zwickelbart. Wie ich darauf gekommen, mittels welcher Vorstellungsreihe, das überlasse ich als unveräußerliches Gut den Prüden und den Tartüffs, damit sie daran ihre Freude haben und soviel wie möglich daraus machen.

Über Zwickelbärte

Es tut mir leid, daß ich es gegeben habe ... Es ist jedenfalls ein so unbesonnenes Versprechen gewesen, wie es nur je einem Menschen einfallen konnte: ein Kapitel über Zwickelbärte. Ach, die Welt wird es nicht vertragen, die Welt ist ja so zimperlich. Aber ich wußte nicht, aus welchem Teige sie geknetet ist, noch hatte ich das folgende Fragment vorher selber gesehen, denn sonst würde ich gewiß, so gewiß wie Nasen Nasen und Zwickelbärte noch Zwickelbärte sind (die Welt soll dagegen sagen, was sie will), von diesem höchst gefährlichen Kapitel weggesteuert haben.

* * * * * * * * * * *
* * * * * * * * * * *

Sie schlafen schon halb, meine werte Dame, sprach der alte Herr, die alte Dame an der Hand fassend und diese sanft drückend, da er das Wort Zwickelbärte aussprach – sollen wir den Gegenstand nicht wechseln? – Auf keinen Fall, antwortete die alte Dame, denn ich liebe Ihre Geschichten. Sie warf einen dünnen Gazeschleier um ihr Haupt, lehnte sich in den Stuhl zurück, das Gesicht dem alten Herrn zugekehrt, und streckte dabei ihre Füße von sich: Ich wünschte sehr, daß Sie fortführen ...

Der alte Herr fuhr fort wie folgt: Zwickelbart! rief die Königin von Navarra und ließ ihren Strickknäuel fallen, als La Fosseuse das Wort aussprach ... Ja, Madame, Zwickel ..., sagte La Fosseuse, steckte den Knäuel an der Schürze der Königin fest und machte einen Knicks, da sie das Wort wiederholte: Zwickel ...

La Fosseuses Stimme war, wenn auch von Natur aus sanft und leise, so doch sehr bestimmt, und jeder Buchstabe des Wortes Zwikkel ... fiel deutlich ins Ohr der Königin von Navarra. Zwickel ..., rief die Königin, noch mehr Nachdruck auf das Wort legend, als ob sie ihren Ohren nicht traute. Zwickel ..., antwortete La Fosseuse und sprach das Wort zum drittenmal aus. Es gibt keinen Kavalier, Madame, seines Alters in Navarra, fuhr die Hofdame fort, um den Pagen recht nachdrücklich bei der Königin zu empfehlen, der einen so stattlichen ... Einen so stattlichen – was? sprach die Königin lächelnd. Zwickel ... hat, sagte La Fosseuse voll unendlicher Schamhaftigkeit.

Noch vermochte sich das Wort Zwickelbart zu behaupten, noch wurde es weiter in der besten Gesellschaft des kleinen Königreiches Navarra gebraucht trotz des unbedachtsamen Gebrauchs, den La Fosseuse davon machte, denn La Fosseuse hatte das Wort nicht nur vor der Königin, sondern auch bei den verschiedensten Gelegenheiten am Hof mit einer Betonung ausgesprochen, in der etwas Geheimnisreiches lag. Und da der Hof der Margarete von Navarra, wie alle Welt weiß, zu jener Zeit eine sehr sonderbare Mischung von Galanterie und Frömmigkeit und das Wort Zwickelbart ebensogut auf das eine wie auf das andere anwendbar war, so vermochte es naturgemäß seine Stellung zu behaupten, denn es gewann immer soviel, als es verlor, mit anderen Worten: Der Klerus war dafür, die Laienschaft dagegen, und die Frauen – nun, die waren gespalten.

Die ganz ungewöhnliche Schönheit in Figur und Gesicht des jungen Herrn De Croix begann um diese Zeit die Aufmerksamkeit der Hofdamen auf der Terrasse vor dem Schloßtor, wo alltäglich die Wache aufzog, auf sich zu lenken. Die Dame De Baussière faßte eine tiefe Neigung zu ihm, desgleichen La Battarelle – es war auch das beste Wetter dafür, dessen man sich in Navarra erinnerte –, auch La Guyol, La Maronette, La Sabatière verliebten sich in den Herrn De Croix. La Rebours und La Fosseuse aber wußten es besser, denn De Croix hatte bei seinem Versuch, die Gunst der La Rebours zu erringen, keinen Erfolg gehabt; und La Rebours und La Fosseuse waren unzertrennliche Freundinnen.

Die Königin von Navarra saß mit ihren Damen im gemalten Bogenfenster gegenüber dem Tor des zweiten Hofes, als De Croix durch das Tor kam. – Er ist hübsch, sagte die Baussière. – Er hat ein hübsches Gesicht, sagte La Battarelle ... Er hat eine schöne Gestalt, sagte La Guyol. – Ich habe noch nie in meinem Leben einen Gardeoffizier gesehen mit zwei solchen Beinen ..., sagte La Maronette. – Oder einen, der sich darauf so zu halten weiß, sagte La Sabatière. – Aber er hat keinen Zwickel ..., rief La Fosseuse. – Nicht so viel, sagte La Rebours.

Die Königin ging unmittelbar darauf in ihr Betzimmer, dachte auf dem Wege dahin durch die Galerie über die Sache nach und wendete sie in Gedanken nach allen Seiten –. Ave Maria! – Was kann La Fosseuse damit nur meinen? sprach sie und kniete sich auf dem Kissen nieder.

La Guyol, La Battarelle, La Maronette, La Sabatière zogen sich augenblicklich auf ihre Zimmer zurück ... Zwickel ..., sagten alle vier für sich, indem jede ihre Tür von innen zuriegelte.

Die Hofdame Carnavallette betete mit beiden Händen, ohne daß jemand es merkte, unter ihrem Reifrock den Rosenkranz herunter, vom heiligen Antonius bis zur heiligen Ursula inklusive – nicht ein einziger Heiliger ging durch ihre Finger ohne Zwickel ... Der heilige Franz, der heilige Dominik, der heilige Benedikt, der heilige Basilius, die heilige Brigitta – alle hatten einen Zwickel ...

Frau von Baussière war zu innig auf den Text von La Fosseuse eingegangen und verlor sich so in einer wahren Wildnis von Gedanken und Vorstellungen. Sie bestieg ihren Hengst, ihr Page folgte ihr ...

Der Leib des Herrn wurde vorbeigetragen, Frau von Baussière ritt fürbaß.

Einen Heller, schrie ein barmherziger Bruder, nur einen einzigen Heller für tausend duldende Gefangene, deren Augen Euch und den Himmel um Erlösung anflehen.

Frau von Baussière ritt fürbaß.

Erbarmt Euch der Unglücklichen, rief ein frommer, ehrwürdiger, graubärtiger Mann, eine eisenbeschlagene Büchse mit zitternden Händen emporhaltend ... Ich bitte für die Unglücklichen, gute Frau; es ist für ein Gefängnis – für ein Spital – für einen alten Mann – für einen, der durch Schiffbruch, durch eine Bürgschaft, durch ein Feuer verarmt ist. – Ich rufe Gott und alle Engel zu Zeugen an; es ist für die, so nackt sind und hungrig, für die Kranken und alle Menschen gebrochenen Herzens.

Frau von Baussière ritt fürbaß.

Ein ins Unglück gekommener Vetter verneigte sich vor ihr zur Erde.

Frau von Baussière ritt fürbaß.

Er lief barhäuptig dem Hengste nach und beschwor sie bei ihrer früheren Freundschaft, Blutsverwandtschaft, Schwägerschaft ... Base, Tante, Schwester, Mutter, um der Tugend, um Euret- und meinet-, um Christi willen, erinnert Euch meiner, erbarmt Euch meiner!

Frau von Baussière ritt fürbaß.

Nimm meinen Zwickel ..., sagte Frau von Baussière. Der Page faßte den Zelter beim Zaum. Sie stieg am Ende der Terrasse ab.

Gewisse Gedankenreihen lassen ihre Spuren um Augen und Augenbrauen zurück; und wir wissen darum im Herzen oder ganz nahe dem Herzen – was alles diese Ritze und Falten nur noch deutlicher hervortreten läßt, wir sehen, buchstabieren und lesen sie ohne Wörterbuch.

Haha, hihi! riefen La Guyol und La Sabatière, sich gegenseitig im Gesicht diese Spuren deutend ... Hoho! riefen La Battarelle und La Maronette und taten das gleiche. Still, pst! rief die eine – pst! die zweite – husch! die dritte – puh! die vierte – Gnädiger Gott! rief die Hofdame Carnavallette, sie, die der heiligen Brigitte den Zwickel ... angemalt hatte.

La Fosseuse zog eine Nadel aus ihrem Haarknoten, und nachdem sie den Umriß eines ganz kleinen Zwickels ... mit dem stumpfen Ende auf der einen Seite ihrer Oberlippe gezeichnet hatte, gab sie die Nadel La Rebours in die Hand ... La Rebours schüttelte den Kopf.

Frau von Baussière hüstelte dreimal in ihren Muff – La Guyol lächelte – *Fi donc!* sagte La Baussière. – Die Königin von Navarra berührte ihr Auge mit der Spitze ihres Zeigefingers, um damit zu sagen: Ich verstehe euch alle.

Dem ganzen Hof war es nun klargeworden, daß das Wort ein für allemal erledigt war. La Fosseuse hatte ihm eine Wunde beigebracht, und es wurde nicht besser dadurch, daß es durch allen erdenklichen Schmutz hindurch mußte. Wohl machte es noch einige schwache Versuche, sich zu halten, doch nach einigen Monaten hielt es Herr De Croix für die höchste Zeit, Navarra zu verlassen, weil er keinen ... Zwickel hatte. Das Wort wurde im Laufe der Zeit unanständig und durfte nach einigen Rettungsversuchen nicht mehr in den Mund genommen werden.

Das schönste Wort der schönsten Sprache in der schönsten aller Welten hätte unter solchen Umständen leiden müssen. Der Kaplan von d'Estella schrieb ein Buch dagegen, indem er die Gefahr von Nebengedanken auseinandersetzte und die Bewohner von Navarra davor warnte.

Weiß nicht alle Welt, sagte der Kaplan am Ende seines Werkes, daß Nasen vor einigen Jahrhunderten in den meisten Teilen Europas dasselbe Schicksal hatten wie jetzt die Zwickelbärte überall im Königreich Navarra? Das Übel hatte sich damals nicht ausgebreitet, aber sind nicht auch Betten, Polster, Nachtmützen und Nachttöpfe dicht am Rande der Gefahr gewesen, auf dieselbe Art und Weise ruiniert zu werden? Und droht nicht den Hosen, Schlitzen, Pumpen, Zapfen und Hähnchen das gleiche Schicksal durch ebendieselbe Ideenverbindung? Die Keuschheit ist von Natur aus die zarteste aller Empfindungen, doch man lasse ihr nur die Zügel schießen, und sie wird zur reißenden Löwin.

Der Sinn und Zweck der ganzen Argumentation des Kaplans von d'Estella wurde nicht verstanden. Alle waren auf falscher Fährte, und die Welt zäumte den Esel des ehrlichen Geistlichen am Schwanz auf. Und wenn das Hinterende des Zartgefühls und das Kopfende der Fleischeslust das nächste Mal ihr Provinzialkapitel zusammen abhalten, dann sollen beide dies hier auch für Schweinerei erklären.

Zweites Kapitel

Als mein Vater den Brief empfing, der ihm die traurige Nachricht vom Tode meines Bruders Bobby brachte, war er eben eifrigst damit beschäftigt, die Kosten einer Extrapost von Calais nach Paris und weiter nach Lyon zu berechnen.

Es war das eine überaus unglückselige Reise. Denn mein Vater mußte jeden Fuß Weges noch einmal zurücklegen und seine Berechnung von neuem beginnen, als er schon beinahe damit fertig war, weil nämlich Obadiah die Tür öffnete, um zu melden, daß keine Hefe mehr im Hause sei, und zugleich fragte, ob er nicht morgen früh zeitig das große Kutschpferd nehmen und welche holen solle. – Gut, gut, Obadiah, sagte mein Vater (seine Reise fortsetzend). Nehm Er nur das Kutschpferd, und reite Er los! – Doch es fehlt ihm ein Eisen, dem armen Tier, sagte Obadiah. – Armes Tier! sprach Onkel Toby, den angeschlagenen Ton des Mitleids zurückgebend. – Dann nehm Er das schottische Pferd, sagte mein Vater schnell. – Doch das verträgt um nichts in der Welt den Sattel auf dem Rücken, meinte Obadiah. – Der Teufel soll es dann reiten, nehm Er den ›Patrioten‹, rief mein Vater, und schließ Er die Tür. – Der ›Patriot‹ ist doch verkauft, sagte Obadiah. – Was Er heute nicht alles weiß! rief mein Vater und sah nach einer Pause Onkel Toby ins Gesicht, als ob das gar nicht wahr wäre. – Euer Gnaden haben mir im vorigen April befohlen, ihn zu verkaufen. – Dann geh Er zu Fuß, ich kann Ihm nicht helfen, rief mein Vater. – Ich gehe auch lieber zu Fuß, als daß ich reite, sagte Obadiah und schloß die Tür.

Was für Plagen, sagte mein Vater und fuhr in seinen Berechnungen fort. – Aber die Wege stehen ja ganz unter Wasser, rief Obadiah, der wieder zur Tür hereinguckte.

Bis zu diesem Augenblick hatte mein Vater, Sansons Karte und das Verzeichnis der Poststraßen vor sich, den Zirkel in der Hand gehalten und dessen einen Schenkel auf Nevers, die letzte Station, für die er gezahlt hatte, eingestochen, in der Absicht, von diesem Punkt aus, sobald nur Obadiah aus dem Zimmer sei, die Reise und die Berechnung fortzusetzen; doch dieser zweite Angriff Obadiahs, der die Tür öffnete und diesmal das ganze Land unter Wasser setzte, war zuviel. Mein Vater ließ den Zirkel fallen oder besser, warf ihn mit einer Gebärde, worin beides, Überraschung und Ärger, gemischt waren, auf den Tisch, und so blieb ihm nichts anderes übrig, als nach Calais zurückzukehren (gleich vielen anderen), und zwar so klug wie vorher.

Als der Brief ins Wohnzimmer gebracht wurde, der die Nachricht vom Tode meines Bruders enthielt, hatte sich mein Vater zum zweitenmal auf die Reise begeben und war mit seinem Zirkel nur noch einen Schritt weit von ebenderselben Station Nevers entfernt. Wenn Sie erlauben, Herr Sanson, rief mein Vater, wobei er mit der Zirkelspitze genau Nevers durchstach und seinem Bruder bedeutete, er möchte doch den Brief öffnen – zweimal in einer Nacht vor einer so lausigen Stadt wie Nevers umkehren ist etwas viel von einem englischen Herrn und seinem Sohn verlangt, Herr Sanson. Wie denkst du darüber, Bruder? fügte er nicht ohne eine gewisse Heiterkeit hinzu. – Wenn die Stadt nicht zufällig eine Garnison hat, sagte Onkel Toby, denn dann … – Werde ich mein ganzes Leben lang ein Narr bleiben, fiel mein Vater ein, in sich hineinlächelnd. Er nickte ihm zum zweiten Male zu, er solle doch den Brief öffnen, und mit dem Zirkel in der einen Hand und dem Verzeichnis der Poststraßen in der anderen, halb rechnend, halb horchend, lehnte er sich mit beiden Ellbogen auf den Tisch, während mein Onkel Toby den Brief halbleise überlas …

- -

- -

- - - - Er ist dahin, sagte Onkel Toby. Wo … – Wer? rief mein Vater. – Mein Neffe, sagte Onkel Toby. – Was! Ohne Erlaubnis, ohne Geld, ohne Hofmeister? rief mein Vater voll Entsetzen. – Nein, er ist tot, teurer Bruder, rief Onkel Toby. – Ohne krank gewesen zu sein? schrie mein Vater. – Das möchte ich nicht behaupten, sagte Onkel Toby mit leiser Stimme und seufzte aus tiefstem Herzensgrunde auf. Sicherlich war er krank genug, der arme Junge. Ich stehe dafür ein, denn er ist tot.

Als Agrippina den Tod ihres Sohnes erfuhr, brach sie – nach Tacitus – unfähig, sich im Schmerz zu beherrschen, gleich ihre Arbeit ab. Mein Vater durchstach mit dem Zirkel abermals Nevers, nur viel heftiger … Welche Gegensätze! Mein Vater war gerade mit Berechnungen beschäftigt. Agrippina muß in diesem Augenblick mit etwas ganz anderem beschäftigt gewesen sein; wer dürfte sonst sich anmaßen, aus der Geschichte Schlüsse zu ziehen?

Wie aber mein Vater fortfuhr, das verdient meiner Ansicht nach ein Kapitel für sich.

Und ein Kapitel soll es geben, und ein teuflisches noch dazu – nehmen Sie sich also in acht!

Es war entweder Plato oder Plutarch oder Seneca oder Xenophon oder Epiktet oder Theophrastus oder Lukian oder ein späterer, etwa Cardan oder Budaeus oder Petrarca oder Stella oder vielleicht gar ein Gottesgelehrter oder Kirchenvater, der heilige Augustinus, der heilige Cyprian oder der heilige Bernhard, der behauptet, der Mensch besitze einen unwiderstehlichen und natürlichen Hang, um den Tod eines seiner Freunde oder Kinder zu weinen; auch Seneca (ganz bestimmt) sagt uns irgendwo, daß dergleichen Schmerzen sich am besten durch diesen und keinen anderen Kanal Luft machen. Und dementsprechend finden wir auch, daß David um seinen Sohn Absalom weinte, Hadrian um seinen Antinous, Niobe um ihre Kinder, und daß Apollodoros und Kriton beide um Sokrates Tränen vergossen vor dessen Tode.

Mein Vater behandelte seinen Schmerz anders und durchaus verschieden von den meisten Menschen des Altertums und der neueren Zeit, denn er weinte sich ihn nicht von der Seele weg wie die Hebräer und Römer; verschlief ihn auch nicht gleich den Lappländern; auch sagte er ihm nicht wie die Engländer, er solle sich aufhängen, oder vertrank ihn gleich den Deutschen, er fluchte oder verdammte oder exkommunizierte oder reimte ihn sich nicht weg und pfiff ihn sich auch nicht mit Lillabullero von der Seele.

Trotzdem wurde er ihn los. Werden Euer Gnaden mir hier eine kleine Geschichte erlauben?

Als Tullius seiner geliebten Tochter Tullia durch den Tod beraubt war, nahm er sich dieses Unglück zuerst sehr zu Herzen, er horchte auf die Stimme der Natur und modulierte nach dieser seine eigene. O meine Tullia! Meine Tochter! Mein Kind! Immer wieder kam: O meine Tullia, meine Tullia! Mir ist, als sähe ich meine Tullia, als hörte ich sie, als spräche ich mit ihr ... Doch kaum hatte er einen Blick auf sein großes Lager philosophischer Gedanken geworfen und erwogen, wieviel ausgezeichnete Dinge sich bei einer solchen Gelegenheit sagen ließen – kein Mensch auf Erden kann da erfassen, sagte der große Redner, wie froh, wie glücklich es mich machte.

Mein Vater war auf seine Beredsamkeit so stolz wie Marcus Tullius Cicero auf die seine, und zwar, solange ich nicht vom Gegenteil überzeugt werde, mit gleichviel Berechtigung. Sie war in der Tat seine Stärke – und seine Schwäche. Seine Stärke – denn er war von Natur beredsam; seine Schwäche – denn er wurde in jeder Stunde seines Lebens davon zum Narren gehalten. Wenn sich ihm nur die Gelegenheit bot, dieses sein Talent zu zeigen oder eine weise oder witzige oder gewitzte Antwort zu geben (ausgenommen die Fälle systematischen Unheils), so hatte er alles, was er brauchte. Ein Glück, das ihm die Zunge band, und ein Unglück, das ihm die Zunge löste, galten gleichviel bei ihm. Zuweilen war ihm das Unglück sogar lieber. Setzen wir zum Beispiel das Vergnügen an der Rede gleich zehn und den Schmerz über ein Unglück gleich fünf, so gewann mein Vater halb soviel mehr, als er verlor, und befand sich infolgedessen so wohl, als wäre ihm nichts widerfahren.

Das gibt uns auch den Schlüssel zu dem, was uns sonst in meines Vaters Verhalten seinen Hausgenossen gegenüber zusammenhanglos und unverständlich erscheinen müßte; es ist das die Tatsache, daß bei ärgerlichen Vorfällen, die auf die Nachlässigkeit und Ungeschicklichkeit der Dienstboten zurückzuführen waren, oder bei anderen in einer Familie unvermeidlichen Verdrießlichkeiten sein Zorn, vielmehr dessen Dauer, stets jeder Berechnung spottete.

So hatte mein Vater eine kleine Lieblingsstute, die er mit einem wundervollen Araberhengst zusammenbrachte, um sich aus ihr ein Fohlen für seine eigenen Reitbedürfnisse zu ziehen. Sanguinisch, wie er in allen seinen Projekten war, sprach er nun lange vorher über das zu erwartende Fohlen mit einer solchen Bestimmtheit, als ob es schon geboren, aufgezogen, gezähmt, gezäumt und gesattelt vor dem Haustor stünde, damit er es besteige. Durch irgendein Versehen seitens Obadiahs war es aber so gekommen, daß meines Vaters Erwartung sich in einem Maultier, und noch dazu in einem besonders häßlichen, erfüllte.

Meine Mutter und Onkel Toby meinten beide, jetzt sei für Obadiah der letzte Tag gekommen und das Unglück überhaupt nicht abzusehen. Seh Er nur her, Er Schurke, rief mein Vater, auf das Maultier weisend, was Er da angestellt hat! – Ich bin es doch nicht gewesen, sagte Obadiah. – Wie kann ich das wissen? antwortete mein Vater.

Sein Auge glänzte vor Freude über diese Antwort. Das attische Salz hatte darin die Freudentränen hervorgelockt – und Obadiah hörte kein Wort mehr darüber.

Nun zurück zu meines Bruders Tod!

Die Philosophie hat für alles einen schönen Satz, für den Tod aber hat sie deren eine ganze Reihe vorrätig. Das Unglück war nur, sie kamen meinem Vater alle auf einmal in den Kopf, so daß es schwerhielt, sie so aneinanderzureihen, daß sie das Aussehen eines Ganzen hatten. Doch er nahm sie, wie sie sich ihm boten.

Es ist ein unabwendbares Schicksal, das erste Statut in der *Magna Charta* des Lebens, ein ewig gültiger Parlamentsbeschluß, lieber Bruder: *Wir alle müssen sterben.*

Daß mein Sohn nicht hätte sterben können oder sollen, würde für mich ein Gegenstand des Staunens geblieben sein – nicht aber, daß er jetzt tot ist.

Monarchen und große Fürsten tanzen im selben Reigen mit uns.

Sterben – ist die große Schuld, der große Tribut an die Natur. Grabmäler und Monumente, die unser Andenken verewigen sollten, zahlen ihn ebenfalls ab, und die stolzeste der Pyramiden, die Reichtum oder Weisheit errichtet haben, hat ihre Spitze verloren und steht da vor dem Auge des Wanderers als ein Stumpf. (Mein Vater fühlte sich schon bedeutend leichter und fuhr fort:) Haben Königreiche und Provinzen, Städte und Flecken nicht alle ihre Zeit gehabt? Und wenn die Grundkräfte und Mächte, die sie zuerst zusammengekittet und -gefügt haben, einmal ihre verschiedenen Evolutionen vollendet haben, dann fallen jene zusammen …

Bruder Shandy, sagte Onkel Toby, seine Pfeife beim Wort *Evolutionen* auf den Tisch legend.

Revolutionen, wollte ich sagen; ich habe, sagte mein Vater, Revolutionen gemeint, wahrhaftig. Evolutionen ist Unsinn.

Es ist aber kein Unsinn, sagte Onkel Toby.

Es ist wohl ein Unsinn, den Faden einer solchen Rede bei solcher Gelegenheit zu zerreißen, rief mein Vater. Unterbrich mich nicht mehr, bitte, lieber Toby, fuhr er fort, Onkel Toby bei der Hand nehmend. Unterbrich mich, bitte, wirklich nicht mehr in diesem Augenblick!

Onkel Toby steckte die Pfeife wieder in den Mund.

Wo sind Troja jetzt und Mykene, Theben und Delos, Persepolis und Agrigentum? fuhr mein Vater fort und hob das Poststraßenbuch, das er hingelegt hatte, wieder auf. Was ist aus Niniveh und Babylon geworden, Bruder Toby, aus Kyzikos und Mytilene? Die schönsten Städte, die je die Sonne beschienen, sind nicht mehr. Nur ihre Namen sind uns noch geblieben, und auch diese (denn viele davon sind falsch geschrieben) vergehen allmählich und werden im Laufe der Zeit vergessen und mit allen anderen Dingen zusammen in ewige Nacht gehüllt sein. Die Welt selber, Bruder Toby, muß, sie muß zu Ende gehen.

Auf der Rückkehr von Asien, als ich von Ägina nach Megara segelte (wann kann das nur gewesen sein? dachte Onkel Toby), umfaßte ich die Welt um mich herum mit meinen Blicken. Ägina lag hinter mir, Megara vor mir, Pyräus zur rechten, Korinth zur linken Hand. Was für blühende Städte einst, die nur mehr noch Trümmerhaufen sind! Ach, sagte ich zu mir selber, daß ein Mensch seine Seele aufregen sollte wegen des Verlustes eines Kindes, da so schaurige Gräber sich um ihn herum ausbreiten? Denke daran, sagte ich zu mir selber, daß du ein Mensch bist!

Nun wußte Onkel Toby freilich nicht, daß diese Sätze aus des Servius Sulpicius Trostbrief an Tullius stammten. Er war in derlei Fragmenten sowenig zu Hause, der ehrliche Mann, wie im ganzen Altertum. Da aber mein Vater, solange er noch Geschäfte in der Türkei hatte, drei- oder viermal zu verschiedenen Zeiten in der Levante gewesen und bei einer von diesen Reisen sich anderthalb Jahre in Zante aufgehalten hatte, so schloß Onkel Toby natürlich, daß er damals irgendwann einen Abstecher über den Archipelagus nach Asien gemacht haben müsse und diese ganze Seglerei mit Ägina im Rükken, Megara vorn, dem Pyräus rechts usw. usw. nicht mehr und nicht weniger gewesen sei als der wirkliche Weg, den meines Vaters Reise und Philosophie genommen hätten. Es lag dies ganz in seiner Art, und mancher waghalsige Kritiker dürfte zwei Stockwerke mehr auf weit schlechterem Fundament gebaut haben.

Bitte, Bruder – unterbrach ihn Onkel Toby, mit dem Pfeifenende sanft meines Vaters Hand berührend –, in welchem Jahr unseres Herrn war das?

Es war in gar keinem Jahr unseres Herrn, antwortete mein Vater.

Das ist doch nicht möglich, rief Onkel Toby.

Du Einfältiger, sagte mein Vater, es war vierzig Jahre, bevor Christus geboren wurde.

Onkel Toby hatte dafür jetzt nur zwei Erklärungen: Entweder war sein Bruder der leibhaftige ewige Jude, oder das Unglück hatte seinen Geist getrübt. Möge der Herr des Himmels und der Erde ihn beschützen und wiederherstellen, betete Onkel Toby leise für meinen Vater, Tränen in den Augen.

Mein Vater schrieb die Tränen auf ein passendes Konto und fuhr äußerst beschwingt in seiner Ansprache fort.

Es gibt gar keinen so großen Unterschied, Bruder Toby, zwischen dem Guten und dem Üblen im Leben, wie die Welt sich das einbildet. (Diese Art loszulegen dürfte – nebenbei bemerkt – kaum Onkel Toby von seinem Verdacht befreit haben.) Arbeit, Kummer, Gram, Krankheit, Entbehrung und alles Weh sind die Würze des Lebens. (Die Hauptsache ist, daß sie einem gut bekommt, dachte Onkel Toby bei sich selber.)

Mein Sohn ist tot – um so besser; es wäre schmählich, in diesem Sturm nur einen einzigen Anker zu besitzen.

Aber er ist für immer von uns gegangen! – Sei es. Er ist den Händen seines Scherers entwischt, bevor er kahlköpfig geworden; er ist vom Mahl aufgestanden, bevor er übersatt, vom Gelage, bevor er trunken war.

Die Thrazier weinten, wenn ein Kind geboren ward (Auch wir waren nahe daran, sagte Onkel Toby.), und veranstalteten ein Fest und zechten, sooft ein Mensch von hinnen schied. Mit Recht: Der Tod öffnet die Pforte des Ruhmes und schließt uns jene des Neides. Er löst die Fesseln der Gefangenen und nimmt die Werkzeuge aus der Hand des einen Taglöhners und legt sie in die Hand des anderen.

Zeige mir den Menschen, der, obwohl er das Leben kennt, den Tod fürchtet, und ich will dir dann den Gefangenen zeigen, der die Freiheit scheut.

Ist es nicht besser, Bruder Toby (denn vergiß nie, daß unsere Gelüste nur Krankheiten sind!), ist es nicht besser, gar keinen Hunger zu haben als zu essen, gar keinen Durst zu haben als ein Mittel zu schlucken, um ihm abzuhelfen?

Ist es nicht besser, von Sorgen und Schmerzen, von der Liebe und der Schwermut und allen übrigen Anfällen von Hitze und Kälte im Leben befreit zu werden, als gleich einem verärgerten Reisenden, der müde ins Gasthaus kommt, morgen die Reise von neuem antreten zu müssen?

Es liegt kein Schrecken, Bruder Toby, im Blick des Todes, kein anderer wenigstens als der, den er sich selber von unserem Stöhnen und den Zuckungen des Schmerzes und vielleicht noch vom Schneuzen unserer Nase und dem Abwischen der Tränen am Zipfel der Bettgardine im Sterbezimmer borgt. Nimm alles das weg – was bleibt? (Besser noch auf dem Schlachtfeld als im Bett sterben, sagte Onkel Toby.)

Nimm die Bahre weg, die feierliche Stille, die Trauerzeichen – die Federn am Sarg, das Wappen und alles, was dazugehört – was bleibt dann noch übrig? Besser in der Schlacht! fuhr mein Vater fort, lächelnd, denn er hatte schon gänzlich meines Bruders Bobby vergessen. Er ist nirgends schrecklich, Bruder, denn bedenke doch: Solange wir sind, ist er nicht, und wenn er da ist, sind wiederum wir nicht.

Onkel Toby legte seine Pfeife hin, um über diesen Satz und das, was uns darin geboten wird, nachzudenken. Meines Vaters Beredsamkeit war zu hurtig, als daß sie jemand anhalten konnte – sie raste dahin – und wirbelte Onkel Tobys Gedanken mit sich fort.

Aus diesem Grund, fuhr mein Vater fort, ist es der Mühe wert, sich zu erinnern, wie gering die Erschütterungen waren, die der Tod in großen Männern bewirkt hat. Vespasian starb auf dem Nachtstuhl mit einem Witz auf den Lippen, Galba mit einem Denkspruch, Septimus Severus, während er eine Depesche aufsetzte, Tiberius heuchelnd und Cäsar Augustus mit einem Kompliment auf der Zunge.

Ich hoffe nur, es war ehrlich gemeint, sagte Onkel Toby.

Es galt seiner Frau, sagte mein Vater.

Viertes Kapitel

Und zuletzt – denn alle die erlesenen Anekdoten, welche die Geschichte uns zu liefern vermag, fuhr mein Vater fort, werden von folgender wie der Dom von einer vergoldeten Kuppel gekrönt.

Sie bezieht sich auf Cornelius Gallus, den Prätor, von dem du wohl gelesen haben dürftest, Bruder Toby?

Kaum, antwortete Bruder Toby.

Er starb, sagte mein Vater, während er ******

Wenn es aber mit seinem Weibe geschah, sagte Onkel Toby, so ist doch nichts dabei.

Das ist mehr, als ich weiß, antwortete mein Vater.

Fünftes Kapitel

Meine Mutter suchte, vorsichtig tastend, ihren Weg im Dunkeln durch den Gang, der zum Wohnzimmer führte, als Onkel Toby das Wort Weib aussprach. Es liegt an und für sich etwas Schrilles im

Laut dieses Wortes, und Obadiah hatte zudem die Tür ein wenig offengelassen, so daß meine Mutter gerade genug hörte, um sich selber für den Gegenstand des Gesprächs zu halten. So legte sie den Finger auf die Lippen, hielt den Atem an, neigte, den Hals drehend, den Kopf ein wenig herab (nicht gegen die Tür, sondern von dieser weg, so daß ihr Ohr genau an den Türspalt zu liegen kam) und horchte aus Leibeskräften; die horchende Sklavin mit der Göttin des Schweigens im Rücken hätte einem Bildhauer keine schönere Idee für eine Gemme geben können.

In dieser Stellung will ich sie fünf Minuten lang stehenlassen, bis ich die Begebnisse in der Küche ebensoweit gebracht habe.

Sechstes Kapitel

Obwohl unsere Familie in gewissem Sinne bestimmt nur einen sehr einfachen Apparat darstellte, aus wenigen Rädern zusammengesetzt, so darf dabei dennoch nicht vergessen werden, daß diese wenigen Räder von vielen verschiedenen Federn in Bewegung gehalten wurden und auf Grund einer Anzahl höchst seltsamer Prinzipien und Kräfte aufeinander wirkten, so daß die Maschine trotz ihrer scheinbaren Einfachheit alle Ehren und Vorteile eines sehr komplizierten Apparates innehatte und genoß – und zudem noch eine solche Anzahl überraschender Bewegungsvorrichtungen in sich trug, wie man sie nur noch im Inneren einer holländischen Seidenfabrik sehen kann.

Zu diesen Vorrichtungen gehörte eine, von der ich gleich reden will, wiewohl sie vielleicht nicht einmal so merkwürdig ist wie viele andere, es war nämlich die, daß, was immer für eine Bewegung in Form einer Rededebatte, eines Gesprächs oder Projektes im Wohnzimmer vor sich ging, eine andere ähnliche zur selben Stunde über denselben Gegenstand parallel damit in der Küche verlief.

Um dies zu bewerkstelligen, war es die Regel, daß, wann immer eine außerordentliche Nachricht oder ein Brief anlangte, oder das Gespräch so lange unterbrochen worden war, bis der betreffende Diener hinausgegangen wäre, oder Falten der Unzufriedenheit über den Brauen meines Vaters oder meiner Mutter zu hängen schienen, kurz gesagt, sooft irgend etwas auf das Tapet gekommen war, das belauscht und gewußt zu werden die Mühe lohnte, war es, sage ich, die Regel, daß die Tür nicht ganz geschlossen, sondern ein wenig offengelassen wurde – genausoviel wie jetzt –, was unter dem Vorwand der verdorbenen Türangel (weshalb diese wahrscheinlich auch nie repariert wurde) nicht schwer zuwege zu bringen war. Auf solche Weise wurde in allen diesen Fällen eine Passage offengelassen, nicht so breit wie die Dardanellen, aber immerhin breit genug, um so viel von jedem Handel hindurchzulassen, daß meinem Vater die Mühe erspart blieb, sein Haus zu regieren. Eben machte sich meine Mutter diese Vor- und Einrichtung zunutze. Und auch Obadiah hatte in derselben Stellung vor dem Türspalt gestanden, nachdem er den Brief mit der Nachricht vom Tode meines Bruders auf den Tisch gelegt hatte, so daß also, bevor noch mein Vater die Überraschung des ersten Augenblicks überwunden und seine Rede begonnen hatte, Trim schon vom Stuhle aufgestanden war, um seine Gefühle in dieser Sache auszusprechen.

Wenn ein wißbegieriger Beobachter der Natur Hiobs Herden besäße (meistens haben nebenbei diese wißbegierigen Beobachter der Natur kaum mehr als einen Groschen in der Tasche), so würde er bestimmt die Hälfte davon hergeben, wenn er Korporal Trim und meinen Vater, zwei durch Anlage und Erziehung so verschiedene Redner, über derselben Bahre hätte sprechen hören dürfen:

Mein Vater, ein Mann von umfassender Belesenheit, dem ein sehr sicheres Gedächtnis zur Verfügung stand und der Cato, Seneca und Epiktet jederzeit aus dem Ärmel schütteln konnte.

Der Korporal mit nichts, woran er sich weiter hätte erinnern können oder müssen oder sollen, von einer Belesenheit, die über das Musterungsverzeichnis seines Regiments nicht hinausging und keine größeren Namen im Ärmel als eben jene, welche das Musterungsverzeichnis enthielt.

Der eine ging mit Hilfe von Metaphern und Anspielungen gewandt von einer Redefigur zur anderen über und unterhielt dabei – gleich allen Männern von Witz und Phantasie – seine Zuhörer mit dem Spiel der Bilder und Vergleiche.

Der andere war gänzlich ohne Witz oder Antithese oder Pointen oder Anspielungen, vielmehr ließ er die Metaphern links und die Bilder rechts liegen und ging geradeaus so, wie die Natur ihn führte, aufs Herz los. O Trim! Wollte Gott, du hättest einen besseren Geschichtsschreiber bekommen und dein Geschichtsschreiber hätte ein paar bessere Reithosen! O ihr Kritiker, vermag nichts euer Gemüt zu erweichen?

Der junge Herr in London ist tot! sagte Obadiah.

Ein grünseidenes, schon zweimal gereinigtes Nachtgewand meiner Mutter – war der erste Gedanke, den Obadiahs Ausruf in Susannas Kopf hervorrief.

Sehr wohl könnte Locke ein Kapitel über die Unzulänglichkeit der Worte schreiben.

Dann, sprach Susanna, müssen wir jetzt alle Trauer tragen.

Aber bemerken Sie zum zweitenmal, das Wort Trauer verfehlte, obwohl Susanna es doch selber gebrauchte, gleichfalls seine Wirkung, denn es weckte in Susannas Gehirn nicht einen einzigen grau oder schwarz gefärbten Gedanken, alles war darin grün. Der grünseidene Schlafrock hing sozusagen noch immer darin.

Ach! Es wird der Tod für meine arme Herrin sein! rief Susanna, und diesem Gedanken hinterdrein folgte die ganze Garderobe meiner Mutter. Welche Prozession! Das Kleid aus rotem Damast, das orangefarbene, das weiß und gelb gestreifte, das aus brauner Seide, die Spitzenkopftücher, die Nachtjacken und die vielen Unterröcke. Nicht ein Fetzen blieb aus. – Nein, sie wird niemals mehr ein frohes Gesicht machen, sagte Susanna.

Wir hatten eine dicke närrische Scheuermagd im Hause – mein Vater hielt sie, glaube ich, eben wegen ihrer Einfältigkeit. Den ganzen Herbst hatte sie sich mit einer Wassersucht geschleppt. – Er ist tot, sagte Obadiah. Er ist sicherlich ganz tot. – Ich bin aber nicht tot, rief das närrische Küchenmensch. – Da ist eine traurige Nachricht, Trim, rief Susanna, sich die Tränen aus den Augen wischend, als Trim in die Küche trat. Der junge Herr in London ist tot und begraben. – Das Begräbnis war eine Zugabe Susannas. – Wir werden jetzt alle Trauer tragen müssen, fuhr Susanna fort.

Ich hoffe nicht, sagte Trim. – Ihr hofft nicht? rief Susanna sehr ernst. – Die Trauerkleidung war, was immer für eine Rolle sie in Susannas Gehirn spielte, noch nicht in Trims Gehirn eingedrungen. – Ich hoffe, sagte Trim, sich deutlich machend, ich hoffe zu Gott, daß die Nachricht nicht wahr ist. – Ich habe doch mit meinen eigenen Ohren gehört, antwortete Obadiah, wie der Brief vorgelesen wurde; das wird jetzt Arbeit geben, wenn das Ochsenmoor ausgerodet werden muß. – Oh, er ist tot, rief jetzt Susanna. – So sicher, fiel das Küchenmensch ein, wie daß ich am Leben bin.

Ich beklage ihn von ganzem Herzen und aus ganzer Seele, sagte Trim. Armes Menschenkind! Armer Junge! Armer Herr!

Vergangene Pfingsten war er noch am Leben, sagte der Kutscher. – Pfingsten! Ach, rief Trim, den rechten Arm ausstreckend und gleich in dieselbe Stellung verfallend, in welcher er die Predigt gehalten hatte, Pfingsten – was ist Pfingsten, Jonathan (so hieß der Kutscher), oder was ist die Fastnachtswoche oder sonst eine Woche oder irgendeine Zeit gegen jetzt? Sind wir nicht jetzt hier, fuhr der Korporal fort (mit der Spitze seines Stockes auf den Fußboden stoßend, um damit gleichsam die Gesundheit und Festigkeit des noch Lebendigen auszudrücken), und sind wir dann nicht wieder gleich (jetzt ließ er den Hut zu Boden fallen) weg und dahin im Augenblick?

Das war unbeschreiblich ergreifend. Susanna brach in eine Flut von Tränen aus.

Wir sind nicht aus Stein, Jonathan.

Jonathan, Obadiah, das Küchenmädchen, alle wurden jetzt weich. Selbst das närrische feiste Küchenmensch, das eben eine Fischkasserolle auf den Knien scheuerte, ward irgendwo gerührt. Die ganze Küche drängte sich um den Korporal.

Da ich klar sehe, daß die Erhaltung unserer Kirchen- und Staatsverfassung – möglicherweise auch die der ganzen Welt – oder, was dasselbe ist, die Verteilung des Eigentums und der Macht sowie das Gleichgewicht zwischen beiden mit der Zeit großenteils sich davon abhängig erweisen wird, ob dieser Stockschlag der Beredsamkeit Trims richtig verstanden werde – so bitte ich gefälligst um Ihre Aufmerksamkeit. Euer Gnaden mögen dafür zehn beliebige Seiten lang, in welchem Teil des Werkes immer Sie wollen, nach Herzenslust schlafen.

Ich habe gesagt, wir sind nicht Stock und Stein – sehr gut. Ich hätte hinzufügen sollen: auch keine Engel (ich wollte, wir wären welche), sondern Menschen aus Fleisch und Blut und gelenkt von unserer Phantasie. Ich schäme mich für mein Teil fast zu bekennen, was da für ein lustiges Hin und Her zwischen dieser und den fünf Sinnen, besonders einigen davon, herrscht. Es genüge, wenn ich behaupte, daß vor allem das Auge (für den Tastsinn leugne ich es unbedingt, obwohl die meisten von euren *barbati* dafür sind) den schnellsten Verkehr mit der Seele unterhält, ihr schmerzhaftere Streiche versetzt und unaussprechlichere Eindrücke in unserer Einbildungskraft zurückläßt, als Worte entweder vermitteln – oder zuweilen austilgen können.

Ich bin ein wenig abgeschweift – macht nichts, es ist gut für die Gesundheit –, gehen wir zur Sterblichkeit von Trims Hut zurück!

Sind wir nicht jetzt noch hier, und sind wir nicht gleich wieder weg im Augenblick? – Der Satz selbst enthält nichts Besonderes, er spricht eine ganz selbstverständliche Wahrheit aus, die wir täglich hören können; und wenn Trim sich dabei nicht mehr auf seinen Hut als auf seinen Kopf verlassen hätte, würde er keine besondere Wirkung damit erzielt haben.

Sind wir nicht jetzt noch hier, fuhr der Korporal fort, und sind wir nicht (wobei er den Hut, plumps, auf den Boden fallen ließ und ein Weilchen innehielt, bevor er seine Rede schloß) gleich wieder weg im Augenblick? – Das Fallen des Hutes geschah so eindrucksvoll, als ob die Hutkrone mit einem schweren Lehmklumpen gefüllt gewesen wäre ... Nichts in der Tat würde das Gefühl der Sterblichkeit (dessen Sinnbild und Vorläufer der Hut gleichsam war) so haben ausdrükken können. Die Hand schien darunter zu entschwinden, der Hut fiel (plumps) wie tot herunter, das Auge blickte darauf wie auf eine Leiche, und Susanna brach unmittelbar in eine Flut von Tränen aus.

Nun kann man einen Hut auf zehntausend und zehntausend mal zehntausend (denn Bewegung und Materie sind unendlich) verschiedene Arten zu Boden fallen lassen, ohne damit eine besondere Wirkung zu erzielen. Hätte Trim ihn geschleudert oder geworfen oder gleiten lassen oder gleichsam hingewirbelt oder weggespritzt oder in irgendeiner Himmelsrichtung – auch in der denkbar besten – sich entschlüpfen lassen; hätte er ihn fallen lassen wie eine Gans oder wie einen jungen Hund oder Esel, oder hätte er selber währenddessen oder gleich nachher wie ein Pinsel oder Trottel dreingeschaut, so würde es ganz mißlungen sein und die Wirkung auf das menschliche Herz verfehlt haben.

Ihr, die ihr diese gewaltige Welt und ihre mächtigen Belange mit den Werkzeugen eurer Beredsamkeit lenkt, die ihr sie zuerst erhitzt und dann wieder abkühlt, die ihr sie zuerst schmelzt und weich macht und dann wiederum hart, je nach euren Zwecken ...

Ihr, die ihr die Leidenschaften mit List dreht und wendet und hernach die davon Besessenen lenkt, wohin ihr wollt ...

Ihr endlich, die ihr die Menschen vor euch hertreibt – und

(warum auch nicht?) ebenso getrieben werdet – wie Truthühner zum Markt mit einem Stecken oder roten Lappen –, denkt nach, denkt nach, bitte ich euch – über Trims Hut!

Achtes Kapitel

Halt ... Ich habe noch etwas mit dem Leser zu erledigen, bevor Trim mit seinem Hut fortfahren darf. In zwei Minuten ist es geschehen.

Unter den vielen Schulden in diesem Buch, die ich alle beizeiten begleichen will, bekenne ich mich vor der Welt auch zu den folgenden beiden: einem Kapitel über die Kammerjungfrauen und einem über Knopflöcher. Ich habe sie in einem früheren Teil des Werkes versprochen und habe die Absicht, sie in diesem Jahr noch zu zahlen. Da aber einige von den Herrschaften mir versichern, daß diese beiden Dinge, besonders da sie so eng zusammenhängen, die Moral der Welt gefährden müßten, so bitte ich, mir dieses Kapitel über Kammerjungfrauen und Knopflöcher zu erlassen und statt dessen das vorhergehende Kapitel als Ersatz hinzunehmen, das ja, mit Euer Gnaden Erlaubnis, auch nur von Kammerjungfrauen, grünen Nachtgewändern und alten Hüten handelt.

Trim hob den Hut vom Boden auf, setzte ihn wieder auf und fuhr mit seiner Rede über den Tod folgendermaßen fort:

Neuntes Kapitel

Für uns, Jonathan, die wir nicht wissen, was Not und Entbehrung ist, und die im Dienste zweier der besten Herren stehen (abgesehen in meinem Fall von Seiner Majestät dem König Wilhelm III., dem sowohl in Flandern wie auch in Irland zu dienen ich die Ehre hatte), wird die Zeit von Pfingsten bis drei Wochen vor Weihnachten nicht lang, uns ist sie beinahe nichts. Aber für die, Jonathan, welche wissen, was der Tod ist und was für Verheerungen er unter den Menschen anrichten kann, bevor ein Mensch sich nur einmal umdreht, ist diese Zeit ein ganzes Jahrhundert. O Jonathan, das Herz eines guten Menschen muß bluten, wenn er bedenkt, fuhr Trim fort (und richtete sich stramm auf), wie viele tapfere und brave Kerle seit dieser Zeit erledigt worden sind! – Und glaube mir, Susi, fuhr der Korporal fort, sich an Susanna wendend, deren Augen in Tränen schwammen, bevor die Zeit herum ist, wird der Glanz manchen Auges erloschen sein. – Susanna ließ sich den Sinn dieser Worte nicht entgehen, sie flennte weiter, aber sie machte auch einen Knicks dabei. – Sind wir nicht, fuhr der Korporal fort, noch immer den Blick auf Susanna richtend, wie die Blumen des Feldes (eine Träne des Stolzes zwischen zwei Tränen der Zerknirschung – anders wäre Susannas Rührung nicht zu beschreiben gewesen) – ist unser Fleisch nicht wie Gras? Staub ist es, Schmutz. – Jetzt sahen alle auf das Küchenmensch hin. Dieses hatte eben die Fischschüssel rein gescheuert. Die Blicke waren also keineswegs ganz gerechtfertigt.

Was ist das schönste Gesicht, in das je ein Menschenauge geblickt? (Ich könnte Trim immer so weiterreden hören, rief Susanna dazwischen.) – Was anderes (Susanna legte hier ihre Hand auf Trims Schulter.) als Fäulnis? (Susanna nahm die Hand wieder weg.)

(Dafür liebe ich euch. Gerade dieses köstliche Durcheinander macht euch, liebe Geschöpfe, zu dem, was ihr seid. Und wer euch etwa aus demselben Grunde nicht leiden möchte, von dem ist nur zu sagen, daß er entweder einen Kürbis statt des Kopfes oder einen Holzapfel anstelle des Herzens hat, was sich herausstellen wird, wenn man ihn seziert.)

Zehntes Kapitel

Ob nun Susanna dadurch, daß sie zu plötzlich die Hand von der Schulter des Korporals nahm (bei der Art, wie ihre Leidenschaften mit ihr herumfegten), Trims Gedankenkette zerbrochen hatte –

Oder ob der Korporal zu befürchten begann, er wäre dem Doktor ins Gehege gekommen und predige außerdem mehr wie ein Kaplan als wie er selber –

Oder ob . . . .

Oder ob – denn in allen solchen Fällen kann ein Mann von Erfindungsgabe und Talent gut und gern ein paar Seiten mit Vermutungen füllen … Was also die Ursache war, soll ein neugieriger Physiologe oder sonst ein neugieriger Herr Soundso entscheiden – so viel steht zum mindesten fest, daß der Korporal mit seiner Rede also fortfuhr:

Ich für meinen Teil erkläre, daß ich mir draußen aus dem Tode nichts mache – nicht so viel, fügte der Korporal, mit den Fingern schnalzend, hinzu, doch mit einem Ausdruck, den eben nur der Korporal dieser Gefühlsäußerung geben konnte. In der Schlacht mache ich mir aus dem Tode nicht so viel; nur soll er mich nicht feige überfallen wie den Joe Gibbins, der fiel, als er gerade sein Gewehr putzte. Was ist der Tod? Das Ziehen des Gewehrhahns, ein Stich mit dem Bajonett – ein Zoll mehr nach oben oder unten ist alles. Laß dein Auge die Schlachtlinie entlangschweifen – dort rechts, sieh! ist Jack gefallen. Gut, er kann sich jetzt einbilden, er sei der Rittmeister. – Nein, es ist Dick. Nun, Jack ist darum nicht schlechter dran. Falle, wer will, wir rücken vor: in der Hitze der Verfolgung fühlt keiner die Wunde, die ihm den Tod bringt. Das beste ist noch, ihm gerade ins Auge zu sehen. Der Mann, der flieht, ist zehnmal schlechter dran als jener Mann, der dem Tod in den Rachen hineinmarschiert. Ich habe ihm hundertmal ins Gesicht gesehen und weiß, was an ihm ist. Er ist soviel wie nichts im Felde, Jonathan. – Aber er ist dafür schrecklich zu Hause, sagte Obadiah. – Ich denke nie an ihn, wenn ich oben auf dem Kutschbock sitze, sagte Jonathan. – Er müßte doch am natürlichsten, meine ich, im Bett sein, sagte Susanna. – Und wenn ich ihm dadurch entkommen könnte, daß ich mich in das schäbigste Kalbsfell verkröche, das jemals zu einem Schnappsack verarbeitet wurde, so würde ich es tun, denn so und nicht anders ist unsere Natur, sagte Trim.

Natur ist Natur, sagte Jonathan. – Und darum tut mir die Herrin so leid, weinte Susanna. Sie wird es nie verwinden. – Mir tut am meisten von allen in der Familie der Hauptmann leid, antwortete Trim. Die gnädige Frau wird ihr Herz durch Tränen erleichtern, der Junker dadurch, daß er darüber Reden hält, aber mein Herr wird alles schweigend bei sich bewahren; einen ganzen Monat lang werde ich ihn nachts im Bett seufzen hören, wie er es für den Leutnant Le Fever tat. Euer Gnaden sollten doch nicht so erbarmungswürdig seufzen, sagte ich zu ihm, neben ihm liegend. – Ich kann nicht anders, Trim, sprach er da. Es ist gar so traurig. Ich kann es mir nicht aus dem Herzen reißen. – Euer Gnaden fürchten doch sonst den Tod nicht, erwiderte ich. – Ich glaube, Trim, ich fürchte nichts auf der Welt oder nur eines, meinem Nächsten unrecht zu tun. Und er fügte hinzu: Was immer geschehe, ich werde für Le Fevers Jungen sorgen. Und mit diesem Gedanken fiel mein Herr, wie nach einem beruhigenden Trank, in den Schlaf.

Ach, ich höre so gern zu, wenn Trim vom Hauptmann erzählt,

sagte jetzt Susanna. – Nie hat ein Mensch mit einem besseren Herzen gelebt, sagte Jonathan. – Auch ist nie einer so tapfer vor seiner Kompanie einhergeschritten wie er, sagte Trim. Es hat niemals einen besseren Offizier in der Armee des Königs gegeben noch einen besseren Menschen in Gottes Welt. Bis dicht vor die Mündung einer Kanone ist er vorgestürmt, auch wenn er schon die glühende Lunte am Zündstock sah, und bei alledem hat er für die Leiden der Nächsten ein Herz so weich wie das eines Kindes. Er brächte es nicht über sich, einem Hühnchen wehe zu tun. – Ich möchte lieber, fiel Jonathan ein, einen solchen Herrn für sieben Pfund jährlich kutschieren als einen anderen für acht. – Ich danke dir, Jonathan, für diese zwanzig Shilling so, sagte Trim, Jonathans Hand schüttelnd, als ob du sie mir in meine Tasche gesteckt hättest. Ich wollte ihm umsonst bis zu meinem Todestag dienen aus bloßer Liebe. Er ist wie ein Freund und Bruder zu mir, und wenn ich sicher wäre, daß mein armer Bruder Tom wirklich tot ist, fuhr der Korporal fort, sein Taschentuch ziehend, und ich tausend Pfund Vermögen hätte, ich würde jeden Shilling davon dem Hauptmann hinterlassen. Trim konnte bei diesem testamentarischen Beweis seiner Liebe für seinen Herrn die Tränen nicht zurückhalten. Die ganze Küche war gerührt. – Erzähle uns doch die Geschichte vom armen Leutnant Le Fever, sagte Susanna. – Von Herzen gern, antwortete der Korporal.

Susanna, die Köchin, Jonathan, Obadiah und Korporal Trim bildeten einen Kreis ums Feuer, und sowie nur das Küchenmensch die Küchentür geschlossen hatte, begann der Korporal.

Elftes Kapitel

Ich bin ein Türke, wenn ich jetzt nicht meine Mutter so vergessen habe, als ob mich die Natur selber zusammengekleistert und nackt und mutterlos an den Ufern des Nils ausgesetzt hätte … Meinen sehr ergebenen Diener also, Madame Natur! Ich habe Ihnen einige Mühe gemacht. Hoffentlich hat es sich gelohnt! Sie haben mir aber einen Riß im Rücken gelassen, und hier vorn ist ein großes Stück abgefallen, und was soll ich mit diesem Fuß anfangen? Ich werde niemals damit bis nach England kommen.

Ich für mein Teil wundere mich über gar nichts mehr. So oft schon habe ich mich im Leben getäuscht, daß ich meiner Urteilsfähigkeit von nun an mißtraue, ob mit Recht oder Unrecht – zum mindesten erhitze ich mich selten bei Gegenständen, die an sich kalt sind. Trotz allem aber verehre ich die Wahrheit wie nur irgendeiner. Und wenn sie uns einmal entwischt sein sollte, so braucht mich nur jemand bei der Hand zu nehmen und sie mit mir ganz still suchen zu gehen wie etwas, das wir beide verloren haben und ohne das wir beide nicht gut weiterleben können; ich gehe dann mit ihm bis ans Ende der Welt. Aber ich hasse Dispute und würde darum (ausgenommen sind Fragen der Religion oder der Gesellschaftsordnung) lieber jede Sache unterschreiben, die mir nicht gleich mit dem ersten Satz die Kehle zuschnürt, als mich in einen solchen hineinziehen zu lassen ... Ich vertrage das Ersticken nicht und schlechten Geruch am allerwenigsten. Aus welchen Gründen ich von Anfang an entschlossen bin, daß, wenn je das Heer der Märtyrer vergrößert oder ein neues ausgehoben werden sollte, ich nichts damit zu schaffen haben will, weder so noch so.

Zwölftes Kapitel

Doch um zu meiner Mutter zurückzukehren:

Onkel Tobys Ansicht, Madame, daß nichts Schlechtes dabei sei, wenn Cornelius Gallus mit seinem Weibe schlief, oder besser, das vorletzte Wort in dieser Ansicht (denn das war alles, was meine Mutter hörte), packte diese bei der schwachen Seite des ganzen weiblichen Geschlechtes. – Nun verstehen Sie mich aber bitte nicht falsch, ich meine, bei ihrer Neugier, und meine Mutter folgerte daraus augenblicklich, daß sie selber den Gegenstand des Gespräches bilde, und bei dieser Voreingenommenheit ihrerseits ist es leicht einzusehen, daß sie nun jedes Wort, das mein Vater sagte, entweder auf sich selber oder auf die Familie bezog.

Bitte, Madame, in welcher Straße lebt wohl die Frau, die nicht ebenso gefolgert und dementsprechend gehandelt hätte?

Von dieser merkwürdigen Sterbensart des Cornelius ging mein Vater über zum Tod des Sokrates und gab meinem Onkel Toby einen Auszug aus dessen Verteidigungsrede vor den Richtern zum besten. Sie war unwiderstehlich – ich meine nicht die Rede des Sokrates, sondern die Versuchung meines Vaters, sie zu wiederholen. Er selber hatte das Jahr, bevor er sich von seinen Geschäften zurückzog, ein Leben des Sokrates geschrieben,* was, fürchte ich, wohl auch ein Mittel war, seinen Abschied von der kaufmännischen Laufbahn zu beschleunigen. So war also niemand besser imstande, so mit vollen Segeln und bei einem so hohen Wellengang heroischer Ergriffenheit von diesem Gegenstand in die See zu stechen als mein Vater. Es gab keine Periode in Sokrates' Rede, die mit einem einfacheren Begriff endete als Seelenwanderung oder Vernichtung oder einen geringeren Gedanken in sich barg als einen über Sein und Nichtsein oder über unseren Eintritt in einen neuen, unbekannten Zustand der Dinge oder in einen langen, friedlichen Schlaf ohne Träume, ohne Störung oder darüber, *daß wir und unsere Kinder geboren seien, um zu sterben, daß aber keiner von uns geboren worden sei, um Sklave zu sein.* – Doch nein, hier irre ich mich, denn diese Sätze stammen aus einer Rede des Eleazar, die Josephus wiedergibt *(De bello judaico).* Eleazar selber gesteht, daß er ihn von indischen Philosophen habe. Wahrscheinlich hat Alexander der Große bei seinem Einbruch in Indien nach der Überrennung Persiens neben vielen anderen Dingen auch diesen Gedanken gestohlen. Von da aus wurde er zwar nicht auf dem ganzen Wege von ihm selber (denn wir wissen, daß er in Babylon gestorben ist), so doch von seinen Marodeuren nach Griechenland gebracht, von da aus gelangte der Gedanke nach Rom, von Rom nach Frankreich, von Frankreich nach England. So kommt alles herum.

Zu Land wenigstens sehe ich keinen anderen Weg. Zu Wasser kann der Gedanke sehr leicht den Ganges hinab in den Sinus Gangeticus oder den Golf von Bengalen und so in den Indischen Ozean gelangt sein. Der großen Handelslinie folgend (der Weg von Indien um das Kap der Guten Hoffnung herum war damals noch nicht bekannt), mag er mit anderen Arzneien und Spezereien das Rote Meer aufwärts bis nach Dschidda, dem Hafen von Mekka, oder nach Tor oder Suez, zwei Städten am Ende des Golfes, gebracht worden sein, von da durch Karawane drei Tagereisen lang nach Koptos und von da nach Alexandrien, wo der Gedanke genau am Fuße der großen Treppe der Bibliothek landete, und von diesem Lagerhaus war er dann leicht zu haben und zu holen.

Gott, was die Gelehrten damals nicht für einen Handel getrieben haben!

* Mein Vater wollte nie seine Einwilligung dazu geben, daß dies Werk gedruckt würde; es befindet sich, nebst einigen andern Abhandlungen von ihm, im Manuskript in der Familie. Alle oder die meisten dieser Abhandlungen sollen später gedruckt werden.

Dreizehntes Kapitel

Nun, mein Vater hatte ein wenig vom Wesen Hiobs an sich – für den Fall, daß dieser überhaupt existiert hat – wenn nicht, erledigt sich die Sache von selber …

Obschon das, nebenbei bemerkt, ein wenig grausam wäre und nichts anderes bedeuten würde, als anderen das anzutun, was man vielleicht später einmal selber nicht angetan haben möchte – wenn man nämlich bloß deshalb bezweifelt, daß ein Mann überhaupt gelebt habe, weil die Gelehrten es schwierig finden, die Zeit, in der er lebte, genau zu bestimmen; hier ob zum Beispiel vor oder nach den Patriarchen usw.

Mein Vater, sage ich, hatte so eine Art, sooft ihm etwas über den Weg lief oder eine Sache nicht vom Fleck kam, vornehmlich beim ersten Anfall von Ungeduld, sich darüber zu wundern, warum er überhaupt geboren sei, indem er sich nun den Tod wünschte, ja zuweilen noch Schlimmeres als den Tod. Und wenn der Ärger sehr groß war und der Schmerz seine Lippen mit mehr als gewöhnlicher Gewalt rührte – Herr, Sie würden ihn dann kaum von Sokrates selber haben unterscheiden können. Jedes einzelne seiner Worte atmete jetzt die Empfindungen einer Seele, die das Leben, unbekümmert um seinen Ausgang, verachtet. Aus eben diesem Grunde war der Auszug aus der Rede des Sokrates, den mein Vater Onkel Toby darbot, für meine Mutter nicht etwas ganz Neues. Sie horchte darum ganz beruhigt zu wie jemand, der die Sache schon kennt, und würde in dieser Stellung bis zum Ende des Kapitels ausgeharrt haben, wenn nicht mein Vater plötzlich gerade an dieser Stelle (früher war dazu keine Gelegenheit gewesen) zu dem Teil der Rede gekommen wäre, wo der große Philosoph seine Verbindungen, seine Freundschaften und seine Kinder aufzählt, auf einen Schutz durch sie aber verzichtet, der nur damit gewonnen werden könnte, daß er auf das Gemüt der Richter zu wirken suchen müßte: Ich habe Freunde, ich habe Verwandte, ich habe drei verlassene Kinder, sagte Sokrates.

Dann, rief meine Mutter, die Tür aufreißend, hast du eines mehr, Shandy, als ich weiß.

Um Himmels willen! Ich habe eines weniger, sagte mein Vater, stand auf und ging aus dem Zimmer.

Vierzehntes Kapitel

Er meint die Kinder des Sokrates, sagte Onkel Toby. – Der ist aber doch schon hundert Jahre tot, antwortete meine Mutter.

Onkel Toby wußte mit Geschichtszahlen wenig Bescheid, und da er nur auf sicherem Boden vorgehen wollte, legte er seine Pfeife besonnen auf den Tisch, stand auf, nahm auf seine herzliche Art meine Mutter bei der Hand und geleitete sie ohne ein Wort, weder ein gutes noch ein böses, aus dem Zimmer hinaus zu meinem Vater, damit dieser selbst die begonnene Aufklärung darüber vollenden könnte.

Fünfzehntes Kapitel

Wäre dieses Buch eine Fastnachtsposse, was anzunehmen freilich kein Grund vorliegt – man müßte denn eines jeden Leben und Meinungen ebenso als Posse ansehen –, dann würde mit dem letzten Kapitel der erste Akt derselben geendet haben, und das nächste müßte nun folgendermaßen beginnen:

Prr – ring – twing – twang – prat – trat – eine verflucht schlechte Geige. Wissen Sie, ob sie gestimmt ist oder nicht? Trat – prat ... Das sollen Quinten sein ... Erbärmlich. Tra – a. e. i. o. u. – tweng. Der Steg ist eine Meile zu hoch, und das Stimmholz ist ganz schlecht, sonst – trat, prat. – Hören Sie! Das war kein so übler Ton. Diddle – diddle – diddle – diddle – diddle – diddle – dum. Vor wirklichen Kennern läßt sich schon spielen – aber da steht ein Mann, nein, nicht der mit der Rolle unter dem Arm – der Mann in Schwarz! Nein, nicht der mit dem Degen. – Herr, ich möchte lieber ein *Capriccio* vor Kalliope selber spielen, als mit meinem Bogen einmal über die Saiten vor diesem Mann da fahren. Und doch will ich meine Cremoneser Geige gegen eine Mundharmonika wetten – es ist, nebenbei, nie eine größere musikalische Wette abgeschlossen worden –, daß ich in diesem Augenblick dreihundertfünfzig Meilen weit vom richtigen Ton sein will, ohne einen einzigen seiner Nerven zu beleidigen. – Tweddel diddel – twaddel – diddle – twiddel diddel – twoddel diddel – twuddel diddle – prat – trat – krisch – krasch – kresch. – Herr, Sie sind erledigt, aber ihm, sehen Sie, hat es gar nichts ausgemacht. Und wenn nach mir Apollo selber die Geige nehmen wollte, er könnte bei ihm auch nicht mehr ausrichten. Diddel – diddel – diddel – diddel – ham – dam – dram.

Euer Ehrwürden lieben Musik, und Gott hat Sie mit guten Ohren versehen, einige von Ihnen spielen selbst sehr gut. Trat – prat – trat – prat.

Oh, es gibt einen Mann, dem ich tagelang zuhören könnte, der das Talent hat, einen das fühlen zu lassen, was er geigt, der mich mit Freude und Hoffnung erfüllt und die verborgensten Quellen in meinem Herzen aufrührt. Wenn Sie fünf Guineen von mir borgen wollten – was meist zehn Guineen mehr ist, als ich übrig habe, oder wenn Sie, meine Herren Apotheker und Schneider, Ihre Rechnungen gerne bezahlt bekommen möchten, dann würde der rechte Zeitpunkt dafür jetzt da sein.

Sechzehntes Kapitel

Das erste, worauf mein Vater verfiel, nachdem in unserer Familie Beruhigung eingetreten war und Susanna von meiner Mutter grünseidenem Nachtgewand Besitz ergriffen hatte, war, sich kühlen Kopfes hinzusetzen, nach dem Beispiel Xenophons eine *Tristrapaedia* oder ein Erziehungssystem für mich zu schreiben, indem er erst einmal zu diesem Zwecke seine eigenen zerstreuten Gedanken, Ratschläge und Ideen sammelte und sie zusammenband, so daß sie nun gleichsam ein Statut zwecks Leitung meiner Kinder- und Jünglingsjahre bildeten. Ich war meines Vaters letzter Einsatz – er hatte meinen Bruder Bobby ganz verloren, er hatte nach seinen Begriffen drei Viertel von mir verloren, das heißt, er hatte mit seinen drei ersten Glückswürfen für mich Unglück gehabt: mit meiner Zeugung, meiner Nase und meinem Namen, es blieb ihm also nur noch einer übrig. Und dementsprechend gab sich auch mein Vater diesem einen mit solchem Eifer hin, wie nur je Onkel Toby sich seiner Lehre von den Geschoßbahnen hingegeben hatte. Der Unterschied zwischen beiden war, daß Onkel Toby seine ganze Kenntnis aus Nicolas Tartaglia zog, mein Vater aber die seine Faden für Faden aus seinem eigenen Gehirn spann oder das, was alle anderen Spinner vor ihm gesponnen hatten, abhaspelte und wieder aufwand, so daß die Mühe meines Vaters im einen wie im anderen Falle gleich groß war.

In ungefähr drei Jahren oder etwas mehr war mein Vater beinahe bis in die Mitte des Werkes vorgedrungen. Gleich anderen Schriftstellern erlebte auch er seine Enttäuschungen dabei. Er bildete sich nämlich ein, er könnte alles, was er zu sagen hätte, auf einen so kleinen Raum bringen, daß es später, vollendet und gebunden, leicht in das Nähkästchen meiner Mutter ginge. Doch der Gegenstand wächst unter unserer Hand. Kein Mann soll sich vermessen zu sagen: Komm, ich will ein Buch im Taschenformat schreiben.

Mein Vater gab sich dieser Angelegenheit also mit dem peinlichsten Fleiße hin, indem er Schritt für Schritt vorging, bei jeder Zeile mit derselben Vor- und Umsicht (wenn ich auch nicht sagen kann: auf genauso religiöser Grundlage), wie Jean de la Casse, Fürsterzbischof von Benevent, solche auf seine *Galatea* verwandte, zu welcher Seine Bischöfliche Gnaden vierzig Jahre seines Lebens brauchten. Denn als das Ding herauskam, war es nicht halb so dick und umfangreich wie *Riders Taschenkalender*. Wie der heilige Mann das aber anstellte, wenn er nicht den größten Teil seiner Zeit mit dem Auskämmen seines Zwickelbartes zubrachte oder damit, daß er mit seinem Kaplan Domino spielte, würde jeden, der nicht in das Geheimnis eingeweiht ist, in Verlegenheit bringen. Und darum ist es der Mühe wert, daß es der Welt erklärt werde, wäre es auch nur darum, um die wenigen, die nicht so sehr für das tägliche Brot wie für den Ruhm schreiben, aufzumuntern.

Ich gestehe, wäre Jean de la Casse, Erzbischof von Benevent, für dessen Andenken ich (trotz seiner *Galatea*) die höchste Verehrung hege, eine dürre Schreiberseele gewesen von wenig Witz, langsamer Auffassung, beträchtlicher Dickschädeligkeit und so weiter, so würden er und seine *Galatea* zusammen meinethalben dahinschlendern können, bis sie Methusalems Alter erreichten, diese Angelegenheit würde keine Randbemerkung oder Klammer wert sein.

Nun ist aber das Gegenteil der Fall: Jean de la Casse war ein Geist von seltener Begabung und fruchtbarer Phantasie. Und trotz allen diesen großen Naturanlagen, die ihn schneller mit seiner *Galatea* hätten vorwärtsbringen sollen, litt er gleichzeitig unter dem Unvermögen, um nicht mehr als anderthalb Zeilen an einem ganzen Sommertag weiterzukommen. Diese Unfähigkeit Seiner Bischöflichen Gnaden kam von einer Ansicht her, die er nicht loswerden konnte, daß nämlich, wann immer ein christlicher Mensch ein Buch schriebe (nicht zu seinem Privatvergnügen, sondern) eines, worin Absicht und Zweck *bona fide* beständen, es für die Welt zu drucken und zu veröffentlichen, seine ersten Gedanken darin stets Versuchungen des Teufels seien. Das gelte vom inneren Zustand eines gewöhnlichen Schriftstellers. Wenn aber einmal ein Mann von Würde und hohem Rang in Kirche und Staat unter die Autoren ginge, so wären nach seiner Behauptung dann vom Augenblicke an, da er die Feder zur Hand nähme, alle Teufel der Hölle los, um sich auf ihn zu stürzen und ihn zu verführen – es wäre die reine Walpurgisnacht. Jeder Gedanke, der erste und der letzte, wäre verfänglich, gleichgültig, wie gefällig und gut er sonst sei. In welcher Form und Farbe sich ein solcher Gedanke auch vor unserer Phantasie darstellte, er wäre immer ein Streich, den der eine oder andere Teufel gegen den Autor führte, und müßte darum abgewehrt werden, so daß das Leben eines Schriftstellers, wie anders auch immer er es sich vorgestellt haben möchte, nicht sosehr ein Zustand der Ruhe als vielmehr einer des Krieges sei und daß die Erprobung darin nicht anders als die jedes anderen Kriegers auf Erden nicht halb soviel vom eigenen Witze wie von seiner Widerstandsfähigkeit abhinge.

Meinem Vater gefiel die Theorie des Jean de la Casse von Benevent mächtig, und er würde, glaube ich (hätte sie ihn nicht ein wenig in seinem Glauben beengt), zehn von seinen besten Äckern auf seinem Gut dafür hergegeben haben, wenn er sie selber erfunden hätte. Wieweit im übrigen mein Vater selber an den Teufel glaubte, wird erst ersichtlich werden, wenn ich im weiteren Verlauf meines Werkes auf meines Vaters religiöse Vorstellungen zu sprechen komme; hier genüge soviel: Da er sich selber nicht die Ehre der Erfindung dieser Theorie im wörtlichen Sinne zusprechen konnte, so begnügte er sich mit der allegorischen Ausdeutung und pflegte zu sagen, sooft er mit seiner Feder wieder einmal langsamer als gewöhnlich fortkam, daß hinter dem Schleier der bildlichen Ausdrucksweise des Jean de la Casse nicht weniger Sinn, Wahrheit und Erkenntnis als hinter irgendeiner Dichtung oder Sage des Altertums verborgen liege. Denn Vorurteil, und zwar infolge falscher Erziehung, meinte er, das und nichts anderes sei der Teufel, und die Masse aller Vorurteile, die wir mit der Muttermilch einsaugen, bilde die Hölle. Wir werden, Bruder Toby, davon bei allen unseren Studien und Forschungen verfolgt. Und wenn dann ein Mann dumm genug ist, allem, was sich ihm da aufdrängt, nachzugeben – was kann aus einem solchen Buch noch werden? Nichts – fügte er hinzu und warf die Feder mit wirkungsvollem Schwung weg, nichts als ein Mischmasch von Ammenmärchen und Altweibergeschwätz (beiderlei Geschlechts) aus dem ganzen Königreich.

Ich kann den langsamen Fortschritt der *Tristrapaedia* meines Vaters nicht besser begründen. Er saß, wie gesagt, etwas länger als drei Jahre darüber, war unermüdlich bei der Arbeit und hatte nach seiner eigenen Berechnung kaum die Hälfte des ganzen Unterfangens zu Ende gebracht. Das Unglück war nur, daß ich selber die ganze Zeit über gänzlich von ihm vernachlässigt und meiner Mutter überlassen blieb, und, was beinahe ebenso schlimm war, gerade durch dieses Hinziehen und Hinausschieben wurde der erste Teil des Werkes, auf den mein Vater die meiste Mühe verwandt hatte, völlig unwirksam gemacht – jeden Tag mußten eine bis zwei Seiten sozusagen ohne Nutzanwendung bleiben.

Sicherlich ist es vom Himmel als eine Geißel für das sich überhebende menschliche Wissen gedacht, daß die Weisesten unter uns also ihrer Weisheit die Spitze abbrechen und wir dauernd dadurch unsere eigenen Absichten vereiteln, daß wir sie ohne Maß verfolgen.

Kurz, mein Vater war so hartnäckig und ausdauernd in seiner Widerstandsfähigkeit, mit anderen Worten, er rückte so überaus langsam mit seinem Werk vor, und ich hingegen begann mit einer solchen Schnelligkeit zu leben und zu wachsen, daß, wenn inzwischen nicht ein gewisses Ereignis eingetreten wäre – welches Ereignis, sobald es an der Zeit ist, nicht einen Augenblick lang vor dem Leser verheimlicht werden soll, vorausgesetzt, daß es mit einigem Anstand erzählt werden kann –, ich wirklich, glaube ich, meinen Vater beiseite geschoben hätte und es ihm ebenso gegangen wäre wie dem Mann, der eine Sonnenuhr nur darum zeichnete, um sie einzugraben.

Siebzehntes Kapitel

Es war ja eigentlich nichts … Ich habe nicht zwei Tropfen Blut dabei verloren, es würde nicht die Mühe gelohnt haben, den Wundarzt zu holen, selbst wenn er im Hause daneben gewohnt hätte. Tausende erleiden dasselbe aus freiem Willen, was mir eben durch einen Unfall passierte. Dr. Slop machte seinerseits zehnmal mehr aus der Sache, als sie es verdiente: Es gibt eben überall Menschen, die dadurch steigen wollen, daß sie große Gewichte an schwache Drähte hängen – und ich muß noch heute (10. August 1761) die Kosten für die Ruhmsucht dieses Mannes tragen. – Ach, ein Herz aus Stein müßte weich werden, wenn es Zeuge davon wäre, wie alles in unserer Welt abläuft. – Das Stubenmädchen hatte den **** nicht unter das Bett gestellt. – Kannst du es, Kleiner, nicht einmal so machen? sagte Susanna, indem sie dabei die Fensterscheibe mit der einen Hand hinaufschob und mit der anderen mich auf die Fensterbrüstung zu setzen suchte. Vielleicht geht es heute auch einmal so, daß du aus dem Fenster *** *****.

Ich war fünf Jahre alt. Susanna hatte nicht bedacht, daß nichts in unserem Hause richtig hing oder schloß – so sauste denn das Fallfenster wie der Blitz auf uns herab ... – Oh, nichts ist übriggeblieben, heulte Susanna, nichts ist übriggeblieben – für mich, als in die Fremde zu gehen.

Onkel Tobys Haus jedoch bot eine freundlichere Zuflucht, und so floh denn Susanna dorthin.

Achtzehntes Kapitel

Als Susanna das Unglück mit dem Fallfenster drüben erzählte, zugleich mit allen Begleitumständen meiner Ermordung, wie sie es nannte – wurde Trim kreidebleich, denn alle Mittäter bei einem Morde werden als Mörder angesehen, und sein Gewissen sagte ihm, daß er daran ebenso Schuld trage wie Susanna, und, sollte sich diese Auffassung bewahrheiten, so würde natürlich Onkel Toby für dieses Blutvergießen vor dem Himmel ebenso verantwortlich sein wie die beiden, so daß also weder die Vernunft noch der Instinkt (zusammen oder einzeln) Susannen zu einem besseren Asyl hätten geleiten können. Es wäre ganz umsonst, die Erklärung dafür der Phantasie des Lesers zu überlassen. Um sich aus sich selber eine Hypothese zu bilden, die alle diese Voraussetzungen in eins faßte, müßte er sein Gehirn jämmerlich zermartern. Und um ohne eine solche Hypothese auszukommen, müßte er ein Gehirn haben, wie nie ein Leser vor ihm eines gehabt hat. Warum soll ich ihn also plagen und foltern? Es ist ganz und gar meine Angelegenheit, und ich will es darum selber erklären.

Schade, Trim, sagte Onkel Toby, sich mit einer Hand auf die Schulter des Korporals stützend, da beide ihr Werk übersahen, daß wir nicht ein paar Feldstücke für die Schießscharten der neuen Redoute haben. Zwei würden schon genügen, um die ganze Linie zu sichern und einen Angriff auf dieser Seite ganz unmöglich zu machen. Laß Er mir ein paar gießen, Trim!

Euer Gnaden sollen sie noch vor morgen früh haben, sagte Trim!

Es war für Trim eine wirkliche Herzensfreude – und seinem fruchtbaren Gehirn fehlte es auch niemals an Einfällen dazu –, Onkel Toby für seine Kampagnen alles zu verschaffen, was sich die Phantasie ersann. Und wenn er seinen letzten Taler hätte dazu verwenden müssen, er würde sich hingesetzt und einen Ringkragen daraus gehämmert haben, um damit einem Wunsch seines Herrn zuvorzukommen. Der Korporal hatte schon dadurch, daß er die Enden von Onkel Tobys Dachröhren abhackte oder das Blei aus den Dachrinnen ausbrach oder das zinnerne Rasierbecken einschmelzen ließ oder zuletzt, wie Ludwig XIV., sich an die Kirchen machte und von deren Turmspitzen alles überflüssige Blei holte, für diese Kampagne nicht weniger als acht Festungskanonen neben drei Feldschlangen zusammengebracht. Onkel Tobys Verlangen nach zwei weiteren für die Redoute hatte den Korporal in erneute Tätigkeit in dieser Richtung gesetzt. Und da sich ihm keine andere Fundgrube bot, hatte er die zwei Bleigewichte vom Kinderzimmerfenster genommen. Und da weiter die Fensterrollen ohne Bleigewichte nicht mehr zu brauchen waren, hatte er auch diese gleich mitgenommen, um daraus zwei Räder zu einer Lafette zu machen.

Er hatte jedes Fenster in Onkel Tobys Haus schon lange vorher auf dieselbe Art, wenn auch nicht in derselben Reihenfolge, auseinandergenommen, denn zuweilen wurden nur die Rollen und nicht das Blei gebraucht; in diesem Fall fing er bei den Rollen an. Wenn aber die Rollen einmal herausgenommen waren, so wurden die Bleigewichte dadurch nutzlos, also wanderte auch das Blei in den Schmelztiegel.

Daraus ließe sich eine sehr nutzvolle Lehre ziehen, doch ich habe jetzt keine Zeit dazu, es genüge, wenn ich sage, daß, wo immer die Plünderungen ansetzten, es gleich verhängnisvoll für alle Fallfenster war.

Zwanzigstes Kapitel

Der Korporal hatte seinerseits alle Maßregeln bei diesem seinem Artilleriestreich nicht so ungeschickt getroffen, daß er den Sachverhalt nicht hätte vertuschen und Susanna ganz allein dem ganzen Druck des zu fürchtenden Angriffs aussetzen können; doch wahre Tapferkeit will sich eine Sache nicht so leicht machen. Er hatte nun einmal, gleichgültig ob als General oder als Nachschubinspekteur, das angestellt, ohne was jenes Unglück niemals hätte passieren können, wenigstens nicht unter Susannas Händen. – Wie würden sich Euer Gnaden da benommen haben? – Trim beschloß sofort, sich nicht hinter Susanna zu verstecken, sondern sie im Gegenteil zu decken. Mit diesem Entschluß ging er aufrecht und entschlossen in Onkel Tobys Zimmer, um ihm über die ganze Angelegenheit zu berichten.

Onkel Toby hatte gerade Yorick eine Schilderung der Schlacht bei Steenkerke gegeben und jenes unaufgeklärten Verhaltens seitens des Grafen Solms darin, welcher der Infanterie haltzumachen und der Kavallerie dort vorzurücken befahl, wo sie sich nicht entwickeln konnte, was in direktem Gegensatz zu den Befehlen des Königs stand und den Verlust der Schlacht nach sich zog.

Es gibt Familien, in denen stets die und die Ereignisse genau und unmittelbar die und die Folgen haben müssen, daß kaum ein Dramatiker – ich meine aus der alten Zeit – hier die Natur an Erfindung zu übertreffen vermöchte.

Trim war bemüht, dadurch daß er den Zeigefinger flach auf den Tisch legte und mit der Schneide der Hand im rechten Winkel kreuzweise daraufschlug, das bewußte Ereignis so zu schildern, daß Priester und Jungfrauen es hätten hören können. Und nach dieser Schilderung entspann sich folgender Dialog.

Einundzwanzigstes Kapitel

Ich wollte lieber zu Tode geprügelt werden, rief der Korporal, nachdem er Susannas Geschichte wiedergegeben hatte, als daß der Jungfer daraus ein Schaden erwachsen sollte – es war meine Schuld, Euer Gnaden, nicht die ihre.

Korporal Trim, antwortete Onkel Toby, den Hut aufsetzend, der auf dem Tisch lag, wenn überhaupt etwas, was der Dienst für unbedingt notwendig erachtet, Schuld genannt werden darf, so verdiene ich allein den Tadel – er hat nur nach meinem Befehl gehandelt und nicht anders.

Hätte Graf Solms, Trim, in der Schlacht von Steenkerke ebenso gehandelt, fiel Yorick ein – den Korporal, der beim Rückzug in dieser Schlacht von einem Dragoner überritten worden war, ein wenig aufziehend –, so würde er dich davor bewahrt haben …

Mich? rief Trim, Yorick unterbrechend und den Satz statt dessen auf seine Art vollendend, ich sage, er hätte fünf Bataillone bewahrt, Hochwürden, jeden einzelnen Mann. Da war das Bataillon Cutts, fuhr der Korporal fort, mit dem Zeigefinger der rechten Hand den Daumen der linken berührend und so alle fünf Finger durchgehend, da war das Bataillon Cutts, dann das Bataillon Mackay, Angus, Graham und Leven, alle wurden in Stücke gehauen. Und dasselbe würde der englischen Leibgarde passiert sein, wenn nicht einige Regimenter des rechten Flügels tapfer zu ihrem Entsatz herangerückt wären und das Feuer des Feindes auf sich gezogen hätten, bevor noch eine einzige ihrer Kompanien einen Schuß abgegeben – alle kommen sie in den Himmel dafür, fügte Trim hinzu. – Trim hat recht, sagte Onkel Toby zu Yorick, er hat ganz recht. – Was sollte das heißen, die Kavallerie angreifen zu lassen, fuhr der Korporal fort, wo das Terrain so schmal war und die Franzosen zwischen Hecken, Büschen und Gräben steckten und gefällte Bäume so quer über den Weg gelegt hatten, um sich zu decken (wie sie es immer machen)! Graf Solms hätte uns schicken sollen. Wir würden ihnen Schuß um Schuß ganz anders zugesetzt haben. Mit Kavallerie war da nichts zu machen. Ihm wurde dafür auch ein Bein weggeschossen in der nächsten Kampagne bei Landen. – Der arme Trim erhielt hier auch seine Wunde, sagte Onkel Toby. – Ja, Euer Gnaden, ich verdanke sie ganz und gar dem Grafen Solms. Hätte er sie bei Steenkerke geschlagen, so würden sie außerstande gewesen sein, bei Landen mit uns zu kämpfen. – Möglich, Trim, sagte Onkel Toby. Obwohl sie einen, wenn man ihnen nur die Möglichkeit gibt, sich hinter einem Wald zu verstecken, oder Zeit läßt, sich einzugraben, immer wieder anfallen. Das ist schon so ihre Art. Es gibt da nur ein Mittel: kaltblütig vormarschieren, ihrem Feuer standhalten und dann über sie herfallen. Bum, bum. – Piff, paff, fügte Trim hinzu. – Reiterei und Fußvolk vorwärts, sagte Onkel Toby. – Holterdiepolter, rief Trim. – Rechts und links, schrie Onkel Toby. – Bluten sollen die Hunde, brüllte der Korporal.

Die Schlacht begann zu wüten. Yorick zog zur Sicherheit seinen Sessel ein wenig zur Seite, und nach einer kurzen Pause ließ Onkel Toby seine Stimme um einen Ton sinken und nahm das Gespräch wie folgt wieder auf.

Zweiundzwanzigstes Kapitel

König Wilhelm, wandte sich Onkel Toby an Yorick, war so über den Ungehorsam des Grafen Solms aufgebracht, daß er ihm durch Monate nicht erlaubte, in seine Nähe zu kommen. – Ich fürchte, antwortete Yorick, Herr Shandy wird nicht weniger über den Korporal aufgebracht sein als der König über den Grafen. Doch würde es in diesem Fall besonders hart sein, fuhr er fort, wenn dem Korporal, dessen Betragen dem des Grafen so diametral entgegengesetzt war, dieselbe Ungnade widerführe; zu oft allerdings nehmen in dieser Welt die Dinge einen verkehrten Lauf. – Ich würde lieber eine Mine anzünden, rief Onkel Toby, sich erhebend, und meine Befestigungswerke und mein Haus zugleich damit in die Luft sprengen und uns beide unter seinen Trümmern begraben lassen, als daß ich dabeistünde und es mit ansähe. Trim machte seinem Herrn eine leichte, aber dankbare Verbeugung, und damit endet das Kapitel.

Dreiundzwanzigstes Kapitel

Dann, Yorick, antwortete Onkel Toby, werden Sie und ich vorangehen – und Er, Korporal, wird sich ein paar Schritte hinter uns halten. – Und Susanna, Euer Gnaden, sagte Trim, wird uns den Rücken decken. – Die Disposition war ausgezeichnet, und in dieser Ordnung marschierten sie ohne Trommel und Fahnen langsam von Onkel Tobys Haus nach Shandy Hall.

Ich wünschte, sagte Trim, als sie ins Tor traten, ich hätte statt der Fenstergewichte die Dachröhre der Kirche abgenommen, wie ich es schon einmal wollte. – Ich meine, Er hat schon genug Dachröhren abgenommen, antwortete Yorick.

Vierundzwanzigstes Kapitel

Wie viele Bilder auch von meinem Vater schon gegeben worden sind und wie ähnlich diese ihm auch in seinen verschiedenen Stimmungen und Haltungen sein mochten, so kann doch weder eines davon noch können alle zusammen dem Leser zu irgendeiner Art von Vorahnung davon verhelfen, wie mein Vater in gänzlich neuen Situationen denken, sprechen und handeln würde. Die unendliche Fülle des Sonderbaren und Ungereimten in seinem Charakter und damit im Zusammenhang die unendliche Anzahl von Möglichkeiten, wie er eine Sache anpacken oder ihr begegnen würde, spottete, Herr, jeder Berechnung. Die Wahrheit war: Sein Weg lag so weit ab von den Wegen der anderen Menschen, daß jeder Gegenstand seinem Auge ein Gesicht zeigte, das gänzlich verschieden von dem war, was die ganze übrige Menschheit sah. Mit anderen Worten, es war für ihn ein anderer Gegenstand und wurde darum anders ins Auge gefaßt.

Das ist der wahre Grund, warum meine liebe Jenny und ich ebenso wie alle Welt um uns herum uns um lauter Nichtigkeiten ewig zanken. Sie sieht auf ihr Äußeres, ich auf ihr Inneres. Wie ist es da möglich, daß wir uns über ihren Wert einigen können?

Fünfundzwanzigstes Kapitel

Es ist eine ausgemachte Sache, und ich erwähne es nur, um Konfuzius* zu trösten, der sich beim Erzählen einer einfachen Geschichte so leicht verwickelt: Wenn er nur überhaupt den Faden der Erzählung in der Hand behält, so mag er nach vorwärts oder nach rückwärts gehen, wie er will, es wird ihm nie als Abschweifung angerechnet.

Nach dieser Voraussetzung will ich von der Wohltat, nach rückwärts gehen zu dürfen, jetzt selber Gebrauch machen.

* Herr Shandy meint hier wahrscheinlich Herrn ****** ***, Parlamentsmitglied für ******, und nicht den chinesischen Gesetzgeber.

Fünfzigtausend Körbe mit Teufeln (nicht denen des Erzbischofs von Benevent, sondern Rabelais' Teufeln), denen die Schwänze vom Steiß gehackt werden, hätten nicht ein solches Höllengebrüll machen können wie ich – als mir der Unfall passierte. Dadurch wurde meine Mutter sofort ins Kinderzimmer gerufen, so daß Susanna kaum Zeit hatte, über die Hintertreppe zu entweichen, als meine Mutter die große Stiege heraufkam.

Obwohl ich alt genug war, alles selber zu erzählen, und jung genug, dies, wie ich hoffe, ohne Bosheit zu tun, so hatte dennoch Susanna beim Vorbeirennen aus Angst vor schlimmen Folgen die Geschichte in kürzester Fassung der Köchin zurückgelassen, die Köchin hatte sie wiederum mit Zusätzen an Jonathan weitergegeben, und Jonathan an Obadiah, so daß also um die Zeit, da mein Vater ein halbes dutzendmal die Glocke gezogen hatte, um zu wissen, was oben passiert wäre, Obadiah schon in der Lage war, einen genauen Bericht über den Vorgang zu erstatten. Dachte ich mir's doch, sagte mein Vater, nahm seinen Schlafrock und stieg die Treppe hinauf.

Darnach sollte man denken (obwohl ich es meinerseits in Frage stelle), daß mein Vater schon vor diesem Tage jenes bemerkenswerte Kapitel in der *Tristrapaedia* geschrieben habe, das für mich das originellste und unterhaltendste ist im ganzen Buche, jenes über Fallfenster samt einer bitteren Philippika am Ende desselben: über die Vergeßlichkeit der Stubenmädchen. Ich habe allerdings zwei Gründe, hierüber anders zu denken. Zunächst den: Wäre diese Möglichkeit in Betracht gezogen worden, bevor das Unglück geschehen war, so würde mein Vater sicherlich das Fallfenster ein für allemal haben zunageln lassen, was ihn, wenn man bedenkt, mit welcher Schwierigkeit er seine Bücher schrieb, zehnmal weniger Aufregung gekostet hätte als das Kapitel selber. Dasselbe Argument, sehe ich schon voraus, spricht auch dagegen, daß er das Kapitel nach dem Unfall geschrieben habe, aber dieses wird schnell vom zweiten Grund überholt, den ich jetzt der Welt darzubieten die Ehre habe zur Stütze meiner Ansicht, daß nämlich mein Vater nicht um diese Zeit sein Kapitel über Fallfenster und Nachttöpfe geschrieben haben kann, und dieser Grund ist der:

Daß ich, um die *Tristrapaedia* zu vervollständigen, das Kapitel selber geschrieben habe.

Mein Vater setzte die Brille auf, sah sich die Sache an, nahm sie wieder ab, legte sie ins Futteral – alles in weniger als einer ganz gewöhnlichen Minute. Und ohne den Mund aufzutun, drehte er sich um und ging eilends die Treppe hinab. Meine Mutter dachte, er gehe nach Verbandzeug und Königssalbe; doch da sie ihn mit ein paar Folios zurückkehren und Obadiah mit einem großen Lesepult folgen sah, hielt sie es für ausgemacht, es handle sich um Kräuterbücher, und so stellte sie ihm auch einen Stuhl vors Bett hin, damit er den Fall in aller Bequemlichkeit untersuchen könnte.

Wenn es nur richtig gemacht ist, sagte mein Vater und schlug die Abteilung auf: *De sede vel subjecto circumcisionis*, denn er hatte Spencer *›De legibus Hebraeorum ritualibus‹* und Maimonides heruntergebracht, um alle zusammen untersuchen und vergleichen zu können.

Wenn es nur richtig gemacht ist, sagte er. – Sag uns doch nur, rief meine Mutter dazwischen, welche Kräuter? – Wenn du das wissen willst, mußt du Doktor Slop holen lassen.

Meine Mutter ging hinunter, und mein Vater fuhr fort, den Abschnitt wie folgt zu lesen

* * * * * * * * * * *
* * * * * * Sehr gut, sagte mein Vater.
* * * * * * * * * * *
* * * * * * * * * * *
* * Nein, wenn es diesen Vorteil hat … Und so, ohne auch nur einen Augenblick lang darüber in Gedanken zu verweilen, ob die Ägypter es von den Juden oder die Juden von den Ägyptern übernommen hätten, stand er auf und, sich zwei- bis dreimal die Stirn mit der Handfläche reibend, gleichwie wir uns die Fußspuren der Sorge verreiben, wenn der Tritt des Unglücks uns minder schwer traf, als wir gefürchtet, schloß er das Buch und stieg die Treppe hinab. Nein, sagte er, auf jeder Stufe, auf die er seinen Fuß setzte, den Namen einer Nation nennend, nein, wenn die Ägypter, die Syrier, die Phönizier, die Araber, die Kappadokier, wenn die Kolcher und Troglodyten es getan, wenn Solon und Pythagoras sich dem Brauch gefügt haben – wer ist Tristram? Und wer bin ich, daß ich mich darüber auch nur einen Augenblick lang grämen oder aufregen sollte?

Lieber Yorick, sagte mein Vater lächelnd (denn Yorick mußte im schmalen Türeingang aus Reih und Glied treten und vor Onkel Toby die Wohnstube betreten), unser Tristram, finde ich, kommt nur mit knapper Not heil durch die vielen Riten hindurch. Sicherlich ist noch nie das Kind eines Juden, Christen, Türken oder Heiden auf eine so anfechtbare und gemeine Art in sie eingeweiht worden. – Es geht ihm aber, glaube ich, darum nicht schlechter, sagte Yorick. – Es muß weiß der Teufel was in der Ekliptik passiert sein, als sich dieses Reis an meinem Stamme bildete, antwortete mein Vater. – Das dürften Sie besser beurteilen können als ich, sagte Yorick. – Und Astrologen wieder, sagte mein Vater, werden es besser wissen als wir beide. Der dritte und sechste Aspekt müssen sich gekreuzt haben, oder die Gegensätze ihrer Aszendenten haben es nicht so getroffen, wie sie sollten, oder die Zeugungsherren (wie sie heißen) haben Verstecken gespielt – oder sonst irgend etwas war oben oder unten bei uns nicht in Ordnung.

Möglich, antwortete Yorick. – Geht es dem Kinde aber deshalb schlechter? rief Onkel Toby. – Die Troglodyten sagen: nein, antwortete mein Vater. Und eure Theologen lehren uns … – Theologisch? fragte Yorick, oder vom Standpunkt der Apotheker* oder Staatsmänner** oder Waschweiber*** aus?

Das weiß ich nicht, antwortete mein Vater, aber sie lehren uns, daß es für den Jungen besser sei. – Vorausgesetzt, antwortete Yorick, daß Sie ihn nach Ägypten bringen. – Davon, antwortete mein Vater, wird er erst etwas haben, wenn er die Pyramiden sieht.

Ich verstehe von alledem nicht ein einziges Wort, sagte Onkel Toby. – Ich wollte, es ginge der halben Welt ebenso, sagte Yorick.

* *Χαλεπῆς νόσου καὶ δυδιάτου ἀπαλλαγὴ, ην ἄνθραχα καλοῦ διν.*
Die Erlösung von einer schweren und unheilbaren Krankheit, die sie *anthrax* (glühende Kohle; lat. *carbunculus* = Karfunkel) nennen. Philo.

** *Τὰ τεμνόμενα τῶν ἐθνῶν πολυγονώτατα καὶ πολυανθρωπότατα εἶναι.*
Die fruchtbarsten Völkerstämme seien gleichzeitig auch die menschenreichsten.

*** Καθαριότητος εἵνεκεν.
Der Reinlichkeit halber. Bochart

*Ilos,** fuhr mein Vater fort, ließ eines Morgens sein ganzes Heer beschneiden. – Doch nicht ohne Kriegsgericht? fiel Onkel Toby dazwischen. – Obwohl die Meinungen der Gelehrten, fuhr mein Vater, ohne auf Onkel Tobys Zwischenfrage zu achten, sich an Yorick wendend, fort, darüber, wer Ilos sei, geteilt sind. Die einen sagen: Saturn, andere: das höchste Wesen, wieder welche: nicht mehr und nicht weniger als ein Brigadier unter *Pharao-neco.* – Wer immer er sein mag, schloß Onkel Toby, ich weiß nicht, auf welchen Paragraphen des Kriegsrechts er sich hätte berufen können.

Die streitenden Gelehrten, antwortete mein Vater, geben zweiundzwanzig verschiedene Ursachen dafür an; andere freilich, die ihre Feder in den Dienst der Gegenpartei gestellt haben, haben vor der Welt die Nichtigkeit aller dieser Gründe bewiesen. Dementgegen haben wiederum die besten unter unseren streitbaren Theologen … – Ich wünschte, es gäbe im ganzen Königreich keine streitbaren Theologen mehr, sagte Yorick. Eine Unze praktischer Theologie ist mehr wert als eine Schiffsladung des ganzen Unsinns, den Dero Hochwürden in den letzten fünfzig Jahren eingeführt haben. – Bitte, Yorick, sagte Onkel Toby, sagen Sie mir, was das eigentlich ist: ein streitbarer Theologe? – Die beste Beschreibung davon, Hauptmann Shandy, antwortete Yorick, die ich jemals gelesen habe, steht in einem Bericht über den Zweikampf zwischen Gymnast und dem Hauptmann Tripet. Ich habe ihn in der Tasche. – Ich wäre froh, wenn ich ihn hören dürfte, sagte Onkel Toby sehr ernst. – Sie sollen ihn hören, antwortete Yorick. Der Korporal steht draußen vor der Tür, und da ich weiß, daß ihm die Schilderung eines Kampfes lieber ist als ein Abendessen, so bitte ich dich, Bruder, um die Erlaubnis, ihn eintreten zu lassen, sagte Onkel Toby. – Von Herzen gern, sagte mein Vater. – Trim trat ein, aufrecht und glücklich wie ein Kaiser. Und nachdem er die Tür geschlossen, nahm Yorick ein Buch aus der rechten Rocktasche und las oder tat wenigstens so, als läse er, wie folgt:

* *Ὁ Ἶλος, τὰ αἰδοῖα περιτέμνεται, τἀντὸ ποιῆσαι καὶ τοὺς ἀμ̀ αὐτῷ συμμάχους καταναγκάδας.*

Ilos beschnitt sich die Schamteile und zwang die bei ihm befindlichen Bundesgenossen, das gleiche zu tun. Sanchuniatho

... Welche Worte von allen anwesenden Soldaten gehört worden waren, von denen einige im Herzen gewaltig erschraken, und so wichen sie denn zurück und machten Platz für den Angreifenden. Alles das hatte Gymnast sehr wohl bemerkt und bedacht. Darum tuend, als wollte er vom Pferde absitzen, wechselte er, während er sich in der Luft schwebend hielt, gar flink und behende seine Füße im Steigbügel und vollführte jetzo (sein kurzes Schwert an der Hüfte) das Steigriemenkunststück, wobei er, den Körper herabbiegend, sich hoch in die Luft warf und seine beiden Füße im Nu auf den Sattel setzte und darauf stehenblieb, mit dem Rücken gegen den Hals des Tieres ... Jetzt steht meine Sache gut, sagte er. Dann plötzlich machte er in derselben Stellung, in der er sich befand, auf einem Fuß einen Hopser, und sich nach links wendend, gelang es ihm, auf wunderbare Weise seinen Körper einmal um sich selber zu drehen und genau in dieselbe Stellung zu bringen, aus der er herausgesprungen, ohne sich um ein Jota zu irren. – Ha! rief Tripet, das will ich diesmal nicht tun und nicht ohne Grund. – Gut, sagte Gymnast, er ist mir nicht gelungen, ich will den Sprung noch einmal anders machen. Und so drehte er sich nach rechts und machte mit wunderbarer Kraft und Behendigkeit einen ebenso kecken Hopser wie vorher. Darnach drückte er den Daumen seiner rechten Hand auf den Sattelbogen, hob sich empor und hielt sich in der Luft, das ganze Gewicht des Körpers auf den Muskeln und Nerven des einen obenerwähnten Daumens wiegend und sich dreimal um sich selber drehend und quirlend. Beim vierten Male jedoch warf er seinen Leib derart um, daß das Unterste zuoberst und das Hinterste zuvorderst käme, und setzte sich, ohne irgendwo anzustoßen, zwischen die Ohren des Pferdes, und von da gab er sich einen Schwung, wodurch er auf die Kruppe des Tieres zu sitzen kam.

(Das nenne ich nicht kämpfen, sagte Onkel Toby. Der Korporal schüttelte den Kopf. Wartet noch! sagte Yorick.)

Da streckte er (Tripet) sein rechtes Bein über den Sattel und setzte sich ebenfalls auf die Kruppe. Aber, sagte er, es wäre jetzt besser für mich, mich in den Sattel zu setzen. So preßte er die Daumen beider Hände auf die Schwanzriemen, stützte sich darauf, als sollten sie allein den Körper tragen, drehte sich einmal in der Luft um sich selber und fand sich im Augenblick auf dem Sattelbogen in angenehmer

Lage. Jetzt wand er sich in der Luft, Purzelbäume schießend, gleich einer Windmühle, und machte mehr als hundert Kunststücke, Kurbetten, Halbabsprünge – Guter Gott, rief Onkel Toby, dem alle Geduld ausgegangen war, ein guter Stich mit dem Bajonett ist mehr wert als alles das zusammen. – Ich bin ganz Ihrer Meinung, sagte Yorick.

Ich bin ganz und gar anderer Meinung, sagte mein Vater.

Dreissigstes Kapitel

Nein, ich meine, ich habe nichts vorgebracht, antwortete mein Vater auf eine Frage, die Yorick ihm zu stellen sich die Freiheit genommen hatte, ich habe nichts in der *Tristrapaedia* vorgebracht, das in sich nicht so klar und eindeutig wäre wie ein Lehrsatz des Euklid. Reich Er mir, Trim, das Buch vom Schreibtisch; ich hatte oft schon daran gedacht, euch beiden es gelegentlich vorzulesen, Ihnen, Yorick, und dir, Bruder Toby, und ich empfinde es als ein wenig unfreundlich meinerseits, es nicht schon lange zuvor getan zu haben. Sollen wir also nicht jetzt ein oder zwei Kapitelchen vornehmen und ein oder zwei später, wann sich die Gelegenheit dazu bietet, und so fort, bis wir durch das ganze Buch hindurchgekommen sind? Onkel Toby und Yorick verneigten sich, wie sich's gehörte, und auch der Korporal, obwohl an ihn die Frage nicht gerichtet war, legte die Hand auf die Brust und machte gleichzeitig eine Verbeugung. – Alle lachten. – Trim, sagte mein Vater, hat den vollen Eintrittspreis damit entrichtet, daß er das Schaustück vorhin ausgehalten hat. – Er scheint das Spiel nicht sehr genossen zu haben, sagte Yorick. – Mit Euer Hochwürden Erlaubnis, das war ein Kampf zwischen zwei Hanswürsten, der zwischen dem Hauptmann Tripet und dem anderen Offizier, der so viel Purzelbäume machte, als sie vorrückten. Die Franzosen kommen zuweilen auch so hüpfend anmarschiert, aber doch nicht gar so arg.

Onkel Toby war sich niemals seines eigenen Daseins mit mehr Wohlgefallen bewußt gewesen als jetzt, da die Bemerkung des Korporals und seine eigenen Gedanken es ihn also empfinden ließen – er zündete seine Pfeife an, Yorick zog seinen Stuhl näher zum Tisch heran, Trim putzte das Licht, mein Vater schürte das Feuer auf, hustete zweimal und begann.

Einunddreissigstes Kapitel

Die ersten dreißig Seiten, sagte mein Vater, die Blätter wendend, sind ein wenig trocken. Und da sie zudem, strenggenommen, nicht zur Sache gehören, so wollen wir sie für diesmal überschlagen. Sie bilden eine Einleitung in Form einer Vorrede oder eine Vorrede in Form einer Einleitung (ich bin mit mir noch nicht einig, wie ich es nennen werde) über die politische oder die gesellschaftliche Verfassung, deren Grundstein mit der ersten Verbindung zwischen Mann und Weib zwecks Fortpflanzung der Art gelegt wurde ... Ich wurde, ohne daß ich es merkte, darauf gebracht. – Es war auch ganz natürlich so, sagte Yorick.

Der Ursprung der Gesellschaft, fuhr mein Vater fort, ist zu meiner Befriedigung so, wie Politian uns lehrt, die Ehe und kein anderer; er ist damit gegeben, daß ein Mann und ein Weib sich zusammentun, wozu (nach Hesiod) der Philosoph noch einen Knecht hinzufügt; doch für den Fall, daß es in den ersten Anfängen noch keine geborenen Knechte gegeben habe, so verlegt er den Ursprung der menschlichen Gesellschaft in einen Mann, ein Weib und einen Stier. – Ich glaube, es ist ein Ochs, rief Yorick, die Stelle zitierend: οἶκον μὲν πρώτιστα, γυναῖκά τε, βοῦν τ᾽ ἀροτῆρα. Ein Stier müßte nämlich mehr zu schaffen gemacht haben, als sein Kopf wert war. – Es gibt aber noch einen besseren Grund dafür, sagte mein Vater, die Feder in die Tinte tauchend, denn da der Ochs das geduldigste aller Tiere war und das nützlichste insoweit, als die Menschen mit seiner Hilfe den Boden für ihre Nahrung pflügten, so war er auch das geeignetste Werkzeug und Wahrzeichen zugleich für das junge Menschenpaar, das die Schöpfung diesem hätte beigesellen können. – Es gibt aber einen noch triftigeren Grund für den Ochsen als alle anderen, fügte Onkel Toby hinzu. – Mein Vater brachte es nicht über sich, die Feder aus dem Tintenfaß herauszunehmen, bevor er nicht Onkel Tobys Grund gehört hätte. – Denn sobald der Acker gepflügt, sagte Onkel Toby, und alles so weit war, daß er eingezäunt werden konnte, begannen die Menschen, ihn mit Wällen und Gräben zu schützen, womit wiederum der Ursprung der Festungen gegeben ward. – Sehr, sehr richtig, lieber Toby, rief mein Vater, den Stier ausstreichend und an dessen Stelle den Ochsen setzend.

Mein Vater winkte Trim, das Licht zu putzen, und nahm seine Vorlesung wieder auf.

Ich gehe auf diesen Gedankengang ein, sagte mein Vater leichthin, das Buch halb schließend, während er fortfuhr, nur um die Grundlage der natürlichen Beziehungen zwischen Vater und Kind aufzudecken, über welches Kind er, der Vater, Recht und Jurisdiktion auf vier verschiedene Arten erwirbt:

erstens durch Heirat,
zweitens durch Adoption,
drittens durch Legitimation
und viertens durch die Zeugung, welche vier Arten ich der Reihe nach betrachten werde.

Ich lege auf die letztere wenig Wert, meinte Yorick, denn der Zeugungsakt allein legt meiner Meinung nach ebensowenig Verpflichtung auf das Kind, wie er dem Vater Macht verleiht. – Da sind Sie im Unrecht, rief mein Vater sehr entschieden, aus diesem einfachen Grund, weil * * * * * * * * *
* * * * * * * * * * *
* * * * * * * * * Ich gebe aber zu, schloß mein Vater, daß das Kind aus demselben Grund nicht ebenso unter der Gewalt und Jurisdiktion der Mutter steht. – Dieselbe Ursache gilt aber doch auch für sie, antwortete Yorick. – Sie selber untersteht der Autorität, sagte mein Vater, und nebenbei ist sie, fuhr mein Vater fort, den Kopf schüttelnd und den Finger an die Nase legend, nicht der hauptsächlich tätige Faktor von beiden in dieser Sache. – In welcher? sagte Onkel Toby, sich die Pfeife stopfend. – Obwohl der Sohn ihr, fügte mein Vater hinzu (ohne Onkel Tobys Frage zu beachten), unter allen Umständen Achtung schuldig ist, wie Sie, Yorick, es sehr ausführlich in den Institutionen des Justinian im elften Kapitel und in der zehnten Abteilung lesen können … – Ich kann es aber ebensogut im Katechismus lesen, antwortete Yorick.

Zweiunddreissigstes Kapitel

Trim kann jedes Wort daraus auswendig hersagen, sagte Toby. – Puh, rief mein Vater, der keinen Wert darauf legte, jetzt von Trim mit dem Katechismus unterbrochen zu werden. – Er kann es wirklich, mein Wort darauf, antwortete Onkel Toby. Stellen Sie ihm irgendeine Frage daraus, Yorick!

Das fünfte Gebot, Trim, fragte Yorick sanft, ihm freundlich zunikkend, als hätte er es mit einem etwas schwachen Konfirmanden zu tun. – Der Korporal schwieg. – Sie fragen ihn nicht richtig, sagte Onkel Toby, seine Stimme hebend und die Frage rasch, wie ein Kommandowort, ausstoßend: Das fünfte Gebot! schrie Onkel Toby. – Euer Gnaden müssen mit dem ersten anfangen, sagte Trim.

Yorick konnte ein Lächeln nicht zurückhalten. – Euer Hochwürden bedenken nicht, sagte der Korporal, seinen Stock wie eine Muskete an die Schulter legend und in die Mitte des Zimmers marschierend, um seine Lage deutlich zu machen, daß es genauso wie beim Exerzieren im Felde ist.

Präsentiert das Gewehr! rief der Korporal, zugleich kommandierend und die Bewegung vollziehend.

Gewehr ab! rief er weiter, abermals zugleich als Regimentsadjutant und als Gemeiner handelnd.

Rührt euch! Eine Bewegung, sehen Hochwürden, fußt auf der anderen. Wenn Euer Gnaden also mit dem ersten Gebot anfangen wollen …

Das erste! rief Onkel Toby, die Hand in die Hüfte stützend.

* * * * * * * * * * *

* * * * * * * *

Das zweite! rief Onkel Toby, seine Pfeife schwingend, als wäre es sein Schwert und stünde er an der Spitze seines Regimentes. – Der Korporal ging das ganze Handbuch mit großer Genauigkeit durch. Und nachdem er ›Vater und Mutter geehrt‹, machte er eine tiefe Verbeugung und stellte sich wieder an die Wand.

Ein jegliches Ding in dieser Welt, rief jetzt mein Vater aus, steckt doch voll Kurzweil und Witz und trägt außerdem die entsprechende Belehrung in sich – wir müssen beides nur zu finden wissen.

Hier haben wir das Baugerüst aller Erziehung, eine reine Narrheit ohne das Gebäude dahinter, denn dieses fehlt.

Hier ist der Spiegel für Pädagogen, Erzieher, Hauslehrer, Hofmeister, Grammatikpauker und allerlei andere Bärenführer, darin sie sich in ihren wahren Maßen und Verhältnissen sehen mögen.

Ach, Yorick, mit der Gelehrsamkeit zusammen wächst nämlich auch deren Kapsel und Schale, und diese Schale, sage ich, weiß die Ungeschicklichkeit der Erzieher niemals vom Kern zu trennen.

Wissenschaft kann auswendig gelernt werden, aber nicht Weisheit.

Yorick dachte jetzt, mein Vater sei vom göttlichen Feuer der Begeisterung erfaßt.

Ich will mich augenblicklich verpflichten, sagte mein Vater, das ganze Erbe seitens meiner Tante Dinah frommen Zwecken (von welchen mein Vater nebenbei nicht allzuviel hielt) zu widmen, wenn der Korporal auch nur eine einzige deutliche Vorstellung mit einem der Sätze, die er vorhin wiederholt hat, verbindet. – Bitte, Trim, rief mein Vater, sich an diesen wendend, was versteht Er darunter: Ehret Vater und Mutter?

Ihnen dreiundeinhalb Pence pro Tag aus der Löhnung geben, Euer Gnaden, wenn sie alt geworden sind, antwortete Trim. – Und hat Er das auch getan, Trim? sagte Yorick. – Er hat es wirklich getan, antwortete Onkel Toby. – Dann, Trim, rief Yorick, vom Sessel springend und den Korporal bei der Hand nehmend, ist Er selber der beste Ausleger des vierten Gebotes. Und ich ehre Ihn mehr darum, Trim, als wenn Er am Talmud selber mitgearbeitet hätte.

Dreiunddreissigstes Kapitel

O Segen der Gesundheit! rief mein Vater, als er das Blatt zum nächsten Kapitel umwandte. Denn sie ist mehr als Gold und alle Schätze der Erde. Sie weitet die Seele und entbindet all deren Kräfte, damit Belehrung in sie einströme und sie die Tugend schmecke. Der sie hat, hat wenig mehr zu wünschen übrig. Wer so arm ist, daß er dich entbehren muß, entbehrt alles.

Ich habe alles, was über diesen wichtigen Gegenstand gesagt werden muß, sprach mein Vater, auf einen sehr kleinen Raum zusammengebracht, und so können wir das Kapitel von Anfang bis zu Ende lesen.

Mein Vater las:

Da das ganze Geheimnis der Gesundheit auf dem Streit zwischen der Radikalhitze und der Radikalfeuchtigkeit beruht …

Ich nehme natürlich an, daß Sie diese Tatsache schon früher irgendwie bewiesen haben, sagte Yorick.

Ich habe sie hinreichend bewiesen, natürlich, antwortete mein Vater.

Mit diesen Worten aber schloß er das Buch – nicht, als wäre er entschlossen, nichts mehr daraus vorzulesen, denn er hielt den Zeigefinger zwischen den Blättern, oder als wäre er gereizt, denn er schloß das Buch ganz langsam, der Daumen blieb auf dem oberen Einbanddeckel, während drei Finger den unteren Deckel, ohne ihn zu pressen, zuhielten. – Ich habe die Richtigkeit dieses Absatzes, sagte mein Vater zu Yorick, hinreichend und ausführlich im vorhergehenden Kapitel bewiesen.

Könnte man nun dem Mann im Mond erzählen, daß ein Mensch der Erde ein Kapitel geschrieben habe, worin hinreichend bewiesen werde, daß das Geheimnis aller Gesundheit auf dem Wettstreit zwischen der Radikalhitze und der Radikalfeuchtigkeit beruhe und daß er damit diesen Gegenstand so erledigt habe, daß es das ganze Kapitel hindurch weder ein trockenes noch ein feuchtes Wort über diese Radikalhitze und Radikalfeuchtigkeit oder auch nur eine einzige derartige Silbe dafür oder dagegen, direkt oder indirekt, über den Streit dieser beiden Mächte in irgendeinem Teil des tierischen Körperhaushalts gegeben habe …

O du ewiger Schöpfer alles Daseins! – würde er da ausrufen, seine Brust mit der rechten Hand schlagend (falls er eine hat) – Du, dessen Macht und Güte die Fähigkeiten deiner Geschöpfe bis zu diesem unendlich hohen Grade des Ausgezeichneten und Vollkommenen zu erweitern vermag …, was haben wir Mondmänner dagegen geleistet?

Vierunddreissigstes Kapitel

Mit zwei Hieben, einem gegen Hippokrates und dem anderen gegen Lord Verulam, ist es meinem Vater gelungen.

Der Hieb gegen den Fürsten der Ärzte, womit er den Anfang machte, war nicht mehr als eine kurzgefaßte Schmähung gegen dessen kümmerliche Klage über *Ars longa* und *Vita brevis*. Das Leben ist kurz, rief mein Vater – und die Heilkunst langwierig und -weilig! Und wem haben wir dafür zu danken, wenn nicht der Unwissenheit der Quacksalber selbst und den ganzen Frachtladungen chemischer Geheimmittel und all dem peripatetischen Plunder, womit jene jederzeit der Welt zuerst geschmeichelt und sie dann betrogen haben?

O Lord Verulam! rief mein Vater, indem er, sich von Hippokrates abwendend, jetzt seinen zweiten Hieb gegen jenen als das Haupt aller Geheimniskrämer führte, an dem sich am besten ein Exempel statuieren ließe. Was soll ich zu dir sagen, Lord Verulam? Was soll ich zu deinem ›inneren Geist‹, deinem Opium, Salpeter, deinen Salben, deinen täglichen Purgierungen, deinen allnächtlichen Klistieren sagen?

Mein Vater war nie darüber im Leben verlegen gewesen, was, worüber und mit wem er zu sprechen hätte, und brauchte weniger als irgendein Mensch auf der Welt eine Einleitung. Wie er mit den Ansichten Seiner Lordschaft umsprang, werden Sie noch sehen; wann aber – das weiß ich nicht, denn wir müssen erst die Ansichten Seiner Lordschaft kennenlernen.

Fünfunddreissigstes Kapitel

Die zwei Ursachen, die sich miteinander verschworen haben, das Leben zu kürzen, sagt Lord Verulam, sind die folgenden:

Erstens: der innere Geist, der gleich einer sanften Flamme den Körper verzehrt, bis daß dieser stirbt. Und zweitens: die äußere Luft, die den Körper zu Asche austrocknet; welche beiden Feinde, dem Körper von zwei Seiten zusetzend, schließlich dessen Organe zerstören und sie der Fähigkeit berauben, Träger der Lebensfunktionen zu bleiben.

Bei so bewandten Umständen ergibt sich der Weg zur Langlebigkeit von selbst: Es wird nichts anderes verlangt, sagt Seine Lordschaft, als die durch den inneren Geist verursachte Zerstörung auszubessern, indem wir die Substanz dicker und dichter machen, und zwar durch regelmäßiges Einnehmen von Opiaten einerseits und durch Abkühlung der Hitze mittels dreieinhalb Körnchen Salpeter jeden Morgen beim Aufstehen andererseits. Freilich ist dieses unser Lebensgehäuse den feindlichen Angriffen der Luft außerhalb von uns ausgesetzt, doch sind solche durch eine Anzahl fettreicher Salbungen abzuwehren, die so gänzlich die Hautporen sättigen, daß nicht einmal eine Nadel eintreten oder herausdringen könnte. Dadurch werden nun alle merklichen und unmerklichen Ausdünstungen gehemmt, welche die Ursachen mancher skorbutartigen Krankheit sind. Eine Anzahl von Klistieren ist dann notwendig, um die gestauten bösen Säfte abzuführen und das System zu vervollständigen.

Was mein Vater über Lord Verulams Opiate, den Salpeter und die sehr fetthaltigen Salben zu sagen hatte, werden Sie, wenn auch nicht heute, so doch morgen lesen. Die Zeit eilt, mein Leser wird ungeduldig, ich muß weiter ... Sobald die *Tristrapaedia* herausgekommen ist, können Sie das Kapitel (wenn Sie wollen) mit Muße lesen.

Gegenwärtig genüge, wenn ich sage, daß mein Vater diese Hypothese zunichte machte und daß er zugleich damit, wie die Gelehrten wissen, seine eigene aufbaute und einführte.

Sechsunddreissigstes Kapitel

Da das ganze Geheimnis der Gesundheit, sagte mein Vater, den Satz von neuem beginnend, offenbar in dem richtig verlaufenden Streit zwischen der Radikalhitze und der Radikalfeuchtigkeit liegt, würde die denkbar geringste Geschicklichkeit genügt haben, sie zu erhalten, hätten die Schulmänner nicht dadurch alles wieder in Verwirrung gebracht, daß sie (wie van Helmont, der berühmte Chemiker, bewies) von Anfang bis zu Ende die Radikalfeuchtigkeit mit dem Talg und Fett des tierischen Körpers verwechselten.

Nun ist die Radikalfeuchtigkeit nicht der Talg oder das Fett der Tiere, sondern eine ölige und balsamische Substanz, denn der Talg und das Fett sind, ebenso wie der Schleim und die wäßrigen Teile, kalt, während die öligen und balsamischen Teile von sehr lebhafter Hitzigkeit und regen Geistes sind, was uns die Bemerkung des Aristoteles erklärt: *Quod omne animal post coitum est triste.*

Nun ist es freilich sicher, daß die Radikalhitze in der Radikalfeuchtigkeit lebt; ob aber *vice versa*, ist zweifelhaft. Wenn jedoch die eine nachläßt, so läßt auch die andere nach; und dann erfolgt entweder unnatürliche Hitze, was unnatürliche Trockenheit zur Folge hat, oder unnatürliche Feuchtigkeit, die Ursache der Wassersucht. So daß also, wenn wir dem Kinde während des Wachstums nur das eine beibringen können, nicht ins Feuer oder Wasser zu laufen, da durch beides ihm Verderben droht, alles Nötige in dieser Hinsicht geschehen ist.

Siebenunddreissigstes Kapitel

Selbst die Beschreibung der Belagerung von Jericho würde die Aufmerksamkeit Onkel Tobys nicht mächtiger haben anziehen können als das letzte Kapitel. Seine Augen waren während desselben ununterbrochen auf meinen Vater gerichtet; ja, dieser konnte das Wort Radikalhitze und Radikalfeuchtigkeit nicht aussprechen, ohne daß Onkel Toby nicht seine Pfeife aus dem Mund nahm und den Kopf schüttelte. Sowie aber das Kapitel zu Ende war, winkte er dem Korporal, ganz dicht an seinen Stuhl heranzutreten, um an ihn folgende Frage zu richten … (beiseite) * * * * * * * * * * * * * * * Es war bei der Belagerung von Limerick, Euer Gnaden, antwortete der Korporal, sich verbeugend.

Der arme Kerl und ich, wandte sich jetzt Onkel Toby an meinen Vater, wir waren kaum imstande, aus unseren Zelten zu kriechen, als die Belagerung von Limerick aufgehoben wurde, und zwar aus ebenderselben Ursache, die du vorhin erwähnt hast. – Was mag da nur wieder in deinem Oberstübchen los sein, lieber Bruder Toby? fragte sich mein Vater im Geiste. Beim Himmel! fuhr er, mit sich selber redend, fort, das könnte auch ein Ödipus nicht erraten.

Ich glaube, Euer Gnaden, fiel der Korporal ein, daß, wenn wir damals nicht die Unmenge Branntwein jede Nacht heiß gemacht und zudem den Rotwein mit Zimt, womit ich Euer Gnaden zusetzte, gehabt hätten … – Und den Wacholdergeist, Trim, der hat uns mehr als alles andere geholfen, fügte Onkel Toby hinzu … – Ich glaube wirklich, fuhr der Korporal fort, daß wir beide, Euer Gnaden, unser Leben im Schützengraben gelassen hätten und dort auch begraben worden wären. – Das schönste Grab, Korporal, rief Onkel Toby, während seine Augen funkelten, das sich ein Soldat nur wünschen kann. – Doch immerhin ein jämmerlicher Tod für ihn, Euer Gnaden, antwortete der Korporal.

All das war für meinen Vater ebenso unverständlich, wie die Beschneidungsbräuche der Kolcher und Troglodyten es vorhin für Onkel Toby gewesen waren; und so wußte er auch nicht, ob er böse sein oder lachen sollte.

Onkel Toby nahm aber, sich an Yorick wendend, diese Angelegenheit bei Limerick wieder auf, deutlicher als vorhin, und erledigte hiermit die Sache für meinen Vater sofort.

Achtunddreissigstes Kapitel

Es war ganz zweifellos, sagte Onkel Toby, ein großes Glück für mich und den Korporal, daß wir beide die ganze Zeit über an einem sehr hohen Fieber, von wütendem Durst begleitet, litten während der fünfundzwanzig Tage, da wir die Ruhr hatten, denn sonst hätte das, was mein Bruder die Radikalfeuchtigkeit nennt, unvermeidlich die Oberhand gewinnen müssen. – Mein Vater zog so viel Luft in die Lungen ein, als er konnte, und blies sie, zur Decke emporblickend, so langsam, als es ging, wieder heraus.

Die Gnade des Himmels, fuhr Onkel Toby fort, hat dem Korporal Trim den Gedanken eingegeben, den Streit zwischen der Radikalhitze und der Radikalfeuchtigkeit nicht enden zu lassen, indem er nämlich das Fieber mit gewürztem Glühwein verstärkte, womit der Korporal gleichsam ununterbrochen das Feuer unterhielt, so daß die Radikalhitze von Anfang bis zu Ende den Boden behaupten konnte und sich der Radikalfeuchtigkeit, so fürchterlich auch diese war, als durchaus gewachsen erwies. Auf Ehre, fügte Onkel Toby hinzu, du hättest den Streit innerhalb unserer Körper, Bruder Shandy, zwanzig Klafter weit hören können. – Wenn dazwischen nicht gefeuert wurde, sagte Yorick.

Gut, sagte mein Vater mit einem vollen Atemzug, nicht ohne eine Pause nach diesem Wort eintreten zu lassen – wäre ich Richter, und erlaubten es mir die Gesetze des Landes, die mich dazu gemacht haben, so würde ich einige von den ärgsten Übeltätern – natürlich nach Gewährung des geistlichen Zuspruches – verurteilen ... Da Yorick voraussah, daß dieser Satz aller Wahrscheinlichkeit nach ›ohne Gnade zu gewähren‹ schließen würde, legte er seine Hand auf meines Vaters Brust und bat, er möchte das Urteil nur um einige Minuten aufschieben, bis daß er dem Korporal eine Frage gestellt hätte. Bitte, Trim, fuhr Yorick fort, ohne auf meines Vaters Erlaubnis zu warten, sag Er uns einmal ganz ehrlich Seine Ansicht über die eben besprochene Radikalhitze und Radikalfeuchtigkeit.

Mit geziemendem Respekt vor Euer Gnaden besserer Einsicht, antwortete Trim, sich vor Onkel Toby verbeugend. – Sprech Er Seine Ansicht darüber nur frei heraus, Korporal, sagte Onkel Toby. – Der ehrliche Bursch ist wohl mein Diener, aber nicht mein Sklave, fügte Onkel Toby, zu meinem Vater gewandt, hinzu.

Der Korporal nahm den Hut unter den linken Arm, an dessen Handgelenk sein Stock mittels eines schwarzen Riemens mit Quaste angehängt war, schritt bis zur selben Stelle hin, wo er seinen Katechismus hergesagt hatte, und nachdem er zuerst die Kinnlade mit dem Daumen und den Fingern der rechten Hand umfaßt hatte, bevor er den Mund öffnete, sagte er seine Ansicht wie folgt.

Neununddreissigstes Kapitel

Eben als der Korporal sich räusperte, um zu beginnen, watschelte Dr. Slop herein. Das soll uns aber weiter keine Schwierigkeiten bereiten, denn der Korporal wird eben im nächsten Kapitel reden, komme, wer wolle.

Nun, mein guter Doktor, rief mein Vater launig, denn die Übergänge in seinen Stimmungen waren immer ganz unberechenbar plötzlich, was hat mein kleiner Sproß zu alldem zu sagen?

Würde sich mein Vater nach der Amputation des Schwänzleins eines jungen Hundes erkundigt haben, so hätte er es nicht in einer sorgloseren Art tun können. Das System jedoch, womit Dr. Slop den Unfall zu behandeln sich vorgenommen hatte, erlaubte keineswegs diese Form der Frage. Er setzte sich nieder.

Bitte, Herr Doktor, fragte jetzt Onkel Toby auf eine Weise, die nicht ohne Antwort bleiben durfte, wie befindet sich der Junge jetzt? – Es wird daraus eine *Phimosis* werden, gab Dr. Slop zur Antwort. – Da bin ich jetzt genauso klug wie vorhin, sagte Onkel Toby, die Pfeife wieder in den Mund steckend. – Dann laß den Korporal, sprach mein Vater, mit seiner medizinischen Vorlesung anfangen! – Der Korporal machte eine Verbeugung vor seinem alten Freund Slop und sprach seine Ansicht über die Radikalhitze und Radikalfeuchtigkeit wie folgt aus:

Vierzigstes Kapitel

Die Stadt Limerick, deren Belagerung unter Seiner Majestät dem König Wilhelm selbst begonnen hatte, und zwar das Jahr darauf, nachdem ich zur Armee gegangen, liegt, Euer Gnaden, mittendrin in einem verteufelt nassen, sumpfigen Gelände. – Limerick wird ganz vom Shannon umflossen, sagte Onkel Toby, und ist von Natur aus eine der stärksten Festungen in Irland.

Ich meine, das ist eine ganz neue Art, eine medizinische Vorlesung anzufangen, sagte Dr. Slop. – Es ist aber die pure Wahrheit, erwiderte Trim. – Dann wünschte ich nur, die Fakultät möchte sich Euren Schnitt zum Muster nehmen, sagte Yorick. – Es ist ganz von Gräben und Sümpfen zerschnitten, Hochwürden, sprach Trim, und dazu war während der Belagerung eine solche Masse Regen gefallen, daß das ganze Land einer einzigen Pfütze glich, und das und nichts anderes hat uns die Ruhr gebracht und uns beide, den gnädigen Herrn und mich, beinahe zugrunde gerichtet. Es gab im ganzen Umkreis nach den ersten zehn Tagen keinen Fleck, fuhr der Korporal fort, wo sich ein Soldat in seinem Zelt hätte trocken niederlegen können, ohne zuerst noch einen Graben herumziehen zu müssen, damit das Wasser abfließe. Auch war das nicht genug, denn die sich's leisten konnten, wie der gnädige Herr, ließen alle Abende eine Zinnschüssel voll Branntwein heiß machen, was der Luft die Feuchtigkeit nahm und das Zelt wie ein Ofen wärmte.

Und welchen Schluß zieht Er, Korporal Trim, rief mein Vater, aus allem?

Ich ziehe daraus den Schluß, Euer Gnaden, antwortete Trim, daß die Radikalfeuchtigkeit nichts anderes auf der Welt ist als Grabenwasser und die Radikalhitze für alle diejenigen, welche die Auslage nicht zu scheuen brauchen, heiß gemachter Branntwein. Für den gemeinen Mann waren aber die Radikalfeuchtigkeit und die Radikalhitze, Euer Gnaden, Grabenwasser und ein Glas Wacholderschnaps, und wenn man uns nur genug davon gibt und dazu eine Pfeife Tabak, um uns Mut zu machen und die Dämpfe zu verjagen, so wissen wir nicht, was das heißt: den Tod fürchten.

Ich weiß wahrlich nicht, Hauptmann Shandy, sagte Dr. Slop, in welchem Zweig der Gelehrsamkeit Ihr Diener mehr glänzt: in der Theologie oder in der Medizin. – Slop hatte Trims Kommentar zur Predigt noch nicht vergessen.

Erst vor einer Stunde, antwortete Yorick, ist der Korporal in ersterer examiniert worden und hat das Examen mit Ehre bestanden.

Die Radikalhitze und Radikalfeuchtigkeit, sagte Dr. Slop zu meinem Vater, müssen Sie wissen, ist ebenso die Basis und die Grundlage unserer ganzen Existenz, wie die Wurzel des Baumes Quelle und Prinzip seines Wachstums ist. Beides ist im Samen der Tiere enthalten und kann auf verschiedene Weise – meiner Meinung nach hauptsächlich durch Konsubstantiale, durch Imprimente und Okkludente erhalten werden. Nun hat dieser arme Teufel hier, fuhr Dr. Slop fort, auf den Korporal weisend, das Unglück gehabt, irgendeinen oberflächlichen, rein erfahrungsmäßigen Diskurs über diese sehr feine und schwierige Materie zu hören. – Das hat er wohl, sagte mein Vater. – Sehr wahrscheinlich, sagte Onkel Toby. – Ich bin ganz überzeugt davon, sagte Yorick.

Einundvierzigstes Kapitel

Da Dr. Slop herausgerufen wurde, um nach dem Umschlag zu sehen, den er angeordnet hatte, so war meinem Vater Gelegenheit gegeben, ein weiteres Kapitel der *Tristrapaedia* vorzulesen. – Frisch, Jungens! Ich werde euch Land zeigen – denn wenn wir durch dieses Kapitel durch sind, so klappen wir das Buch ein Jahr lang zu. Hurra!

Zweiundvierzigstes Kapitel

Fünf Jahre lang das Lätzchen unter dem Kinn;

Vier Jahre lang die Reise durchs Abc;

Anderthalb Jahre, um den eigenen Namen schreiben zu lernen;

Sieben lange Jahre und mehr für Latein und Griechisch;

Vier Jahre für Probationen und Negationen. – Die schöne Statue steckt noch im Marmorblock drin, bis jetzt sind erst die Werkzeuge geschärft und geschliffen worden, um sie herauszuhauen. Ein höchst bejammernswerter Aufschub. Hing es doch an einem Haar, daß der große Skaliger seine Werkzeuge überhaupt scharf bekommen hätte. Er war vierundvierzig Jahre alt, bevor er Griechisch kannte, und Peter Damianus, Bischof von Ostia, konnte, wie alle Welt weiß, noch nicht lesen, als er schon zum Mann herangewachsen war. Und Baldus selber, so großartig er sich auch später entwickelt hat, wandte sich so spät der Rechtswissenschaft zu, daß jedermann der Meinung war, er wolle es erst in der anderen Welt zum Advokaten bringen. Kein Wunder, daß Eudamidas, der Sohn des Archidamas, als er den Xenokrates mit fünfundsiebzig Jahren über die Weisheit disputieren hörte, ganz im Ernst fragte: Wenn der alte Mann jetzt noch über die Weisheit disputiert und darnach forscht, welche Zeit wird ihm da bleiben, davon Gebrauch zu machen?

Yorick hörte meinem Vater mit großer Aufmerksamkeit zu; überall war hier auf unerklärliche Weise eine Würze echter Weisheit in äußerste Schrullenhaftigkeit hineingemischt, ja, zuweilen hatte er solche Erleuchtungen inmitten der schwärzesten Verdunkelungen, daß er diese damit beinahe wettmachte. Nehmen Sie sich ja in acht, mein Herr, wenn Sie es ihm nachmachen wollen!

Ich bin überzeugt, Yorick, fuhr mein Vater fort, halb lesend, halb disputierend, daß es so etwas wie eine Nordwestpassage nach der

Welt des Geistes gibt und daß die Seele des Menschen viel kürzere Wege weiß, um sich Erkenntnis und Belehrung zu verschaffen, als wir gewöhnlich mit ihr einschlagen. Aber ach, nicht neben allen Feldern fließt ein Strom oder Bach, nicht jedes Kind, Yorick, hat einen Vater, der ihm den Weg weist.

Das Ganze hängt nämlich durchaus, fügte mein Vater mit leiser Stimme hinzu, von den Auxiliarverben ab, Yorick.

Wenn Yorick auf die Schlange des Laokoon getreten wäre, hätte er kein erstaunteres Gesicht machen können. – Auch ich bin überrascht, rief mein Vater, da er Yoricks Erstaunen wahrnahm, und ich halte es in der Tat für eines der größten Unglücke in der Republik der Geister, daß diejenigen, die mit der Erziehung der Kinder betraut werden und deren Sache es ist, den Geist der Kinder zu erschließen und ihn frühzeitig mit Gedanken zu versehen, um die Einbildungskraft zu wecken, so wenig Gebrauch dabei von den Auxiliarverben gemacht haben. So daß mit Ausnahme von Raimundus Lullus und dem älteren Pellegrini, welch letzterer es in seinem Unterricht zu einer solchen Vollkommenheit in deren Gebrauch gebracht hatte, daß er in wenigen Stunden einen jungen Menschen so weit gefördert hatte, daß dieser überzeugend über welchen Gegenstand immer *pro* und *contra* reden und alles sagen und schreiben konnte, was darüber gesagt oder geschrieben werden konnte, ohne ein Wort auszustreichen, zur Bewunderung aller, die ihm zusahen ... – Ich würde mich freuen, sagte Yorick, meinen Vater unterbrechend, wenn mir die Sache verständlicher gemacht werden könnte. – Sie wird Ihnen sogleich verständlich gemacht werden, sagte mein Vater.

Der höchste Grad der Entwicklung, deren ein einzelnes Wort fähig sein kann, ist sein Gebrauch in übertragener Bedeutung, wodurch allerdings, meiner Meinung nach, der Gedanke meist mehr verliert als gewinnt. – Doch sei dem, wie ihm wolle: Wenn der Geist bis dahin mit dem Wort vorgedrungen ist, sind wir am Ende angelangt, und Geist und Gedanke ruhen, bis wiederum ein neuer Gedanke auftritt und so weiter.

Nun liegt der Nutzen der Auxiliare eben darin, daß die Seele von selber auf dem ihr gebotenen Material laufen lernt und damit spielt, daß dank der Schwungkraft dieser mächtigen Maschine, um welche diese Verben gewunden sind, neue Gebiete für die Forschung eröffnet werden und jeder Gedanke Millionen neuer zu erzeugen gezwungen ist.

Sie erregen meine Neugier auf das allerhöchste, sagte Yorick.

Was mich anbelangt, sprach Onkel Toby, habe ich es schon aufgegeben, meinen Bruder hier zu verstehen. – Die Dänen, Euer Gnaden, sagte der Korporal, die während der Belagerung von Limerick am linken Flügel standen, waren alles Auxiliare. – Und zwar sehr gute, sagte Onkel Toby. Aber die Auxiliare, von denen mein Bruder spricht, sind, soweit ich sehe, ganz andere Dinge.

Siehst du es auch wirklich? sagte mein Vater und erhob sich.

Dreiundvierzigstes Kapitel

Mein Vater machte einen Gang durchs Zimmer, setzte sich dann wieder und beendete das Kapitel.

Die Hilfsverben oder Auxiliare, die uns hier angehen, fuhr mein Vater fort, sind: *sein, haben, werden, können, mögen, dürfen, müssen, sollen, wollen, lassen.* Und diese mit den Zeiten der Gegenwart, Vergangenheit und Zukunft verschiedentlich abgewandelt oder mit dem Wort *sehen* verkoppelt oder mit Fragen wie: Ist es? War es? Wird es sein? Würde es sein? Kann es sein? Könnte es sein? Oder diese wieder verneinend gestellt: Ist es nicht? War es nicht? Wird es nicht sein? Oder bejahend: Es ist. Es war. Es sollte sein. Oder zeitlich: Ist es immer so gewesen? Jüngst so gewesen? Wie lange ist es so? Oder als Annahme: Wenn es wäre? Wenn es nicht wäre? Was würde daraus folgen? Wenn die Franzosen die Engländer schlagen sollten? Wenn die Sonne aus dem Tierkreis treten sollte?

Bei richtigem Gebrauch und umsichtiger Anwendung dieser Formen, fuhr mein Vater fort, worin das Gedächtnis des Kindes freilich geübt werden muß, kann nun kein noch so unfruchtbarer Gedanke in sein Gehirn dringen, ohne daß nicht ein ganzes Lager von Gedanken und Schlüssen daraus erschlossen wird. – Hat Er jemals einen weißen Bären gesehen, Trim? rief mein Vater, sich nach Trim umsehend, der hinter seinem Stuhl stand. – Nein, Euer Gnaden, antwortete der Korporal. – Aber Er könnte darüber im Notfall einen Vortrag halten, Trim, sagte mein Vater. – Wie ist das aber möglich, Bruder, sagte Onkel Toby, wenn der Korporal nie einen gesehen hat? – Das ist ja gerade das, was ich brauche, antwortete mein Vater, und die Möglichkeit, die sich daraus ergibt, ist folgende:

Ein weißer Bär. Sehr gut. Habe ich jemals einen gesehen? Könnte ich jemals einen gesehen haben? Werde ich jemals einen sehen? Sollte ich jemals einen gesehen haben? Oder kann ich jemals einen sehen?

Ich wollte, ich hätte einen weißen Bären gesehen! (Denn wie kann ich mir sonst einen vorstellen?)

Wenn ich einmal einen weißen Bären sehen sollte, was würde ich sagen? Wenn ich niemals einen weißen Bären sehen sollte, was aber dann?

Wenn ich niemals einen weißen Bären lebendig gesehen habe oder ihn sehen kann, muß oder soll, habe ich jemals das Fell eines solchen gesehen? Habe ich ihn jemals gemalt gesehen? Oder beschrieben bekommen? Habe ich niemals von einem geträumt?

Haben mein Vater, meine Mutter, meine Onkel und Tanten, Brüder und Schwestern jemals einen weißen Bären gesehen? Was würden sie dafür geben? Wie würden sie sich benehmen? Wie würde sich der weiße Bär benommen haben? Ist er wild? Zahm? Fürchterlich? Rauh? Glatt?

Ist der weiße Bär sehenswert?

Ist keine Sünde dabei?

Ist er besser als ein schwarzer?

Sechstes Buch

Erstes Kapitel

Wir wollen uns nicht zwei Minuten lang aufhalten, Herr – nun, da wir durch diese fünf Bände (Setzen Sie sich doch, mein Herr, auf den Bücherstoß! – Er ist besser als nichts.) hindurch sind, so lassen Sie uns einen Rückblick werfen auf das Land, durch das wir gezogen sind.

Was für eine Wildnis war das nicht! Und welch ein Segen, daß wir uns beide darin nicht verloren haben oder von wilden Tieren aufgefressen worden sind.

Hätten Sie je geglaubt, Herr, die ganze Welt zusammen enthielte eine solche Menge Esel? Wie sie uns immer angeglotzt und mit ihren Blicken gleichsam verschlungen haben, als wir über den kleinen Bach am Fuß des Hügels setzten! Und da wir über dem Hügel waren und uns den vielen Blicken endlich entzogen hatten – guter Gott, was für ein Geschrei ging da nicht los von allen zusammen!

Lieber Hirt, bitte, wer hält sich denn diese Menge Esel? – ***

Der Himmel tröste sie. Was, sie werden nie gestriegelt? Kommen sie im Winter nicht in den Stall? I-A, I-A, I-A! Schreit nur zu, die Welt steht sehr in eurer Schuld. – Noch lauter! – Das ist noch alles nichts. – Sicherlich werdet ihr schlecht behandelt. – Wäre ich ein Esel – das erkläre ich hiermit feierlich –, so wollte ich vom Morgen bis in die Nacht in Es-el-Dur schreien.

Zweites Kapitel

Nachdem mein Vater seinen weißen Bären sechs Seiten lang nach rückwärts und vorwärts hatte tanzen lassen, klappte er endgültig das Buch zu und legte es mit einem gewissen Triumphgefühl in Trims Hände zurück mit dem Bedeuten, es wieder auf das Schreibpult zu legen, von wo es genommen worden war. – Tristram, sagte er, soll auf diese Weise angehalten werden, jedes Wort im Lexikon zu konjugieren, nach vorwärts und rückwärts. Jedes Wort, Yorick, wird auf diese Weise in eine These und Hypothese verwandelt; These und Hypothese wieder sind die Quellen neuer Aussagen, und jede Aussage führt ihrerseits zu neuen Folgerungen und Schlüssen, die alle auf neue Spuren der Forschung und des Zweifels bringen. Die Gewalt dieses Apparates, fügte mein Vater hinzu, zum Öffnen eines solchen Kinderschädels ist ganz ungeheuerlich groß. – Sie genügt sicherlich, Bruder Shandy, rief Onkel Toby, ihn in tausend Splitter zu zerreißen.

Vermutlich, sagte Yorick lächelnd, verdanken wir es dieser Methode (denn die Logiker mögen sagen, was sie wollen; aus der bloßen Befolgung der zehn Kategorien ist es nicht hinreichend zu erklären), daß der berühmte Vinzenz Quirino unter vielen anderen erstaunlichen Leistungen in seiner Kindheit, wovon Kardinal Bembo der Welt einen so genauen Bericht hinterlassen hat, im achten Lebensjahr imstande gewesen ist, auf allen Schulen Roms nicht weniger als viertausendfünfhundertfünfzig verschiedene Thesen über die dunkelsten Punkte einer höchst dunklen Theologie an die Mauer zu kleben, sie zu verteidigen und auf eine solche Weise aufrechtzuerhalten, daß seine Gegner in die Enge getrieben erschienen und ganz sprachlos wurden.

Was ist das, rief mein Vater, im Vergleich zu dem, was uns von Alphons Tostatus erzählt wird, der beinahe an der Ammenbrust alle Wissenschaften und freien Künste sich angeeignet haben soll, ohne daß eine einzige ihm richtig gelehrt worden wäre? Und was sollen wir schließlich zum großen Peirescius sagen?

Das ist derselbe, rief Onkel Toby, von dem ich dir schon einmal erzählt habe, Bruder Shandy, der die Kleinigkeit von fünfhundert Meilen von Paris nach Scheveningen und wieder zurück zu Fuß ging, nur um den fliegenden Wagen des Stevinus zu sehen. Er war ein sehr großer Mann, fügte Onkel Toby hinzu (und meinte Stevinus).

Er war es in der Tat, Bruder Toby, erwiderte mein Vater (und meinte den Peirescius) – und hatte seine Gedanken so schnell vermehrt, und seine Kenntnisse waren so ungeheuer angewachsen, daß, wenn wir einer Anekdote Glauben schenken dürfen – welchen Glauben wir in diesem Fall nicht verweigern dürfen, ohne die Glaubwürdigkeit aller Anekdoten damit zu erschüttern –, der eigene Vater ihm schon in seinem siebenten Lebensjahr die Erziehung des jüngeren Bruders anvertraute, eines Knaben von fünf Jahren, zugleich mit der alleinigen Führung und Leitung aller eigenen Belange.

War aber der Vater so weise wie der Sohn? fragte Onkel Toby.

Ich möchte es leugnen, meinte Yorick. – Doch was sind die alle, fuhr mein Vater fort, im Vergleich zu Wunderkindern wie Grotius, Skioppius, Heinsius, Politian, Pascal, Joseph Skaliger, Ferdinand von Cordoba und anderen, von welchen einige schon im neunten Lebensjahr oder früher alles Gegenständliche abstreiften und hinfort davon unbelastet weiterphilosophierten? Andere darunter lasen ihre Klassiker mit sieben Jahren und schrieben in ihrem achten Lebensjahre Tragödien. Ferdinand von Cordoba war völlig weise mit neun Jahren, obwohl man glaubte, der Teufel spräche aus ihm, und gab zu Venedig solche Beweise seiner Kenntnisse und Herzensgüte, daß die Mönche der Ansicht waren, er und kein anderer wäre der Antichrist. Wieder welche waren mit zehn Jahren Meister von vierzehn Sprachen und hatten mit elf Jahren die Kurse der Rhetorik, Poesie, Logik und Ethik vollendet, ihre Kommentare über Servius und Martianus Capella mit zwölf Jahren verfaßt und mit dreizehn die höchsten Würden in Philosophie, Jurisprudenz und Theologie empfangen.

Aber Sie vergessen mir den großen Lipsius, sagte Yorick, der schon an dem Tage, an dem er geboren wurde, etwas von sich gab.*

Man hätte das wegwischen, sagte Onkel Toby, und kein Wort darüber verlieren sollen.

* Nous aurions quelque intérêt, sagt Baillet, de montrer qu'il n'a rien de ridicule s'il étoit véritable, au moins dans le sens énigmatique que Nicius Erythräus a tâché de lui donner. Cet auteur dit que pour comprendre comme Lipse a pu composer un ouvrage le premier jour de sa vie, il faut s'imaginer, que ce premier jour n'est pas celui de sa naissance charnelle, mais celui auquel il a commencé d'user de la raison; il veut que ç'ait été à l'âge de neuf ans; et il nous veut persuader que ce fut en cet âge, que Lipse fit un poème. – Le tour est ingénieux etc. etc.

Drittes Kapitel

Als der Umschlag fertig war, hatten sich recht zur Unzeit in Susannas Gewissen Bedenken geltend gemacht, ob es sich nämlich schickte, daß sie die Kerze hielt, während Dr. Slop den Umschlag machte; Slop hatte Susannas Mißstimmung nicht mit lindernden Mitteln behandelt, und so kam es zwischen beiden zum Zank.

Ach, ach! sagte Slop, einen Blick sehr unziemlicher Freiheit in Susannas Gesicht werfend, als diese die Dienstleistung verweigerte, ich kenne Sie doch, Mamsell. – Sie mich kennen, Herr? rief Susanna schnippisch und mit einer Kopfbewegung, die offenbar mehr gegen die Person des Doktors als gegen seinen Beruf gerichtet war. Sie mich kennen? rief abermals Susanna. – Dr. Slop trommelte jetzt mit Daumen und Fingern auf seinen Nasenlöchern, Susanna aber wurde dadurch erst recht gereizt. Es ist nicht wahr, sagte sie. – Flink, flink, nur kein Zaudern, Jungfrau Züchtig, rief Dr. Slop, sehr gehoben durch den Erfolg des letzten Stiches, den er ihr versetzt hatte. Will Sie das Licht nicht halten und zusehen, so mag Sie das Licht halten und dabei die Augen schließen. – Das ist wiederum so eine von Ihren papistischen Spitzen, rief Susanna. – Sie sind besser als gar keine, Jungfer, sagte Slop ihr zunickend. – Ich verbitte mir das, Herr, rief Susanna, und zog die Spitzenkante an ihrem Hemdärmel hervor.

Es war kaum möglich, daß zwei Menschen in einem chirurgischen Fall einander mit mehr Gereiztheit und Unlust beigestanden hätten.

Slop faßte den Umschlag, Susanna den Leuchter. – Etwas mehr zu mir her, rief Slop. Susanna, die nach der einen Seite hin die Augen richtete und nach der anderen den Leuchter hielt, legte Feuer an Slops Perücke, die buschig und so durchfettet war, daß sie augenblicklich in Flammen aufging. – Sie unverschämte Schlampe, schrie

Wir hätten einiges Interesse daran, zu zeigen, sagt Baillet, daß nichts Lächerliches dabei ist, wenn dies wahr wäre; zum mindesten in dem aufschlußreichen Sinne, den Nicius Erythraeus der Sache zu geben sich bemüht. Dieser Autor sagt, daß, um zu begreifen, wie Lipsius am ersten Tage seines Lebens hat ein Werk verfassen können, man sich vergegenwärtigen muß, daß dieser erste Tag nicht der seiner fleischlichen Geburt ist, sondern der, an dem er begonnen hat, von seiner Vernunft Gebrauch zu machen; seiner Meinung nach sei dies im Alter von neun Jahren geschehen, und er bemüht sich, uns zu überzeugen, daß es in diesem Lebensalter war, wo Lipsius ein Gedicht schrieb. – Diese Auffassung ist genial usw. usw.

Slop (Ist nicht jede Leidenschaft in uns wie ein wildes Tier?), Sie unverschämte Schlampe, rief Slop, sich aufrichtend, den Umschlag in der Hand. – Ich habe dafür noch nie einem Menschen die Nase zerbrochen, sagte Susanna – und das können Sie nicht von sich behaupten. – So? rief Slop und schleuderte ihr den Umschlag ins Gesicht. – Ja, rief Susanna, indem sie gleichzeitig Slops Kompliment mit dem zurückzahlte, was an Breiresten in der Pfanne zurückgeblieben war.

Viertes Kapitel

Doktor Slop und Susanna wetzten gegenseitig ihre Schnäbel im Wohnzimmer, worauf sie sich, da der Umschlag mißglückt war, in die Küche zurückzogen, um dort für mich einen frischen Salbenbrei zu bereiten. Und derweilen sich dies zutrug, erledigte mein Vater seine Angelegenheit auf folgende Weise.

Fünftes Kapitel

Ihr seht, es ist die höchste Zeit, wandte sich mein Vater gleichzeitig an Onkel Toby und Yorick, das Kind aus den Händen dieser Weiber zu nehmen und in die eines Hauslehrers zu legen. Marcus Antoninus versah sich, um die Erziehung seines Sohnes Commodus zu leiten, mit vierzehn Hauslehrern auf einmal. Nach sechs Wochen entließ er fünf davon. Ich weiß sehr wohl, fuhr mein Vater fort, daß die Mutter des Commodus zur Zeit der Empfängnis in einen Gladiator verliebt war, was uns die vielen Grausamkeiten des Commodus erklärt, als dieser später Kaiser geworden war; doch immerhin bin ich der Ansicht, daß diese fünf, die Antoninus entlassen hatte, schon in dieser kurzen Zeit der Charakteranlage des Commodus mehr geschadet haben, als die anderen ihr ganzes Leben hindurch wiedergutzumachen imstande waren.

Da ich nun den Menschen, der um meinen Sohn sein soll, als einen Spiegel betrachte, worin sich dieser vom Morgen bis zum Abend erblicken und welchem er sein Aussehen, seine Haltung, ja, vielleicht auch die innersten Gefühle seines Herzens anpassen soll, so möchte ich, Yorick, womöglich einen haben, der an allen Stellen seines Wesens und in jeder Hinsicht so blank geputzt ist, daß mein

Kind wirklich sich darin sehen kann. – Das ist alles sehr vernünftig, sagte Onkel Toby zu sich selber.

Aus gewissen Gesichtsausdrücken, so fuhr mein Vater fort, und ebenso aus gewissen Bewegungen des Körpers beim Handeln und Reden lassen sich sichere Schlüsse auf das Innere des Menschen ziehen, und es überrascht mich durchaus nicht, daß Gregor von Nazianz, nachdem er die hastigen und ungeschickten Gebärden Julians beobachtet hatte, voraussagen konnte, dieser würde eines Tages zum Apostaten werden, oder daß der heilige Ambrosius seinem Schreiber die Tür wies wegen einer gewissen sehr unschicklichen Bewegung des Kopfes, welcher gleich einem Dreschflegel unaufhörlich nach vorwärts und nach rückwärts wackelte; oder daß Demokritus in Protagoras sofort den Gelehrten erkannte an der Art, wie dieser ein Reisigbündel band, indem er nämlich die kleinsten Zweige in die Mitte legte. Es gibt tausend unmerkliche und unbemerkte Öffnungen, fuhr mein Vater fort, durch welche ein geschärftes Auge sofort in des Menschen Seele eindringt. Und ich behaupte, fügte er hinzu, daß ein Mensch von Empfindung und Vernunft den Hut im Zimmer nicht ablegen und beim Verlassen wieder aufsetzen kann, ohne daß er sich dabei nicht irgendwie verriete.

Das sind alles Gründe, fuhr mein Vater fort, warum der Hofmeister, den ich wählen werde, weder lispeln* noch schielen, noch blinzeln oder schreien oder böse oder dumm dreinschauen oder an den Lippen kauen oder mit den Zähnen knirschen oder näseln oder in der Nase bohren oder sich mit den Fingern wird schneuzen dürfen.

Er darf weder zu geschwind noch zu langsam gehen, er darf seine Arme nicht verschränken, denn das bedeutet Faulheit, noch sie herunterhängen lassen, denn das verrät den Tropf, noch sie in die Tasche stecken, denn das ist Unsinn und bedeutet überhaupt nichts.

Er soll nicht schlagen, zwicken oder kitzeln, auch nicht beißen, an den Nägeln kauen, sich räuspern oder spucken oder rotzen oder in Gegenwart anderer mit Händen oder Füßen trommeln; er soll auch nicht (nach Erasmus) mit jemandem sprechen, während er Wasser abschlägt, oder mit den Fingern auf Aas oder Kot weisen.

Das ist auch alles Unsinn und heißt erst recht nichts, sagte Onkel Toby zu sich selber.

Ich will ihn, fuhr mein Vater fort, freundlich haben, witzig, mun-

* Vgl. Pellegrina.

ter, jovial, gleichzeitig aber klug, in seiner Arbeit voll Eifer und Aufmerksamkeit, wachsam, scharfsinnig, geistreich, erfinderisch, rasch im Lösen von Zweifeln und in der Beantwortung spitzfindiger Fragen. Er soll ferner auch weise, urteilsfähig und gelehrt sein. – Und warum nicht auch demütig, in allem mäßig und sanften Gemütes? fragte Yorick. – Und warum, rief Onkel Toby, nicht auch freimütig, edel, gütig und tapfer? – Alles das soll er sein, lieber Bruder, antwortete mein Vater, indem er aufstand und Onkel Toby bei der Hand faßte. – Dann, Bruder Shandy, antwortete Onkel Toby, sich vom Stuhl erhebend und die Pfeife niederlegend, um die andere Hand meines Vaters ergreifen zu können, dann bitte ich gehorsamst um die Erlaubnis, den Sohn des armen Le Fever empfehlen zu dürfen. – Eine Freudenträne vom klarsten Wasser glänzte in Onkel Tobys Auge auf, und eine zweite gesellte sich dazu im Auge des Korporals, als dieser Vorschlag gemacht wurde. Sie werden sehen, warum, wenn Sie Le Fevers Geschichte lesen.

Ich Narr, jetzt kann ich mich, ohne zurückzublättern, nicht erinnern (Sie vielleicht auch nicht), was es war, das mich vorhin abgehalten hat, sie in des Korporals Worten zu berichten. Doch die Gelegenheit ist nun vorbei, und ich muß die Geschichte mit meinen eigenen erzählen.

Sechstes Kapitel

Die Geschichte des Le Fever

Es war im Sommer jenes Jahres, in welchem Dendermonde von den Verbündeten eingenommen wurde, also sieben Jahre, bevor mein Vater aufs Land zog, und ungefähr ebensoviel, seitdem Onkel Toby und Trim heimlich aus meines Vaters Haus in London aufgebrochen waren, um einige der schönsten Beschießungen auf einige der schönsten Städte Europas zu eröffnen, als Onkel Toby eines Tages zu Abend aß und Trim hinter ihm vor einem kleinen Anrichtetisch saß. Ich sage: saß – denn mit Rücksicht auf das steife Knie des Korporals (das ihm zuweilen ganz bedeutende Schmerzen bereitete) wollte Onkel Toby, sooft er allein zu Mittag oder zu Abend aß, niemals zulassen, daß Trim stünde. Doch die Verehrung des armen Kerls für seinen Herrn war so groß, daß Onkel Toby mit der geeigneten Artillerie eher Dendermonde selbst eingenommen haben würde, als daß er das über den Korporal vermocht hätte, denn schon mehr als einmal hatte Onkel Toby, in der Meinung, das Bein des Korporals ruhe sich aus, beim Umsehen entdecken müssen, wie der Korporal mit der größten Ehrfurcht und Ergebenheit hinter ihm stand. Das hatte mehr kleine Zankausbrüche zwischen beiden im Gefolge als alle anderen Ursachen in jenen fünfundzwanzig Jahren. Doch was soll das hier? Warum erwähne ich es? Fragen Sie bitte meine Feder: Sie führt mich, und nicht umgekehrt.

Er saß also eines Abends beim Essen, als der Wirt eines kleinen Wirtshauses im Dorf eintrat, eine leere kleine Flasche in der Hand, mit der Bitte um ein oder zwei Glas Sekt. Es ist für einen armen Edelmann – wie ich glaube – von der Armee, sagte der Wirt. Er wurde vor vier Tagen in meinem Haus krank und ist seitdem nicht mehr aus dem Bett aufgestanden und hat auch nicht den geringsten Appetit gezeigt bis auf jetzt, da er Lust auf ein Glas Sekt und etwas dünnen Toast zeigte. Ich glaube, so sagte er und nahm die Hand von der Stirn, das wird mir guttun.

Wenn ich die Flasche Sekt weder ausbetteln noch borgen oder kaufen könnte, fügte der Wirt hinzu, so würde ich sie für diesen armen Herrn stehlen wollen, so krank ist er. Ich hoffe zu Gott, es wird wieder besser mit ihm, fuhr er fort, aber wir sind alle in großer Sorge um ihn.

Er ist eine gute Haut, dafür will ich bürgen, rief Onkel Toby, und Er selber soll ein Glas Sekt auf die Gesundheit des armen Herrn trinken. Bring Er ihm nur gleich ein paar Flaschen davon zusammen mit meinen Empfehlungen, und sage Er ihm, daß ich ihn dazu einlade und zu einem Dutzend mehr, wenn sie ihm guttun.

Obwohl ich überzeugt bin, sagte Onkel Toby, als der Wirt die Tür hinter sich geschlossen hatte, daß der Mensch da leicht zu rühren ist, Trim, so kann ich mir nicht helfen; auch ich habe eine hohe Meinung von seinem Gast; etwas Besonderes muß doch an ihm sein, daß er in so kurzer Zeit die Liebe seines Wirtes gewonnen hat. – Des Wirtes und seiner ganzen Familie, fügte der Korporal hinzu, denn alle sind um ihn besorgt. – Geh Er ihm nach, sagte Onkel Toby, Trim, und frag Er ihn, ob er den Namen des Herrn weiß.

Ich habe ihn wahrhaftig ganz vergessen, sagte der Wirt, der mit dem Korporal wieder in die Stube trat, aber ich kann ja noch immer den Sohn fragen. – Er hat also einen Sohn bei sich? fragte Onkel Toby. – Einen Jungen von elf oder zwölf Jahren, antwortete der

Wirt, aber das arme Geschöpf hat ebensowenig einen Bissen zu sich genommen wie sein Vater; er tut nichts anderes als seufzen und klagen Tag und Nacht. Er ist die ganzen zwei Tage nicht vom Bett gewichen.

Onkel Toby legte Messer und Gabel weg und stieß den Teller von sich, als der Wirt ihm dies erzählte, und Trim räumte ohne Befehl wortlos den Tisch ab und brachte nach ein paar Minuten die Pfeife und den Tabak.

Bleib Er ein wenig hier im Zimmer jetzt, sagte Onkel Toby. – Trim! sagte Onkel Toby, nachdem er die Pfeife angezündet und ein paar Züge daraus getan hatte. – Trim trat vor seinen Herrn hin und verbeugte sich; Onkel Toby rauchte und sagte nichts. – Korporal! sagte Onkel Toby. – Der Korporal verbeugte sich. – Onkel Toby fuhr nicht fort, sondern rauchte zuerst seine Pfeife fertig.

Trim, sagte Onkel Toby, ich habe einen Plan gefaßt; ich will, da das Wetter draußen schlecht ist, meinen warmen Regenmantel umnehmen und dem armen Edelmann einen Besuch machen. – Euer Gnaden, antwortete der Korporal, haben den Mantel nicht getragen seit jener Nacht, bevor Euer Gnaden verwundet wurden, da wir beide im Schützengraben vor dem Tor des heiligen Nicolas die Wache bezogen, und ferner ist es so kalt und regnerisch heute nacht, daß Euer Gnaden sich von wegen des Wetters und des alten Mantels den Tod holen können oder wenigstens sehr arge Schmerzen in den Leisten. – Ich fürchte es auch, sagte Onkel Toby. Doch seit dem Bericht des Wirtes habe ich keine Ruhe mehr. Ach, ich wollte, ich wüßte von allem nichts, fügte er hinzu, oder ich wüßte mehr davon. Wie sollen wir es aber machen? – Überlassen Euer Gnaden das mir! antwortete Trim. Ich will Hut und Stock nehmen und ins Wirtshaus gehen und erst alles auskundschaften und dann dementsprechend handeln. In einer Stunde will ich Euer Gnaden dann einen genauen Bericht erstatten. – Geh Er, sagte Onkel Toby, und hier ist ein Shilling, Er kann nachher mit dem Diener dort ein Glas trinken. – Ich werde alles aus ihm herauskriegen, sagte der Korporal und schloß die Tür.

Onkel Toby stopfte die zweite Pfeife. Und wären seine Gedanken nicht zuweilen abgekommen und hätten erwogen, ob es nicht ebensogut sei, die Kurtine der ›Zange‹ in gerader wie in krummer Linie anzulegen, so könnte man sagen, daß er die ganze Zeit über, die er an seiner Pfeife rauchte, nur an Le Fever und dessen Sohn gedacht habe.

Siebentes Kapitel

Erst als Onkel Toby die Asche aus seiner dritten Pfeife klopfte, kehrte Trim aus dem Wirtshaus zurück und erstattete folgenden Bericht:

Ich habe zuerst gar nicht geglaubt, sagte der Korporal, daß ich Euer Gnaden eine Nachricht über den armen kranken Leutnant werde bringen können. – Ist er also von der Armee? fuhr Onkel Toby dazwischen. – Ja, sagte der Korporal. – Von welchem Regiment? fragte Onkel Toby. – Ich werde Euer Gnaden alles der Reihe nach erzählen, genau so, wie ich es selber gehört habe. – Dann will ich, Trim, mir erst noch eine Pfeife stopfen, sagte Onkel Toby, um Ihn nicht unterbrechen zu müssen, bis Er fertig ist. Mach Er sich's auf der Fensterbank bequem, und fang Er mit seiner Erzählung noch einmal an. – Der Korporal machte wiederum seine bekannte Verbeugung, die so deutlich und offen, wie eine Verbeugung überhaupt so etwas tun kann, ausdrückte: Euer Gnaden sind sehr gütig. Dann setzte er sich hin, wie ihm befohlen ward, und fing seinen Bericht noch einmal an mit ungefähr denselben Worten:

Ich habe zuerst gar nicht geglaubt, sagte der Korporal, daß ich Euer Gnaden irgendeine Nachricht über den armen kranken Leutnant werde bringen können; denn als ich fragte, wo denn dessen Diener sei, von dem ich bestimmt alles zu erfahren meinte, was zu fragen schicklich ist – das war gut ausgedacht von Ihm, Trim, sagte Onkel Toby –, so bekam ich zur Antwort, Euer Gnaden, fuhr der Korporal fort, daß er keinen Diener bei sich habe, daß er mit gemieteten Pferden im Wirtshaus angekommen sei, die er, da er sich unfähig fühlte, die Reise fortzusetzen (wahrscheinlich um sich an sein Regiment anzuschließen), am Morgen nach seiner Ankunft wieder entlassen. Wenn mir wieder besser ist, lieber Junge, sagte er, als er seinem Sohn seine Börse gab, damit dieser den Kutscher bezahle, können wir ja die Pferde hier mieten. – Ach, der arme Mann wird von hier nicht mehr wegkommen, sagte die Wirtin zu mir, denn ich habe die ganze Nacht die Totenuhr gehört, und wenn er stirbt, so wird der Junge, sein Sohn, sicherlich mit ihm sterben, denn sein Herz ist heute schon gebrochen.

Soviel hatte ich also schon gehört, sagte der Korporal, als der Junge in die Küche trat, um den dünnen Toast zu bestellen, von dem der Gastwirt uns erzählt hat – aber ich will ihn selber für meinen Vater rösten, sagte der Jüngling. – Erlauben Sie mir, bitte, junger Herr, daß ich Ihnen die Mühe abnehme, sagte ich jetzt, indem ich die Gabel in die Hand nahm und ihm zugleich meinen Stuhl beim Herde anbot, während ich mich an die Arbeit machte. – Ich glaube, Herr, antwortete er sehr bescheiden, daß ich es am besten so treffe, wie mein Vater es will. – Ich bin sicher, sagte ich, daß Dero Gnaden den Toast darum nicht weniger gern essen werden, weil er von einem alten Soldaten gemacht wurde. – Der Jüngling ergriff meine Hand und brach augenblicklich in Tränen aus. – Armer Junge! rief Onkel Toby, er ist von Kind auf in der Armee aufgewachsen, und ›Soldat‹, Trim, klingt seinem Ohr wie ›Freund‹. Ich wollte, ich hätte ihn hier.

Niemals während meiner längsten Märsche, sagte der Korporal, hatte ich eine solche Lust auf mein Essen wie jetzt darauf, mit ihm zusammen zu weinen. Was konnte das nur mit mir sein, Euer Gnaden? – Nichts, Trim, oder nur das, sagte Onkel Toby und schneuzte sich die Nase, daß Er ein guter Kerl ist.

Als ich ihm den Toast reichte, fuhr der Korporal fort, hielt ich es für richtig, ihm zu sagen, daß ich Hauptmann Shandys Diener sei und daß Euer Gnaden, wenn auch ein Fremder, so doch äußerst besorgt um Dero Vater wären und daß, wenn er irgend etwas in Euer Gnaden Haus und Keller (und er hätte auch hinzufügen sollen: in meiner Brieftasche) wünsche, ihm alles zur Verfügung stehe. Er machte eine tiefe Verbeugung (die Euer Gnaden galt), gab aber keine Antwort – denn sein Herz war voll, und so ging er mit dem Toast die Stiege hinauf. – Verlassen Sie sich darauf, lieber junger Herr, sagte ich, als ich ihm die Küchentür öffnete, Ihr Vater wird wieder ganz gesund werden. – Yoricks Kaplan rauchte währenddessen seine Pfeife am Küchenherd, sagte aber nicht ein einziges Wort, um den Jungen zu trösten. Das schien mir nicht recht, fügte der Korporal hinzu. – Auch mir nicht, sagte Onkel Toby.

Nachdem der Leutnant das Glas Sekt und den Toast zu sich genommen hatte, fühlte er sich ein wenig erholt und ließ mich unten in der Küche wissen, daß er sich freuen würde, wenn ich in zehn Minuten hinaufkäme. Ich glaube, sagte der Wirt, er will jetzt beten, denn neben dem Bett auf dem Stuhl lag ein Buch, und als ich die Tür schloß, sah ich, wie der Sohn ein Kissen nahm.

Ich dachte immer, sprach jetzt der Kaplan, ihr Herren von der Armee, Herr Trim, betet überhaupt nicht. – Ich habe, fiel die Wirtin ein, letzte Nacht sehr wohl gehört, wie der arme Herr betete, ich habe es mit eigenen Ohren gehört, denn sonst würde ich es nicht geglaubt haben. – Sind Sie dessen auch ganz sicher? antwortete der Kaplan. – Ein Soldat, sagte ich jetzt, Hochwürden, betet ebensooft (aus eigenem Antrieb) wie ein Pfarrer, und wenn er für seinen König und sein eigenes Leben und auch für seine Ehre kämpft, so hat er wohl auch mehr Veranlassung, zu Gott zu beten, als irgendein anderer Mensch auf Gottes Erden. – Das hat Er gut gesagt, Trim, sagte Onkel Toby. – Und wenn ein Soldat, sagte ich, Hochwürden, zwölf Stunden hintereinander im Schützengraben gestanden hat bis zu den Knien im eisigen Wasser oder monatelang auf langen und gefährlichen Märschen war, heute im Rücken beunruhigt, morgen selber den Feind bedrohend, hier abgeschnitten, dort Gegenorder erhaltend, diese Nacht neben dem Gewehr schlafend, morgen im blanken Hemde aus dem Schlaf getrommelt, die Glieder noch steif, im Zelt ist vielleicht nicht genug Stroh, um darauf zu knien – doch beten muß er, wie und wann er kann. Ich glaube, sagte ich, denn ich war im Namen der Armee gekränkt, ich glaube, Hochwürden, daß, wenn ein Soldat überhaupt Zeit hat zu beten, er genauso von Herzen betet wie ein Pfarrer, nur mit weniger Umständen und Heuchelei. – Das hätte Er nicht sagen sollen, Trim, sagte Onkel Toby, denn Gott allein weiß, wer von uns ein Heuchler ist und wer nicht. Bei der großen Heerschau über uns alle, Korporal, am Tage des Gerichtes (und nicht früher) wird es erst deutlich und zu erkennen sein, wer von uns in dieser Welt seine Pflicht erfüllt hat und wer nicht. Und dementsprechend werden wir auch befördert werden, Trim. – Ich hoffe, daß wir befördert werden, sagte Trim. – Es steht so in der Schrift, sagte Onkel Toby, und ich will Ihm die Stelle morgen zeigen. Inzwischen müssen wir darauf bauen zu unserem Trost, fuhr Onkel Toby fort, daß Gott ein so gütiger und so gerechter Lenker der Welt ist, daß, wenn wir darin unsere Pflicht getan haben, niemals die Frage sein wird, ob es im schwarzen oder im roten Rock geschehen ist. Doch fahre Er jetzt mit Seiner Erzählung fort, Trim.

Als ich, fuhr der Korporal fort, in das Zimmer des Leutnants hinaufgestiegen und eingetreten war, was nicht vor Ablauf von zehn Minuten geschah, lag er im Bett, den Kopf in die Hand und den Ellbogen auf das Kissen gestützt, ein reines weißes Batisttaschentuch neben sich. Der Junge hatte sich gerade gebückt, um das Kissen aufzuheben, worauf er, wie ich vermute, gekniet hatte, das Gebetbuch lag noch auf dem Bette, und indem er beim Aufstehen das Kissen mit der einen Hand aufhob, streckte er die andere aus, um auch das Buch wegzuräumen. Laß es, bitte, hier liegen, mein Kind, sagte der Leutnant.

Er sprach mich nicht früher an, als bis ich dicht an sein Bett herangetreten war. – Wenn Ihr der Diener des Hauptmanns seid, so bringt Eurem Herrn zugleich mit meinem Dank auch den meines kleinen Jungen für seine Freundlichkeit. Wenn der Hauptmann im Regiment Leven gedient hat, sagte der Leutnant …

Ich antwortete: Euer Gnaden hätten wohl darin gedient.

– Dann, fuhr er fort, habe ich drei Kampagnen mit ihm in Flandern mitgemacht, und ich erinnere mich seiner, aber es ist sehr wahrscheinlich, daß er, da ich nicht die Ehre seiner Bekanntschaft habe, nichts von mir weiß. Ihr sollt ihm immerhin sagen, daß die Person, welche sich durch seine Güte so sehr verpflichtet fühlt, ein gewisser Le Fever ist, Leutnant im Regiment Angus – doch er kennt mich nicht, sagte er zum zweiten Male nachdenklich, vielleicht aber kennt er meine Geschichte, fügte er hinzu; bitte, sagt also dem Hauptmann, ich wäre jener Fähnrich bei Breda, dessen Frau so unglücklich von einer Musketenkugel getötet worden ist, als sie im Zelt in meinen Armen lag.

Ich erinnere mich, Euer Gnaden, sehr wohl dieser Geschichte, sagte ich.

Tut Ihr's? antwortete er, sich die Augen mit einem Taschentuch abwischend. So ist es kein Wunder, daß auch ich sie nicht vergessen habe. Bei diesen Worten zog er einen schmalen Ring aus dem Busen, der an einem schwarzen Band um seinen Hals hing, und küßte ihn zweimal. Hier, Billy, rief er. Der Junge flog nur so durchs Zimmer zum Bett und nahm, auf die Knie fallend, den Ring in die Hand und küßte ihn gleichfalls, dann küßte er seinen Vater und setzte sich aufs Bett und weinte.

Ich wollte, sagte Onkel Toby mit einem tiefen Seufzer, ich wollte, Trim, ich schliefe schon.

Euer Gnaden nehmen sich, antwortete der Korporal, die Sache zu sehr zu Herzen. Soll ich Euer Gnaden ein Glas Sekt einschenken zur Pfeife? – Tue Er es, Trim! sagte Onkel Toby.

Ich erinnere mich, sagte Onkel Toby, abermals aufseufzend, der Geschichte des Fähnrichs und seiner Frau. Doch einen Umstand hat er aus Bescheidenheit ausgelassen. Ich erinnere mich nämlich sehr wohl, daß beide aus einer bestimmten Ursache (ich weiß nicht mehr welcher) vom Regiment allgemein sehr bedauert wurden – doch beende er seine Erzählung. – Sie ist schon zu Ende, sagte der Korporal, denn ich durfte nicht länger bleiben; ich wünschte dem Leutnant gute Nacht; der junge Le Fever stand vom Bett auf und begleitete mich die Stiege hinab. Und als wir zusammen hinuntergingen, erzählte er mir noch, daß sie von Irland gekommen und auf dem Wege zum Regiment wären nach Flandern. – Doch ach, sagte der Korporal, der Leutnant hat seinen letzten Marsch getan.

Was soll aber dann aus dem armen Jungen werden? rief Onkel Toby tiefbewegt aus.

Achtes Kapitel

Die Geschichte Le Fevers wird fortgeführt

Es gereicht Onkel Toby zur ewigen Ehre – obzwar ich das nur jener Leute wegen sage, die, wenn sie zwischen dem natürlichen und einem vom Menschen gemachten Gesetz eingezwickt sind, um keinen Preis wissen, wie sie sich herauswinden sollen –, daß, obwohl er mit größtem Eifer die Belagerung von Dendermonde betrieb, und zwar gleichlaufend mit den Alliierten, die ihrerseits wiederum so sehr vordrängten, daß sie ihm kaum Zeit ließen, seine Mahlzeiten zu nehmen, er nichtsdestoweniger Dendermonde stehen ließ, wiewohl er schon auf der Kontereskarpe Posten gefaßt hatte, und all seine Gedanken auf das so durchaus private Unglück im Wirtshaus konzentrierte. Und abgesehen davon, daß er die Gartentür zu verriegeln befahl, wodurch er sozusagen die Belagerung Dendermondes in eine Blockade verwandelte, überließ er Dendermonde ganz und gar seinem Schicksal – das heißt: ob der König von Frankreich der Stadt zu Hilfe kommen würde oder nicht, das sollte eben ganz dem Belieben des Königs von Frankreich überlassen bleiben – und dachte nur an das eine, wie er selber dem Leutnant und seinem Sohn zu Hilfe kommen könnte.

Jenes allgütige Wesen, das da Freund ist dem Freundlosen, wird dich dafür belohnen.

Trim, Er hat die Sache nur halb gemacht, sagte Onkel Toby zum Korporal, als dieser ihn zu Bett brachte, und ich werde Ihm gleich sagen, warum, Trim. Erstlich, als Er dem Le Fever meine Dienste anbot – da nämlich Krankheit und Reisen kostspielig sind und ER zudem weiß, daß Le Fever nur ein armer Leutnant ist, der von seinem Solde noch dazu einen Sohn zu unterhalten hat, hätte Er ihm also auch meine Börse anbieten sollen, zumal Er doch weiß, Trim, daß, wenn der Leutnant sie brauchte, sie ihm so offenstünde wie mir selber. – Euer Gnaden wissen, ich hatte keinen Befehl, sagte Trim. – Das ist wahr, antwortete Onkel Toby. Als Soldat hat Er auch recht gehandelt, ganz und gar nicht aber als Mensch.

Zweitens, wofür Er freilich dieselbe Entschuldigung hat, fuhr Onkel Toby fort, hat Er unrecht gehabt, indem Er, als Er alles anbot, was sich in meinem Hause vorfindet, nicht auch das Haus selbst angetragen hat. Ein kranker Brudersoldat sollte das beste Quartier haben, Trim, und wenn wir ihn bei uns hätten, so könnten wir ihn pflegen und seiner warten. Er selber ist doch ein ausgezeichneter Krankenwärter, Trim, und mit Seiner Pflege, Trim, und der der alten Frau und seines Jungen und meiner zusammen könnten wir ihn bald wiederherstellen und auf die Beine bringen.

In vierzehn Tagen oder in drei Wochen, fügte Onkel Toby lächelnd hinzu, könnte er dann marschieren. – Er wird nie mehr marschieren, auf dieser Erde wenigstens nicht, Euer Gnaden, sagte der Korporal. – Er wird aber marschieren, sagte Onkel Toby, von der Bettkante aufstehend; einen Schuh hatte er schon angezogen. – Euer Gnaden, er wird nur noch zu seinem Grab marschieren. – Er soll aber marschieren, sage ich, rief Onkel Toby, und machte mit dem beschuhten Fuß Marschbewegungen, ohne aber einen Zoll weiterzukommen; er soll zu seinem Regiment. – Er wird nicht die Kraft haben, sagte der Korporal. – So wird er gestützt werden, sagte Onkel Toby. – Er wird am Ende zusammenbrechen, sagte der Korporal, und was wird aus seinem Jungen werden? – Er soll nicht zusammenbrechen, sagte Onkel Toby fest. – O du gütiger Himmel, wir können für ihn tun, was in unseren Kräften liegt, sagte Trim, auf seiner Meinung bestehend, die arme Seele wird trotz allem sterben. – Er soll aber nicht sterben, Herrgott! rief Onkel Toby.

Jener Klägergeist, der mit diesem Fluch gleich zum Himmel aufflog in die Kanzlei des himmlischen Gerichts, errötete, als er ihn abgab; doch als der Engel der Erinnerung ihn ins Buch eintrug, ließ er eine Träne auf den Fluch fallen und löschte ihn damit für alle Ewigkeit aus.

Neuntes Kapitel

Onkel Toby ging zu seinem Schreibpult, steckte die Börse in die Hosentasche, und nachdem er noch dem Korporal den Befehl gegeben hatte, früh am Morgen einen Arzt zu holen, ging er zu Bett und fiel gleich in den Schlaf.

Zehntes Kapitel

Die Geschichte Le Fevers wird fortgesetzt

Die Sonne strahlte am nächsten Morgen für jedes Auge im Dorf, nur nicht für das des armen Le Fever und seines bekümmerten Sohnes. Die Hand des Todes drückte auf die Augenlider des Kranken, und nur noch mit Mühe konnte das Rad am Lebensbrunnen um die Welle laufen, als Onkel Toby, der eine Stunde vor der gewohnten Zeit aufgestanden war, in das Zimmer des Leutnants trat und ohne Vorrede oder Einleitung sich auf einen Stuhl am Bettrand setzte und, ohne sich um Art und Sitte zu kümmern, den Bettvorhang aufschob, ganz so, wie ein alter Freund und Bruderoffizier es getan haben würde, und ihn fragte, wie es ihm ginge, wie er die Nacht geruht habe, welcher Art sein Leiden eigentlich sei, wo der Schmerz sitze und was er für ihn tun könne. Und ohne ihm die Zeit zu lassen, auch nur eine von den Fragen zu beantworten, fuhr er fort, ihm von dem Plan zu berichten, den er zusammen mit dem Korporal für ihn ausgeheckt hatte.

Sie sollen gleich von hier in mein Haus gebracht werden, sagte Onkel Toby, wir werden den Doktor holen lassen, damit er Sie untersucht, und wir haben auch eine Apotheke, und der Korporal wird Ihr Wärter, und ich will Ihr Diener sein, Le Fever.

In Onkel Toby war eine Offenheit (nicht die Folge seiner Vertraulichkeit, sondern deren Ursache), die uns alsogleich das Tor in seine Seele öffnete und die tiefe Gütigkeit seiner ganzen Natur offenbarte. Dazu kam noch etwas in seinem Blick, in der Stimme und ganzen Art, das nicht aufhörte, dem vom Unglück Niedergebeugten zuzuwinken und zuzurufen, er solle doch nur zu ihm kommen und bei ihm Schutz suchen, so daß, bevor er zur Hälfte sein freundliches Anerbieten an den Vater beendet hatte, dessen Sohn sich schon ganz dicht an Onkel Tobys Knie, ohne daß dieser es gemerkt hätte, herangedrängt und ihn vorn am Rockaufschlag gefaßt hatte und ihn zu sich heranzog. Das Blut und die Lebensgeister Le Fevers, die immer mehr erkalteten und langsamer flössen und sich schon auf dem Rückzug zum Herzen, ihrer letzten Zitadelle, befanden, sammelten sich wieder, die Trübe verließ das Auge für eine Minute, er sah sehnsuchtsvoll Onkel Toby ins Gesicht, warf dann einen Blick auf seinen Sohn, und dieses Band, so zart es auch gewoben schien, ward später im Leben nie mehr zerrissen.

Gleich darauf sank die Natur in sich zurück, die Trübe überschattete abermals das Auge, der Puls flackerte, blieb stehen, ging weiter, schlug heftig, blieb wiederum stehen, zog an, blieb stehen – soll ich mehr sagen? Nein.

Elftes Kapitel

Ich bin ungeduldig geworden und will zu meiner Geschichte zurückkehren, so daß alles, was vom jungen Le Fever zu erzählen übrigbleibt, das heißt von der Wendung seines Geschickes bis zur Zeit, da Onkel Toby ihn als meinen Hauslehrer empfahl, in sehr wenigen Worten im nächsten Kapitel erzählt werden soll. Was zu diesem Kapitel noch hinzugefügt werden muß, ist folgendes:

Daß Onkel Toby den jungen Le Fever bei der Hand nahm und beide den armen Leutnant als Hauptleidtragende zu Grabe geleiteten.

Daß der Gouverneur von Dendermonde dem Begräbnis alle militärischen und Yorick, um nicht zurückzustehen, alle geistlichen Ehren erwies, denn letzterer begrub ihn unter dem Chor der Kirche. Er scheint auch eine Grabrede vor dem Sarge gehalten zu haben, denn es war Yoricks Gewohnheit, die nach meiner Meinung unter seinen Amtsbrüdern sehr verbreitet sein dürfte, auf dem Blatt einer jeden von ihm verfaßten Predigt Zeit, Ort und Gelegenheit zu notieren. Dazu pflegte er stets einen kurzen Kommentar oder eine kritische Bemerkung beizufügen, die tatsächlich sehr selten zu seinen eigenen Gunsten ausfiel. Zum Beispiel: Diese Predigt über das mosaische Gesetz gefällt mir ganz und gar nicht, obwohl ich zugestehe, daß darin eine Welt von wasserländischer Gelehrsamkeit steckt, aber alles darin ist abgegriffen und auf eine höchst gewöhnliche Art zusammen-

gestoppelt. Es ist ein klägliches Machwerk. Was hatte ich nur wieder für einen Schädel, als ich sie schrieb?

– NB Das Ausgezeichnete an diesem Text ist, daß er für jede Predigt, und an dieser Predigt, daß sie für jeden Text paßt.

Oder: Für diese Predigt müßte ich gehängt werden, denn ich habe den größten Teil davon gestohlen. Dr. Paidagunes hat mich ertappt: ☛ Diebe sind die besten Diebesfänger.

Auf dem Rücken eines halben Dutzends finde ich geschrieben: *Soso* und nicht mehr, und auf ein paar anderen: *moderato*. Woraus man mit Hilfe von Altieris italienischem Wörterbuch, mehr aber auf Grund eines Stückes ausgefädelter Seide von Yoricks Peitschenschnur, womit er die Predigten mit den Noten *moderato* und *soso* in einem Bündel fest zusammengebunden hatte, nicht ohne einige Sicherheit schließen darf, daß er damit ungefähr dasselbe bezeichnen wollte. Eine einzige Schwierigkeit steht dieser Vermutung im Wege, die nämlich, daß die *Moderatos* fünfmal besser sind als die *Sosos*, daß sie zehnmal mehr Kenntnis des menschlichen Herzens verraten, siebenzigmal mehr Witz und Geist in sich haben und (um mich entsprechend zu steigern) tausendmal mehr Genius aufweisen und, um allem die Krone aufzusetzen, unendlichmal mehr unterhaltend sind als die damit zusammengekoppelten. Aus welchem Grunde ich, für den Fall, daß Yoricks dramatische Predigten der Welt angeboten werden sollten, stets wohl nur ein Exemplar aus der ganzen Masse der *Sosos* zulassen werde, dagegen aber stets wagen werde, zwei *Moderatos* ohne die geringsten Bedenken drucken zu lassen.

Warum Yorick Worte wie *lentamente*, *tenuto*, *grave* und zuweilen *adagio* auf theologische Kompositionen anwandte und damit Predigten charakterisierte, wage ich nicht zu erraten. Noch mehr bin ich in Verlegenheit, wenn ich *l'ottava alta* auf einer finde, *con strepito* auf dem Rücken einer anderen, *Siciliana* auf einer dritten, *alla capella* auf einer vierten, *con l'arco* auf dieser, *senza l'arco* auf jener. Ich weiß nur, daß es Ausdrücke aus der Musik sind und daß sie darin etwas bedeuten. Da er musikalisch war, so zweifle ich gar nicht, daß sie, nicht ohne Spitzfindigkeit auf vorliegende Kompositionen angewendet, ganz bestimmte Vorstellungen von ihrer Art und ihrem Charakter in seiner Phantasie erweckten – was immer sie sonst für andere bedeuteten.

Unter ihnen findet sich auch jene besondere Predigt, die mich auf unerklärliche Weise zu dieser Abschweifung verleitet hat – die Grabrede auf den armen Le Fever, in schöner Handschrift wie von einem in Eile abgefaßten Konzept abgeschrieben. Ich erwähne sie um so lieber, weil es seine Lieblingsarbeit gewesen zu sein scheint. Sie handelt von der Sterblichkeit und ist der Länge und Breite nach mit einem Zwirnsfaden zugebunden, dann zusammengerollt und in einen Bogen schmutzigen blauen Papiers eingewickelt, das einmal der Einband einer kritischen Monatszeitung gewesen sein muß, da es noch heute schrecklich nach Apotheke riecht. Ob diese Zeichen von Demütigung beabsichtigt waren, möchte ich einigermaßen bezweifeln, weil er am Ende der Predigt (und nicht zu Beginn) – also Yoricks sonstiger Verfahrensweise schnurstracks entgegen – *bravo* geschrieben hat.

Es fällt nicht sehr in die Augen, denn das Wort steht mindestens zweiundeinhalb Zoll von der letzten Zeile der Predigt ab, unterhalb von dieser, am äußersten Seitenrande in der rechten Ecke, die man, wie Sie wissen, meist mit dem Daumen überdeckt. Und um ihm Gerechtigkeit widerfahren zu lassen, ist es außerdem mit einer Krähenfeder und in so kleinen italischen Lettern geschrieben, daß das Auge davon kaum angezogen wird, einer mag seinen Daumen dort haben oder nicht, so daß es durch die Art und Weise, *wie* es geschrieben wurde, schon halb entschuldigt ist. Und da es zudem mit einer sehr blassen, äußerst verwässerten Tinte geschrieben ist, so stellt es mehr das *ritratto* des Schattens der Eitelkeit als das der Eitelkeit selber dar, indem es mehr der flüchtigen Erinnerung an einen vorübergehenden Applaus gleicht, die heimlich das Herz des Verfassers aufstört, als dem groben Abbild davon, das sich plump der Welt aufdrängt.

Ich bin mir bewußt, daß ich trotz allen diesen Abschwächungen Yoricks Charakter als dem eines bescheidenen Mannes keinen Dienst erweise; doch alle Menschen haben ihre Fehler. Und was diesen verringert, ja gleichsam auslöscht, ist die Tatsache, daß das Wort *bravo*, wenn auch etwas später (was sich auch aus der verschiedenen Farbe der Tinte ergibt), mit einer Linie durchgestrichen ist, so, als ob er das Lob zurückgezogen oder sich der Meinung, die er eine Zeitlang davon unterhalten, geschämt hätte.

Jene kurzen Charakterisierungen der Predigten waren, mit Ausnahme dieses einzigen Falles, meist auf das erste Blatt der Predigt, welches zugleich als Einband diente, und gewöhnlich auf die Innenseite geschrieben, worauf dann unmittelbar die erste Textseite folgte. Doch am Ende der Predigt, wenn ihm noch fünf bis sechs Seiten oder zuweilen noch mehr blieben, holte er dann weiter und kühner aus, als wollte er jetzt die Gelegenheit ergreifen, mit ein paar lustigeren Hieben, als gewöhnlich die Kanzel in ihrer Gebundenheit erlaubte, gegen das Laster auszuholen. Obwohl es dabei husarenmäßig plänkelnd und ohne jede strenge Ordnung herging, waren diese Ein- und Ausfälle doch Hilfstruppen auf der Seite der Tugend. Sagen Sie mir also, Mynheer van der Blonederdondergewdenstronke, warum sie da *nicht* mit den Predigten zusammengedruckt werden sollten?

Zwölftes Kapitel

Nachdem Onkel Toby alles zu Geld gemacht und die Rechnungen zwischen der Regimentskasse und Le Fever und zwischen Le Fever und der Menschheit beglichen hatte, blieb nichts anderes in meines Onkels Hand zurück als ein alter Waffenrock und ein Säbel, so daß Onkel Toby seitens der Welt wenig oder gar keinen Widerstand gegen die Verteilung und Verwendung des Nachlasses begegnete. Den Waffenrock gab Onkel Toby dem Korporal. Trag Er ihn, Trim, sagte Onkel Toby, solange der Rock noch hält, zum Andenken an den armen Leutnant. Und den da, sagte Onkel Toby, den Säbel in die Hand nehmend und aus der Scheide ziehend, während er sprach, den da, Le Fever, habe ich für dich zurückbehalten. Er ist dein ganzes Hab und Gut, fuhr er fort, den Säbel an einen Haken hängend und mit dem Finger darauf hinweisend, er ist alles, was Gott dir gelassen hat. Doch wenn er dir den Mut dazu verliehen hat, deinen Weg damit durchs Leben zu kämpfen und du als Ehrenmann kämpfst, so ist es genug.

Sobald Onkel Toby ihm die Anfangsgründe beigebracht und ihn gelehrt hatte, ein regelmäßiges Vieleck in einen Kreis einzuzeichnen, schickte er ihn in die höhere Schule, in der er – ausgenommen waren Pfingsten und Weihnachten, wo der Korporal regelmäßig ihn holen kam – bis zum Frühjahr des Jahres siebzehn blieb. Als aber die Nachricht, daß der Kaiser seine Armee nach Ungarn gegen die Türken sende, das Feuer in der Brust des Jünglings entzündete, ließ er ohne Erlaubnis Latein und Griechisch liegen, und vor Onkel Toby auf die Knie fallend, bat er um seines Vaters Säbel und zugleich um Onkel Tobys Erlaubnis, das Glück unter Eugens Fahnen zu versuchen. – Zweimal rief Onkel Toby, seiner Wunde nicht achtend, aus:

Le Fever, ich will mit dir ins Feld, und du sollst an meiner Seite fechten. Doch zweimal legte er die Hand an seine Leisten und ließ das Haupt in Kummer und Trostlosigkeit sinken.

Onkel Toby nahm den Säbel vom Haken, wo er unberührt seit des Leutnants Tod gehangen hatte, und gab ihn dem Korporal zum Putzen, und nachdem er Le Fever nur vierzehn Tage zurückgehalten hatte, um ihn auszustatten und die Überfahrt nach Livorno zu erstehen, legte er den Säbel in des Jünglings Hand ... Wenn du nur tapfer bist, Le Fever, sagte Onkel Toby, der da wird dich nicht im Stich lassen. Allein das Glück, sagte er (nachdenklich), das Glück kann uns wohl im Stich lassen ... Und wenn es so kommen sollte, fügte er hinzu, ihn umarmend, dann kehre zurück zu uns! Wir werden einen neuen Weg für dich finden.

Das größte Leid hätte das Herz Le Fevers nicht mehr bedrücken können als Onkel Tobys väterliche Güte. Er schied von Onkel Toby wie der beste Sohn vom besten aller Väter, beide vergossen Tränen, und als Onkel Toby ihn zum letzten Male küßte, drückte er ihm die alte Börse seines Vaters, die sechzig Pfund Sterling und den Ring der Mutter enthielt, in die Hand und bat Gott für ihn um Segen.

Dreizehntes Kapitel

Le Fever erreichte die kaiserliche Armee noch zeitig genug, um bei der Niederlage der Türken bei Belgrad erproben zu können, aus was für einem Metall sein Säbel gemacht sei. Doch eine Reihe unverdienter Unfälle verfolgte ihn von dieser Zeit an und heftete sich an seine Fersen ganze vier Jahre lang. Allen Schlägen des Schicksals hatte er die Stirn geboten bis zuletzt, da ihn in Marseille eine Krankheit überfiel, von wo er Onkel Toby dann schrieb, daß er Zeit, Dienst und Gesundheit, daß er kurzum alles, nur seinen Säbel nicht verloren habe und daß er hier nur auf das nächste Schiff warte, um zu ihm zurückzukommen.

Als dieser Brief ungefähr sechs Wochen vor Susannas Mißgeschick ankam, wurde Le Fever stündlich erwartet und beschäftigte mehr als alles andere Onkel Tobys Geist, gerade als mein Vater ihm und Yorick eine Beschreibung jenes Menschenwesens gab, das er sich zum Lehrer seines Sohnes wünschte. Doch da Onkel Toby meinte, meines Vaters Phantasie sei mit allem, was er davon verlangte, ein wenig zu ausschweifend, so hielt er noch mit Le Fevers Namen zurück, bis der gewünschte Charakter dank Yoricks Eingreifen unerwartet darin gipfelte, daß er auch sanftmütig, edel und gütig sein müßte. Jetzt aber traten das Bild Le Fevers und dessen Interesse so deutlich vor Onkel Tobys Augen, daß er sich augenblicklich vom Stuhl erhob, und, indem er seine Pfeife niederlegte, um meines Vaters Hände ergreifen zu können, rief: Ich bitte gehorsamst um die Erlaubnis, Bruder Shandy, den Sohn des armen Le Fever empfehlen zu dürfen. – Auch ich bitte darum, fügte Yorick hinzu. – Er hat ein gutes Herz, sagte Onkel Toby. – Und ein tapferes dazu, Euer Gnaden! rief der Korporal.

Die besten Herzen, Trim, sind immer die tapfersten, antwortete Onkel Toby. – Und die größten Hasenfüße, Euer Gnaden, in unserem Regiment waren immer auch die größten Schufte. Da war der Sergeant Kumber und Fähnrich …

Wir werden von ihnen ein andermal reden, sagte mein Vater.

Vierzehntes Kapitel

Wie lustig und glücklich, Hochwürden, könnte die Welt nicht sein, wenn es darin nicht dieses verwickelte und unentwirrbare Labyrinth von Schulden, Sorgen, Weh, Not, Unzufriedenheit, Melancholie, großen Leibgedingen, Betrug und Lügen gäbe!

Dr. Slop, der Hurensohn, wie ihn mein Vater dafür nannte, erniedrigte mich zu Tode, um sich selber wichtig zu machen, und vergrößerte Susannas Mißgeschick zehntausendmal mehr, als Veranlassung dazu vorhanden war, so daß es binnen einer Woche oder noch weniger Zeit in aller Munde war, daß der arme junge Shandy * * * * * * * * * * gänzlich. Und die Fama, die alles zu verdoppeln liebt, hatte nach drei weiteren Tagen geschworen, daß sie es mit eigenen Augen gesehen, und alle Welt glaubte natürlich der Aussage, daß das Kinderzimmerfenster nicht nur * , sondern daß * * * * * * * * * ebenfalls.
* *

Hätte die Welt wie eine einzige Körperschaft vor Gericht gefordert werden können, mein Vater würde ihr schon den Prozeß gemacht und sie genügend angeherrscht haben; doch über die einzelnen Individuen deshalb herzufallen – da schließlich jeder, der dieser Geschichte Erwähnung tat, dies mit dem denkbar größten Mitleid tat – hieß, gerade die besten Freunde vor den Kopf stoßen. Und dennoch, alles schweigend hinnehmen hieß soviel, wie das Gerücht offen bestätigen, mindestens in der Meinung der einen Hälfte der Welt. Andererseits aber durch Widerspruch Lärm schlagen hieß, es ebenso nachdrücklich in der Meinung der anderen Hälfte bekräftigen.

War jemals ein armer Landedelmann in gleicher Verlegenheit?

Ich würde ihn an deiner Stelle öffentlich vor dem großen Kreuz am Markt ausstellen, sagte Onkel Toby.

Das würde auch nichts helfen, sagte mein Vater.

Fünfzehntes Kapitel

Ich will ihn auf alle Fälle in ein Paar Hosen stecken, sagte mein Vater. Die Leute mögen schwatzen, was sie wollen.

Sechzehntes Kapitel

Es gibt tausend Entschlüsse, Herr, in Kirchen- und Staatsangelegenheiten nicht minder als in mehr privaten, Madame, die, obwohl anscheinend auf hastige, hasenhirnige und unberatene Art und Weise gefaßt und ausgeführt, trotzdem (und wenn Sie und ich ins Gemach eingelassen worden wären und hinter dem Vorhang hätten lauschen können, so würden wir beide gefunden haben, daß es in der Tat so und nicht anders ist) mit einer solchen Kühle gewogen, ausgewogen und erwogen, durchgesprochen, gesichtet und von allen Seiten geprüft wurden, daß die Göttin der Kühle selber (ich übernehme es nicht, deren Existenz zu beweisen) es nicht besser hätte wünschen oder machen können.

Zu diesen gehört nun auch der Entschluß meines Vaters, mich in Hosen zu stecken, der, obwohl im Moment, in einem Ruck gefaßt, der Menschheit zum Trotz, nichtsdestoweniger auch von der anderen Seite her angesehen und in einer überaus kritischen Geistesverfassung zwischen ihm und meiner Mutter einen Monat vorher in zwei verschiedenen Gerichtsbetten, die mein Vater zu diesem Zweck abhielt, besprochen worden war. Ich will die Art und den Vorgang dieser Gerichtsbetten oder -lager im nächsten Kapitel auseinandersetzen und schildern, und im nächstnächsten sollen Sie dann, Madame, mit mir hinter den Vorhang treten, nur um zu horchen, auf welche Art mein Vater und meine Mutter die Hosenangelegenheit miteinander besprachen, woraus Sie sich gleich eine Vorstellung davon machen können, wie auch Angelegenheiten von geringerer Wichtigkeit von den beiden durchdebattiert wurden.

Siebzehntes Kapitel

Die alten Goten in Germanien, welche (der gelehrte Cluverius erlaubt hier keine Zweifel) zuerst in der Landstrecke zwischen Weichsel und Oder ansässig waren und später die Stämme der Heruler, Rugier und Wandalen sich angliederten, hatten alle die weise Gewohnheit, jede Angelegenheit von einiger Wichtigkeit in zwei entgegengesetzten Gemütsverfassungen durchzusprechen: zuerst betrunken und dann nüchtern. Betrunken, damit die Ratschläge nicht der Kraft, und nüchtern, damit sie nicht der Vorsicht ermangelten.

Da aber mein Vater ein entschiedener Wassertrinker war, schien er eine Zeitlang zu Tod verlegen, auf welche Weise er sich diesen Brauch ebenso aneignen und zunutze machen könnte, wie er es mit allen Verrichtungen und Aussprüchen der Alten tat. Und es war erst im siebenten Jahre seiner Ehe nach tausend fruchtlosen Versuchen und Listen, daß er auf ein Mittel kam, welches völlig dem Zweck entsprach, und zwar auf folgendes: Wann immer eine schwierige und wichtige Frage in der Familie aufkam, deren Regelung Nüchternheit, aber auch Geist verlangte, reservierte er dafür die erste Sonntagsnacht im Monat und die Nacht des Samstags, der unmittelbar voranging, um sie mit meiner Mutter dann durchzusprechen. Durch welche Gepflogenheit, Herr, wenn Sie bedenken * * * *
* * * * * * * * * * *
* * * * * * * * * * *
* * * * * * * * * * *
* * * * *

Das nannte mein Vater dann witzig genug seine ›Gerichtsbetten‹. Aus zwei in diesen beiden sehr verschiedenen Stimmungen gefaßten

Entschlüssen wurde dann zumeist ein mittlerer gefunden, der dann ebenso den Nagel auf den Kopf traf, wie wenn mein Vater hundertmal betrunken gewesen und hundertmal nüchtern geworden wäre.

Es darf vor der Welt nicht verborgen werden, daß diese Methode ebenso in literarischen wie in militärischen oder ehelichen Diskussionen Erfolg hat. Aber nicht jeder Autor kann auf die Weise der Goten und Wandalen verfahren, und wenn er es kann, so dürfte es nicht immer seiner Gesundheit zum Vorteil gereichen, und wollte er's wie mein Vater machen, so möchte das manchem für seine Seele schädlich sein.

Meine Gepflogenheit ist die:

Sooft ich in heiklen und kitzligen Fragen (wovon es weiß Gott in meinem Buche nur allzu viele gibt) finde, daß ich jetzt keinen Schritt mehr weiter machen kann ohne die Gefahr, entweder Euer Gnaden oder Euer Hochwürden auf dem Halse zu haben, schreibe ich die eine Hälfte mit vollem und die andere mit leerem Magen, oder ich schreibe zuerst das Ganze mit vollem nieder und korrigiere es dann mit leerem Magen, oder schreibe es umgekehrt erst mit leerem und korrigiere es dann mit vollem Magen; es kommt alles auf dasselbe heraus. So daß ich, von meines Vaters Plan weniger abweichend als mein Vater von dem der Goten, mich ihm in seinem ersten Gerichtsbette gewachsen und in seinem zweiten keineswegs unterlegen erweise. Diese verschiedenen und beinahe unvereinbaren Wirkungen sind der Ausfluß eines weisen und wundervollen Mechanismus in unserer Natur, wofür auch ihr allein die Ehre gebühren soll. Alles, was wir tun können, ist, diese Maschine oder diesen Mechanismus zu Verbesserungen und höheren Leistungen in den Künsten und Wissenschaften zu gebrauchen.

Sooft ich mit vollem Magen schreibe, schreibe ich so, als sollte ich mein Leben lang nicht mehr mit leerem schreiben, das heißt, ich schreibe frei von den Sorgen und Schrecken der Welt. Ich zähle nicht die Zahl meiner Narben, noch verliert sich meine Einbildungskraft in dunkle Gänge und Winkel, um im voraus die Dolchstiche unsichtbarer Feinde zu berechnen. Mit einem Wort: Die Feder geht ihren Gang, und ich schreibe ebensogut aus der Fülle meines Herzens wie aus der des Magens.

Doch wenn ich hungernd schreibe, Euer Gnaden, so ist es eine ganz andere Sache … Ich erweise der Welt alle mögliche Aufmerksamkeit und Hochachtung und habe einen so großen Vorrat (solange er anhält) an jener Handlangertugend, Rücksicht genannt, wie der Beste unter Ihnen. So daß ich zwischen beiden Stimmungen dann so ein leichtsinniges Ding von einem höflichen, unsinnigen, frohlaunigen Shandy-Buch schreibe, das alle eure Herzen erfreut.

Auch eure Köpfe – vorausgesetzt, daß ihr es überhaupt versteht.

Achtzehntes Kapitel

Wir sollten endlich anfangen, sagte mein Vater, sich halb im Bett umdrehend und das Kissen gegen meine Mutter hinschiebend, als er die Debatte eröffnete, wir sollten endlich anfangen, daran zu denken, den Jungen in Hosen zu stecken.

Das sollten wir wohl, erwiderte meine Mutter. – Statt dessen schieben wir es gewissenlos auf die lange Bank, meine Liebe, sagte mein Vater.

Das tun wir wirklich, antwortete meine Mutter.

Es ist nicht darum, weil das Kind in seinem Röckchen nicht gut aussähe, sagte mein Vater.

Es sieht sehr gut darin aus, Shandy, antwortete meine Mutter.

Aus diesem Grunde wäre es rein sündhaft, ihn aus seinem Röckchen herauszunehmen, sagte mein Vater.

Du hast recht, es wäre rein sündhaft, sagte meine Mutter.

Aber er ist inzwischen zu einem großen Bengel herausgewachsen, fuhr mein Vater dazwischen.

Er ist wirklich sehr groß für sein Alter, sagte meine Mutter.

Ich kann im übrigen gar nicht sehen, wem er darin eigentlich nachgerät, sagte mein Vater.

Ich kann es auch nicht sehen, sagte meine Mutter.

Hm, sagte mein Vater. (Der Dialog wurde für eine Weile unterbrochen.)

Ich selber bin sehr klein, fuhr mein Vater sehr ernsthaft fort.

Ja, du bist sehr klein, Shandy, sagte meine Mutter.

Hm, sagte mein Vater zum zweitenmal, sein Kissen von der Mutter wegziehend und sich umdrehend. Damit wurde die Debatte für dreiundeinehalbe Minute geschlossen.

Wenn er Hosen bekommt, rief mein Vater in einer höheren Tonlage, so wird er drin eselsdumm aussehen.

Er wird anfangs sehr linkisch darin aussehen, sagte meine Mutter.

Ein Glück noch, wenn das alles ist, fügte mein Vater hinzu.

Es wird wirklich noch ein Glück sein, sagte meine Mutter.

Schließlich aber, meine ich, entgegnete mein Vater nach einer kleinen Pause, wird er genauso wie alle anderen Kinder aussehen.

Genauso, sagte meine Mutter.

Obwohl es mir im Grunde wiederum leid täte, fügte mein Vater hinzu. Die Debatte blieb wieder stehen.

Sie sollen aber aus Leder sein, sagte mein Vater, sich abermals umdrehend.

So werden sie am längsten halten, sagte meine Mutter.

Doch die lassen sich nicht füttern, antwortete mein Vater.

Nein, das geht freilich nicht.

Es wäre dann vielleicht besser, sie aus Rippelsamt machen zu lassen, sagte mein Vater.

Nichts ist dauerhafter, meinte meine Mutter.

Ausgenommen Köpersamt, sagte mein Vater.

Der ist der beste von allen, antwortete meine Mutter.

Er darf aber nicht so sein, daß er sich darin den Tod holen kann, sagte mein Vater.

Gott behüte, rief meine Mutter.

Und damit stockte das Gespräch abermals.

Ich habe mir vorgenommen, eröffnete mein Vater zum viertenmal das Gespräch, er soll keine Taschen haben.

Sie brauchen auch keine, sagte meine Mutter.

Ich meine aber Rock und Weste, schrie mein Vater.

Ich meine auch Rock und Weste, entgegnete meine Mutter.

Obwohl andererseits, wenn er einmal einen Ball oder einen Kreisel bekommt – die lieben Kleinen! für sie ist so ein Ball oder Kreisel das, was Krone und Zepter für Könige sind –, er etwas haben muß, wohin er sie tun soll, sagte mein Vater.

Laß sie doch so machen, wie du willst, sagte meine Mutter.

Hältst du es aber nicht auch für richtig so? drang mein Vater in sie ein.

Doch, wenn es dir so gefällt, antwortete meine Mutter.

Da haben wir es also wieder: wenn's mir so gefällt, rief mein Vater, die Fassung verlierend. Du wirst dein lebelang nicht unterscheiden, noch werde ich dir den Unterschied klarmachen können zwischen dem, was einem gefällt, und dem, was richtig und praktisch ist ... Das war am Sonntag. Mehr sagt das Kapitel nicht.

Neunzehntes Kapitel

Nachdem mein Vater die Hosenfrage mit meiner Mutter durchgesprochen hatte, konsultierte er den Albertus Rubenius darüber, und Albertus Rubenius behandelte ihn bei dieser Konsultation womöglich zehnmal schlechter, als mein Vater meine Mutter behandelt hatte. Denn da Rubenius einen Quartband ausdrücklich mit dem Titel: *De re vestiaria veterum* geschrieben hatte, so wäre es wohl seine Pflicht gewesen, meinem Vater in dieser Angelegenheit einiges Licht zu bringen. Aber weit gefehlt, mein Vater hätte ebensogut den Gedanken fassen können, die sieben Kardinaltugenden aus einem langen Vollbart zu ziehen wie auch nur ein einziges Wort aus Rubenius über diesen Gegenstand.

Über jeden anderen Kleidungsartikel des Altertums war Rubenius überaus mitteilsam. Er gab jede erdenkliche Aufklärung über

die Toga oder das wallende Obergewand,
die Chlamys oder den Kriegsmantel,
das Ephod oder das Obergewand der jüdischen Priester,
die Tunika oder Jacke,
die Synthesis oder das Hauskleid,
die Paenula oder den Umhang,
die Lacema mit ihrem Cucullus oder den Überwurf mit Kapuze,
das Paludamentum oder den Soldatenmantel,
die Praetexta oder die verbrämte Toga der Konsuln,
das Sagum oder die Soldatenjacke,
die Trabaea oder den Mantel der Könige und Konsuln, von der es nach Suetonius drei Arten gibt.

Aber was hat das alles mit Hosen zu tun? fragte sich mein Vater.

Rubenius breitete dann auch alle Arten von Schuhen, die bei den Römern in Mode waren, vor ihm im Laden aus.

Es gab
den offenen Schuh,
den geschlossenen Schuh,
den Schleifschuh,
den hölzernen Schuh,
die Sandale,

den Halbstiefel,
den Soldatenschuh, genagelt, den Juvenal erwähnt.
Es gab
Holzschuhe,
Pantinen,
Pantoffeln,
Schuhe aus ungegerbtem Leder,
Sandalen mit Schließen.
Es gab den
Filzschuh,
Leinenschuh,
Schnürschuh,
geflochtenen Schuh,
calceus incisus oder Absatzschuh,
und *calceus rostratus* oder Schnabelschuh.

Rubenius zeigte meinem Vater, wie sie passen mußten, wie sie verschnürt wurden, mit was für Riemen, Häkchen, Bändern, Schnüren, Schnallen und Strippen.

Aber ich wollte etwas über Hosen wissen, sagte mein Vater.

Albertus Rubenius belehrte meinen Vater, daß die Römer gar verschiedenartige Stoffe verfertigten, einförmige, gestreifte, solche von Wolle mit Gold- und Silberfäden durchwirkt, ferner, daß Leinen erst gegen das Ende des Reiches in Gebrauch kam, als Ägypter unter ihnen ansässig wurden und es in Mode brachten, schließlich, daß Personen von Rang und Vermögen sich durch Feinheit und Weiße der Kleidung hervortaten. Welche Farbe sie auch (nach dem Purpur, den nur die höchsten Würdenträger des Reiches tragen durften) am meisten liebten und an ihren Geburtstagen und bei öffentlichen Festen anzogen. Aus den besten Geschichtsschreibern dieser Zeiten erhellt auch, daß die Kleider häufig zum Walker geschickt wurden, um gereinigt und gebleicht zu werden, daß aber die unteren Volksschichten aus Sparsamkeit meist braune Kleider aus gröberem Gewebe trugen, und zwar bis zum Beginn der Regierung des Augustus, von wann an der Sklave sich wie der Herr kleidete und bis auf den *latus clavus* jeder Unterschied in der Kleidung verlorengegangen war.

Und was war aber dieser *latus clavus*? fragte mein Vater.

Rubenius antwortete, daß darüber noch unter den Gelehrten gestritten würde, daß Egnatius, Sigonius, Bossius Ticinensis, Bayfius,

Budaeus, Salmasius, Lipsius, Lazius, Isaac Casaubon und Joseph Skaliger alle untereinander verschiedener Meinung wären und er wiederum anderer Meinung sei als diese alle, daß einige es für einen Knopf hielten, andere für den Rock selber, wiederum andere nur für die Farbe des Rockes, daß der große Bayfius in seiner Garderobe der Alten, Kap. 12, ehrlich gestehe, er wisse nicht, ob darunter eine Fibula, ein Knauf, ein Knopf, eine Schleife, eine Schnalle oder eine Spange zu verstehen sei.

Mein Vater verlor das Pferd, aber nicht den Sattel.

Haken und Ösen sind es, sagte mein Vater, und so ließ er meine Hosen mit Haken und Ösen versehen.

Zwanzigstes Kapitel

Wir betreten jetzt einen neuen Schauplatz der Ereignisse.

Lassen wir darum die Hosen in den Händen des Schneiders; mein Vater steht neben ihm, den Stock in der Hand, und hält ihm, während dieser über die Arbeit gebückt sitzt, eine Vorlesung über den *latus clavus* und weist ihm am Hosengürtel genau die Stelle an, wo er angebracht werden soll.

Lassen wir auch meine Mutter (die wahrste Pococurante ihres Geschlechts), so wie sie ist, das heißt unbekümmert um den *latus clavus* wie um alles andere in der Welt, das sie anging, das heißt gleichgültig, ob es so oder so gemacht wurde, wenn es nur überhaupt geschah.

Überlassen wir Dr. Slop gleichfalls den ganzen Profit aus allen meinen Mängeln und Unehren.

Lassen wir den armen Le Fever gesund werden und, so gut er kann, von Marseille nach Hause kommen. – Und zuletzt, weil es das schwerste von allem ist:

Lassen wir mich selber in Ruhe. Doch das ist unmöglich, ich muß mit Ihnen zusammengehen bis ans Ende des Werkes.

Einundzwanzigstes Kapitel

Wenn der Leser keine deutliche Vorstellung von den anderthalb Ruten Land hat, das am unteren Ende von Onkel Tobys Gemüsegarten lag und der Schauplatz von so vielen seiner süßesten Stunden war, so liegt es nicht an mir, sondern an seiner Phantasie; denn ich bin mir bewußt, ihm eine so genaue Beschreibung davon gegeben zu haben, daß ich mich dessen fast schäme.

Als das Schicksal eines Nachmittags Ausblick hielt in die Zukunft und deren gewaltige Geschehnisse und als es anfing, daran zu denken, für welche erhabenen Zwecke dieser sehr kleine Fleck kraft einer ehernen Schicksalsbestimmung noch vorgesehen sei, gab es der Natur einen Wink, und dieser genügte, denn die Natur warf anderthalb Spaten voll zartester Blumenerde darauf mit gerade genug Tonerde darin, daß die Mischung die Form von Winkeln und Kanten festhielt, und doch zugleich mit so wenig davon, daß der Spaten am Ton nicht klebenblieb und die so überaus ruhmreichen Werke bei häßlichem Wetter nicht ihre Schönheit verlören.

Onkel Toby war, wie der Leser schon weiß, mit den Plänen zu den meisten Festungen in Italien und Flandern aufs Land gezogen. Der Herzog von Marlborough oder die Alliierten mochten sich festsetzen, vor welcher Stadt sie wollten, Onkel Toby war bereit und wartete.

Sein Verfahren, das einfachste auf der Welt, war folgendes: Kaum daß eine Festung eingeschlossen war (oder noch früher natürlich, wenn die Absicht dazu schon vorher bekannt war), wurde ein Plan davon gemacht (es konnte jede beliebige Stadt sein) und dieser im vergrößerten Maßstabe genau dem Umfange des Rasenplatzes angepaßt, auf dessen Fläche er mittels einer großen Rolle Bindfaden und einer beträchtlichen Anzahl von kleinen Pflöcken, die in den Rasen, allerlei Winkel und Vorsprünge bildend, eingetrieben worden waren, die Linien vom Papier übertrug. Nachdem er dann das Profil des Platzes mit allen seinen Werken aufgenommen hatte, um die Tiefe und den Grad der Abschüssigkeit der Gräben zu bestimmen, desgleichen die Böschung des Glacis und die Höhe der verschiedenen Wälle und Brustwehren, kam der Korporal an die Reihe, und so ging die Arbeit still und ohne Aufregung weiter: die Natur des Bodens, die Natur des Werkes, vor allem die überaus gutmütige Natur Onkel Tobys, der vom Morgen bis in die Nacht hinein davor saß und auf seine freundliche Art mit dem Korporal von vergangenen Taten plauderte, bewirkten, daß ihnen von der Arbeit sozusagen nur der Name blieb.

Nachdem die Festung auf diese Weise fertiggestellt und in den gehörigen Verteidigungszustand gebracht worden war, wurde sie eingeschlossen, und Onkel Toby und der Korporal begannen in Laufgräben vorzurücken. Ich bitte, mich nicht in meiner Erzählung mit dem Einwand zu unterbrechen, der erste Laufgraben sollte mindestens dreihundert Klafter vom Hauptwerk der Festung entfernt sein, während ich nicht einen Zoll dafür freigelassen hätte; mein Onkel war eben so frei, den Küchengarten zu schmälern, um sein Werk auf dem Rasenplatz größer zu machen, und darum liefen auch der erste und zweite Laufgraben zwischen zwei Reihen Kraut und Blumenkohl. Auf die Vor- und Nachteile dieses Vorgehens soll erst in der eigentlichen Geschichte der Feldzüge Onkel Tobys und des Korporals näher eingegangen werden, wovon das, was ich jetzt gebe, nur eine Skizze ist, die, wenn ich richtig abschätze (doch wer kann sich auf Mutmaßungen verlassen!), in drei Seiten beendet sein wird, während die Feldzüge ebensoviel Bücher verlangen werden. Auch fürchte ich, ein so dünnes Werk würde nach einer Richtung hin zu sehr beschwert werden, wenn ich die Feldzüge schon hier im Hauptwerke, wie es einst meine Absicht war, eingehend schildern wollte. So ist es besser, sie abgesondert zu drucken ... Wir wollen es noch überlegen, und nehmen Sie bitte vorläufig mit der folgenden Skizze vorlieb.

Zweiundzwanzigstes Kapitel

Als die Stadt mit allen ihren Festungswerken fertiggestellt war, begannen Onkel Toby und der Korporal, die ersten Laufgräben zu ziehen, nicht aufs Geratewohl und irgendwie, sondern von genau denselben Punkten aus und in denselben Entfernungen, von wo und in welchen die Alliierten sie gezogen hatten. Indem sie also ihre Approchen und Angriffe nach den Berichten regelten, die Onkel Toby den Zeitungen entnahm, gingen sie während der ganzen Belagerung Schritt für Schritt mit den Alliierten vor.

Wenn der Herzog von Marlborough irgendwo Fuß faßte, so faßte Onkel Toby gleichfalls Fuß. Wenn eine Bastei zerschossen oder ein Außenwerk in Trümmer gelegt worden war, nahm der Korporal die Hacke und tat desgleichen und so weiter. So gewannen sie Boden, bemächtigten sich eines Werkes nach dem anderen, bis schließlich die ganze Stadt in ihre Hände fiel. Es konnte für einen, der am inneren Glück eines Nebenmenschen teilzunehmen versteht, keinen köstlicheren Anblick in der Welt geben, als an einem Posttage, der die Nachricht brachte, daß und wie eine gangbare Bresche vom Herzog von Marlborough in den Hauptwall geschlagen worden sei, hinter der Buchenhecke zu stehen und zu beobachten, mit welchem Ernst und welcher Begeisterung Onkel Toby mit Trim hinter sich vorrückte, der eine die Zeitung in der Hand, der andere den Spaten geschultert, um das, was schwarz auf weiß auf dem Papier stand, gleich praktisch durchzuführen. Welch ehrliches Siegesgefühl leuchtete nicht aus Onkel Tobys Augen, wenn er den Wall emporklomm! Wie schwamm dieses Auge nicht in Freudentränen, wenn Onkel Toby, über den Korporal gelehnt, diesem die Nachricht zehnmal hintereinander vorlas, damit der Korporal die Bresche ja nicht um einen Zoll zu weit oder zu eng mache! Sobald aber Schamade geschlagen wurde und der Korporal meinem Onkel hinaufhalf und ihm mit der Fahne in der Hand folgte, um sie auf dem Wall aufzupflanzen ... Himmel, Erde und Meer! – Doch was helfen hier alle Ausrufe – aus allen euren Elementen, feucht oder trocken, ist noch nie ein so berauschender Trank gebraut worden.

Auf diesem Wonnepfade wandelten Onkel Toby und Trim durch Jahre hindurch ohne Unterbrechung, es sei denn, daß einmal der Wind eine Woche oder zehn Tage lang vom Westen blies und die flandrische Post zurückhielt und beide ebensolange auf die Folter spannte – es war immerhin eine Folter der Seligen –, auf solchem Wonnepfade wandelten, sage ich, Onkel Toby und der Korporal durch viele Jahre hindurch. Jedes Jahr, zuweilen auch jeder Monat, brachte entsprechend den Erfindungen, die der eine oder andere machte, neue Ideen oder irgendeine Finte und Verbesserung, die wiederum neue Quellen der Freude bei ihrer Durchführung in ihnen eröffneten. Der Feldzug des ersten Jahres war von Anfang bis zum Ende in ebender schlichten und einfachen Methode durchgeführt worden, die ich berichtet habe.

Im zweiten Jahre, als Onkel Toby Lüttich und Ruremond nahm, glaubte er sich die Ausgabe für vier Zugbrücken gestatten zu dürfen, wovon ich zwei in einem früheren Kapitel des Buches genau beschrieben habe.

Gegen das Ende des Jahres tat er ein paar Tore mit Fallgattern hinzu; die letzteren aber wurden später in spitze Fallpfähle verwandelt, was ihren Wert erhöhte. Und während des Winters desselben Jahres beschenkte sich Onkel Toby anstelle eines neuen Anzuges, den er sich alle Jahre zu Weihnachten machen ließ, mit einem entzückenden Schilderhause an der Ecke des Rasenplatzes. Zwischen dem Schilderhaus und dem Glacis war eine Art kleiner Esplanade frei gelassen, damit er und der Korporal dort Kriegsrat halten könnten.

Das Schilderhaus war für Regentage.

Alles das wurde im Frühjahr dreimal weiß angestrichen, und so ward es Onkel Toby ermöglicht, mit großem Prunk ins Feld zu rükken.

Mein Vater sagte oft zu Yorick, wenn irgendein anderer Mensch als gerade Onkel Toby dergleichen täte, würde es jedermann unzweifelhaft für eine der besten Satiren auf die paradierende und prunksüchtige Art halten, mit der Ludwig XIV. vom Beginn des Krieges an, vornehmlich aber in diesem Jahr, ins Feld gezogen wäre. Aber das liegt nicht in der Art meines Bruders Toby, dieser gütigen Seele, irgend jemand zu verhöhnen, fügte er gleich hinzu.

Doch fahren wir fort.

Dreiundzwanzigstes Kapitel

Ich muß bemerken, daß, obwohl im Feldzug des ersten Jahres das Wort Stadt oft vorkommt, zu dieser Zeit es noch keine eigentliche Stadt innerhalb des Polygons gab. Die kam erst im Sommer nach jenem Frühling hinzu, in welchem das Schilderhaus und die Brücke weiß angestrichen worden waren, im dritten Jahre also von Onkel Tobys Feldzügen, im Jahre 1703, als nach der aufeinanderfolgenden Eroberung der Städte Amberg, Bonn, Rheinberg, Huy und Limburg dem Korporal der Gedanke kam, daß in einem fort von der Eroberung so vieler Städte reden, ohne auch nur auf eine einzige wirklich vorhandene hinweisen zu können, eine ziemlich alberne Art sei, ans Werk zu gehen. Und darum schlug er meinem Onkel vor, das kleine Modell einer Stadt herzustellen – es brauchte ja nur aus Fichtenlatten zu bestehen, die bemalt würden; es sollte dann innerhalb des Polygons zusammengesetzt werden, um alle möglichen Städte darzustellen.

Onkel Toby fühlte im Augenblick das Gute des Vorschlages heraus und war auch sofort damit einverstanden, jedoch nicht ohne zwei bemerkenswerte Verbesserungen hinzuzufügen, auf die er beinahe so stolz war, als wäre er der Erfinder des ganzen Projektes.

Die eine war, die Stadt genau im Stil jener zu bauen, welche sie am wahrscheinlichsten darzustellen haben würde: mit Gitterfenstern und Giebeldächern auf die Straße zu usw. usw. wie Gent, Brügge und die übrigen Städte in Brabant und Flandern.

Die andere war, die Häuschen sollten nicht eins ans andere angebaut werden, wie der Korporal es vorschlug, sondern jedes sollte für sich dastehen, so daß sie leicht los- und angehakt werden könnten und in den Plan jeder erdenklichen Stadt hineinpaßten. Dies ward nun sofort in Angriff genommen und mancher Blick gegenseitiger Beglückwünschung zwischen Onkel Toby und dem Korporal gewechselt, während der Tischler an der Arbeit war.

Die Stadt erfüllte auf eine ganz wunderbare Weise ihre Zwecke gleich im nächsten Sommer, sie war in der Tat ein wahrer Proteus. Sie war Landau und Trarbach und Santvliet und Drusen und Hagenau, und sie war dann wiederum Ostende, Menin, Aeth und Dendermonde.

Sicherlich hat noch keine Stadt seit Sodom und Gomorrha so viele Rollen gespielt wie die Stadt Onkel Tobys.

Im vierten Jahr fiel es Onkel Toby ein, daß eine Stadt ohne Kirche sich nur lächerlich ausnehme, und so fügte er eine sehr hübsche Kirche mit einem Turm hinzu. Trim war auch für Glocken, Onkel Toby aber meinte da, es wäre doch besser, das Metall für ein Kanonenrohr zu verwenden.

Das ebnete den Weg im nächsten Feldzug für ein halbes Dutzend Feldstücke aus Messing, je drei rechts und links von Onkel Tobys Schilderhaus. Und in kurzer Zeit führte das weiter zu einem etwas größeren Artilleriezug und so weiter (wie das nicht anders sein kann in allen Angelegenheiten des Steckenpferdes), von Stücken halbzölligen Kalibers an, bis schließlich meines Vaters weite Jagdstiefelröhren daran glauben mußten.

Im Jahr darauf, im Jahre 1706, in dem Lille belagert wurde und gegen dessen Ende sowohl Brügge als auch Gent in unsere Hände fielen, war Onkel Toby die geeignete Munition knapp geworden, ich sage: geeignet, weil seine schwere Artillerie kein Pulver vertrug. Und das war gut so für die ganze Familie der Shandys, denn alle Zeitungen waren von Anfang bis zu Ende so voll von dem ununterbrochenen Feuer, das, wie es hieß, die Belagernden unterhielten, und die Phantasie Onkel Tobys war dementsprechend von den Berichten darüber so erhitzt worden, daß er unfehlbar alles, was er besaß, verpufft haben würde.

Etwas fehlte also darum als Ersatz, vornehmlich bei ein oder zwei sehr heftigen Stürmen auf die Wälle, um dieses ununterbrochene Feuer in der Phantasie wenigstens zu unterhalten – und dieses Etwas, diesen Ersatz schaffte der Korporal, dessen Stärke überhaupt im Erfinden lag, herbei, und zwar mittels eines ganz neuen, ganz und gar seinem Kopfe entsprungenen Systems des Batteriefeuers, ohne welches alle militärischen Kritiker bis ans Ende der Welt an Onkel Tobys Apparatur immer auszusetzen gefunden hätten, daß eben das eine, so überaus Erwünschte bis jetzt fehlte.

Was dies war, wird darum nicht schlechter erklärt werden, wenn ich wie gewöhnlich ein wenig abschweife.

Vierundzwanzigstes Kapitel

Unter den zwei oder drei an sich wertlosen, aber dennoch höchst beziehungsreichen Sachen, die der arme Tom, des Korporals unglücklicher Bruder, zugleich mit dem genauen Bericht über seine Heirat mit der Witwe des Juden übers Meer geschickt hatte, befanden sich eine Montero-Jagdmütze und zwei türkische Tabakpfeifen.

Die Montero-Jagdmütze will ich gelegentlich einmal beschreiben.

Die beiden türkischen Tabakpfeifen hatten nichts Besonderes an sich. Sie waren genauso wie alle anderen ausgestattet und verziert, die elastischen Schläuche waren aus Marokkoleder und mit Golddraht umwunden; die eine hatte dazu ein Mundstück aus Elfenbein, die andere eines aus Ebenholz mit Silberfassung.

Mein Vater, der alle Dinge in einem anderen Lichte sah, anders als alle übrigen Menschen der Welt, verabsäumte nie dem Korporal gegenüber die Bemerkung, er sollte doch ja diese beiden Geschenke mehr als Zeichen von seines Bruders Ekel als von seiner Liebe ansehen. Tom mochte eben, sagte er, so wie er nun einmal war, weder die Mütze des Juden aufsetzen noch aus dessen Pfeife rauchen, Trim. – Gott segne Euer Gnaden, erwiderte Trim, einen sehr beweiskräftigen Gegengrund anführend: Wie war aber dann das andere möglich?

Die Montero-Jagdmütze war scharlachrot aus sehr feinem spanischem Tuch, in der Wolle gefärbt, rundum mit Pelz verbrämt, ausgenommen vorn an einer vier Zoll breiten Klappe, die hellblau war mit zartem Muster darauf – die Mütze mußte einmal einem portugiesischen Quartiermeister – nicht zu Fuße, sondern zu Pferde, wie der Name schon andeutet – gehört haben.

Der Korporal war sowohl der Sache als auch des Gebers wegen nicht wenig stolz darauf, denn er trug sie sehr selten und nur bei festlichen Gelegenheiten. Und trotzdem hat noch nie eine Reitmütze so vielen Zwecken gedient, denn in allen strittigen Fragen des Kriegs- und Küchenwesens, vorausgesetzt, daß der Korporal sich seiner Sache sicher fühlte, war sie stets sein Einsatz bei einer Wette oder sein Eid oder sein Anerbieten.

Diesmal war sie sein Anerbieten.

Ich will mich dazu verpflichten, sprach der Korporal zu sich, meine Jagdmütze dem ersten Bettler zu geben, der ans Haustor kommt, wenn ich nicht alles zu Euer Gnaden Zufriedenheit bewerkstellige. Die Ausführung war auf den nächsten Morgen und nicht länger aufgeschoben worden, auf eben jenen Morgen des großen Sturmes auf die äußere Grabenböschung rechts zwischen Nieder-Deule und dem Andreastor und links zwischen dem Magdalenentor und dem Fluß.

Da es sich hier um die denkwürdigste Attacke im ganzen Kriege handelte, um die zäheste und tapferste beiderseits, aber auch, wie ich gleich hinzufügen muß, um die blutigste, denn sie kostete die Alliierten mehr als elfhundert Mann, so bereitete sich Onkel Toby dazu mit mehr als gewöhnlicher Feierlichkeit vor.

Den Abend vorher befahl Onkel Toby, bevor er zu Bett ging, seine Zopfperücke, die seit vielen Jahren im Winkel eines alten Militärkoffers neben seinem Bett gelegen hatte; sie sollte herausgeholt werden und für den nächsten Morgen auf dem Kofferdeckel bereitliegen. Und das erste, was er noch im Hemd tat, war, daß er sie, nachdem er die Haarseite nach außen gekehrt, aufsetzte. Hierauf zog er die Hosen an, und nachdem er den Gurt zugeknöpft hatte, schnallte er den Degenriemen um, und schon hatte er den Degen zur Hälfte hineingesteckt, als er merkte, daß er sich ja noch rasieren lassen müsse und diese Prozedur nicht mit dem Degen an der Seite vorgenommen werden könnte – darum nahm er ihn wieder ab. Als er aber Waffenrock und Weste anziehen wollte, stand ihm wiederum die Perücke als Hindernis entgegen, und so legte er auch diese vorerst noch ab. So war es mit dieser und jener Verzögerung, wie es immer vorkommt, wenn es der Mensch sehr eilig hat, zehn Uhr geworden, das heißt, eine halbe Stunde später als gewöhnlich, als Onkel Toby aus dem Haus trat.

Onkel Toby war kaum um die Ecke der Eibenhecke, welche den Küchengarten vom Rasenplatz trennt, als er bemerkte, daß der Korporal den Angriff ohne ihn begonnen hatte.

Lassen Sie mich hier ein wenig verweilen und Ihnen ein Bild vom Apparate des Korporals geben, auch vom Korporal selber auf dem Höhepunkt der Attacke, so wie dieses Bild die Netzhaut von Onkel Tobys Auge traf in dem Augenblick, als er gegen das Schilderhaus zu einbog, allwo der Korporal gerade an der Arbeit war – denn ein solcher Augenblick kommt weder ein zweites Mal im Leben vor, noch vermag irgendeine Vereinigung alles dessen, was in den Werken der Natur grotesk und grillenhaft ist, einen ähnlichen Eindruck hervorzurufen.

Der Korporal …

Tretet leise und leichten Fußes auf seine Asche, ihr Männer von Geist oder Genie, denn er war euer Bruder!

Jätet alles Unkraut auf seinem Grabe aus, ihr Menschen guten Herzens, denn er war euer Bruder!

O Korporal, hätte ich dich zur Stunde bei mir – jetzt, da ich dir ein Essen zahlen und meinen Schutz angedeihen lassen könnte –, wie wollte ich dich hegen und pflegen! Du solltest deine Montero-Mütze jede Stunde des Tages und jeden Tag der Woche tragen, und wenn sie abgetragen wäre, so wollte ich dir zwei neue und ebenso schöne kaufen. Doch ach! Jetzt, da ich es trotz der hochwürdigen Herren tun könnte, ist die Gelegenheit weg und vorbei. Du bist von uns gegangen. Dein Genius floh auf zu den Sternen, von wo er gekommen war, und dein warmes Menschenherz mit allen seinen reichen und kostbaren Ergüssen und Ausflüssen der Liebe ist in einen Erdenkloß im Tal der Klagen und des Jammers zusammengepreßt.

Doch was ist das alles im Vergleich zu der künftigen Seite dieses Buches, die nicht wird vermieden werden können und kommen muß und die ich heute schon fürchte, jener Seite, darin mein Auge auf das Tuch von schwarzem Samt, geschmückt mit den militärischen Ehrenzeichen deines Herrn, des edelsten, des besten unter den Geschöpfen dieser Erde, fallen wird, da ich dich, den treuesten Diener, sehen werde, wie du Degen und Scheide mit zitternder Hand kreuzweise über den Sarg legst und aschfahl zum Tor zurückkehrst, um das trauernde Roß am Zaum zu nehmen und getreu der Weisung deines Herrn dem Sarge zu folgen, da ferner auch alle Systeme meines Vaters durch seinen Kummer und Schmerz zunichte gemacht sein werden und ich seiner Philosophie zum Trotz Zeuge sein werde, wie er, das gefirnißte Wappenschild betrachtend, zweimal die Brille von der Nase nimmt, um den Tau wegzuwischen, den die Natur darauf gegossen, wie er dann den Rosmarinzweig ins Grab nachwirft, zugleich mit den Seufzern eines untröstlichen Gemütes, die mir tief in die Seele dringen. Oh, Onkel Toby, in welchem Winkel der Erde werde ich deinesgleichen finden?

Gnadenvolle Mächte! Die ihr einst die Lippen des Stummen in seinem Leid geöffnet und die Zunge des Stammelnden gelöst habt, wenn ich zu dieser gefürchteten Seite kommen werde, dann schont mich nicht und rührt mich an mit übergewaltiger Hand!

Sechsundzwanzigstes Kapitel

Der Korporal, der den Abend vorher im Geiste den Entschluß gefaßt hatte, für jenes große Haupterfordernis aufzukommen, nämlich so etwas wie ein ununterbrochenes Feuer auf den Feind zu unterhalten, und zwar während des heftigsten Angriffes, war zur Zeit auf keine andere Idee gekommen, als höchst kunstvoll aus einem von Onkel Tobys sechs Feldstücken zu beiden Seiten des Schilderhauses Tabak gegen die Stadt zu paffen. Und da ihm gleichzeitig auch die Mittel zur Bewerkstelligung dieses Vorhabens einfielen, so hatte er alle Ursache, die verpfändete Montero-Mütze nicht mehr durch ein mögliches Mißlingen des Planes für gefährdet zu halten. Nachdem er die Sache hin und her überlegt hatte, kam ihm ein noch besserer Gedanke: Wenn er an jeder seiner türkischen Pfeifen drei kleine lederne Schläuche befestigte, jeden dieser Schläuche wieder mit einem kleinen Blechrohr verband, das auf das Zündloch gesetzt und gut mit Ton verschmiert wurde, könnte er alle sechs Feldstücke auf einmal mit derselben Leichtigkeit losfeuern, wie wenn es sich um ein einziges handelte.

Nun sage mir niemand, es könnten aus solchen Spielereien nicht Hinweise für das Fortschreiten der menschlichen Erkenntnis ausgehen. Kein Mensch, der von meines Vaters erstem und zweitem Gerichtsbett gelesen hat, soll je aufstehen und leugnen dürfen, daß irgendwelche Körper so aufeinanderprallen können, daß die aufblitzenden Funken über Künste und Wissenschaften ihr Licht werfen und diese dann dank solchem Licht sich mehr und mehr vervollkommnen. Himmel! du weißt, wie ich sie liebe. Du kennst die Geheimnisse meines Herzens und daß ich mein Hemd dafür geben wollte ... Du bist wohl närrisch, Shandy, du hast doch nur ein Dutzend, und das würde dann nicht mehr voll sein, sagte Eugenius.

Das ist ganz gleichgültig, Eugenius, ich wollte, sagte ich, mir mein Hemd vom Leibe ziehen und daraus Zunder machen lassen, und wäre es nur darum, daß ein eifriger Forscher herausbekomme, wieviel Funken auf einen Schlag ein Stück Stahl aus einem guten Feuerstein in diesen Zunder zu schlagen vermöchte. Meinst du nicht auch, daß er, indem er da Funken hineinschlägt, dort sicher auch etwas herausschlagen könnte, und zwar bombensicher.

Doch wir wollen den Plan nicht vergessen.

Der Korporal saß den besten Teil der Nacht auf, um den seinen zu vervollkommnen, und nach einer ausgiebigen Probe mit den Geschützen, die er bis an die Mündung mit Tabak geladen hatte, ging er befriedigt zu Bett.

Siebenundzwanzigstes Kapitel

Der Korporal war zehn Minuten vor Onkel Toby aus dem Haus geschlichen, um seinen Apparat bereitzustellen und vielleicht auch ein paar Schüsse daraus abzufeuern, bevor Onkel Toby käme. Er hatte zu diesem Zwecke die sechs Feldstücke alle dicht nebeneinander vor Onkel Tobys Schilderhaus gestellt und nur einen Zwischenraum von einer Elle zwischen den dreien linker und den dreien rechter Hand gelassen, damit er sie leichter laden könne usw., und vielleicht auch, damit er statt nur einer sogar zwei Batterien und also doppelt soviel Ehre habe.

Aus Furcht, flankiert zu werden, hatte der Korporal weislich so Posten gefaßt, daß er der Tür des Schilderhauses den Rücken kehrte. Er hielt die Pfeife mit dem elfenbeinernen Mundstück, die zur rechten Batterie gehörte, zwischen dem Daumen und dem Zeigefinger der rechten Hand und die zur linken Batterie gehörige, mit dem Mundstück aus Ebenholz mit der silbernen Spitze, zwischen dem Daumen und dem Zeigefinger der linken Hand, und so, das rechte Knie fest in den Boden stemmend, als kniete er in der ersten Reihe des Zuges, die Montero-Jagdmütze auf dem Kopf, ließ er seine beiden Batterien gleichzeitig gegen die Wehr, welche die Böschung deckte, spielen, genau dorthin, wohin heute die Attacke geleitet werden sollte.

Seine ursprüngliche Absicht war, wie gesagt, dem Feinde nicht mehr als einen oder zwei Püffe zu versetzen. Die Freude aber an den Püffen und am Paffen hatte, ohne daß er sich dessen bewußt wurde, allmählich von seinem ganzen Wesen Besitz ergriffen und ihn von piff, paff zu piff, paff und zuletzt bis zur vollsten Attacke gebracht, und zwar gerade, als Onkel Toby hinter ihn trat.

Ein Glück für meinen Vater, daß Onkel Toby an diesem Tage nicht sein Testament machte.

Achtundzwanzigstes Kapitel

Onkel Toby nahm das elfenbeinerne Mundstück aus der Hand des Korporals, besah es eine halbe Minute lang und gab es ihm wieder zurück.

In weniger als zwei Minuten nahm ihm Onkel Toby die Pfeife zum zweitenmal aus der Hand und führte sie halbwegs zum Munde – und gab sie ihm sehr hastig zum zweitenmal zurück.

Der Korporal verdoppelte jetzt die Attacke. Onkel Toby lächelte, machte aber gleich darauf ein ernstes Gesicht, lächelte wiederum für einen Augenblick und machte abermals ein ernstes Gesicht lange Zeit hindurch.

Laß Er mir einmal das Mundstück aus Elfenbein, Trim, sagte Onkel Toby. Onkel Toby steckte die Pfeife in den Mund, zog sie aber gleich wieder heraus und warf einen Blick über die Hecke. Noch nie im Leben hatte Onkel Tobys Mund so nach einer Pfeife gewässert. Onkel Toby zog sich mit der Pfeife jetzt ins Schilderhaus zurück.

Lieber Onkel Toby, gehe nicht mit der Pfeife ins Schilderhaus! Wie kann man einem Menschen mit einem so gefährlichen Ding in der Hand in einem solchen Winkel trauen!

Neunundzwanzigstes Kapitel

Ich bitte den Leser, mir dabei behilflich zu sein, Onkel Tobys schweres Geschütz hinter die Szene zu schieben, das Schilderhaus abzutragen und die ganze Bühne, wenn möglich, von allen Hornwerken und

Halbmonden zu säubern und auch den ganzen übrigen Kriegsapparat aus dem Wege zu räumen. Wenn das geschehen ist, lieber Garrick, werden wir die Lichter putzen, die ganze Bühne mit einem neuen Besen auskehren, den Vorhang wieder aufziehen und Onkel Toby darauf in einer neuen Rolle zeigen, von der noch kein Mensch weiß, wie er sie spielen wird. Und doch, wenn das Mitleid der Liebe verwandt und auch die Tapferkeit dieser nicht fremd ist, so habt ihr ja genug von Onkel Toby in diesen beiden Rollen gesehen, um die Familienähnlichkeit (sofern eine besteht) zwischen diesen beiden Gemütsverfassungen nach Herzenslust bis ins letzte zu verfolgen.

Eitle Wissenschaft! Du hilfst uns in keinem einzigen Fall dieser Art – und verwirrst uns in jedem.

In Onkel Toby, Madame, lebte eine große Herzenseinfalt, und dank dieser hielt er sich stets abseits von den geschlängelten Pfaden, auf denen alles, was die Liebe angeht, seinen Fortgang nimmt. Sie können, nein, Sie können sich davon keine Vorstellung machen. Dazu kam dann eine Offenheit und Schlichtheit im Denken, gepaart mit einer vertrauensseligen Unerfahrenheit in dem Faltwerk des weiblichen Herzens, und so preisgegeben und so wehrlos (wenn er nicht gerade eine Belagerung im Kopfe hatte) stand er vor Ihnen, daß es nur an Ihnen lag, ihm auf einem Ihrer geschlungenen Pfade aufzulauern und ihm zehnmal am Tag eine Kugel durch die Leber zu schießen, sollte Ihnen neunmal des Tages nicht genügt haben, Madame.

Zu alledem, Madame – und dadurch wurde das Ganze andererseits wieder schwierig gemacht –, besaß Onkel Toby jene mit nichts zu vergleichende, einzige Schamhaftigkeit, von der ich schon einmal gesprochen habe und die nebenbei stets Posten vor seinen Gefühlen stand, so daß Sie ebensoleicht ... Doch wohin komme ich? Diese Gedanken drängen sich in mir mindestens zehn Seiten zu früh zusammen und nehmen mir die Zeit weg, die ich jetzt noch für Geschehnisse und Tatsachen brauche.

Dreissigstes Kapitel

Von den wenigen echtbürtigen Söhnen Adams, deren Brust nie den Stachel der Liebe gefühlt (wobei ich gleich behaupte, daß alle Weiberhasser Bastarde gewesen sein dürften), haben die größten Helden der Alten und Neuen Geschichte neun Zehntel dieser Ehre davongetragen. Um ihretwillen wünschte ich jetzt, ich hätte den Schlüssel zu meiner Bibliothek aus meinem Ziehbrunnen, wenn auch nur für fünf Minuten, wieder herausgefischt, um Ihnen auch ihre Namen zu nennen – denn auswendig weiß ich sie nicht. Darum begnügen Sie sich bitte für den Augenblick mit folgendem:

Da waren also der große König Aldrovandus und Bosphorus und Cappadocius und Dardanus und Pontus und Asius, nicht zu reden von Karl XII. mit dem Herzen aus Eisen, dem selbst die Gräfin von K … nichts anhaben konnte. Da waren ferner Babylonicus, Mediterraneus, Polixenes, Persicus und Prusicus; nicht ein einziger unter ihnen (ausgenommen Cappadocius und Pontus, die beide ein wenig verdächtig sind) hatte je seine Brust vor der Göttin gesenkt. Die Wahrheit ist, daß sie alle etwas anderes zu tun hatten, auch Onkel Toby, so lange, bis das Schicksal – das Schicksal, sage ich –, neidisch darob, daß der Ruhm seines Namens zugleich mit dem des Aldrovandus und der übrigen genannten Herren der Nachwelt überliefert würde, auf eine höchst niedrige Art den Frieden von Utrecht zusammenflickte.

Glauben Sie mir, meine Herren, es war das übelste, was die Schicksalsgöttin in diesem Jahr vollbracht hat.

Einunddreissigstes Kapitel

Eine der vielen üblen Folgen des Friedens von Utrecht war die, daß er Onkel Toby alle Belagerungen verleidete. Und wenn er auch später den Appetit wiederfand, so hinterließ selbst der Verlust von Calais in Königin Marias Herz keine tiefere Narbe als Utrecht im Herzen Onkel Tobys. Bis an sein Lebensende konnte er den Namen Utrecht, bei welchem Anlaß es auch sein mochte, nicht hören, ja, es ging so weit, daß er nicht einmal einen Auszug aus der Utrechter Zeitung lesen konnte, ohne so tief aufzuseufzen, als wollte ihm das Herz brechen.

Mein Vater, der ein großer Motivschnüffler und darum äußerst gefährlich für jeden war, der neben ihm lachte oder weinte – denn er wußte meist die Motive für beides viel besser als der Betreffende selber –, mein Vater wollte Onkel Toby bei solchen Gelegenheiten jedes Mal auf eine Weise trösten, die zu offen verriet, daß er in der

Vorstellung lebte, Onkel Toby betrauere bei dem ganzen Unglück nichts so sehr wie den Verlust seines Steckenpferdes. Tröste dich, Bruder Toby, sagte er, mit Gottes Hilfe wird heute oder morgen doch wieder ein neuer Krieg ausbrechen. Und wenn es dazu kommt – so können die kriegführenden Mächte uns nicht aus dem Spiel lassen, und wenn sie sich aufhängen. Und sie können auch nicht Länder besetzen, ohne Städte einzunehmen, oder umgekehrt.

Onkel Toby nahm diesen Hieb von hinten auf sein Steckenpferd keinesfalls sehr freundlich hin. Er hielt ihn für unedel. Um so mehr, als mein Vater mit dem Pferd auch den Reiter und der Hieb ihn an seiner verwundbarsten und empfindlichsten Stelle traf, so daß Onkel Toby dabei jedesmal die Pfeife auf den Tisch legte, um sich mit mehr Feuer als sonst verteidigen zu können.

Ich habe dem Leser vor zwei Jahren gesagt, daß Onkel Toby kein Redner war, und ich habe noch auf derselben Seite einen Beweis des Gegenteils gegeben. Ich wiederhole hier meine Behauptung und nenne zugleich eine Tatsache, die dieser widerspricht. Er war nicht beredt; es fiel Onkel Toby nicht leicht, lange Ansprachen zu halten, und er haßte blumige Redensarten. Doch immer hat es Gelegenheiten gegeben, wo der Strom der Rede überfloß und so anders als gewöhnlich lief, daß Onkel Toby an manchen Stellen zeitweise Tertullus zum mindesten gleichkam, in anderen Stellen meiner Meinung nach ihn weit übertraf.

Meinem Vater hatte eine dieser Verteidigungsreden Onkel Tobys, die dieser eines Abends vor ihm und Yorick hielt, so ausgezeichnet gefallen, daß er sie vor dem Schlafengehen noch niederschrieb.

Ich hatte das Glück, sie unter meines Vaters Papieren zu finden. Da und dort war von meinem Vater eine Bemerkung in Klammern eingeschaltet, so [–], und das Ganze war überschrieben: *Bruder Tobys Rede zur Rechtfertigung seiner eigenen Prinzipien und seiner Haltung, als er die Fortführung des Krieges verlangte.*

Ich kann bestimmt sagen, daß ich diese Verteidigungsrede Onkel Tobys hundertmal durchgelesen habe und sie für ein schönes Beispiel in ihrer Art halte; auch weist sie eine so süße Mischung von Tapferkeit und edlen Grundsätzen auf, daß ich sie der Welt Wort für Wort, so wie ich sie gefunden habe, übergebe.

Zweiunddreissigstes Kapitel

Onkel Tobys Verteidigungsrede

Ich fühle wohl, Bruder Shandy, daß, wenn ein Mann, dessen Beruf das Waffenhandwerk gewesen, den Krieg, wie ich es getan habe, wünscht, sich ein solcher Wunsch übel vor der Welt ausnimmt, und daß er – wie gerecht und richtig auch immer seine Motive und Absichten sein mögen – einen schlechten Stand hat, wenn er sich dabei von persönlichen Gesichtspunkten gänzlich freigesprochen wissen will.

Aus diesem Grunde also wird ein Soldat, wenn er zudem ein vorsichtiger Mann ist, was er sehr gut sein kann, ohne darum auch nur ein Jota weniger tapfer zu sein, seine persönlichen Wünsche sicherlich nicht so äußern, daß der Feind ihn hören kann. Denn was immer er sagt, der Feind wird ihm nicht glauben. Er wird sie aber auch nicht unvorsichtig vor einem Freunde äußern, um nicht in des Freundes Achtung zu sinken. Nein, wenn sein Herz überzufließen droht und ein heimlicher Seufzer nach den Waffen heraus muß, wird er diesen aufbewahren für das Ohr des Bruders, welcher sein Gemüt bis auf den Grund kennt und um seine Ehrbegriffe, seine Anlagen und Grundsätze weiß. Was ich, wie ich wenigstens hoffe, in allen diesen Belangen gewesen bin, Bruder Shandy, das zu sagen würde sich für mich nicht schicken. Ich bin viel schlechter gewesen, als ich sollte, das weiß ich, und ich bin um ein weniges schlechter, vielleicht, als ich meine. Doch so, wie ich bin, mußt du, lieber Bruder Shandy, der du an derselben Brust gesogen hast wie ich und mit dem ich von der Wiege an auferzogen worden bin und vor dem ich von der ersten Stunde unserer kindlichen Spiele an keine einzige Handlung, ja kaum einen einzigen Gedanken verborgen gehalten habe, so wie ich also bin, Bruder Shandy, mußt du mich nun endlich kennen mit allen meinen Lastern und mit allen meinen Schwächen, ob diese nun von meinem Alter, meiner Anlage, meinen Leidenschaften oder von mangelndem Verstande herkommen.

Sage mir also, lieber Bruder Shandy, an welchen Lastern oder Schwächen meinerseits es liegt, daß du, wenn ich den Frieden von Utrecht verurteile und den Krieg mit aller Macht fortgeführt wünsche, der Ansicht huldigest, dein Bruder tue dies aus unwürdigen Motiven oder dein Bruder sei, wenn er diesen Krieg wünsche, verrucht genug, damit nur den einen Wunsch zu hegen, daß zu seinem Vergnügen gleichsam nur noch mehr Mitgeschöpfe erschlagen und in Gefangenschaft gebracht und noch mehr Familien aus ihren friedlichen Behausungen vertrieben würden. Nenne mir, Bruder, doch die einzige Handlung und Schuld meinerseits, auf der du eine solche Ansicht zu gründen vermöchtest. [Zum Teufel, ich weiß nur von einer, und zwar, daß du mir hundert Pfund schuldest, die ich dir zur Fortführung deiner verdammten Belagerungen geliehen habe.]

Wenn ich schon als Schuljunge nicht die Trommel schlagen hören konnte, ohne daß mein Herz mitschlug – war es mein Fehler? Habe ich diese Neigung dem Herzen eingepflanzt? Habe ich da selber in meinem Innern Alarm geschlagen, oder war es nicht vielmehr die Natur in mir?

Als *Guy, Graf von Warwick, Parismus und Parismenus, Valentine und Orson* und *Die sieben Kämpen Englands* unter uns Kindern von Hand zu Hand gingen, waren sie nicht alle mit meinem Gelde gekauft? War das selbstisch, Bruder Shandy? Als wir die Belagerung von Troja lasen, die zehn Jahre und acht Monate dauerte – obwohl die Stadt mit solchen Geschützen, wie wir sie bei Namur besaßen, binnen einer Woche hinweggefegt gewesen wäre –, war ich nicht über das Hinschlachten der Griechen und Trojaner ebenso untröstlich wie nur irgendein anderer Knabe aus der Schule? Habe ich nicht drei Streiche mit dem Lineal bekommen, zwei auf die rechte Hand und einen auf die linke, weil ich Helena darum eine Hure genannt habe? Hat einer von euch so viel Tränen vergossen um Hektor wie ich? Und da König Priamos ins Lager der Griechen kam, um den Leichnam des Sohnes zu erflehen, und weinend ohne diesen zurückkehrte, so weißt du, Bruder, konnte ich an diesem Tage beim Essen keinen Bissen herunterbekommen.

Muß ich darum für grausam gelten? Weil mein Blut, Bruder Shandy, mich ins Feldlager zog und mein Herz für den Krieg schlug, war das ein Beweis, daß es nicht auch ob der Leiden des Krieges Schmerz empfinden konnte?

O Bruder, das sind zwei ganz verschiedene Dinge für den Soldaten: den Lorbeer pflücken und Zypressenzweige streuen. [Wer hat dir das gesagt, lieber Bruder Toby, daß die Zypresse von den Alten bei Trauerfeierlichkeiten verwendet wurde?] Ein Ding ist es, Bruder Shandy, für den Soldaten: sein Leben wagen, als erster in den Graben springen, wo er sicherlich in Stücke gehauen wird; eines: aus seiner Gesinnung für das Gemeinsame heraus und aus Ruhmesdurst als erster in die Bresche eindringen, in der ersten Reihe stehen und tapfer drauflosmarschieren bei Trommeln und Trompeten, während die Fahnen ihm um die Ohren flattern, eines, Bruder Shandy, sage ich, ist dies; ein anderes: des Jammers und der Leiden des Krieges gedenken, den trostlosen Zustand ganzer Landstriche mit Augen sehen und die unerträglichen Strapazen und Härten in Betracht ziehen, welche der Soldat selbst, das Werkzeug all des Elends (für sechs Pence den Tag, wenn er sie überhaupt erhält), auf sich nehmen muß.

Brauche ich, lieber Yorick, von Ihnen in Ihrer Grabrede auf Le Fever darüber belehrt zu werden, daß ›ein so sanftmütiges und zärtliches Geschöpf, zur Liebe, Barmherzigkeit und Güte geboren, wie der Mensch es einmal ist, von der Natur nicht dafür gebildet und geformt sei‹? Warum aber, Yorick, haben Sie nicht hinzugefügt: Wenn er schon von der Natur dazu nicht geformt sein mag, so ist er es vielleicht von der Not, von der Notwendigkeit. Denn was ist der Krieg? Was, Yorick, wenn er wie unserer für die Grundsätze der Freiheit und Ehre geführt wird? Was anderes als das gewaltige Zusammenströmen eines von Natur aus friedlichen und harmlosen Volkes, um mit dem Schwert in der Hand den Ehrgeizigen und den Unruhstifter in Schranken zu halten? Und der Himmel ist mein Zeuge, Bruder Shandy, daß das Vergnügen, das ich an diesen Dingen hatte, daß desgleichen jenes unendliche Entzücken, welches im besonderen meine Belagerungen am Rasenplatz begleitete, in mir und, wie ich hoffe, auch im Korporal aus dem Bewußtsein entspringt, daß auch wir beide bei der Durchführung jener Belagerungen nur den großen Zweck erfüllten, für den wir erschaffen worden sind.

Dreiunddreissigstes Kapitel

Ich habe dem christlichen Leser gesagt – ich sage: christlich, denn ich hoffe, er ist einer; wenn er es nicht ist, so tut er mir leid, und ich bitte ihn dann nur, er möge das mit sich selber abmachen und nicht das Buch dafür tadeln –

Ich habe ihm also gesagt, Herr – denn wahrhaftig, wenn einer eine Geschichte auf eine so sonderbare Art und Weise erzählt, wie ich es tue, so ist er unaufhörlich nach vorwärts und rückwärts zu gehen gezwungen, um sozusagen alle Fäden in der Phantasie des Lesers zusammenzuhalten; wenn ich meinerseits darauf jetzt nicht mehr acht hätte als zu Beginn, so würde allzuviel Schwankendes und Zweifelhaftes mit allerlei Brüchen und Klaffungen zum Vorschein kommen, und die Sternchen leisten dabei gar geringe Dienste, die ich aber trotz allem in einigen der dunkelsten Gänge aufhänge, da ich wohl weiß, wie allzuleicht die Welt den Weg verliert trotz allem Licht, das die Sonne selbst um die Mittagszeit spenden kann ..., und nun sehen Sie, wie ich mich selber ganz verlaufen habe.

Doch das ist der Fehler meines Vaters. Wenn einst mein Hirn seziert wird, werden Sie ohne Brille sehen, daß er darin einen langen, ungleichmäßig gesponnenen Faden hat durchlaufen lassen, genauso einen, wie Sie ihn in einem unverkäuflichen Stück Leinwand finden, welcher sich dort durch das ganze Gewebe zieht, und zwar so ungeschickt, daß Sie nicht einmal ein ** (hier hänge ich wieder ein paar Sternchen auf) oder eine Binde oder einen Däumling herausschneiden können, ohne daß man ihn sieht und fühlt.

Quanto id diligentius in liberis procreandis cavendum, sagt Cardan. Wenn wir das alles überlegen und da Sie selber sehen, daß ich schon aus inneren Gründen nicht dorthin herum und zurück kann, von wo ich ausgegangen bin ...

Ich fange das Kapitel noch einmal an.

Vierunddreissigstes Kapitel

Ich habe dem Leser zu Beginn jenes Kapitels, das der Verteidigungsrede Onkel Tobys voranging, gesagt – wenn auch mit einem anderen Bild als dem, das ich jetzt gebrauchen will –, daß der Friede von Utrecht beinahe dieselbe Verlegenheit zwischen Onkel Toby und seinem Steckenpferd wie zwischen der Königin und den übrigen Alliierten hervorrief.

Man kennt die etwas verächtliche Art, mit der ein Mensch zuweilen von seinem Pferde absteigt, so, als wollte er ihm damit sagen: Ich gehe lieber von heute an alle Tage zu Fuß, Herr, bevor ich noch einmal eine einzige Meile auf Ihrem Rücken zurücklege. Nun ließ sich wohl nicht sagen, daß Onkel Toby so vom Pferde stieg; genau gesprochen, dürfte es überhaupt nicht heißen, daß er vom Pferde stieg, vielmehr warf ihn sein Steckenpferd ab, und zwar auf eine etwas heimtückische Art und Weise, was zur Folge hatte, daß Onkel Toby sich noch zehnmal bitterer gekränkt fühlte. Doch das mögen die Staatsjockeis untereinander ausmachen, wie sie wollen. Es bildete sich, wie gesagt, eine Art von Verlegenheit und Entfremdung zwischen Onkel Toby und seinem Steckenpferd heraus. Er machte vom März bis zum November, in dem Sommer also, welcher der Unterzeichnung der Friedensartikel gefolgt war, keinen Gebrauch mehr davon, höchstens daß er hie und da einen kleinen Ritt darauf versuchte, nur um nachzusehen, ob die Befestigungen und der Hafen von Dünkirchen wirklich dem Vertrag entsprechend geschleift und zerstört würden.

Die Franzosen zogen den ganzen Sommer hindurch die Angelegenheit in die Länge, und Mr. Tugghe, der Abgesandte des Magistrats von Dünkirchen, überreichte der Königin so viele rührende Bittschriften, worin er Ihre Majestät ersuchte, ihren Donnerkeil nur auf solche den Kriegszwecken dienende Werke, welche Dero Mißfallen erregt haben möchten, niederschmettern zu lassen, dafür aber den Hafen selber um des Hafens willen zu schonen, welcher, entblößt wie er jetzt wäre, nur Dero Mitleid zu erregen vermöchte. Und da die Königin (die schließlich nur eine Frau war) eher zum Mitleid neigte, ihre Minister gleichfalls, so konnten sie alle in ihren Herzen nicht den Wunsch hegen, daß die Stadt gänzlich geschleift würde, und zwar aus folgenden privaten Rücksichten * * * *
* * * * * * * * * * *
* * * * * ———
* * * * * * * * * * *
* * * * * * * * * * *
* * * * , so daß das Ganze Onkel Toby sehr schwer gemacht wurde, insofern als noch drei volle Monate, nachdem er und der Korporal die Stadt gebaut und gehörig zur Zerstörung instand gesetzt hatten, vergehen sollten, bis die diversen Kommandanten, Kommissare, Abgesandten, Geschäftsträger und Intendanten es ihm erlauben würden, damit anzufangen. Verhängnisvolle Zwischenzeit der Untätigkeit!

Der Korporal war dafür, daß man die Schleifung mit einer Bresche in den Festungswall oder die hauptsächlichsten Befestigungsanlagen der Stadt beginne. – Nein, das geht nicht, Korporal, sagte Onkel Toby, denn bei einem solchen Vorgehen würde die englische Garnison nicht eine Stunde sicher sein, falls die Franzosen Verrat üben. – Sie stecken voll von Verrat wie der Teufel, Euer Gnaden, erwiderte der Korporal. – Es berührt mich stets eigen, wenn ich davon höre, Trim, sagte Onkel Toby, denn es fehlt ihnen keinesfalls an persönlichem Mut. Und wenn eine Bresche in den Festungswall geschlagen ist, so können sie zu jeder beliebigen Zeit eindringen und sich der ganzen Festung bemächtigen. – Sie sollen nur kommen, rief der Korporal und hob seine Pionierschaufel mit beiden Händen hoch, als wollte er damit um sich herumschlagen, sie sollen nur kommen, Euer Gnaden, wenn sie Mut dazu haben. – In ähnlichen Fällen, Korporal, sagte Onkel Toby – indem er die rechte Hand bis in die Mitte des Stockes herabgleiten ließ und diesen dann mit ausgestrecktem Zeigefinger wie einen Marschallstab hielt –, hat der Kommandant nicht erst zu erwägen, was der Feind gegebenenfalls wagen oder nicht wagen würde, sondern er hat mit Voraussicht vorzugehen. Wir werden darum mit den Außenwerken gegen das Land und das Meer zu beginnen, und vor allem mit Fort-Louis, dem entlegensten von allen, und dieses zuerst schleifen und dann erst die übrigen, eins nach dem anderen, rechts und links, je mehr wir uns nach der Stadt zurückziehen; hernach werden wir den Hafendamm schleifen, dann den Hafen verschütten, schließlich uns in die Zitadelle zurückziehen und sie in die Luft sprengen. Nachdem wir alles das ausgeführt haben, Korporal, werden wir uns nach England einschiffen. – Wo wir jetzt schon sind, sagte der Korporal nach einiger Besinnung. – Ja, richtig, sagte Onkel Toby und blickte nach dem Kirchturm.

Fünfunddreissigstes Kapitel

Ein paar trügerische, köstliche Beratungen dieser Art zwischen Onkel Toby und Korporal Trim über die Schleifung von Dünkirchen brachten für einen Augenblick wenigstens ihrer Phantasie alle die Entzückungen zurück, auf welche sie jetzt allmählich verzichten mußten. Trotzdem ging alles schwer vonstatten, der kurze Zauber hinterließ die Seele um so matter. Die Stille, die große Stille mit dem Schweigen im Gefolge, trat in das einsame Wohnzimmer ein und warf ihren Nebelschleier über Onkel Tobys Haupt. Und die Verdrossenheit mit abgespannten Nerven und vagem Blick kauerte leise neben seinem Lehnsessel. Amberg, Rheinberg, Limburg, Huy und Bonn in einem Jahr, die Aussicht auf Landau, Trarbach, Drusen und Dendermonde im nächsten beschleunigten nicht mehr den Puls seines Blutes. Nicht länger wehrten mehr Sappen, Minen, Blenden, Schanzkörbe und Palisaden die schöne Feindin der Ruhe des Menschen ab. Nicht mehr konnte Onkel Toby nach Durchbrechung der französischen Linien jeden Abend, wenn er sein Ei verzehrte, tief in das Herz Frankreichs dringen, über die Oise setzen und, die ganze Picardie offen hinter sich liegenlassend, bis vor die Tore von Paris marschieren und dann in Schlaf versinken, die Seele voll Ruhmesgedanken. Nicht mehr durfte er träumen, daß er die königliche Fahne auf dem Turm der Bastille aufpflanzte, und erwachen, während sie in seinem Kopf flatterte.

Zartere Gesichte, sanftere Regungen stahlen sich süß in seinen Schlaf. Die Kriegsdrommete entfiel seiner Hand, er nahm die Laute, das lieblichere Instrument, das zarteste unter allen, auch das schwerste. Wie wirst du sie spielen, lieber Onkel Toby?

Sechsunddreissigstes Kapitel

Weil ich ein- oder zweimal in meiner unüberlegten Art gesagt habe, die zu erwartenden denkwürdigen Mitteilungen über Onkel Tobys Werben um die Witwe Wadman würden sich, sobald ich nur daranginge, ganz bestimmt als eines der vollständigsten Systeme des elementaren wie des praktischen Teiles der Liebe und des Verliebtseins erweisen, das je der Welt gegenüber zum Ausdruck gekommen sei – müssen Sie sich darum gleich einbilden, daß ich mit einer Beschreibung dessen, was Liebe ist, beginnen werde? Ob zu einem Teil ein Gott, zum anderen, wie Plotin es haben will, der Teufel …

Oder daß ich mittels einer genaueren Gleichung und unter der Annahme, das Ganze der Liebe sei gleich zehn, mit Ficinus bestimmen würde, aus wieviel Teilen dann der eine und aus wie vielen der andere sich zusammensetze? Oder ob sie nicht vom Kopf bis zum Schwanz ein einziger großer Teufel sei, wie Plato es zu behaupten wagte, hinsichtlich welcher Anschauung ich meine eigene Meinung nicht weiter äußern will. Doch meine Ansicht über Plato ist die, daß er, nach diesem Beispiel zu schließen, das gleiche Temperament und die gleiche Denkungsart gehabt haben müsse wie jener Doktor Baynyard, der als ein erklärter Feind des spanischen Fliegenpflasters sich einbildete, daß ein halbes Dutzend davon so sicher einen Mann ins Grab bringen müßte wie ein sechsspänniger Leichenwagen, und darum vorschnell den Schluß zog, daß der Teufel selber nichts anderes wäre als eine einzige große spanische Brummfliege.

Ich habe solchen Leuten, die sich diese ungeheuerliche Freiheit in ihren Schlußfolgerungen nehmen, nichts anderes zu sagen als das, was Gregor von Nazianz dem Philagrius (ironisch, natürlich) zurief: Εὖγε! Eine sehr richtige Einsicht, Herr, ὅτι φιλοσοφεῖςἐν Πάθεσι, und gar prächtig wirst du die Wahrheit treffen, wenn du darüber mitten in einer deiner Launen oder in der Leidenschaft philosophierst.

Auch darf man sich (aus demselben Grunde) nicht einbilden, daß ich mich bei der Untersuchung lange aufhalten werde, ob die Liebe eine Krankheit ist, oder mich darüber mit Rhasis und Dioscorides in Händel einlassen werde, ob sie ihren Sitz im Gehirn oder in der Leber habe, weil mich das noch weiterführen müßte, und zwar bis zu einer Untersuchung jener zwei einander so entgegengesetzten Behandlungsarten, der einen des Aëtius, der immer mit einem kühlenden Klistier aus Hanfsamen und zerriebenen Gurken anfing, welchem er ein dünnes Gebräu aus Wasserlilien und Purzelkraut folgen ließ, wozu er noch eine Prise Schnupftabak vom Kraut Hanea hinzutat und dort, wo er es riskieren durfte, seinen Topasring.

Die andere des Gordonius gibt uns in seinem 15. Kapitel ›De amore‹ die Anweisung, die Liebeskranken sollten durchgeprügelt werden *ad putorem usque*, bis sie stinken.

Das sind so Untersuchungen und Fragen, die meinen Vater, der sich einen großen Vorrat an Wissenswertem in dieser Art angelegt hatte, im Verlaufe von Onkel Tobys Liebesaffäre sehr beschäftigen werden. Ich muß nur so viel vorwegnehmen, daß er von diesen seinen Theorien über die Liebe (womit er nebenbei Onkel Tobys Geist nicht weniger quälte als diesen die Liebeswallungen) einen einzigen Schritt zu ihrer Anwendung machte: mittels eines gekampferten Wachstuches nämlich, welches er dem Schneider als Zwillich andrehte, als dieser dabei war, meinem Onkel ein Paar Hosen zu machen, brachte er bei meinem Onkel die von Gordonius erstrebte Wirkung hervor ohne die Prügel.

Was für Veränderungen das nach sich zog, wird gehörigen Ortes zu lesen sein. Hinzugefügt muß noch das eine werden, daß, wie immer die Wirkung auf Onkel Toby gewesen, jene auf das ganze übrige Haus eine sehr üble war, und wenn sie Onkel Toby nicht mit vielen Pfeifen heruntergeschmaucht hätte, so könnte sie auch eine üble Nachwirkung auf meinen Vater gehabt haben.

Siebenunddreissigstes Kapitel

Es wird sich schon alles von selbst herausbilden.

Alles, was ich hier verfechte, ist, daß ich nicht verpflichtet bin, von einer Definition der Liebe auszugehen, und solange ich meine Geschichte mit diesem Worte allein verständlich fortsetzen kann, ohne damit einen anderen Begriff zu verbinden als denjenigen, den die ganze Welt davon hat, warum soll ich auch nur für einen Augenblick vor der Zeit davon abgehen?

Wenn ich einmal nicht weiterkann und mich selber in diesem geheimnisreichen Labyrinth verirrt habe – dann wird sich meine eigene Ansicht über die Liebe schon ins Mittel legen und mir heraushelfen.

Gegenwärtig hoffe ich, daß man mich genügend versteht, wenn ich sage: Onkel Toby war verliebt, oder besser: war der Liebe verfallen.

Nicht daß ich diesen Ausdruck sonderlich mag; denn zu sagen, ein Mann verfiel der Liebe oder er steckt tief in der Liebe oder bis zu den Ohren in der Liebe oder zuweilen sogar auch über den Ohren darin, schließt die Vorstellung in sich, daß die Liebe etwas *unter* dem Menschen sei. Und damit kommen wir wieder auf Platons Ansicht zurück, die ich – trotz all seiner Göttlichkeit – für verdammenswert und ketzerisch halte. Soviel davon ...

Was immer also die Liebe sei – Onkel Toby war ihr verfallen.

Und möglicherweise wärst auch du ihr, lieber Leser, bei dieser Versuchung verfallen. Denn noch niemals hat dein Auge etwas erblickt oder deine Lust etwas begehrt, was begehrenswerter gewesen wäre als die Witwe Wadman.

Achtunddreissigstes Kapitel

Um das richtig zu erfassen – lassen Sie sich Feder und Tinte bringen, Papier ist schon hier. Setzen Sie sich nieder, Herr, und malen Sie die Schöne ganz nach Ihrem Sinne aus, so ähnlich Ihrer Geliebten wie nur möglich, so unähnlich Ihrer Gattin, wie Ihr Gewissen es Ihnen erlaubt – es ist mir ganz gleich, lassen Sie sich ganz von Ihrer Phantasie führen:

Hat es jemals in der Natur etwas so Süßes, so Erlesenes gegeben?

Wie konnte Onkel Toby da widerstehen, Herr?

Dreimal glückliches Buch! Du wirst wenigstens eine Seite zwischen deinen Einbanddeckeln haben, welche von der Bosheit nicht angeschwärzt noch von der Unwissenheit mißdeutet werden kann.

Neununddreissigstes Kapitel

Da Susanna von Frau Bridget expreß darüber, daß Onkel Toby sich in ihre Herrin verliebt hätte, fünfzehn Tage bevor das Ereignis wirklich statthatte, unterrichtet worden war – der Inhalt dieses Expreßschreibens war meiner Mutter von Susanna gleich am nächsten Tage mitgeteilt worden –, so ist damit auch die Gelegenheit gegeben, auf Onkel Tobys Liebe schon vierzehn Tage vor ihrem Beginn einzugehen.

Ich habe eine Neuigkeit für dich, sagte meine Mutter zu meinem Vater, etwas, das dich sehr überraschen wird.

Mein Vater hielt eben eines seiner zweiten Gerichtsbetten ab und war in Gedanken mit den Leiden eines jeden Ehelebens beschäftigt, als meine Mutter das Schweigen also brach:

Bruder Toby, sagte sie, wird Frau Wadman heiraten.

Dann wird er also nie mehr in seinem Leben diagonal im Bett liegen können, erwiderte mein Vater.

Nichts ärgerte meinen Vater mehr, als daß meine Mutter nie nach dem Sinn eines Satzes fragte, den sie nicht verstand.

Daß sie ohne Bildung ist, sagte da meist mein Vater, ist ihr Unglück, aber trotzdem könnte sie doch zuweilen fragen.

Meine Mutter aber fragte nie. Und sie schied schließlich aus der Welt, ohne zu wissen, ob diese sich drehte oder stillstünde. Mein Vater hatte ihr wohl tausendmal gesagt, wie es sich verhielte – doch sie vergaß es immer wieder von neuem.

Aus diesen Gründen ging eine Unterhaltung zwischen ihnen selten über eine Proposition, eine Replik und Duplik hinaus. Am Ende der letzteren schöpfte sie für ein paar Minuten Atem (wie in der Hosenangelegenheit) und fing wieder von vorn an.

Wenn er heiratet, werden wir schlechter dran sein, sagte meine Mutter.

Nicht um einen Pfifferling, erwiderte mein Vater, er verschießt sein Vermögen hier so gut wie dort.

Das ist allerdings wahr, sagte meine Mutter. Somit war die Proposition, die Replik und die Duplik beendet.

Es wird ihm auch Vergnügen machen, sagte mein Vater.

Viel, wenn er Kinder haben sollte, antwortete meine Mutter.

Um Gottes willen! sagte mein Vater zu sich selber. * *
* * * * * * * * * * *
* * * * * * * * * * *
* * * * * * * * * * *
* * * * *

Vierzigstes Kapitel

Ich komme allmählich richtig in meine Arbeit hinein, und mit Hilfe von Gemüsekost und ein paar von den obenerwähnten kühlenden Samenklistieren zweifle ich nicht, daß ich mit Onkel Tobys Ge-

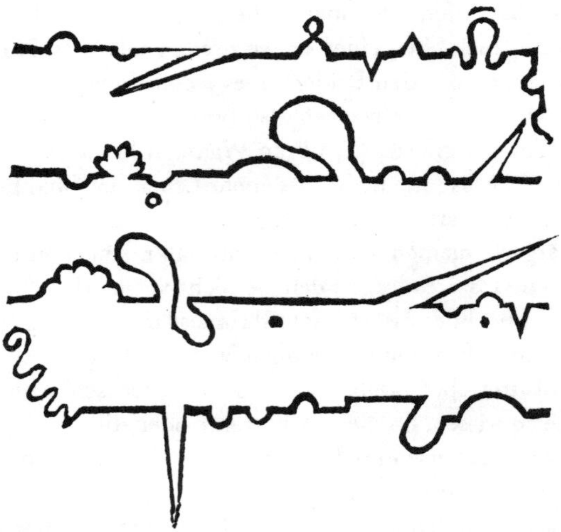

Iuv. T. S. *Sculp. T. S.*

schichte und meiner eigenen in erträglich gerader Linie weiterkomme. Nun sind das die vier Linien, in denen ich mich im ersten, zweiten, dritten und vierten Buch fortbewegt habe. Im fünften war ich sehr brav, da die Linie sich ganz genau so bewegt:

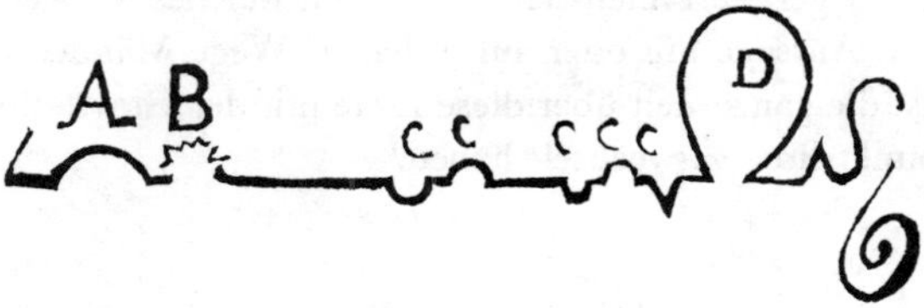

Woraus ersichtlich ist, daß mit Ausnahme der mit A bezeichneten Kurve, wo ich den Ausflug nach Navarra machte, und der gezähnten Kurve B, welche den kurzen Spazierritt bezeichnet, den ich mit Madame Baussière und ihrem Pagen unternahm, ich nicht die kleinste Abschweifung gemacht habe, bis Jean de la Casses Teufel mich die Runde führten, die Sie mit D bezeichnet sehen, denn c c c c bedeuten nichts als Parenthesen und die ganz gewöhnlichen Um und Herum, wie Sie solche in den Lebensläufen der größten Staatsminister finden. Verglichen mit dem, was andere getan haben, und mit meinen eigenen Über- und Ausschreitungen bei A, B, C verschwinden sie gleichsam zu nichts.

In diesem letzten Band war ich noch artiger, denn vom Ende der Le Fever-Episode bis zum Ende der Feldzüge Onkel Tobys bin ich kaum eine Elle vom geraden Wege abgewichen.

Wenn ich mich im selben Maße weiter bessere, so ist es nicht unmöglich, mit der gütigen Erlaubnis der Teufel Seiner Bischöflichen Gnaden von Benevent, daß ich es bis zu einer ganz geraden Linie bringe, so:

einer Linie, wie sie gar nicht gerader sein kann, mit dem Lineal eines Schulmeisters gezogen (das ich mir zu diesem Zwecke geborgt habe), weder nach rechts noch links ausschweifend: Die gerade Linie –

der Pfad, den der Christ wandeln soll, sagen die Theologen, das Symbol der Rechtschaffenheit, sagt Cicero, die beste Linie, sagen die Kohlpflanzer,

ist die kürzeste Linie, sagt Archimedes, die von einem Punkt zum anderen gezogen werden kann.

Ich wünschte, Sie, gnädige Frau, würden sich die Sache ja angelegen sein lassen bei Ihrem nächsten Gesellschaftskleide!

Welche Reise!

Bitte, können Sie mir sagen, jedoch ohne Groll, bevor ich mein Kapitel über gerade Linien schreibe, durch welches Mißverständnis, auf wessen Aussage hin oder auf welchem Wege Männer von Witz und Geist die ganze Zeit über diese Linie mit der Gravitations- oder Schwerpunktslinie verwechselt haben?

Siebentes Buch

Erstes Kapitel

Nein – mir scheint, ich sagte, daß ich zwei Bände jedes Jahr schreiben wollte, wenn nur dieser schreckliche Husten, der mich schon damals quälte und den ich bis zu dieser Stunde mehr fürchte als den Teufel, mich verläßt – und an anderer Stelle (aber wo, kann ich mich jetzt nicht erinnern), da ich von meinem Buche als von einer von selbst gehenden Maschine sprach und Feder und Lineal kreuzweise übereinander auf den Schreibtisch legte, um dadurch mehr Glaubwürdigkeit zu gewinnen, habe ich geschworen, daß es vierzig Jahre hindurch in diesem Tempo gehen sollte, wenn es nur der Quelle und dem Ursprung alles Lebens gefallen wollte, mir so lange Gesundheit und Humor zu schenken.

Freilich, was meinen Humor anbelangt, so habe ich ihm wenig vorzuwerfen – in der Tat so wenig (wenn das nicht als Anklage aufgefaßt wird, daß er mir erlaubt, auf einem Steckenpferd herumzuhüpfen und von vierundzwanzig Stunden neunzehn den Narren zu spielen), daß ich ihm im Gegenteil für gar vieles zu danken habe. Dieser immer gute Humor war es schließlich, der mich frohgemut meinen Lebensweg mit aller Lebensbürde (doch ohne Sorgen) auf dem Rücken schreiten ließ: Du hast mich keinen Augenblick lang, dessen ich mich entsinne, im Stiche gelassen oder mir die Dinge am

Wege schwarz und mit krankhaftem Grün gefärbt. In Gefahren hast du alles vor mir, so weit mein Blick reicht, mit Hoffnung vergoldet, und da der Tod selber an meine Tür pochte, hießest du ihn ein andermal kommen, und in einem so heiteren Ton sorgloser Gleichgültigkeit, daß er an der Richtigkeit seines Auftrages zu zweifeln begann …

Hier muß doch irgendwie ein Irrtum vorliegen, meinte er.

Nichts in der Welt verwünsche ich mehr, als in einer Erzählung unterbrochen zu werden – und ich war gerade, als der Tod anpochte, dabei, Eugenius auf meine Weise eine sehr lustige zu erzählen, und zwar von einer Nonne, die sich einbildete, ein Schellfisch zu sein, und von einem Mönch, der darum verdammt worden war, weil er eine Muschel gegessen hatte, und ich wies ihm darin auch die Gründe für die Strafe und ihre Rechtmäßigkeit nach –

Ist jemals eine so ernsthafte Person so übel in die Klemme geraten? fragte der Tod. – Du bist ihm knapp entgangen, Tristram, sagte Eugenius, meine Hand ergreifend, nachdem ich meine Erzählung beendet hatte –

Aber das ist ja kein Leben mehr, Eugenius, jetzt, da der Hurensohn weiß, wo ich wohne.

Du nennst ihn mit Recht so, sagte Eugenius, denn durch die Sünde, so steht geschrieben, kam er in die Welt.

Mir ist es ja gleich, wie er in die Welt gekommen ist, wenn er nur nicht gar so große Eile hat, mich daraus zu holen, denn ich habe vierzig Bände zu schreiben und vierzigtausend Dinge zu sagen und zu tun, die niemand in der Welt an meiner Statt sagen oder tun könnte außer dir. Und da du selber siehst, daß er mich an der Gurgel hält (denn Eugenius konnte mich kaum über den Tisch hin reden hören) und ich mich mit ihm auf offenem Feld nicht messen kann, täte ich da nicht besser, solange als mir das bißchen Humor noch erhalten bleibt und diese beiden Spinnebeine (eines davon hob ich, um es ihm zu zeigen) noch tragen, täte ich da nicht besser, Eugenius, mein Leben durch die Flucht zu retten? – Das ist auch mein Rat, lieber Tristram, sagte Eugenius. – Dann, beim Himmel, will ich ihn einen Reigen führen, von dem er noch keine rechte Vorstellung hat, denn ich will, sagte ich, im Galopp hin bis an die Ufer der Garonne, ohne mich auch nur ein einziges Mal nach ihm umzusehen, und wenn ich ihn hinter mir daherklappern höre, so will ich noch weiter bis zum Berge Vesuvius und von da nach Joppe und von Joppe bis ans Ende der Welt, wo ich, wenn er mir bis dorthin folgt, Gott bitten will, daß er ihn endlich das Genick brechen läßt.

Er läuft allerdings gerade dort mehr Gefahr als du, sagte Eugenius.

Eugenius' Witz und Liebe brachten wieder das Blut in die Wangen, aus denen es seit vielen Monaten schon verbannt gewesen war – es war ein arger Augenblick zum Abschiednehmen. Er geleitete mich zu meinem Wagen. – Allons! rief ich. – Der Schwager ließ die Peitsche knallen – ich schoß dahin wie aus einer Kanone – und nach einem halben Dutzend Sprüngen war ich in Dover.

Zweites Kapitel

Hol's der Kuckuck, rief ich, als ich nach der französischen Küste hinüberblickte – ein Mensch sollte doch etwas von seinem eigenen Lande kennen, bevor er es verläßt, und ich habe noch nie einen Blick in die Kathedrale von Rochester geworfen oder mir die Werft von Chatham angesehen oder St. Thomas von Canterbury besucht, obwohl alle drei am Wege lagen. Aber mein Fall ist in der Tat ein besonderer …

Ohne mich also mit Thomas o'Becket oder sonst jemandem darüber in eine Debatte einzulassen, sprang ich ins Schiff, in fünf Minuten waren wir unter Segel und sausten dahin wie der Wind.

Bitte, Kapitän, sagte ich, als ich in meine Kabine hinabstieg, kann einen hier auf Deck der Tod einholen?

Hier hat einer nicht einmal die Zeit, krank zu werden.

Was für ein Lügner! sagte ich, ich bin jetzt schon krank wie ein Roß … Mein Kopf! Oben ist unten. Die Gehirnzellen sind aufgebrochen und die Nervensäfte mit allen ihren festen und flüssigen Salzen – ach, alles ist zu einem einzigen Brei zusammengeschmolzen. Himmel! Die Welt dreht sich um mich wie ein Wirbelwind. Ich wollte einen Shilling dafür geben, wenn ich wüßte, ob ich hinterdrein nicht dafür um so klarer schreiben kann …

Ach, seekrank, krank, krank, krank.

Wann kommen wir ans Land, Kapitän? – Ach, sie alle haben Herzen so hart wie Steine. – Ich möchte sterben. – Reich er mir die Schüssel, Junge! – Keine Krankheit bringt einen so um allen Lebensmut. – Ich wünschte, ich läge schon am Grunde des Meeres. –

Madame, wie geht es Ihnen? – Oh, ich bin hin. Es geht zu Ende, Herr. – Ist es das erstemal? – Nein, es ist das zweite-, das dritte-, das sechste-, zehntemal, Herr. – Hallo, was für Tritte da oben? Hallo, Diener, was gibt's?

Der Wind ist umgesprungen. – Es ist der Tod. Ich will ihm ins Gesicht sehen.

Was für ein Glück! Er ist wieder umgesprungen, Herr. – Der Teufel soll ihn ...

Ach, Kapitän, um Himmels willen, setzen Sie uns doch endlich einmal ans Land.

Drittes Kapitel

Es ist für einen Menschen, der Eile hat, sehr unbequem, daß es drei verschiedene Wege zwischen Calais und Paris gibt, wobei für jeden einzelnen seitens der verschiedenen Deputierten aller jener Städte, die daran liegen, viel zu sagen wäre, so daß leicht der halbe Tag darüber vergeht, bevor man sich zu einem von den dreien wirklich entschlossen hat.

Da ist zuerst der Weg über Lille und Arras, der ist der weiteste Umweg, dafür aber sehr anregend und belehrend.

Der zweite führt über Amiens. Den müssen Sie nehmen, wenn Sie Chantilly sehen wollen.

Der dritte geht über Beauvais. Den können Sie nehmen, wenn es Ihnen gerade so paßt.

Und darum wählen viele den über Beauvais.

Viertes Kapitel

Bevor ich also Calais verlasse, würde ein Reiseschriftsteller sagen, wäre es vielleicht am Platze, ein Wort darüber zu sagen. Nun scheint es mir sehr verfehlt, daß ein Mensch nicht ungeschoren durch eine Stadt ziehen und sie in Ruhe lassen kann, wenn sie ihn in Ruhe läßt, sondern daß er umherstreifen und bei jeder Straßenrinne, über die er den Fuß setzt, die Feder zücken muß, und das wahrhaftig nur, um sie eben zu zücken. Denn wenn wir darnach urteilen dürfen, was über diese und ähnliche Dinge geschrieben worden ist, und zwar von denen, die geschrieben haben und galoppiert sind, oder denen, die galoppiert sind und geschrieben haben, was keinesfalls dasselbe ist, oder von denen, die, weil sie geschickter sind als die anderen, im Galoppieren geschrieben haben, was ich selber augenblicklich tue, so hat es vom großen Addison an, der die Schultasche voll Schulbücher bis herunter zum A... hängen hatte und damit die Kruppe seines Pferdes bei jedem Schritt kitzelte, keinen wahren Galoppierer gegeben, der nicht ganz ruhig auf eigenem Grund und Boden (falls er welchen hatte) hätte spazierengehen und alles, was er zu sagen hatte, sozusagen trockenen Fußes hätte schreiben können.

Was mich anbelangt, so weiß ich – der Himmel sei mein Zeuge, auf den ich mich immer als letzte Instanz berufen will – nicht mehr von Calais (ausgenommen das, was mir mein Barbier erzählt hat, während er das Messer am Riemen abzog) als von Groß-Kairo, denn es war neblig, als ich am Abend landete, und stockfinster, als ich wieder fortfuhr – doch ist weiter nichts nötig, als ein wenig von diesem oder jenem aufzuschnappen, in dem einen Stadtteil dies, im anderen jenes zusammenzureimen – und so wette ich, was ein Reisender nur wetten kann, daß ich augenblicklich ein armlanges Kapitel schreiben könnte, und zwar mit so genauen Details von jedem Gegenstand, der die Neugierde des Reisenden reizt, und so allgemein befriedigend, daß Sie mich für den Stadtschreiber von Calais selber halten sollten – und warum könnte ich das schließlich nicht auch sein, Herr? War nicht Demokrit, der zehnmal mehr als ich lachte, Stadtschreiber von Abdera? Und war nicht – – (ich habe seinen Namen vergessen), der mehr kluge Zurückhaltung besaß als wir beide zusammen, Stadtschreiber von Ephesos? Übrigens würde ich eine solche Beschreibung mit genausoviel Kenntnis und Urteil, Wahrhaftigkeit und Präzision niederschreiben – –

Ei, wenn Sie mir nicht glauben, so sollen Sie zur Strafe dafür das folgende Kapitel lesen.

Fünftes Kapitel

CALAIS, CALATIUM, CALUSIUM, CALESIUM

Wenn wir den Archiven, deren Autorität in Frage zu ziehen ich keine Ursache habe, Glauben schenken, so war diese Stadt einst nicht mehr als ein kleines Dorf, einem der ersten Grafen von Guignes gehörig. Und da es sich jetzt einer Einwohnerschaft von nicht weniger als vierzehntausend Seelen rühmt – abgesehen von den vierhundertzwanzig Familien in der unteren Stadt oder den Vororten –, so muß es wohl ganz allmählich zu seinem gegenwärtigen Umfang angewachsen sein.

Obwohl es vier Klöster darin gibt, so hat die ganze Stadt doch nur eine einzige Pfarrkirche; ich hatte keine Gelegenheit, ihre genauen Ausmaße festzustellen, doch sind sie ziemlich leicht zu erraten. Denn da die Stadt, wie gesagt, vierzehntausend Einwohner hat, so muß die Kirche, wenn sie alle fassen will, ziemlich weit sein, und wenn sie sie nicht faßt – nun, so ist es eben schade, daß sie nicht eine andere haben. Sie ist in der Form eines Kreuzes gebaut und der Jungfrau Maria geweiht. Der Turm mit einer sehr feinen Spitze steht in der Mitte des Daches und ruht auf vier eleganten und schmächtigen, dabei aber hinreichend starken Säulen. Das Innere ist mit vier Altären geschmückt, von denen die meisten eher hübsch als schön sind. Der Hauptaltar ist in seiner Art ein Meisterwerk, aus weißem Marmor und, wie man mir versichert, beinahe sechzig Fuß hoch. Wäre er noch höher, so müßte er schon so hoch sein wie der Kalvarienberg selber. Darum, meine ich auch, dürfte er keineswegs höher und gerade hoch genug sein.

Nichts hat auf mich einen stärkeren Eindruck gemacht als der große Square, obwohl ich keinesfalls behaupten möchte, daß er gut gepflastert und von schönen Gebäuden eingefaßt sei. Aber er liegt im Herzen der Stadt, und die meisten Straßen, vornehmlich die des gleichen Stadtviertels, münden in ihn. Wenn ein Springbrunnen in ganz Calais überhaupt möglich wäre, was scheinbar nicht der Fall ist, so würden ihn die Einwohner, da eine solche Fontäne eine große Zierde der Stadt bilden müßte, zweifellos in die Mitte dieses Platzes gesetzt haben. Im übrigen bildet er in Wirklichkeit nicht genau ein Quadrat, da er von Osten nach Westen vierzig Fuß länger ist als von Norden nach Süden, so daß die Franzosen in der Tat mehr Ursache haben, ihn Platz zu nennen als Square, denn genaugenommen bildet er kein Quadrat.

Das Stadthaus sieht trostlos aus, und es scheint mir nichts für dessen Instandhaltung zu geschehen, sonst würde es eine zweite Zierde des Platzes abgeben. Immerhin erfüllt es seinen Zweck, indem es dazu dient, den Magistrat in sich aufzunehmen, welcher sich darin von Zeit zu Zeit versammelt; es ist also anzunehmen, daß hier auch regelmäßig Recht gesprochen wird.

Ich hatte wohl schon viel davon gehört, aber in Wirklichkeit ist im Courgain nichts zu sehen. Es ist das ein Stadtteil für sich, nur von Matrosen und Fischern bewohnt. Er besteht aus einer Anzahl kleiner Straßen mit sauberen Häuschen, meist aus Ziegeln. Courgain ist dicht bevölkert, und da sich diese Tatsache aus der Lebensweise und Nahrung der Menschen erklären läßt, so ist daran nichts weiter Merkwürdiges. Ein Reisender mag es zu seinem Vergnügen einmal besuchen, er darf aber unter gar keinen Umständen versäumen, den *Tour de Guet* zu betrachten. Dieser wird so genannt, weil er im Kriege dazu dient, den Feind, der sich zu Lande oder Wasser nähert, zu erspähen – er ist ungeheuer hoch und zieht die Aufmerksamkeit von allen Seiten auf sich; man muß ihn sehen, ob man will oder nicht.

Es war für mich eine besondere Enttäuschung, daß ich keine Erlaubnis bekam, die Festungswerke eingehend zu besichtigen, welche die stärksten der Welt sind und vom Beginn des Baues an bis jetzt, das heißt also: von der Zeit an, da sie von Philipp von France, Grafen von Boulogne, errichtet wurden, bis zum gegenwärtigen Kriege, in dessen Verlauf vieles ausgebessert wurde, ungefähr – ich habe es später von einem Ingenieur in der Gascogne gehört – über hundert Millionen Pfund gekostet haben. Es ist bezeichnend, daß für die *Tête de Gravelines*, wo die Stadt naturgemäß Angriffen am meisten ausgesetzt ist, auch am meisten Geld ausgegeben wurde, so daß die äußeren Werke sich weit ins Land hinein erstrecken und dementsprechend auch eine sehr große Fläche Landes bedecken. Trotzdem muß nach allem, was gesagt und getan worden ist, anerkannt werden, daß Calais keinesfalls durch sich selbst so wichtig ist, wie es durch seine Lage erscheint, und daß es ferner durch den Umstand bedeutend war, daß es bei allen Gelegenheiten unseren Vorfahren einen so leichten Eintritt nach Frankreich ermöglichte. Doch hatte es auch seine Nachteile, es war nämlich in jenen Zeiten für die Engländer nicht weniger unbequem als Dünkirchen in unseren, so daß es mit Recht als der Schlüssel für beide Königreiche angesehen wurde, weshalb auch zweifellos so viele Kämpfe um seinen Besitz entbrannt sind. Von diesen war die Belagerung von Calais oder besser: dessen Blockade (da es vom Wasser und vom Lande aus eingeschlossen war) die denkwürdigste, denn die Stadt leistete den Anstrengungen Eduards III. ein ganzes Jahr lang Widerstand und wurde erst durch Hunger und das äußerste Elend endlich bezwungen. Die kühnen Taten des Eustace de St.-Pierre, der sich als erster für seine Mitbürger opferte, räumen diesem einen Platz unter den Helden des Vaterlandes ein. Da es nur fünfzig Seiten kostet, so würde es dem Leser gegenüber unbillig sein, ihm nicht einen Bericht dieses höchst romantischen Geschehnisses sowohl wie auch der Belagerung selber in Rapins eigenen Worten zu geben:

Sechstes Kapitel

Doch Mut und nicht verzweifeln, lieber Leser! Ich halt's unter meiner Würde, und mir soll es genügen, dich meiner Macht ausgeliefert zu wissen. Mich noch des Vorteils zu bedienen, den die zufällige Tatsache, daß ich über eine Feder verfüge, mir über dich gibt, das würde zuviel sein. Nein. Beim allmächtigen Feuer, das ein schauendes Gehirn erwärmt und die Geister auf unirdischen Spuren erleuchtet – bevor ich ein so hilfloses Geschöpf wie dich zu solchem harten Dienste zwänge und dich, arme Seele, für fünfzig Seiten zahlen ließe, die ich kein Recht zu verkaufen habe, würde ich lieber nackt, wie ich bin, auf den Bergen weiden und darüber lachen, daß der Nordwind mir weder mein Gezelt noch mein Abendessen brächte.

Auf, Schwager, den kürzesten Weg nach Boulogne!

Siebentes Kapitel

Boulogne! Ha! Da wären wir alle beisammen! Schuldner und Sünder vor dem Himmel! Ein lustiger Haufen, aber ich kann mich nicht aufhalten und mit euch trinken. Ich selber werde verfolgt wie von hundert Teufeln, und man wird mich einholen, bevor ich die Pferde wechsle. Um Himmels willen, beeile dich! ... Es ist wegen Hochverrats, flüsterte ein sehr kleines Männlein, so leise es nur konnte, einem Riesen ins Ohr ... Vielleicht gar wegen eines Mordes, erwiderte der Riese ... Gut geworfen, lauter Sechsen und die Eins, rief ich. Nein, sprach ein dritter, der Herr hat ...

Ah, *ma chère fille*, rief ich, als sie, von der Morgenandacht kommend, an mir vorbeitrippelte ... Sie sehen so rosig aus wie der Morgen selber (denn die Sonne ging eben auf, und mein Kompliment gewann dadurch an Wirkung). – Nein, das kann es nicht sein, sagte ein vierter. (Sie machte mir einen Knicks, und ich warf ihr eine Kußhand zu.) – Es sind Schulden, fuhr er fort. – Ganz sicher ist es wegen Schulden, fügte ein fünfter hinzu. – Ich möchte nicht die Schulden dieses Herrn zu zahlen haben, sprach die ›Eins‹, nicht um tausend Pfund. – Auch ich nicht, rief die ›Sechs‹, nicht um sechsmal soviel. – Abermals getroffen, Sechs und Eins, rief ich, aber ich habe keine andere Schuld als die an die Natur, und ich verlange nur, daß sie Geduld mit mir habe, denn ich will ihr jeden Pfennig zurückzahlen. – Wie können Sie so hartherzig sein, Madame Natur, und einen armen Reisenden festhalten, der, ohne irgend jemanden zu belästigen, durchaus erlaubte Wege geht? Halten Sie doch den todblassen, klapperbeinigen Schurken, diese Sünderscheuche, auf, der hinter mir her ist! Er verfolgt mich nur um Ihretwillen. Nur eine oder zwei Poststationen, mehr nicht, möchte ich voraushaben, ich flehe Sie darum an, Madame, bitte, bitte, teure Frau.

Schade, wahrhaftig, sprach mein irischer Gastwirt, um all die schönen Reden, denn das junge Frauenzimmerchen ist schon weit weg und außer jeder Hörweite ...

Dummkopf, sprach ich.

So gibt es also keine Sehenswürdigkeit mehr in Boulogne?

Jesus, wir haben doch das schönste Seminar hier für die humanistischen Fächer!

Es kann gar kein schöneres geben, sagte ich.

Achtes Kapitel

Wenn die Gedanken und Wünsche eines Menschen neunzigmal schneller hinstürmen als das Gefährt, darin er sitzt – wehe dann der Wahrheit, wehe dem Gefährt und seinem Geschirr (aus was immer es ist), worin er der Enttäuschung seiner Seele dann Luft macht.

Da ich über Menschen oder Dinge niemals im Zorn urteile, so war alles, was ich über die Angelegenheit sagte, das erstemal nur ›Eile mit Weile!‹ Beim zweiten-, dritten-, vierten- und fünftenmal habe ich mich jedesmal noch auf den jeweiligen Einzelfall beschränkt und dementsprechend nur dem zweiten, dritten, vierten, fünften und sechsten Postillion die Schuld gegeben, ohne in meinen Gedanken darüber hinauszugehen und zu verallgemeinern. Als aber ein und dasselbe mir immer wieder von neuem zustieß, vom sechsten- bis zum zehntenmal ohne Unterbrechung und Ausnahme, konnte ich nicht mehr umhin, eine die ganze Nation betreffende Bemerkung zu machen, welche ich in folgende Worte kleidete:

Daß bei einer französischen Postkutsche immer etwas nicht stimmt, sobald sie abfahren soll.

Der Satz kann aber auch so lauten:

Ein französischer Postillion muß immer wieder absteigen, ehe er noch dreihundert Schritte weit zur Stadt hinaus ist.

Was fehlt also wieder? – Diable! – Ein Riemen ist gerissen, ein Knoten hat sich gelöst, ein Splint ist aufgegangen, ein Keil muß geschnitzt werden, ein Stift, ein Lappen, eine Schnalle, die Zunge einer Schnalle – muß geändert oder ausgebessert werden.

Wie sehr das auch immer stimmen mag, so fühle ich mich niemals ermächtigt, darum alle Postkutscher oder diesen einzelnen hier gleich zu exkommunizieren, noch fällt es mir ein, Herrgott zu rufen und zu schwören, daß ich hunderttausendmal lieber zu Fuß gehe oder verflucht sein will, wenn ich jemals wieder eine Postkutsche besteige – ich bleibe kühl und denke mir, daß so ein Stift oder Lappen oder Bolzen oder so eine Schnalle oder die Zunge einer Schnalle immer irgendwie fehlen oder schadhaft sein dürften, wo immer ich auch reise. Darum schimpfe ich nicht, sondern nehme das Gute und das Schlechte, so wie es kommt, und fahre weiter. – Gewiß, mein Junge, nur zu, sagte ich; er hat schon fünf Minuten damit verloren, daß er wegen seines Frühstücksbrotes abgestiegen war, das er in der Posttasche hinten verkramt hatte. Dann war er zwar wieder aufgestiegen, fuhr aber langsamer weiter, um es in aller Muße besser auskosten zu können. – Vorwärts, mein Junge, schneller, sagte ich, ein wenig lebhafter, aber doch auf die denkbar überzeugendste Art, denn ich klimperte an die Fensterscheibe mit einem Vierundzwanzigsoustück, das ich klüglich, als er sich umblickte, ihm von der flachen Seite zeigte. Der Kerl grinste nun Einverständnis und Willigkeit vom rechten bis zum linken Ohr und enthüllte hinter seiner schmutzigen Fresse eine so schöne Reihe weißer Perlenzähne, daß Ihre Königliche Hoheit ihre Juwelen dafür verpfändet haben würde.

Gerechter Himmel! Was für } Kauwerkzeuge!
Brot!

Und so wurde er gerade mit dem letzten Bissen fertig, als wir in Montreuil einfuhren.

Es gibt nach meiner Meinung in ganz Frankreich keine Stadt, die sich besser auf der Landkarte ausnähme als Montreuil. Ich gestehe, sie nimmt sich schon weniger gut aus im Verzeichnis der Poststraßen, doch wenn Sie hinkommen, so nimmt sie sich höchst jämmerlich aus.

Nur eines ist immerhin gegenwärtig darin sehr hübsch: die Tochter des Gastwirtes. Sie ist achtzehn Monate in Amiens gewesen und sechs in Paris, wo sie die Schule absolviert hat, sie strickt also, näht, tanzt und macht alles, was zu machen ist, auf eine höchst zierliche Art.

Die Range! In den fünf Minuten, da ich ihr zusehe, hat sie wenigstens ein Dutzend Maschen in dem weißen Zwirnstrumpf fallen lassen. Ja, ja, du schlaue Zigeunerin, er ist lang und vollwadig, du brauchst ihn am Knie nicht noch anzumessen; er ist für dich selber und wird dir wie angegossen passen, das sehe ich wohl.

Sollte Natur diesem Geschöpf etwas von dem bekannten Daumen einer Statue ins Ohr gezischelt haben?

Da diese Vorlage aber ebensoviel wert ist als alle Daumen – nebenbei bekomme ich ihre Daumen und Finger mit als Zugabe, wenn sie mich führen können – und da Jeanneton (so heißt sie) so gut für eine Zeichnung sitzt, so will ich mein Leben lang keine Zeichnung mehr machen, wenn ich sie nicht in allen ihren Proportionen richtig treffe, und zwar mit einem so sicheren und entschiedenen Stift, als wenn ich sie in einem triefend feuchten Gewande vor mir stehen hätte.

Aber Euer Ehrwürden ziehen es vor, daß ich ihnen die Länge, Breite und Höhe der Pfarrkirche angebe oder eine Zeichnung von der Fassade der Abtei von St. Austreberte mache, die von Artois hierher versetzt worden ist – alles ist, nehme ich an, noch genau so, wie die Maurer und Zimmerleute es gelassen haben –, und wenn das Christentum noch solange Bestand hat, so wird es wohl auch in den nächsten fünfzig Jahren so bleiben; Euer Ehrwürden und Bischöfliche Gnaden mögen die Kirche also in aller Ruhe selber ausmessen. Wer aber dich, Jeanneton, ausmessen will, der muß es gleich tun – denn du trägst die Vergänglichkeit in dir und deinen Maßen, und wenn ich die Wechselfälle des flüchtigen Lebens bedenke, so möchte ich für dich keinen Augenblick lang einstehen. Bevor zweimal zwölf Monate um sind, kannst du dich zu einem Kürbis ausgewachsen und deine Gestalt ganz verloren haben. Oder du kannst verblühen und deine Schönheit verlieren. Oder du kannst zu einer garstigen Schlampe werden und dich selber verlieren. Ich möchte auch nicht für Tante Dinah einstehen, wäre sie noch am Leben, beim Himmel, kaum für ihr Porträt, wenn es auch Reynolds gemalt hätte.

Aber wenn ich jetzt, nachdem ich diesen Sohn Apollos genannt habe, noch weiterzeichnen wollte, soll man mich totschießen …

So müssen Sie sich also mit dem Original begnügen, welches Sie, wenn der Abend bei Ihrer Durchfahrt durch Montreuil schön ist, an der Kutschentür beim Pferdewechseln erblicken werden. Und wenn Sie nicht dieselbe traurige Ursache zur Eile haben wie ich, so bleiben Sie am besten gleich dort … Sie neigt ein wenig zur Frömmelei, aber das ist nur ein Vorteil für Sie, mein Herr, darauf wette ich drei gegen neun.

Gott helfe mir! Ich habe in diesem Kartenspiel nicht einen einzigen Stich gemacht. Ich wurde übertrumpft und wieder übertrumpft und bin schließlich ›schwarz‹ geworden.

Zehntes Kapitel

Wenn ich alles das bedenke und auch noch das, daß der Tod mir viel näher sein möchte, als ich mir einbilde – so wollte ich, ich wäre in Abbeville, sagte ich, und wäre es nur, damit ich sähe, wie man dort Wolle kämmt und spinnt, und so fuhren wir los.

Von Montreuil nach Nampont	–	anderthalbe	Poststrecke*
von Nampont nach Bernay	–	eine	”
von Bernay nach Nouvion	–	eine	”
von Nouvion nach Abbeville	–	eine	”

– doch die Spinner und Kämmer waren schon alle zu Bett gegangen.

Elftes Kapitel

Was für gewaltige Vorteile bietet nicht das Reisen! Nur erhitzt es einen zu sehr; doch auch dafür gibt es ein Mittel, das Sie sich im nächsten Kapitel holen mögen.

* Vgl. Buch der Poststraßen Frankreichs, S. 36, Ausgabe von 1762.

Zwölftes Kapitel

Wäre ich in der Lage, mit dem Tode eine Abmachung zu treffen, wie ich es eben mit dem Apotheker tue, wie und wo er mir ein Klistier verpassen soll, so würde ich mich sicherlich dagegen erklären, daß er mich vor meinen Freunden und Lieben holt. Und darum kann ich niemals ernstlich über die Art und Weise dieser großen Katastrophe nachdenken, die meine Gedanken übrigens genauso bewegt und verstört wie die Katastrophe selber, ohne daß ich nicht den Vorhang über dem Ganzen zuzöge mit dem Wunsch, der Herr der Schöpfung möchte es so einrichten, daß diese Katastrophe mir nicht in meinem eigenen Hause passiert, sondern schon lieber weit weg in irgendeinem anständigen Gasthaus. Zu Hause, weiß ich, wird die Besorgnis meiner Lieben, werden ihre Dienstleistungen, etwa die, mir die Stirn zu glätten und das Kissen aufzuklopfen, womit sich die zitternde Hand ängstlicher Liebe erkenntlich erweisen will, meine Seele so martern, daß ich an einer Krankheit sterben werde, von der mein Arzt nichts weiß. In einem Gasthaus dagegen sind die wenigen mit kühler Hand geleisteten Dienste mit ein paar Guineen bezahlt und werden mir mit unbekümmerter, aber pünktlicher Aufmerksamkeit geleistet. Aber eines ist zu bemerken: Dieses Gasthaus sollte nicht das zu Abbeville sein, und wenn es in der ganzen Welt kein anderes gäbe, dieses streiche ich aus dem Verzeichnis aller in Frage kommenden Herbergen aus: so.

Der Wagen soll morgen früh Schlag vier Uhr angespannt sein. – Ja, um vier Uhr, mein Herr. – Oder, bei der heiligen Genoveva, ich mache sonst einen Lärm im Haus, daß die Toten davon zum Leben erwachen.

Dreizehntes Kapitel

›Mache sie, daß sie einem Rade gleichen‹ ist, wie alle Gelehrten längst wissen, ein Ausruf der Erbitterung gegen das, was *grand tour* genannt wird, und gegen jene Rastlosigkeit, womit eine solche Reise betrieben wird; gegen den Geist der Unruhe, von dem David prophetisch voraussah, daß er die Kinder der Menschen überkommen werde am Ende der Tage. Und so verstanden, ist es – wie der große Bischof Hall meint – eine der schwersten Verwünschungen, die David je gegen die Feinde des Herrn ausgestoßen hat, und bedeutet soviel, wie wenn er hätte sagen wollen: Ich wünsche ihnen kein größeres Unglück, als ununterbrochen in der Welt herumzurollen. Viel Bewegung, fährt der Bischof fort (denn er hatte einen beträchtlichen Körperumfang), bedeutet viel Unruhe, und viel Ruhe bedeutet demgemäß den Himmel.

Ich aber, der ich sehr mager bin, denke anders, daß nämlich Bewegung Leben und Freude und daß Stillstand oder langsames Dahinkriechen Tod und Teufel bedeuten.

Hallo! Hallo! Die ganze Welt schläft noch! Führe die Pferde aus dem Stall, schmiere die Räder, binde den Koffer hinten fest (hier fehlt übrigens ein Nagel), ich will keinen Augenblick verlieren.

Das eben besprochene Rad, *in* welches (und nicht *an* welches, denn sonst würde daraus das Rad des Ixion) der Psalmist seine Feinde verwünschte, müßte, wenn es nach dem Bischof und seinem Körper ginge, sicherlich das einer Postkutsche sein, gleichgültig, ob es damals schon solche in Palästina gegeben hat oder nicht; mein Rad hingegen muß aus den entgegengesetzten Gründen ebenso sicher das eines schweren Karrens sein, das in seiner Schwerfälligkeit eine halbe Ewigkeit braucht, ehe es einmal um seine eigene Achse knarrt, von welcher Gattung (wie ich ohne Bedenken behaupten würde, wenn ich einen Kommentar dazu verfassen sollte) sie in diesem bergigen Lande eine ganze Masse vorrätig gehabt haben müssen.

Ich liebe die Pythagoräer (mehr, als ich meiner lieben Jenny zu gestehen wage) wegen ihres χωρισμὸν ἀπὸ τοῦ Σώματος, εἰς τὸ καλῶς φιλοσοφεῖω, wegen ihres ›aus dem Körper heraus wollen, um richtig philosophieren zu können‹. Niemand philosophiert richtig, solange er noch drinnen steckt. Jedermann wird von seinen angeborenen Säften und Launen genarrt und geblendet und gleich mir und dem Bischof zu sehr das Opfer zu straffer oder zu laxer Fibern. Die Hälfte seiner Vernunft wird durch die Sinne verdrängt, und unsere Ansicht vom Himmel selbst ist nichts als die Ansicht, die unsere jeweilige Eßlust oder Verdauung darüber hat.

Wer aber von uns beiden, meinen Sie, hat im gegenwärtigen Falle am meisten unrecht?

Wer anders als Sie, gab sie zur Antwort, wenn Sie so früh am Morgen das ganze Haus aus dem Schlafe stören.

Aber sie wußte nichts von meinem Gelöbnis, mich vor Paris nicht rasieren zu lassen – doch ich hasse es, aus Nichtigkeiten ein Geheimnis zu machen. So etwas gleicht der kalten Vorsorglichkeit jener kleinen Seelen, von denen Lessius (lib. 13, *De moribus divinis*, cap. 24) berechnet hat, daß eine einzige holländische Meile, zum Kubus erhoben, genügen, ja zu viel Raum bieten müßte für achthunderttausend Millionen Seelen, welche Zahl nach seiner Schätzung jener der verdammten Seelen am Jüngsten Tage (vom Falle Adams an gerechnet) gleichkommen dürfte.

Wie er zu dieser Schätzung gelangt ist – ohne Bezugnahme und Rücksicht auf Gottes väterliche Güte –, weiß ich nicht zu sagen. Ich bin aber in noch größerer Verlegenheit, wenn ich sagen soll, was sich in Franziskus Ribberas Kopf abgespielt hat, der annimmt, daß ein Raum von zweihundert italienischen Meilen mit sich selbst multipliziert erforderlich wäre, dieselbe Anzahl zu fassen. Er muß da sicherlich an irgendwelche kalten römischen Seelen gedacht haben, von denen er durch Lektüre erfahren hatte, ohne dabei zu berücksichtigen, wie sehr sie durch allmähliches, schwindsüchtiges Zusammenschrumpfen im Laufe von achtzehnhundert Jahren unvermeidlich eingegangen sein müssen, um dann in der Zeit, in der er schrieb, fast zu nichts geworden zu sein.

Zu des Lessius Zeiten, der der kühlere von beiden gewesen zu sein scheint, waren sie so klein, wie man sich's nur vorstellen kann.

Heute finden wir sie noch kleiner.

Und im nächsten Winter werden sie noch viel kleiner sein, so daß, wenn wir vom Kleinen zum Noch-Kleineren und von da bis zum Nichts fortschreiten, ich keinen Augenblick lang zögern werde zu behaupten, bei diesem Schrittmaß werde es in einem halben Jahrhundert überhaupt keine Seelen mehr geben. Da dies wohl der Zeitpunkt sein dürfte, mit welchem meiner Meinung nach auch das Christentum aufgehört haben wird zu existieren, so werden wir den einen Vorteil haben, daß beide genau zugleich abgetragen sein werden.

Heil dir, Jupiter, dann! Heil auch euch Göttern und Göttinnen des Heidentums! Denn jetzt werdet ihr wieder die Bühne betreten mit Priapus am Ende des heiligen Zuges! Glückliche Zeiten! Doch wo bin ich? In welchen seligen Strudel der Dinge werde ich nicht hineingerissen? Ich, ich, der ich in der Mitte meines Lebens um die Hälfte meiner Tage verkürzt werden soll und davon nur das auskosten darf, was ich mir bei meiner Phantasie ausborge. – Frieden mit dir, du überströmender Narr! Laß mich weiterreisen!

Fünfzehntes Kapitel

Da ich, wie gesagt, es nicht liebe, aus etwas, was nichts ist, ein Geheimnis zu machen, so vertraute ich es, sobald wir nur das Steinpflaster hinter uns hatten, dem Postillion an. Dieser knallte, um meinem Kompliment gleichsam die Waage zu halten, einmal mit der Peitsche, und so tänzelten wir mit einem trabenden Hand- und einem hüpfenden Sattelpferd bis nach *Ailly aux clochers*, das einst in grauer Vorzeit durch das schönste Glockenspiel der Welt berühmt war. Doch wir tänzelten und tanzten weiter durch die ganze Stadt hindurch, und zwar ohne Musik, denn das Glockenspiel schien verdorben zu sein (wie alle Glockenspiele in Frankreich).

Und so gelangten wir mit größter Schnelligkeit von

Ailly aux clochers nach Hixcourt,
von Hixcourt nach Pequignay und
von Pequignay nach Amiens.

Was Amiens nun anbelangt, so habe ich darüber nichts anderes zu berichten, als was ich schon berichtet habe, daß nämlich Jeanneton hier in die Schule gegangen ist ...

Sechzehntes Kapitel

Von den Widrigkeiten, die uns in unsere Pläne und Wünsche hineinfahren, ist keine ärgerlicher als diese, die ich gleich beschreiben will und gegen die es offenbar keinen Schutz gibt (keinen anderen wenigstens als den, daß Sie mit einem Vorreiter reisen, was viele aus diesem Grunde auch tun), und das ist folgende:

Sie mögen noch so sehr das Bedürfnis haben zu schlafen – vielleicht fahren Sie gerade durch die schönste Landschaft auf der besten Landstraße in der bequemsten Postkutsche –, ja, wären Sie sogar ganz sicher, daß Sie jetzt fünfzig Meilen ununterbrochen schlafen könnten, ohne auch nur ein einziges Mal die Augen öffnen zu müssen, ja, wären Sie, was viel mehr ist, davon wie von der Richtigkeit eines Euklidischen Lehrsatzes überzeugt, daß Sie jetzt ebensogut, ja besser daran täten, zu schlafen als zu wachen – dieses ewige Zahlen bei jeder neuen Station für die Pferde und die damit verbundene Notwendigkeit, die Hand in die Tasche zu stecken und von dort die drei Livres fünfzehn Sous (jeden einzeln) aufzuzählen –, alles das macht Ihrem Plan, heute durchzuschlafen, insoweit ein Ende, daß Sie nie länger als sechs Meilen lang durchschlafen können (oder bei anderthalb Poststationen macht es neun), und wenn Sie mit diesem Schlaf jetzt Ihre Seele von der ewigen Verdammnis retten könnten.

Ich will den Leuten entgegenkommen, sagte ich mir, das heißt, ich will die genaue Summe in ein Stück Papier wickeln und es die ganze Zeit über in der Hand halten. Ich werde dann nichts anderes zu tun haben, fuhr ich bei mir fort und lehnte mich zurück, als das Papier dann sachte in den Hut des Postillions fallen zu lassen, ohne ein Wort zu sagen.

Doch da will einer dann zwei Sous mehr Trinkgeld, oder hier ist ein Zwölfsoustück mit dem Bildnis Ludwigs XIV. darauf, das nicht mehr gilt, oder eine Livre und ein paar Sous sind von der letzten Station noch nachzuzahlen, ›Monsieur‹ hätte es dort vergessen. Alle diese kleinen Ärgerlichkeiten machen einen (da ein Mensch sich schließlich nicht im Schlaf herumstreiten kann) immer von neuem munter. Immerhin, vielleicht ist der Schlafe noch nachzuholen, vielleicht vermag das Fleisch den Geist noch niederzuzwingen und sich von allen diesen Schlägen zu erholen – da plötzlich, du guter Gott! – Mein Herr, Sie haben nur für eine einfache Poststrecke gezahlt; diese hier aber ist eine von anderthalb Stationen. – Du bist also gezwungen, das Postverzeichnis herauszuziehen; es hat einen so winzigen Druck, daß man die Augen ordentlich aufreißen muß. Jetzt aber reicht Ihnen der Herr Curé seine Schnupftabakdose hin, oder ein Invalide zeigt Ihnen sein Stelzbein, ein Mönch seine Sammelbüchse, oder die Priesterin des Brunnens will die Räder waschen. Diese haben es zwar keineswegs nötig, doch sie schwört bei ihrem Priesterrock (ihn zurückschlagend), daß die Räder es wohl brauchen. Allenthalben also Erwägungen, Gedanken – die Kräfte Ihrer Vernunft sind erwacht und lassen sich nicht so leicht wieder in den Schlaf einlullen.

Nur einer dieser Widrigkeiten verdanke ich es, daß ich bei den Ställen von Chantilly nicht glatt vorbeigefahren bin. –

Da aber der Postillion zunächst mir versicherte, dann mir gegenüber darauf bestand, daß keine Prägung auf dem Zweisoustück sei, so öffnete ich die Augen, um mich davon auch zu überzeugen, und da ich die Prägung darauf so deutlich wie meine eigene Nasenspitze sah, sprang ich wütend aus der Postkutsche heraus und sah mir in Chantilly alles, was zu sehen war, an, und zwar gegen meinen Willen. Ich habe diese Methode zwar nur dreieinhalb Poststrecken weit ausprobiert, aber glauben Sie mir, es ist die beste Methode der Welt, wenn man schnell reisen will. Denn da wenige Gegenstände in dieser Gemütsverfassung einladend aussehen, so gibt es nichts oder wenig, das uns aufhält. So kam es, daß ich durch St.-Denis eilte, ohne den Kopf nach der Abtei umzudrehen.

Reich und prächtig soll der Kirchenschatz sein? Unsinn. – Abgesehen von den Juwelen, die aber auch alle falsch sind, möchte ich nicht drei Sous geben für eins dieser Museumsstücke, ausgenommen für die Laterne des Judas, und auch dafür nur, weil es dunkel wird und man sie brauchen könnte.

Siebzehntes Kapitel

Klatsch, klatsch, klatsch! Das ist also Paris! rief ich (noch immer in derselben Laune). Das ist Paris! Ja, Paris, rief ich zum dritten Male. Die erste, die schönste und die glänzendste Stadt. Die Straßen freilich sind schmutzig. Doch es sieht besser aus, denke ich, als es riecht … Klatsch, klatsch, klatsch! knallte die Peitsche in einem fort.

Welches Aufsehen! Als ob es die guten Leute etwas anginge, daß ein Mann mit bleichem Gesicht in Schwarz die Ehre hat, um neun Uhr abends in Paris einzufahren mit einem Postillion im braungelben Rock mit rotem Futter … Klatsch, klatsch! Ich wünsche deine Peitsche zum Teufel!

Doch so ist nun dieses Volk, also klatsche nur weiter!

Wie? Und niemand weicht hier aus und tritt höflich an die Wand zurück – in dieser Hochburg der Höflichkeit scheint man nur aus anderen Gründen an die Wand zu treten, wie man an den Häusern sieht.

Wann werden denn, bitte, die Lampen angezündet? – Die Lampen? Niemals, solange es Sommer ist. – Ja, das ist die Zeit des Salats! Oh, köstlich: Salat und Suppe, Suppe und Salat, und immer wieder …

Das ist zuviel, auch für Sünder!

Ich kann dieses rohe Geschimpfe nicht mit anhören. Wie kann der gewissenlose Kutscher nur so gemeine Worte für seine armen, ausgehungerten Pferde finden? Siehst du denn nicht selber, Freund, wie die Straßen hier so infam eng sind, daß nicht einmal ein Schubkarren umwenden kann? Es würde gar kein so verkehrter Gedanke gewesen sein, in dieser größten Stadt der Welt die Straßen um eine Idee breiter zu machen. Und wäre es auch nur um so viel, daß ein Mensch wirklich wüßte (nur um sich darüber still für sich zu freuen), auf welcher Seite er eigentlich geht.

Eins, zwei, drei, vier, zehn! Zehn Garküchen! Und zweimal soviel Barbiere! Und das alles, während wir drei Minuten gefahren sind. Man möchte meinen, alle Köche der Welt wären bei einer lustigen Zusammenkunft mit allen Barbieren übereingekommen: Kommt, laßt uns alle in Paris leben! Die Franzosen lieben eine gute Küche, sie sind alle *gourmands*, und so werden wir zu Ehren kommen. Wenn ihr Gott der Magen ist, so müssen die Köche alle vornehme Herren werden. Und wie die Perücke den Mann macht und der Perückenmacher die Perücke – *ergo*, werden die Barbiere ausrufen, werden wir einen um so höheren Rang einnehmen, wir werden über allen stehen, wir werden mindestens Capitouls* sein, *pardi*, alle werden wir Degen tragen.

Und so halten sie es auch heute noch, man möchte darauf schwören (allerdings nur bei Kerzenlicht, denn verlassen kann man sich darauf nicht).

Achtzehntes Kapitel

Die Franzosen werden sicherlich immer mißverstanden; aber ob das nun ihr eigener Fehler ist, weil sie sich nicht genügend verständlich machen oder sich nicht mit jener Deutlichkeit und Bestimmtheit ausdrücken, die in einem so wichtigen Punkte, der überdies noch zum Widerspruch reizt, erwartet werden sollte, oder ob der Fehler nicht gänzlich auf unserer Seite liegt, indem wir ihre Sprache nicht immer so gut verstehen, um ganz genau zu wissen, worum es sich bei ihnen handelt – das kann ich alles nicht entscheiden. Aber das eine scheint mir klar, daß, wenn sie behaupten, wer Paris gesehen hat, hat alles

* Obermagistrat in Toulouse usw. usw. usw.

gesehen, sie damit nur denjenigen meinen können, der Paris bei Tag gesehen hat.

Kerzenlicht – das habe ich aufgegeben. Ich habe schon vorhin gesagt, darauf sei kein Verlaß, und ich wiederhole es hier. Aber nicht darum, weil Licht und Schatten zu scharf wären oder die Farbtöne ineinander überflössen oder weil darin weder Schönheit noch Ausdruck läge usw. – das ist alles nicht wahr, aber es gibt ein unsicheres Licht, und zwar in dem Sinne, daß in den fünfhundert Hotels, die man uns in Paris aufzählt, und bei den fünfhundert guten Dingen (niedrig gerechnet, denn so kommt auf jedes Hotel nur ein gutes Ding), die bei Kerzenlicht am besten gesehen, gefühlt, gehört und verstanden werden (was nebenbei ein Zitat aus Lilly ist), nur einer unter fünfzig von uns armen Teufeln dazukann.

Das hat mit der französischen Berechnung nichts zu tun, es ist einfach so, daß nach der letzten Statistik aus dem Jahre 1716, seit welcher Zeit sich alles in Paris erweitert und vermehrt hat, Paris neunhundert Straßen enthält:

In der sogenannten City sind dreiundfünfzig Straßen.
In St-Jacques fünfundfünfzig Straßen.
In St-Oportune vierunddreißig Straßen.
Im Quartier du Louvre fünfundzwanzig Straßen.
Im Palais-Royal oder St-Honoré neunundvierzig Straßen.
In Montmartre einundvierzig Straßen.
In St-Eustache neunundzwanzig Straßen.
In den Halles siebenundzwanzig Straßen.
In St-Denis fünfundfünfzig.
In St-Martin vierundfünfzig.
In St-Paul oder Mortellerie siebenundzwanzig.
Im Grève achtunddreißig.
In St-Avoy oder der Verrerie neunzehn.
Im Marais oder dem Temple zweiundfünfzig.
In St-Antoine achtundsechzig.
In Place-Maubert einundachtzig.
In St-Benoît sechzig.
In St-André des Arcs einundfünfzig.
Im Quartier du Luxembourg zweiundsechzig.
Im Quartier St-Germain fünfundfünfzig.

In jede von diesen können Sie hinein. Wenn Sie alle mit allem, was dazugehört, bei Tageslicht gesehen haben, alle Tore, Brücken, Plätze, Statuen und zudem in alle Pfarrkirchen gepilgert sind, ohne St-Roche und St-Sulpice auszulassen, und, um das Ganze zu krönen, noch einen Spaziergang gemacht haben, um die vier Paläste zu besichtigen, entweder mit allen Bildern und Statuen oder ohne diese, ganz wie Sie wollen,

dann werden Sie gesehen haben –

doch das braucht Ihnen einer nicht erst zu sagen, denn Sie werden es über dem Tor des Louvre lesen:

> Die Erd hat kein solch Volk! –
> Kein Volk hat solche Stadt,
> Wie dich, Paris, – didldum, didldit, didldat!*

Die Franzosen haben eine lustige Art, alles Erhabene zu behandeln, und das ist alles, was man darüber sagen kann.

Neunzehntes Kapitel

Beim Wort *lustig* fällt einem (das heißt: dem Autor) das Wort Spleen ein, besonders wenn er darüber etwas zu sagen hat. Nicht, daß auf Grund einer Analyse oder Tabelle oder eines Stammbaums viel mehr Verwandtschaft zwischen beiden bestünde als zwischen Licht und Finsternis oder sonst zwei einander widerstrebenden Elementen – o nein! Doch das ist so ein Kunstgriff der Autoren, zwischen Worten ein ebenso gutes Einvernehmen herzustellen, wie es die Politiker zwischen Menschen herstellen, da sie nie wissen, wie bald sie die Notwendigkeit zwingen könnte, sie nebeneinanderzustellen. Und da dies soeben geschehen ist und ich außerdem meine Worte so setzen kann, wie ich will, so schreibe ich es hier nieder –

Spleen

Dies habe ich beim Verlassen von Chantilly für das beste Mittel der Welt erklärt, um schnell vorwärtszukommen. Doch habe ich es nur als meine Meinung angeführt. Ich fahre zwar jetzt im gleichen Sinne

* Non orbis gentem, non urbem gens habet ullam – – ulla parem.

fort – nur hatte ich damals noch nicht die ganze Wirksamkeit des Spleens erfahren, um auch noch das hinzuzufügen, daß man, obwohl man mit reißender Geschwindigkeit weiterkommt, gleichzeitig nur sehr mühsam mit sich selber auskommt. Aus diesem Grunde habe ich die Methode von heute an endgültig aufgegeben, und sie steht jedem zur Verfügung. Sie hat mir die Verdauung nach einem guten Abendessen gestört und mir eine gallige Diarrhöe verursacht, was mich wieder auf meine erste Methode zurückbrachte, womit ich begonnen habe und jetzt weiterreisen werde bis zu den Ufern der Garonne.

Nein, ich kann mich nicht aufhalten, um Ihnen den Charakter des Volkes, dessen Geist, Gebräuche, Sitten, Gesetze, Religion, Regierung, Fabriken, Handel, Finanzen samt allen Hilfsmitteln und Quellen, aus denen alles gespeist wird, zu beschreiben. Wie sehr ich auch der geeignete Mann dazu wäre, jetzt, nachdem ich drei Tage und zwei Nächte mitten unter ihnen zugebracht und diese Dinge zum Gegenstand meiner ausschließlichen Forschungen und Überlegungen gemacht habe ...

Doch ich muß weiter – die Straßen sind gepflastert, die Poststrekken kurz, die Tage lang, es ist erst Mittag, ich werde noch vor dem König in Fontainebleau ankommen.

Ist er denn dorthin gefahren? Nicht, daß ich wüßte ...

Zwanzigstes Kapitel

Ich kann es nicht leiden, wenn ein Mensch, vornehmlich ein Reisender, darüber klagt, daß man in Frankreich nicht so schnell vorwärtskommt wie in England. Tatsächlich kommt man jedoch verhältnismäßig besser voran, *consideratis considerandis*, womit gesagt sein soll, daß, wenn wir die Kutschen mit den Bergen von Gepäck vorn und hinten in Erwägung ziehen und dann an die winzigen Pferdchen denken und das wenige Futter, das sie bekommen, man sich noch wundern muß, wie man überhaupt vorwärtskommt. Was diese Pferde zu leiden haben, ist höchst unchristlich, und mir ist ganz klar, daß ein französisches Postpferd gar nicht wissen würde, was es auf der Welt zu tun hätte, wenn es nicht die zwei Worte ** und ** gäbe, in denen für sie soviel Kraft liegt wie in zwei Scheffeln Korn. Da diese beiden Worte nichts kosten, so sehne ich mich aus ganzer Seele danach, sie dem Leser zu verraten. Aber hier steckt der Knoten: Sie müssen herausgesagt werden, so wie sie sind, mit der deutlichsten Aussprache, oder sie erfüllen ihren Zweck nicht. Und dennoch, sie so einfach heraussagen – wenn Euer Ehrwürden sich darüber im Schlafzimmer auch amüsieren dürften, so weiß ich doch zu gut, daß Sie in Gesellschaft darüber ungehalten sein werden. Darum habe ich es eine Zeitlang hin und her erwogen, freilich vergebens, wie ich sie so biegen und drehen könnte, daß sie, während sie das eine Ohr des Lesers, das willige, das er mir leiht, befriedigen, das andere, das er für sich behält, nicht verletzen.

Meine Feder brennt mir in den Fingern, ich möchte es versuchen – hernach wird freilich die üblere Folge nicht ausbleiben, daß nämlich das Papier (fürchte ich) anbrennen wird.

Nein – ich wage es nicht.

Aber wenn Sie wissen wollen, wie etwa die Äbtissin von Andouillets und eine Klosternovizin die Schwierigkeit umgangen haben (wobei ich mir zunächst selber den größtmöglichen Erfolg wünsche), so will ich es Ihnen ohne die geringsten Bedenken erzählen.

Einundzwanzigstes Kapitel

Da die Äbtissin von Andouillets, das, wenn Sie auf die große, jetzt in Paris veröffentlichte Karte der Provinzen einen Blick werfen, in dem Bergland zu finden ist, welches Burgund und Savoyen trennt, Gefahr lief, eine Anchylosis oder ein steifes Gelenk zu bekommen (die Sehnen des Knies hatten sich durch die langen Frühmetten verhärtet) und sie schon jedes Mittel versucht hatte, und zwar zuerst Fürbitten und Danksagung; dann Anrufung aller Heiligen im Himmel miteinander; dann Anrufung jedes einzelnen Heiligen, der je vor ihr ein steifes Bein gehabt hatte; hierauf Berührung des Gelenkes mit den Klosterreliquien, vornehmlich mit dem Oberschenkelknochen des Mannes aus Lystra, der von Jugend an impotent gewesen war; dann Einwickeln des Knies in den Nonnenschleier abends beim Schlafengehen; dann Einbinden kreuzweise in den Rosenkranz; endlich Zuhilfenahme rein weltlicher Mittel wie Salbung des Knies mit Öl und heißem Talg, Behandlung mit erweichenden und lösenden Umschlägen, mit Pflastern aus Sumpfmalve, Malve, Gutem Heinrich, weißer Lilie und Bockshornklee, schließlich mit den Stengeln der Kräuter, ich meine: mit dem Rauch der Stengel, indem sie dabei ihr Schulterblattband über ihren Schoß hielt, zuletzt auch mit einem Sud aus wilder Zichorie, Wasserkresse, süßem Kerbel, Kälberkropf und Löffelkraut ..., so ließ sie sich, da alles das nichts helfen wollte, überreden, die heißen Bäder von Bourbon zu versuchen. Nachdem sie also zuerst die Erlaubnis des Generalvisitators erlangt hatte, für das Wohl ihres Leibes etwas zu tun, gab sie den Auftrag, daß alle Vorbereitungen zur Reise getroffen würden. Eine Klosternovizin von siebzehn Jahren, die sich dadurch, daß sie immer ihre Finger in die weggeworfenen Breiumschläge usw. der Äbtissin steckte, ein Nagelgeschwür am Mittelfinger zugezogen hatte, weckte das Interesse der Äbtissin, so daß eine alte gichtische Nonne, die durch die heißen Bäder von Bourbon für immer hätte wiederhergestellt werden können, übergangen und Margarita, die kleine Novizin, zur Reisegefährtin auserwählt wurde.

Eine alte Kalesche, der Äbtissin gehörig und mit grünem Rips ausgefüttert, wurde laut Befehl aus dem Schuppen ans Tageslicht gezogen, der Klostergärtner führte in seiner Eigenschaft als Maultiertreiber die zwei bejahrten Maulesel aus dem Stall, um ihnen das Haar an den beiden Schwanzenden abzuschneiden, während zwei Laienschwestern sich damit zu schaffen machten, den grünen Rips der Polster zu flicken und die Enden der gelben Litze, die der Zahn der Zeit aufgedröselt hatte, wieder zusammenzunähen. Der Untergärtner verschaffte sich heiße Weinhefe und putzte damit den Hut des Kutschers, und der Schneider im Laden gegenüber dem Kloster suchte vier Dutzend Schellen für das Eselsgeschirr aus und pfiff dann bei jeder Schelle, die er mit einem Riemchen befestigte, ein Lied.

Der Zimmermann und der Schmied von Andouillets unterzogen die Wagenräder einer genauen Untersuchung, und um sieben Uhr am nächsten Morgen sah dann alles sehr sauber und geputzt aus und stand beim Klostertor bereit für die Fahrt nach den heißen Bädern von Bourbon – zwei Reihen Bettler hatten sich schon eine Stunde vorher angestellt.

Die Äbtissin von Andouillets schritt, auf Margarita, die Novizin, gestützt, langsam bis zur Kalesche. Beide gingen ganz in Weiß, die schwarzen Rosenkränze hingen über ihre Brust.

Der Altersunterschied beider gab dem Ganzen etwas ungekünstelt Feierliches. Sie bestiegen die Kalesche. Die Nonnen, alle in der gleichen Tracht, dem süßen Sinnbild ihrer Unschuld, hatten die Fenster besetzt, und als die Äbtissin und Margarita hinaufsahen, lüftete jede (mit Ausnahme der alten gichtischen Nonne) den Zipfel des Schleiers und drückte einen Kuß auf die Lilienhand, die ihn gehoben hatte. Die Äbtissin und Margarita legten beide kreuzweise, gleich Heiligen, die Hände über die Brust, sahen zum Himmel empor, sahen dann die Schwestern an, und ihre Blicke sprachen: Gott segne euch alle!

Ich gestehe, die Geschichte interessiert mich, und ich wollte, ich wäre dabeigewesen.

Der Gärtner, den ich von nun an immer den Maultierkutscher nennen werde, war ein kleiner, kräftiger, breitschultriger, gutmütiger, geschwätziger, trinklustiger Geselle, der sein Gehirn sehr wenig mit dem Wie und Warum des Lebens beunruhigte. Er hatte den Lohn eines ganzen Monats für einen *borrachio* oder ledernen Weinschlauch verpfändet, den er hinten an die Kalesche gebunden und mit einem alten rotbraunen Reisemantel zugedeckt hatte, um ihn vor der Sonne zu schützen. Und da es sehr heiß und er nicht müßig war, sondern zehnmal mehr neben der Kalesche einherging, als daß er fuhr, fand er öfter, als es naturnotwendig war, Gelegenheit, dem Fuhrwerk gleichsam in den Rücken zu fallen, bis es endlich nach vielem Vor- und Zurückgehen so weit kam, daß der ganze Wein zum Spundloch herausgeflossen war, bevor sie noch den halben Weg zurückgelegt hatten.

Der Mensch ist nun einmal ein Geschöpf seiner Gewohnheiten. Der Tag war schwül gewesen, der Abend wurde erquickend, der Wein schmeckte köstlich. Die Burgunder Hügel, auf denen er wuchs, stiegen steil an, ein kleiner, höchst lockender Buschen hing über der Tür einer Hütte am Fuß derselben, im Takt pulsend mit dem Verlangen der Menschen, und im leisen Wehen des Abendwindes raschelten trockene Blätter dem Vorübergehenden freundlich zu: Komm herein, komm nur, du durstiger Maultiermann, laß dich von nichts abhalten!

Der Maultiermann war ein Adamssohn – mehr brauche ich nicht zu sagen. Er gab den beiden Maultieren je einen gesunden Hieb mit der Peitsche, sah der Äbtissin und Margarita ins Gesicht, wie um zu sagen: Hier bin ich (noch!), knallte noch einmal mit der Peitsche, als wollte er den Maultieren zurufen: Vorwärts, marsch!, und dann schlich er hinten um die Kalesche herum in das kleine Gasthaus am Fuße des Hügels.

Der Maultierkutscher war, wie gesagt, ein kleiner, lustiger, immer pfeifender Geselle, der weder an morgen noch an gestern oder an überhaupt welche Folgen dachte, wenn er nur sein Maß Burgunder hatte und einen kleinen Schwatz dazu. So ließ er sich denn auch diesmal in eine lange Erzählung darüber ein, daß er der Obergärtner im Kloster von Andouillets sei usw. usw., daß er aus Freundschaft für die Äbtissin und Margarita, die erst in ihrem Noviziat stünde, mit ihnen hergekommen sei von den Grenzen Savoyens usw. usw., daß jene durch langes Beten eine weiße Geschwulst am Knie bekommen und was für Kräuter er ihr verschafft habe zur Erweichung der Säfte usw. usw., daß, wenn die Wasser von Bourbon dem Bein nicht hülfen, sie dann vielleicht auf beiden lahm gehen würde usw. usw. usw. Er zog die Geschichte so lange hin, daß er darüber gänzlich ihre Heldin vergaß und damit auch die kleine Margarita und, was noch viel heikler war als beides, auch die beiden Maultiere. Diese beiden waren nun Geschöpfe, die ihren Vorteil in der Welt wahrzunehmen wußten, um so mehr, als auch ihre Eltern ihnen gegenüber ohne Bedenken ihren Vorteil wahrgenommen hatten; da sie aber keineswegs in der Lage sind, die Höflichkeit in absteigender Linie zu erwidern (wie sonst alle Männer, Weiber und Tiere), so tun sie es seitwärts oder den ganzen Weg entlang oder nach rückwärts oder bergauf, bergab oder wie immer es eben geht. Die Philosophen haben das niemals in allen ihren Morallehren recht in Erwägung gezogen – wie sollte es dann also unser armer Maultierkutscher tun, der die Augen im Weinglas hatte! Er tat es nicht im mindesten, daher ist es Zeit, daß wir es tun. Lassen wir ihn also mitten im Strudel seines Elementes, ihn, den glücklichsten und gedankenlosesten aller Menschen, und sehen wir uns für einen Augenblick nach unseren Maultieren, nach der Äbtissin und Margarita um!

Dank den letzten zwei Peitschenhieben von seiten des Kutschers waren die Maultiere ruhig weitergeschritten, ein jedes dem eigenen Gewissen folgend, bis sie ungefähr die Hälfte des mühseligen Weges erobert hatten. Hier warf nun das ältere von beiden, ein schlauer alter Teufel, bei einer Wendung des Weges den Blick nach seitwärts – und sieh da, es ist ja kein Kutscher da …

Bei meiner Feige, schwor die Stute, ich gehe keinen Schritt weiter …

Und wenn ich es tue, antwortete die andere, so sollen sie aus meiner Haut eine Regimentstrommel machen.

Und so blieben sie im wechselseitigen Einverständnis stehen.

Zweiundzwanzigstes Kapitel

Vorwärts mit euch, vorwärts! rief die Äbtissin.

Sch, sch, sch ..., rief Margarita.

Schu, ju, schu ..., schute die Äbtissin.

Ju, ju, ju ..., jute Margarita, die süßen Lippen also formend, daß daraus etwas zwischen Geheul und Pfeifen kam.

Damp, damp, damp, klopfte die Äbtissin mit dem Ende ihres oben vergoldeten Stockes gegen den Boden der Kalesche.

Das alte Maultier ließ einen F...

Dreiundzwanzigstes Kapitel

Wir sind verloren, mein Kind, sagte die Äbtissin zu Margarita. Wir werden die ganze Nacht hierbleiben müssen, man wird uns berauben, und man wird uns auch schänden.

Wir werden geschändet werden, sagte Margarita, das ist bombensicher.

Sankta Maria, schrie die Äbtissin (das O vergessend)! Warum ließ ich mich von diesem bösen steifen Gelenk verleiten? Warum habe ich das Kloster von Andouillets verlassen? Und warum läßt du deine Dienerin nicht unbefleckt in die Grube fahren?

Ach, mein Finger, mein Finger, rief die Novizin, beim Wort Dienerin Feuer fangend, warum habe ich mich nicht begnügt, ihn hierhin oder dorthin oder irgendwohin zu stecken als in diese Klemme?

Klemme! sagte die Äbtissin.

Klemme ..., sprach die Novizin, denn der Schrecken hatte beider Verstand gelähmt; die eine wußte nicht, was sie sagte, die andre nicht, was sie antwortete.

O meine Jungfernschaft! schrie die Äbtissin.

...schaft, ...schaft! schluchzte die Novizin.

Vierundzwanzigstes Kapitel

Liebe Mutter, sprach die Novizin, nachdem sie wieder zu sich gekommen war, es gibt da zwei bestimmte Worte, die jedes Pferd oder jeden Esel oder Maulesel dazu bringen sollen, heißt es, bergauf zu gehen, ob sie wollen oder nicht. Und wenn ein Tier noch so störrisch oder böswillig ist, sobald es diese Worte hört, folgt es augenblicklich.

Das sind aber dann doch magische, teuflische Worte, rief die Äbtissin im äußersten Schrecken.

Nein, antwortete Margarita, es sind nur häßliche und sündhafte Worte.

Und welche sind es? unterbrach sie die Äbtissin.

Sie sind sündhaft, sage ich, im äußersten Maße, Todsünden, und wenn wir geschändet werden und sterben müssen, ohne davon absolviert zu werden, so kommen wir beide …, antwortete Margarita.

Aber mir kannst du sie doch sagen, so meinte die Äbtissin von Andouillets.

Sie dürfen nicht einmal in den Mund genommen werden, liebe Mutter, sprach die Novizin. Sie treiben einem das Blut aus dem ganzen Körper in die Wangen …

Aber du kannst sie mir wenigstens ins Ohr flüstern, sagte die Äbtissin.

O Himmel, hattest du denn keinen Schutzengel, den du ins Wirtshaus am Fuße des Hügels hättest senden können? War nicht ein edler und freundlicher Geist da oben zufällig müßig und ohne Aufgabe? Gab es da keine Naturkraft, keinen mahnenden Schauer, der die Arterie entlang zum Herzen kribbeln konnte, um den Maultierkutscher von seinem Gelage aufzujagen? Kein Lied, das den holden Gedanken an die Äbtissin und Margariten mit den beiden Rosenkränzen in ihm wieder erweckte?

Steh auf, erhebe dich endlich! Doch es ist zu spät, denn die beiden schauderhaften Worte wurden in diesem Augenblick ausgesprochen …

Aber wie soll ich sie aussprechen? Ihr, die ihr von jedem Ding auf Erden mit reinen Lippen reden könnt, belehrt mich, führt mich …

Fünfundzwanzigstes Kapitel

Alle Sünden, siehst du, sprach die Äbtissin, die in der großen Not spitzfindig geworden war, sind nach der Ansicht unseres Beichtvaters entweder Todsünden oder lässige, es gibt keine weitere Einteilung mehr. Wenn nun eine lässige Sünde, die die leichteste und geringste unter allen ist, halbiert wird, indem man entweder nur die eine

Hälfte nimmt und die andere wegwirft, oder indem man sie nimmt, wie sie ist, und freundschaftlich mit einer anderen Person halbiert, so wird sie zu Luft und zu etwas, das überhaupt keine Sünde mehr ist. Nun sehe ich darin, daß einer hundertmal hintereinander *bou, bou, bou* sagt, keine Sünde, auch liegt darin nichts Schändliches und Schmutziges, daß ich *ger, ger, ger* ausspreche, und wenn ich es von der Frühmette bis zur Vesper rufe. Darum, liebe Tochter, fuhr die Äbtissin von Andouillets fort, will ich *bou* und du sollst *ger* sagen. Du wirst *fou* rufen, und ich werde (wie beim fa-sol-la-re-mi-ut in unseren Abendsingübungen) mit *ter* einspringen …

Und so begann die Äbtissin, welche die erste Stimme übernahm:

Die Äbtissin: } Bou- bou- bou-
Margarita: } ger, ger, ger.
Die Äbtissin: } Fou- fou- fou-
Margarita: } ter, ter, ter.

Die beiden Maultiere nahmen von den Tönen Kenntnis, indem sie mit ihren Schweifen einmal über ihre Flanken fuhren, doch zu mehr kam es nicht … Mit der Zeit wird es schon wirken, sagte die Novizin.

Die Äbtissin: } Bou- bou- bou- bou-
Margarita: } ger, ger, ger, ger.

Schneller, rief Margarita.

Fou, fou, fou, fou, fou, fou, fou.

Noch schneller, rief Margarita.

Bou, bou, bou, bou, bou, bou, bou.

Schneller, schneller, Gott sei mir gnädig! sagte die Äbtissin. – Sie verstehen uns nicht, rief Margarita. – Der Teufel aber versteht uns, sagte die Äbtissin von Andouillets.

Sechsundzwanzigstes Kapitel

Was für ein Stück Landes habe ich nicht inzwischen durcheilt! Um wie viele Grade habe ich mich nicht der warmen Sonne genähert, und wieviel schöne und liebliche Städte habe ich nicht gesehen, während Sie, Madame, diese Geschichte von der Äbtissin gelesen und sich darüber Ihre Gedanken gemacht haben! Da war Fontainebleau und Sens und Joigny und Auxerre und Dijon, die Hauptstadt von

Burgund, und Châlons und Mâcon, die Hauptstadt der Mâconnaise, und noch viele andere auf dem Wege nach Lyon, und nun habe ich sie alle hinter mir, und eher könnte ich Ihnen jetzt von ebenso vielen Marktplätzen auf dem Mond erzählen, als darüber ein Wort zu verlieren. Dieses Kapitel zum mindesten wird dafür nicht in Frage kommen, vielleicht auch das nächste nicht, ich kann's nicht ändern.

Nun, das ist aber eine sehr merkwürdige Geschichte, Tristram!

Ach, Madame, wäre es eine melancholische gewesen, eine traurige vom Kreuz oder vom inneren Frieden der Sanftmütigen oder von der Zufriedenheit derer, die verzichtet haben – ich würde ihretwegen von niemandem behelligt worden sein. Oder wenn ich die Absicht gehabt hätte, eine Abhandlung über die reinen Begriffe der Seele zu schreiben oder über jene Nährstoffe der Weisheit, Heiligkeit und Gottesschau, von welchen der Menschengeist, vom Körper geschieden, fortan zu leben haben wird – so würde Ihnen gewiß der Appetit nicht so vergangen sein.

Ich wollte jedenfalls, ich hätte die Geschichte nie geschrieben. Doch da ich niemals etwas ausstreiche, so laßt uns irgendwelche ehrlichen Mittel gebrauchen, um sie uns aus dem Sinn zu schaffen.

Bitte, reichen Sie mir meine Narrenkappe ... Ich fürchte, Sie sitzen darauf, Madame ..., sie liegt unter dem Kissen ... Ich will sie aufsetzen.

Um Himmels willen, Sie haben sie doch die ganze Zeit über auf dem Kopf gehabt. – Ei, so mag sie dort sitzen bleiben mit einem Fara diddldi

und einem Faradiddldum

und einem dum-dum

bum – –

Und jetzt, hoffe ich, Madame, können wir es wagen, ein wenig weiterzugehen.

Siebenundzwanzigstes Kapitel

Alles, was Sie über Fontainebleau zu sagen haben (falls man Sie fragt), ist, daß es vierzig Meilen von Paris entfernt liegt (etwas südlich) mitten in einem mächtigen Walde; daß ihm eine gewisse Großartigkeit nicht fehlt; daß der König alle zwei oder drei Jahre einmal sich mit dem ganzen Hof zur Jagd hinbegibt und daß während dieses Jagdkarnevals jeder Engländer von Stand (Sie gehören auch dazu) sich mit einem oder zwei Gäulen versehen darf, um daran teilzunehmen, wobei er nur darauf zu achten hat, daß er den König nicht überholt –

Allerdings gibt es zwei Gründe, warum Sie darüber nicht laut zu jedermann reden dürfen.

Erstens, weil dann die Pferde nur schwer zu bekommen sind, und

Zweitens, weil kein Wort davon wahr ist. *Allons!*

Was Sens anbelangt, können Sie es mit einem Wort erledigen: Es ist der Sitz eines Erzbischofs.

Je weniger Sie über Joigny sagen, um so besser.

Von Auxerre hingegen könnte ich gar nicht aufhören zu erzählen. Denn auf meiner *grand tour* durch Europa, auf welcher mich schließlich dennoch mein Vater selber, da er mich keinem anderen anvertrauen wollte, zusammen mit Onkel Toby, Trim, Obadiah und fast der ganzen Familie begleitete, mit Ausnahme meiner Mutter, die sich vorgenommen hatte, meinem Vater ein Paar Wollhosen zu stricken und sich dabei nicht stören lassen wollte, weshalb sie zu Hause in Shandy Hall blieb, um im übrigen auch sonst so lange, als die Expedition dauerte, nach dem Rechten zu sehen. Bei welcher Expedition, wie gesagt, mein Vater sich mit uns zwei Tage lang in Auxerre aufhielt, und da seine Forschungen immer derart waren, daß sie selbst in einer Wüste Früchte getragen hätten, so blieb mir dank ihm genug über Auxerre zu sagen übrig. Wohin nämlich immer mein Vater reiste – für die Reise durch Frankreich und Italien galt dies noch mehr als für irgendwelche andere Zeiten seines Lebens – sein Weg schien immer abseits zu liegen vom Wege aller anderen, die vor ihm dahergezogen waren. Er sah Könige, Höfe, seidene Gewänder und alles andere in einem so sonderbaren Licht, und seine Bemerkungen und Urteile über Charakterzüge, Sitten und Gebräuche waren so durchaus verschieden von denen aller anderen sterblichen Menschen, vornehmlich von denen Onkel Tobys und Trims (von mir gar nicht zu reden), und – um das Ganze zu krönen – auch die Zwischenfälle, Begegnungen und die mißlichen Lagen und Verlegenheiten, in die wir ununterbrochen von neuem dank seinem eigensinnigen Reisesystem gerieten, waren alle so einzig und zugleich tragikomisch, daß das Ganze zusammen sehr anders aussieht und dem Geiste sich darbietet als sonst irgendeine von den vielen Touren durch den Kontinent, die je von Engländern unternommen worden sind, so daß ich zu sagen wage, der Fehler müßte dann nur an mir und an keinem anderen liegen, wenn dieses mein Buch nicht von allen Reisenden und Lesern von Reisebeschreibungen so lange gelesen werden sollte, bis alles Reisen aufgehört oder – was dasselbe ist – bis es der Welt schließlich einfällt, ganz stillzustehen.

Aber dieser köstliche Warenballen darf jetzt und hier noch nicht aufgewunden, nur ein paar dünne Fädchen sollen herausgezogen werden, um damit das Geheimnis des väterlichen Aufenthalts in Auxerre aufzudecken.

Da ich die Sache nun schon einmal erwähnt habe, so will ich sie auch gleich hier abmachen; sie ist an sich zu unbedeutend, um aufgehoben oder in der Schwebe gelassen zu werden, und wenn ich sie hier einschiebe, ist sie ein für allemal erledigt.

Bruder Toby, sagte mein Vater, so lange, als das Mittagessen noch auf dem Herde brät, wollen wir zur Abtei St.-Germain gehen, nur um alle die Herrschaften zu sehen, die uns Monsieur Séquier so sehr ans Herz gelegt hat. – Ich gehe mit dir überallhin und zu jedermann, wohin du willst, antwortete Onkel Toby, denn er war vom Anfang bis zum Ende der Reise ganz Willfährigkeit. – Gott bewahre! Es sind doch nur Mumien, sagte mein Vater. – Dann brauche ich mich nicht noch rasieren zu lassen, sagte Onkel Toby. – Rasieren – nein, rief mein Vater. Es macht mehr den Eindruck eines Verwandtenbesuches, wenn wir mit unseren Bärten erscheinen. – So verließen wir das Hotel, der Korporal lieh seinem Herrn den Arm und bildete die Nachhut.

Alles das ist ja sehr hübsch und sehr kostbar und sehr großartig, wandte sich mein Vater an den Sakristan, der einer von den jüngeren Brüdern des Benediktinerordens war, aber unsere Neugier hat uns hergeführt, damit wir die Leiber sehen, wovon Monsieur Séquier der Welt eine so minutiöse Beschreibung gegeben hat. Der Sakristan verneigte sich, und nachdem er die Fackel, die zu diesem Zweck in der Sakristei bereitstand, angezündet hatte, führte er uns zum Grabe des heiligen Heribald. Der hier, sagte der Sakristan, die Hand aufs Grab legend, war ein berühmter Prinz aus Bayern, der unter den aufeinanderfolgenden Regierungen Karls des Großen, Ludwigs des Frommen und Karls des Kahlen zu großer Macht und großem Einfluß gekommen war und vornehmlich dazu beigetragen hatte, daß überall Zucht und Ordnung herrschten.

Dann war er, sagte Onkel Toby, ebensogroß auf dem Schlachtfeld wie im Kabinett. Er muß ein tapferer Soldat gewesen sein. – Er war ein Mönch, erwiderte der Sakristan.

Onkel Toby und Trim suchten sich gegenseitig durch Blicke Trost zu spenden, fanden ihn aber nicht; mein Vater schlug beide Hände über dem Hosenlatz zusammen, was so seine Art war, wenn ihn etwas besonders kitzelte; denn obwohl er einen Mönch, ja, schon den Gedanken an ihn mehr haßte als alle Teufel der Hölle, so bedeutete doch die Tatsache, daß dieser Schlag Onkel Toby und Trim viel heftiger getroffen hatte als ihn selbst, gewissermaßen einen Triumph für ihn und versetzte ihn in die allerbeste Stimmung.

Und wie heißt, bitte, der Herr da? fragte mein Vater recht beschwingt. Dieses Grab, antwortete der junge Benediktiner, den Blick senkend, birgt die Gebeine der heiligen Maxima, die von Ravenna eigens dazu hergekommen war, damit ihre Hand berühre den Leichnam des ...

Heiligen Maximus, sagte mein Vater, mit seinem Heiligen hereinplatzend. Es sind das zwei der größten Heiligen in der ganzen Martyrologie. Entschuldigen der Herr, entgegnete der Sakristan, sie war gekommen, um die Gebeine des heiligen Germanus zu berühren, des Gründers der Abtei. – Und was hat sie davon gehabt? fragte Onkel Toby. – Was hat überhaupt eine Frau davon? fuhr mein Vater dazwischen. – Die Märtyrerkrone, erwiderte der junge Benediktiner, sich tief bis zum Boden verneigend, indem er das Wort mit einem so demütigen und doch entschiedenen Ton aussprach, daß er damit meinen Vater für den Augenblick entwaffnete. Es heißt auch, fuhr der Benediktiner fort, daß die heilige Maxima in diesem Grab schon vierhundert Jahre liegt, davon zweihundert Jahre vor ihrer Heiligsprechung. – Man avanciert nur sehr langsam, Bruder Toby, in der Armee der Heiligen, sagte mein Vater. – Verflucht langsam, Euer Gnaden, meinte Trim, wenn man sich nicht eine Stelle kaufen kann. – Eher würde ich den Dienst quittieren, sagte Onkel Toby. – Ich bin ganz deiner Meinung, Bruder Toby, sagte mein Vater.

Arme heilige Maxima! sprach Onkel Toby leise zu sich, da wir uns von ihrem Grab wegwandten. – Sie war eine der schönsten und herrlichsten Frauen von Italien und Frankreich, fuhr der Sakristan fort. – Doch wer, zum Teufel, hat sich hier hingelegt, gleich neben sie? sagte mein Vater, mit seiner Stockspitze auf ein mächtiges Grab hinweisend, während wir weitergingen ... Das ist der heilige Optatius, antwortete der Sakristan. – Nun, da liegt er gut, dieser heilige Optatius, sagte mein Vater. Was weiß man von ihm? fuhr er fort. – Der heilige Optatius war ein Bischof ...

Dachte ich mir es doch, rief mein Vater, den Sakristan unterbrechend. Optatius! Kann er etwas Geringeres gewesen sein mit diesem Namen?! Damit nahm er gleich sein Notizbuch heraus und schrieb, während der junge Benediktiner ihm die Fackel hinhielt, den Namen nieder als eine neue Stütze für seine Theorie über die Bedeutung der Vornamen. Er war dabei, wie ich kühnlich behaupte, so uneigennützig in der Erforschung der Wahrheit, daß, wenn er jetzt hier im Grab des heiligen Optatius einen Schatz gefunden hätte, dieser ihn nicht halb so beglückt haben würde wie der Name Optatius. Niemals vorher ward ein gleich erfolgreicher Besuch bei den Toten gemacht, und mein Vater war von allem so hoch befriedigt – daß er sofort beschloß, noch einen Tag in Auxerre zu bleiben.

Die übrigen Herrschaften will ich morgen besuchen, sagte mein Vater, als wir über den Platz gingen. – Und während du diesen deinen Besuch machst, Bruder Shandy, sagte Onkel Toby, werden Trim und ich die Festungswälle besichtigen.

Achtundzwanzigstes Kapitel

In eine solche Verwirrung bin ich noch nie zuvor gekommen, denn im letzten Kapitel, soweit dieses mir durch Auxerre half, bin ich auf zwei verschiedenen Reisen vorwärtsgekommen, und zwar mit ein und demselben Federzug. Auf der Reise, die ich eben beschreibe, bin ich durch Auxerre schon hindurch, auf jener, die ich später einmal beschreiben werde, bin ich noch halb drinnen. Ach, in allen Dingen bringen wir es nur bis zu einem gewissen Grad von Vollkommenheit. Und indem ich über diesen Grad hinauswollte, habe ich mich in eine Situation gebracht, worin sich noch kein Reisender vor mir befunden hat, denn in dem gleichen Augenblick gehe ich zusammen mit meinem Vater und Onkel Toby auf dem Weg zum Mittagessen über den Marktplatz von Auxerre, in dem ich mit meiner Postkutsche, die in tausend Stücke gebrochen ist, in Lyon ankomme, und zu alledem sitze ich zur selben Zeit an den Ufern der Garonne in einem entzückenden, von Pringello* gebauten Pavillon, den Monsieur Sligniac mir überlassen hat, und bringe die ganze Geschichte zu Papier.

* Der gleiche Don Pringello, der berühmte spanische Architekt, dessen mein Vetter Anton so ehrenvoll Erwähnung tut in einem Kommentar zu der Erzählung, die ihm namentlich zugeeignet ist. (Vgl. S. 129, Taschenausgabe.)

Lassen Sie mich nur erst zur Besinnung kommen – dann setze ich sogleich meine Reise fort.

Neunundzwanzigstes Kapitel

Ich bin eigentlich ganz froh darüber, sagte ich mir, als ich, über die Sache nachdenkend, zu Fuß in Lyon einzog – meine Chaise war zusammen mit dem Gepäck, alles kunterbunt durcheinander, auf einen Leiterwagen geladen worden, der langsam vor mir daherzog –, ich bin in der Tat sehr froh darüber, daß sie ganz zusammengebrochen ist, denn jetzt kann ich direkt zu Schiff nach Avignon, welches Schiff mich hundertundzwanzig Meilen von meiner Reise tragen und nur sieben Pfund kosten wird, und von da, überlegte ich weiter, kann ich ein paar Maulesel oder, wenn es sein muß, auch Esel (denn niemand kennt mich) mieten und durch die Ebene des Languedoc fast umsonst reisen. Ich werde also durch mein Malheur bare vierhundert Livres sparen und zudem noch einiges Vergnügen gewinnen, was doppelt soviel wert ist. Mit welcher Geschwindigkeit, fuhr ich fort und klatschte in die Hände, werde ich nicht die reißende Rhone stromabwärts fliegen, Vivares zur rechten, die Dauphiné zur linken Seite lassend, kaum daß ich die alten Städte Vienne, Valence und Viviers recht sehen werde! Welches Feuer wird sich da nicht im Herzen und in den Adern entzünden, wenn ich, am Fuß der Rebenhügel entlangjagend, mir eine errötende Traube von der *Hermitage* oder der *Côte-Rôtie* im Flug erhasche! Welche neue Lebensquelle – all die Burgen der Sage und des Liedes, aus denen einst galante Ritter die Unglücklichen befreit haben, die Ufer entlang auftauchen und wieder verschwinden zu sehen und zugleich die Berge und Wasserfälle, steilab und schwindelerregend, und die ungeheure Mannigfaltigkeit der Natur zu erschauen, deren sie sich bei allen ihren großen Werken befleißigt.

Während ich so vor mich hinging, schien mir die Chaise, deren Wrack sich anfangs noch stattlich genug ausgenommen hatte, unmerklich immer mehr an Umfang zu verlieren. Die Farbe hatte ihre Frische, die Vergoldung ihren Glanz eingebüßt, und das ganze Ding kam mir jetzt so erbärmlich vor, so traurig, so verächtlich, kurzum so viel elender als selbst die Kalesche der Äbtissin von Andouillets, daß ich schon den Mund auftun wollte, um sie damit dem Teufel anheimzustellen, als ein geschäftstüchtiger Wagenflicker über die Straße getrippelt kam und fragte, ob der Herr seine Chaise nicht repariert haben möchte. – Nein, antwortete ich kopfschüttelnd. – Würde der Herr vielleicht vorziehen, sie zu verkaufen? fuhr er fort. – Von ganzem Herzen gerne, rief ich, die Eisenteile sind vierzig Livres wert, das Glas vierzig, und das Leder können Sie umsonst haben.

In was für eine Goldmine, sprach ich, als er mir das Geld vorzählte, hat sich nicht diese Chaise verwandelt! Und das ist so meine Art, Buch zu führen, zum mindesten in den Unglücksfällen, die mir zustoßen; ich schlage mir aus jedem einzelnen noch meinen Pfennig heraus.

Sage doch, liebe Jenny, der Welt an meiner Statt, wie ich mich in einem ähnlichen Unglücksfall benommen habe, dem peinlichsten in seiner Art, der mich als Mann, der auf seine Mannheit stolz sein sollte, befiel!

Es ist genug, sagtest du, dich dicht an mich herandrängend, als ich mit meinen Strumpfbändern in der Hand dastand und daran dachte, was sich jetzt eben nicht ereignet hatte, es ist genug, Tristram, und ich bin befriedigt, sprachst du, und flüstertest mir die Worte ins Ohr *
Jeder andere Mann würde gewünscht haben, in den Erdboden zu versinken.

Jedes Ding hat seine gute Seite, sagte ich.

Ich will für sechs Wochen nach Wales reisen und Ziegenmolke trinken und so durch diesen Unglücksfall sieben Lebensjahre mehr gewinnen. Darum halte ich es auch für unentschuldbar, daß ich Fortuna so oft ausgescholten habe, weil sie, diese höchst ungnädige Prinzessin, wie ich sie immer nannte, mich mit allen erdenklichen kleinen Übeln des Lebens heimgesucht hat. Denn wenn ich wirklich eine Ursache habe, ihr zu zürnen, so ist es zweifellos nur die, daß sie mir keine ganz großen geschickt hat. So ein paar tüchtige, verteufelt ausgiebige Verluste würden mir so gut getan haben wie die schönste Rente.

So eine von hundert Pfund jährlich ist alles, was ich mir wünsche, eine höhere müßte schon versteuert werden.

Dreissigstes Kapitel

Für den, der das, was ärgerlich ist, auch so nennt, kann es nichts Ärgeres geben, als den besten Teil des Tages in Lyon zu bleiben, der reichsten und blühendsten Stadt Frankreichs, voll von Überresten des Altertums, und nichts von ihr sehen zu können. Daran aus irgendeinem Grunde gehindert zu sein ist ärgerlich, daran aber durch einen Verdruß gehindert zu sein ist schon das, was die Philosophie sehr richtig

VERDRUSS
über
VERDRUSS

nennt.

Ich hatte schon meine zwei Tassen Milchkaffee bekommen (was nebenbei ein ausgezeichnetes Mittel gegen Schwindsucht ist, nur müssen Sie die Milch und den Kaffee zusammen kochen, denn sonst bleibt es immer nur Milch und Kaffee), und da es erst acht Uhr morgens war und das Schiff nicht vor Mittag abging, hatte ich Zeit genug, so viel von Lyon zu sehen, um damit alle meine Freunde in der Welt langweilen zu können. Ich will also zuerst einen Gang zur Kathedrale machen, sagte ich, in meine Liste blickend, und mir den wundervollen Mechanismus der großen Uhr des Lippius aus Basel ansehen.

Von nichts auf der Welt verstehe ich weniger als von Mechanik. Ich habe weder den Kopf dafür, noch finde ich Geschmack daran. Mein Gehirn ist so durchaus unfähig, alles Derartige zu erfassen, daß ich feierlich erkläre, noch niemals imstande gewesen zu sein, die Prinzipien der Bewegung eines Eichhörnchenkäfigs oder eines gewöhnlichen Scherenschleiferrades zu verstehen, obwohl ich jenen manche Stunde meines Lebens voller Andacht angestarrt habe und bei diesem mit soviel Geduld, als nur ein Christ aufbringen kann, dabeigestanden habe.

Ich will also die höchst überraschenden Bewegungen dieser großen Uhr sehen, sagte ich. Das ist das erste, was ich tue. Dann will ich die große Bibliothek der Jesuiten besuchen und mir, wenn möglich, den Anblick der dreißig Bände chinesischer Geschichte verschaffen, welche (nicht in tatarischer, sondern) in chinesischer Sprache geschrieben und in chinesischen Schriftzeichen gedruckt ist.

Ich verstehe beinahe ebensowenig von der chinesischen Sprache wie vom Mechanismus des Lippiusschen Uhrwerkes. Warum also gerade diese beiden Dinge sich an die erste Stelle in meiner Liste gedrängt haben, überlasse ich als Naturproblem den Wißbegierigen zur Auflösung. Ich gestehe, es sieht ganz so aus wie eine der vielen Verschrobenheiten der Dame Natur, und die, welche ihr den Hof machen, haben ein Interesse daran, ihren Launen ebenso auf die Spur zu kommen wie ich.

Wenn ich diese Kuriositäten gesehen haben werde, sagte ich mit einer halben Wendung zum Lohndiener, der hinter mir stand, wird es nicht schaden, wenn wir in die Kirche des heiligen Irenäus gehen und die Säule ansehen, an die Christus gebunden ward, und das Haus, worin Pontius Pilatus gewohnt hat. – Das alles ist aber erst in der nächsten Stadt zu sehen, Herr, sagte der Lohndiener, in Vienne. – Das freut mich sogar sehr, rief ich, indem ich mich von meinem Stuhl erhob und mit zweimal so großen Schritten als sonst durch das Zimmer schritt, denn um so früher werde ich jetzt beim Grab der ›beiden Liebenden‹ sein.

Woher diese Bewegtheit und warum diese langen Schritte durchs Zimmer – auch das könnte ich den Neugierigen zur Ergründung überlassen; da aber kein Prinzip eines Uhrwerks dabei in Frage steht, kann ich es dem Leser auch ganz gut selber erklären.

Einunddreissigstes Kapitel

Es gibt ein süßes, köstliches Lebensalter (das Gehirn ist noch zart und feinfasrig und breiig), da eine Geschichte von zwei Liebenden, die voneinander durch grausame Eltern und ein noch grausameres Schicksal getrennt sind, mit Wonne gelesen wird:

Amandus – er,
Amanda – sie,

keiner weiß von den Wegen des anderen,

er – Osten,
sie – Westen,

Amandus ist von den Türken gefangengenommen und an den Hof des Kaisers von Marokko gebracht worden, wo die Prinzessin von

Marokko sich in ihn verliebt und ihn zwanzig Jahre lang im Gefängnis wegen seiner Liebe zu Amanda verwahrt.

Sie (Amanda) wandert indessen barfuß mit gelöstem Haar über Felsen und Gebirge, nach Amandus fragend – Amandus! Amandus! –, so daß ihr Berg und Tal seinen Namen zurückwerfen:

Amandus! Amandus!

Bei jeder Stadt sitzt sie wie verloren vor dem Tor: Ist Amandus, ist mein Amandus hier durchgekommen? Bis einmal nachts, nachdem sie rund um die Welt gegangen, der Zufall beide, aus verschiedenen Richtungen kommend, beim Tor von Lyon, ihrer Vaterstadt, zusammenbringt und sie, während jedes mit einer dem anderen nur zu wohl vertrauten Stimme laut ruft:

Ist meine Amanda
Ist Amandus } noch am Leben?

einander in die Arme fallen und vor Freude tot hinsinken …

Es gibt ein süßes Lebensalter im Leben eines jeden edleren Menschen, wo eine solche Geschichte dem Gehirn mehr Nahrung gewährt als alle Brocken, Krumen und aller Rost und Rest des Altertums, den Reiseschriftsteller ihm zusammenklauben könnten.

Das war alles, was von den Berichten Spons und anderer über Lyon in meinem Gehirn in der rechten Hälfte hängengeblieben war. Und zudem hatte ich in weiß Gott welcher Reisebeschreibung gefunden, daß zum Andenken an die Treue von Amandus und Amanda ein Grabmal außerhalb des Stadttores errichtet worden sei, allwo bis zum heutigen Tage Liebende sie zu Zeugen der Wahrhaftigkeit ihrer Gefühle anrufen. Ich konnte in meinem Leben niemals in eine Verlegenheit ähnlicher Art kommen, ohne daß nicht dieses Grabmal am Ende auf die eine oder andere Art mit hineingezogen wurde, ja, es hat eine solche Herrschaft über mich ausgeübt, daß ich selten an Lyon denken oder davon reden, ja zuweilen nicht einmal eine Lyoner Weste sehen konnte, ohne daß nicht plötzlich dieser Überrest des Altertums mir vor Augen gestanden hätte. Und ich habe oft in meiner wilden Art, auf eine Sache loszugehen – vielleicht recht ehrfurchtslos – ausgerufen: »Ich halte diesen Altar, in wie vernachlässigtem Zustand er auch sei, für ebenso kostbar wie den von Mekka und für nicht weniger wertvoll (vom materiellen Reichtum natürlich abgesehen) als selbst die Santa Casa, so daß ich früher oder später doch dorthin eine Pilgerfahrt unternehmen werde (obwohl ich sonst nichts in Lyon zu tun habe), nur um ihm einen Besuch abzustatten.«

Auf meiner Liste der Sehenswürdigkeiten war es also, wie Sie sehen, wenn auch der letzte, so doch keineswegs der geringste Gegenstand. Nachdem ich also, kaum daß mir der Gedanke gekommen war, mit einem oder zwei Dutzend außergewöhnlich langen Schritten das Zimmer durchmessen hatte, stieg ich langsam die Treppe hinunter in den Hof, um mich gleich auf den Weg zu machen. Ich bat auch zugleich um meine Rechnung, denn schließlich war es ganz unsicher, ob ich ins Gasthaus zurückkehren würde, bezahlte sie sofort, gab dem Mädchen noch zehn Sous und hatte eben die letzten Wünsche von Monsieur Le Blanc für eine glückliche Rhonefahrt entgegenzunehmen, als ich bei der Tür aufgehalten wurde.

Zweiunddreissigstes Kapitel

Und zwar durch einen armen Esel, der eben einbog, den Rücken mit zwei mächtigen Körben beladen, um Rübenköpfe und Kohlblätter für das Kloster einzusammeln. Die Vorderbeine in der Türschwelle, die Hinterbeine noch auf der Straße, stand er zweifelnd da wie einer, der nicht recht weiß, ob er hereinkommen soll oder nicht.

So ein Esel ist doch ein Tier, das zu schlagen ich nicht über mich brächte (und mochte ich's noch so eilig haben), denn eine große Geduld im Ertragen von Leiden ist ihm wie selbstverständlich in Blick und Haltung eingeschrieben und spricht so sehr für ihn, daß sie mich jedesmal entwaffnet, und zwar in einem solchen Ausmaße, daß ich ihm nicht einmal ein grobes Wort sagen könnte. Im Gegenteil, wo immer ich ihm begegne, ob in der Stadt oder auf dem Lande, vor einen Wagen gespannt oder mit Körben beladen, in der Freiheit oder Knechtschaft, stets habe ich ein freundliches Wort für ihn. Und da ein Wort das andere gibt, so kommt es (wenn er zufällig ebensowenig zu tun hat wie ich) meist zu einem Gespräch mit ihm. Und niemals ist meine Einbildungskraft so geschäftig, wie wenn sie sich die Antworten aus den Zuckungen seiner Gesichtshaut zu holen hat oder – falls diese mich nicht tief genug eindringen lassen – aus meinem eigenen Herzen in das seine flieht und dort lernt, was ein Esel so gut wie ein Mensch in diesem Falle denken müßte. Tatsächlich ist er das einzige von allen Wesen unter mir, mit welchem ich so reden kann:

mit Papageien, Staren usw. würde ich es nie tun, auch nicht mit Affen usw., in beiden Fällen aus derselben Ursache. Denn letztere ahmen nach, was sie gesehen, erstere plappern nach, was sie gehört haben, und machen mich stumm. Auch mein Hund und meine Katze, obwohl ich sie sehr liebe (mein Hund würde gewiß gleich reden, wenn er nur könnte), besitzen beide nicht die Gabe der Unterhaltung. Ich komme mit ihnen dabei über die schon früher erwähnte Proposition, die Replik und die Konklusion, womit in den Gerichtsbetten die Konversation zwischen meinem Vater und meiner Mutter beendet wurde, nie hinaus. Wenn die erledigt sind, ist der Dialog auch schon zu Ende.

Doch mit einem Esel kann ich ohne Unterbrechung reden.

Na also, Bruder Ehrlich, sagte ich, als ich sah, daß zwischen ihm und der Tür nicht durchzukommen war, willst du hinaus, oder willst du herein?

Der Esel drehte den Kopf, um auf die Straße zu sehen.

Gut denn, antwortete ich, wir wollen also noch ein Weilchen auf den Treiber warten.

Der Esel wendete den Kopf gedankenvoll um und blickte traurig nach der entgegengesetzten Seite.

Oh, ich verstehe dich vollkommen, antwortete ich. Wenn du jetzt einen falschen Schritt in dieser deiner Angelegenheit, die ich weiter nicht kenne, machst, wird er dich zu Tode prügeln ... Eine Minute ist nicht viel, und wenn sie einem Mitgeschöpf eine Tracht Prügel erspart, so ist sie nicht verloren.

Er fraß, während dieses Gespräch vor sich ging, gerade am Stengel einer Artischocke und hatte ihn in dem kleinen leidigen Streit der Natur zwischen dem Hunger des Subjekts und der Unschmackhaftigkeit des Objekts schon ein halbes dutzendmal aus dem Munde fallen lassen und immer wieder aufgeklaubt.

Gott helfe dir, Jack, sagte ich. Du hast an der Artischocke ein gar bitteres Frühstück und manchen Tag bitterer Arbeit und manchen bitteren Schlag zum Lohn. Alles ist Bitternis für dich, was für den anderen Leben bedeutet. Und jetzt ist, wenn ich die Wahrheit errate, auch dein Maul bitter wie Ruß (denn er hatte eben wieder den Stengel weggeworfen), und du hast vielleicht auf der ganzen Welt nicht einen Freund, der dir eine Makrone geben möchte. Mit diesen Worten zog ich eine Tüte voll von solchen, die ich eben gekauft hatte, aus der Tasche und gab ihm eine ... Und noch heute, da ich dies niederschreibe, tut mir das Herz weh, daß mir am Spaß, einen Esel eine Makrone essen zu sehen, mehr lag als an dem Akt der Wohltätigkeit selber.

Nachdem der Esel die Makrone verzehrt hatte, versuchte ich, ihn hereinzuzerren. Das arme Tier war schwer beladen, die Beine schienen unter der Last zu zittern, er hing zu sehr nach rückwärts, und als ich ihn am Halfter heraufzog, riß dieses entzwei ... Jetzt sah er mich traurig an: Schlag mich aber jetzt nicht damit, doch wenn du willst, so magst du es immerhin tun ... – Wenn ich es tue, so will ich dafür verdammt werden.

Das Wort ›verdammt‹ war nur erst zur Hälfte ausgesprochen, wie bei der Äbtissin von Andouillets (es war also noch keine Sünde dabei), als plötzlich ein Mensch herbeikam und alsogleich ein solches Gedonner von Stockschlägen auf den Hinteren des armen Teufels hageln ließ, daß damit unser Dialog zu Ende kam.

Heraus mit ihm! schrie ich; doch der Ausruf war doppelsinnig und wohl auch nicht ganz am Platze, denn das Ende einer Weidengerte, die sich aus dem Geflecht des Korbes am Esel gelöst hatte, verfing sich in meiner Hosentasche, als der Esel an mir vorbeikam, und riß mir in die unglückseligste Richtung ein Loch hinein, so daß jenes ›Heraus mit ihm!‹ meiner Meinung nach hier besser angebracht gewesen wäre, doch das zu entscheiden überlasse ich

den
Rezensenten
meiner Hosen,

die ich mir zu diesem Zwecke mitgebracht habe.

Dreiunddreissigstes Kapitel

Als alles wieder in Ordnung gebracht war, ging ich mit meinem Lohndiener abermals die Treppe hinab in den Hof, um nun endlich zum Grabmal der beiden Liebenden zu eilen usw., und wurde zum zweiten Male im Tor aufgehalten, aber nicht vom Esel, sondern von dem Menschen, der ihn geschlagen und der inzwischen von der Stelle, wo der Esel gestanden, Besitz ergriffen hatte (was ja nicht selten nach einer Niederlage geschieht). Er war ein Postbeamter mit einer Bescheinigung, derzufolge ich noch sechs Livres und einige Sous zu zahlen hatte.

Wofür? fragte ich. Für den König, antwortete der Beamte, beide Schultern hebend …

Mein guter Freund, sagte ich, so wahr ich ich bin und Sie Sie sind –

Wer aber sind Sie? sagte er. – Bringen Sie mich bitte nicht in Verwirrung, sagte ich.

Vierunddreissigstes Kapitel

Aber es ist eine unzweifelhafte Wahrheit, fuhr ich fort, mich an den Beamten wendend und nur die Form meiner Beteuerung ändernd, daß ich dem König von Frankreich nichts schulde als meine besten Wünsche, denn er ist ein rechtschaffener Mann; möge er sich also immer wohl befinden und sich so gut amüsieren, wie er kann …

Pardonnez-moi, antwortete der Beamte, Sie schulden ihm sechs Livres und vier Sous für die nächste Post von hier nach St-Fons auf Ihrer Route nach Avignon; und da es eine königliche Post ist, so müssen Sie das Doppelte für Pferde und Kutscher zahlen, sonst würde es nur drei Livres und zwei Sous kosten.

Ich reise aber nicht zu Land, sagte ich.

Sie dürfen es aber, wenn Sie wollen, sagte er.

Ihr gehorsamster Diener, sagte ich, mich tief verbeugend …

Der Beamte machte mir mit der ganzen Aufrichtigkeit einer guten Erziehung eine ebenso tiefe Verbeugung. Ich war noch niemals vorher durch eine Verbeugung so aus der Fassung gebracht worden.

Der Teufel hole die schreckliche Gesetztheit dieser Leute, sagte ich. Sie verstehen nicht mehr von Ironie als dieser …

Der Vergleich stand dicht neben mir mit seinen beiden Körben, doch etwas versiegelte mir die Lippen, ich konnte das Wort nicht herausbringen.

Mein Herr, ich habe nicht die Absicht, diese Post zu benutzen, sagte ich.

Aber Sie dürfen, wiederholte er seine erste Antwort, Sie dürfen sie doch benutzen, wenn Sie wollen.

Ich darf auch auf meinen Pickelhering Salz tun, wenn ich will, aber ich will nicht …

Aber Sie müssen dafür zahlen, ob Sie wollen oder nicht.

Ja, für das Salz.

Auch für die Post.

Gott bewahre, rief ich ... Ich reise zu Wasser, ich reise heute nachmittag die Rhone abwärts, mein Gepäck ist schon auf dem Schiff, und ich habe in der Tat schon neun Livres für meine Fahrkarte gezahlt.

C'est tout égal, das ist ganz gleichgültig, antwortete der Beamte.

Bon Dieu! Was, ich soll für den Weg zahlen, den ich reise, und ich soll auch für den zahlen, den ich nicht reise?

C'est tout égal, sagte der Beamte.

Zum Teufel, so will ich mich lieber zehntausendmal in die Bastille sperren lassen, ehe ...

O England, England, Land der Freiheit, du Heimat des gesunden Menschenverstandes, du sanfteste aller Mütter und liebevollste Amme, rief ich, auf ein Knie sinkend, als ich diese Lobpreisung begann ...

Als plötzlich Madame Le Blancs Gewissensrat auf der Bildfläche erschien, und da er einen Mann vor sich sah, schwarz gekleidet, das Gesicht fahl, betend – die Gesichtsfarbe wirkte durch den Kontrast mit der schwarzen Kleidung noch bleicher –, so fragte er mich, ob ich nicht des Beistandes der Kirche bedürfe ...

Ich reise zu Wasser, sagte ich, und hier ist wieder einer, der will, daß ich für Öl zahle.

Fünfunddreissigstes Kapitel

Da ich aber bemerkte, daß der Beamte auf seinen sechs Livres vier Sous bestand, blieb mir nichts anderes übrig, als die ganze Angelegenheit in einen Spaß zu verkehren, der das Geld wert wäre.

Und ich fing so an:

Bitte, sagen Sie mir doch, Herr Kommissär, nach welcher Regel der Höflichkeit wird hier ein schutzloser Fremder so ganz anders behandelt als ein Franzose?

Er wird keineswegs anders behandelt, sagte er.

Entschuldigen Sie, bitte, denn zuerst haben Sie mir die Hosen heruntergerissen, und nun gehen Sie auf meine Tasche los. Hätten Sie mir zuerst die Tasche geleert, wie Sie es mit Ihren Landsleuten machen, und mich dann mit bloßem Hinteren laufenlassen, so würde ich ein Schaf sein, wollte ich mich noch beklagen. Jetzt aber ist es

wider das Recht der Natur,
wider die Vernunft,
wider das Evangelium.

Aber nicht wider dieses, sagte er, mir ein bedrucktes Papier in die Hand drückend:

Par le Roy

Die Einleitung ist markig, sagte ich und las ----------------
----

Aus alledem ist ersichtlich, sagte ich, nachdem ich es durchgelesen hatte, vielleicht ein wenig zu schnell, daß, wenn ein Mensch in Paris in die Post steigt, er sein ganzes Leben lang weiterreisen und dafür auch zahlen muß. – Entschuldigen Sie, bitte, entgegnete der Beamte, aber der Sinn der Verordnung ist der, daß, wenn Sie mit der Absicht, von Paris nach Avignon zu reisen, einsteigen usw., Sie weder diese Absicht noch die Form der Reise ändern dürfen, bevor Sie nicht die Posthalter zweier Stationen nach jener, auf der Sie ihre Absicht geändert, bezahlt haben, und diese Vorschrift gründet sich darauf, daß die Staatseinnahmen nicht durch Ihre Wankelmütigkeit gekürzt werden dürfen.

Himmel, rief ich aus, wenn Wankelmütigkeit in Frankreich steuerpflichtig ist, so bleibt England nichts anderes übrig, als mit euch, so gut es eben geht, Frieden zu machen.

Und so wurde der Frieden geschlossen.

Und wenn es ein schlechter Frieden ist, so verdient nur Tristram Shandy, da er den Grundstein dazu legte, dafür den Strang.

Sechsunddreissigstes Kapitel

Obwohl ich das Gefühl hatte, dem Beamten so viel kluge Dinge gesagt zu haben, als für sechs Livres vier Sous zu haben sind, so war ich dennoch entschlossen, diese Prellerei zuerst noch schnell in mein Notizbuch einzutragen, bevor ich den Ort verließ. Ich fuhr also mit der Hand in die Rocktasche – sieh da, meine Bemerkungen (und das soll eine Warnung für alle Reisenden sein, etwas vorsichtiger mit derlei Dingen umzugehen) waren weg.

Noch niemals wohl hat ein armer Reisender wegen seiner Notizen einen solchen Höllenlärm geschlagen wie ich. Himmel, Erde, Meer und Feuer, schrie ich, alles zu Hilfe rufend, nur das nicht, was ich zu Hilfe hätte rufen sollen, meine Anmerkungen sind gestohlen! Was soll ich tun? Herr Kommissär, bitte, ließ ich einige Bemerkungen fallen, als ich neben Ihnen stand?

Sie haben ein paar ganz merkwürdige fallenlassen, sagte er. – Puh! sagte ich, das waren nur wenige, nicht mehr als sechs Livres vier Sous wert, aber diese bilden ein ganzes Paket. – Er schüttelte nur den Kopf. – Monsieur Le Blanc! Madame Le Blanc! Haben Sie irgendwelche Papiere von mir gesehen? – Zimmermädchen! Renn Sie die Stiege hinauf, bitte! – François, lauf Er ihr nach!

Ich muß meine Notizen haben, schrie ich, sie sind die besten, die je gemacht worden sind, die klügsten, die witzigsten ... Was soll ich tun? Wohin mich wenden?

Sancho Pansa führte keine so bittere Klage, als er das Sattelzeug seines Esels verloren hatte.

Siebenunddreissigstes Kapitel

Nachdem sich die Aufregung gelegt hatte und die Schubfächer meines Gehirns sich wieder aus der Verwirrung, in die sie durch das Gewühl von Widerwärtigkeiten gebracht worden waren, zu ordnen begannen, fiel mir plötzlich ein, daß ich meine Notizen und Bemerkungen in der Seitentasche meines Reisewagens gelassen hatte und daß ich sie also zugleich mit meiner Chaise verkauft hatte - - - - - Ich lasse soviel leer, damit der Leser den Fluch, der ihm am meisten liegt, hineinsetzen kann. Was mich anbelangt, wenn ich jemals einen ganzen Fluch in einen leeren Raum hineingeflucht habe, so war es wohl dahinein: - - ***, sagte ich. Und so habe ich denn wirklich meine Bemerkungen über Frankreich, die so voll von Witz wie ein Ei voll Dotter und genauso vierhundert Guineen wert waren, wie das besagte Ei einen Penny wert ist, meinem Chaisenflicker um vier Louisdors verkauft und ihm einen Reisewagen um sechs Louisdors noch mit daraufgegeben. Wenn es wenigstens Dodsley oder Becket oder sonst ein kreditfähiger Buchhändler gewesen wäre, der entweder das Geschäft aufgeben wollte und statt dessen einen Reisewagen brauchte oder der ein Geschäft anfangen und dazu meine Notizen brauchte und vielleicht noch drei oder vier Guineen dazu, ich würde es noch hingenommen haben, aber einem Chaisenflicker ... François, zeig Er mir den Weg zu ihm! sagte ich. Der Lohndiener setzte seinen Hut auf und geleitete mich, ich zog den meinen, als ich am Postbeamten vorbei mußte, und folgte ihm.

Achtunddreissigstes Kapitel

Als wir vor dem Hause des Chaisenflickers ankamen, waren Haus und Laden geschlossen, es war der 8. September, der Geburtstag der Heiligen Jungfrau Maria, der Mutter Gottes –

Tantara – tamta ... Alles war beim Maibaum und sprang und hüpfte dort herum, und niemand kümmerte sich einen Pfifferling um mich und meine Bemerkungen. So setzte ich mich auf eine Bank vor dem Haustor und überdachte meine Lage. Doch diesmal hatte ich mehr Glück als sonst, denn noch hatte ich keine halbe Stunde gewartet, als die Meisterin heimkam, um die Wickel aus dem Haar zu nehmen, bevor auch sie zum Maibaum ging.

Die französischen Frauen lieben übrigens die Maibäume *à la folie*, das heißt, ebensosehr wie ihre Frühmessen. Man gebe ihnen nur einen Maibaum – ob im Mai, Juni, Juli oder September, spielt keine Rolle, so ist alles gut und überstanden. Es bedeutet ihnen soviel wie Essen, Trinken, Waschen, Wohnung, alles zusammen, und wären wir in unserer Politik nur so klug, Euer Gnaden, ihnen, da Holz in Frankreich etwas rar ist, Maibäume zu schicken ...

Die Frauen würden sie schon aufrichten und darnach um sie herumtanzen (zusammen mit den Männern), bis alle blind wären ...

Die Frau des Chaisenflickers war eingetreten, sagte ich, um die Wickel aus ihrem Haar zu nehmen – ein Mann bedeutet für sie bei der Toilette weiter keine Störung –, sie riß ihre Haube vom Kopf, um damit gleich anzufangen, ein Wickel fiel auf den Boden, ich erkannte darauf im Augenblick meine Handschrift.

Herr des Lebens! rief ich, Sie haben alle meine Notizen am Kopf, Madame. – *J'en suis bien mortifiée*, erwiderte sie. Gut, daß sie noch oben haftengeblieben sind; sie hätten auch tiefer eindringen können durchs Haar und den Schädel hindurch und würden eine gar arge

Verwirrung in einem französischen Oberstübchen angerichtet haben. Sie wäre dann wohl besser ungekräuselt bis ans Ende ihrer Tage ihren Weg gegangen.

Tenez, sagte sie, und nahm die Wickel, ohne die geringste Vorstellung von meinem Leiden zu haben, aus ihren Locken und legte sie alle, einen nach dem anderen, sehr ernst in meinen Hut, der eine war nach dieser, der andere nach jener Seite gedreht. – Meiner Treu! Wenn sie gedruckt sind …

So werden sie noch ärger verdreht werden.

Neununddreissigstes Kapitel

Und jetzt zu Lippius' Uhr, rief ich mit der Stimme eines, der aller Schwierigkeiten endlich Herr geworden ist: Nichts kann mich jetzt mehr hindern, die Uhr und die ›Geschichte Chinas‹ zu sehen. Nichts als die Kürze der Zeit, sagte François, denn es ist beinahe elf Uhr. Um so mehr müssen wir uns beeilen, sagte ich und ging mit großen Schritten auf die Kathedrale zu.

Ehrlicherweise kann ich nicht sagen, es habe mich sehr betroffen gemacht, als ich, durch das Westtor eintretend, von einem jüngeren Kanoniker vernahm, daß die große Uhr des Lippius aus allen Fugen sei und schon seit vielen Jahren nicht mehr gehe. – So werde ich mehr Zeit haben, in der Geschichte Chinas zu blättern; und zudem bin ich jetzt in der Lage, der Welt einen verläßlicheren Bericht über die Uhr in ihrem Verfall zu geben, als er ausgefallen wäre, wenn ich die Uhr gehend, im größten Wohlsein also, angetroffen hätte.

Und so zog ich weiter zum Jesuitenkolleg.

Nun ist es mit dem Plan, nur so einen Blick in eine Geschichte Chinas in chinesischen Schriftzeichen zu werfen, nicht anders bestellt als mit vielen anderen, die aus der Entfernung gar sehr auf unsere Phantasie zu wirken wissen. Denn je mehr ich mich der Verwirklichung des Planes näherte, um so kühler wurde ich, mein Einfall verlor jeden Sinn, bis ich schließlich nicht einen Kirschkern dafür hergegeben hätte, meine Laune zu befriedigen. Die Wahrheit war, ich hatte wenig Zeit, und mein Herz war beim Grab der Liebenden … Gott gebe, sagte ich, als ich den Türklopfer schon in der Hand hielt, daß der Bibliotheksschlüssel verlorengegangen ist. Doch es kam auf dasselbe hinaus …

Denn alle Jesuiten hatten die Kolik bekommen, und zwar in einem Grade, wie sich die ältesten Jesuitenärzte dessen nicht entsinnen konnten.

Vierzigstes Kapitel

Da ich die Geographie des Grabes der Liebenden so gut kannte, wie wenn ich zwanzig Jahre in Lyon gelebt hätte, nämlich daß es rechter Hand gleich außerhalb vom Stadttor an der Landstraße nach der Vorstadt Vaise liegt, so schickte ich François zum Schiff, um die Huldigung, die ich dem Grabe schon so lange schuldig gewesen war, nun ohne einen Zeugen meiner Schwäche darbringen zu können. Ich ging also mit der denkbar größten Freude hin, und als ich das Tor erblickte, hinter welchem das Grab liegen sollte, erglühte mein Herz im Busen …

Zarte und treue Geister! rief ich, mich innerlich an Amandus und Amanda wendend, lange habe ich gezögert, eine Träne auf euern Grabstein fallen zu lassen, ich komme, ich komme …

Doch als ich hinkam – war kein Grab da, auf das ich hätte etwas fallen lassen können.

Was würde ich dafür gegeben haben, wenn Onkel Toby jetzt dagewesen wäre und Lillabullero gepfiffen hätte.

Einundvierzigstes Kapitel

Wie und in welcher Stimmung immer – genug, ich floh vom Grab der Liebenden, oder besser, ich floh nicht von ihm weg (da es ja ein solches gar nicht gab) und erreichte noch mit genauer Not das Schiff, um mein Fahrgeld nicht verfallen zu lassen. Bevor ich hundert Klafter gesegelt war, flossen die Rhone und die Saône zusammen, nahmen mich zwischen sich und trugen mich lustig stromabwärts.

Doch ich habe ja schon die Fahrt auf der Rhone beschrieben, bevor ich sie gemacht habe.

Ich bin also in Avignon, und dort ist nichts anderes zu sehen als ein altes Haus, worin der Herzog von Ormond residierte, und nichts kann mich hier weiter aufhalten als eine kurze Bemerkung über den Ort, denn in drei Minuten werden Sie mich auf einem Maulesel über die Brücke reiten sehen, François zu Pferde neben mir, mit meinem Mantelsack hinter sich, während der Eigentümer beider Tiere vor uns her schreitet, eine lange Flinte um die Schulter und ein Schwert unterm Arm, damit wir ihn mit seiner Herde nicht davonjagen. Hätten Sie nur meine Hosen gesehen, als wir in Avignon einzogen – obwohl Sie sie freilich noch besser gesehen haben würden, als ich das Maultier bestieg –, so würden Sie diese Vorsichtsmaßregel nicht für überflüssig gehalten oder dem Manne übelgenommen haben. Was mich anbelangt, so nahm ich sie ihm nicht übel und hatte sogar beschlossen, ihm die Hosen am Ende unserer Reise zu schenken für die Mühe, die sie ihm machten, sich von Kopf bis Fuß dagegen zu waffnen.

Doch bevor ich weiterreise, möchte ich noch meine Bemerkung über Avignon loswerden, nämlich die, daß ich es für unrecht halte, darum, weil einem Menschen der Hut zufällig einmal die erste Nacht bei seiner Ankunft in Avignon vom Kopf geweht wurde, jetzt zu sagen: Avignon ist mehr als irgendeine Stadt in Frankreich heftigen Winden ausgesetzt. Weshalb ich auch weiter kein Gewicht darauf legte, bis ich den Besitzer des Gasthauses darüber befragte, der mir versicherte, es sei in der Tat so … Und da ich zudem auch hörte, daß die Windigkeit Avignons sprichwörtlich sei, so schrieb ich es hier nieder, nur um die Gelehrten zu fragen, was die Ursache davon sein könnte. Die Folge sah ich selber – denn es gibt nur Herzöge, Marquis und Grafen dort, nicht einen einzigen lumpigen Baron, so daß man vor lauter Wind kaum einen Menschen sprechen kann.

Bitte, lieber Freund, sagte ich, halte mir für einen Augenblick meinen Maulesel! Ich wollte nämlich einen meiner Reitstiefel, der mir an der Ferse wehe tat, ausziehen. Der Mann stand müßig am Tore eines Gasthofes, und da ich mir dachte, daß er etwas mit dem Stall oder Haus zu tun habe, so reichte ich ihm die Zügel und begann meine Stiefel auszuziehen. Als ich damit fertig war, drehte ich mich um, um dem Manne meinen Maulesel wieder abzunehmen und ihm zu danken …

Doch Monsieur le Marquis war im Haus verschwunden.

Zweiundvierzigstes Kapitel

Ich hatte nun das ganze südliche Frankreich, von den Ufern der Rhone an bis zu denen der Garonne vor mir, um es auf meinem Maulesel in aller Ruhe zu durchqueren. Ich sage: in aller Ruhe, denn ich hatte den Tod hinter mir gelassen, Gott allein weiß – wie weit hinter mir! Ich bin schon hinter manchem Mann in Frankreich hergewesen, sagte er, aber hinter keinem in diesem Galopp. Doch noch folgte er, noch floh ich, aber ich floh vor ihm munter und hoffnungsvoll, wohl war er noch auf meiner Spur, doch wie einer, der seiner Beute ohne Hoffnung folgt. Seine Schritte wurden langsamer; mit jedem Schritt, den er verlor, besänftigte sich seine Miene – warum also soll ich denn vor ihm in diesem Tempo fliehen?

So änderte ich trotz allem, was der Postbeamte mir gesagt hatte, noch einmal die Art meines Reisens, und nach meinem rasenden und rasselnden Tempo war es mir angenehm, auch ein wenig an meinen Maulesel zu denken und daran, daß ich jetzt die fruchtbaren Ebenen des Languedoc auf seinem Rücken so gemächlich durchqueren wollte, als eben sein Fuß zu gehen vermochte.

Nichts ist einem Reisenden lieber und nichts zugleich schrecklicher für einen Reiseschilderer als weite, fruchtbare Ebenen, vornehmlich solche ohne große Brücken oder Flüsse, solche, meine ich, die dem Auge keinen anderen Anblick darbieten als das eintönige Bild der Fülle. Denn nachdem diese Reiseschriftsteller Ihnen versichert haben, daß es köstlich! daß es entzückend! (je nachdem) sei, daß der Boden ergiebig sei und die Natur alle ihre Fülle ausgegossen habe usw., haben sie die große Ebene vor sich, mit der sie schließlich nichts anzufangen wissen und die ihnen zu nichts anderem dient, als sie bis zu irgendeiner Stadt zu bringen, die ihrerseits wiederum nur dazu da ist, daß sie aus ihr aufbrechen zur nächsten Ebene und so weiter.

Es ist das ein ganz schreckliches Stück Arbeit. Urteilen Sie selber, ob ich da nicht meine Ebene besser erledige.

Dreiundvierzigstes Kapitel

Ich war noch nicht zwei und eine halbe Meile geritten, als der Mann mit der Flinte nach der Pulverpfanne zu sehen begann.

Ich war dreimal hintereinander schrecklich weit hinter ihm zurückgeblieben, mindestens eine halbe Meile weit jedesmal. Einmal wegen eines tiefschürfenden Gesprächs mit einem Mann, der Trommeln für die Jahrmärkte in Beaucaire und Tarascon verfertigte. Ich verstand nichts von seinem Handwerk.

Das zweitemal kann ich nicht eigentlich sagen, daß ich stehengeblieben sei, denn ein paar Franziskaner, denen ich begegnete, hatten mehr Eile als ich, und da sie nicht schnell genug herausbekommen konnten, wer ich sei, so war ich mit ihnen umgekehrt.

Das drittemal war es ein Handel mit einer Hökerin wegen eines Handkorbes voll provenzalischer Feigen für vier Sous. Das Geschäft war schnell abgeschlossen. Doch es handelte sich zuletzt um einen Gewissensfall, denn nachdem ich die Feigen bezahlt hatte, stellte es sich heraus, daß am Boden des Korbes, zugedeckt mit Weinblättern, zwei Dutzend Eier lagen. Da ich nicht die Absicht gehabt hatte, Eier zu kaufen, machte ich auch keinen Anspruch darauf. Und was den Raum anbelangt, den sie einnahmen, was bedeutete das schließlich? Hatte ich doch Feigen genug für mein Geld.

Doch ich wollte den Korb haben, die Hökerin wiederum wollte ihn behalten, denn was konnte sie mit den Eiern ohne Korb anfangen ... Wenn ich wiederum nicht den Korb hatte, konnte ich nichts mit den Feigen anfangen, die im übrigen schon überreif waren und aufsprangen. Es kam also zu einer kleinen Meinungsverschiedenheit, die wiederum in diverse Vorschläge mündete, wie wir es bewerkstelligen sollten.

Wie wir beide nun die Feigen und die Eier unterbrachten, das werden Sie nicht erraten, ja selbst der Teufel würde es nicht herauskriegen, wenn er nicht dabeigewesen wäre (wovon ich ganz überzeugt bin).

Sie werden das Ganze einmal lesen – zwar nicht in diesem Jahr, denn ich eile zu Onkel Tobys Liebesgeschichte, aber in der Sammlung jener Geschichten, die aus eben dem Ritt über diese Ebene entstanden sind und die ich darum

Ebene Geschichten

nennen werde.

Ob sich meine Feder gleich denen der anderen Reisenden auf diesem Ritt über ein so unergiebiges Stück Land ermüdet hat, muß die Welt selber beurteilen, doch die Spuren davon in mir, die in diesem Augenblick noch nachzittern, sagen mir, daß es die fruchtbarste und geschäftigste Periode meines Lebens war. Denn da ich kein Abkommen mit meinem Flintenmanne über die Zeitdauer meines Rittes getroffen hatte, so war ich dadurch, daß ich bei jedem Menschen, der nicht gerade im Trab vorbeiritt, stehenblieb und ihn anredete, jeden

Trupp, der mir voraus war, einholte, auf jeden hinter mir wartete, allen denen, die, von Seitenstraßen kommend, meinen Weg schnitten, zuwinkte, alle Arten von Bettlern, Pilgern, Fiedlern und Mönchen anhielt, bei keiner Frau unter einem Maulbeerbaum vorbei konnte, ohne ihre Beine zu loben und sie selbst durch eine Prise Schnupftabak ins Gespräch zu bringen, kurz dadurch, daß ich jeden Anlaß ohne Ansehung seiner Art und Beschaffenheit wahrnahm, den mir ein günstiges Geschick entgegenhielt, war ich, wie gesagt, immer in Gesellschaft und noch dazu in der denkbar buntesten und verwandelte sozusagen meine Ebene in eine Stadt. Da mein Maulesel Geselligkeit ebensosehr liebte wie ich und bei jeder Gelegenheit seinerseits jedem Tier dies oder jenes Anerbieten zu machen hatte, so glaube ich wirklich, daß wir einen ganzen Monat lang durch Pall Mall oder St. James hätten spazierengehen können, ohne so viele Abenteuer zu erleben und so viel von der Menschennatur zu erfahren.

Oh! Hier herrscht eine beschwingte Offenheit und löst sofort eine jede Falte der äußeren Gewandung des Menschen des Languedoc. Ob aber alles, was darunter steckt, völlig jener Einfalt gleicht aus besseren Zeiten, wovon die Dichter singen – ich will mich wenigstens selbst betrügen und es glauben.

Es war auf der Straße zwischen Nimes und Lunel, wo der beste Muskatwein von ganz Frankreich wächst, der übrigens den ehrbaren Domherren von Montpellier gehört. Die Pest soll über den Mann kommen, der davon an ihrer Tafel getrunken hat und ihnen auch nur einen Tropfen davon mißgönnt.

Die Sonne war untergegangen. Die Arbeit war getan. Die Mädchen hatten ihr Haar aufgebunden, und die Schäfer rüsteten sich zu Tanz und Gelage. Mein Maulesel wollte nicht mehr vom Fleck. Es ist doch nur ein Dudelsack und eine Trommel, redete ich ihm zu. – Ich bin aber trotzdem zu Tode erschrocken, sagte er. – Sie laufen alle zum Tanzplatz, sagte ich und gab ihm die Sporen. – Beim heiligen Bougre und allen Heiligen an der Hintertür des Fegefeuers, sagte er und faßte denselben Entschluß wie der Maulesel der Äbtissin von Andouillets: Ich will keinen Schritt mehr weitergehen. – Gut, mein Herr, schloß ich, ich will mich mit keinem von Eurer Familie streiten, solange ich lebe. – So sprang ich denn vom Sattel, warf einen Reitstiefel in diesen, den anderen in jenen Graben und rief: So will ich also einen Tanz versuchen, und du bleibst hier stehen und wartest.

Eine sonnverbrannte Tochter der Arbeit kam mir aus der Gruppe der Mädchen entgegen, als ich auf sie zuschritt; ihr Haar, vom dunkelsten Kastanienbraun, war in einen Knoten aufgebunden bis auf eine einzige Flechte.

Wir brauchen gerade noch einen Tänzer, sagte sie, mir beide Hände entgegenstreckend, als wollte sie sich mir anbieten. – Und den Tänzer sollt Ihr haben, sagte ich, indem ich beide Hände nahm.

Hättest du, Nannette, im Kleid einer Herzogin geprangt!

Aber der verfluchte Schlitz in deinem Röckchen.

Doch Nannette kümmerte das nicht.

Wir hätten ohne Sie nicht beginnen können, sprach sie und ließ mit natürlichem Anstand eine meiner Hände los, während sie mich an der anderen zum Reigen führte.

Ein lahmer Junge, den Apollo mit einem Dudelsack getröstet und zu dem er noch aus Eigenem eine Trommel hinzugefügt hatte, spielte von seiner Rasenbank aus schnell das Präludium ab. Bind mir schnell die Flechte auf, sprach Nannette und reichte mir ein Band. Da vergaß ich, daß ich ein Fremdling war – der ganze Knoten fiel herab – wir waren schon sieben Jahre miteinander bekannt.

Der Junge schlug auf die Trommel, der Dudelsack setzte ein, und los ging es … Der Teufel hole den Schlitz.

Die Schwester des Jungen, die ihre Stimme vom Himmel gestohlen hatte, sang mit dem Bruder abwechselnd ein Rondolet aus der Gascogne.

Viva la joia!
Fidon la tristessa!

Die Mädchen fielen im Chor ein, und die Schäfer begleiteten sie eine Oktave tiefer.

Ich würde eine Krone dafür gegeben haben, damit er zugenäht würde, Nannette aber nicht einen Sou. *Viva la joia!* war auf ihren Lippen, *Viva la joia!* in ihren Augen. Ein sprühender Funke von Vertraulichkeit flog durch den Raum zwischen uns hin und her. Sie sah so liebenswert aus. – Warum konnte ich nicht hier leben und also meine Tage beenden? Du, der du Kummer und Freude mit gerechter Hand verteilst, rief ich, warum kann ein Mensch sich hier nicht im Schoß der Zufriedenheit niederlassen und tanzen und singen und seine Gebete sagen und dann zum Himmel auffahren mit seinem nußbraunen Mädchen? Neckisch lehnte sie ihr Köpfchen zur Seite und tanzte schalkhaft zu mir heran …

Nun ist es aber Zeit abzutanzen, sagte ich. Ich wechselte also meine Begleiter und die Melodien und tanzte fort von Lunel nach Montpellier, von da nach Pesçnas, Béziers. Ich tanzte durch Narbonne, Carcassonne, Naudaire, bis ich endlich in Perdrillos Pavillon hineintanzte, wo ich ein schwarzliniertes Papier hervorzog, damit ich weiter vorankäme ohne Abschweifungen und Klammern, mitten hinein in Onkel Tobys Liebesgeschichte.

Ich begann also –

Achtes Buch

Erstes Kapitel

Doch sachte, denn in diesen lachenden Gefilden und unter dieser strahlenden Sonne, wo in diesem Augenblick alles Fleisch aus den Häusern tritt, um zu geigen und dudeln und tanzen zur Weinlese, wo bei jedem Schritt der kühle Verstand von der Phantasie überrumpelt wird, wette ich, trotz allem, was auf mancher Seite dieses Buches über *gerade Linien* gesagt worden ist, wird kein Kohlpflanzer, auch der allerbeste nicht, ob er nun nach vorwärts oder rückwärts pflanzt – am Ende macht es auch keinen Unterschied (es sei denn, daß er im einen Fall mehr zu verantworten haben wird als im anderen) –, wird kein Kohlpflanzer also, wette ich, fortfahren können, den Kohl kühl, kritisch und nach festen Regeln in geraden Linien und gar enthaltsamen Zwischenräumen zu pflanzen, Pflänzchen nach Pflänzchen, vornehmlich dann nicht, wenn die Schlitze in den Unterröcken nicht zugenäht sind, ohne das eine oder andere Mal aus der geraden Linie heraus- und in eine falsche Linie hineinzugeraten. Im Frier- und im Nebelland und in einigen anderen mag das vielleicht möglich sein …

Doch in diesem heiteren Klima der Phantasie und leichten Atmung, wo jede Idee, ob verrückt oder unverrückt, sich Luft macht, in diesem Land, mein lieber Eugenius, in diesem fruchtbaren Land des

Rittertums und des Abenteuers, wo ich mich jetzt hinsetze, um mein Tintenfaß aufzuschrauben und die Liebesabenteuer Onkel Tobys zu schildern – wo ich durch das Fenster meines Arbeitszimmers alle Schlängelwege vor Augen habe, denen Julia nachzog, als sie ihren Diego suchte –, wenn du nicht kommst und mich bei der Hand nimmst …

Was würde wohl daraus werden?

Fangen wir an!

Zweites Kapitel

Mit der Liebe ist es genauso wie mit der Hahnreischaft … Aber jetzt rede ich davon, daß ich ein neues Buch beginne, und doch habe ich schon seit langem etwas auf dem Herzen, das dem Leser mitgeteilt werden sollte und das, wenn es nicht gleich mitgeteilt wird, ihm mein Leben lang nicht wird mitgeteilt werden können (während der Vergleich oben ihm jederzeit zur Kenntnis gebracht werden kann). Ich will es nur erwähnen und in vollem Ernst damit beginnen; die Sache ist die:

Von all den verschiedenen Arten, ein Buch zu beginnen, die heute im Schwange sind, ist meine, glaube ich, die beste. Sie ist sicherlich auch die frömmste – denn ich beginne damit, den ersten Satz niederzuschreiben, und verlasse mich hinsichtlich des zweiten auf den lieben Gott.

Es würde einen Schriftsteller für immer von allem Lärm und Getue heilen, womit er meist die Tür nach der Straße zu aufreißt und die Nachbarn, Freunde und Verwandten hereinruft mitsamt dem Teufel und seiner Höllenschar, mit ihren Hämmern und Werkzeugen usw. – wenn er nur einmal zusehen wollte, wie bei mir ein Satz auf den anderen folgt und der Entwurf erst hinterherkommt.

Ich wollte, man könnte mir zusehen, wie ich mich halb aus dem Lehnsessel erhebe und mit welchem Vertrauen ich, die Lehne mit der Hand umfassend, emporschaue, nach dem Einfall haschend, oft schon, bevor er mir auf halbem Weg entgegenkommt.

Ich glaube, daß ich auf diesem Wege manchen Gedanken erhasche, den der Himmel für einen anderen bestimmt hat.

Pope und sein Porträt, das ihn in einer Stellung des Nachsinnens darstellt, sind Albernheiten, mit mir verglichen. Nie war ein Märtyrer so voll Glauben und Feuer wie ich – ich wünschte, ich könnte auch sagen: so voll der guten Werke; allein, ich habe keinen

Eifer und Zorn oder
Zorn und Eifer.

Und bis daß Götter und Menschen sich geeinigt haben, es beim selben Namen zu nennen, soll der ärgste Tartüff in der Wissenschaft oder Politik oder Religion nicht einen Funken in mir entzünden oder von mir ein schlimmeres Wort oder einen unfreundlicheren Gruß bekommen als den, den er im nächsten Kapitel lesen wird.

Drittes Kapitel

Bonjour – guten Morgen ... Sie haben Ihren Rock wohlweislich angezogen, denn es ist ein kalter Morgen, und Sie haben es vorausgesehen. – Es ist besser, gut beritten als schlecht zu Fuß zu sein, und geschwollene Mandeln sind gefährlich. Und wie geht es Ihrer Liebsten oder Ihrer Frau oder beider Kindern? Und wann haben Sie von dem alten Herrn oder der alten Dame das letztemal gehört – und von Schwester, Tante, Onkel und Cousinen? Ich hoffe, es geht ihnen allen besser mit ihrer Erkältung, ihrem Husten, Zahnweh, Fieber, Blasenkatarrh, Ischias, ihren Schlaganfällen, Geschwülsten und Augenentzündungen.

Dieser Teufel von einem Apotheker – so viel Blut abzuzapfen, ein solches Abführmittel zu geben, ein so starkes Brechmittel, Klistier, Zugpflaster, einen solchen Umschlag und Nachttrunk! Und warum so viel Gramm Kalomel – Santa Maria! – und eine solche Dosis Opium, welche eine ganze Familie von oben bis unten in Lebensgefahr bringen könnte? – Doch bei der alten Sammetmaske meiner Großtante Dinah! Mich dünkt, es wäre nicht nötig gewesen.

Da eben diese Maske vom häufigen Aufsetzen und Abnehmen ums Kinn herum ein wenig abgegriffen aussah, noch bevor Tante Dinah das Kind vom Kutscher bekommen hatte, wollte sie niemand von der Familie später tragen. Und sie neu herrichten zu lassen würde mehr gekostet haben, als sie wert war, und eine abgeschabte Maske zu tragen oder eine, durch die man von draußen sehen konnte, wäre ebenso schlimm gewesen, wie gar keine zu tragen.

Das ist die Ursache, mit Verlaub von Euer Ehrwürden, warum wir in unserer zahlreichen Familie vier Generationen hindurch nur einen einzigen Erzbischof, einen einzigen welschen Richter, drei oder vier Ratsherren und einen einzigen Quacksalber hatten.

Dagegen können wir uns rühmen, im sechzehnten Jahrhundert nicht weniger als sechzehn Alchimisten hervorgebracht zu haben.

Viertes Kapitel

›Mit der Liebe ist es also genauso wie mit dem Hahnreitum‹ – der leidende Teil ist höchstens der dritte, zumeist aber der letzte im Hause, der davon Wind bekommt. Das kommt daher, wie alle Welt weiß, daß wir ein halbes Dutzend Worte für ein und dieselbe Sache haben. Und so lange als das, was in dem einen Gefäß der menschlichen Gestalt sich als Liebe erweist, in einem anderen Haß sein kann, in einem dritten wiederum – eine halbe Elle höher – Empfindsamkeit – oder gar Unsinn – nein, Madame, nicht dort, sondern in jenem Teil, auf den ich mit dem Finger weise – wie sollen wir uns zurechtfinden?

Von allen Sterblichen und auch von den Unsterblichen, welche über diese mysteriöse Angelegenheit Selbstgespräche geführt haben, war Onkel Toby am wenigsten dazu geeignet, seine Nachforschungen durch einen solchen Widerstreit der Empfindungen hindurch fortzusetzen, und er würde sie unfehlbar haben davonlaufen lassen, wie wir es mit Ärgerem tun, um zu sehen, was daraus wird, hätte nicht Bridget sie im voraus Susannen verkündigt und Susanna sie nicht vor aller Welt breitgetragen, so daß es Onkel Toby für notwendig fand, einzuschreiten und sich um die Sache zu kümmern.

Fünftes Kapitel

Warum Leineweber, Gärtner und Gladiatoren oder ein Mann mit einem Schrumpfbein (von irgendeinem Übel am Fuß herrührend) irgendwo allemal eine zarte Schöne hatten, deren Herz sich im geheimen nach ihnen verzehrte, das sind Punkte, die von den alten und den neueren Physiologen schon gehörig aufgeklärt worden sind.

Ein Wassertrinker, vorausgesetzt, daß er sich ohne Betrug und Hinterlist ehrlich dazu bekennt, gehört genau zur gleichen Menschengruppe. Womit nicht gesagt sein soll, daß man sofort viel Vernunft und Folgerichtigkeit in der Behauptung entdecken wird, daß ein Rinnsal kalten Wassers, das durch meine Eingeweide sickert, eine Fackel entzünden müßte in meiner Jenny usw.

Diese Behauptung ist keineswegs zwingend; im Gegenteil, Ursache und Wirkung stehen hier im umgekehrten Verhältnis zueinander. Hier zeigt sich eben die Schwäche der menschlichen Vernunft.

Und erfreuen Sie sich ausgezeichneter Gesundheit bei alledem?

Der ausgezeichnetsten, Madame, welche die Freundschaft wünschen könnte.

Und Sie trinken nichts anderes? Nichts als Wasser?

Ungestüme Flut! Im Augenblicke, in dem du gegen die Schleusentore des Gehirns drückst – siehe, wie sie nachgeben!

Die Dame Neugier schwimmt herein und winkt ihren Zofen, daß sie folgen – sie stürzen sich in die Mitte des Stromes.

Die Phantasie sinnt am Ufer und, indem sie mit den Blicken dem Strome folgt, verwandelt sie Stroh und Schilf in Masten und Bugspriete. – Und die Begierde, das Kleid mit der einen Hand über das Knie hebend, hascht danach, während sie vorbeischwimmen.

O ihr Wassertrinker! Habt ihr es wirklich mit dieser trügerischen Quelle fertiggebracht, die Welt so oft zu lenken und zu wenden und wie ein Mühlrad herumzudrehen: die Gesichter der Schwachen zu zerschroten, ihre Rippen zu Pulver zu zermahlen, ihre Nasen zu zerpfeffern und manchmal sogar die ganze Gestalt und das Gesicht der Natur zu verändern? –

An deiner Stelle würde ich, sagte Yorick, mehr Wasser trinken, Eugenius. – Und an deiner Stelle, Yorick, erwiderte Eugenius, würde ich das auch tun.

Was beweist, daß sie beide den Longinus gelesen haben.

Was mich betrifft, so bin ich entschlossen, solange ich lebe, kein anderes Buch mehr als mein eigenes zu lesen.

Sechstes Kapitel

Ich wollte, Onkel Toby wäre ein Wassertrinker gewesen, dann würde es begreiflich sein, daß Witwe Wadman im Augenblick, da sie ihn zum erstenmal sah, etwas in ihrem Herzen sich zu seinen Gunsten regen fühlte. Etwas! Etwas!

Etwas, das mehr war als Freundschaft, weniger als Liebe, etwas, irgend etwas, irgendwo ... Ich möchte nicht ein einziges Haar aus dem Schwanz meines Maultieres dafür geben und es selbst herausreißen müssen (das Vieh hat in der Tat nicht allzu viele herzugeben und ist dazu noch voller Tücken), um von Euer Ehrwürden darüber aufgeklärt zu werden.

Die Wahrheit aber ist, daß Onkel Toby kein Wassertrinker war; er trank es weder rein noch gemischt, noch irgendwie, noch irgendwo, es sei denn zufällig auf Vorposten, wo kein besseres Getränk zu erhalten war, und während der Zeit seiner Kur. Als nämlich der Chirurg erklärte, das Wasser würde die Fibern des Körpers ausdehnen und so alles schneller zusammenwachsen lassen, trank er es, um Ruhe zu haben.

Da nun alle Welt weiß, daß es keine Ursache ohne Wirkung gibt innerhalb der Natur, und da es zudem bekannt ist, daß Onkel Toby weder ein Leineweber noch ein Gärtner oder Gladiator ist – es sei denn in seiner Eigenschaft als Hauptmann, aber da war er wiederum einer zu Fuß – und nebenbei ist das alles ziemlich doppelsinnig, so bleibt uns also nur die Vermutung, daß Onkel Tobys Bein ... Doch das wird uns wenig helfen bei unsrer Annahme, sofern es nicht von einem Fußleiden herrührte. In Wirklichkeit aber war sein Bein keineswegs durch ein Fußleiden zusammengeschrumpft, denn es war überhaupt nicht zusammengeschrumpft. Es war wohl ein wenig steif und unbeholfen, und zwar darum, weil er drei Jahre lang in meines Vaters Stadtwohnung im Bett gelegen hatte und das Bein nicht in Übung war. Doch sonst war es voll und muskulös und in jeder Hinsicht so gut und vielversprechend wie nur irgendein anderes.

Ich gestehe, daß ich mich nicht erinnere, jemals im Leben so versagt zu haben, da es galt, die zwei Enden der Dinge zusammenzubekommen und das eben beendete Kapitel an das nächste zu ketten wie im gegenwärtigen Fall. Man möchte meinen, ich fände ein Vergnügen daran, mir selber Schwierigkeiten zu bereiten, um zu sehen, wie ich mich wiederum herauswinde. Unbedachte Seele, die du bist! Sind nicht die unvermeidlichen Nöte, welche dich als Schriftsteller und Mensch von allen Seiten hemmen, sind sie nicht genug, Tristram, mußt du noch in neue und größere hineinrennen?

Genügt es nicht, daß du in Schulden steckst und noch zehn Wagenladungen von deinem fünften und sechsten Band liegen hast, die noch immer nicht verkauft sind, während du mit deinem Witz zu Ende bist, wie du sie loskriegen sollst?

Bist du nicht zur Stunde mit dem bösen Asthma gequält, das du dir in Flandern beim Schlittschuhlaufen gegen den Wind geholt hast? Und hast du dir nicht erst vor zwei Monaten, da du einen Kardinal pissen sahst (wie einen Chorknaben, nämlich mit zwei Händen), vor Lachen ein Gefäß in der Lunge gesprengt, wodurch du ebensoviel Blut verlorst wie er Wasser, eine halbe Gallone? Und hat nicht die hohe Fakultät erklärt, daß, wenn du das Doppelte verloren hättest, es eine ganze Gallone ausgemacht haben würde?

Siebentes Kapitel

Aber um Himmels willen, sprechen wir nicht von halben oder ganzen Gallonen – nehmen wir die Geschichte vor uns her; sie ist so zart und fein gewoben, daß sie nicht die Änderung auch nur eines einzigen Punktes verträgt, und so oder so hat man mich beinahe bis in die Mitte derselben hineingedrängt.

Wir müssen also künftighin etwas vorsichtiger sein.

Achtes Kapitel

Onkel Toby und der Korporal kamen mit solchem Eifer und solcher Hast ankutschiert, um von dem Fleck Erde Besitz zu nehmen, von welchem wir schon so oft erzählt haben – ihre Absicht war nämlich, den Feldzug gleichzeitig mit den Alliierten zu eröffnen –, daß sie einen der wichtigsten Artikel in der ganzen Sache vergaßen; dieser Artikel war nun aber weder ein Spaten noch eine Axt oder eine Schaufel …

Dieser Artikel war vielmehr ein Bett, um darin zu schlafen, und da Shandy Hall damals noch unmöbliert und das kleine Wirtshaus, worin Le Fever später starb, noch nicht gebaut war, so mußte mein Onkel sich ein Bett von der Witwe Wadman ausleihen, und zwar für eine oder zwei Nächte, bis Trim (der zu seiner Eigenschaft eines ausgezeichneten Kammerdieners, Stallknechts, Kochs, Schneiders, Arztes und Ingenieurs jetzt die eines ungewöhnlichen Tapezierers hinzufügte) mit Hilfe eines Tischlers und Schneiders ein solches in Onkel Tobys Haus errichtet haben würde.

Eine Tochter Evas, denn das war Witwe Wadman, und damit soll für mich ihr ganzer Charakter umschrieben sein …

Und daß sie ein Weib, ein richtiges Weib und nichts anderes als das war, daß sie besser daran getan hätte, fünfzig Meilen von hier entfernt zu leben oder in ihrem warmen Bett zu bleiben oder das Küchenmesser zu schwingen oder sonst irgend etwas, anstatt den Mann zum Gegenstand ihrer Aufmerksamkeit zu machen, da das ganze Haus samt Möbeln ohnehin ihr gehörte.

So etwas hat nichts zu bedeuten, wenn sich die Sache im Freien abspielt, im hellen Tageslicht, wo die Frau es in ihrer Gewalt hat (physikalisch gesprochen), den Mann in mannigfacher Beleuchtung zu sehen – aber hier im Haus kann sie ihn in keinem Licht sehen, ohne etwas von ihrem eigenen Hab und Gut mit ihm zu vermengen, bis er endlich, endlich nach wiederholter Beleuchtung und Besichtigung mitten hinein unter ihr eigenes Inventar und Mobiliar geschoben wird –

Und dann gute Nacht.

Doch das ist nicht die Sache einer Theorie – das habe ich schon oben auseinandergesetzt – und auch keine Glaubenssache; denn ich zwinge niemandem meinen Glauben auf; auch keine Tatsache, soviel ich weiß, sondern eine Verbindungs- und Einführungsangelegenheit zu dem, was noch folgen soll.

Neuntes Kapitel

Ich sehe jetzt einmal ganz vom Material ab, von der größeren oder geringeren Reinheit, auch von der Festigkeit der Zwickel usw. – Unterscheiden sich aber, bitte, nicht Nachthemden von Taghemden vor allem dadurch, daß jene viel länger sind, und zwar so, daß, wenn Sie sich hinlegen und ausstrecken, sie, die Nachthemden, genau um soviel über Ihre Füße hinausreichen, als die Füße wiederum aus den Taghemden herausragen?

Jedenfalls waren Witwe Wadmans Nachthemden entsprechend der Mode unter König Wilhelm und Königin Anna genauso zugeschnitten; und wenn sich inzwischen die Mode geändert hat (denn in Italien werden Nachthemden überhaupt nicht mehr getragen), um so schlimmer dann für die Menschheit; denn die alten Nachthemden waren zweiundeinhalb flämische Ellen lang, so daß, wenn man die Länge einer mittelgroßen Frau mit zwei Ellen ansetzt, diese dabei eine halbe Elle erübrigen und damit machen konnte, was sie wollte.

Die vielen frostigen Dezembernächte einer siebenjährigen Witwenschaft mußten naturgemäß allerlei kleinen Verzärtelungen und köstlichen Gewöhnungen in steigendem Maße Eingang schaffen, und es war allmählich dazu gekommen und endlich zu einer ganz strengen Regel des Schlafzimmerdienstes geworden, daß, sobald Witwe Wadman zu Bett gebracht war und ihre Beine ganz bis an das andere Bettende ausgestreckt hatte, wovon jedesmal Bridget durch ein Zeichen verständigt wurde, diese mit allem gebotenen Anstand, nachdem sie zuerst die Bettdecke aufgeschlagen, eine halbe Elle der obenerwähnten Leinwand des Nachthemdes mit der Hand erfaßte und sie dann mit beiden Händen, soweit es ging, gegen sich hin straffte und sodann durch vier bis fünf zusammengelegte Querfalten wieder verkürzte, schließlich eine lange Stecknadel aus dem Ärmel zog und damit, die Spitze der Nadel gegen sich zu gerichtet, genannte Falten zusammensteckte, und zwar ein wenig oberhalb des Saumes, und endlich, nachdem sie dies erledigt hatte, unter Anwünschung einer guten Nacht alles hübsch warm wieder zudeckte.

Das geschah täglich so und erfuhr nur die eine Änderung, daß in stürmischen und gar zu schaurigen Winternächten Bridget, wenn sie das Bettuch zu Füßen der Herrin aufschlug usw., dabei kein anderes Thermometer verwendete als das ihrer eigenen Leidenschaften und Gefühle; und so tat sie das Nötige stehend, kniend oder kauernd, je nach den verschiedenen Graden der Hoffnung, des Glaubens und der Liebe, welche sie selber im allgemeinen oder heute nacht ihrer Herrin gegenüber empfand. In jeder anderen Beziehung aber war die Etikette heilig und hätte mit der einförmigsten, strengsten und geregeltesten Schlafkammerordnung der Christenheit wetteifern können.

Die erste Nacht nun, kaum daß der Korporal Onkel Toby die Treppe hinaufgeleitet hatte, was sich um zehn Uhr zutrug, warf sich Witwe Wadman in ihren Lehnsessel und legte, nachdem sie ihre Knie gekreuzt, um darauf den Ellbogen zu stützen, ihr Kinn in den Handteller und dachte, vorgelehnt, bis Mitternacht über die zwei Seiten der Angelegenheit nach.

In der zweiten Nacht aber ging sie zu ihrem Schreibtisch, ließ von Bridget zwei frisch besteckte Leuchter bringen, nahm ihren Ehevertrag aus der Lade und las ihn mit großer Aufmerksamkeit und Hingebung durch. In der dritten Nacht nun (der letzten, die Onkel Toby in ihrem Hause zubringen sollte), als Bridget das untere Ende des Nachthemdes zuzog und eben daranging, zum soundsovielten Male die Falten mit der Stecknadel zusammenzustecken –

stieß sie mit einem Stoß beider Fersen auf einmal, stieß sie mit dem allernatürlichsten Stoß, den diese Lage ermöglichte – denn angenommen, **** wäre die Sonne im Meridian, so war es genau ein Nord-Ost-Stoß –, stieß sie also, noch einmal, die Nadel mitsamt der ganzen Schlafzimmerordnung, die daran hing, so aus Bridgets Händen, daß jene zu Boden fiel und in tausend Atome zersplitterte.

Nach alledem war es klar, daß Witwe Wadman in Onkel Toby verliebt war.

Zehntes Kapitel

Onkel Tobys Kopf war damals so voll von anderen Dingen, daß er erst nach der Schleifung von Dünkirchen, als auch alle anderen europäischen Förmlichkeiten erledigt waren, Muße fand, darauf zurückzukommen.

Das verursachte einen Waffenstillstand (das heißt mit Beziehung auf Onkel Toby; in bezug auf Witwe Wadman war es ein Freiplatz) von beinahe elf Jahren. Da aber in allen solchen Fällen der zweite Schlag, wie spät er auch geführt wird, den Ausbruch der Feindseligkeiten hervorruft, so möchte ich die Geschichte lieber die der Liebeshändel Onkel Tobys mit Witwe Wadman als umgekehrt die der Witwe Wadman mit Onkel Toby nennen.

Das ist keineswegs eine unwesentliche Unterscheidung.

Es ist nicht so wie mit *dem alten Hut, der aufgestülpt wurde, und dem aufgestülpten Hut, der alt ist,* worüber Euer Ehrwürden sich so aufgeregt haben – sondern der Unterschied liegt in der Natur der Sache.

Und zwar ist dieser, meine Herren, ein sehr großer …

Elftes Kapitel

Da also Witwe Wadman Onkel Toby liebte und Onkel Toby nicht Witwe Wadman, so war für Witwe Wadman nichts anderes zu tun, als damit fortzufahren – oder es bleibenzulassen.

Witwe Wadman aber wollte weder das eine noch das andere.

Gütiger Himmel! – Vergesse ich doch ganz, daß ich selber ein wenig von ihrem Temperament hab; denn wenn der Fall einmal eintritt, meist so um die Tagundnachtgleiche, daß eine irdische Gottheit mir allerhand bedeutet, so daß ich ihretwegen mein Frühstück nicht aufesse – und sie sich nicht für einen Fünfer darum kümmert, ob ich es tue oder nicht –

Doch Fluch sei ihr, und so schicke ich sie in die Tatarei – und von der Tatarei nach den Feuerlandsinseln, und so weiter bis zum Teufel: Kurzum, es gibt da keinen höllischen Winkel, wo ich ihre Göttlichkeit nicht hineinwünsche.

Da aber mein Herz zärtlich ist und die Leidenschaften darin zehnmal in der Minute auf und ab fluten, so bringe ich sie gleich wieder zurück; und da ich mich immer in Gegensätzen bewege, so versetze ich sie denn in das Zentrum der Milchstraße.

Du strahlendster aller Sterne! Wirst du deinen Einfluß auf Einen ausstrahlen …

Doch der Teufel hole sie und ihren Einfluß, denn bei diesem Wort verliere ich alle Geduld, möge es ihm nur gut bekommen. Bei allem, was zottlig und gespalten ist! rufe ich, indem ich meine Pelzmütze herunternehme und um meinen Finger drehe – keinen Pfifferling möchte ich für ein Dutzend solcher Dinger geben.

Es ist aber trotzdem eine ausgezeichnete Mütze (wenn ich sie aufsetze und an die Ohren drücke), warm und weich; besonders wenn man sie nicht gegen den Strich streichelt, doch ach, das gelingt mir eben nie – (Hier leidet meine Philosophie wiederum Schiffbruch.)

Nein, ich werde nie einen Finger in der Pastete haben (so lasse ich denn hier mein erstes Vergleichsbild fahren):

Kruste und Krume,
Innen und außen,
Deckel und Boden – ich verabscheue, ich hasse und verwerfe sie, mir wird schon übel bei ihrem Anblick.

Es ist lauter Pfeffer,
Knoblauch,
Senf,
Salz und
Teufelsmist. – Beim großen Erzkoch aller Köche, der wahrscheinlich vom Morgen bis zum Abend nichts anderes tut, als

beim Feuer sitzen und erhitzende Gerichte für uns erfinden, ich möchte sie um alles in der Welt nicht anrühren.

O Tristram! Tristram! rief Jenny.

Jenny, Jenny, antwortete ich und begann das zwölfte Kapitel.

Zwölftes Kapitel

Nicht um alles in der Welt möcht ich sie anrühren, habe ich gesagt? Gott, wie habe ich nicht meine Phantasie mit diesem Vergleichsbilde erregt!

Dreizehntes Kapitel

Was beweist – Euer Hoch- und Ehrwürden mögen dagegen vorbringen, was Sie wollen (denn was das Denken anbelangt, so denken alle, die denken, darüber und über andere Dinge dasselbe) –, daß die Liebe, wenigstens dem Alphabet nach, eines der

Aufregendsten,
Bezauberndsten,
Confusesten,
Dümmsten Dinge im Leben ist, die
Extravaganteste,
Frivolste,
Gimpelhafteste,
Handlichste,
Irrigste (es gibt kein K dazu) und
Lyrischste aller Leidenschaften; dazu denn die
Mißverständlichste,
Nichtsnutzigste,
Offenherzigste,
Prahlerischste,
Schreiendste,
Rappelköpfigste –nebenbei bemerkt hätte das R eigentlich vor dem S kommen müssen –, kurz, die Liebe ist von solcher Art, wie mein Vater sie einmal Onkel Toby am Ende einer langen Unterhaltung erklärte: Du kannst, sagte er, kaum zwei Gedanken darüber ohne eine Hypallage verbinden! Und was ist denn das? rief Onkel Toby.

Der Wagen vor das Pferd gespannt, antwortete mein Vater.

Und was hat das Pferd dort zu tun? rief Onkel Toby.

Nichts, sagte mein Vater, als einzusteigen oder es bleibenzulassen.

Nun wollte aber Witwe Wadman weder das eine noch das andere, wie ich schon gesagt habe.

Sie stand aber geschirrt und gezäumt da und wartete auf das, was da kommen sollte.

Vierzehntes Kapitel

Die Göttinnen des Schicksals, die sicherlich die ganze Liebesangelegenheit zwischen Witwe Wadman und Onkel Toby vorausgesehen hatten (und zwar gleich von der ersten Erschaffung der Materie und Bewegung an), haben (vielleicht mit mehr Zuvorkommenheit als sonst) Ursache und Wirkung so fest miteinander verkettet, daß es für Onkel Toby in der Tat kaum möglich gewesen wäre, sich in irgendeinem anderen Haus der Christenheit niederzulassen oder einen anderen Garten darin zu besetzen als gerade das Haus, das an jenes der Witwe Wadman grenzte, und den Garten, der mit deren Garten parallel verlief. Dieser Umstand zusammen mit dem Vorteil einer dichten Laube in Witwe Wadmans Garten, die aber in Onkel Tobys Hecke hineinreichte, gab der Witwe alle Gelegenheiten in die Hand, welche das Kriegshandwerk der Liebe brauchte, sie konnte Onkel Tobys Bewegungen beobachten und war zu gleicher Zeit Mitwisserin aller seiner Kriegspläne. Und da Onkel Tobys argloses Herz dem Korporal die Erlaubnis gegeben hatte, dank Bridgets Vermittlung ihr ein kleines Heckenpförtchen zu bauen, damit sie ihre Spaziergänge ausdehnen könnte, ward sie instand gesetzt, ihre Annäherungsversuche bis knapp an das Tor des Schilderhauses vorzutragen und zuweilen auch aus purer Erkenntlichkeit eine Attacke zu wagen und den Versuch zu machen, Onkel Toby im Schilderhause selber in die Luft zu sprengen.

Fünfzehntes Kapitel

Es ist zwar sehr bedauerlich, ist aber jeden Tag zu beobachten, daß der Mensch genauso wie die Kerze an beiden Seiten angezündet werden kann – vorausgesetzt, daß genügend Docht herausragt. Wenn kein Docht da ist, erledigt sich ja die Sache von selber; ist aber einer da und wird die Kerze unten angezündet, so kommt es abermals zu nichts, da die Flamme in diesem Fall meist die Gewohnheit hat, sich selber auszulöschen.

Was mich nun anbelangt, wenn ich es selber anordnen könnte, wo ich brennen will, so würde ich, da ich den Gedanken nicht ertragen könnte, so wie ein Vieh einfach aus- und abzubrennen, meine Haushälterin ständig dazu anhalten, mich oben anzuzünden, denn dann würde ich langsam und allmählich abbrennen bis herunter zur Hülse, das heißt also: vom Kopf bis zum Herzen, vom Herzen zur Leber, von der Leber bis zu den Eingeweiden und so fort weiter zu den Venen des sogenannten Gekröses, durch alle Windungen und alles Geschlinge der Eingeweide bis hinunter zum Blinddarm.

Ich bitte, Doktor Slop, sagte Onkel Toby, ihn unterbrechend, als dieser in der Nacht, da meine Mutter mit mir niederkam, gesprächsweise zu meinem Vater diesen Blinddarm erwähnte, ich bitte, Doktor Slop, sagte Onkel Toby, was ist eigentlich der Blinddarm? So alt ich auch bin, ich muß gestehen, daß ich bis heute nicht weiß, wo er liegt.

Der Blinddarm, antwortete Dr. Slop, liegt zwischen Ilion und Colon.

Beim Mann? sagte mein Vater.

Es ist genau dasselbe bei der Frau, sagte Dr. Slop.

Das ist mehr, als ich weiß, sagte mein Vater.

Sechzehntes Kapitel

Und um keine von beiden Methoden unversucht zu lassen, war Witwe Wadman entschlossen, Onkel Toby weder an diesem noch an jenem Ende, sondern, als wäre er eine Kerze in der Hand eines Verschwenders, womöglich an beiden Enden zugleich anzuzünden.

Wenn aber Witwe Wadman in allen Rumpelkammern militärischen Gerätes sowohl für Infanterie wie für Kavallerie vom Arsenal in Venedig bis zum Tower von London (exklusive) sieben ganze Jahre herumgekramt und Bridget ihr dabei geholfen hätte, so würde sie weder Blende noch Sturmhaube gefunden haben, die so ihren Zwecken gedient hätten wie das, was Onkel Tobys sinnreiche Anlagen ihr fertig in die Hand gaben.

Ich glaube, ich habe es Ihnen noch nicht erzählt, genau weiß ich es wohl nicht, aber es ist möglich, doch sei dem, wie ihm wolle, es gehört zu den vielen Dingen, die man lieber wiederholt, als daß man darüber lange streitet – ich habe Ihnen also noch nicht erzählt, daß, an welcher Stadt oder Festung immer der Korporal auch arbeitete, im Verlaufe der Arbeit Onkel Toby dafür Sorge trug, daß innerhalb des Schilderhauses, also links von ihm, eine Karte der betreffenden Stadt oder Festung aufgehängt wurde, am oberen Ende mit zwei oder drei Nadeln befestigt, am unteren aber lose, damit sie dicht vors Auge gehalten werden konnte usw., wenn es notwendig wäre. Für den Fall also, daß eine Attacke beschlossen war, würde Witwe Wadman darum nichts anderes zu tun haben, sobald sie einmal bis zum Eingang des Schilderhauses vorgedrungen war, als ihre rechte Hand auszustrecken und, während sie gleichzeitig ihren linken Fuß hineinschob, die Karte zu ergreifen und sie, indem sie ihr mit ausgestrecktem Halse auf halbem Wege entgegenkam, an sich zu reißen, bei welchem Vorgehen Onkel Tobys Leidenschaft unbedingt aufflammen mußte ... Denn so, wie die Sache nun einmal lag, würde er sogleich das andere Ende der Karte mit der linken Hand fassen und, mit dem Mundstück seiner Pfeife in der rechten, zu erklären beginnen.

Nehmen wir an, die Attacke wäre nun bis zu diesem Punkt gediehen, so würde Witwe Wadman zu einer Kriegslist schreiten, deren Gründe der Welt gewiß einleuchten werden – nämlich Onkel Toby die Pfeife aus der Hand zu nehmen, und zwar, ohne lange zu warten. Sie tat dies unter dem einen oder anderen Vorwande, meist aber unter jenem, genauer auf eine Redoute oder eine Brustwehr in der Karte hinweisen zu wollen, so daß Onkel Toby (arme Seele!) die Pfeife verlieren mußte, ehe er damit noch mehr als ein halbes Dutzend Klafter über die Karte hinmarschiert war. Das zwang natürlich Onkel Toby, von seinem Zeigefinger Gebrauch zu machen.

Der Unterschied in der Attacke aber jetzt war der, daß, wenn Witwe Wadman auf der Karte mit dem Ende ihres Zeigefingers an Onkel Tobys Pfeifenmundstück angelehnt vorrückte, sie von Dan bis Berscheba (hätten Onkel Tobys Linien so weit gereicht) ohne weitere Wirkung hätte auf den Linien umherfahren können (Pfeifenmundstück und Zeigefinger vereint), ohne daß es die mindeste Wirkung gehabt hätte, denn da weder Blut- noch Lebenswärme in Onkel Tobys Pfeifenmundstück vorhanden war, so vermochte auch der Finger kein Gefühl darin zu erwecken, er konnte ihn weder mit seinem Puls befeuern noch Feuer aus Sympathie empfangen – es war und blieb alles Luft.

Hingegen würde, wenn sie Onkel Tobys Zeigefinger mit dem ihren durch alle zarten Windungen und Einschnitte der Festungswerke folgen konnte, ihn jetzt von der Seite berührte, gelinde und doch ganz fest, jetzt auf den Nagel direkt drückte, über ihn hintrippelte, bald da, bald dort antippte usw., dann würde, sage ich, schon manches aufgerührt und in Bewegung und Tumult gesetzt werden.

Wenn auch dies nicht mehr als ein erstes Scharmützel bedeutete und sich in ziemlicher Entfernung vom Hauptkörper zutrug, so zog es doch alles übrige nach sich. Denn da in diesem Stadium die Karte gewöhnlich herunterzufallen drohte, so legte Onkel Toby in der Arglosigkeit seines Herzens meist seine Hand flach darauf, um mit seiner Erklärung fortfahren zu können, und Witwe Wadman postierte dann die ihre mit einem Manöver so schnell wie der Gedanke, schneller als der Blitz, ganz dicht neben die seine, und das eröffnete sofort eine Verbindung zwischen beiden, eng genug, um jedes Gefühl, welches ein in den elementaren und praktischen Teilen der Liebeskunst erfahrenes Menschengeschöpf brauchen konnte, hinüber und herüber passieren zu lassen.

Dadurch, daß sie ihren Zeigefinger neben den Onkel Tobys (wie vorhin) legte, wird unvermeidlich der Daumen in Bewegung gesetzt, und wenn einmal diese beiden, Zeigefinger und Daumen, engagiert sind, kommt naturgemäß gleich die ganze Hand in Aktion. Ach lieber, lieber Onkel Toby, du kannst es anstellen, wie du willst, deine Hand ist jetzt nie mehr an der richtigen Stelle, Witwe Wadman muß sie bald aufheben, bald mit dem allerzartesten Druck oder Stoß oder der zweideutigsten Pressung, die nur immer eine Hand, die aus dem Wege soll, empfangen kann, um die Breite eines einzigen Haares beiseite drücken.

Während aber solches oben vor sich geht, kann und darf sie da vergessen, ihn fühlen zu lassen, daß es ihr Bein (ja ihres und das keines anderen) am Boden des Schilderhauses ist, das sich jetzt sanft gegen seine Wade preßt? – Und ist es da zu verwundern, wenn Onkel Toby, auf beiden Flügeln attackiert und pressiert, im Zentrum ein wenig in Unordnung gerät?

Hol es der Teufel, sagte Onkel Toby.

Siebzehntes Kapitel

Diese Attacken der Witwe Wadman waren, wie Sie leicht begreifen werden, so verschiedenartig wie alle Attacken, von denen die Geschichtsbücher berichten, und aus denselben Gründen. Ein bloßer Zuschauer würde sie vielleicht gar nicht als Attacken gelten lassen oder, wenn er es dennoch täte, sie alle miteinander verwechseln; dennoch will ich sie jetzt nicht näher beschreiben. Es wird noch Zeit genug sein, in der Beschreibung derselben später etwas genauer zu sein, wenn ich erst einmal dazu komme, was erst nach einigen Kapiteln geschehen wird. Jetzt habe ich nur das eine hinzuzufügen, daß in einem Bündel von Handschriften und Zeichnungen, das mein Vater sorgsam genug mit eigener Hand zusammengerollt hatte, sich eine Karte von Bouchain sehr gut erhalten vorfindet (und so lange aufbewahrt werden soll, als ich überhaupt etwas aufzubewahren vermag), in deren unterer Ecke rechts die Spuren eines von Schnupftabak gebräunten Zeigefingers und Daumens zu sehen sind, die wir alle Ursache haben, Witwe Wadman zuzuschreiben, denn die gegenüberliegende Seite, die meiner Annahme nach Onkel Toby in der Hand hatte, ist absolut rein. Das scheint also tatsächlich eine authentische Erinnerung an eine dieser Attacken zu sein. Denn es sind auch Spuren der zwei Nadelstiche da, wohl ein wenig zugewachsen, doch immerhin sichtbar, in der gegenüberliegenden Ecke der Karte, die unzweifelhaft jene Löcher sind, durch welche sie im Schilderhaus festgenadelt wurde.

Bei allem, was priesterlich ist, ich schätze diese kostbaren Reliquien mit allen ihren Malen und Dornen- und Nadelstichen höher als alle Reliquien der katholischen Kirche – ausgenommen, wie immer, wenn ich über solche Dinge schreibe, die Dornen, die in das Fleisch der heiligen Radagunda in der Wüste drangen. Diese werden Ihnen auf dem Wege von Fesse nach Cluny von den Nonnen des cluniacensischen Ordens aus christlicher Milde umsonst gezeigt.

Achtzehntes Kapitel

Ich denke, sagte Trim, die Festungswerke sind nun endgültig zerstört, Euer Gnaden, und auch das Hafenbecken ist zugeschüttet. – Ich denke auch, antwortete Onkel Toby mit einem halb unterdrückten Seufzer, aber geh Er noch ins Wohnzimmer, und hol Er die Kapitulationsbedingungen. Sie liegen dort auf dem Tisch. – Sie haben dort sechs Wochen lang gelegen, erwiderte Trim, aber heute morgen hat die alte Frau damit das Feuer im Kamin angezündet.

Dann ist unser Dienst zu Ende, sagte Onkel Toby. – Und ich sage nur: Schade, Euer Gnaden, antwortete der Korporal. Bei diesen Worten warf er seine Schaufel mit dem Ausdruck äußerster Untröstlichkeit in den Schubkarren, der neben ihm stand, und machte mühsam kehrt, um nach der Axt, dem Pionierspaten, den Steckpflöckchen und den anderen Werkzeugen zu sehen und auch dieses Kriegsgerät vom Kampffelde wegzutragen – als ein tiefer Seufzer aus dem Schilderhaus, welches, aus Holzschindeln gezimmert, den Laut noch trauriger für das Ohr ertönen ließ, ihn daran hinderte.

Nein, sagte der Korporal, ich will es erst tun, bevor Euer Gnaden morgen früh aufstehen. Er nahm also den Spaten wieder aus dem Schubkarren heraus und tat so, als wollte er jetzt mit etwas Erde eine Stelle am Fuße des Glacis einebnen, in Wirklichkeit aber suchte er an seinen Herrn näher heranzukommen, um ihn ein wenig aufzuheitern. – Er lockerte ein paar Rasenstücke, schnitt die Ränder mit dem Spaten gleich, klopfte sie mit der Rückseite des Spatens ab und ließ sich zu Onkel Tobys Füßen nieder, wo er folgendermaßen begann:

Neunzehntes Kapitel

Es war tausendmal schade – obwohl ich glaube, Euer Gnaden, daß ich jetzt für einen Soldaten etwas sehr Dummes sagen werde.

Ein Soldat, rief Onkel Toby, den Korporal unterbrechend, darf ebensogut einmal etwas Dummes sagen wie ein Gelehrter. – Aber nicht so oft, Euer Gnaden, antwortete der Korporal. – Onkel Toby nickte mit dem Kopf.

Es war tausendmal schade also, sagte der Korporal, einen Blick auf Dünkirchen und den Kriegshafen werfend gleichwie Servius Sulpicius bei seiner Rückkehr aus Asien (als er von Ägina nach Megara segelte) auf Korinth und den Piräus.

Es war tausendmal schade, Euer Gnaden, diese Werke zu zerstören, und es wäre ebenso schade, sie stehenzulassen.

Er hat recht, Er hat recht in beiden Fällen, Trim, sagte Onkel Toby. – Das ist auch der Grund, fuhr der Korporal fort, daß ich vom

Beginn der Zerstörung an bis zu ihrem Ende nicht ein einziges Mal gepfiffen oder gesungen oder geweint oder von vergangenen Sachen gesprochen oder Euer Gnaden auch nur eine einzige gute oder schlechte Geschichte erzählt habe. – Er hat viele gute Eigenschaften, Trim, sagte Onkel Toby, und ich halte jene nicht für die geringste darunter, da Er nun einmal Geschichten zu erzählen liebt, daß unter der Zahl der Geschichten, die Er mir erzählt hat in schmerzvollen Stunden, um mich zu erheitern, und in ernsten, um mich zu zerstreuen, selten eine schlechte gewesen ist.

Weil nämlich alle, Euer Gnaden, antwortete der Korporal, mit der einzigen Ausnahme derjenigen vom *König von Böhmen und seinen sieben Schlössern*, wahr sind; denn alle handeln von mir selber.

Ich habe sie darum nicht weniger gern, Trim, sagte Onkel Toby, aber bitte, welches ist die Geschichte, die Er eben erwähnt hat? Er hat meine Neugier geweckt.

Ich werde sie Euer Gnaden gleich erzählen. – Vorausgesetzt, sagte Onkel Toby mit einem traurigen Blick auf Dünkirchen und seinen Hafen, daß es keine lustige ist; denn zu einer solchen, Trim, sollte der Mensch die Hälfte des Vergnügens selber mitbringen, und die Stimmung, worin ich mich jetzt befinde, würde sowohl Ihm wie auch der Geschichte nur schaden. – Es ist aber ganz und gar keine lustige, antwortete der Korporal. – Aber ich möchte auch keine zu ernste hören, fügte Onkel Toby hinzu. – Sie ist weder das eine noch das andere, sie ist genauso, wie Euer Gnaden sie braucht. – Dann will ich Ihm dafür aus ganzem Herzen danken, rief Onkel Toby. Bitte, beginn Er damit.

Der Korporal wollte seine Verbeugung machen; doch ist es nicht so leicht, wie die Welt sich das vorstellt, eine schmale Montero-Mütze anmutig zu ziehen, und auch nicht weniger schwer, meinem Dafürhalten nach, für einen Menschen nämlich, der am Boden kauert, eine Verbeugung so voll Ehrfurcht zu machen, wie sie der Korporal gewöhnt war. Indem aber der Korporal den rechten Handteller nach rückwärts schob am Rasen hin, um also mehr Schwung zu bekommen, und gleichzeitig ganz ungezwungen mit dem Daumen und zwei Fingern der linken Hand die Mütze faßte, wodurch ihr Durchmesser geringer wurde und es eher so aussah, als habe er sie mehr gezupft als gezogen, entledigte sich der Korporal dieser beiden Dinge mit besserer Art, als seine Lage es anfangs erwarten lassen konnte. Nachdem er sich fernerhin zweimal geräuspert hatte, um die Stimmlage zu finden, in welcher die Geschichte am besten erzählt werden könnte und welche auch zur Stimmung seines Herrn am besten paßte, tauschte er einen einzigen innigen Blick mit diesem und begann folgendermaßen:

Die Geschichte vom König von Böhmen und seinen sieben Schlössern

Es war einmal ein König von Böhmen ... Doch kaum hatte er die Grenzen Böhmens betreten, so zwang ihn schon Onkel Toby, einen Augenblick lang innezuhalten; der Korporal war nämlich barhäuptig ausgezogen, da er die Montero-Mütze, nachdem er sie im letzten Ende des vorigen Kapitels gezogen, neben sich am Boden hatte liegenlassen.

Doch dem Auge des Wohlwollens entgeht nichts, so daß, bevor noch der Korporal über die ersten fünf Worte der Geschichte hinausgekommen war, Onkel Toby mit seiner Stockspitze die Mütze zweimal berührt hatte, als wollte er damit sagen: Warum setzt Er sie nicht auf, Trim? – Trim hob sie sehr ehrerbietig und langsam auf, und indem er dabei einen Blick voller Wehmut auf die Zierate und Schnörkel des Vorderteils warf, die vornehmlich im Blätterwerk und in den kühnsten Partien des Musters arg verschlissen und zerzupft waren, legte er sie wieder hin zwischen seine beiden Füße, um darüber seine Betrachtungen anzustellen.

Jedes Wort von dem, was Er jetzt darüber sagen will, ist nur zu wahr, rief Onkel Toby:

Nichts in dieser Welt, Trim, ist dazu geschaffen, ewig zu währen.

Wenn aber sogar die Zeichen deiner Liebe und deines Andenkens, teurer Tom, sich abnützen, was sollen wir dann noch sagen? sprach Trim.

Nichts sollen wir darüber sagen, Trim, nichts anderes als eben das; und wenn ein Mensch sein Gehirn von jetzt bis zum Jüngsten Tage abquält, so wird er, glaube ich, Trim, unmöglich etwas anderes darüber sagen können, meinte Onkel Toby.

Da der Korporal einsah, daß Onkel Toby recht hatte und es für den Menschenwitz vergeblich wäre, irgendeine tiefere Lehre seiner Mütze abzugewinnen als eben jene, setzte er sie, ohne noch einen Versuch in dieser Richtung zu wagen, wieder auf. Und indem er mit der Hand über die Stirn fuhr, um eine Falte der Nachdenklichkeit, welche der Text und die daraus gewonnene Lehre darauf zurückgelassen hatte, wegzureiben, kehrte er mit demselben Blick und derselben Stimme wie zuvor zur ›Geschichte des Königs von Böhmen und seinen sieben Schlössern‹ wieder zurück.

Die Geschichte vom König von Böhmen und seinen sieben Schlössern (Fortsetzung).

Es war einmal ein König von Böhmen – unter wessen Regierung, kann ich Euer Gnaden nicht berichten, ich weiß nur, es war unter seiner eigenen …

Ich will es auch gar nicht von Ihm wissen, Trim, auf keinen Fall, sagte Onkel Toby.

Es war kurz vor jener Zeit, Euer Gnaden, als es anfing, keine Riesen mehr zu geben, aber in welchem Jahre unseres Herrn das war …

Ich möchte keinen halben Pfennig dafür geben, um es zu wissen, sagte Onkel Toby.

Doch nimmt sich eine Geschichte besser aus, Euer Gnaden, wenn man's weiß und sagt.

Die Geschichte ist Seine, Trim, so schmück Er sie also ganz nach Seinem Geschmack aus, und nehm Er sich irgendein Datum, fuhr Onkel Toby fort, ihm freundlich ins Gesicht sehend, nehm Er sich irgendein Datum, das Ihm am besten paßt, und tue Er es dazu …, mir soll's recht sein.

Der Korporal verbeugte sich, denn alle Jahrhunderte und jedes Jahr eines Jahrhunderts von der Schöpfung der Welt an bis zur Sintflut, von Noahs Sintflut bis zur Geburt Abrahams, durch alle Wanderschaften der Erzväter hindurch bis zum Auszug Israels aus Ägypten, durch alle Dynastien, Olympiaden, Urbeconditas und andere denkwürdige Epochen der verschiedenen Weltnationen bis zur Erscheinung Christi und von da bis genau zum Augenblick, wo der Korporal seine Geschichte erzählt – dieses ungeheure Reich der Zeit samt allen seinen Abgründen war Trim von Onkel Toby zu Füßen gelegt worden. Da aber die Bescheidenheit in Person das kaum mit Fingerspitzen antippt, was die Freigebigkeit ihr mit beiden Händen darreicht, so begnügte sich der Korporal mit dem allererbärmlichsten Jahre aus dem ganzen Bündel; und um Dero Gnaden von der Majorität und Minorität daran zu hindern, sich das Fleisch von den Knochen zu fetzen im Zank darüber, ob dieses Jahr nicht immer das eben abgelaufene Jahr aus dem letzten Kalender wäre, will ich Ihnen gleich ganz offen sagen: Ja, das war es, aber aus anderen Gründen, als Sie denken –

Es war das letztvergangene Jahr, das Jahr unseres Herrn siebzehnhundertundzwölf, als der Herzog von Ormond den Teufel in Flandern spielte ... Der Korporal nahm also dieses Jahr und begab sich neuerdings auf seine Expedition nach Böhmen.

Die Geschichte vom König von Böhmen und seinen sieben Schlössern wird fortgesetzt:

Es war also im Jahre unseres Herrn siebzehnhundertundzwölf, da lebte, Euer Gnaden ...

Die Wahrheit zu sagen, Trim, fiel Onkel Toby ein, jedes andere Jahr würde mir lieber gewesen sein, nicht nur wegen des häßlichen und traurigen Flecks auf unserer Geschichte in eben diesem Jahr, als wir mit unseren Truppen abzogen und uns weigerten, die Belagerung von Quesnoy zu decken, obwohl Fagel die Bestürmung mit unglaublicher Kraft fortführte, sondern wegen Seiner eigenen Geschichte, Trim, denn wenn darin wirklich Riesen vorkommen, und aus dem, was Er bis jetzt hat fallenlassen, möchte ich fast mutmaßen, daß es so sei, wenn darin also wirklich Riesen vorkommen ...

Nur einer kommt darin vor, Euer Gnaden ...

Das ist soviel wie zwanzig und macht die Sache nicht besser, antwortete Onkel Toby; Er hätte den Riesen also um sieben- bis achthundert Jahre dem Publikum und den Kritikern aus der Schußweite rücken sollen. Darum möchte ich Ihm den Rat geben, wenn Er sie wieder einmal erzählt ...

Wenn ich es jemals erlebe, Euer Gnaden, daß ich hindurchkomme, werde ich sie niemandem wieder erzählen, weder einem Mann noch einer Frau, noch einem Kind, sagte Trim. – Bah, bah, fiel Onkel Toby ein, aber mit einem Ton von so zarter Aufmunterung äußerte er diesen Laut, daß der Korporal jetzt mit doppelter Lebhaftigkeit in seiner Geschichte fortfuhr.

Die Geschichte vom König von Böhmen und seinen sieben Schlössern wird fortgesetzt:

Es war einmal, Euer Gnaden, sagte Korporal Trim, die Stimme hebend und beide Handteller fröhlich gegeneinander reibend, als er begann, es war einmal ein König von Böhmen …

Laß Er das Datum ganz weg, Trim, sagte Onkel Toby, sich nach vorne neigend und die Hand sanft auf die Schulter des Korporals legend, um auf diese Weise die erneute Unterbrechung weniger fühlbar zu machen, laß Er es ganz weg; eine Geschichte geht auch ohne solche Einzelheiten, besonders wenn man ihrer nicht ganz sicher ist … Sicher ist! sagte Trim und schüttelte den Kopf.

Recht so, antwortete Onkel Toby. Es ist auch nicht leicht, Trim, für unsereins, die wir fürs Waffenhandwerk erzogen worden sind und selten weiter nach vorwärts als bis zur Mündung des Musketenlaufs oder weiter rückwärts als bis zum Tornister sehen … Gott segne Euer Gnaden! fiel Korporal Trim ein, schnell von Onkel Tobys Gedankengang wie auch von der Art, in der er geboten wurde, gewonnen, ja, er hat freilich ganz andere Dinge zu tun in der Welt. Wenn er nicht im Kampf steht oder im Marsch ist oder Dienst in der Kaserne hat, so muß er das Gewehr putzen, Euer Gnaden, sein Riemenzeug wichsen, die Montur ausbessern, sich rasieren und waschen, so daß er immer so aussieht, als ginge es zur Parade … Was braucht also, fügte der Korporal triumphierend hinzu, ein Soldat da noch etwas von Geographie zu wissen?

Er will Chronologie sagen, erwiderte Onkel Toby, denn was die Geographie anbelangt, so ist sie durchaus so notwendig für den Soldaten wie nichts anderes. Er muß genau mit jedem Land und seinen Grenzen bekannt sein, in das ihn sein Beruf bringt; er sollte jede Stadt und jeden Marktflecken, jedes Dorf und jede Hütte kennen mit allen Kanälen, Straßen, Hohlwegen, die dahin führen. Von jedem Fluß und jedem Bach, über den er schreitet, muß er den Namen wissen und in welchem Gebirge er entspringt, welches sein Lauf, wie weit er schiffbar ist, wo er überschritten werden kann und wo nicht; er sollte über den Grad der Fruchtbarkeit eines jeden Tales genau Bescheid wissen ebenso wie über das Vieh, womit der Boden dort gepflügt wird, er soll in der Lage sein, nicht nur eine Beschreibung von allen Engpässen und Ebenen, allen Talsenken, Wäldern und Sümpfen, durch welche seine Armee zieht, zu geben, sondern außerdem eine genaue Karte davon zu zeichnen; er sollte auch die Produkte, Pflanzen, Mineralien, Wälder, Tiere, Jahreszeiten, Klimata, Einwohner, Sitte, Sprache, Politik und sogar die Religion der betreffenden Länder kennen.

Wäre es sonst zu begreifen, Korporal, fuhr Onkel Toby fort, sich aus dem Schilderhaus erhebend, da sich sein Herz jetzt zu erwärmen begann, wie Marlborough mit seiner Armee von den Ufern der Maas nach Belburg, von Belburg nach Kerpenord (hier hielt der Korporal das Sitzen nicht mehr länger aus), von Kerpenord, Trim, nach Kalsaken, von Kalsaken nach Neudorf, von Neudorf nach Landenburg, von Landenburg nach Mildenheim, von Mildenheim nach Elchingen, von Elchingen nach Gingen, von Gingen nach Balmershofen, von Balmershofen nach Schellenburg hätte marschieren können, wo er in die feindlichen Werke eine Bresche schlug, und wie er sich endlich den Übergang über die Donau hätte erzwingen und den Lech überschreiten können, immer an der Spitze der Truppen durch Freiberg, Hohenwert und Schönfeldt bis zur Ebene von Blenheim und Höchstädt? Ein so großer Feldherr er auch war, Korporal, so würde er doch nicht einen Schritt haben vorwärtskommen und einen Tagesmarsch vollführen können ohne Geographie. Was aber die Chronologie anbelangt, gestehe ich, Trim, fuhr Onkel Toby fort, indem er sich gelassen ins Schilderhaus setzte, so scheint mir das eine Wissenschaft zu sein, die sich ein Soldat lieber schenken sollte, wenn er nicht von ihr noch einmal eine Erleuchtung betreffend die Erfindung des Schießpulvers zu erwarten hätte, dessen schreckliche Wirkung, alles vor sich her mit Gedonner umwerfend, für uns ein neues Zeitalter in der Verbesserung der Waffen herbeigeführt hat, indem es die Angriffs- und Verteidigungsweise zu Wasser und zu Lande so gänzlich änderte und eine ganz neue Kunst und Geschicklichkeit dafür in den Menschen erweckte, so daß die Menschheit in der Bestimmung der Jahreszahl dieser großen Erfindung nicht gewissenhaft genug sein könnte oder nicht wißbegierig genug, welcher große Mann es denn erfunden und welcher Umstand ihm dazu verholfen haben könnte.

Mir liegt es fern zu bestreiten, fuhr Onkel Toby fort, worüber sich die Geschichtsschreiber schon geeinigt haben, daß nämlich im Jahre unseres Herrn 1380 unter der Regierung Wenzels, des Sohnes Karls IV., ein Priester namens Schwarz den Gebrauch des Pulvers den Venezianern in ihrem Krieg gegen die Genuesen zeigte, aber sicher ist das eine, daß er nicht der erste war, wenn wir Don Pedro, Bischof von Leon, glauben dürfen ... Wie kamen aber Pfaffen und Bischöfe, Euer Gnaden, dazu, sich den Kopf über das Schießpulver zu zerbrechen? fiel Trim ein. – Der Himmel weiß es, antwortete Onkel

Toby, denn seine Vorsehung bringt das Gute allerorten hervor, und dieser Bischof behauptet in seiner Chronik des Königs Alphons, der Toledo eroberte, daß im Jahre 1343, also ganze siebenunddreißig Jahre früher, das Geheimnis des Schießpulvers wohlbekannt gewesen und erfolgreich von Mauren und Christen verwendet worden sei, und zwar nicht nur in Seeschlachten um diese Zeit, sondern auch bei einigen der denkwürdigsten Belagerungen in Spanien und in der Berberei. Und alle Welt weiß, daß der Mönch Bacon einmal darüber geschrieben und sehr freigebig der Menschheit ein Rezept gegeben hat, wie es zu machen sei, mehr als hundertundfünfzig Jahre, bevor Schwarz geboren war. Und daß die Chinesen, fügte Onkel Toby hinzu, uns samt unseren Berichten noch mehr in Verwirrung bringen, indem sie sich dieser Erfindung einige Jahrhunderte vor uns rühmen ... Die sind aber, glaube ich, alle eine Bande von Lügnern und nichts weiter, rief Trim aus.

Sie haben sich jedenfalls so oder so darin geirrt, sagte Onkel Toby, wie ich es ganz deutlich aus dem elenden Zustand ihrer Kriegsbaukunst ersehe, die in nichts anderem besteht als in einem Graben mit einer Ziegelmauer ohne Flanken, und das, was sie für Bastionen ausgeben, an jeder Ecke derselben, ist so barbarisch konstruiert, daß es genauso aussieht ... Wie eines meiner sieben Schlösser, Euer Gnaden, sagte Trim.

Obwohl Onkel Toby gar verlegen um einen Vergleich war, so wies er dennoch höflich Trims Anerbieten ab – bis ihm dieser gestand, er habe noch ein halbes Dutzend davon in Böhmen liegen, von denen er gar nicht wüßte, wie er sie loswerden könne. Jetzt ward Onkel Toby so gerührt von diesem Scherz Trims und seinem guten Herzen, daß er seinen Vortrag über Schießpulver abbrach und den Korporal bat, mit der Geschichte fortzufahren.

Die Geschichte vom König von Böhmen und seinen sieben Schlössern wird fortgesetzt:

Dieser unglückliche König von Böhmen also, sagte Trim. – War er denn unglücklich? rief Onkel Toby, denn er steckte im Geiste noch in seiner Abhandlung über das Schießpulver drinnen, so daß, obwohl er die Fortsetzung der Geschichte selber gewünscht hatte, die vielen Unterbrechungen derselben, die er freilich alle selber veranlaßt hatte, keinen so starken Eindruck auf ihn gemacht hatten, um damit das Beiwort ›unglücklich‹ zu begründen. – War er denn unglücklich, Trim? fragte Onkel Toby gerührt. – Der Korporal wünschte zunächst das Wort samt allen seinen Synonymen zum Teufel und durchlief schnell im Geist die hauptsächlichsten Ereignisse aus der Erzählung des Königs von Böhmen; und da sich aus jedem einzelnen klar ergab, daß er der glücklichste Mensch gewesen war, der je gelebt hatte, wurde er stutzig. Denn da er weder das Beiwort zurückziehen noch weniger es begründen, am allerwenigsten aber seine Erzählung so drehen wollte, daß sie einer vorgefaßten Meinung diente (wie das die Menschen früher gerne taten), so sah er Onkel Toby ins Gesicht wie einer, der Hilfe sucht; da er aber gewahr wurde, daß Hilfe genau das sei, worauf auch Onkel Toby jetzt wartete, so fuhr er, nachdem er sich einmal geräuspert hatte, fort:

Der König von Böhmen, Euer Gnaden, war insofern unglücklich, sage ich, als er viel Lust und Vergnügen am Seefahren und allen Sachen der Schiffahrt hatte, und da sich zufällig im ganzen Königreich Böhmen nicht ein einziger Seehafen befand ...

Wie zum Teufel könnte das auch möglich sein, Trim? rief Onkel Toby, denn da Böhmen ganz und gar ein Binnenland ist, so kann es doch nicht anders sein. – Es könnte schon, sagte Trim, wenn es Gott so gewollt hätte.

Vom Wesen und den Eigenschaften Gottes aber sprach mein Onkel Toby niemals anders als mit Behutsamkeit und Zurückhaltung.

Ich glaube nicht, antwortete Onkel Toby nach einer Pause, denn da es, wie gesagt, ein Binnenland ist und Schlesien und Mähren im Osten, die Lausitz und Obersachsen im Norden, Franken im Westen und Bayern im Süden hat, so könnte Böhmen nicht ans Meer getrieben werden, ohne damit aufzuhören, Böhmen zu sein. Auch könnte andererseits das Meer nicht bis nach Böhmen kommen, ohne einen großen Teil von Deutschland zu überschwemmen und Millionen unglücklicher Einwohner zu vernichten, die sich dagegen nicht zu wehren vermöchten. – Schrecklich! rief Trim. – Was aber alles, fügte Onkel Toby milde hinzu, einen solchen Mangel an Mitgefühl in dem verraten würde, der unser Vater und Schöpfer ist, daß die Sache eben meiner Meinung nach, Trim, auf keine Weise möglich wäre ...

Der Korporal machte eine Verbeugung zum Zeichen ungeheuchelter Überzeugung und fuhr fort:

Nun traf es sich zufällig, daß der König von Böhmen samt seiner Gemahlin und vielen Höflingen an einem schönen Sommerabend einen Spaziergang machte … Ja, Trim, hier ist das Wort ›zufällig‹ wohl am Platze, rief Onkel Toby, denn der König von Böhmen samt seiner Gemahlin hätte spazierengehen oder es auch lassen können; beides war möglich, und der Zufall allein hatte zu entscheiden …

König Wilhelm war der Ansicht, Euer Gnaden, sagte Trim, daß jedes Ding in der Welt uns vorherbestimmt ist, weshalb er oft zu seinen Soldaten sagte, jede Kugel sei mit einer genauen Adresse versehen. – Er war ein großer Mann, sagte Onkel Toby. – Und ich glaube, fuhr Trim fort, bis zum heutigen Tage, daß der Schuß, der mich bei Landen zum Krüppel machte, nach meinem Knie nur darum gezielt war, damit ich aus des Königs Diensten ausscheiden und in die Dienste von Euer Gnaden treten könnte, wo für mich im Alter besser gesorgt sein wird.

Trim, das, was Ihm damals passierte, soll niemals anders als also ausgelegt werden zwischen uns beiden, sagte Onkel Toby.

Beider Herzen, sowohl das des Herrn wie auch das des Dieners, hatten eine gewisse Neigung zu solchen und ähnlichen Ergüssen. – Es folgte eine kurze Pause.

Übrigens, sagte der Korporal, das Gespräch in einem lustigeren Ton wieder aufnehmend, wenn dieser einzige Schuß nicht gewesen wäre, so würde ich mich nicht verliebt haben, Euer Gnaden.

So ist Er also einmal verliebt gewesen, Trim? fragte Onkel Toby lächelnd.

Und wie! antwortete der Korporal, bis über die Ohren, Euer Gnaden. – Bitte, Trim, sprech Er: Wann? Wo? Wie ist es geschehen? Ich habe nie ein Wort darüber vorher gehört, sagte Onkel Toby. – Ich möchte sagen, antwortete Trim, jeder Trommler und Sergeantensohn im Regiment wußte davon. – Hohe Zeit, Trim, daß auch ich davon erfahre, sagte Onkel Toby.

Euer Gnaden werden sich nicht ohne Betrübnis, sagte der Korporal, an die totale Auflösung und Verwirrung in unserem Lager und Heer nach der Schlacht bei Landen erinnern; jeder war sich selber überlassen und mußte sehen, wie er sich rettete; und wenn nicht die Regimenter Wyndham, Lumley und Galway dagewesen wären, die den Rückzug über die Brücke bei Neerspeeken deckten, so würde der König selber nicht haben herüberkommen können, denn er war, wie Euer Gnaden wissen, von allen Seiten hart bedrängt …

Welch tapferer Mensch! rief Onkel Toby aus, von plötzlicher Begeisterung erfaßt, in dem Augenblick, da alles verloren war, sehe ich ihn noch auf mich zu gegen den linken Flügel galoppieren, Korporal, um die Reste der englischen Kavallerie zu sammeln und damit den rechten Flügel zu stützen und womöglich noch den Lorbeer von der Stirn des Luxemburgers zu reißen. Ich sehe ihn vor mir – der Knoten seiner Schärpe ward von einer Kugel zerfetzt –, dem Regiment des armen Galway frischen Mut einflößen, die Front entlangreiten und plötzlich kehrtmachen und Conti an der Spitze des Regimentes angreifen. Tapfer, tapfer, beim Himmel, rief Onkel Toby, er verdient eine Krone ... So sehr wie der Dieb den Strick, rief Trim.

Onkel Toby war von Korporal Trims Königstreue zu überzeugt; aber dieser Vergleich war ganz und gar nicht nach seinem Geschmack, er gefiel auch dem Korporal nicht, als er ihn machte; nun war er einmal heraus und konnte nicht mehr zurückgerufen werden. Darum blieb ihm nichts anderes übrig als fortzufahren:

Da die Zahl der Verwundeten ungeheuer groß war und niemand an etwas anderes denken konnte als an seine eigene Sicherheit ... Obwohl Talmasch, fiel Onkel Toby ein, die Infanterie mit großer Umsicht aus der feindlichen Zone brachte. – Mich aber ließ man auf dem Schlachtfeld zurück, sagte der Korporal ... Armer Teufel! Ja, so war es, antwortete Onkel Toby. – So daß es Mittag wurde am nächsten Tag, fuhr der Korporal fort, bevor ich ausgetauscht und mit dreizehn oder vierzehn anderen in einen Leiterwagen getragen und nach unserem Spital transportiert werden konnte. Es gibt keine Stelle am ganzen Körper, Euer Gnaden, wo eine Wunde unerträglichere Schmerzen verursacht als am Knie.

Ausgenommen in den Leisten, sagte Onkel Toby. – Euer Gnaden, antwortete der Korporal, das Knie muß darum meiner Meinung nach am meisten wehe tun, weil dort sich so viele Sehnen, und wie das Zeug alles heißt, treffen.

Das ist genau der Grund, sagte Onkel Toby, warum die Leisten so empfindlich sind, denn da sich darum herum nicht nur viel Sehnen, und wie das alles heißt, finden, sondern auch noch ****

Witwe Wadman, welche die ganze Zeit über in ihrem Busch steckte, hielt augenblicklich den Atem an, machte die Haube unter dem Kinn locker und hob sich ein wenig auf einem Bein ...

Der Wettstreit wurde sehr freundschaftlich und mit gleicher Kraft auf beiden Seiten zwischen Onkel Toby und dem Korporal fortgeführt, bis sich Trim erinnerte, daß er oft über die Leiden seines Herrn geweint, aber niemals eine Träne über seine eigenen vergossen habe, und darum den Wettstreit aufgab, was mein Onkel wiederum nicht zulassen wollte. – Das beweist natürlich gar nichts, Trim, sagte er, oder nichts anderes als eben dein gutes Herz.

So daß die Frage, ob der Schmerz einer Wunde in den Leisten größer sei *(caeteris paribus)* als der Schmerz einer Wunde am Knie, bis zum heutigen Tag unentschieden geblieben ist.

Zwanzigstes Kapitel

Der Schmerz am Knie, fuhr der Korporal fort, war an sich schon übermäßig, aber das Rumpeln des Karrens, die holprigen und ausgefahrenen Straßen machten ihn noch ärger; bei jedem Ruck glaubte ich zu sterben, so daß das alles zusammen mit dem Blutverlust, dem Mangel an Pflege und dem Fieber, das ich kommen fühlte (Armer Kerl! sagte Onkel Toby.), mehr war, Euer Gnaden, als ich ertragen konnte.

Ich schilderte, was ich alles ausstand, einem jungen Weibe in einem Bauernhaus, vor welchem unser Wagen, der letzte der ganzen Linie, hielt; man half mir ins Haus hinein, und das junge Weib nahm Tropfen aus der Tasche, goß sie auf Zucker, und da sie sah, daß sie mir guttaten, gab sie mir ein zweites und ein drittes Mal davon. So erzählte ich ihr, Euer Gnaden, von den Schmerzen, die ich hatte, und daß ich viel lieber mich hier auf ein Bett niederlegen (ich sah dabei auf eines hin, das in der Ecke stand) und sterben, als weiterziehen wollte. Sie versuchte mich, nach dem Bett zu führen, aber ich wurde in ihren Armen ohnmächtig. Sie war eine gute Seele, sagte der Korporal und wischte sich die Augen, wie Euer Gnaden gleich hören werden.

Ich dachte, Trim, Liebe wäre eine frohe Sache, sagte Onkel Toby.

Es ist die ernsteste Sache, Euer Gnaden (zuweilen), die es gibt.

Auf Zureden des jungen Weibes – setzte der Korporal seine Erzählung fort – fuhr der Wagen mit den Verwundeten ohne mich weiter; sie versicherte die Leute, daß ich im Augenblick, da sie mich wieder in den Wagen brächten, sterben würde. Als ich also zu mir kam, fand ich mich in einer stillen Hütte, das junge Weib neben mir und der Bauer und die Bäuerin. Ich war quer über das Bett in der Stubenecke gelegt, das verwundete Bein auf einen Stuhl, das junge Weib saß neben mir, hielt mit der einen Hand den in Essig getauchten Zipfel eines Taschentuches mir an die Nase und rieb mit der anderen meine Schläfen.

Ich hielt sie zuerst für die Tochter des Bauern (denn es war kein Gasthaus) und bot ihr drum meine kleine Börse an, worin achtzehn Gulden steckten, die mir mein armer Bruder Tom (hier wischte sich Trim die Augen aus) als Andenken durch einen Rekruten, gerade als er nach Lissabon segeln wollte, geschickt hatte ...

Ich habe Euer Gnaden noch niemals diese traurige Geschichte erzählt – hier wischte sich Trim zum drittenmal die Augen aus.

Das junge Weib rief den Bauern und seine Frau ins Zimmer herein, um ihnen das Geld zu zeigen, damit sie mir jetzt um so lieber das Bett überließen und alles, was ich brauchte, für mich täten, bis ich soweit wäre, daß ich ins Spital gebracht werden könnte. Ich bin also, sprach sie, die Börse zubindend, Euer Bankier, da aber dies Geschäft mir nicht genug Arbeit gibt, will ich auch Eure Pflegerin sein.

Aus ihrer Art zu reden und auch nach ihrer Kleidung, die ich jetzt aufmerksam mir anzusehen begann, schloß ich, daß sie nicht die Tochter des Bauern sein konnte.

Sie war von oben bis unten ganz in Schwarz gekleidet, ihr Haar war unter einer Haube aus Batist verborgen, die auch die Stirn verdeckte; sie war eine von jenen Nonnen, Euer Gnaden, deren es, wie Euer Gnaden wissen, gar viele in Flandern gibt, die frei umhergehen dürfen. – Nach Seiner Beschreibung, sagte Onkel Toby, muß es eine junge Beguine gewesen sein, die, außer in Amsterdam, sonst nur in den spanischen Niederlanden zu finden sind. Sie unterscheiden sich von den Nonnen dadurch, daß sie das Kloster verlassen dürfen, wenn sie Lust haben zu heiraten. Ihr Beruf ist Krankenbesuch und Krankenpflege. Was mich betrifft, so würde es mir lieber sein, sie täten es aus bloßer Herzensneigung.

Sie hat mir oft gesagt, daß sie es um Christi willen täte, sagte Trim. Mir hat das nicht gefallen. – Ich glaube aber, Trim, wir sind beide im Unrecht, sagte Onkel Toby, und wir werden heute abend bei meinem Bruder darüber Yorick fragen. Erinnere Er mich daran! fügte Onkel Toby hinzu.

Die junge Beguine hatte sich kaum Zeit gelassen, mir zu sagen, fuhr Trim fort, sie wolle meine Pflegerin sein, als sie sich auch gleich an die Arbeit machte. Nach kurzer Zeit also, obwohl sie mir ziemlich lang schien, kam sie mit Flanellbinden usw. usw. zurück, und nachdem sie mein Knie ein paar Stunden lang mit warmen Umschlägen traktiert und mir einen Teller Hafersuppe gegeben hatte, wünschte sie mir eine gute Nacht und versprach mir, morgen früh wieder dazusein. Ach, sie hatte mir damit etwas gewünscht, was mir nicht vergönnt war, Euer Gnaden. Mein Fieber stieg in dieser Nacht sehr hoch, und ihr Bild führte eine gar traurige Aufregung in mir herbei. Ich schnitt jeden Augenblick die Welt in zwei Teile, um die eine Hälfte ihr zu geben, und in einem fort weinte ich darüber, daß mein Schnappsack und achtzehn Gulden alles wären, was ich mit ihr zu teilen hätte. Die ganze Nacht über stand die schöne Beguine wie ein Engel dicht neben mir am Bett, hielt den Vorhang zurück und gab mir von einer Arznei – und ich erwachte erst aus meinem Traum, als sie zur versprochenen Stunde kam und mir von der Arznei wirklich zu trinken gab. Die Wahrheit zu sagen, wich sie kaum von meiner Seite, und ich war so gewöhnt, Leben und Erquickung aus ihrer Hand zu empfangen, daß mir mein Herz weh tat und ich ganz bleich wurde, sooft sie aus dem Zimmer ging; und dennoch, fuhr der Korporal fort (indem er eine der seltsamsten Betrachtungen von der Welt anstellte) –

war es nicht Liebe, denn während der drei Wochen, die sie ununterbrochen bei mir war, mir Tag und Nacht eigenhändig heiße Umschläge machte, muß ich ehrlich gestehen, Euer Gnaden, daß *
* * * einziges Mal.

Das ist in der Tat sehr merkwürdig, Trim, sagte Onkel Toby.

Mir scheint das auch so, sagte Witwe Wadman.

...Nicht ein einziges Mal, wiederholte der Korporal.

Einundzwanzigstes Kapitel

Aber es ist gar nicht so wunderbar, fuhr der Korporal fort, als er sah, wie mein Onkel darüber nachsann, denn die Liebe, Euer Gnaden, ist genauso wie der Krieg, und zwar insofern, als ein Soldat drei Wochen lang bis Samstagabend heil davonkommen, am Sonntagmorgen aber einen Schuß durchs Herz erhalten kann. Zufällig war's bei mir auch so, Euer Gnaden, nur mit dem Unterschied, daß es Sonntagnachmittag war, als ich mich auf einmal ganz schrecklich verliebte. Es traf mich wie eine Bombe, Euer Gnaden, und ließ mir kaum Zeit zu rufen: Gott segne mich!

Ich dachte, Trim, sagte Onkel Toby, ein Mann verliebt sich nicht so plötzlich.

O ja, Euer Gnaden, antwortete Trim, nur muß er dazu veranlagt sein.

Ich bitte, sagte Onkel Toby, erzähle Er mir genau, wie sich alles zugetragen.

Sehr gerne, sagte der Korporal und verbeugte sich.

Zweiundzwanzigstes Kapitel

Bis zu dieser Stunde war ich also noch gut davongekommen und hatte mich nicht verliebt, und es würde sicherlich dabei geblieben sein bis ans Ende der Geschichte – wäre es mir nicht anders bestimmt gewesen; wir können uns eben nicht gegen das Schicksal auflehnen.

Es war also Sonntag am Nachmittag, wie ich Euer Gnaden schon erzählt habe.

Der Bauer und sein Weib waren ausgegangen.

Im Haus war alles still und lauschig wie um Mitternacht … Nicht ein Entlein schnatterte oder plätscherte im Hof, als die schöne Beguine mich besuchen kam.

Mit meiner Wunde fing es an, so ziemlich gut zu gehen – die Entzündung war schon seit einigen Tagen gewichen, aber jetzt stellte sich so unerträgliches Jucken ober- und unterhalb des Knies ein, daß ich die ganze Nacht über kein Auge schließen konnte.

Laßt mich es sehen, sagte sie, kniete auf dem Boden nieder und befühlte mit der Hand die Stelle unterhalb des Knies – es muß nur ein wenig gerieben werden, sagte die Beguine. Mich zudeckend, begann sie mit dem Zeigefinger der rechten Hand unter meinem Knie zu reiben, indem sie ihn nach vor- und rückwärts bis zum Rand der Flanellbinde, die den Verband bedeckte, gleiten ließ.

Nach fünf oder sechs Minuten fühlte ich leise, leise die Spitze des zweiten Fingers – er legte sich neben den andern, und die Beguine fuhr auf dieselbe Weise eine gute Weile zu reiben fort. Mir fuhr's da plötzlich durch den Kopf, ich könnte mich am Ende verlieben. – Ich bekam auch ganz rote Backen, als ich sah, was für eine weiße Hand sie hatte … Ach, Euer Gnaden, ich werde keine so weiße Hand mehr sehen, solange ich lebe …

An dieser Stelle wenigstens nicht, sagte Onkel Toby.

Obwohl der Korporal jetzt noch ganz ernstlich in Verzweiflung darüber war, so konnte er sich nicht zurückhalten und mußte lachen.

Da die junge Beguine, fuhr der Korporal fort, sah, daß es mir guttäte, ging sie vom Reiben mit zwei Fingern dazu über, mich mit dreien zu reiben, bis sie allmählich auch den vierten zu Hilfe nahm und schließlich mit der ganzen Hand rieb. Ich will nie mehr etwas über Hände sagen, Euer Gnaden, wenn diese nicht weicher war als Seide …

Bitte, Trim, lob Er mir die Hand, soviel Er will, sagte Onkel Toby, ich will darum Seine Geschichte nur um so lieber zu Ende hören.

Der Korporal dankte seinem Herrn gar herzlich, doch da er über die Hand der Beguine nur immer wieder dasselbe und nichts anderes zu sagen hatte, so ging er auf die Wirkung derselben über.

Die schöne Beguine, sagte der Korporal, fuhr also mit der ganzen Hand unter dem Knie zu reiben fort, bis ich endlich der Befürchtung Ausdruck gab, ihr Eifer müßte sie doch ermüden. Ich wollte es tausendmal öfter und länger tun, sagte sie, um Christi willen, und damit fuhr sie mit der Hand über den Flanellumschlag hinweg bis zu jener Partie oberhalb des Knies, über welche ich ebenfalls geklagt hatte, und begann dort gleichfalls zu reiben.

Ich bemerkte nun, daß ich mich zu verlieben begann.

Als sie nun so immerfort rieb und rieb, fühlte ich, mit Euer Gnaden Verlaub, wie sich's von ihrer Hand aus durch meinen ganzen Körper verbreitete.

Und sie fuhr fort zu streichen und streichen und streichen, und je längere Striche sie machte, um so heftiger entzündete sich das Feuer in meinen Adern, bis endlich nach zwei bis drei Strichen, die weiter reichten als die übrigen, meine Leidenschaft den höchsten Grad erreichte … Ich faßte ihre Hand …

Und Er drückte sie an Seine Lippen, Trim, sagte Onkel Toby, und machte eine Liebeserklärung.

Ob nun Trims Erklärung genauso endete, wie Onkel Toby sich das vorstellte, tut nichts zur Sache; es genügt, daß sie in sich das Wesentliche aller Liebesgeschichten enthielt, die jemals seit der Erschaffung der Welt verfaßt worden sind.

Dreiundzwanzigstes Kapitel

Kaum hatte der Korporal die Geschichte seiner Liebe beendet, oder besser, kaum hatte Onkel Toby sie statt des Korporals beendet, als Witwe Wadman behutsam aus ihrem Gebüsch hervorkam, die Nadel in der Haube wieder zurechtsteckte und durch das Heckenpförtchen sachte gegen Onkel Tobys Schilderhaus vorging. Die Stimmung, in welche Onkel Toby durch Trims Erzählung geraten zu sein schien, lieferte ihr eine zu günstige Gelegenheit.

Der Angriff ward also beschlossen, und er war dadurch noch erleichtert, daß Onkel Toby dem Korporal anbefohlen hatte, den Pionierspaten, die Axt, die Schaufel, die Pflöcke und alles übrige Gerät, das am Boden dort, wo Dünkirchen gestanden hatte, zerstreut herumlag, wegzuführen. Der Korporal war also abmarschiert, das Feld klar.

Bedenken Sie, Herr, wie wenig Sinn es schließlich hat, ja, wie direkt unsinnig es ist, beim Kriegführen, Bücherschreiben oder bei anderen Dingen (gereimten und ungereimten), die sich jemand vornehmen kann, nach einem Plan zu handeln. Denn wenn es ein Plan an sich verdient hat, in goldenen Buchstaben eingefaßt und registriert zu werden (ich meine natürlich bei den Schildbürgern), so war es sicherlich der Plan eines Angriffs seitens der Witwe Wadman auf Onkel Tobys Schilderhaus eben mittels eines *Planes.* Nun aber hing im Schilderhaus damals gerade der Plan von Dünkirchen an der Wand, und da nun die Geschichte von Dünkirchen höchst betrüblich war, so hätte sie den Eindruck, den Witwe Wadman machen wollte, gestört. Und wenn sie auch darnach hätte vorgehen können, so war doch dieses ganze ausgeklügelte Manöver mit Fingern und Händen und Füßen beim Angriff auf das Schilderhaus so völlig von dem Manöver der schönen Beguine in Trims Erzählung übertroffen worden, daß gerade dieser bedachte Angriff, wie erfolgverheißend er noch vorhin geschienen haben mochte, sich jetzt als der verfehlteste Angriff dartat, der sich je hätte unternehmen lassen.

Oh, laßt das Weib jetzt nur allein und selber handeln! Witwe Wadman hatte in der Tat kaum das Pförtlein geöffnet, so machte ihr Scharfsinn sich ein Spiel auch aus den veränderten Umständen.

Sie entwarf sofort einen anderen Angriffsplan.

Vierundzwanzigstes Kapitel

Ich bin halb von Sinnen, Hauptmann Shandy, sprach Witwe Wadman, und hielt das Batisttuch vor das linke Auge, als sie vor die Tür des Schilderhauses trat: Eine Mücke, ein Staubkorn, ich weiß nicht was, muß mir ins Auge gedrungen sein. Ach, bitte, sehen Sie doch einmal hinein, es ist keinesfalls im Weißen …

Indem sie mit diesen Worten dicht an Onkel Toby vorbei ins Schilderhaus glitt und sich an das äußerste Ende der Bank drückte, gab sie ihm zugleich Gelegenheit, das Verlangte zu tun, ohne dazu aufstehen zu müssen. Bitte, sehen Sie doch nach! Bitte, sprach sie.

O du rechtschaffene, ehrliche Seele, du hast hineingesehen mit der ganzen Unschuld eines Kindes, das in einen Guckkasten sieht, und wer dir wehe tut, begeht die gleiche Sünde wie einer, der ein Kind quält.

Wenn ein Mann aus eigenem Verlangen in dergleichen Dinge hineingucken will, habe ich nichts dagegen –

Das war aber nicht hier der Fall, und ich will dafür einstehen, daß Onkel Toby ganz ruhig und unbewegt auf dem Sofa vom Juni bis Januar (welcher Zeitraum sowohl die kalten als auch die warmen Monate umfaßt) mit einem so herrlichen Auge wie jenem der thrakischen Rhodope* neben sich hätte sitzen können, ohne zu wissen, ob das Auge schwarz oder blau sei.

Die Schwierigkeit lag darin, Onkel Toby überhaupt dazu zu bringen, daß er in eines blickte.

Sie ist überwunden. Und

ich sehe ihn (die Pfeife in der Hand, die so zitterte, daß die Asche herausfiel), wie er guckt und guckt und sich die Augen reibt und wieder hineinsieht mit doppelt soviel Treuherzigkeit, als jemals Galileo nach einem Sonnenfleck spähte.

Vergeblich. Bei allen Mächten, welche das herrliche Organ beseelen! Witwe Wadmans linkes Auge leuchtet in diesem Moment so hell wie das rechte, weder eine Mücke noch ein Sandkorn noch Staub oder Spreu oder ein Flecken oder sonst ein Partikelchen fester Materie schwimmt darin, nichts, nichts, oh, nichts anderes, mein väterlicher Oheim, als ein einziges lockendes, köstliches Feuer, das diebisch von überallher hervorschießt in deines hinein.

Wenn du, Onkel Toby, auf der Suche nach der Mücke noch einen Augenblick länger hineinsiehst – so ist es um dich geschehen.

* Rhodope Thracia tam inevitabili fascino instructa, tam exacte oculus intuens attraxit, ut si in illam quis incidisset, fieri non posset, quin caperetur. (Ich weiß nicht, von wem.) Die thrakische Rhodope hatte eine derartige Zaubergewalt, und so vollkommen war die Anziehungskraft, die sie durch den Blick ihrer Augen ausübte, daß jeder, der in ihren Bereich kam, unbedingt eingefangen wurde.

Ein Auge ist tatsächlich in dieser Hinsicht genauso wie eine Kanone; insofern nämlich, als es nicht das Auge oder die Kanone an sich selbst ist, als vielmehr die Richtung des Auges und der Kanone, wodurch beide in der Lage sind, reichlich Schaden anzurichten.

Ich halte diesen Vergleich nicht für schlecht. Und da er zu Nutz und Zier an der Spitze des Kapitels steht, so möchte ich mir nur das eine als Gegenleistung ausbitten, daß, wenn immer ich von Witwe Wadmans Auge rede (ausgenommen ein einziges Mal im nächsten Absatz), Sie diesen Vergleich auch im Sinn behalten.

Madame, ich muß gestehen, ich kann nichts in Ihrem Auge finden, sagte Onkel Toby.

Es ist nicht im Weißen, erwiderte Witwe Wadman. – Onkel Toby sah weiter mit aller Anstrengung in die Pupille.

Nun war wirklich von allen Augen, die jemals geschaffen worden sind, angefangen bei Ihren eigenen, Madame, bis zu denen der Venus, die sicherlich ein so venerisches Paar waren wie nur irgendeines in der Welt, keines so geschaffen, Onkel Toby der Ruhe zu berauben wie jenes, in das er eben hineinsah. Es war kein rollendes, Madame, auch kein freches oder lüsternes – auch kein funkelndes, übermütiges oder gebieterisches, keines voll hoher Ansprüche und niederschmetternder Forderungen, das mit einem Blick die Milch alles Menschentums in Onkel Toby hätte gerinnen machen, ach nein, vielmehr war es ein Auge voll leiser Winke und sanfter Entgegnungen. Es redete nicht überlaut gleich dem Trompetenregister einer schlecht gefügten Orgel, womit gar manches Auge, zu dem wir sprechen, uns ankreischt, nein, es flüsterte und lispelte milde wie der letzte, leise Hauch einer verscheidenden Heiligen ... Können Sie wirklich so ohne alle Pflege, Hauptmann Shandy, und allein leben ohne einen Busen, an den Sie Ihr Haupt legen oder dem Sie Ihre Sorgen anvertrauen dürfen?

Es war ein Auge ...

Doch ich werde mich selber hinein verlieben, wenn ich noch ein Wort mehr darüber sage ...

Jedenfalls tat es seine Wirkung auf Onkel Toby.

Nichts zeigt die Charakteranlage sowohl meines Vaters als auch Onkel Tobys in einer ergötzlicheren Beleuchtung als beider durchaus verschiedenes Betragen beim gleichen Zu-fall. Denn ich nenne die Liebe einen Zu- und nicht einen Unfall, weil ich überzeugt bin, daß ein Menschenherz davon nur um so besser wird. Großer Gott! Was muß dadurch nicht noch alles aus dem Herzen Onkel Tobys geworden sein, das ohnehin schon lauter Wohlwollen war.

Mein Vater war, wie aus seinen nachgelassenen Papieren hervorgeht, dieser Leidenschaft, bevor er heiratete, sehr häufig unterworfen gewesen, doch es lag in seiner launig ungeduldigen, zugleich aber ein wenig ätzenden Natur, daß er sich ihr, sooft sie ihn überfiel, nicht wie ein Christ ergab, sondern wie ein rechter Teufel schnob und fauchte und aufstampfte und ausschlug. Und die bittersten Schmähreden gegen das Auge schrieb, die je ein Mann verfaßt hatte. Da liegt so eine vor mir in Versen auf das Auge irgendeines Wesens, das ihn für zwei oder drei Nächte um den Schlaf gebracht hatte, welche in der ersten Aufwallung von Rachsucht also beginnt:

Ein Teufelsaug – das
soviel Schaden tut,
wie nie ein Heide tat,
noch Türk, noch Jud.*

Kurz, mein Vater war während des Anfalls nichts als eitel Schimpfen und Schmähen, ja seine Äußerungen grenzten schon an Flüche. Nur tat er es weder mit soviel Methode wie Ernulphus – dazu war er zu heftig – noch mit des Ernulphus Umsicht, denn da mein Vater in seiner Unduldsamkeit alles verfluchte, dies und das und ein jegliches Ding unter dem Himmel, das seiner Liebe entweder entgegenkam oder sie nicht minderte, so schloß er doch niemals dieses sein besonderes Kapitel der Flüche, ohne nicht auch sich selber zu verfluchen als einen der, wie er sagte, auserlesensten Narren und Hanswürste, die je in Gottes Welt losgelassen wurden.

Onkel Toby hingegen nahm es hin wie ein Lamm, saß still da und ließ das böse Gift im Blut wirken, ohne etwas dagegen zu tun. Während der heftigsten Schmerzen an der Wunde (wie bei jener in den

* Sie wird in meines Vaters ›Leben des Sokrates‹ veröffentlicht.

Leisten) ließ er nicht ein einziges Wort der Gereiztheit und des Ärgers fallen, er tadelte weder Himmel noch Erde oder dachte und sprach keine einzige Schmähung aus gegen irgend jemanden oder gegen irgendeinen Körperteil des Menschen; einsam und nachdenklich saß er da mit seiner Pfeife, sah auf sein gelähmtes Bein, hauchte ein empfindsames »Ei, ei!« aus, das sich mit dem Rauch der Pfeife vermengte und keinem Menschen wehe tat.

Er nahm es hin wie ein Lamm, sage ich.

In Wahrheit aber mißverstand er anfangs alles und nahm es nicht wichtig, denn da er am selben Morgen mit meinem Vater ausritt, um, wenn es noch ging, ein schönes Gehölz zu retten, das der Dekan und das Kapitel schlagen lassen wollten, um es den Armen* zu geben – welches Gehölz zudem von Onkel Tobys Haus schön überblickt werden konnte und ihm bei der Beschreibung der Schlacht von Wynnendale gute Dienste leistete –, da, wie gesagt, Onkel Toby mit meinem Vater ein wenig zu eilig trabte, um das Gehölz zu retten, noch dazu in einem unbequemen Sattel und auf einem noch schlechteren Pferd, so geschah es, daß der wäßrige Teil des Blutes unter der Haut am hintersten Teile zusammenströmte ... Die ersten Ergüsse davon hatte er (da er völlig ohne Erfahrung in allen Liebessachen war) für einen Bestandteil der Liebesleidenschaft gehalten, bis die Blase in dem einen Fall aufbrach, die Liebe hingegen blieb, so daß erst jetzt Onkel Toby wußte, daß seine Wunde keine Hautwunde war, sondern unter die Haut ging und bis zum Herzen reichte.

Siebenundzwanzigstes Kapitel

Wie die Welt nun einmal ist, schämt sie sich der Tugend ... Onkel Toby wußte wenig von der Welt; als er darum fühlte, daß er in die Witwe Wadman verliebt sei, hatte er kein Verständnis dafür, daß die Sache geheimnisvoller behandelt werden müßte, als wenn Witwe Wadman ihn mit einem offenen Küchenmesser in den Finger geschnitten hätte. Wenn es anders gewesen wäre – doch da er nun einmal in Trim seinen ärmeren Freund erblickte und jeden Tag im Leben neue Gründe fand, ihn als solchen zu behandeln, so würde auch

* Mr. Shandy muß hier die Armen im *Geiste* meinen; denn diese Geistlichen verteilten das Geld unter sich.

das nichts geändert haben in der Art, wie er ihn von der Sache in Kenntnis setzte:

Ich bin verliebt, Korporal, sagte nämlich Onkel Toby.

Achtundzwanzigstes Kapitel

Verliebt! erwiderte der Korporal. Euer Gnaden waren doch vorgestern noch ganz gut beisammen, als ich Euer Gnaden die Geschichte vom König von Böhmen erzählte. – Böhmen! sagte Onkel Toby, eine Weile nachdenkend. Was ist daraus geworden, Trim?

Wir sind beide irgendwie davon abgekommen, Euer Gnaden. Aber Euer Gnaden waren damals doch noch so frei von der Liebe, wie ich es jetzt bin. – Es ist genau in der Zeit geschehen, als Er mit dem Schubkarren abzog – mit Frau Wadman, sagte Onkel Toby. Sie hat hier eine Kugel zurückgelassen – fügte er hinzu, auf seine Brust deutend.

Sie kann aber ebensowenig einer Belagerung widerstehen, Euer Gnaden, wie sie fliegen kann, rief der Korporal.

Da wir aber Nachbarn sind, Trim, so ist es doch wohl der beste Weg, sie davon so, wie es sich gehört, in Kenntnis zu setzen, sagte Onkel Toby.

Wenn ich mir aber herausnehmen darf, darin anderer Meinung zu sein, Euer Gnaden, sagte Trim ... Warum spräche ich sonst so offen mit dir? entgegnete Onkel Toby mild.

Für meinen Teil würde ich zunächst einmal mit einer gesunden, donnernden Attacke beginnen als Antwort und ihr dann später erst, so wie sich's gehört, alles sagen, was zu sagen ist, denn wenn sie eine Ahnung davon hat, daß Euer Gnaden in sie verliebt sind ...

Um Himmels willen! fiel Onkel Toby ein, sie ahnt davon sowenig wie ein neugeborenes Kind.

Arglose, ehrliche Seelen!

Witwe Wadman hatte alles schon vor vierundzwanzig Stunden mit allen Begleitumständen Bridget erzählt und hielt jetzt mit ihr Kriegsrat ab wegen gewisser leiser Befürchtungen, die sie für den glücklichen Ausgang hegte und die ihr der Teufel selber (der niemals tot im Straßengraben liegt) noch in den Kopf gesteckt hatte – bevor er ihr die halbe Zeit ließ, still für sich das Tedeum anzustimmen.

Mir ist schrecklich bange, sagte Witwe Wadman, daß der arme

Hauptmann, im Falle ich ihn heirate, sich nie ganz gesund fühlen wird mit dieser schauerlichen Wunde in den Leisten.

Vielleicht ist sie gar nicht so arg, antwortete Bridget, wie Madame meinen – und übrigens glaube ich auch, fügte sie hinzu, daß sie geheilt ist.

Ich möchte das gerne genau wissen – seinetwegen, sagte Witwe Wadman.

Wir werden es wissen, und zwar sehr genau, in zehn Tagen, antwortete Bridget, denn während der Hauptmann Madame den Hof macht, wird Trim, bin ich sicher, um mich herumscharwenzeln, und ich will ihm soviel gewähren, als er haben will, fügte Bridget hinzu, nur um auf solche Weise alles aus ihm herauszubekommen.

Die entsprechenden Maßregeln wurden also sofort getroffen – aber auch Onkel Toby und der Korporal begannen mit den ihrigen …

Jetzt aber, sagte der Korporal, die linke Hand einstemmend und die rechte in der Luft schwingend, als wollte er damit die Hoffnung auf einen glücklichen Ausgang anzeigen, den er für ganz sicher hielt, wenn Euer Gnaden mir die Erlaubnis geben, einen Plan zur Attacke zu entwerfen …

Er wird mir damit sogar einen besonderen Gefallen erweisen, Trim, und da ich ahne, daß Er als Adjutant werde handeln müssen, so hat Er hier einen Taler, damit Er Seine neue Würde auch gleich begießen kann.

Da wollen wir also, Euer Gnaden, sagte der Korporal (sich zuerst für den neuen Posten mit einer Verbeugung bedankend) damit anfangen, daß wir Euer Gnaden verschnürten Waffenrock aus dem Feldkoffer herausholen, um ihn auszulüften, und daß wir die Goldtressen und blauen Aufschläge auf die Ärmel nähen, und ich will auch die weiße Knotenperücke frisch aufwickeln und endlich nach dem Schneider schicken, daß er die dünnen scharlachfarbenen Hosen wendet.

Es ist aber besser, wenn ich die roten Plüschhosen anziehe, sagte Onkel Toby. – Die werden aber doch etwas zu plump aussehen, meinte der Korporal.

Neunundzwanzigstes Kapitel

Und nehm Er auch eine Bürste und ein wenig Kreide, und putz Er mir den Degen blank, Trim, sagte Onkel Toby. – Der würde Euer Gnaden nur im Wege sein, versetzte Trim.

Dreissigstes Kapitel

Aber auch Euer Gnaden zwei Rasiermesser müssen abgezogen werden, und ich will gleichfalls meine Montero-Mütze frisch aufputzen und den Waffenrock des armen Le Fever anziehen, den Euer Gnaden mir zu dessen Andenken gegeben. Und wenn Euer Gnaden dann frisch rasiert sind und ein reines Hemd angezogen haben und darüber dann die blau-goldene oder auch die scharlachrote Uniform – einmal die, das andere Mal die andere – und wenn dann alles zur Attacke bereit ist, so werden wir so kühn aufmarschieren, als ginge es gegen eine Bastei. Und während Euer Gnaden sich an die Witwe Wadman im Wohnzimmer am rechten Flügel heranmachen, greife ich Bridget in der Küche am linken an, und wenn wir einmal erst oben sind, sagte der Korporal und schnalzte mit den Fingern, so gehört der Tag uns, dafür stehe ich ein.

Wenn ich nur alles richtig mache, sagte Onkel Toby; aber das eine muß ich offen gestehen, daß ich viel lieber bis hart an den Rand eines feindlichen Grabens vordränge ...

Ja, ein Frauenzimmer ist freilich eine ganz andere Sache, sagte der Korporal.

So kommt's mir auch vor, sagte Onkel Toby.

Einunddreissigstes Kapitel

Wenn irgendeine Äußerung meines Vaters Onkel Toby in der Zeit seines Verliebtseins reizen konnte, so war es der teuflische Gebrauch, den jener von einem Ausspruch Hilarions des Eremiten machte, welcher nämlich, wenn er von seiner Enthaltsamkeit redete, von den Nachtwachen, Geißelungen und anderen Zuchtmitteln seiner Religion zu sagen pflegte, und zwar sicherlich mit mehr Laune, als sich für einen Eremiten ziemte, das alles wäre nur dazu da, um den Esel (er meinte damit seinen Körper) zu hindern, daß er ausschlage ...

Dieser Ausspruch gefiel nun meinem Vater ganz ausnehmend. Er war nicht nur von lakonischer Kürze, sondern nagelte auch sinnvoll die Wünsche und Begierden der unteren Partien ein für allemal fest, so daß mein Vater viele Jahre seines Lebens hindurch niemals das Wort Leidenschaft gebrauchte, sondern stets statt dessen Esel sagte. Weshalb im wahren Wortsinn von ihm selber gesagt werden könnte, daß er die ganze Zeit über auf dem Rücken seines eigenen Esels oder dem eines anderen herumgeritten sei.

Ich muß hier auf den Unterschied hinweisen zwischen

meines Vaters Esel

und meinem Steckenpferd,

damit im Verlauf der Erzählung keine Verwechslungen geschehen.

Denn wie Sie sich erinnern müssen, ist mein Steckenpferd keineswegs ein tückisches Tier, ja, es hat kaum ein Haar oder eine Linie des Esels an sich ... Ach nein, es ist nur so ein hopsendes, kleines Dingelchen, das Sie davonträgt für den Augenblick – ein Grillenvertreiber, ein Schmetterling, ein Bild, der Geigenbogen, eine Onkel-Toby-Belagerung oder sonst etwas, das man besteigt, um von den Sorgen und Beschwerden des Lebens davonzugaloppieren. Es gibt kein nützlicheres Tier in der ganzen Weltschöpfung, auch sehe ich nicht ein, wie die Welt ohne ein solches auskommen könnte.

Was aber meines Vaters Esel anbelangt – oh, besteigen Sie ihn nur, besteigen Sie ihn, besteigen Sie ihn (das war dreimal, nicht wahr?) – besteigen Sie ihn nicht, denn er ist ein geiles Tier, und wehe dem Mann, der ihm das Ausschlagen nicht abgewöhnen kann.

Zweiunddreissigstes Kapitel

Na, lieber Bruder Toby, sagte mein Vater, als er seiner das erstemal nach dem Liebesanfall ansichtig ward, was macht dein ›Esel‹?

Da aber Onkel Toby mehr an jenen Körperteil dachte, allwo er das Pflaster hatte, als an Hilarions bildlichen Ausdruck und da unsere vorgefaßten Meinungen im allgemeinen ebenso viele Gewalt über den Klang der Worte wie über die Gestalten der Dinge selbst haben, meinte er, mein Vater, zu keiner Zeit sehr gewählt oder wählerisch in seinen Ausdrücken, frage nach eben diesem Körperteil mit seinem eindeutigen Namen. Und er hielt es darum für richtig, obwohl meine Mutter, Slop und Yorick mit im Zimmer saßen, auf den Ausdruck, den mein Vater gebraucht hatte, einzugehen und sich daran zu halten. Wenn ein Mensch, zwischen zwei Unschicklichkeiten eingeklemmt, eine davon begehen muß, so kann er wählen, wie er will, die Welt wird ihn tadeln – also werde auch ich keinesfalls erstaunt sein, wenn sie Onkel Toby tadelt.

Meinem ****, sagte Onkel Toby, geht es viel besser, Bruder

Shandy. Mein Vater hatte sich heute sehr viel von seinem Esel bei diesem Angriff versprochen und wollte ihn noch einmal dazu bringen, aber Dr. Slop fing unmäßig zu lachen an, meine Mutter rief: Um Himmels willen! Und so wurde meines Vaters Esel wieder zurückgescheucht, ja, das Lachen wurde so allgemein, daß für die nächste Zeit wenigstens gar nicht daran gedacht werden konnte, ihn noch einmal zum Angriff zu bringen.

Und so wurde das Gespräch ohne ihn, ohne den Esel, fortgesetzt.

Alle sagen, sprach meine Mutter, Sie wären verliebt, Schwager Toby, und wir hoffen alle, daß es wahr ist.

Ich glaube, Schwägerin, ich bin nicht mehr und nicht weniger verliebt, sagte Onkel Toby, als sonst ein Mann, wenn er Feuer gefangen hat. – Hm! rief mein Vater. – Und wann haben Sie es zuerst gespürt? sagte meine Mutter.

Als die Blase aufbrach, antwortete Onkel Toby.

Meines Onkels Antwort brachte meinen Vater wieder in Stimmung – und so griff er ihn zu Fuß (ohne Esel) an.

Dreiunddreissigstes Kapitel

Da die Alten, Bruder Toby, darin übereinstimmen, sagte mein Vater, daß es zwei verschiedene Arten von Liebe gibt entsprechend den verschiedenen Körperteilen, die davon betroffen werden, dem Gehirn oder der Leber, so bin auch ich der Ansicht, daß, wenn ein Mann verliebt ist, es sich für ihn gar sehr zieme, ein wenig darüber nachzudenken, von welcher der beiden Arten von Liebe er tatsächlich befallen sei.

Was kann es schließlich schon bedeuten, Bruder Shandy, antwortete Onkel Toby, welche von beiden es ist, wenn sie den Mann nur dazu bringt zu heiraten, seine Frau zu lieben und mehrere Kinder von ihr zu bekommen?

Mehrere Kinder, rief mein Vater, indem er sich vom Stuhl erhob und meiner Mutter scharf ins Gesicht sah, als er sich zwischen ihrem und Dr. Slops Stuhl durchzwängte, gleich mehrere Kinder, rief mein Vater, Onkel Tobys Worte wiederholend, während er auf und ab ging.

Bruder Toby, rief mein Vater, nachdem er sich beruhigt hatte und dicht an Onkel Tobys Sessellehne herangetreten war, nicht daß es mir leid täte, wenn du eine ganze Menge hättest, im Gegenteil, ich würde mich von Herzen darüber freuen und zu jedem einzelnen davon, Toby, gut wie ein Vater sein ...

Onkel Toby griff heimlich hinter die Stuhllehne, um meines Vaters Hand zu drücken.

Es ist aber trotzdem so und nicht anders, fuhr er fort und hielt Onkel Tobys Hand fest, du besitzest so viel von der Milch der menschlichen Natur und so wenig von den schärferen Beimischungen derselben, und es ist darum jammerschade, daß die Welt nicht von lauter Geschöpfen, die dir ähneln, bevölkert ist. Und wenn ich ein Monarch in Asien wäre, fügte mein Vater hinzu, sich an dieser Vorstellung erwärmend, würde ich dich sogar zwingen, Bruder Toby, vorausgesetzt natürlich, daß es dich nicht zu sehr anstrengte und deine Radikalfeuchtigkeit auftrocknete oder dein Gedächtnis und deine Phantasie schwächte, was oft die Folge solcher Leibesübungen ist, sobald sie ohne Maß gepflogen werden, würde ich dir also, lieber Toby, die schönsten Weiber meines Reiches verschaffen und dich, wie gesagt, zwingen, *nolens volens* mir jeden Monat einen Untertan zu zeugen.

Als mein Vater das Wort Monat aussprach, nahm meine Mutter eine Prise Schnupftabak.

Ich aber würde, sagte Onkel Toby, nicht so *nolens volens*, das heißt, ob es mir paßte oder nicht, ein Kind haben wollen, und wenn ich damit dem größten Fürsten dieser Erde einen Gefallen erweisen könnte.

Und es würde sicherlich grausam von mir sein, Bruder Toby, dich dazu zu zwingen, sagte mein Vater. Ich habe nur den Fall darum gesetzt, um dir zu zeigen, daß es sich nicht um die Tatsache des Kinderzeugens handle, wenn du überhaupt dazu fähig bist, sondern um das ganze System der Liebe und Ehe, in das ich dich gründlich eingeführt haben und eingeführt wissen möchte.

Zum mindesten, sagte Yorick, liegt viel Vernunft und ein gar gesunder Sinn in Hauptmann Shandys Ansicht von der Liebe, und alle die Stunden meines Lebens, in welchen ich seinerzeit so viele blumige Dichter und Rhetoriker gelesen habe, aus denen aber auch rein nichts zu ziehen und zu gewinnen war, sind vergeudet, und ich werde sie vor Gott zu verantworten haben.

Ich wünschte, Yorick, sagte mein Vater, Sie hätten Plato gelesen, da würden Sie gelernt haben, daß es eben zwei Arten von Liebe gibt. – Ich habe bisher nur gewußt, fuhr Yorick dazwischen, daß es bei den Alten zwei Arten von Religion gegeben hat, eine für das Volk und die andere für die Gebildeten, ich denke mir aber, mit einer Art von Liebe würde beiden hinreichend gedient gewesen sein.

Das war eben nicht möglich, antwortete mein Vater, und zwar aus ein und derselben Ursache, denn von diesen zwei Arten der Liebe ist die eine – nach Ficinus' Kommentar über Velasius – vernunftgemäß, die andere naturgemäß,

die erste uralt, ohne Mutter, wo Venus nicht in Frage kommt, die zweite, gezeugt von Jupiter, ein Kind der Dione …

Bitte, Bruder Shandy, sagte Onkel Toby, was geht das alles einen Menschen an, der an Gott glaubt? – Mein Vater durfte aber jetzt um keinen Preis innehalten, um nicht den Faden zu verlieren …

Diese zweite erst, fuhr er also fort, hat ganz und gar teil an Venus.

Die erste, gleich einer goldenen Kette vom Himmel herabhängend, spornt uns zur heldischen Liebe an, welch letztere auch das Streben nach Weisheit und Wahrheit in sich begreift und uns dazu aneifert; die zweite reizt einfach zur Begierde –

Ich bin der Meinung, sagte Yorick, daß das Zeugen von Kindern der Welt so not tut wie das Herausfinden etwa der geographischen Länge.

Sicherlich, meinte meine Mutter, Liebe bringt Frieden …

Zu Hause ja, das gestehe ich zu, meine Liebe …

Sie füllt die Erde, fuhr meine Mutter fort.

Aber sie läßt den Himmel leer, Beste, antwortete mein Vater.

Die Jungfräulichkeit aber, rief jetzt Slop gleichsam im Triumph, erfüllt das Paradies.

Schon gut, alte Nonne! sagte mein Vater.

Vierunddreissigstes Kapitel

Mein Vater hatte eine so scharmützelnde, schneidende Art, bei seinen Disputationen Hiebe wie Peitschenschläge auszuteilen und allen der Reihe nach ein Denkzeichen zu versetzen, daß er, wenn zwanzig Personen im Zimmer waren, in weniger als einer halben Stunde jeden einzelnen und alle zusammen gegen sich hatte.

Und was auch nicht wenig dazu beitrug, ihn ohne Beistand zu lassen, war der Umstand, daß, wenn es ja eine Stellung gab, die unhaltbarer als jede andere erschien, er sich unbedingt in dieser verschanzte; und um gerecht zu sein: Hatte er einmal dort Fuß gefaßt, so pflegte er den Boden auch so zäh und mutig zu verteidigen, daß es jedem tapferen oder gutherzigen Menschen leid getan hätte, ihn von dort vertrieben zu sehen.

Obwohl ihn Yorick öfters angriff, so war er aus eben diesem Grunde nie imstande, es mit aller ihm zu Gebote stehenden Kraft zu tun.

Dr. Slops ›Jungfräulichkeit‹ am Ende des letzten Kapitels hatte ihn wieder einmal auf die rechte Seite des Walles gebracht, und er war gerade dabei, alle Klöster der Christenheit in die Luft zu sprengen und Dr. Slop um die Ohren fliegen zu lassen, als Trim eintrat, um Onkel Toby zu berichten, daß die dünnen scharlachfarbenen Hosen, in denen der Angriff auf Witwe Wadman unternommen werden sollte, nicht mehr möglich seien, denn der Schneider habe gefunden, als er sie auftrennte, um sie zu wenden, daß sie schon einmal gewendet worden wären. – So laß sie doch noch einmal wenden, Bruder Toby, rief mein Vater schnell, denn sie werden sich sowieso noch manches Mal um- und umwenden müssen, bevor alles zu einem glücklichen Ende kommt ... Sie sind aber schon ganz durchgewetzt, sagte der Korporal. – Dann laß dir um Himmels willen ein Paar neue machen, Bruder, denn obwohl ich weiß, fuhr mein Vater fort, sich an die Gesellschaft wendend, daß Witwe Wadman schon seit Jahren zu Bruder Toby eine tiefe Neigung gefaßt und alle Künste und Listen der Frau angewendet hat, ihn in die Falle zu locken, so wird doch jetzt, wo sie ihn gefangen hat, ihr Fieber den Höhepunkt überschritten haben.

Sie hat ja erreicht, was sie wollte.

In einem solchen Fall, fuhr mein Vater fort, an welchen Plato meiner Meinung nach nicht gedacht hat, ist Liebe nicht so sehr ein Gefühl wie eine Lage, in die sich ein Mann einfach begibt, so wie Onkel Toby sich etwa einem Armeekorps anschließen würde, gleichgültig, ob er den Dienst dort liebt oder nicht. Wenn er einmal dabei ist, so handelt er so, wie wenn er ihn wirklich liebte, und macht jeden Schritt nur dazu, um vor sich selber seinen Mut zu beweisen.

Diese Hypothese war, wie alle übrigen meines Vaters, eingängig genug, und Onkel Toby hatte nur ein einziges Wort dagegen einzuwenden, wobei ihm der Korporal zu helfen bereit war; doch mein Vater hatte seine Schlüsse daraus noch nicht gezogen und fuhr fort:

Aus demselben Grunde, sagte er, obwohl doch alle Welt weiß, daß Frau Wadman in meinen Bruder verliebt ist und mein Bruder umgekehrt in Frau Wadman, und kein Hindernis in der Natur besteht, warum die Hochzeitsmusik nicht schon heute nacht aufspielen könnte, stehe ich dafür ein, daß sie auch in Jahresfrist nicht gespielt werden wird.

Wir haben unsere Maßregeln so getroffen, sagte Onkel Toby, indem er Trim fragend ins Gesicht sah –

Daß ich meine Montero-Mütze dagegen wetten möchte, sagte Trim – diese Montero-Mütze war, wie ich Ihnen schon einmal gesagt habe, Trims beständiger Einsatz, und da sie heute nacht von wegen der Attacke frisch aufgeputzt worden war, so wurde das Anerbieten dadurch noch beträchtlicher –, ich möchte meine Montero-Mütze, Euer Gnaden, gegen einen Shilling wetten, falls ich überhaupt, fuhr Trim mit einer Verbeugung fort, Euer Gnaden eine Wette anbieten darf …

Warum soll Er es nicht dürfen? sagte mein Vater. Die Ausdrucksweise ist so gut wie irgendeine andere; denn indem Er sagt, Er wolle Seine Montero-Mütze gegen einen Shilling wetten, will Er damit doch nur sagen, daß Er meine …

Nun, was meint Er also?

Daß die Witwe Wadman nicht zehn Tage lang werde standhalten können.

Und woher habt Ihr denn diese Kenntnis des Weibes, Freund? rief Dr. Slop höhnisch.

Weil ich selber einmal in so eine papistische Nonne verliebt war.

Es war das nämlich eine Beguine, sagte Onkel Toby.

Dr. Slop war zu wütend, um auf diese Unterscheidung zu achten. Und da mein Vater die Gelegenheit ergriff, über alle Nonnenorden und Beguinen als ein albernes und faules Pack herzufallen, so hatte Dr. Slop genug, und da Onkel Toby auch Maßnahmen in Sachen seiner Hosen zu treffen hatte und Yorick welche im vierten Abschnitt seiner Predigt – alles das wegen der Angriffe, die jeder für den folgenden Tag plante –, so brach die ganze Gesellschaft auf. Und da mein Vater allein zurückblieb und es noch eine halbe Stunde bis zum Schlafengehen war, so ließ er sich Feder, Tinte und Papier geben und schrieb folgende Belehrungen in einem Brief an Onkel Toby.

Mein lieber Bruder Toby!

Was ich Dir jetzt schreiben werde, bezieht sich auf die Natur der Frau und unser Liebeswerben um sie, und vielleicht ist es gut für Dich – wenn auch nicht ebensogut für mich –, daß Du Gelegenheit hast, dergleichen Instruktionen zu empfangen und ich gerade in der Lage bin, sie Dir zu geben.

Wäre es nicht der gnädige Wille dessen gewesen, der jedem hier sein Los zuteilt, und hätte Dich die Kenntnis und Erfahrung dann nicht zuviel gekostet, so würde ich es wohl zufrieden sein, wenn Du jetzt an meiner Stelle die Feder in die Tinte tauchtest. Da das aber nun einmal nicht der Fall ist – meine Frau ist neben mir und eben dabei, sich ins Bett zu legen –, so habe ich hier ganz ohne Ordnung und so, wie sie mir durch den Kopf gehen, einige Anweisungen und Erfahrungen zu Papier gebracht, wie solche Dir meiner Meinung nach nur von Nutzen sein können. Ich will Dir damit einen Beweis meiner Liebe geben und bin gar nicht im Zweifel darüber, wie sie von Dir aufgenommen werden.

Zu allernächst in Rücksicht auf alles, was die Religion in dieser Sache betrifft – obwohl ich selber am Erglühen meiner Wange spüre, daß ich erröte, da ich davon reden soll, wohl wissend – trotz Deiner ungekünstelten Scheu, davon zu reden –, wie selten Du Deine religiösen Pflichten versäumst, so möchte ich dennoch Dir eine Sache (solange die Liebeswerbung andauert), vornehmlich in Erinnerung bringen, die ich um nichts in der Welt außer acht gelassen haben wollte: niemals die Sache anzugehen, gleichgültig ob am Morgen oder am Abend, ohne Dich nicht zuerst dem Schutze des allmächtigen Gottes zu empfehlen, daß er Dich vor dem Bösen bewahre.

Laß den Schädel mindestens alle vier oder fünf Tage rasieren, auch öfter, wenn es geht, damit sie nicht, wenn Du aus Zerstreutheit die Perücke in ihrer Gegenwart abnimmst, entdecken könne, wieviel von Deinem Haar die Zeit und wieviel Trim weggeputzt hat.

Es ist überhaupt besser, alle Vorstellungen von Kahlheit von ihr fernzuhalten.

Denke stets daran, und handle darnach wie nach einem unverrückbaren Grundsatz, Toby:

daß die Frauen furchtsam sind. Und es ist gut, daß sie es sind, denn sonst gäbe es kein Auskommen mit ihnen.

Deine Hosen sollen nicht zu eng und auch nicht zu weit sein an den Schenkeln gleich den Pluderhosen unserer Vorfahren.

Die richtige Mitte zwischen beiden beugt allen gewagten Schlußfolgerungen vor.

Was und wieviel Du auch zu sagen hast, vergiß nicht, es mit leiser Stimme zu sagen. Schweigen und alles, was dem nahekommt, webt Traum und Mitternachtsgeheimnis in das Hirn. Darum laß, wenn es irgendwie geht, niemals die Ofenzange und den Schürhaken aus der Hand!

Vermeide im Gespräche jede Art von Witz und Spaß mit ihr, und halte alle Bücher, die es darauf abgesehen haben, soweit es in Deiner Macht ist, von ihr fern! Wenn Du sie soweit bringen kannst, gewisse Erbauungsbücher zu lesen, ist es gut, aber dulde um keinen Preis, daß sie einen Blick in Rabelais, Scarron und Don Quichote wirft ...

Das sind Bücher, die zum Lachen reizen, und Du weißt, lieber Toby, daß es keine ernstere Leidenschaft gibt als die Wollust.

Steck eine Nadel in Deine Hemdbrust, bevor Du ihren Salon betrittst.

Und wenn Du mit ihr zusammen auf dem Sofa sitzen darfst und sie Dir Gelegenheit gibt, deine Hände auf die ihren zu legen, hüte Dich dann, sie zu nehmen, denn Du kannst Deine Hand nicht auf die ihre legen, ohne daß sie nicht sofort den Grad Deines Begehrens spürt. Laß das, und soviel Dir sonst noch möglich ist, im ungewissen, also wirst Du stets ihre Neugierde für Dich haben. Sollte sie aber dadurch noch nicht gewonnen sein und sollte Dein Esel fortfahren zu bocken, was zu erwarten wir allen Grund haben ..., so mußt Du damit beginnen, Dir ein paar Unzen Blut hinter den Ohren abzuschröpfen. So haben es nämlich die alten Skythen gehalten, die damit den maßlosesten Anfällen von Wollust entgegenwirkten.

Avicenna – und das kommt an zweiter Stelle – ist dafür, daß Du den gewissen Körperteil mit Sirup aus Nieswurz salbest und fleißig Dich ausleerest – und ich glaube, daß er recht hat. Du mußt aber nur wenig oder gar kein Ziegenfleisch essen, kein Rotwild, unter gar keinen Umständen das Fleisch von Fohlen. Enthalte Dich auch sorgsamst, d. h. sosehr Du kannst, des Fleisches von Pfauen, Kranichen, Lummen, Steißtauchern und Wasserhühnern.

Was die Getränke anbelangt – so brauche ich Dir nicht erst zu sagen, daß es eine Mischung von Verbena und der Pflanze Hanea sein soll, von der Älian so bedeutende Wirkungen in dieser Hinsicht anzeigt – doch wenn es Dir widersteht, so unterbrich die Kur von Zeit zu Zeit, und nimm statt dessen Gurken, Melonen, Burzelkraut, Wasserlilien, Geißblatt und Lattich.

Für den Augenblick ist dies alles, was mir für Dich als heilsam einfällt ...,

es wäre denn der Ausbruch eines neuen Krieges. Indem ich Dir, lieber Toby, allen Erfolg wünsche,

bleibe ich Dein Dir liebevoll gewogener Bruder
Walter Shandy

Fünfunddreissigstes Kapitel

Während mein Vater diese seine schriftliche Instruktion verfaßte, waren Onkel Toby und der Korporal damit beschäftigt, alles Nötige für die Attacke vorzubereiten. Da man vom Wenden der scharlachfarbenen Hose (wenigstens für den Augenblick) absah, so blieb kein Grund mehr, den Angriff länger als bis zum nächsten Morgen aufzuschieben; er ward also für elf Uhr festgesetzt.

Komm, meine Liebe, sagte mein Vater zu meiner Mutter, es ist nur brüderlich und schwesterlich gehandelt, wenn wir beide jetzt einen Spaziergang zu Onkel Toby machen, um seiner Attacke hilfsbereit zuzusehen.

Onkel Toby und der Korporal waren beide schon seit geraumer Zeit in vollem Putz, als mein Vater und meine Mutter eintraten, und standen, da die Uhr gerade elf schlug, zum Ausmarsch bereit. Doch der Bericht darüber ist zu kostbar, als daß er hier an das letzte Ende des achten Bandes angehängt werden könnte.

Mein Vater hatte gerade noch Zeit genug, seine Instruktion in Onkel Tobys Rocktasche gleiten zu lassen und zusammen mit meiner Mutter ihm alles Glück zu wünschen zur Attacke.

Ich möchte ganz gerne durchs Schlüsselloch sehen, nur so aus Neugierde, sagte meine Mutter. – Nenn es nur beim rechten Namen, meine Liebe, sagte mein Vater. Und gucke dann durchs Schlüsselloch, solange du willst!

Neuntes Buch

Non enim excursus hic eius, sed opus ipsum est. Plin. Lib. V. Epist. 6
Si quid urbaniuscule lusum a nobis, per Musas et Charitas et omnium poetarum Numina, oro te, ne me male capias.
Skaliger an Cardan

Erstes Kapitel

Ich rufe die Mächte der Zeit und des Zufalls, die uns beide oft so grausam in unseren Lebensläufen in den Weg treten, zu Zeugen, daß ich bis jetzt noch nicht gut zu Onkel Tobys Liebesgeschichte kommen konnte, bis zu dem Augenblicke wenigstens nicht, da meiner Mutter Neugierde, wie sie es nannte, oder eine andere Regung in ihr, wie mein Vater es wahrhaben wollte, in ihr den Wunsch hervorrief, sich die Liebesgeschichte einmal durchs Schlüsselloch anzusehen.

Nenne es nur beim rechten Namen, meine Liebe, sagte mein Vater, und sieh dann durchs Schlüsselloch, solange du willst!

Nur die ätzend-gallige Stimmung, von der ich schon gesprochen habe und die zu meinem Vater gelegentlich gehörte, konnte sich durch so eine Zumutung Luft machen, denn mein Vater war sonst von Natur frank und offen und zu allen Zeiten einer besseren Überzeugung zugänglich, so daß er auch diesmal kaum bis zum letzten Wort seiner wenig gnädigen und anmutigen Entgegnung gekommen war, als er sie auch schon bereute.

Meine Mutter hatte gar ehetraulich ihren linken Arm in seinen rechten gehängt, derart, daß das Innere ihrer Hand auf dem Rücken der seinen ruhte – sie hob also nur ihre Finger und ließ sie wieder fallen, es konnte kaum ein Klaps genannt werden. Oder wenn es wirklich einer war – so würde es einen Haarspalter in Verlegenheit gebracht haben festzustellen, ob es ein Klaps der Entrüstung oder ein solcher des Eingeständnisses gewesen wäre. Mein Vater, vom Scheitel bis zur Sohle ganz Nerv und Empfindung, deutete ihn aber richtig. Sein Gewissen ließ ihn darum den Schlag doppelt fühlen, er kehrte plötzlich sein Gesicht nach links, und meine Mutter, in der Meinung, er mache kehrt, um nach Hause zu gehen, stellte sich jetzt mit einer Gegenbewegung ihres rechten Fußes so vor ihn hin, daß er, sich umwendend, ihrem Blick begegnete. – Neuerliche Verwirrung! Er fand tausend Gründe, den Tadel von vorhin auszulöschen, und ebenso viele, sich selber anzuklagen. Dieses Auge, ein dünner, blauer, kalter, durchsichtiger Kristall, der vollkommen ungetrübt dalag; der kleinste Fleck oder das winzigste Tüpfelchen eines Gelüstes, wenn je ein solches existierte, würde darin zu sehen gewesen sein. Es war jedoch nicht vorhanden. Und wie es kommt, daß ich selber besonders so um die Herbst- und Frühjahrsnachtgleiche so verrucht zu sein beliebe ... Meine Mutter jedenfalls, Madame, war es zu keiner Jahreszeit, weder von Natur noch aus Gewohnheit, noch durch Beispiel.

Ihr Blut floß in allen Monaten des Jahres und in allen kritischen Lagen bei Tag und bei Nacht mit mäßiger Eile durch ihre Adern. Auch ließ sie selber keinerlei Hitze aus der Glut der üblichen Erbauungsschriften in ihre Säfte einströmen. Ich meine damit jene Literatur, welcher, da sie sonst wenig oder gar keinen Sinn in sich trüge, unsere Natur einen solchen unterschieben muß. Und das Beispiel meines Vaters! Es war so gar nicht darnach angetan, irgendwelche Neigungen in dieser Richtung zu stärken oder anzureizen; ja, er hatte es recht eigentlich als seine Lebensaufgabe angesehen, alle Phantastereien ähnlicher Art von ihr fernzuhalten. Die Natur hatte dann auch ihr Teil beigetragen, um ihm hier jede mögliche Sorge zu ersparen, und, was durchaus damit im Zusammenhang steht, mein Vater wußte es. – Und hier sitze ich nun an diesem zwölften Tage des Monats August 1766 in meinem purpurfarbenen Wams und gelben Schlafschuhen, ohne Perücke oder Mütze – eine höchst tragikomische Erfüllung der Prophezeiung, daß ich später weder denken noch handeln würde wie jedes andere Menschenkind, und zwar aus eben dem Grund.

Der Fehler meines Vaters lag darin, daß er den Beweggrund meiner Mutter angriff und nicht die Handlung selbst; denn sicherlich sind Schlüssellöcher für andere Zwecke da, und wenn wir die betreffende Handlung als eine ansehen, die sich mit einer wahren Gegebenheit in Widerspruch setzt und nicht wahrhaben will, daß ein Schlüsselloch ein Schlüsselloch ist – so wurde daraus eine Verletzung der Natur, und insofern war sie, wie Sie sehen, verwerflich.

Daher kommt es auch, Euer Ehrwürden, daß Schlüssellöcher Gelegenheit zu mehr Sünde und Schlechtigkeit gegeben haben als alle anderen Löcher der Welt zusammen.

– Was mich wieder auf Onkel Tobys Liebesgeschichte bringt.

Zweites Kapitel

Obwohl der Korporal sein Wort gehalten und Onkel Tobys große Knotenperücke gewickelt hatte, so war doch die Zeit viel zu kurz, um aus ihr irgendwelche große Wirkungen und Wirkungsmöglichkeiten herauszuholen. Sie hatte viele Jahre hindurch zerknüllt im Winkel eines alten Feldkoffers gelegen, und da einmal Zerknülltes nicht so leicht zu appretieren geht und der Gebrauch von Kerzenenden zum Wickeln nicht so bald gelernt ist, so ging die Arbeit keineswegs flink von der Hand. Der Korporal trat wohl mit aufmunternden Blicken und mit weit geöffneten Armen mehr als einmal einige Schritte davon zurück, um an ihr womöglich ein besseres Aussehen wahrzunehmen – hätte die ›schlechte Laune‹ in Person sie so erblickt, es würde sogar Dero Gnaden ein Lächeln gekostet haben –, sie kräuselte sich überall auf, nur dort nicht, wo es der Korporal haben wollte, und dort, wo ein paar Locken sich seiner Ansicht nach gut ausgenommen haben würden, blieb sie steif und spröde, und Trim würde – das mußte er sich sagen – eher einen Toten zum Leben auferweckt haben.

So war sie nun einmal, oder besser, so würde sie sich auf jeder anderen Stirn ausgenommen haben. Aber der sanfte Ausdruck von Güte auf Onkel Tobys Stirn verlieh allem, was sich darum herum befand, den Stempel, und zudem hatte die Natur mit so deutlicher Hand: ›ein edler Mann‹ auf jeden Zug seines Gesichtes geschrieben, daß selbst der verschossene Hut mit der goldenen Tresse und die mächtige Kokarde aus dünnem Taft darauf ihm gut standen. An sich war ja alles zusammen nicht einen Knopf wert; im Augenblick aber, wo Onkel Toby es aufsetzte, wurden daraus gar ernst zu nehmende

Dinge, und sie erschienen wie von der Hand der Kennerschaft selber ausgesucht zu sein, ihn vorteilhaft zu kleiden.

Nichts in der Welt hätte aber mehr dazu beitragen können als Onkel Tobys blauer Waffenrock mit den goldenen Schnüren, wenn nicht die Quantität auch mit zur Anmut gehört hätte. In dem Zeitraum von fünfzehn bis sechzehn Jahren seit seiner Herstellung war er (der Waffenrock) infolge des totalen Mangels an Bewegung in Onkel Tobys Leben – ging er doch selten weiter als bis zum Rasenplatz – auf eine so jämmerliche Art und Weise zu eng geworden, daß der Korporal seinen Herrn nur mit schwerer Mühe hineinzupressen vermochte. Auch das Auslassen der Ärmelnähte hatte nicht viel geholfen. Er war indes am Rücken bis ganz hinunter voller Verschnürungen, desgleichen über den Taschen zu beiden Seiten usw., so wie es zur Zeit König Wilhelms die Mode war. Auch glänzte er, um die Beschreibung abzukürzen, so gegen die Morgensonne und hatte ein so metallisches und spiegelndes Aussehen, daß, wenn Onkel Toby der Gedanke gekommen wäre, in eherner Rüstung mit Brustpanzer die Attacke vorzunehmen, er auf keine bessere Montur hätte geraten können.

Was die dünnen Scharlachfarbenen anbelangt, so waren sie vom Schneider zwischen den Beinen aufgetrennt worden und einstweilen so geblieben.

Ja, Madame – aber zügeln wir unsere Phantasie. Es genügt, daß sie die Nacht vorher schon für unverwendbar gehalten worden waren, und da es in Onkel Tobys Garderobe keine große Auswahl gab, so blieb es bei den roten Plüschhosen.

Der Korporal hatte den Waffenrock des armen Le Fever angezogen und so, das Haar unter die eigens für diese Gelegenheit frisch aufgeputzte Montero-Mütze geschlagen, marschierte er drei Schritte hinter seinem Herrn. Und weil er überhaupt etwas auf sich hielt, so ließ er auch das Hemd aus den Ärmeln herauskräuseln, und in einer schwarzen Lederschleife, die in der Quaste unter dem Knoten stak, pendelte an des Korporals Handgelenk sein Stock. Onkel Toby trug den seinen wie eine Lanze.

Es sieht wenigstens nicht übel aus, sagte mein Vater.

Drittes Kapitel

Onkel Toby blickte mehr als einmal zurück, um zu sehen, ob der Korporal auch hinter ihm stehe. Und sooft er es tat, ließ der Korporal den Stock durch die Luft sausen – nicht prahlerisch, ach nein, mit dem sanftesten Ton, der sich ehrfürchtiger Ermutigung überhaupt verleihen ließ, hieß er Dero Gnaden ›nur keine Angst haben‹.

Onkel Toby hatte aber Angst, und zwar gar arge, er konnte ja in der Tat nicht (was mein Vater ihm so oft vorwarf) das rechte Ende eines Weibes vom falschen unterscheiden, und darum war ihm auch niemals in der Nähe eines solchen wirklich wohl – außer wenn es in Kummer und Unglück geraten war. Denn unendlich war sein Mitleid, und auch der galanteste Romanheld hätte nicht weitere Wege machen können, zum mindesten nicht auf einem Beine, um die Träne aus dem Auge einer Frau zu trocknen. Und dennoch hatte er noch niemals – ausgenommen den einen Fall, da Witwe Wadman ihn dazu verführte – fest und starr in ein Frauenauge geblickt, und er sagte oft meinem Vater in der Einfalt seines Herzens, daß Frauen anzustarren beinahe (wenn nicht ganz) so schlimm sei wie Zoten zu erzählen.

Na, wenn schon …, sagte dann gewöhnlich mein Vater.

Viertes Kapitel

Sie kann es doch nicht übelnehmen am Ende? sagte Onkel Toby stehenbleibend, als sie zwanzig Schritte vom Haus entfernt waren.

Sie wird es genauso aufnehmen, Euer Gnaden, meinte der Korporal, wie es die Witwe des Juden in Lissabon meinem Bruder gegenüber tat.

Und wie war das? sagte Onkel Toby, und stellte sich dem Korporal in den Weg.

Euer Gnaden, antwortete der Korporal, kennen Toms Unglück; aber das, was ich meine, hat nichts mit diesem Unglück zu tun oder nicht mehr, als daß, wenn Tom die Witwe nicht geheiratet oder wenn Gott es nach ihrer Hochzeit nur so gefügt hätte, daß sie Schweinefleisch in die Würste getan hätten, die ehrliche Seele von meinem Bruder niemals aus dem warmen Bett gerissen und vor die Inquisition geschleppt worden wäre … Das ist ein verfluchter Ort, fügte der

Korporal hinzu und schüttelte den Kopf; wenn einmal so ein armes Geschöpf drinnen ist, kommt es nicht mehr heraus, Euer Gnaden.

Das ist sehr wahr, sagte Onkel Toby, und blickte bei diesen Worten ernst auf das Haus der Witwe Wadman.

Nichts kann so traurig sein, fuhr der Korporal fort, wie lebenslängliches Gefängnis und nichts so süß wie die Freiheit.

Nichts, Trim, sagte Onkel Toby nachdenklich.

Solange der Mensch frei ist, rief der Korporal, mit seinem Stock also durch die Luft fahrend –

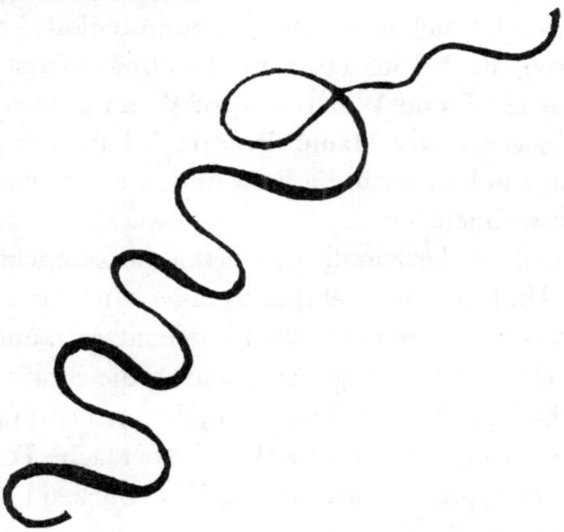

Tausend von meines Vaters scharfsinnigsten Schlußfolgerungen hätten nicht mehr zugunsten der Ehelosigkeit sprechen können.

Onkel Toby blickte ernst nach seinem eigenen Haus hin und nach dem Rasenplatz dahinter.

Der Korporal hatte, ohne es zu ahnen, mit seinem Stecken den Geist der Überlegung und des Vergleichs heraufbeschworen; und ihm blieb jetzt nichts anderes übrig, als ihn mit seiner Erzählung wieder hinwegzubeschwören; dies bewerkstelligte er freilich auf sehr unkirchliche Weise durch folgende Bannformel:

Fünftes Kapitel

Da Tom auf seinem Posten viel Zeit hatte und das Wetter warm war, Euer Gnaden, so kam ihm da eines Tages ganz ernstlich der Gedanke, sich irgendwo in der Welt niederzulassen und selbständig zu machen. Und weil diese seine Absicht in die Zeit fiel, da ein Jude, der einen Wurstladen in der nämlichen Straße besaß, das Unglück hatte, an Harnzwang zu sterben und eine Witwe zurückzulassen, freilich im Besitz eines aufblühenden Geschäftes, so dachte Tom (wie jeder andere in Lissabon auch nur das tat, was er für das beste im Leben hielt für sich), daß ja nichts weiter dabei wäre, wenn er der Witwe des Juden zur Fortsetzung ihres Gewerbes jetzt seine Dienste anböte. Und so ohne weiteren Vorwand als den, daß er bei ihr ein Pfund Wurst kaufen wollte, machte er sich auf den Weg, den Handel folgendermaßen bei sich erwägend: Schlimmstenfalls kann mir nicht mehr passieren, als daß ich eben für ein Pfund Wurst das ausgegeben habe, was ein Pfund Wurst wert ist. Wenn es aber gut ausgeht, so bin ich ein gemachter Mann, denn dann habe ich nicht nur ein Pfund Wurst, sondern auch die Frau und – einen ganzen Wurstladen dazu. So rechnete Tom.

Jeder Bediente in der Familie vom ersten bis zum letzten wünschte Tom Glück. Und mir ist's wahrhaftig, Euer Gnaden, als ob ich ihn vor mir sähe, wie er in seiner weißen Barchentweste und den weißen Hosen, den Hut ein wenig zur Seite, lustig die Straße entlanggeht, den Stock schwingend, jeden Menschen, dem er begegnet, anlachend oder ihm ein lustiges Wort zuwerfend. Aber ach! Tom, du lachst nicht mehr, rief Trim, seitwärts auf die Erde blickend, als spräche er ihn im Kerker an.

Armer Kerl! sagte Onkel Toby voll Mitgefühls.

Er war so ein braver, leichtherziger Junge, Euer Gnaden, wie nur je einem das warme Blut durch die Adern geströmt ist.

Da ähnelt Er ihm, Trim, sagte Onkel Toby.

Der Korporal errötete bis in die Fingerspitzen, eine Träne empfindsamer Scham, eine andere der Dankbarkeit gegen Onkel Toby und eine dritte des Schmerzes um seinen Bruder Tom quollen jetzt in seinen Augen auf und flossen leise über seine Wangen. Onkel Tobys Auge aber entzündete sich daran, gleichwie eine Lampe an der anderen entzündet wird, und indem er sich an Trims Rockkragen hielt, als wollte er sein lahmes Bein ausruhen, in Wahrheit aber, um einem edleren Gefühl Genüge zu tun, stand er anderthalb Minuten still; darnach nahm er die Hand wieder weg, der Korporal machte eine Verbeugung und fuhr mit der Geschichte vom Bruder und von der Witwe des Juden fort.

Sechstes Kapitel

Als Tom in den Laden trat, war niemand drinnen außer einem armen Negermädchen, das mit einem langen Stabe, an dessen Ende ein weißer Federbuschen stak, die Fliegen verscheuchte – ohne sie aber zu töten, Euer Gnaden. – Das gibt ein schönes Bild, sagte Onkel Toby. Sie selber hat nur Verfolgungen erlitten, Trim, und dennoch Gnade zu üben gelernt.

Das Negermädchen war ein gutmütiges Ding, Euer Gnaden, gutmütig von Natur und dann auch infolge all der Mühen und Plagen ihres Lebens, denn es hat Dinge gegeben im Leben dieses armen Geschöpfes, die ein Herz aus Stein erweichen müßten, sagte Trim. An einem kalten Winterabend werde ich ihre Geschichte, wenn Euer Gnaden dazu aufgelegt ist, erzählen zusammen mit der übrigen Geschichte Toms, wovon sie nur ein Teil ist.

Dann vergesse Er es nur ja nicht, Trim! sagte Onkel Toby.

Ein Neger hat doch eine Seele, Euer Gnaden? fragte der Korporal (selber im Zweifel).

Ich bin in derlei Dingen nicht sehr bewandert, Korporal, sagte Onkel Toby, aber ich sollte meinen, Gott möchte sie ebensowenig wie dich oder mich ohne eine solche lassen.

Wir hätten sonst doch wohl zuviel voraus, sagte Trim.

Gewiß, sagte Onkel Toby.

Warum also, frage ich, Euer Gnaden, muß da ein schwarzes Mädchen schlechter behandelt werden als ein weißes?

Einen Grund dafür weiß ich dir wohl auch nicht anzugeben, sagte Onkel Toby.

Vielleicht ist es auch nur darum, rief der Korporal, weil sie niemanden hat, der für sie eintritt.

Gerade das ist es, Trim, sagte Onkel Toby, was sie dem Schutz empfehlen soll, sie und ihre Brüder. Das Kriegsglück hat die Peitsche in unsere Hand gedrückt *heute* – wessen Hand sie später einmal schwingen wird, das weiß nur Gott. Aber wer immer die Peitsche hält, Trim, ein tapferer Mann, wird sie nie unmenschlich gebrauchen.

Gott behüte uns davor! sagte der Korporal.

Amen, antwortete Onkel Toby, die Hand aufs Herz legend.

Der Korporal kehrte zu seiner Geschichte zurück und fuhr damit fort, aber nicht ohne eine gewisse Verlegenheit, welche der eine oder andere Leser vielleicht nicht verstehen wird, denn infolge der vielen plötzlichen Übergänge von einer Gemütserregung in die andere hatte er, bis er zu dieser Stelle gelangt war, den lustigen Ton der Stimme, der seine Erzählung bis hierher durchdrungen und belebt hatte, schon gänzlich verloren. Er machte wohl zweimal den Versuch, diesen Ton wiederzufinden, es gelang ihm aber nicht so, wie er wollte. Indem er also durch mächtiges Räuspern die Geister, die sich verzogen hatten, wieder herbeizurufen suchte und der Natur zugleich damit aufhalf, daß er den linken Arm in die Seite stemmte und den rechten weit ausstreckte, kam der Korporal dem früheren Ton so nahe wie möglich, und in dieser Stellung fuhr er dann mit der Geschichte fort:

Siebentes Kapitel

Da Tom damals das Negermädchen noch nicht kannte, ging er weiter in das nächste Zimmer, um mit der Witwe des Juden von Liebe zu reden – und vom Pfund Wurst. Und weil er, wie ich Euer Gnaden schon gesagt habe, ein offenherziger Junge war, dessen Ehrlichkeit in den Augen und in allem deutlich zu lesen war, so nahm er einen Sessel und stellte diesen, ohne weiter viel zu fragen, aber auch nicht ohne Höflichkeit, neben den ihren an den Tisch und setzte sich nieder.

Nichts ist so verfänglich, Euer Gnaden, wie einem Frauenzimmer den Hof zu machen, während es selber Würste macht. So fing also Tom damit an, über Würste zu reden, zuerst ganz ernst: wie sie gemacht würden, aus was für Fleisch, mit was für Gewürzen, Zugaben usw. Dann ein wenig lustiger, so etwa: Mit was für Därmen ... Und wenn diese nicht platzten ... Ob die dicksten und längsten nicht die besten wären? ... Und so weiter. Er trug auch Sorge dafür, in das, was er über die Würste zu sagen hatte, eher zuwenig als zuviel Pfeffer hineinzutun, damit ihm später der Raum zum Handeln nicht fehlte.

Vielleicht hatte der Graf de la Motte nur darum, sagte Onkel Toby, seine Hand auf Trims Schulter legend, weil er diese Vorsichtsmaßregel außer acht ließ, die Schlacht bei Wynnendale verloren, er drängte zu hastig in den Wald vor; wenn er es nicht getan hätte, so würde Lille nicht in unsere Hand gefallen sein, ebensowenig wie Gent und Brügge, die dem Beispiel Lilles folgten. Es war gegen Jahresende und das Wetter so schrecklich, daß, wenn die Sache nicht so ausgefallen wäre, wie sie in der Tat ausfiel, unsere Truppen im offenen Felde hätten umkommen müssen.

Nun, warum sollten nicht Schlachten ebenso wie Ehen im Himmel gemacht werden, Euer Gnaden? fragte Trim.

Onkel Toby dachte darüber nach.

Sein religiöses Gefühl machte ihn eher geneigt dazu, das eine, seine hohe Vorstellung von militärischer Tüchtigkeit brachte ihn in Versuchung, das andere zu sagen. Da er aber die Antwort, die ihn ganz befriedigte, nicht fand, so sagte er lieber nichts. Und der Korporal beendete seine Geschichte:

Als Tom wahrnahm, Euer Gnaden, daß er Boden gewann und daß alles, was er über die Würste gesagt hatte, wohl aufgenommen wurde, ging er daran, ihr ein wenig beim Wurstmachen zu helfen. Zuerst, indem er den Wurstring hielt, während sie das hineingepreßte Füllsel mit der Hand hinabstrich, dann, indem er einen langen Bindfaden in gleiche Teile schnitt und die Stücke dann zwischen den Fingern hielt, während die Witwe des Juden sie daraus entgegennahm, eines nach dem anderen, dann, indem er sie ihr zwischen die Lippen legte, so daß sie sich dort selbst bedienen konnte, wenn sie wollte und so weiter, bis er es endlich wagte, selber die Würste abzubinden, während sie das Darmschnäuzchen hielt.

Da aber eine Witwe, Euer Gnaden, wie das schon so ist, immer haben möchte, daß ihr zweiter Mann dem ersten so unähnlich wie nur möglich sei, und dementsprechend ihre Wahl trifft, so war die Angelegenheit schon halb erledigt, bevor Tom sie noch zur Sprache gebracht hatte.

Sie tat noch dergleichen, als wollte sie sich wehren, und griff nach einer Wurst, aber Tom griff sofort nach einer anderen.

Und wie sie sah, daß Toms Wurst mehr Grütze in sich hatte, so unterzeichnete sie die Kapitulation – und Tom besiegelte sie. Und damit war die Sache erledigt.

Achtes Kapitel

Die ganze Weibersippschaft, fuhr Trim fort (seine Geschichte kommentierend), von der höchsten bis herunter zur niedrigsten, Euer Gnaden, liebt den Spaß; schwierig ist es nur, zu wissen, wie man ihr den Spaß mundgerecht macht, und eigentlich kann man es nie genau wissen, bevor man's nicht versucht hat, so wie wir's bei der Artillerie machen, wo wir das Rohr so lange nach oben oder unten richten, bis wir treffen.

Ich mag Seinen Vergleich, sagte Onkel Toby, lieber als die Sache selber.

Weil Euer Gnaden, antwortete der Korporal, den Ruhm lieber haben als das Vergnügen.

Ich hoffe aber, Trim, antwortete Onkel Toby, daß ich die Menschheit noch mehr liebe als beides. Weil aber die Kenntnis der Waffen so offenbar nur das Gute und den Frieden der Welt bezweckt – und insonderheit jener Zweig derselben, den wir zusammen am Rasenplatz geübt haben, keinen anderen Zweck hat, als der um sich greifenden Ruhmsucht Halt zu gebieten und das Leben und das Gut der wenigen vor den raub- und mordgierigen Händen der vielen zu beschützen –, so bin ich sicher, Korporal, daß, wann je wieder die Kriegstrompete an unser Ohr schallt, keiner von uns beiden so sehr der Menschlichkeit und Nächstenliebe ermangeln werde, daß er nicht alsogleich kehrtmachte und marschierte.

Bei diesen Worten machte Onkel Toby kehrtum und marschierte mit gestreckten Knien, als stünde er an der Spitze seiner Kompanie, und der getreue Korporal folgte mit geschultertem Gewehr und schlug beim ersten Schritt mit der Hand auf die Rocktasche.

Was mögen diese beiden Quadratschädel nur wieder vorhaben? sprach mein Vater zu meiner Mutter. Es ist kaum zu glauben, aber sie wollen, scheint es, Witwe Wadman wirklich in aller Form belagern und marschieren um ihr Haus herum, um auf solche Weise die Belagerungswälle abzustecken.

Es scheint so, sagte meine Mutter. Doch halt, mein Herr; denn was meine Mutter zu sagen sich hier gestattete und was mein Vater wirklich sagte, alle ihre Erwiderungen und seine Entgegnungen werden in einem Kapitel für sich von der Nachwelt gelesen, wieder gelesen, umschrieben, kommentiert, beschwadroniert, kurz, mit einem Wort: befingert und überblättert werden. Ich sage: von der Nachwelt, warum soll ich das Wort nicht wiederholen? Denn hat dieses Buch nicht dasselbe geleistet wie ›Die Sendung Moses‹ und ›Die Geschichte einer Tonne‹, daß es nicht in der Gosse der Zeit mit diesen beiden zusammen hinunterschwimmen sollte?

Ich will mich nicht weiter darauf einlassen; die Zeit schwindet und verschwendet zu rasch; jeder Buchstabe, den ich ziehe, sagt mir, mit welcher Geschwindigkeit das Leben meiner Feder folgt, dessen Tage und Stunden, liebe Jenny (kostbarer als die Rubinen an deinem Hals), über unsere Häupter dahinfliegen gleich den leichten Wolken eines windreichen Tages, um nie mehr wiederzukehren – ein jegliches Ding drängt vor und will weiter. Während du deine Locke drehst – siehe! –, wird sie grau. Und jedesmal, wenn ich deine Hand küsse, um dir adieu zu sagen, und jede darauffolgende Abwesenheit – alles das ist nur ein Vorspiel zur ewigen Trennung, die uns bevorsteht.

Der Himmel erbarme sich unser.

Neuntes Kapitel

Was die Welt von diesem Stoßseufzer hält – dafür gebe ich nicht einen Groschen.

Zehntes Kapitel

Meine Mutter und mein Vater waren Arm in Arm bis zu jener verhängnisvollen Ecke der alten Gartenmauer gegangen, wo Dr. Slop von Obadiah auf dem Kutschpferd umgeritten worden war. Da diese Ecke sich aber unmittelbar gegenüber von Witwe Wadmans Hausfront befand, warf mein Vater einen Blick seitwärts. Und als er nun Onkel Toby und den Korporal zehn Schritte vom Tor entfernt erblickte, so drehte er sich um. Bleiben wir doch einen Augenblick stehen, sagte mein Vater, und sehen wir zu, unter welchen Zeremonien Bruder Toby und sein Diener Trim den Einzug halten – es wird uns keine ganze Minute aufhalten. – Es macht aber doch auch nichts, wenn es zehn Minuten sind, sagte meine Mutter.

Es wird uns keine halbe Minute aufhalten, sage ich, erwiderte mein Vater.

Der Korporal hatte eben mit der Geschichte seines Bruders Tom und der Judenwitwe eingesetzt. Diese Geschichte zog sich in die Länge, sie hatte Episoden, und auch sie kehrte um und kam zurück und ging wieder weiter. Ja, sie war endlos und ist auch gewiß dem Leser zu lang geworden.

Gott helfe jetzt meinem Vater! Er fauchte und schnaubte vor Wut über jede neue Stellung der beiden Gesprächspartner und wünschte den Stock des Korporals mit seinem ewigen Gebaumel, Gependel und Niedersausen zu allen Teufeln.

Wenn solch schwerwiegende Entscheidungen wie die, worauf mein Vater eben jetzt wartet, in den Waagschalen des Schicksals schwanken, so hat der Geist den Vorteil, daß er die Warterei vor sich selber mit drei aufeinanderfolgenden Gründen rechtfertigen kann; ohne dieses Hilfsmittel hätte er nicht die Kraft, bis zu Ende durchzuhalten.

Neugier, pure Neugier beherrscht noch den ersten Augenblick; der zweite ist dann nur noch Ökonomie, um nämlich die Ausgaben des ersten zu rechtfertigen – die dritten, vierten, fünften und sechsten Augenblicke bis zum Tag des Jüngsten Gerichtes – sind dann Ehrensache.

Ich weiß es von selber, daß die ethischen Philosophen das Geduld nennen und alles darauf zurückführen; aber diese Tugend, scheint mir, hat doch einen genügend großen Herrschaftsbereich und genug darin zu tun und braucht darum nicht in die wenigen, ohnehin schon wehrlos gemachten Schlösser einzudringen, welche der Ehre noch geblieben sind.

Mein Vater wartete also, so gut es ging, mit diesen drei Hilfstruppen das Ende von Toms Geschichte ab und von da dann weiter bis ans Ende von Onkel Tobys Lobrede auf die Waffen im folgenden Kapitel. Als er aber schließlich sah, daß sie, statt auf Witwe Wadmans Tür loszugehen, diametral entgegengesetzt zur Richtung, die er jetzt erwartete, die Allee heruntermarschierten – hatte er auch sofort jenen kurzen Anfall von Galle und Ärger, der, in gewissen Situationen unvermeidlich, seinen Charakter von dem aller anderen Menschen unterschied.

Elftes Kapitel

Was mögen diese beiden Quadratschädel nur wieder, rief mein Vater … usw. …

Ich glaube, sagte meine Mutter, sie fangen wieder an, eine Festung zu bauen.

Aber doch nicht auf Witwe Wadmans Grund und Boden, antwortete mein Vater, zurücktretend.

Wahrscheinlich nicht, sagte meine Mutter.

Der Teufel, rief mein Vater mit erhobener Stimme, soll die gesamte Fortifikationslehre holen mitsamt der ganzen Afferei von Sappen, Minen, Blenden, Schanzkörben, Wällen und Küvetten. – Sie sind auch zu närrisch, sagte meine Mutter.

Sie hatte so eine Art – übrigens würde ich mein Purpurwams und meine gelben Schlafschuhe dafür hergeben, wenn einige von Euer Ehrwürden es ihr darin gleichtun wollten –, und die war, all dem, was mein Vater auch vorbrachte, stets zuzustimmen und nie zu widersprechen, und zwar nur, weil sie nie verstand, was er meinte, und auch vom Grundbegriff und Fachausdruck, auf dem so eine Auslassung meines Vaters beruhte, keine Ahnung hatte. Sie gab sich damit zufrieden, das zu tun, was alle ihre Paten und Patinnen zusammen bei der Taufe an ihrer Statt gelobt hatten – aber das war alles, und so geschah es, daß sie oft jahrelang ein schwieriges Wort gebrauchte und, wenn es ein Verbum war, in allen Zeitformen durchkonjugierte, ohne sich die Mühe zu geben, zu fragen, was es eigentlich bedeutete.

Das war eine nie versiegende Quelle des Jammers für meinen Vater und brach mehr guten Gesprächen zwischen beiden das Genick, als der eigensinnigste Widerspruch es vermocht hätte. Die wenigen, die es überlebten, verdankten dies den Küvetten.

Sie sind auch zu närrisch, sagte also meine Mutter.

Besonders die Küvetten, gab mein Vater zurück.

Das genügte – er genoß die Süße des Triumphs und fuhr fort.

Eigentlich ist es ja gar nicht Witwe Wadmans Grund und Boden, sagte mein Vater, sich teilweise korrigierend, denn sie hat ihn ja nur auf Lebenszeit.

Das macht aber doch einen großen Unterschied, sagte meine Mutter.

Im Kopf eines Narren, antwortete mein Vater.

Wenn sie nicht zufällig ein Kind bekommt, sagte meine Mutter.

Zuerst aber muß sie Bruder Toby dazu kriegen, ihr eines zu machen, sagte mein Vater.

Gewiß muß er das zuerst, Shandy, sagte meine Mutter.

Freilich, wenn es soweit kommt, daß sie ihn dazu erst überreden muß – dann Gnade ihnen Gott, sagte mein Vater.

Amen: rief meine Mutter (piano).

Amen: rief mein Vater (fortissimo).

Amen: rief abermals meine Mutter, aber jetzt mit so viel Mitleid im Tonfall, daß es meinen Vater ganz außer Fassung brachte. Er nahm darum sofort seinen Kalender heraus; doch bevor er ihn aufmachen konnte, ward ihm schon die eine Hälfte dessen, was er darin nachsehen wollte, zur Genüge durch Yoricks Gemeinde beantwortet, die aus der Kirche kam. Und da ihm meine Mutter sagte, es sei heute Abendmahlstag, so blieb ihm auch über die andere Hälfte kein Zweifel übrig. Er steckte darum den Kalender wieder in die Tasche.

Wenn der Erste Lord der Schatzkammer auf neue Mittel und Wege sinnt, Steuern einzutreiben, könnte er nicht mit mehr Verlegenheit im Gesichtsausdruck nach Hause kommen.

Zwölftes Kapitel

Wenn man vom Schluß des letzten Kapitels zurückschaut und das Gewebe dessen, was bisher geschrieben wurde, überblickt, wird man einsehen, warum es notwendig war, auf dieser Seite und den drei folgenden eine ganze Masse sehr ungleichartigen Stoffes einzuschalten, um das Gleichgewicht zwischen Weisheit und Torheit herzustellen, ohne welches ein Buch nicht ein einziges Jahr zusammenhalten und bestehen könnte. Auch würde das nicht irgendeine armselige und schleichende Abschweifung zuwege bringen können (die, wenn sie nur dem Namen nach eine ist, der Mann ruhig ganz weglassen und auf der königlichen Landstraße weitergehen könnte). Nein, nein, wenn es schon eine Abschweifung sein muß, so soll es eine gute, springlebendige sein und dazu über ein springlebendiges Thema, wobei weder der Reiter noch das Pferd abgefangen werden können, es sei denn, sie prallen irgendwo auf.

Die einzige Schwierigkeit liegt darin, daß man die richtigen Mächte dazu in Bewegung setzt: Die *Phantasie* ist schrullenhaft und launisch, der *Witz* will nicht an den Haaren herbeigezerrt werden, und der *Humor* (wie gutmütig er sonst auch ist) will nicht auf den bloßen Anruf kommen, und wenn man ihm ein Königreich zu Füßen legte.

Das beste ist wohl, der Mensch sagt seine Gebete her.

Wenn er dabei aber im Geiste auf seine Schwächen und Fehler, die geistigen und leiblichen, kommt, wird er sich nachher, nachdem er sie hergesagt hat, für den vorliegenden Zweck ungeeigneter finden als vorher – für andere Zwecke freilich besser.

Was mich selbst anbelangt, so gibt es keinen moralischen oder mechanischen Weg unterm Himmel, den ich unter solchen Umständen nicht eingeschlagen hätte, und zwar in mir selbst; manchmal damit, daß ich mich direkt an die Seele selbst wendete und mit ihr lang und breit über den Umfang ihrer Fähigkeiten diskutierte.

Ich konnte freilich diesen Umfang dadurch nicht um einen Zoll erweitern.

Dann versuchte ich es damit, daß ich mein System änderte und zusah, was über meinen Körper zu gewinnen wäre durch Enthaltsamkeit, Nüchternheit und Keuschheit. Das sind Güter, sagte ich, an sich; sie sind absolut gut, sie sind relativ gut, sie sind gut für die Gesundheit, sie sind gut zur Beschaffung des Glücks auf dieser Welt, sie sind gut zur Beschaffung desselben in der nächsten.

Kurzum, sie sind gut zu allem, nur nicht zu dem, wozu wir sie brauchen; da taugen sie nichts und lassen die Seele genauso, wie der Himmel sie geschaffen hat. Was die theologischen Tugenden des Glaubens und der Hoffnung anbelangt, so verleihen sie ihr Mut, doch die zimperliche Tugend der Demut (wie mein Vater sie immer nennt) nimmt ihr ihn immer wieder weg, so daß wir stets wieder dort anlangen, wo wir begonnen haben.

Nun habe ich für alle gewöhnlichen Fälle folgendes als das beste gefunden –

Wenn man sich überhaupt auf die Logik verlassen kann und nicht durch Selbstliebe geblendet ist, so muß doch etwas von echtem Genie in mir stecken, schon darum, weil ich nicht weiß, was Neid ist. Denn kaum fällt mir eine Erfindung oder sonst ein Kunstgriff ein, wodurch gutes Schriftstellern gefördert werden könnte, so plaudere ich es sogleich aus. Ich will offenbar, daß die ganze Menschheit ebensogut schreibt wie ich selber. Was sie sicherlich tun wird, wenn sie so wenig denkt wie ich.

Dreizehntes Kapitel

In den gewöhnlichen Fällen nun, das heißt, sooft ich stumpf bin und die Gedanken mir nur mit Mühe und zäh wie Gummi in die Feder kommen –

Oder wenn ich irgendwie in eine kalte, bilderlose, ganz und gar schandbare Schreibweise geraten bin und nicht heraus kann, und sollte es mich meine Seele kosten, und so gezwungen bin, gleich einem holländischen Kommentator fortzufahren bis zum Schluß des Kapitels, es sei denn, daß etwas geschähe …

So versuche ich dennoch nie, mit Feder und Tinte zu unterhandeln, sondern nehme, wenn eine Prise Tabak oder ein paar Schritte durchs Zimmer nichts helfen, sofort ein Rasiermesser und rasiere dann, nachdem ich die Schneide am Ballen meiner Hand ausprobiert habe, ohne weitere Umstände den Bart. Natürlich muß ich mich vorher noch richtig eingeseift haben. Auch sorge ich dafür, daß, wenn schon ein Haar übrigbleiben muß, es kein graues ist. Dann wechsle ich das Hemd, ziehe einen besseren Rock an, schicke nach meiner besten Perücke, stecke den Topasring an, kurzum, ich ziehe mich so gut an, wie ich überhaupt kann.

Nun müßte schon der Teufel seine Hand im Spiel haben, wenn das alles nicht genügte. Bedenken Sie doch, mein Herr, da jedermann selber dabeizusein pflegt, wenn sein eigener Bart rasiert wird (obwohl es auch da gilt, daß es keine Regel ohne Ausnahme gibt) und unvermeidlich sich selbst gegenübersitzt, falls er dabei mitarbeitet, so muß diese Situation, wie alle anderen, ihre eigenen Begriffe seinem Gehirn mitteilen.

Ich behaupte, daß die Vorstellungen und Ideen eines rauhbärtigen Mannes durch eine einzige solche Prozedur um sieben Jahre feiner und jünger werden. Auch sollten sie, wenn die Gefahr nicht besteht, daß sie gleich mit wegrasiert werden, durch fortwährendes Rasieren bis zum höchsten Gipfel der Erhabenheit gebracht werden können. Wie Homer mit einem so langen Bart schreiben konnte, weiß ich nicht. Und da das gegen meine Hypothese spricht, so geht es mich nichts an. Doch kehren wir zur Toilette zurück.

Ludovicus Sorbonensis macht hieraus ganz und gar eine Angelegenheit des Körpers (ἐξωτερικὴ πρᾶξις), wie er es nennt, doch er täuscht sich. Körper und Seele sind bei allem, was sie beginnen, gleichmäßig beteiligt. Ein Mensch kann sich nicht anziehen, ohne daß nicht seine Ideen mit angezogen werden; und wenn er sich wie ein Herr anzieht, steht jede seiner Vorstellungen und Ideen gar herrenmäßig und nobel vor ihm da, so daß er nichts anderes zu tun hat, als die Feder zu nehmen und so zu schreiben, wie er selbst ist.

Wenn daher Euer Ehrwürden wissen wollen, ob ich reinlich und lesbar schreibe, so können Sie das ebensogut dadurch beurteilen, daß Sie meine Wäscherechnung prüfen. Ich kann einen Monat anführen, wo ich nicht mehr und nicht weniger als einunddreißig Hemden gebraucht und schmutzig gemacht habe, und trotzdem wurde ich darin mehr geschmäht, verflucht, kritisiert und zum Teufel gewünscht und habe mehr Kopfschütteln erregt als in allen anderen Monaten des Jahres zusammengenommen.

Aber die Herrschaften hatten meine Wäscherechnung nicht gesehen!

Vierzehntes Kapitel

Da ich niemals die Absicht hatte, die Abschweifung, die ich mit all diesen Betrachtungen eben vorbereite, zu machen, bevor ich zum fünfzehnten Kapitel gekommen bin – so bleibt mir dieses vierzehnte Kapitel für allerhand andere Zwecke vorbehalten – ich habe zwanzig in diesem Augenblick davon vorrätig; ich könnte mein Kapitel über die Knopflöcher darin anbringen –

Oder mein Kapitel über das Pfuirufen, welches darauf folgen sollte –

Oder mein Kapitel über Knoten (im Fall, daß Euer Ehrwürden damit fertig sind) – aber ich könnte dadurch leicht in Schwierigkeiten geraten; der sicherste Weg ist also wohl der, daß ich der Spur der Gelehrten folge und selber Einwürfe gegen das, was ich geschrieben habe, erhebe, obwohl ich von vornherein erkläre, daß ich so wenig darauf zu erwidern wüßte wie meine Absätze.

Zuerst könnte gesagt werden, hier liege eine niedrige Art thersitischer Satire vor, so schwarz wie die Tinte, womit sie geschrieben. (Nebenbei, wer dies behauptet, soll sich beim Obermustergeneral der griechischen Armee bedanken dafür, daß er den Namen eines häßlichen und schmähenden Mannes wie Thersites in der Armeeliste geduldet hat; denn dadurch ist sein Sprachschatz um dieses Schmähwort bereichert worden.) In dieser Art von literarischen Erzeugnissen (wird der Kritiker fortfahren) tun alle persönlichen Waschungen und Abreibungen auf Erden dem sinkenden Genius nichts Gutes an, im Gegenteil, je schmutziger der Bursche, um so mehr hat er im allgemeinen Erfolg damit.

Darauf habe ich keine andere Antwort als die, daß der Erzbischof von Benevent seinen schlüpfrigen Roman ›Galatea‹, wie alle Welt weiß, in einem violetten Rock, violetter Weste und in einem Paar Hosen von gleicher Farbe geschrieben hat und daß die Buße, die ihm dafür auferlegt wurde, nämlich einen Kommentar über die Offenbarung Johannes zu schreiben, für wie strenge immer sie von einem Teil der Welt gehalten wurde, dem anderen Teile keinesfalls so vorkam; schon für die Kleidung allein hätte er sie verdient.

Ein anderer Einwurf gegen mein Anregungsmittel aus dem dreizehnten Kapitel ist der, daß es nicht allgemein anzuwenden sei, weil nämlich das Rasieren, worauf so viel Wert gelegt ist, nach einem unwandelbaren Naturgesetz die eine Hälfte des Menschengeschlechts ausnimmt. Alles, was ich dagegen vorbringen kann, ist, daß die weiblichen Schriftsteller, ob in England oder Frankreich, eben ohne dieses Mittel auskommen müssen ...

Was die spanischen Damen anbelangt, so ist mir um sie nicht bange.

Fünfzehntes Kapitel

Das fünfzehnte Kapitel ist nun endlich da, bringt aber nichts als einen trübseligen Beweis dafür, ›wie unsere Freuden uns in dieser Welt unter den Händen entgleiten‹.

Denn während ich von meiner Abschweifung rede – erkläre ich vor dem Himmel, daß ich sie bereits verfaßt habe. Was für ein merkwürdiges Geschöpf ist nicht der sterbliche Mensch! sagte sie.

Das ist sehr wahr, sagte ich, doch würde es besser sein, sich alle diese Dinge aus dem Kopf zu schlagen und zu Onkel Toby zurückzukehren.

Sechzehntes Kapitel

Nachdem Onkel Toby und der Korporal bis ans Ende der Allee marschiert waren, fiel ihnen ein, daß das Feld ihrer Tätigkeit ja in der umgekehrten Richtung läge. So machten sie also kehrt und marschierten direkt zu Witwe Wadmans Tür zurück.

Ich garantiere Euer Gnaden vollen Erfolg, sagte der Korporal, die Montero-Mütze mit der Hand berührend, als er an seinem Herrn vorüberging, um an die Tür zu klopfen. – Onkel Toby aber sagte jetzt (entgegen seiner sich immer gleichbleibenden Art und Weise, seinen treuen Diener zu behandeln) nichts, weder etwas Gutes noch etwas Böses. Die Wahrheit ist, daß er nicht ganz Herr seiner Gedanken war. Er hätte gern noch eine neue Konferenz abgehalten, und als der Korporal ihm die drei Stufen vor dem Hause voranschritt – räusperte er sich zweimal und bei jedem der beiden ›hem‹ floh ein

Teil seines sehr bescheidenen Mutes zum Korporal hin. Dieser stand da und hielt den Türklopfer eine ganze Minute lang in der Hand, ohne zu klopfen, er wußte kaum, warum. Bridget stand dahinter, wie erstarrt, mit dem Finger und Daumen am Riegel, voll Erwartung. Witwe Wadman, die bereit war, sich noch einmal ein Auge beäugeln zu lassen, saß atemlos hinter dem Fenstervorhang ihres Schlafzimmers und beobachtete die Annäherung.

Trim! sagte Onkel Toby. Doch kaum hatte er das Wort ausgesprochen, war die Minute schon verflossen, und der Türklopfer fiel.

Da Onkel Toby sah, daß alle seine Hoffnungen auf eine zweite Konferenz damit einen Schlag aufs Haupt bekamen, pfiff er Lillabullero.

Siebzehntes Kapitel

Da also Bridgets Finger und Daumen schon am Riegel klebten, brauchte der Korporal nicht so oft zu klopfen wie Euer Gnaden Schneider – übrigens hätte ich den Vergleich näher zur Hand haben können, denn ich schulde meinem mindestens fünfundzwanzig Pfund und wundere mich über die Geduld des Mannes.

Aber das geht niemanden etwas an. Immerhin ist es eine verfluchte Sache, Schulden zu haben. Es scheint da über den Schatzkammern und Kassen mancher armen Prinzen so ein eigenes Verhängnis zu walten, vornehmlich bei denen aus unserem eigenen Hause, welches Verhängnis von keiner Sparsamkeit in Fesseln gelegt werden kann. Was mich anbelangt, so bin ich überzeugt, daß es keinen Prinzen, Prälaten, Papst und Potentaten, groß oder klein, auf Erden gibt, der eifriger den Wunsch hätte, sich mit der Welt ausgeglichen zu haben, als ich, oder der geeignetere Maßregeln dafür getroffen hätte. Niemals gebe ich mehr als eine halbe Guinee aus, noch trage ich Stiefel oder verschwende Zahnstocher oder lege das ganze Jahr hindurch auch nur einen Shilling in Nichtigkeiten an; die sechs Monate, die ich auf dem Lande zubringe, lebe ich auf so kleinem Fuß, daß ich, noch dazu mit der besten Laune der Welt, Rousseau um einige Längen hinter mir lasse, denn ich habe weder Diener noch Burschen, kein Pferd, keine Kuh, nicht Hund, nicht Katze noch sonst etwas, das essen oder trinken muß, mit Ausnahme eines armseligen, mageren Dinges von einer Aufwärterin, die mir Feuer zu machen hat und sich meist eines ebenso schlechten Appetits erfreut wie ich. Aber wenn Sie der Ansicht sind, daß das aus mir einen Philosophen macht – so gebe ich nicht einen Heller für Ihr Urteil.

Wahre Philosophie – doch solange Onkel Toby Lillabullero pfeift, können wir diesen Gegenstand nicht verhandeln.

Gehen wir also ins Haus hinein!

Achtzehntes Kapitel

Neunzehntes Kapitel

Zwanzigstes Kapitel

——— * * * * * * * * *
* * * * * * * * * * *
* * * * *
* * * * * * * * * * *
* * * * * * * * * * *
* * * * * ———————

sie sollen die genaue Stelle sehen, Madame, sagte Onkel Toby zu Witwe Wadman.

Witwe Wadman errötete, sah gegen die Tür hin, wurde bleich, errötete abermals leicht, fand ihre natürliche Farbe wieder, errötete heftiger denn je, was ich um des unerfahrenen Lesers willen so übersetze:

Gott! Ich kann es mir doch nicht ansehen –!

Was würden die Leute sagen, wenn ich es mir ansähe?

Ich würde zu Boden sinken, wenn ich es mir ansähe!

Ich wollte, ich dürfte es ansehen –!

Es kann doch keine Sünde dabei sein, wenn ich es ansehe?

Ich will es sehen.

Während alles das durch der Witwe Wadman Gehirn schoß, hatte sich Onkel Toby vom Sofa erhoben und war zur Tür gegangen, um in dieser Sache Trim im Gang einen Auftrag zu geben.

* * * * * * * * * * *

* * Ich glaube, sie ist oben in der Bodenkammer, sagte Onkel Toby. – Ich habe sie dort heute morgen, Euer Gnaden, gesehen, antwortete der Korporal. – Dann bitte, geh Er gleich hin, Trim, sagte Onkel Toby, und bring Er sie zu uns ins Zimmer.

Dem Korporal behagte zwar der Auftrag nicht sehr, doch führte er ihn getreulich aus. Das erste hing nicht von seinem freien Willen ab, wohl aber das zweite; so setzte er seine Montero-Mütze auf und lief so schnell, als sein lahmes Knie es ihm erlaubte. Onkel Toby ging ins Zimmer zurück und setzte sich wieder aufs Sofa.

Sie sollen Ihren Finger auf die Stelle legen, sagte Onkel Toby. – Ich werde sie aber nicht anrühren, trotz allem, sagte Witwe Wadman zu sich selber.

Das erfordert eine zweite Übersetzung und beweist, wie wenig Erkenntnis wir durch Worte allein gewinnen und daß wir immer bis zu den Quellen vordringen müssen.

Um nun den Nebel zu zerreißen, der über diesen drei Seiten hängt, muß ich versuchen, mich selber so klar wie möglich auszudrücken.

Reibt euch mit der Hand dreimal die Stirn, schneuzt euch die Nase, reinigt die Nasenlöcher – niest, liebe Leute ...! Zum Wohlsein!

Und jetzt helft mir, so gut ihr könnt!

Einundzwanzigstes Kapitel

Da es mindestens fünfzig verschiedene Zwecke gibt (alle zusammengerechnet, die bürgerlichen sowohl wie auch die religiösen), weswegen die Frau einen Mann nimmt, so fängt sie damit an, daß sie sorglich bei sich erwägt und alsdann sondert und unterscheidet, welcher Zweck aus der großen Zahl eben der Zwecke und Pläne der eigentlich ihrige ist. Dann forscht und sucht sie mittels Gespräch, Nachfragen, Prüfen und Erkunden, ob sie das richtige Ende bei der ganzen Sache zu fassen bekommen hat, und wenn ja, dann bildet sie sich durch viel Hinundherzerren erst ein Urteil darüber, ob der Faden nicht reißen werde.

Die Bilderreihe, durch welche Slawkenbergius dies der Phantasie des Lesers vorführt zu Beginn der dritten Dekade, ist so frivol, daß die Achtung, die ich dem anderen Geschlecht schulde, mir nie erlaubt, sie zu zitieren – obwohl sie nicht ohne Witz ist.

Sie bringt, sagt Slawkenbergius, zuallererst den Esel zum Stehen, und während sie ihn mit der linken Hand am Halfter hält (damit er nicht davonläuft), fährt sie mit der rechten bis auf den Grund seines Korbes, um ... – Was zu suchen? – Sie werden es dadurch, daß Sie mich unterbrechen, sagt Slawkenbergius, nicht früher erfahren.

Ich habe ja nichts drin, gute Frau, nichts als leere Flaschen, sprach der Esel.

Und ich bin mit lauter Plunder beladen, sprach der zweite.

Und du bist nur wenig besser, sagte sie zum dritten, denn in deinem Korb sind nur Pluderhosen und Pantoffeln ... Und so redete sie zum vierten, fünften der Reihe nach, bis sie zum Esel kommt, der es trägt. Da kehrt sie den Korb um, sieht hinein, schaut es an, mißt es, streckt es, macht es naß, trocknet es, und dann nimmt sie sogar die Zähne zu Hilfe ...

Wozu? Um Himmels willen.

Ich bin entschlossen, sagte Slawkenbergius, daß alle Mächte der Erde mir das Geheimnis nicht entreißen sollen.

Zweiundzwanzigstes Kapitel

Wir leben freilich in einer allerseits mit Geheimnissen und Rätseln umstellten Welt, und so ist es vielleicht gar kein Wunder, denn sonst müßte einem das Folgende sehr merkwürdig erscheinen: Die Natur formt ein jegliches Ding so zweckentsprechend und irrt selten oder niemals oder höchstens nur zum Scherz und verleiht allem, was durch ihre Hand geht, solcherlei Gestalt und Eigenschaft – ob sie das Geschöpf und Gebilde nun für den Pflug, die Karawane oder den Schubkarren bestimmt oder was immer sie sonst gestaltet, und wäre es auch nur das Füllen einer Eselin –, daß es immer das mitbekommt, was es braucht. Und trotzdem muß sie doch gleichzeitig ein so klägliches Pfuschwerk liefern, wenn es gilt, eine so überaus einfache Sache wie einen Ehemann zu verfertigen.

Ob es an der Wahl des Teigs oder am Backen selbst liegt – durch zu langes Backen kann einer zu krustig, wie Sie wissen, durch zuwenig wiederum nicht rösch genug werden – oder ob die große Künstlerin Natur nicht genug auf die kleinen platonischen Bedürfnisse *jenes* Teiles der Gattung Mensch achtet, für welche sie *diesen* fabriziert, oder ob die große Dame oft selber nicht weiß, welche Art von Ehegatte gerade die richtige sei, kann ich nicht sagen. Wir werden darüber nach dem Abendessen verhandeln.

Es genügt festzustellen, daß weder die Beobachtung noch das Nachdenken darüber im vorliegenden Falle einen Zweck haben; im Gegenteil, sie sind recht eigentlich zweckwidrig. Denn was Onkel Toby anbelangt, so war niemand besser für den Ehestand geeignet als er. Die Natur hat ihn aus dem besten und süßesten Ton geformt, hat diesen Ton mit ihrer eigenen Milch milde gemacht und ihm ihren zartesten Geist eingehaucht, sie hat ihn edel, zartfühlend und human gebildet, sie hat sein Herz mit Glauben und Vertrauen gefüllt und jeden Zugang dazu so angelegt, daß nichts Zartes und Köstliches davon abgesperrt bleiben sollte.

Und was endlich die anderen Zwecke anbetrifft, zu denen die Ehe eingesetzt ward, so hatte sie –

Und also * * * * * * * * *
* * * * * * * * * * *
* * * * * * * * * * *
* * * *

Auch war diese Gabe durch Onkel Tobys Wunde nicht beeinträchtigt.

Nun war die letzte Angelegenheit allerdings etwas geheimnisvoll; und der Teufel, der den Glauben in uns so gerne stört, hatte Bedenken in der Witwe Wadman erregt und als rechter Teufel, der er war, alles Nötige dazu getan, daß Onkel Tobys Tugend sich darum in nichts als leere Flaschen, Plunder, Pluderhosen und Pantoffeln verwandelte.

Dreiundzwanzigstes Kapitel

Bridget hatte das ganze bißchen Ehre, das eine arme Kammerzofe in dieser Welt noch wert ist, dafür verpfändet, daß sie binnen zehn Tagen der Sache auf den Grund kommen werde, und diese Wette war auf eines der zulässigsten Grundgesetze der Natur gegründet, nämlich daß, während Onkel Toby ihrer Herrin Liebesgeständnisse machte, der Korporal gar nichts Besseres und nichts anderes auf der Welt zu tun haben würde, als ihr selber mancherlei Liebes zu erweisen. – Und ich will ihm alles gewähren, was er will, sagte Bridget, wenn ich nur das Gewisse aus ihm herausbekomme. –

Freundschaft hat zwei Röcke: einen Ober- und einen Unterrock. Bridget diente dem Interesse ihrer Herrin in dem einen und tat das, was sie selber am liebsten mochte, im anderen; so daß hinsichtlich der Wunde Onkel Tobys für sie ebensoviel auf dem Spiel stand wie für den Teufel. Witwe Wadman hatte hingegen nur einen Einsatz im Spiele, und da dieser möglicherweise ihr letzter war, so war sie entschlossen (ohne darum Bridget zu entmutigen oder deren Talent zu mißtrauen), ihre Karte selber auszuspielen.

Sie brauchte keine Ermutigung, und meinem Onkel Toby hätte ein Kind in die Karten gucken können; mit einer solchen Unschuld und Offenheit spielte er alle seine Trümpfe aus, so wenig argwöhnte er Fallen und Tricks, und so nackt und wehrlos saß er auf demselben Sofa neben der Witwe Wadman, daß ein edelmütiges Herz Tränen darüber vergießen möchte, ihm das Spiel abzugewinnen. Doch lassen wir alle bildliche Redeweise fallen.

Und ebenso die Geschichte – bitte. Denn obwohl ich den ganzen Weg entlang bis hierher geeilt bin, voll des ernstlichen Wunsches und im Bewußtsein, daß das, was jetzt kommt, der köstlichste Bissen werden würde, den ich der Welt anzubieten habe, so möchte ich am liebsten jetzt, wo ich dabei bin, die Feder irgend jemandem übergeben und den, der will, die Geschichte weitererzählen lassen, denn ich sehe die Schwierigkeiten der Schilderung und fühle, daß es mir dazu an Kräften fehlt.

Ein Trost bleibt mir wenigstens, daß ich diese Woche achtzig Unzen Blut während eines überaus unkritischen Fiebers verlor, welches mich höchst rücksichtslos zu Beginn dieses Kapitels befallen hatte, so daß ich noch einige Hoffnung habe, meine Unfähigkeit könne mehr vom Blute als vom Gehirn herrühren. Doch sei dem, wie ihm wolle, eine Anrufung kann nicht schaden, und ich überlasse es ganz dem Angerufenen, mich so zu inspirieren oder mir so das Nötige einzuflößen, wie es ihm gutdünkt.

Anrufung

Fühlender Geist süßesten Humors, der du dich einst auf die beschwingte Feder meines geliebten Cervantes gesetzt hast, du, der du täglich durch die Gitterfenster eingedrungen bist und mit deiner einzigen Gegenwart das Dämmerlicht des Gefängnisses in strahlenden Mittag verwandelt, den kleinen irdenen Wasserkrug gefärbt hast, daß es aussah, als berge er himmlischen Nektar, und die ganze Zeit über, da er von Sancho und dessen Herrn schrieb, deinen Zaubermantel um seinen verdorrten Armstumpf* warfest und ihn weit ausbreitetest über alle Übel seines Lebens –

Wende dich her zu mir, sieh! Diese Hosen sind alles, was ich besitze. Den jämmerlichen Riß da empfingen sie in Lyon. Und ach, meine Hemden! Was für ein tödlicher Zwiespalt ist da nicht mitten unter ihnen ausgebrochen: Die Schöße sind in der Lombardei geblieben, und das übrige ist hier. Ich hatte niemals mehr als sechs, aber eine listige, zigeunerhafte Wäscherin hat mir die Schöße von fünfen abgeschnitten. Um ihr aber Gerechtigkeit widerfahren zu lassen, so

* Er verlor seine Hand in der Schlacht bei Lepanto.

tat sie es nicht ohne Überlegung – denn ich stand gerade davor, Italien zu verlassen.

Und trotz alledem und obwohl man mir mein Pistolenfeuerzeug in Siena gestohlen hat und ich zweimal fünf Paoli für zwei harte Eier zu zahlen hatte, einmal in Raddicoffini und das andere Mal in Capua, halte ich eine Reise durch Frankreich und Italien, vorausgesetzt, daß einer seine gute Laune den ganzen Weg über nicht verliert, nicht für eine so üble Angelegenheit, wie manche Leute einen glauben machen möchten. Natürlich ist man heute mehr oben und morgen mehr unten, aber wie, zum Teufel, sollten wir auch anders zu jenen Tälern gelangen, in denen die Natur so viel Tische voll köstlichster Gaben aufgestellt hat? Unsinn wäre es, sich einzubilden, sie würden uns ihre Wagen leihen und sie umsonst in Stücke zerbrechen lassen. Und wenn wir nicht zwölf Sous für das Schmieren der Räder zahlen, wie soll da der Bauer die Butter zum Brot bekommen? Wir erwarten wirklich zuviel ... Und dann ein oder zwei Livres für Abendessen und Bett, wo beides zusammen höchstens einen Shilling und neun Pence wert ist – wer aber wird sich damit seine Philosophie trüben lassen wollen? Um Himmels und Ihrer selbst willen, zahlen Sie es, geben Sie es mit beiden Händen, es ist besser so, als die Enttäuschung in den Augen Ihrer Wirtin und deren Mädchen am Torweg bei Ihrem Abschied zurückzulassen – und nebenbei, mein Herr, bekommen Sie von jeder einzelnen einen schwesterlichen Kuß, der auch ein Pfund wert ist; mir wenigstens wurde ein solcher zuteil.

Denn da Onkel Tobys Liebesgeschichte mir den ganzen Weg entlang im Kopf herumging, so hatte sie dieselbe Wirkung auf mich, wie wenn sie meine eigene gewesen wäre. Ich war im denkbar vollkommensten Zustand von Güte und Wohlwollen, und mein Inneres zitterte und bebte so harmonisch mit dem Wagen, daß es mir gleichgültig war, ob die Wege eben oder holperig waren. Ein jegliches Ding, das ich zu sehen oder mit dem ich es zu tun bekam, rührte in mir eine Quelle des Entzückens und der Ergriffenheit auf.

Ach, es waren die süßesten Töne, die ich je vernommen, und ich ließ sofort das vordere Fenster herunter, um sie noch deutlicher zu hören. – Es ist Maria, sagte der Postillion, da er bemerkte, daß ich horchte. Arme Maria, fuhr er fort und beugte sich etwas zur Seite, damit ich sie sehen könnte, denn er hatte mir eben die Aussicht versperrt, sie sitzt auf dem Wiesenrain und spielt auf ihrer Flöte ihr Abendlied, die kleine Ziege neben sich.

Der junge Bursche äußerte das mit einem Blick und Ton, die so durchaus ein fühlendes Herz verrieten, daß ich sofort gelobte, ich würde ihm vierundzwanzig Sous geben, wenn wir in Moulins ankämen –

Und wer ist die arme Maria? fragte ich.

Der Gegenstand der Liebe und des Mitleids aller in der Umgebung, sagte der Postillion. Es ist erst drei Jahre her, daß die Sonne auf kein so hübsches, kluges und liebenswürdiges Kind geschienen, und Maria hat wahrlich ein besseres Schicksal verdient, als daß ihr Eheaufgebot durch die Kniffe und Schliche des Pfarrers der Gemeinde verhindert wurde.

Er wollte weitererzählen, als Maria, die nur eine kurze Pause gemacht hatte, die Flöte zwischen ihre Lippen nahm und die Melodie wiederholte – es waren dieselben Klänge, aber noch zehnmal süßer war der Ton. Das ist jetzt ihr Abendgottesdienst für die Heilige Jungfrau, sagte der junge Mann. Aber wer sie die Flöte gelehrt und wie sie dazu gekommen, das weiß niemand. Wir glauben alle, der Himmel habe ihr dazu verholfen, denn seitdem ihr Geist sich verwirrt hat, ist das ihr einziger Trost; sie gibt die Flöte nicht mehr aus der Hand und bläst Tag und Nacht ihre Marienandacht darauf.

Der Postillion erzählte das alles mit so viel Zartgefühl und natürlicher Beredsamkeit, daß ich nicht umhinkonnte, etwas in seinem Gesicht zu entziffern, das mir über seinen Stand hinauszuweisen schien; und ich hätte mir seine Geschichte ganz gewiß erzählen lassen, wenn die arme Maria nicht gänzlich von mir Besitz ergriffen hätte.

Wir waren inzwischen fast bis zum Rasenabhang gekommen, worauf Maria saß. Sie trug ein dünnes weißes Mieder, ihr Haar war in einem Seidennetz eingewunden, woraus zwei Zöpfe hingen, Olivenblätter staken ein wenig phantastisch darin. Maria war schön, und wenn ich je im Leben die ganze Gewalt eines aufrichtigen Herzeleids empfand, so war es jetzt, da ich sie sah.

Gott helfe ihr! Armes Mädchen! Mehr als hundert Messen, sprach der Postillion, sind in den verschiedenen Pfarrkirchen und Klöstern ringsherum für sie gelesen worden. Doch ohne Erfolg. Noch haben wir Hoffnung, da sie in kurzen Zwischenpausen Vernunft zeigt, daß die Heilige Jungfrau sie wiederherstellen werde. Doch ihre Eltern, die sie besser kennen, haben keine Hoffnung und meinen, ihr Verstand habe sie für immer verlassen.

Als der Postillion die Worte sprach, blies Maria eine so traurige, zarte und klagende Kadenz, daß ich aus der Kutsche sprang, um ihr irgendwie beizustehen, und so fand ich mich denn zwischen ihr und der Ziege sitzend, bevor ich aus meiner Hingerissenheit wieder zu mir selber kam.

Maria sah eine Zeitlang ganz traurig zuerst auf mich und dann auf ihre Ziege, und dann wieder auf mich und wieder auf die Ziege und so fort …

Nun, Maria, fragte ich sanft, findet Sie eine Ähnlichkeit heraus zwischen uns beiden?

Ich bitte den redlichen Leser zu glauben, daß ich ganz aus der ehrlichen Überzeugung heraus, daß der Mensch im Grunde genommen ein Biest und nicht mehr sei, diese Frage stellte und daß ich selbst dann nicht einen unangebrachten Scherz in der ehrfurchtgebietenden Gegenwart des Unglücks gemacht haben würde, wenn mir der ganze Witz eines Rabelais zu Gebote gestanden hätte – und dennoch gestehe ich, mein eigenes Gewissen schlug mich, und bei der bloßen Vorstellung, sie zum besten gehabt zu haben, empfand ich einen solchen Schmerz, daß ich mir schwor, ich würde mich von nun an nur noch an die Weisheit halten und nur noch ernste Sätze sagen bis ans Ende meiner Tage und niemals mehr einen Menschen zum besten haben, wer immer es sei: Mann, Frau oder Kind, und wenn mir die Zeit noch so lang würde.

Was aber das Schreiben von Unsinn anbetrifft – ich glaube, das ist in dem Gelübde nicht mit einbeschlossen, doch darüber möge die Welt entscheiden.

Adieu, Maria! Adieu, armes, unseliges Kind, später einmal vielleicht, aber nicht jetzt werde ich deinen Schmerz von deinen eigenen Lippen hören – doch nein, es ist nicht so, nicht später, denn in diesem selben Augenblick griff sie zur Flöte und blies mir darauf eine Erzählung von solchem Weh und Leid, daß ich mich erhob und mit wankenden, ungleichen Schritten sachte zu meiner Kutsche ging.

Was für ein gutes Gasthaus gibt es in Moulins!

Fünfundzwanzigstes Kapitel

Sobald wir bis zum Ende dieses Kapitels gekommen sein werden (nicht früher), müssen wir zu den beiden leergelassenen Kapiteln zurückkehren, deretwegen meine Ehre die letzte halbe Stunde schon

blutete. Ich stille das Blut, indem ich meine gelben Pantoffeln ausziehe und mit aller Gewalt gegen die Wand schleudere mit einer nachträglichen Erklärung des Inhaltes:

daß, welche Ähnlichkeit jene leeren Kapitel auch immer mit der Hälfte aller Kapitel haben, die in der Welt geschrieben worden sind und vielleicht eben jetzt geschrieben werden, diese Ähnlichkeit nur eine zufällige ist wie der Schaum am gemalten Pferde des Zeuxis; zudem betrachte ich ein Kapitel, welches *bloß nichts* enthält, mit Ehrfurcht; und wenn ich bedenke, was für viel üblere Dinge es in der Welt gibt – doch das ist keineswegs ein geeigneter Stoff für eine Satire …

Warum wurden also die Kapitel leer gelassen? – Und hier werde ich, ohne daß man auf meine Erwiderung wartet, einigemal Dummkopf, Pinsel, Gimpel, Affe, Hanswurst und Bettscheißer genannt werden und noch andere ähnliche saftige Schimpfworte über mich ergehen lassen müssen, wie sie die Kuchenbäcker von Lerné den Hirten des Königs Gargantua ins Gesicht warfen. Und ich will sie gewähren lassen, solange sie wollen, wie Bridget sagte, denn hätten sie die Notwendigkeit voraussehen können, warum ich das fünfundzwanzigste Kapitel vor dem achtzehnten zu schreiben gezwungen gewesen war?

So nehme ich es nicht übel … Worum allein ich bitte, ist, daß es der Welt eine Lehre sein möge, jeden seine Geschichte auf seine eigene Weise erzählen zu lassen.

Das Achtzehnte Kapitel

Da Bridget die Tür öffnete, bevor noch der Korporal mit dem Türklopfer richtig geklopft hatte, so war der Zeitraum zwischen diesem Geschehnis und Onkel Tobys Eintritt in den Salon so kurz, daß Witwe Wadman gerade Zeit genug hatte, hinter dem Fenstervorhang hervorzukommen, schnell noch eine Bibel auf den Tisch zu legen und ein oder zwei Schritte auf die Tür zu zu machen, um Onkel Toby zu empfangen.

Onkel Toby begrüßte Witwe Wadman auf die Art, wie Frauen Anno domino eintausendsiebenhundertunddreizehn von Herren eben begrüßt wurden, dann machte er seine Schwenkung, marschierte mit ihr in einem Gliede zum Sofa und sagte ihr in drei einfachen Worten – nicht, bevor er sich niedergesetzt hatte, auch nicht, nachdem er sich gesetzt hatte, sondern während er sich setzte –, daß er sie liebe, so daß Onkel Toby sich bei dieser Erklärung mehr beeilte, als notwendig war.

Witwe Wadman blickte währenddessen naturgemäß in den Schoß, oder, um es noch genauer zu sagen, auf einen Riß, den sie in ihrer Schürze zugestopft hatte, in der Hoffnung, daß Onkel Toby in dieser Tonart fortfahren würde. Doch da er kein Talent zu Weitschweifigkeiten hatte und die Liebe zudem jener Gegenstand war, den er von allen am wenigsten beherrschte ... Nachdem er also Witwe Wadman gesagt hatte, daß er sie liebe, so ließ er es dabei bewenden, und alles andere sollte von selber kommen.

Mein Vater geriet immer in Verzückung über das System Onkel Tobys, wie er es fälschlich nannte, und sagte oft, daß, wenn Onkel Toby zu diesem Vorgang gerade noch eine Pfeife Tabak hinzutun könnte, er endgültig, nach einem spanischen Sprichwort, den Weg zu den Herzen der Hälfte aller Frauen gefunden haben würde.

Onkel Toby verstand niemals recht, was mein Vater eigentlich damit sagen wollte, auch will ich selber mir nicht anmaßen, mehr darin zu suchen als die Verurteilung eines Irrtums, dem die halbe Menschheit unterliegt – worin jedoch die Franzosen bis auf den letzten Mann befangen sind und daran beinahe ebenso glauben wie an die *wirkliche und wahrhaftige Gegenwart*, daß nämlich von der Liebe reden schon soviel heißt wie lieben.

Ich möchte nach diesem Rezept mich hinstellen und ebensoleicht eine Blutwurst machen.

Fahren wir fort: Witwe Wadman saß also in Erwartung da, Onkel Toby würde seinerseits nun auch zu reden anfangen, sie hielt bis zu dem Augenblick inne, wo das Schweigen auf der einen oder anderen Seite meist unschicklich zu werden anfängt, darum drückte sie sich jetzt ein wenig mehr an ihn heran und öffnete errötend ihre Augen, sie nahm also den Fehdehandschuh auf – oder das Gespräch (wenn Sie das lieber wollen) und eröffnete sich Onkel Toby auf folgende Art:

Die Sorgen und Unruhen des Ehestandes, sagte also Witwe Wadman, sind sehr groß ... Das glaube ich auch, antwortete Onkel Toby. – Wenn darum ein Mann, fuhr Witwe Wadman fort, alles hat, was er braucht, wie Sie, Hauptmann Shandy, wenn er glücklich und zufrieden lebt mit und in sich, in seinen Freunden und dem, was ihm das Leben bietet, so frage ich mich nach den Gründen, die ihm den neuen Stand so begehrenswert erscheinen lassen sollten.

Madame, diese Gründe, sagte Onkel Toby, stehen im Katechismus.

Bis hierher blieb Onkel Toby auf der Hut, blieb innerhalb seines Fahrwassers und ließ Witwe Wadman allein über den Strudel segeln, wie sie Lust hatte.

Und was die Kinder anbelangt, fuhr Witwe Wadman fort, obwohl sie vielleicht der Hauptzweck besagter Einrichtung und der natürliche Wunsch aller Eltern sind – finden wir nicht, daß sie stets eine unausbleibliche Sorge und ein sehr unsicheres Glück bedeuten? Wer vergilt uns, lieber Herr, alles Herzeleid? Und wo darf die wehrlose, leidende Mutter, welche die Kinder zur Welt gebracht hat, einen Lohn erwarten für die mannigfachen Zustände von Angst und Unruhe?

Ich gestehe offen, sagte mein von Mitgefühl ergriffener Onkel Toby, daß ich diesen Lohn nirgends zu sehen wüßte, er läge denn in dem Vergnügen, welches nach dem Willen Gottes – –

O papperlapapp! rief sie.

Neunzehntes Kapitel

Nun gibt es eine so unendliche Menge von Tönen, Singstimmen, Akzenten, womit das Wort papperlapapp! bei solchen Gelegenheiten ausgesprochen werden kann, von denen wiederum jeder für sich einen durchaus unterschiedlichen Eindruck und Sinn hinterlassen muß, so unterschiedlich wie Schmutz und Reinlichkeit, daß gelehrte Haarspalter (denn letzten Grundes ist es eine Gewissenssache) nicht weniger als vierzehntausend Fälle rechnen, in denen man es richtig oder falsch betonen kann.

Witwe Wadman sprach das Papperlapapp so aus, daß alles, was Onkel Toby an züchtigem Blut besaß, in seine Wangen getrieben wurde, weshalb er auch im Gefühl, daß er auf die eine oder andere Weise die Richtung verloren habe, kurz abbrach. Ohne also weiter auf die Freuden und Schmerzen des Ehestandes einzugehen, legte er seine Hand aufs Herz und machte jetzt seinen Antrag in dem Sinne, diese Freuden und Schmerzen so nehmen zu wollen, wie sie sind, und mit ihr zu teilen.

Nachdem mein Onkel es einmal gesagt hatte, wollte er es nicht noch ein zweites Mal sagen, und da sein Blick auf die Bibel fiel, welche Witwe Wadman eben auf den Tisch gelegt hatte, nahm er sie in die Hand, und da mußte die gute Seele natürlich auch sofort auf jene Stelle stoßen, die ihm von allen Stellen am nächsten ging, ich meine: Die Belagerung von Jericho … Er ging also gleich daran, sie zu durchfliegen, und machte es mit seinem Heiratsantrag nicht anders als mit seinem Liebesgeständnis, das heißt, er ließ ihn für sich selber wirken. Nun wirkte dieser aber weder zusammenziehend noch lösend, auch nicht wie Opium, Chinarinde, Quecksilber, Bocksdorn oder sonst eine Arznei, womit die Natur die Erde ausgestattet hat, kurz, er wirkte gar nicht. Und der Grund dafür war, daß in ihr von früher her bereits etwas anderes wirkte – Schwätzer, der ich bin, habe ich auch schon ein dutzendmal darauf angespielt, aber die Sache brennt – ich muß sie noch erledigen – also los!

Sechsundzwanzigstes Kapitel

Es ist für jemanden, der zum ersten Male von London nach Edinburgh reist, ganz natürlich, bevor er sich auf den Weg macht, zu fragen, wie viele Meilen nach York seien, das ungefähr am halben Weg liegt; auch wird sich niemand wundern, wenn der Betreffende dann fortfährt, sich nach diesen oder jenen örtlichen Verhältnissen zu erkundigen usw.

Ebenso war es von der Witwe Wadman, deren erster Mann die ganze Zeit des Ehestandes hindurch an Ischias gelitten hatte, nur natürlich, wissen zu wollen, wie weit es von der Hüfte bis zur Leiste und inwieweit es wahrscheinlich sei, daß sie jetzt mehr oder weniger als früher zu kurz kommen würde mit ihren Gefühlen und Bedürfnissen.

Sie hatte zu diesem Zwecke Drakes Anatomie von Anfang bis zu Ende durchgelesen. Sie hatte auch einen Blick in Whartons Gehirnlehre geworfen und sich einiges aus Graafs Knochen- und Muskellehre* ausgeborgt.

Desgleichen hatte sie aus eigenem nachgedacht und Theorien aufgestellt und Folgerungen gezogen, ohne zu einem wirklichen Schluß zu kommen.

Um sich völlige Klarheit zu verschaffen, hatte sie zweimal Dr. Slop

* Hier irrt Herr Shandy ganz gewiß; denn Graaf schrieb über die Bauchspeicheldrüse und über die Geschlechtsteile.

gefragt, ob Hoffnung bestünde, daß Hauptmann Shandy je von seiner Wunde genese.

Er ist aber doch schon genesen, lautete Slops Antwort.

Wie? Ganz?

Ganz, Madame.

Aber was verstehen Sie unter Genesung? ließ Witwe Wadman nicht nach.

Doch Dr. Slop war von allen Menschen am wenigsten für Erklärungen zu haben. So konnte Witwe Wadman keine Klarheit erlangen. Und es blieb ihr nur der eine Weg übrig, sich diese Klarheit bei Onkel Toby selbst zu holen.

Es gibt einen Ton menschlicher Anteilnahme in derlei Fragen, der jeglichen Argwohn einzuschläfern imstande ist – und ich bin halb und halb überzeugt, daß die Schlange in ihrer Unterredung mit Eva diesem Ton ziemlich nahe gekommen ist; denn der dem schönen Geschlecht innewohnende Hang, sich betrügen zu lassen, konnte doch bei Eva nicht so stark sein, daß sie den Mut gehabt hätte, sich mit dem Teufel in ein Gespräch einzulassen, wenn sie nicht zuerst durch diesen Ton verführt worden wäre. Es gibt also einen Ton von menschlicher Anteilnahme – wie soll ich ihn beschreiben –, einen Ton, der den fraglichen Körperteil mit einem Mantel zudeckt und damit dem Frager das Recht erteilt, darnach so in die Einzelheiten zu gehen, als wenn er der Leibarzt selber wäre.

Tat es unaufhörlich weh?

War es erträglicher im Bett?

Konnte er auf beiden Seiten gleich gut damit liegen?

Konnte er damit reiten?

War Bewegung schlecht für ihn et cetera; alles das war mit so viel Zärtlichkeit ausgesprochen und an Onkel Toby gerichtet, daß jede Einzelheit davon sich zehnmal tiefer in sein Herz einsenkte, als die Übel und Schmerzen selber es getan hatten. Aber als nun gar Witwe Wadman rundherum um ganz Namur ging, um zu Onkel Tobys Leisten zu gelangen, und ihn ersuchte, jetzt einmal den Punkt der vorgerückten Kontereskarpe zu attackieren und zusammen mit den Holländern die Konterparade von St. Rochus mit dem Schwert in der Hand einzunehmen, und darnach, sanfte Töne ihm ins Ohr flötend, ihn blutüberströmt an der Hand aus dem Schützengraben herausgeleitete und sich die Tränen aus den Augen wischte, als er in sein Zelt getragen wurde – Himmel, Erde und Meer, wie erschien da nicht alles gehoben in himmlische Höhen, die Quellen der Natur stiegen über den gewohnten Wasserstand, ein Engel der Gnade saß jetzt neben ihm auf dem Sofa, sein Herz erglühte, und hätte er tausend Herzen besessen, so würde er gerne jedes einzelne an Witwe Wadman verloren haben.

Und wo ungefähr, teurer Herr, fragte Witwe Wadman jetzt, ein wenig bestimmter, wo haben Sie diesen entsetzlichen Schlag empfangen?

Dabei schielte Witwe Wadman nach dem Gürtelband von Onkel Tobys roten Plüschhosen, da sie naturgemäß erwartete, Onkel Toby würde jetzt als kürzeste Antwort den Zeigefinger auf die fragliche Stelle legen. Es kam aber anders, denn da Onkel Toby seine Wunde vor dem St. Nicolastor empfangen hatte, in einer der Traversen des Laufgrabens gegenüber dem vorspringenden Winkel der Halbbastion von St. Rochus, so war er in der Lage, jederzeit eine Nadel genau in den Punkt zu stecken, wo er stand, als ihn der Stein traf. Das war ihm alles klar und stand ihm vor Augen, und zugleich fiel ihm die große Karte der Stadt und Festung Namur ein, die er gekauft und mit Hilfe Trims während seiner langen Krankheit auf ein Brett geklebt hatte – sie hatte seitdem mit allerhand anderem militärischen Plunder in der Dachstube gelegen, und so wurde denn der Korporal danach geschickt.

Onkel Toby maß mit Witwe Wadmans Schere vom Winkel vor dem St. Nicolastor dreißig Ellen ab und legte ihren Finger mit solch jungfräulicher Züchtigkeit auf jene bewußte Stelle, daß die Göttin des Anstandes – wenn sie zur Stelle war, wo nicht, so ihr Schatten – ihr Haupt schüttelte und mit erhobenem Finger Witwe Wadman verbot, das offenbare Mißverständnis aufzuklären.

Unglückliche Witwe Wadman!

Denn nur mit einer Ansprache an dich kann dieses Kapitel einigermaßen schwungvoll enden; doch mein Herz sagt mir, daß in einer solchen Krise eine Ansprache nur eine versteckte Kränkung sei, und bevor ich eine solche einer Frau im Unglück zufügte, würde ich lieber das ganze Kapitel zum Teufel gehen lassen, vorausgesetzt, daß irgendeiner von den verdammten Kritikern sich die Mühe nimmt, es dahin mitzunehmen.

Siebenundzwanzigstes Kapitel

Onkel Tobys Landkarte wird hinunter in die Küche getragen.

Achtundzwanzigstes Kapitel

– Und hier ist die Maas, und das ist die Sambre, sagte der Korporal, mit seiner ausgestreckten rechten Hand auf die Landkarte zeigend und die linke auf Bridgets Schultern legend – aber nicht auf die Schulter ihm zunächst –, und das, fuhr er fort, ist die Stadt Namur und das die Festung, und da lagen die Franzosen, und hier Dero Gnaden und ich, und in diesem verfluchten Graben hier, sagte der Korporal, Bridget bei der Hand fassend, erhielt er die Wunde, die ihn so jämmerlich zurichtete. Bei diesem Wort drückte er leise den Rücken ihrer Hand leicht gegen die Stelle, auf die es ankam – und ließ sie fallen …

Wir dachten, Herr Trim, daß es mehr gegen die Mitte zu gewesen sei, sagte Bridget.

Dann hätten wir gänzlich einpacken können, sagte Trim.

Und meine arme Herrin auch, nicht wahr? sagte Bridget.

Der Korporal gab ihr darauf keine Antwort, wohl aber einen Kuß.

Nun, nun – sagte Bridget, ihren Handteller ganz flach hinhaltend und mit den Fingern der anderen Hand darüber hinwegstreichend, so wie wenn darauf nichts, absolut nichts, kein Wärzlein, nichts Herausragendes wüchse und alles Mögliche weg wäre. – Jede Silbe davon ist eine Lüge, rief der Korporal, bevor sie den Satz zu Ende gesprochen.

Ich weiß aber, daß es so und nicht anders ist, antwortete Bridget, und zwar von glaubwürdigen Zeugen.

Auf mein Wort, rief der Korporal, die Hand aufs Herz legend und vor ehrlicher Entrüstung errötend, das ist ein Gerücht so falsch wie die Hölle. – Nicht, sagte Bridget, ihn unterbrechend, daß ich oder meine Herrin uns nur so viel daraus machten, nur wenn man heiratet, so möchte man es schließlich auch dabei haben.

Es war wenig glücklich für Bridget, daß sie die Attacke mit Handgreiflichkeiten begonnen hatte, denn jetzt begann der Korporal so-

fort seinerseits * * * * * * * *
* * * * * * * * * * *
* * * * * * * * * * *
* * * * *

Neunundzwanzigstes Kapitel

Es war wie der vorübergehende Streit in den feuchten Augenlidern eines Aprilmorgens: Sollte Bridget weinen oder lachen?

Sie hob eine Nudelrolle auf – zehn zu eins, daß sie gelacht hat.

Sie legte sie hin – und weinte; und hätte auch nur eine einzige Träne davon nach wirklicher Bitternis geschmeckt, so würde das Herz des Korporals darüber voll Kummer gewesen sein, daß er von diesem Beweismittel Gebrauch gemacht hatte; doch der Korporal verstand das andere Geschlecht im Verhältnis einer übermäßigen Quarte zu einer verminderten Terz besser als Onkel Toby, und dementsprechend setzte er Bridget auf folgende Art und Weise zu:

Ich weiß, Bridget, sagte der Korporal und gab ihr einen sehr respektvollen Kuß, du bist gut und züchtig von Natur und zudem auch gemütvoll, so daß, wenn ich dich recht kenne, du keinem Insekt etwas zuleide tun wolltest, geschweige denn die Ehre eines so tapferen und ehrenwerten Herrn, wie der Hauptmann einer ist, verletzen wolltest, und wenn du darum zur Gräfin gemacht würdest – aber man hat dir zugesetzt, Bridget, und du bist verführt worden, Bridget, wie es ja bei Weibern so oft vorkommt, daß sie den anderen mehr zu Gefallen sein wollen als sich selber.

Bridgets Augen zerflossen in Tränen über den Gefühlen, die Trim in ihr erweckte.

Sage mir also, liebe Bridget, sage mir ehrlich, fuhr der Korporal fort, indem er ihre Hand faßte, die wie leblos seitwärts herabhing, und ihr einen zweiten Kuß gab, wessen Argwohn hat dich so irregeleitet?

Bridget schluchzte auf, öffnete die Augen, der Korporal trocknete sie mit dem Schürzenzipfel ab, und sie öffnete ihr Herz und erzählte ihm alles.

Dreissigstes Kapitel

Onkel Toby und der Korporal hatten den größten Teil dieses Feldzuges unabhängig voneinander operiert und waren so wirksam von jeder Möglichkeit abgeschnitten, sich gegenseitig Mitteilungen über ihr Vorgehen zu machen, als wenn sie durch die Maas und Sambre geschieden gewesen wären.

Onkel Toby seinerseits hatte sich jeden Nachmittag bald in seinem rotsilbernen, bald in seinem blaugoldenen Waffenrock blicken lassen und darin einer unendlichen Menge von Angriffen standgehalten, ohne zu wissen, daß es welche waren – und darum hatte er nichts mitzuteilen.

Der Korporal wiederum hatte bei der Eroberung Bridgets beträchtliche Vorteile errungen und dementsprechend viel mitzuteilen, aber diese Vorteile und die Art, wie sie errungen worden waren, verlangten einen so feinen und zartfühlenden Schilderer, daß sich der Korporal gar nicht erst daran wagte. Und so empfänglich er auch für Ruhm war, so würde er dennoch lieber unbekränzt und ohne Lorbeer fürderhin durchs Leben gewandelt sein, als daß er seines Herrn Schamgefühl auch nur für einen Augenblick gemartert hätte.

Bester unter allen ehrlichen und tapferen Dienern!

Doch ich habe dich schon einmal früher gepriesen – und dürfte ich dich auch noch verklären (in guter Gesellschaft, versteht sich), würde ich es ohne weitere Zeremonien schon auf der nächsten Seite tun.

Einunddreissigstes Kapitel

Onkel Toby legte eines Abends seine Pfeife auf den Tisch und fing an, alle Vorzüge der Witwe Wadman vor sich selber an den Fingern (beim Daumen beginnend) aufzuzählen; und da er zwei- bis dreimal dadurch, daß er einige ausließ, andere zweimal zählte, in arge Konfusion geriet, bevor er über den Mittelfinger hinausgekommen war, so rief er, die Pfeife wieder in die Hand nehmend: Bitte, Trim, bring Er mir Feder und Tinte. Trim brachte auch Papier.

Nehm Er nur ruhig ein ganzes Blatt, Trim, sagte Onkel Toby, wobei er ihm zugleich mit der Pfeife bedeutete, daß er einen Sessel bringen und sich neben ihn an den Tisch setzen solle. Der Korporal tat, wie ihm geheißen, legte das Papier direkt vor sich hin, nahm die Feder und tauchte sie in die Tinte.

Sie hat tausend Tugenden, Trim, sage ich, sprach Onkel Toby.

Soll ich sie niederschreiben, Euer Gnaden? fragte Trim.

Aber sie müssen dem Rang nach kommen, eine nach der anderen. Denn diejenige, welche vor allen, Trim, mich am meisten für sie eingenommen hat und mir von vornherein alle übrigen verbürgt, ist eine offenbare Neigung zum Mitleid und eine deutlich ausgeprägte Zartheit der Empfindung. Ich erkläre hiermit feierlich, Trim, fügte Onkel Toby hinzu, zur Decke emporblickend, als er dies beteuerte, daß, wäre ich tausendmal ihr leiblicher Bruder, sie nicht eindringlicher und zugleich schonender nach meinen Leiden hätte fragen können – wiewohl dieselben jetzt vorüber sind.

Der Korporal gab keine andere Antwort auf Onkel Tobys Beteuerung als einen kurzen Husten; er tauchte dann die Feder ein zweites Mal ins Tintenfaß, und indem Onkel Toby mit dem Mundstück seiner Pfeife ganz nach oben, so hoch, als es nur ging, in die linke Ecke des Blattes deutete, schrieb der Korporal das Wort *Herzensgüte* nieder.

Bitte, Korporal, fuhr Onkel Toby fort, kaum daß Trim das Wort aufgeschrieben hatte, sag Er mir, wie oft hat Bridget Ihn nach der Wunde an Seiner Kniekehle gefragt, die Er in der Schlacht bei Landen empfangen?

Sie hat mich nicht ein einziges Mal danach gefragt, Euer Gnaden, antwortete Trim.

Das allein, sagte Onkel Toby mit soviel Triumphgefühl, als ihm die Gutmütigkeit seiner Natur erlaubte, zeigt dir den Unterschied zwischen dem Charakter der Herrin und dem ihrer Magd. – Wäre mir im Kriege dein Unfall zugestoßen, so würde mich Witwe Wadman wohl schon tausendmal nach allen näheren Umständen gefragt haben.

Sie würde sich aber trotzdem zehnmal öfter nach Euer Gnaden Leisten erkundigt haben, sagte Trim. – Da aber der Schmerz in beiden Fällen gleich peinigend ist, so ist wohl auch das Mitleid in beiden Fällen gleich am Platze, antwortete Onkel Toby.

Gott segne Euer Gnaden, rief der Korporal. Was hat aber das Mitleid eines Weibes mit einer Wunde am Knie zu schaffen? Wenn Euer Gnaden Knie bei Landen in zehntausend Splitter zerschossen worden wäre, so würde sich Witwe Wadman darum ebensowenig den

Kopf zerbrechen wie Bridget, weil nämlich, fügte der Korporal hinzu, seine Stimme senkend und sehr deutlich sprechend:

das Knie gar weit von einem gewissen Teil des Körpers liegt, während die Leisten, wie Euer Gnaden wohl wissen, nur so eine Kurtine sind vor der Hauptstelle …

Onkel Toby stieß einen langen Pfiff aus – aber so leise, daß er kaum am anderen Ende des Tisches hörbar war.

Der Korporal war aber zu weit vorgerückt, um zurück zu können; in drei Worten also sagte er noch, was alles noch zu sagen war.

Onkel Toby legte die Pfeife so vorsichtig an das Kamingitter, als wäre es aus Spinngewebe …

Gehen wir zu meinem Bruder Shandy, sagte er.

Zweiunddreissigstes Kapitel

Es ist gerade Zeit genug, während Onkel Toby und Trim nach meines Vaters Haus gehen, Ihnen zu berichten, daß Witwe Wadman schon einige Monate vorher sich meiner Mutter anvertraut hatte und daß Bridget, die nicht nur die Bürde ihres eigenen Geheimnisses, sondern auch die des Geheimnisses ihrer Herrin zu tragen hatte, sich beider Bürden glücklich Susannen gegenüber hinter der Gartenmauer entledigt hatte.

Was meine Mutter anbelangt, so sah diese darin weiter keinen Grund zur Aufregung, aber Susanna genügte ganz allein und brauchte keinen Beistand, wenn es galt, ein Familiengeheimnis unter die Leute zu bringen. Denn sie teilte es gleich Jonathan mittels Zeichen mit, und Jonathan trug es zur Köchin, während diese an einer Hammelkeule klopfte; die Köchin verkaufte es zusammen mit etwas Schmalz für einen Groschen dem Postillion, der es ungefähr um denselben Preis an die Milchmagd verhandelte … Und obwohl es nur auf dem Heuschober geflüstert worden war, so fing dennoch Frau Fama die Melodie in ihrer Trompete auf und ließ sie über alle Dächer hinwegschallen. Kurz, es gab nicht ein altes Weib im Dorf und Umkreis von fünf Meilen, das nicht ebensosehr über die Schwierigkeiten bei Onkel Tobys Belagerung Bescheid wußte wie über die Geheimartikel, welche die Übergabe der Festung verzögerten.

Mein Vater, dessen Art es war, jedes Geschehnis in der Natur in eine Hypothese zu zwängen (auf welche Weise er der Wahrheit mehr

Gewalt antat, als nur je ein Mensch vor ihm), hatte eben vom Gerücht gehört, als Onkel Toby sich zu ihm auf den Weg machte, und höchlich erregt über die Beleidigung, die man seinem Bruder zufügte, war er dabei, Yorick zu beweisen (ungeachtet der Anwesenheit meiner Mutter), nicht nur, daß der Teufel leibhaftig in den Weibern stecke und alles bei ihnen Begierde wäre, sondern auch, daß jedes Übel und jede Unordnung in der Welt welcher Art immer vom Fall Adams an bis zu dem meines Onkels (inklusive) mehr oder weniger auf diese selbe unbändigliche Begierde zurückginge.

Yorick wollte nun dieser Annahme gegenüber sich einige Einschränkungen erlauben, als Onkel Toby eintrat, unendliche Güte und Vergebung im Blick. Dadurch jedoch wurde meines Vaters Beredsamkeit gegen die Sinnenlust von neuem entzündet, und da er im Zorn nicht sehr gewählt in seinen Worten war, so brach er, kaum daß Onkel Toby sich zum Kamin gesetzt und seine Pfeife angezündet hatte, folgendermaßen los:

Dreiunddreissigstes Kapitel

Daß für die Erhaltung der Rasse eines so mächtigen, erhabenen und gottähnlichen Geschöpfes, wie es der Mensch ist, vorgesorgt werden muß – es liegt mir ferne, das leugnen zu wollen, aber die Philosophie spricht offen über alle Dinge, und darum meine und behaupte ich noch immer, es sei ewiglich schade, daß dies nur ermöglicht wird mittels einer Leidenschaft, die alle unsere Fähigkeiten erniedrigt und alle Weisheit, Beschaulichkeit und Kraft der Seele nach unten kehrt, einer Leidenschaft, meine Teure, fuhr er fort, sich an meine Mutter wendend, welche wahllos Weise und Toren zusammenkuppelt und gleichstellt und uns aus unseren Höhlen und Schlupfwinkeln mehr als Satyrn und Vierfüßler hervorkriechen läßt denn als Menschen.

Ich weiß wohl, daß erwidert werden wird, fuhr mein Vater fort (indem er sich damit der sogenannten Prolepsis oder vorausgreifenden Redeweise bediente), die Sache sei an und für sich und als das genommen, was sie ist, gleich dem Hunger, Durst und Schlaf weder gut noch schlecht, noch schändlich, noch sonst etwas ... Warum aber hat dann das Zartgefühl eines Plato oder Diogenes sich innerlich so sehr dagegen gesträubt? Und warum löschen wir selber die Kerze aus, sooft wir darangehen, einen Menschen zu machen? Und aus welchem

Grunde gelten alle dazu erforderlichen Dinge, alle Vorbereitungen, Werkzeuge, kurz alles, was diesem Zwecke dient, für etwas, wovon in keiner Sprache, Übersetzung und Umschreibung einem reinlichen Geiste und keuschen Gemüte Mitteilung gemacht werden darf?

Der Akt des Tötens und der Vernichtung eines Menschenlebens, fuhr er fort, die Stimme erhebend und sich an Onkel Toby wendend, ist, wie wir allerorten sehen, glorreich, und die Waffen, womit wir sie ausführen, sind ehrenvoll ... Wir tragen sie auf den Schultern, wenn wir marschieren ... Wir lassen sie an unseren Hüften prunken ... Wir vergolden sie ... Wir beschnitzen sie und legen sie aus, wir besetzen sie mit Edelsteinen ... Ja, selbst wenn es nur eine höchst lumpige Kanone gilt, ein kleines Ornament muß darauf.

Onkel Toby legte seine Pfeife hin, um für ein besseres Beiwort einzutreten, und Yorick war im Begriffe, sich zu erheben, um die ganze Hypothese zu zertrümmern, als Obadiah ins Zimmer hereinbrach mit einer Klage, die um sofortiges Gehör bat.

Der Fall war der:

Mein Vater war, ob infolge eines alten Schloßbrauches oder als Inhaber des großen Zehntenrechts, verpflichtet, einen Stier für den Gemeindedienst zu halten, und Obadiah hatte seine Kuh an einem bestimmten Tage im vergangenen Sommer zu einem Sprungbesuch geführt. Ich sage – an einem bestimmten Tage, weil es der Zufall wollte, daß er an genau demselben Tage sich mit dem Stubenmädchen meines Vaters verheiratete, so daß sich hier beides aneinander berechnen ließ. Als darum Obadiahs Weib niederkam, so dankte Obadiah Gott.

Jetzt, sagte er, werde ich bald ein Kalb haben. So ging Obadiah täglich seine Kuh besuchen.

Sie wird am Montag kalben – oder am Dienstag – oder spätestens am Mittwoch.

Die Kuh kalbte aber nicht – nein, sie wird also erst nächste Woche kalben – die Kuh schob es aber schrecklich lange auf – bis endlich am Ende der sechsten Woche Obadiahs Verdacht auf den Stier fiel ...

Nun war die Gemeinde sehr groß und der Stier meines Vaters, die Wahrheit zu sagen, der Arbeit nicht ganz gewachsen; er hatte sich aber so oder so eifrig an sein Geschäft gemacht, und da er seiner Pflicht mit einem großen Ernst im Gesicht oblag, so hatte mein Vater eine hohe Meinung von ihm.

Die meisten Leute im Ort, Euer Gnaden, sagte Obadiah, glauben, daß es ganz allein am Stier liegt.

Kann aber eine Kuh nicht unfruchtbar sein? rief mein Vater, sich an Dr. Slop wendend.

Das kommt nie vor, sagte Dr. Slop, aber vielleicht ist Euer Weib vor der Zeit niedergekommen, was ganz natürlich wäre. Bitte, hat Euer Kind Haare auf dem Kopf? fügte Dr. Slop hinzu.

Es hat so viel Haare wie ich selber, sagte Obadiah. Obadiah hatte sich eine ganze Woche lang nicht rasieren lassen. – Hu-u-ih …, rief mein Vater und begann den Satz mit einer Art Pfiff, sieht Er, da könnte mein trefflicher Stier, der so gut springt wie nur irgendeiner und Europa selber in besseren Zeiten hätte befriedigen können, leicht, wenn er nur ein Paar Beine weniger hätte, als er hat, vor ein Ehegericht kommen und seinen guten Ruf verlieren, der für einen Gemeindestier, Bruder Toby, soviel wert ist wie das Leben.

Mein Gott, rief jetzt meine Mutter, wovon redet ihr nur in einem fort?

Von einem Hahn und einem Stier, sagte Yorick. – Und einem der allerbesten, von denen ich je gehört habe.

Nachwort

Frau Shandy fragt am Schluß unseres Romans, wovon die Männer denn eigentlich reden. Vielleicht hatten Sie, verehrte Leserin, eine ähnliche Frage auf den Lippen. ›Von einem Hahn und einem Stier‹, lautet Yoricks Antwort, und damit ist der Roman aus. Sie werden fragen, ob er denn wirklich aus sei. Natürlich nicht! Wie könnte er? Wie könnte ein Roman je zu Ende sein, über dessen Helden wir zwar einigermaßen Genaues erfahren haben, was seine Zeugung anlangt, und der dann im IV. Buch auch wirklich geboren wird, aber sonst fast nichts! Wir hören wohl noch von seiner fatalen Taufe und seiner noch fataleren Beschneidung (oder wie soll man's nennen?) sowie von den ersten Breeches im VI. Buch; und eine Reise nach Südfrankreich, die er als Jüngling unternimmt, wird merkwürdigerweise vorweggenommen. Sonst nichts von dem Titelhelden! Fühlen Sie, verehrte Leserin, sich nicht etwa gefoppt? Aber wenn das, so doch sicher auf eine keineswegs unangenehme Weise?

Und überhaupt: Was hat es mit diesem merkwürdigen Buch für eine Bewandtnis? Ist es nicht doch, wie so viele Literarhistoriker erklärt haben, ein rechter Mischmasch oder eine ›Zeitvertrödelung‹ oder mindestens, wie etwa Taine meinte, ein heilloses Durcheinander?

Haben Sie wirklich den Roman schon gelesen? Oder sind Sie eine von denen, die zuerst das Nachwort …? Nein, nein, das will ich nicht hoffen! Lesen Sie erst den Roman, und dann, wenn Sie sich in einer gewissen Verlegenheit befinden, was Sie daraus machen sollen, dann lesen Sie das Nachwort. Wenn Sie wollen! Sie brauchen es natürlich auch nicht zu tun!

Nun, wir sind ja immer geneigt, der Autorität unseres großen Goethe zu folgen, und gerade er betonte Eckermann gegenüber, daß er den Griechen und Franzosen, Shakespeare und Sterne ›Unendliches schuldig‹ sei. Seiner großen Vorliebe für Sternes so merkwürdiges Genie hat er im Tagebuch unter dem 1. Oktober 1830 Ausdruck verliehen: ›Er war der erste, der sich und uns von Pedanterei und Philisterei emporhob.‹ Darin also sah Goethe ein großes Verdienst und empfand sich selber gewissermaßen als einen Mitstreiter im Geiste. Hatte er doch schon ein Jahrzehnt zuvor gedichtet:

Ihr könnt mir immer ungescheut,
Wie Blüchern, Denkmal setzen;
Von Franzen hat er euch befreit,
Ich von Philister-Netzen.

In den ›Maximen und Reflexionen‹ finden wir dann eine Fülle von Bemerkungen zu Sterne, die unter der Überschrift ›Aus Makariens Archiv‹ zusammengefaßt sind. Makarie aus den ›Wanderjahren‹ ist das gesteigerte Gegenbild zur schönen Seele der ›Lehrjahre‹. Die Sprüche, die unter dieser Rubrik zusammengefaßt waren, hatte Goethe nach Eckermanns Darstellung ursprünglich diesem übergeben, um die zu dünn geratenen Bände II und III der ›Wanderjahre‹ etwas fülliger zu machen. Als dann das Publikum ob solcher eingepfropften Wildlinge etwas ratlos den Kopf schüttelte (wie Sie, geneigte Leserin, je zuweilen bei Ihrer Tristram-Lektüre!), da soll der Alte gelacht und sich dahin entschieden haben, daß diese Dinge bei der nächsten Auflage wieder ausgelassen werden könnten. Übrigens haben neuere Goethe-Ausgaben – den Ergebnissen der Goethe-Forschung Rechnung tragend – ›Makariens Archiv‹ wieder an das Ende der ›Wanderjahre‹ gesteckt, da seine Aphorismen dem ›einheitlichen Geist des ganzen Romans‹ entsprechen. Sei dem, wie ihm wolle: in anderen verfügbaren Goethe-Ausgaben sind sie in die ›Maximen und Reflexionen‹ gerutscht. Ich glaube, mein Herr, Sie werden nichts dagegen einzuwenden haben, wenn ich Ihnen an Hand der Sterne-Stellen aus ›Makariens Archiv‹ einiges Licht über unseren Roman zu spenden versuche.

Da hätten wir etwa folgende Zeilen:

›Lorenz Sterne war geboren 1713, starb 1768. Um ihn zu begreifen, darf man die sittliche und kirchliche Bildung seiner Zeit nicht unbeachtet lassen; dabei hat man wohl zu bedenken, daß er Lebensgenosse Warburtons gewesen.‹

Die Loslösung von Konventionen (›Philisternetzen‹) war in gewissem Sinne die Haupttendenz der Epoche, in der Sterne lebte. England ist das einzige Land mit einer sozusagen klassischen Entwicklung des Kapitalismus. Die sogenannte ›glorreiche Revolution‹ von 1688/89, die nach Marx eher ein Kompromiß als eine Revolution war, hatte das Bürgertum endgültig an die Macht gebracht, und in der ersten Hälfte des 18. Jahrhunderts konnte das Kapital für die in der zweiten Hälfte stattfindende Industrialisierung zusammengebracht werden. Es ist nun typisch für die englische Entwicklung, daß sie nicht etwa Schluß machte mit den Resten des an sich schon längst überwundenen Feudalwesens, sondern in vieler Hinsicht Relikte der feudalen Periode bestehen ließ. Überdies vollzog sich die Bildung von Riesenvermögen auf der einen Seite und die Verarmung weiter Bevölkerungsteile auf der anderen, ohne daß es zu größeren Auseinandersetzungen zwischen den Klassen gekommen wäre. Sterne empfand die Widersprüche seiner Epoche sehr stark. Er steht ganz in der Bewegung der gesamteuropäischen Aufklärung. Sein scharfer Geist richtet sich gegen spitzfindige Dogmatik, gegen die Verbrämung von rückschrittlich gerichteten Tendenzen, die auf religiöse Rabulistik hinauslaufen. Was will ein Zeitalter, das einer völligen Umwälzung in der ökonomischen Entwicklung entgegengeht, mit so scholastischen Problemen wie der Frage, ob und unter welchen bestimmten Bedingungen ein Kind eventuell mittels einer Art Pipette noch im Mutterleib getauft werden könne (I. Buch, Kapitel 20) oder auch, wie weit die im Taufakt vollzogene Namengebung ihre Gültigkeit verliere, wenn ein grammatischer Fehler in der Taufformel unterlaufen sei?

Wenn man auch keineswegs Sterne als Kronzeugen für den Atheismus beanspruchen kann, so ist doch seine Zielrichtung gegen kirchliche Dogmen unverkennbar. Ja, man kann wohl behaupten, daß Sterne, obwohl selber Geistlicher, im Grunde kein religiöser Mensch gewesen ist. Im 9. Kapitel von Buch VII drückt er seinen Zweifel aus, ob der christliche Glaube überhaupt noch fünfzig Jahre lebendig bleiben werde, und wenig später, im 14. Kapitel, spricht er denselben Gedanken noch extremer, noch unverhüllter aus. Auch vor dem Gebet als der religiösen Äußerung, für die der Gläubige den meisten Respekt verlangt, macht er nicht halt, sondern behandelt es in der ›Sentimental Journey‹ in einer Weise, die der Fromme als Blasphemie bezeichnen müßte. Freilich wollen wir nicht verschweigen, daß er im 7. Kapitel von Buch VI unseres Romans das Gebet des Soldaten andererseits aufrichtiger findet als das des Priesters. Er war also doch wohl unbedingt antikirchlich. Ob er auch antireligiös war, wie von manchen Kritikern gesagt ist? Nun, das schwankt eben. Wenn Ihnen das Antikirchliche nicht so arg auffällt, verehrte Leserin, so sicher, weil er's gar so fein anfängt! Übrigens: Warburton, den Goethe heranzieht, war ein englischer Bischof und Schriftsteller, der von 1698 bis 1779 lebte und durch seine Vorliebe für Paradoxien und kühne Hypothesen mit den Orthodoxen seiner Zeit in heftige Konflikte geriet.

Aber zurück zu ›Makariens Archiv‹:

›Der schnelle Wechsel von Ernst und Scherz, von Anteil und Gleichgültigkeit, von Leid und Freude soll in dem irländischen Charakter liegen.‹

Und:

›Das Verhältnis zu seiner Frau wie zur Welt ist betrachtenswert.‹

Sterne ist in der Tat in Irland geboren, und zwar zu Clonmel im Süden. Sein Vater, Roger Sterne, jüngerer Sohn einer zu einem gewissen Wohlstand gelangten Familie, hatte sich einer militärischen Karriere zugewandt und es im Spanischen Erbfolgekrieg bis zum Fähnrich gebracht. Seine Mutter war die Tochter oder Stieftochter einer Marketenderin. Ihre Verwandten lebten in Irland. Das Regiment des Vaters wurde zwar noch während des Krieges entlassen, aber kurz danach wieder neu zusammengestellt. Roger Sterne treffen wir in Vigo und Gibraltar. Ebenda hatte er ein Duell auszufechten, wobei er durchbohrt und durch den gegnerischen Degen an eine Wand gespießt wurde. Er soll daraufhin seinen Gegner gebeten haben, vor dem Herausziehen des Degens erst einmal den Mauerbewurf von diesem abzuwischen. (Wenn das nicht Shandyismus ist, liebe Leserin, dann weiß ich wirklich nicht …) Gesundung trat bald ein, aber keine vollständige. Als er nach Jamaika versetzt wurde, starb der geschwächte Mann an einem Fieber. Lawrence Sterne war dazumal noch nicht ganz 18! Da er hochbegabt war, nahmen sich Verwandte seiner insoweit an, als sie ihn in Cambridge Theologie studieren ließen. Der mit Glücksgütern keineswegs gesegnete junge Mann wurde mit 27 Jahren Geistlicher zu Sutton, zwölf Kilometer nördlich von York.

Es war eine feste Regel in der anglikanischen Kirche, daß ein junger Geistlicher, sobald er eine feste Pfründe hatte, sich ein Eheweib erkor. Bald nach seiner Ordination verliebte sich Sterne in Elizabeth Lumley, eine junge Dame, wie man liest, ›of a good Yorkshire family‹, die er denn nach zwei Jahren auch heiratete. Sie hatte etwas Vermögen, jedoch, wie sie meinte, ›nicht genug‹, um es mit ihm zu teilen. Durch Verwandte seiner Frau kam er in den Besitz einer zweiten Pfarrei zu Stillington. Aber die Stille der ländlichen Parochien konnte ihn innerlich nicht ausfüllen; er zog bald York, den Erzbischofsitz des nördlichen Englands, vor, wo er gelegentlich predigte. Dort hat er sich erstmalig schriftstellerisch betätigt, indem er kleinere Artikel schrieb, die es mit den politischen und religiösen Diskussionen der Zeit innerhalb der Geistlichkeit zu tun hatten.

1747 wurde ihm eine Tochter geboren, die er über alles liebte. Von der Frau dagegen entfremdete er sich immer mehr. Sie soll kränklich, ›ziemlich häßlich‹ und einigermaßen zanksüchtig gewesen sein. Er lebte innerlich und schließlich auch äußerlich von ihr getrennt. Die Frau wohnte dann in Südfrankreich, und zwar betrüblicherweise zusammen mit der von Sterne so heißgeliebten Tochter.

1759 kamen in London die ersten beiden Bücher des ›Tristram Shandy‹ heraus; sieben andere folgten, und dennoch blieb das Werk unvollendet. 1760 erhielt Sterne eine lukrativere Pfarrstelle in Coxwold in Yorkshire, und 1762 machte er aus gesundheitlichen Gründen eine Reise nach Frankreich. Sein Ruhm war damals schon gefestigt, und er genoß die allgemeine Bewunderung. Diderot und Baron Holbach gehörten alsbald zu seinen Bekannten. 1764 treffen wir ihn wieder in England, aber dann reiste er ein zweites Mal nach dem Kontinent. Diesmal dehnte er seine Reise bis nach Italien aus. Ich kann Ihnen leider wenig von seinem dortigen Aufenthalt erzählen, eigentlich nichts. So dürftig sind die Nachrichten. Jedenfalls kam er sehr krank nach England zurück. Er schrieb noch unser IX. Buch, publizierte 1768 die ›Empfindsame Reise durch Frankreich und Italien‹ (wofür auch der Titel ›Reise des Herzens‹ eingeführt ist), und dann starb er (18. März 1768).

Sie wollen, schöne Leserin, willig und billig zur Kenntnis nehmen, daß Sterne zeit seines Lebens die Partei des fortschrittlichen Bürgertums ergreift, das heißt der Klasse, die damals entschieden die Zukunft der englischen Nation darstellte. Vergleichen Sie in diesem Zusammenhang noch einmal das 31. Kapitel von Buch IV, und Sie werden finden, daß hier wie allenthalben Tristrams Vater, der dem kleinen Landadel angehörte und früher einmal Kaufmann gewesen war, mit höchst kritischen Bemerkungen gegen die Mächtigkeit in Finanz und Industrie in Erscheinung tritt. Sternes eigener Vater hat zweifellos bei Walter Shandy Pate gestanden wie andererseits auch bei Onkel Toby. Aber davon vielleicht später noch ein Wort. Shakespeare hätte wohl aus den beiden *eine* Figur gemacht.

Fürchten Sie nicht etwa, verehrte Leserin, daß ich Sie mit soziologischen Feststellungen und Urteilen noch weiter langweilen will. Im Gegenteil! Tun wir doch wieder einen Blick in ›Makariens Archiv‹!

›Sagazität und Penetration sind bei ihm grenzenlos.‹

Sterne hat einen Lieblingsphilosophen, und das ist John Locke (1632–1704). Die ›Wendung nach innen‹, das, was die Zeit Sternes ›Sentimentalismus‹ nannte, geht in ihrem Kern mit auf Lockes Philosophie zurück, und diese Philosophie war ihrem Ursprung nach durchaus materialistisch. Es wäre nun eigentlich meine Pflicht, Ihnen so etwas wie einen kurzen Abriß der Lockeschen Philosophie zu geben. Aber fürchten Sie nichts! Es wird so arg nicht werden. Bitte, lesen Sie doch ganz rasch noch einmal das 2. Kapitel des II. Buches und danach vielleicht das 18. des III. Buches. Walter Shandy ist ja ganz versessen auf die Lockesche Philosophie; ihm wird alles zum erkenntnistheoretisch-psychologischen Problem, und der liebe Onkel Toby kann da einfach nicht mit, sondern nimmt alles, wie ein schlichtes Gemüt die Dinge eben nimmt. Deswegen (unter anderem!) haben wir ihn auch so gern. Aber das jetzt nur nebenbei! Das ganze Philosophieren läuft bei Vater Shandy genau wie bei Locke hinaus auf eine Untersuchung des Erkenntnisvermögens und beruht auf zwei Grundgedanken, auf die Locke immer wieder in seinem Hauptwerk, dem ›Essay Concerning Human Understanding‹, zurückkommt. Der erste (negative) Grundgedanke heißt: Es gibt keine angeborenen Ideen; der zweite (positive): Alle unsere Erkenntnis stammt aus der Erfahrung.

Der erste Grundgedanke wird Ihnen, geneigte Leserin, bequem einleuchten, denn wie sollte es wohl angeborene Ideen geben, welche unsere Seele gleich nach dem Entstehen empfinge und sozusagen mit auf die Welt brächte?

Wie aber nun der Verstand zu Ideen kommt, das zu erklären ist Lockes Hauptanliegen. Die Erfahrung ist es, die die Ideen schafft, und ihrem Charakter nach muß sie, die Erfahrung, eine doppelte sein. Entweder kommt sie durch Vermittlung der Sinne zustande; dann nennt man sie Empfindung oder auf englisch ›sensation‹; oder sie kommt aus den ›inneren Operationen unserer Seele‹, dann nennen wir sie ›inneren Sinn‹ oder besser mit den Engländern ›reflection‹. Empfindung und Reflexion geben nach John Locke dem Verstande alle seine Ideen; sie beide sind quasi die Fenster, durch die in den an und für sich dunkeln Raum des Verstandes das Licht der Ideen eindringen kann.

Die Ideen hinwiederum teilt Locke in einfache und zusammengesetzte ein, wobei die einfachen Ideen solche sind wie die Farben, die Töne, die Solidität, aber auch die des Denkens, des Wollens, der Kraft usw. Diese einfachen Ideen bilden dann das Material aller unserer Erkenntnisse. Und wie die Sprache aus Lauten (Locke sagt ›aus Buchstaben‹) Silben und Wörter bildet, so der Verstand aus den einfachen Ideen durch höchst variable Verbindungen die zusammengesetzten oder komplexen Ideen. Sie haben das im Grunde viel schöner am Schluß des 18. Kapitels des III. Buches gelesen, wo Vater Shandy sagt: ›‚Ob wir es nun selber beobachten oder nicht, … so findet in jedem normalen Kopf eine solche regelrechte Aufeinanderfolge von Vorstellungen, welcher Art immer, statt, die sich genauso im Zuge zueinanderreihen wie …‘ – ‚Wie ein Zug Artillerie?‘ fiel Onkel Toby ein. – ‚Wie ein Zug von papperlapapp‘, rief mein Vater.‹ Onkel Toby meint, daß seine Vorstellungen schon so verrußt sind wie ein Bratenwender, und daraufhin kann Vater Shandy nur noch schließen: ›Dann, Bruder, habe ich dir nichts mehr über diesen Gegenstand zu sagen.‹

Was nun die berühmte Lockesche Ideenassoziation anlangt – denn um diese handelt es sich hier –, so können Sie, verehrte Leserin, es ganz nach Belieben mit Walter Shandy oder mit Onkel Toby halten. Daß wir aber mit dieser Ideenassoziation nicht nur bei einem erkenntnistheoretischen Problem, sondern für unsern Roman geradezu bei einem Gestaltungsproblem halten, werden Sie zweifelsohne schon bemerkt haben; denn ich muß Sie für sehr intelligent halten. Sonst hätten Sie ja nicht den ganzen Roman gelesen, und das haben Sie doch, nicht wahr?

Freilich muß ich zugeben, daß man die Ideenassoziation nicht zu ausschließlich als Strukturprinzip des ›Tristram Shandy‹ ansehen sollte. Beide, Locke und Sterne, sehen nämlich die übertriebene Assoziation als psychische Verirrung an. Das steht im Grunde in Kapitel 4 des I. Buches unseres Romanes ganz deutlich drin. Und wenn auch Sie, mein Herr, sich näher für diese Dinge interessieren, ist ein Blick in Abschnitt 33 des II. Buches von Lockes ›Essay Concerning Human Understanding‹ dringend zu empfehlen.

Wegen der Ideenassoziation ist es für Locke möglich, alle Dinge der Welt in Relation zu setzen oder, was im Grunde dasselbe ist, sie in ein Relatives zu verwandeln. Daß das Prinzip der Ideenassoziation sehr leicht Gefahr läuft, in Ideenflucht auszuarten, werden Sie ebenfalls bemerkt haben, und es ist nun die Frage, ob Sie das mögen oder ob Sie es nicht mögen. Wenn Sie es mögen, dann haben Sie sich schon recht hübsch voll mit ›Shandyism‹ gesogen. Ich bekenne gern, daß ich nach erneuter Lektüre des ›Tristram Shandy‹ selbst ziemlich voll von dieser Substanz bin, und so gestatten Sie mir denn vielleicht auch eine kleine Abschweifung, die sich auf eine Stelle in Thomas Manns ›Lotte in Weimar‹ bezieht. ›Das siebente Kapitel‹, das schönste des Buches, das aber auch dem Autor die größte Mühe gemacht hat und das das allmähliche Erwachen Goethes an dem Tage, da ihm Lottes Billett gebracht wird, enthält, ist ganz nach dem assoziativen Prinzip entwickelt. Der ›innere Monolog‹ dieses Kapitels, sehr klug durchsetzt mit Dialogfetzen, erinnert in mehr als einer Hinsicht sehr stark an Sterne. (Übrigens hat Thomas Mann diesem Kapitel besonderen Wert beigemessen, und in der Nachschrift des Briefes an seine französische Übersetzerin, Louise Servicen, vom 13. August 1939 schreibt er: ›Ich bitte auch, zu bemerken, daß es immer Erstes, Zweites etc. Kapitel heißt, aber ‚Das siebente Kapitel'‹, was leider nicht jede Ausgabe beachtet hat.)

Diese Abschweifung ist ganz im Sinne unseres Autors. Und der Interpret sollte sich immer etwas von der Materie des Autors aneignen. Ich hoffe zu Ihrem Besten, verehrte Leserin, daß der Verleger auch dieser Ansicht ist. Sonst hätte er ja wohl das Vorige alles gestrichen.

Die Dauer – wie übrigens auch die Ewigkeit – sind Beispiele für komplexe Lockesche Ideen. Die Gründe, warum eine Zeitspanne von zwei Stunden und zehn Minuten einem so lang wie ein Jahrhundert erscheinen kann, sind in dem Kapitel 18 des III. Buches, das Sie, wenn Sie meinem Rat gefolgt sind, soeben noch einmal gelesen haben, dargelegt worden. Damit hat auch die Perspektive der Unterbrechung etwas zu tun, insofern nämlich die gelebte Zeit durch die Uhrzeit unterbrochen wird. Rufen Sie sich zu besserem Verständnis noch einmal die Geschichte von Tristrams Zeugung ins Gedächtnis zurück, indem Sie vielleicht den Schluß des 1. Kapitels von Buch I, sodann das 4. Kapitel des gleichen Buches repetieren. Man hat unserm Autor nachgewiesen, daß er sich hier des von Locke gemachten Unterschiedes von gemessener und gedachter Dauer bedient und daß er aus dessen berühmter Abhandlung über den menschlichen Verstand ganze Sätze fast wörtlich herangezogen hat. Ist er deswegen ein Plagiator? Nun, liebenswürdige Leserin, auch dafür werden uns ein oder zwei Sätze aus ›Makariens Archiv‹ nutzbringend sein. Aber, bitte, erst etwas später.

Einstweilen halten wir noch bei ›Sagazität und Penetration‹. Da werden Sie, soweit Sie linguistisch oder philologisch interessiert sind, nicht umhin können, die ›penetrante‹ Sprachkritik zu bewundern, wie Sie sie unter anderem in dem schon erwähnten 2. Kapitel des II. Buches finden können. Sehr im Geist der europäischen Aufklärung und sehr modern zugleich! Was sollen dem progressiven Geist die Logomachien über Usia und Hypostasis, über Essenzen und Quintessenzen? Ich überlasse es Ihnen selber, zu entscheiden, wie ›revolutionär‹ das alles war. Letztlich wird eben die Tätigkeit der Sinne des Menschen zur Grundlage des Menschlichen (auch und gerade des Gefühls) gemacht, der Erkenntnis sowohl als auch des Willens. Befreiung von Philisterei auch hier!

›Bei den vielfachsten Studien und Lektüre entdeckte er überall das Unzulängliche und Lächerliche‹, heißt es in ›Makariens Archiv‹.

Wie sehr das stimmt. Allenthalben zieht Sterne ja die entlegensten Schriftsteller heran, und ich brauche Ihnen keine Hinweise zu geben. Sie können diese oft so verkauzten und oft so langen Zitate gerne benutzen, um Ihr Latein oder Französisch aufzufrischen, und genießen den Vorteil des Schmunzelns dabei.

Aber die ›vielfachsten Studien‹ gelten ja vor allem dem Menschen.

Mit seiner Lockeschen, im Ansatz materialistischen Philosophie ist das Eindringen in geheime Regionen des Seelenlebens, also Psychologie, doch wohl das, was Sie mit am meisten angezogen hat. Vor allem ist es da die Steckenpferdidee, der Gedanke des Hobby oder Hobby-Horse, eine Weiterentwicklung des Gedankens von der ruling passion, den Sterne so unnachahmlich zu gestalten weiß. Das 24. Kapitel des I. Buches bringt die geniale Begriffsbestimmung des Hobby; und obwohl es den Ausdruck mit seiner heutigen Bedeutung vereinzelt schon im Mittelalter gegeben hatte, so ist doch hier der Ort, von dem aus das ›Hobby‹ seinen Lauf durch die Welt nahm; denn wer wüßte heute nicht, was ein ›Hobby‹ ist? Nachdem in einer durch merkantiles Denken bestimmten Welt alles immer mehr zur Ware wurde, ist es bei vielen, vielen Menschen so, daß nicht der erlernte Beruf, sondern eben das ›Hobby‹ im Mittelpunkt des Seelenlebens steht. Und Hand aufs Herz, mein Herr, haben Sie nicht auch so etwas wie Onkel Tobys Fortifikationskünste, woran Ihr ganzes Herz hängt?

Und wieder ›Makariens Archiv‹! Diesmal gleich zwei Zitate. Wir lesen:

›Die originalsten Autoren der neusten Zeit sind es nicht deswegen, weil sie etwas Neues hervorbringen, sondern allein, weil sie fähig sind, dergleichen Dinge zu sagen, als wenn sie vorher niemals wären gesagt gewesen.‹

Und:

›Daher ist das schönste Zeichen der Originalität, wenn man einen empfangenen Gedanken dergestalt fruchtbar zu entwickeln weiß, daß niemand leicht, wie viel in ihm verborgen liege, gefunden hätte.‹

Damit sind wir bei dem gegen Sterne so oft erhobenen Vorwurf des Plagiats. Wenn Sie darangehen sollten, mein Herr, in allen möglichen Literaturgeschichten unter dem Stichwort ›Sterne‹ nachzuschlagen, so werden Sie diesem Vorwurf wieder und wieder begegnen. Goethe hat ihn eigentlich schon zurückgewiesen, diesen Vorwurf. Ich finde ihn überhaupt nicht recht gravierend. Stiehlt ein Genie, so werden seine Diebstähle alsbald sein eigenstes Eigentum. Stiehlt jedoch ein Mann ohne Genie, so werden die Diebstähle in seiner Tasche aus Goldstücken zu dürren Blättern. Bei Sterne aber werden sie wahrhaftig zu richtigem Gold, und auch dort, wo er mehr als bloße Stellen übernimmt, wo er tief verschuldet ist, wie in seinem Verhältnis zu Rabelais: wie ungemein ›er selbst‹, ist er auch da in seinem Stil, der so viel von der ›Fatrasserie‹ des französischen 16. und 17. Jahrhunderts hat!

Diese ›Abhängigkeit‹ wollen wir nicht weiter verfolgen. Gibt es doch Literaturgeschichten! Aber sehen Sie, liebe Leserin, Inhalt und Form bilden eben eine Einheit, und wenn Sterne mit Genialität die ›formlose Form‹ anwendet, so drückt das seinen entschiedenen Willen aus, keine Regel oder Konvention wie im Leben so auch in der Literatur gelten zu lassen, und wir sollten uns den Umstand, daß Sterne die eben erst vor allem von Fielding gefundene und auf den Gipfel gebrachte Form der Erzählweise zerschlägt oder, wie Walter F. Schirmer in seiner Literaturgeschichte sagt, ›auf den Kopf stellt‹, nicht verdrießen lassen, sondern Gott danken, daß im 18. Jahrhundert die englische Nation der Welt zwei solche Kerle wie Fielding und Sterne geschenkt hat. (Bei ›Kerle‹ hören Sie sicher das bekannte Goethe-Zitat heraus.) Ich finde, daß gerade bei ›Tristram Shandy‹ das Prinzip der Einheit von Inhalt und Form äußerst exemplarisch zur Geltung kommt. Das Streben nach ›Freiheit‹ in allen Bezirken des Lebens, vor allem auch in der Wissenschaft, das für das England des 18. Jahrhunderts so überaus bezeichnend war, wächst sich hier ins Überdimensionale aus, und das hat Ihnen, verehrte Leserin, hier und da Schwierigkeiten gemacht. Sie wissen: das Sprunghafte, die Abschweifungen ... Waren Sie gar einmal ärgerlich, weil es nicht weiterging? Ich will es nicht hoffen. Wenn aber doch, so möchte ich meinen, diese meine bescheidenen Worte müssen Ihnen nachträglich noch ein wenig geholfen haben. Vielleicht blättern Sie auch noch einmal ein bißchen zurück? Es lohnt sich. Sie werden dann auch viel besser begreifen, warum Sterne die Technik von aneinandergereihten Episoden, bei der neben Rabelais denn doch auch der spanische Schelmenroman Pate gestanden hat, so herrlich mit der Lockeschen Ideenassoziation verbunden hat. Lesen Sie's nur noch einmal, schöne Leserin! Wie alle großen Werke der Literatur gewinnt der ›Tristram Shandy‹ beim zweiten Lesen. Sie werden nun auch besser verstehen, was das im 6. Kapitel des VI. Buches heißen soll, wenn der Autor gefragt wird, warum er irgend etwas erwähnt, und antwortet: ›Fragen Sie bitte meine Feder; sie führt mich, und nicht umgekehrt.‹

Sie dürfen es deshalb unserm Erzähler auch nicht übelnehmen, wenn er gelegentlich Versprechungen, die er gemacht hat, nicht einhält. Wenn man diese nicht eingehaltenen Versprechen zusammenstellt, ergibt sich eine ganz nette Liste von Enttäuschungen für den Leser. Was erfahren wir zum Beispiel über die Folgen der plattgedrückten Nase für Tristrams ferneres Leben, die uns doch das Ende von Kapitel 15 des I. Buches versprochen hat? Nichts, liebe Leserin! (Ich glaube nicht, daß mir hier etwas entgangen ist.) Und wie steht es mit Tristrams Großonkel Hammond Shandy (10. Kapitel des III. Buches)? Wie mit der genauen Beschreibung der neunmonatigen Operation Tobys? Das 24. Kapitel des III. Buches hatte sie uns versprochen. Das 5. Kapitel des VII. Buches verspricht hinwiederum eine fünfzig Seiten lange Schilderung der Belagerung von Calais, Calatium, Calusium, Calesium … Ich ahne es: Sie werden ja heilfroh gewesen sein, daß dieselbe ausgeblieben ist. In diesem Fall erlöst Sie der Erzähler selber bereits im 6. Kapitel desselben Buches. ›Auf, Schwager, den kürzesten Weg nach Boulogne!‹ Hier liegt die humoristische Absicht der Fehlankündigung offen zutage.

Die Frage, ob Sterne ein großer Humorist war, wird Ihnen nach allem kaum mehr eine Frage scheinen. Aber so einfach die Sache scheint, so kompliziert ist sie. Ohne Zweifel hat Sterne einen enormen, ja exzessiven Sinn für Kontraste, eine Eigenschaft, die die bedeutendsten Literaturkritiker als eigentliche Wurzel des Humors angesehen haben. Aber er hat ihn nicht durchgängig, hat ihn gewissermaßen nur gelegentlich. Sie brauchen nur an Swift, Fielding, Thackeray oder auch Shakespeare zu denken, um den Unterschied zu fühlen. Bei den Genannten haben wir in ganz anderem Maße jenen humoristischen Sinn, der die tiefe Widersprüchlichkeit des Daseins enthüllt und der trotz der Einsicht in diese Widersprüchlichkeit zu lachen wagt. Bei Sterne ist das irgendwie anders. Er sagt von sich selbst: ›Ich lache, bis ich weine, und im gleichen Augenblick weine ich, bis ich lache.‹ Daß das Gefühl – und da haben wir schon die wichtige Vokabel, die ihn von den soeben Genannten von Grund aus unterscheidet – so überaus rasch bei ihm umschlägt: das ist genau das Kennzeichnende für ihn, und ich glaube, deshalb hat Ihnen, verehrte Leserin, unser Roman auch so gut gefallen.

Wir sind damit zu dem vielberufenen ›Sentimentalismus‹ gekommen, der nie in unserm heutigen deutschen Sinn ›sentimental‹ werden kann. Denn das in unserm heutigen Sinn ›Sentimentale‹ wird immer in Schach gehalten durch einen komischen Einschlag oder durch eine Bemerkung, die mittels Ironie eine gewisse Distanz herstellt und alles wieder ins rechte Gleichgewicht rückt. Lessing hat für das englische ›sentimental‹ die Übersetzung ›empfindsam‹ vorgeschlagen, die sich auch weitgehend durchgesetzt hat, die Sie freilich beileibe nicht mit ›empfindlich‹ verwechseln sollten. In dieser ›Empfindsamkeit‹ ist Sterne tatsächlich ohne Rivalen, und Sie müssen schon bis zu unserm Jean Paul gehen, um etwas in dieser Richtung Ebenbürtiges zu finden. Natürlich hat Sterne den Sentimentalismus nicht erfunden. Dieser war vielmehr durch zwei ganze Generationen französischer Romanciers gepflegt worden, und in England war er an die fünfzig Jahre bekannt. Denken Sie nur an Richardson! Aber Sternes Verdienst ist es, ihn zu dem Punkt kultiviert zu haben, wo es dann wirklich nicht weiterging. Lassen Sie mich etwa an die Geschichte des armen Le Fever im VI. Buch erinnern. Da haben wir soviel ›Empfindsames‹, und dennoch: wenn Sie das Ingredienz Ironie darin nicht spüren, dann haben Sie das spezifisch Sternesche noch nicht ganz wegbekommen. Dafür, daß die gerade in dieser Geschichte zum Ausdruck gelangenden menschlichen Gesinnungen trotz jenes Grans von Ironie doch echt sind, dafür stehen uns die beiden Prächtigen, Onkel Toby und Trim. Hören Sie ›Makarie‹:

›Eigentlich kommt alles auf die Gesinnungen an; wo diese sind, treten auch die Gedanken hervor, und nachdem sie sind, sind auch die Gedanken.‹

Onkel Tobys Mitgefühl ist echt. Sie haben doch noch nicht vergessen, wie es im 25. Kapitel des VI. Buches heißt: ›Oh, Onkel Toby, in welchem Winkel der Erde werde ich deinesgleichen finden?‹ Und der gute Trim: war er nicht, wie ebenda zu vergleichen ist, unser aller Bruder? Sich da über mangelnden Ernst zu beklagen würde einen Rückfall ins Philisterium bedeuten. Warum aber der Unernst des Aufklärers? In ›Makariens Archiv‹ steht die Antwort auch auf diese Frage:

›Er fühlte einen entschiedenen Haß gegen Ernst, weil er didaktisch und dogmatisch ist und gar leicht pedantisch wird, wogegen er den entschiedensten Abscheu hegte. Daher seine Abneigung gegen Terminologie.‹

Sie begreifen sicher jetzt auch besser, liebe Leserin, warum ich diese so lockere Form für unser Nachwort gewählt habe. Sehen Sie, ich meine, der Interpret muß etwas vom Proteus des Grafen Hermann

Keyserling an sich haben können. Er muß sich ganz in seinen Autor einleben und gewissermaßen mit ihm identifizieren. Und ich glaube deshalb, mein Herr, dessen Brauen sich jetzt vielleicht in leichtem Unmut zusammenziehen, daß wir ganz recht daran getan haben, nicht zu streng auf Definitionen von Humor oder Sentimentalismus ausgewesen zu sein. Meine schöne Leserin ist ohnehin einverstanden. Es wäre nicht in Sternes Sinne gewesen. Und wir wollen schließlich und endlich diesem Genie mittels unseres Nachworts recht nahekommen.

›Wer den Dichter will verstehen,
Muß in Dichters Lande gehen‹,

heißt das Motto zu den ›Noten und Abhandlungen zu besserem Verständnis des West-östlichen Divans‹ von Goethe.

Aber nun fallen unsere Augen auf eine Lesefrucht aus ›Makariens Archiv‹, die wir keinesfalls übersehen dürfen:

›Das Element der Lüsternheit, in dem er sich so zierlich und sinnig benimmt, würde vielen andern zum Verderben gereichen.‹

Wie das, verehrte Leserin? Lüsternheit? Ich habe die eine und andere Sterne-Verehrerin gekannt, die davon nichts bemerkt hat. Nun, dem (der) Reinen ist alles rein. Gewiß, gewiß. Aber bitte denken Sie einmal an den Spalt im Kamin im 7. Kapitel des II. Buches oder wohl gar an die ›Erzählung des Slawkenbergius‹ über die Nasen zu Anfang des IV. Buches. Sollten da Phallus und Cunnus nicht doch im Spiele sein? Oder die fatale Beschneidungsgeschichte oder die Verwundung des Onkel Toby, oder denken Sie an Trim und die Beguine. Ganz zu schweigen von Witwe Wadman!

›Aber Sie wollen doch nicht etwa behaupten, daß ich ein pornographisches Buch gelesen habe? Der Autor verwahrt sich doch jedesmal expressis verbis gegen alle schlechten Hintergedanken!!‹ So rufen Sie jetzt aus.

Ja, gewiß. Aber gerade da, wo er sich verwahrt, ist die Lüsternheit bestimmt nicht weit. Nur daß er sich ... Wie sagt doch Goethe? ›... so zierlich und sinnig darin zu benehmen weiß.‹ Da liegt's! Und gerade deswegen haben Sie auch all diese vielen, vielen Stellen gelesen, ohne sich im geringsten abgestoßen zu fühlen.

Er ist schon verflucht unanständig, unser lieber Sterne, aber diese Unanständigkeit ist sozusagen eine solche eigenster Art. Vaughan in der ›Cambridge History of English Literature‹ deutet die ›indecency‹

recht wunderlich: ›Sternes Unanständigkeit ist von einer spezifisch intellektuellen Art. Er hält sie peinlich fern von allem, was die Leidenschaften und Gemütserregungen berühren kann (?). Sie wirkt gleichsam in einem Vakuum, das er speziell für seinen Zweck zu schaffen weiß (?) und von dem er allein das Geheimnis weiß (?).‹

Nun, verehrte Leserin, die drei Fragezeichen sind von mir. Ich verstehe nämlich Mr. Vaughan nicht so ganz, obgleich ein Großteil der Sterne-Interpretation in dieser Richtung verläuft. Ich halte es vielmehr weitgehend (wenn auch nicht ganz, sagen wir ›cum grano salis‹) mit einer 1925 in Groningen erschienenen Studie von Arie de Fro, betitelt ›Laurence Sterne and his novels studied in the light of modern psychology‹, und möchte denn doch meinen, daß der Geschlechtstrieb bei Sterne enorm entwickelt war. Freilich nicht ganz in der hergebrachten Weise. Sagen wir nicht nur enorm, sondern auch abnorm. Die Betätigung des Sexualtriebs kennt zwei Phasen: einmal das einleitende Hof-Machen usw. und zum andern die geschlechtliche Vereinigung. Die erste Phase ist bei Sterne abnorm stark, die zweite atrophisch, was man schließlich auch aus seiner Ehe und seinen sonstigen Liebesbeziehungen ablesen mag. Falls Sie übrigens ›Lotte in Weimar‹ von Thomas Mann gelesen haben, werden Sie finden, daß der alte Herr auf erotische Gedankengänge gerät dadurch, daß der Geruch vom Einkochen von Himbeeren bis in sein Schlafzimmer dringt. Da haben wir die Locke-Sternesche Ideenassoziation. Und dann gehen die Gedanken weiter in der Richtung, daß das Küssen doch alleweil schöner gewesen sei als das ›Würmen‹, eine Wortbildung, die zweifellos abgeleitet ist aus Schillers ›Lied an die Freude‹, wo es heißt: ›Wollust ward dem Wurm gegeben.‹

Die erste Phase erscheint in der Tat bei Sterne überstark entwikkelt, vermehrt um Neigungen, die ein gewisses Vergnügen Sternes am Daraufhinzeigen und am Betrachten offenbaren. Vergleichen Sie bitte den Übergang von Buch VIII zu Buch IX. Es mag sein, verehrte Leserin, daß Sie diese Feststellung ziemlich überrascht. Denn Sie haben es bei der Lektüre so schlimm nicht gefunden. Und warum nicht? Nun, weil Sterne es so ›sinnig und zierlich‹ anfängt, wie es in ›Makariens Archiv‹ heißt. Da ist zum Beispiel das virtuos gehandhabte Mittel des ›innuendo‹, zu deutsch etwa der versteckten Anspielung. Im 27. Kapitel des III. Buches begegnen wir zum erstenmal dem Wort ›Nase‹. Noch argwöhnen wir nichts, zumal der Autor hoch und heilig beteuert, daß mit diesem Wort nichts anderes gemeint sei als eben – eine Nase. Aber dann wird der Charakter des phallischen Symbols immer deutlicher, wozu ich anheimgebe, die Kapitel 31, 36 und 38 zu vergleichen. Am Anfang des IV. Buches halten wir dann bei dem berühmten Meisterstück, bei Slawkenbergius' Geschichte von dem Fremden, der von dem Vorgebirge der Nasen kommt, mit seiner gewaltigen Nase, deren Anblick die Äbtissin von Straßburg resp. Quedlinburg wie auch die Priorin, Dechantin und Subkantorin nicht schlafen läßt und die der Fremde mit seinem türkischen Krummsäbel verteidigen will. Es kann mir ja wohl niemand nachweisen, daß ich das Obszöne nur hineingelesen habe: es ist schon so.

Aber um noch einmal auf das ›Sinnige und Zierliche‹ zurückzukommen: die Beliebtheit Sternes beim schönen Geschlecht ist ganz zweifellos zu erklären aus seiner Fähigkeit, angenehm zu reden. Eine Amerikanerin hat einmal in einem Buch über ›Philosophie der Liebe‹ von dem Mann, wie ihn jede Frau sich wünscht, gesagt, er sei vor allem andern ein Geschöpf, das sich darauf verstehe ›how to say things‹. Und gerade diese Qualität besitzt Sterne in höchstem Maße.

Freilich ist damit das Letzte über Sterne auch noch nicht gesagt. Es ist vielmehr nicht zu verkennen, wie stark er sich als einen vom Leben Gequälten, ja als einen Gefangenen empfand. ›Gefangen‹ in einer starren gesellschaftlichen Ordnung, gefangen aber auch in einer Welt der nicht natürlich sich lösenden Triebe. Mit der wenn auch noch so hoch entwickelten Individualpsychologie kommen wir hier nicht ganz aus: es lassen sich hier gewisse Perversionen ahnen, die im Grunde erst in der Literatur des ›fin de siècle‹, also im späten 19. Jahrhundert, auftauchen und also bereits der Periode angehören, in welcher der Hochkapitalismus sich zu deformieren beginnt. Das Empfinden, irgendwie ein Gefangener zu sein, findet sich bei Sterne immer wieder, am deutlichsten vielleicht bei dem gefangenen Star in der ›Empfindsamen Reise‹.

Habe ich Sie völlig verwirrt, verehrte Leserin? Wie vereinigt sich die Befreiung von Philisternetzen mit diesem Gefühl des Gefangenseins? Nun, ganz einfach: diese beiden Aspekte sind eben die beiden Seiten einer und derselben Medaille.

Im übrigen: wenn auch Sterne nicht gerade lehrte, daß die Welt ›aus den Fugen‹ sei, so ging er doch an den gesellschaftlichen Problemen seiner Zeit nicht vorbei. Gerade aus dem Gefühl des Gefangenseins erwächst ihm die Sehnsucht nach gesellschaftlicher Harmonie, die gelegentlich sogar an die Sehnsucht der großen Utopisten der

Weltliteratur gemahnt. So läßt er denn auch Korporal Trim, den Sie so liebgewonnen haben, das Evangelium reiner Menschlichkeit in schlichtester und natürlichster Form verkünden. Gerade der Umstand, daß diese gewissermaßen volkstümlichste Gestalt, mehr als alle anderen, reiner Gefühle fähig ist, zeigt deutlich, daß Sternes Sympathien bei den einfachen Menschen lagen. Diese volksfreundliche Tendenz geht stellenweise sogar bis zum schlechthin Revolutionären, etwa wenn es im 7. Kapitel des V. Buches heißt: ›Ihr endlich, die ihr Menschen wie Truthähne mit einem Stecken und einem roten Lappen zu Markte treibt, und warum auch nicht ihr, die ihr euch treiben laßt, denkt nach, denkt nach, ich beschwöre euch – über Trims Hut.‹ (Trim hatte im gleichen Kapitel seinen Hut zu Boden geworfen, um das Hinscheiden eines Menschen zu demonstrieren.) Hören Sie nicht das Grollen der Französischen Revolution in der Ferne, in gar nicht mehr so weiter Ferne?

Und wenn Sie noch Aktuelleres suchen, weil Sie sonst vielleicht sagen könnten: Was soll uns dieses verkauzte Genie in der an konkreten Aufgaben so überreichen Gegenwart?, dann lesen Sie verständnisvoll nochmals das VI. Buch. Sie werden finden, daß Sterne den Militarismus als Selbstzweck von Grund aus ablehnt ... Der traurige Tod von Sternes Vater (1731), der einen tiefen Einschnitt in das Leben des Jünglings bedeutet hatte, mag viel beigetragen haben zu dieser klaren Stellungnahme gegen den Krieg. Und die Figur von Trim zeigt, wie Sterne im einzelnen Soldaten den friedlichen Menschen sah, der nur für dynastische oder merkantile Zwecke mißbraucht wurde.

Es wäre gar nicht so schwer, noch viele gesellschaftskritische Züge im einzelnen aus unserm Roman herauszulesen, aber Sie erlassen mir's, geneigte Leserin. Sie sind klug genug, um das selber herauszuspüren. Was wir alle von Sterne lernen können – und das wollen wir doch, wenn es auch fast eine contradictio in adjecto ist, von ihm lernen zu wollen –, ist dies, daß das Leben für den freilich ein absoluter Fehlschlag ist, der ein Sklave seiner Leidenschaften ist und der keine Kontrolle über sein Seelenleben hat. Ein ›Ziel vor den Augen‹ soll man haben.

Und dann haben wir ja neben Trim auch noch seinen Herren, Onkel Toby. Er hat zweifellos nicht umsonst gelebt. Er war glücklich, und er verbreitet Glück um sich bis auf den heutigen Tag, unschuldig wie ein Kind, liebevoll wie eine Mutter, tapfer wie ein wackrer

Soldat. Ein Soldat übrigens, der sich des widernatürlichen Wesens des Krieges durchaus bewußt war, wie das 32. Kapitel des VI. Buches genugsam ausweist.

Wenn Sie, verehrte Leserin, und auch Sie, verehrter Herr, mir haben bis hierher folgen mögen, so werden Sie den nächsten Predigttext aus dem Archiv der so gütigen wie klugen Makarie zweifellos mit eitel Zustimmung vernehmen:

›Er ist in nichts ein Muster und in allem ein Andeuter und Erwekker.‹

Kein Muster; denn man kann ihn nicht nachahmen. Anreger und Erwecker aber sehr wohl; denn seine Rezeption ist ein weites Feld. Nur einiges sei dazu bemerkt!

Gleich als 1759 die ersten beiden Bücher des ›Tristram Shandy‹ erschienen, wurde Sterne mit einem Schlag zum Löwen des Tages. Die Adelsgesellschaft von London lud ihn als einen höchst kuriosen homme d'esprit zu ihren Dinners ein. Er brachte die Geister in Bewegung. Von vornherein bewunderte man ihn wegen seiner Menschenkenntnis, wegen seiner Sensibilität, wegen seiner Absage an Pedanterei und wegen seines Humors (wobei wir immer unserer oben gemachten Bemerkungen über Humor usw. eingedenk bleiben wollen), und ebenso von vornherein kritisierte man scharf die ›Formlosigkeit‹ und die Unanständigkeiten.

Aber sehr schnell war er auch auf dem Kontinent berühmt. So macht Diderot in seinem Roman ›Jacques le fataliste‹ aus seiner Bewunderung für Sterne kein Hehl, und wie stark Goethe ihn bewunderte, dafür sind unsere eingestreuten Zitate, die Sie vielleicht noch einmal hintereinanderweg lesen sollten, ein schöner Beweis. Schon der ›Werther‹ zeigt Spuren eines Einflusses von Sterne. Goethe selber setzte sich damit in dem ›Duisburg, November‹ überschriebenen Abschnitt der ›Kampagne in Frankreich‹ auseinander.

Die volle Wirkung Sternes kommt aber in Deutschland erst mit Jean Paul zur Geltung. Bereits Heinrich Heine hat sehr nachdrücklich auf die Verwandtschaft zwischen Lawrence Sterne und Jean Paul hingewiesen, und er gibt sogar Sterne den Vorzug. Sterne, sagt Heine, zeigt sich dem Publikum nackt, Jean Paul hat lediglich Löcher in der Hose. Nun, schöne Leserin, Sie und ich werden vielleicht nicht ganz zustimmen, aber etwas Wahres ist daran.

Und einmal ganz abgesehen von der Psychologie: Denken Sie daran, wie schrecklich Sterne das Gefangensein war, und vergleichen Sie das mit Jean Pauls Feststellung, daß ihm nicht so sehr vor dem Vermodern als vielmehr vor dem Sargdeckel graue. Oder denken Sie an die ins Enorme gesteigerte Toleranz. Im 11. Kapitel des III. Buches etwa bemitleidet der liebe Onkel Toby sogar noch den Teufel, weil dieser in alle Ewigkeit verdammt sei. Das könnte genauso von Jean Paul sein.

Aber lassen wir, verehrte Leserin, die einzelnen Berührungspunkte einmal aus dem Spiel. Sie wollen doch ohnehin nach einem so unterhaltsamen Roman nicht Details über Einflüsse, Vorbilder und Nachahmungen hören. Wie stark Sternes Einfluß auf die europäische Erzählkunst im allgemeinen war, darüber unterrichtet Jean Paul in seiner ›Vorschule der Ästhetik‹: ›Jeder ersah sich an Sterne seine eigene Kopierseite, zum Beispiel Wieland die Paraphrase des Subjekts und Prädikats, andere seine unübertroffene Periodologie, manche seine ewigen ‚sagt er', mehrere nichts, niemand die Grazie seiner Leidenschaft.‹

Und was ›ersah‹ sich Jean Paul selber? Nun, wie Sie schon an diesem einen Zitat bemerken konnten, wenn Sie sonst noch nichts von Jean Paul kannten, was Sie aber nun sogleich emendieren müssen: sozusagen das gesamte Erzählklima schlechthin. Jedes Schreiben ist eine andere Form der Unterhaltung. Und dazu gehören natürlich auch die Abschweifungen. Die haben sie beide, Sterne und Jean Paul. Beide ironisieren im Grunde die traditionelle Erzählweise. Das hat, wie Goethe schon erkannte (Tagebuch vom 29. 12. 1829), nichts mit Formlosigkeit schlechthin zu tun. Vielmehr war sich Sterne (wie auch Jean Paul) seiner Prinzipien wohl bewußt, was schon vor genau hundert Jahren (1864) der englische Sterne-Forscher Fitzgerald auf Grund der sorgfältig von Sterne durchkorrigierten Handschrift des ersten Buches der ›Empfindsamen Reise‹ dargelegt hat. Den Schein einer leichtfertigen Willkür hat er absichtlich und wohlüberlegt herzustellen versucht, und Jean Paul hat das als Geist von seinem eigenen Geiste erkannt. Aus diesem Grunde sagt er 1817: ›Noch mehr als über Shakespeare hat die Meinung unrecht über Sterne, als hab' er bloß aus Wildheit geschrieben, gerade da er am schärfsten berechnete ...‹

Soweit Jean Paul. Und wir Menschen von heute? Was haben wir dazu zu sagen? – Einmal lassen Sie uns Sterne ruhig unter die großen Realisten der Weltliteratur rechnen; denn wer kommt ihm gleich im Eindringen in die geheimsten und gewiß doch höchst ›realen‹ innerlichsten Sphären des Seelenlebens (›Anreger und Erwecker‹!)? Zum andern wollen wir nicht vergessen, daß er alles tut, ›was in seiner Macht ist, die Einbildungskraft des Lesers so geschäftig zu halten, wie die seine‹. Merkten Sie, schöne Leserin, nicht, wie Sie beständig geistig im Trab gehalten wurden? Und wenn Sie goldene Lebensregeln wollen – nicht umsonst streben wir nach schön fixierten Maximen für ein kluges Handeln –, so kommen Sie wahrlich auch auf ihre Kosten. Denken Sie doch bitte zurück an das 17. Kapitel des VI. Buches, wo Sie gelernt haben, daß die alten Heruler, Rugier und Vandalen die Gewohnheit hatten, ›jede Angelegenheit von einiger Wichtigkeit in zwei entgegengesetzten Gemütsverfassungen durchzusprechen; zuerst betrunken und dann nüchtern. Betrunken, damit die Ratschläge nicht der Kraft, und nüchtern, damit sie nicht der Vorsicht ermangelten.‹

Und wenn Sie wie Vater Shandy Wassertrinker sind, dann machen Sie's eben wie er, werter Herr. Sie finden sein Rezept im gleichen Kapitel. Die vielen Pünktchen dort werden Sie ja nicht irritieren?

Wir sind am Ende, verehrte Leserin. Es wäre ja noch so viel zu sagen, aber Sie wissen, daß der Platz für ein solches Nachwort denn doch begrenzt ist. Wollen Sie's mit Goethe halten und sich unserm letzten Zitat aus ›Makariens Archiv‹ anschließen?

›Sterne war der schönste Geist, der je gewirkt hat; wer ihn liest, fühlt sich sogleich frei und schön ...‹

Haben wir Goethe zu oft bemüht? Nun, dann hören Sie zu guter Letzt doch auch noch Thomas Mann (Brief an Agnes E. Meyer vom 19. Dezember 1942): ›Sterne war so recht der ‚Schöne Geist‘ des 18. Jahrhunderts, aber in seiner höchsten Gestalt.‹

Walther Martin

Anmerkungen

5 *von den Lebensgeistern*: Die Auffassung von den Lebensgeistern – vorherrschende Theorie über den Zusammenhang von Seele und Körper von der Renaissance bis ins späte 18. Jahrhundert – sah die Lebensgeister als Teilchen an, die durch das Blut ins Gehirn und in die Nervenbahnen transportiert werden, wo sie anregend wirken sollten.

6 *Homunculus*: lat., Menschlein, kleiner Mensch; hier für Spermatozoen gebraucht, die sich die damalige Wissenschaft als winzige, vollständig ausgebildete Menschen vorstellte.

7 *Tullius*: Marcus Tullius Cicero (um 106–43 v. u. Z.), römischer Staatsmann und Redner.

Pufendorf, Samuel von (1632–1694): deutscher Rechtsgelehrter und Publizist, als Vertreter des Naturrechts Vorreiter der Aufklärung.

8 *Der Fortschritt des Pilgers*: ›The Pilgrim's Progress‹ (1678–1684), berühmtes und vielgelesenes Buch des englischen Dichters John Bunyan (1628–1688), in dem des Christen Pilgerfahrt und die ihm dabei zustoßenden Ereignisse allegorisch beschrieben werden.

Montaigne, Michel Eyquem de (1533–1592): französischer Philosoph; sein Hauptwerk sind die 1580 erschienenen, später erweiterten und im ›Tristram Shandy‹ häufig zitierten ›Essais‹, in denen er eine einflußreiche Philosophie entwickelt. In seinen Auffassungen wandelte er sich vom Stoiker zum Skeptiker.

8 *Horaz*: Quintus Horatius Flaccus (65–8 v. u. Z.), römischer Dichter und Satiriker; in seiner ›De arte poetica‹ lobt er die Erzählweise des griechischen Dichters Homer, der in seinem Epos ›Ilias‹ den Leser mitten in die Ereignisse des Trojanischen Krieges führt und nicht *›ab ovo‹* (lat., vom Ei an), d.h. vom Ursprung des Krieges an beginnt. Sternes Zurücknahme des berühmten Horaz-Verweises ist programmatisch, deutet sie doch auf seinen völlig freien Umgang mit literarischen Traditionen hin.

10 *Locke*, John (1632–1704): englischer Philosoph, führender Vertreter der englischen Aufklärung; sein 1690 erschienener ›Essay Concerning Human Understanding‹ (Versuch über den menschlichen Verstand) begründete die sensualistische Philosophie und beeinflußte Sterne nachhaltig. Besonders Lockes Theorie von den Ideenverbindungen (d. h. die assoziative Verknüpfung zweier oder mehrerer Gedanken) wurde für die Komposition des ›Tristram Shandy‹ außerordentlich bedeutsam.

12 *O diem* ...: lat., O herrlicher Tag.

13 *Didius*: von Sterne erfundener Charakter, den er vermutlich dem Anwalt Dr. Francis Topham nachgebildet hat. Sterne war mit ihm 1758/59 in einen regelrechten ›Pamphletenkrieg‹ verwikkelt.

14 *Dr. Kunastrokius*: Anspielung Sternes auf einen Londoner Arzt, wahrscheinlich Dr. Richard Mead (1673–1754), ein bedeutender englischer Mediziner des 18. Jh.

Salomon (um 974–um 926 v. u. Z.): biblischer König von Israel, für die Förderung der Kultur bekannt.

De gustibus ...: lat., Über Geschmack ist nicht zu streiten.

15 *›Mein Lord ...‹*: Umfangreiche Widmungen für adlige Gönner am Beginn eines Buches waren zu Sternes Zeiten üblich; hier verspottet er ihren Mißbrauch.

17 *tout ensemble*: frz., alles zusammen, das Gesamte.

Dodsley, Robert (1703–1764): Londoner Verleger; veröffentlichte die ersten Bücher des ›Tristram Shandy‹; sein Bruder James setzte die Arbeit fort. Vgl. auch 2. Anm. zu S. 470.

Candid und Frl. Kunigund: Anspielung auf Voltaires ›Candide‹ (1759).

der Pfarrer: Pfarrer Yorick ist eine Art idealisiertes Selbstporträt des Autors. Der Name taucht in Sternes späterem Werk ›Yorick's Sentimental Journey Through France and Italy‹ (1768, Yoricks empfindsame Reise durch Frankreich und Italien) erneut auf.

18 *Rosinante*: Pferd Don Quijotes; vgl. 1. Anm. zu S. 34.

20 *Totenschädel*: Anspielung auf Shakespeares ›Hamlet‹, V, 1.

23 *communibus annis*: lat., in gewöhnlichen Jahren, im Lauf der Jahre.

26 *Hormendillus*: auch Horwendillus, nach der ›Gesta Danorum‹ des Saxo Grammaticus sagenhafter Vater des Amlethus, dessen Geschichte Shakespeare seinem ›Hamlet‹ zugrunde legt.

27 *gaîté de cœur*: frz., Herzensfröhlichkeit.

28 *fracas*: frz., Zusammenstoß, Streit.

›Eine gewisse geheimnisvolle ...‹: eine der Maximen des französischen Moralisten François La Rochefoucauld (1613–1680).

30 *Eugenius*: von Sterne erfundener Charakter, wahrscheinlich seinem Freund John Hall-Stevenson nachgezeichnet; die Darstellung als warnender und vorsichtiger Ratgeber ist ironisch, da Hall-Stevenson eine eher gegenteilige Reputation unter seinen Zeitgenossen hatte.

34 *Cervantes*: Miguel de Cervantes Saavedra (1547–1616), spanischer Dichter. Sein Roman ›Don Quijote‹ ist eine Satire auf das niedergehende Rittertum. Zahlreiche Figuren des Romans und verschiedene Abenteuer wurden nahezu sprichwörtlich, so z. B. Sancho Pansa, der bodenständige Freund des Helden, oder Dulcinea, Don Quijotes erdacht-ideale Geliebte. Auch sein Pferd Rosinante oder sein Abenteuer beim Bekämpfen der Windmühlen sind häufig gebrauchte Metaphern.

Yoricks Ahnherr: Vgl. Shakespeares ›Hamlet‹ V, 1; auch die Inschrift ›Ach, armer Yorick‹ ist die ironische Verwendung eines Hamlet-Zitates.

35 *dem Ende des zwanzigsten Buches*: Bis heute ist nicht geklärt, ob der Roman ein Fragment darstellt oder von Sterne so ›unvollständig‹ geplant wurde; die Bemerkung deutet auf die erste Annahme hin, kann aber auch ironisches ›Spiel mit dem Leser‹ sein.

36 *Scholium*: lat., Erläuterung, textkritische Anmerkung.

Hans Guckindieluft und Thomas Däumling: im Original Jack Hickathrift or Tom Thumb, zwei bekannte englische Volksmärchengestalten.

37 *jedes Jahr zwei Bände*: Vgl. Anm. zu S. 35, es erschienen insgesamt nur neun Bände: I/II Januar 1760, III/IV Januar 1761, V/VI Dezember 1761, VII/VIII Januar 1765, IX 1767.

39 *femme seule*: frz., alleinstehende Frau.

40 *toties quoties*: lat., so oft, wie oft; in jedem eintretenden Falle.

43 *Dr. Manningham*: Sir Richard Manningham (1690–1759), führender englischer Arzt und Geburtshelfer seiner Zeit.

Jenny: von Sterne erfundener Charakter einer idealen Gattin, möglicherweise auch Anspielung auf Catherine de Fourmantelle, eine in London lebende französische Sängerin, mit der Sterne ein kurzes, wahrscheinlich platonisches Liebesverhältnis hatte.

45 *Königin Elizabeth*: Elizabeth I., englische Königin von 1558 bis 1603.

46 *Anblick des Monarchen*: Gemeint ist Ludwig XIV. (1638–1715), französischer König seit 1643; wegen seiner Prunksucht und Selbstherrlichkeit erhielt er den Beinamen ›Sonnenkönig‹.

Sir Robert Filmer (um 1588–1653): englischer Adliger; Verfasser politischer Traktate, die auf den Ideen der göttlichen Legitimation des Königtums beruhten und später oft verspottet wurden.

47 *Tedeum*: Te Deum laudamus, lat., Dich, Gott, loben wir; kirchliche Lobes- und Dankeshymne.

49 *Trismegistus*: Hermes Trismegistos, mythischer Gott und später (erfundener) Autor, unter dessen Namen eine Gruppe alexandrinischer Gelehrter ihre Schriften herausgab; der Name war vor allem im Mittelalter als Ursprung aller Magie von Bedeutung.

Archimedes (um 287–212 v. u. Z.): bedeutender Naturwissenschaftler der Antike, berühmt vor allem durch zahlreiche bis heute bedeutsame Erfindungen.

Niki und Simkin: Spitznamen, wahrscheinlich für Nikodemus und Simeon.

Cäsars: Gaius Iulius Caesar (100–44 v. u. Z.), römischer Feldherr und Politiker, machte sich zum Imperator auf Lebenszeit, wurde Opfer einer Verschwörung im Senat; sein Name lebt in zahlreichen Worten bis heute fort, z. B. in Kaiser, auch der Kaiserschnitt geht auf ihn zurück, da er durch diese Operation (als erste namentlich überlieferte Persönlichkeit) auf die Welt kam.

Pompejus: Gnaeus Pompeius Magnus (106–48 v.u.Z.), römischer Feldherr und Staatsmann, wurde im Kampf um die Alleinherrschaft von Cäsar geschlagen und später ermordet.

Nikodemus: Sterne spielt auf die biblische Geschichte vom Pharisäer Nikodemus an, der zwar im Inneren Christ geworden war, aber Angst hatte, es öffentlich zu bekennen. Vgl. Johannes 3, 1–10 und 50–53.

50 *Judas*: Judas Ischariot (aram., Sohn des Verderbens), im Neuen Testament Jünger Jesu, der diesen für 30 Silberlinge verriet und sich später erhängte, der Name wurde zum Symbol für einen Verräter.

argumentum ad hominem: lat., Beweisführung, die sich auf die Person des Redegegners oder auf dessen Grundsätze stützt; Terminus der Rhetorik. Sterne verwendet diesen und andere dieser Art (z. T. auch von ihm erfundene, vgl. 9. Anm. zu S. 66), um sich über die zu seiner Zeit übliche Berufung auf die klassische Rhetorik lustig zu machen.

Θεοδίδακτος, Theodidaktos: grch., von Gott gelehrt.

Cicero: Vgl. 1. Anm. zu S. 7.

Quintilianus, Marcus Fabius (um 35–um 96): römischer Rhetoriker, dessen Werke zur Theorie der Redekunst im 16. bis 18. Jh. sehr geschätzt waren. Mit ›De oratore‹ meint Sterne jedoch vermutlich das gleichnamige Werk Ciceros. Als Quintilianus' Hauptwerk gilt ›Institutio oratoria‹, in deren 12. Buch der Autor das Bild des vollkommenen Redners entwirft.

Isokrates (436–338 v. u. Z.): griechischer Redner und Lehrer.

Aristoteles (384–322 v. u. Z.): einflußreicher griechischer Philosoph, berühmt auch für seine rhetorischen Fähigkeiten.

Longinus, Cassius (um 213–um 270): wegen seiner Gelehrsamkeit berühmter griechischer Philosoph und Redner.

Vossius: latinisierter Name des niederländischen Gelehrten Gerit Jansz Vos (1577–1649).

Skioppius: latinisierter Name für den deutschen klassischen Philologen Kaspar Schoppe (1576–1649).

Ramus: eigtl. Pierre la Ramée (1515–1572), französischer Logiker.

Farnaby, Thomas (um 1575–1647): einflußreicher englischer Gelehrter und Verfasser eines ›Index rhetorikus‹.

51 *Crackenthorpe*: Richard Crakanthorp (1567–1624); für seine Beredsamkeit berühmter puritanischer Geistlicher.

51 *Burgersdicius* oder Burgersdyk, Franco (1590–1635): niederländischer Logiker und Philosoph.
argumentum ad ignorantiam: lat., Beweisführung, die sich auf die Unwissenheit des Publikums oder des Redegegners stützt; Terminus der Rhetorik, vgl. 2. Anm. zu S. 50.
Jesus-Kolleg: Sterne besuchte selbst dieses College seit 1733 und promovierte dort 1740 zum Master of Arts (M. A.), was im Deutschen etwa dem Doktortitel entspricht.
53 *Tristram*: die Abneigung gegen den Namen erklärt sich aus der Herleitung von ›tristis‹, lat., traurig.
in rerum natura: lat., in der Natur der Dinge.
Epiphonema: grch., Schlußgedanke, Ausruf.
Erotesis: grch., Frage, das Fragen.
54 *Nincompoop*: englischer Schimpfname, in etwa ›Schlappschwanz‹.
55 *Plinius*: Gaius Plinius Caecilius Secundus (der Jüngere) (um 61–113), römischer Statthalter, Anwalt, Schriftsteller und Redner; er zitiert aber in der von Sterne angeführten Passage eine Bemerkung seines Onkels Gaius Plinius Secundus (des Älteren) (um 23–79). Vgl. Briefe 3, 5.
Parismus und Parismenus: Charaktere volkstümlicher englischer Ritterromane des 16. und 17. Jh. u. a. in Emanuel Fords (gest. um 1607) ›Parismus‹ (1598/99), das bis ins 18. Jh. Nachdrucke erlebte.
Die sieben Kämpen von England: vermutlich eine Anspielung auf ›The Famous Historie of the Seven Champions of Christendom‹, einen weitverbreiteten, in der Art volkstümlicher Ritterromanzen gehaltener Roman des Engländers Richard Johnson (1573–1659?).
der heilige Thomas von Aquino (1225–1274): berühmter Scholastiker; er faßte die gesamte scholastische Theologie in seiner ›Summa theologiae‹ zusammen, der auch das von Sterne angeführte Zitat entstammt.
par le moyen …: frz., mittels einer kleinen Kanüle.
chose impossible: frz., eine unmögliche Sache.
Infantes in maternis …: lat., Kinder, die noch im Mutterleib sind, können auf keine Art und Weise getauft werden.
59 *sans faire …*: frz., ohne dem Vater Schaden zu tun.
60 *König Wilhelm*: Wilhelm III. (1650–1702), Prinz von Oranien, König von Großbritannien und Irland seit 1688.

Dryden, John (1631–1700): englischer Dichter, Dramatiker und Literaturkritiker; der Gedanke, auf den Sterne verweist, stammt aus seinem ›Essay of Dramatick Poesy‹ (Essay über dramatische Poesie).

Königin Anna (1665–1714): Königin von Großbritannien und Irland seit 1702.

Addison, Joseph (1672–1719): einflußreicher englischer Schriftsteller und Verleger; mit Richard Steele (1672–1729) Herausgeber der moralischen Wochenschriften ›The Tatler‹ (1709–1711) und ›The Spectator‹ (1711–1712, 1714).

61 *änigmatisch*: lat., rätselhaft, in bezug auf Rätsel.

obstetrisch: lat., geburtshilflich.

62 *Fescue*: kleiner Zeigestock zum Hinweisen auf einzelne Buchstaben, der beim Lehren des Lesens verwendet wurde.

Tacitus, Publius Cornelius (um 55–nach 115): römischer Historiker; Sterne bezieht sich auf dessen komplizierten Stil.

63 *Namur*: Stadt in Belgien; ihre Belagerung und Einnahme (1695) in den Kriegen der Großen Allianz gegen Frankreich (1. 1689–1697, 2. 1701–1713) war der bedeutendste englische Sieg in diesem Krieg.

65 *Amicus Plato* ...: lat., Plato ist ein Freund, aber die Wahrheit ist eine noch engere Freundin.

Plato: Platon (427–347 v. u. Z.), griechischer Philosoph, Schüler des Sokrates, dem Platon in seinem Werk ›Phaidon‹ das von Sterne gebrauchte Zitat zuschreibt.

in foro scientiae: lat., vor dem Forum der Wissenschaft.

Lillabullero: Refrain einer Volksballade von 1686, die besonders in der Armee Wilhelm III. im Irlandkrieg populär wurde. Die außerordentlich beliebte Ballade soll auch die sogenannte ›glorreiche Revolution‹ von 1688/89 begleitet haben.

66 *argumentum ad verecundiam*: lat., Beweisführung, die sich auf einen bedeutenden Namen stützt; wie die beiden folgenden Begriffe ein Terminus der Rhetorik.

argumentum ex absurdo: lat., Beweisführung aus der Absurdität.

argumentum ex fortiori: lat., Beweisführung, die eine Sache noch gesicherter erscheinen läßt, als vorher behauptet wurde.

ars logica: lat., Kunst der Logik.

argumentum fistulatorum: lat., Beweisführung durch Pfeifen.

66 *argumentum baculinum*: lat., Beweisführung durch den Stock, d.h. durch Anwendung von Gewalt.

argumentum ad crumenam: lat., Beweisführung, die sich auf den Geldbeutel stützt, d.h. an den Geiz appelliert.

argumentum tripodium: lat., dreifüßiger Beweis, der eine dreiteilige Schlußfolgerung anwendet.

argumentum ad rem: lat., Beweisführung, die sich auf die zur Diskussion stehende Sache stützt; Sterne verspottet im Vorangehenden in einer Mischung aus erfundenen und wirklich vorhandenen Termini die übertriebene Anwendung der logischen Prinzipien und ihrer terminologischen Feinheiten.

Bischof Hall (1574–1656): Dr. Joseph Hall, Bischof von Exeter und (später) Norwich, Verfasser von Meditationsschriften, satirischen Werken, Gedichten u.a.

Jakob I. (1566–1625): als Jakob VI. König von Schottland, seit 1603 auch König von Großbritannien und Irland, Sohn Maria Stuarts.

69 *Momus*: Der griechische Gott des Tadels und des Spottes, Momos, tadelte den Gott Hephaistos (Vulcanus), weil er einem von diesem geschaffenen Menschen kein Glasfenster in die Brust setzte, so daß sein Innenleben sichtbar würde und man seine Gedanken und Gefühle ›sehen‹ könnte.

Fenstergeld: Steuer, deren Höhe sich nach der Anzahl der Fenster eines Hauses richtete; 1695 in England eingeführt.

70 *den Narren draußen ...*: Anspielung auf Shakespeares ›Hamlet‹, III,1.

Virgil: Publius Vergilius Maro (70–19 v.u.Z.), römischer Dichter, Verfasser des römischen Nationalepos ›Aeneis‹. Dessen viertes Buch enthält die Geschichte des aus Troja geflüchteten Titelhelden Aeneas und der karthagischen Königin Dido. Als beide heimlich heirateten, verbreitete sich die Neuigkeit dennoch über die ›Stimmen der Gerüchte‹.

Es ist mir nicht unbekannt ...: die nachfolgende Passage bezieht sich vermutlich auf italienische Kastratenchöre, die auch in England sangen.

ad populum: lat., für das Volk.

›Unnatürlichkeiten‹: medizinischer Ausdruck für die sechs lebenswichtigen Dinge bzw. Funktionen, die den Körper gesund erhalten: Luft; Essen und Trinken; Schlafen und Wachen; Bewegung

und Ruhe; Ausscheidung und Verhaltung; Erregung des Geistes.

72 *jener Philosoph*: Diogenes von Sinope (um 412–um 323 v. u. Z.) berühmter kynischer Philosoph, soll, um den Philosoph Zenon von Elea (um 490–um 430 v. u. Z.) zu widerlegen, der die Wirklichkeit der Bewegung bestritt, als Gegenbeweis einfach aufgestanden und herumgelaufen sein.

73 *os pubis*: lat., Schambein.

coxendic: lat., eigentlich coxendix, Hüftbein.

os ilium: lat., Darmbein.

75 *Kriege König Wilhelms*: Vgl. Anm. zu S. 63.

77 *Hippokrates* (um 460–um 375 v. u. Z.): berühmtester antiker Arzt.

Dr. James Mackenzie (um 1680–1761): schottischer Arzt, Autor des zu Sternes Zeiten berühmten Werkes ›The History of Health and the Art of Preserving it‹ (1758, Die Geschichte der Gesundheit und die Kunst, sie zu erhalten).

79 *Malebranche*, Nicholas (1638–1715): französischer Geistlicher und Philosoph.

80 *Logomachie*: grch., Wortschlacht.

οὐδία und *ὑπόσταδις*: grch., Essenz und Substanz, Wesen und Inhalt; Sterne meint, sie stritten über unterschiedliche Worte, die die gleiche Sache bezeichnen.

81 *zu Füßen des Elefanten*: Wahrscheinlich war auf Onkel Tobys Karte ein Elefant abgebildet.

Gobesius' Kriegsarchitektur und Geschützwissenschaft: Sterne meint vermutlich Leonard Gorecius' Werk ›Descriptio belli ivoniae‹ (1578).

82 *Ramelli*, Agostino (um 1530–um 1600): italienischer Ingenieur im Dienste des Kaisers und des Papstes; Verfasser des Werkes ›Le diverse et artificiose macchine‹ (1588).

Cataneo, Girolamo: italienischer Gelehrter.

Stevinus: Der niederländische Mathematiker und Ingenieur Simon Stevin (1548–1620) konstruierte u. a. einen Segelwagen und beschäftigte sich auch mit dem Befestigungswesen.

Moralis: Samuel Marolais (1572–1627), niederländischer Mathematiker; Verfasser einer bekannten Schrift über militärische Befestigungsanlagen.

Chevalier de Ville: Antoine Tolosain de Ville, verfaßte Abhandlungen über die Erstürmung und Verteidigung von Festungen.

82 *Lorini*, Buonaiuto (um 1540–um 1610): florentinischer Ingenieur und Autor eines grundlegenden Werkes über Befestigungen.
Coehorn: Baron Nenno van Coehoorn (1641–1704), niederländischer Ingenieur und Offizier; er befestigte und verteidigte Namur und wurde 1695 Generalinspekteur der niederländischen Festungen. Sterne las seine Werke in französischer Übersetzung.
Sheeter: Johann Bernhard von Scheither, deutscher Offizier im Dreißigjährigen Krieg, der später Werke über den Festungsbau verfaßte.
Pagan: Graf Blaise-François de Pagan (1604–1665), französischer Ingenieur und Verfasser von Abhandlungen über Befestigungswesen.
Vauban: Sébastien le Prestre de Vauban (1633–1707), Marschall von Frankreich, einer der berühmtesten Militärbaumeister seiner Zeit.
Blondel, François (1618–1686): französischer Mathematiker und Architekt, Autor einer Schießlehre.
N. Tartaglia: Niccolò Tartaglia (um 1500–1557), italienischer Mathematiker; er beschrieb u. a. die Flugbahnen von Geschossen und wies nach, daß Kanonenkugeln nicht auf gerader Bahn fliegen.
83 *Maltus*: François Malthus, französischer Naturwissenschaftler, seine Hauptschrift ›Pratique de la guerre‹ (1650) enthielt genaue Anweisungen für das Beschießen von Befestigungsanlagen.
Galileo Galilei (1564–1642): italienischer Naturwissenschaftler und Astronom, der sich auch mit Ballistik befaßte und die Parabelform der Geschoßbahn bewies.
Torricellius: Evangelista Torricelli (1608–1647), italienischer Naturwissenschaftler, Schüler Galileis.
latus rectum: lat., die richtige Seite; Konstante, die den Verlauf einer Kurve bestimmt.
Grundfeuchtigkeit: nach den Vorstellungen der antiken und mittelalterlichen Philosophie eine in allen Lebewesen enthaltene lebenswichtige Essenz.
cum grano salis: lat., mit einem Körnchen Salz, d. h. nicht ganz wörtlich, im übertragenen Sinne.
87 *Monsieur Ronjat*: Etienne Ronjat, Leibarzt Wilhelm III.
90 *Ichnographie*: grch., Spurbeschreibung, hier: Grundrisse von Gebäuden.

93 *Epitasis*: grch., Anspannung, Zunehmen; Teil eines Stückes oder einer Erzählung, in dem die Spannung steigt.

94 *Aposiopesis*: grch., plötzlicher Redeabbruch; Terminus der Rhetorik.

poco più … poco meno: ital., etwas mehr … etwas weniger.

95 *Meisterwerk des Aristoteles*: vermutlich eine Anspielung Sternes auf Aristoteles' ›Über die Seele‹ 3, 10 ›die Vernunft heißt wegen des Zukünftigen nach der einen Richtung ziehen, die Begierde wegen des Jetzigen nach der anderen‹.

97 *Bruch der Einheit*: Sterne verspottet hier die starre, vom Klassizismus vorgeschriebene Handhabung der auf Aristoteles ›Poetik‹ zurückgeführten klassischen drei Einheiten von Ort, Zeit und Handlung.

Idee der Dauer: Sternes Auffassung, daß die empfundene Zeit von der Menge des Erlebten oder Gedachten in einem bestimmten Zeitintervall abhängig ist, geht auf eine Interpretation der Lockeschen Ideen durch Addison zurück.

Dr. Slop: von Sterne erfundener Charakter, mit dem er den seinerzeit bekannten Arzt und Altertumsforscher Dr. John Burton (1710–1771) aus Yorkshire karikiert.

98 *Hogarth*, William (1697–1764): englischer Maler und Kupferstecher, seine ›Analysis of Beauty‹ (Analyse der Schönheit) erschien 1753; er illustrierte die ersten vier Bände des ›Tristram Shandy‹.

101 *Whistons Kometen*: William Whiston (1667–1752), englischer Theologe und Mathematiker, vertrat die Auffassung, daß der 1680 erschienene große Komet bei einem früheren Auftauchen die Sintflut hervorgerufen habe.

102 *transsubstantiiert*: lat., verwandelt; ironische Anspielung auf das 1215 festgelegte katholische Abendmahlsdogma von der Transsubstantation des Fleisches Christi.

argumentum ad hominem: Vgl. 2. Anm. zu S. 50.

103 *Stevinus*: Vgl. 3. Anm. zu S. 82.

104 *Lucina*: römische Göttin, die die Geburt beschützt.

Pilumnus: römischer Gott, Beschützer der Frauen im Kindbett.

tire-tête: frz., ›zieh-den-Kopf‹, Bezeichnung für verschiedene Geburtszangen.

105 *argumentum ad crumenam*: Vgl. 7. Anm. zu S. 66.

105 *Dennis*, John (1657–1734): englischer Kritiker und Tragödiendichter.

Du Cange: Sieur Charles du Fresne du Cange (1610–1688), französischer Philologe und Historiker.

110 *Brutus*, Marcus Iunius Brutus (85–42 v.u.Z.) und *Cassius*, Gaius Cassius Longinus (gest. 42 v. u. Z.): römische Senatoren und Feldherren; beide waren Anführer der Verschwörung gegen Julius Cäsar. Sie kämpften für eine römische Republik, wurden aber 42 v. u. Z. bei Philippi geschlagen und begingen Selbstmord. Die Anspielung auf die große Szene bezieht sich auf Shakespeares Drama ›Julius Cäsar‹, IV,3.

der berühmte Segelwagen: von Stevinus für den Statthalter der Niederlande, den Grafen Moritz von Nassau, Prinz von Oranien (1567–1625), erfunden; der Wagen wurde durch Windkraft angetrieben und bewegte sich entlang der Küste von Scheveningen nach Petten.

Peirescius: Nicolas Claude Fabri de Peiresc (1580–1637), bedeutendster französischer Gelehrter seiner Zeit.

116 *die Predigt*: Sie wurde von Sterne als Predigt verfaßt, 1750 in York gehalten und im gleichen Jahr publiziert. Sterne war auch als Prediger in England berühmt und veröffentlichte 1760 – angespornt durch den Erfolg ebendieser Predigt im ›Tristram Shandy‹ – zwei Bände seiner Predigten unter dem Titel ›The Sermons of Mr. Yorick‹ (Die Predigten des Herrn Yorick).

124 *David*: von etwa 1004 bis 970 v.u.Z. biblischer König von Judäa und Israel. Vgl. 1. Samuel, 24, 3–6.

Saul: um 1012 bis 1004 erster König von Israel. David konnte ihn nicht vom Thron verdrängen.

Urias: Uria, Feldherr des David, Gatte der Bathseba; vgl. 2. Samuel, 11–12.

Nathan: Prophet des Alten Testaments.

125 *Ecclesiasticus*: lat., Kirchenbuch; das jüdische Weisheitsbuch Sirach; vgl. Jesus Sirach 37, 18.

Kasuisten: lat., theologische Haarspalter.

133 *argumentum a priori*: lat., Beweisführung, die von der Ursache zur Folge schreitet; deduktiver Beweis, der von allgemeinen Vernunftsregeln ausgeht.

a posteriori: lat., im nachhinein; auch Beweisführung, von den Folgen zur Ursache; induktiver Beweis.

134 *Präbendar*: lat., geistlicher Würdenträger, Inhaber einer Pfründe (Präbende).

135 *en souveraines*: frz., als oberste Instanz, allein.

137 *in infinitum*: lat., ins Unendliche.

Zeno: Zenon von Kition (um 335–263 v. u. Z.), griechischer Philosoph, gründete die stoische Philosophenschule in Athen.

Chrysippos (um 280–208 v. u. Z.): griechischer Philosoph und Leiter der stoischen Philosophenschule, der die Regeln der stoischen Schule als erster systematisierte. Er erfand den ›sorites‹ oder ›Syllogismus‹, eine Beweisführung, die aus mehreren Voraussetzungen und Schlüssen besteht.

139 *Descartes*, René (1596–1650): französischer rationalistischer Philosoph, einer der Begründer der modernen Philosophie. Er entwarf eine Theorie, nach der sich die Seele in der Zirbeldrüse befände, welche geeignet wäre, als Treffpunkt für Geist und Lebensgeister zu fungieren. Diese Theorie wurde im 18. Jahrhundert weitgehend angezweifelt.

Coglionissimo Borri: Giuseppe Francesco Borri (1627–1695), berühmter italienischer Chemiker, Alchimist und Wunderdoktor. Den Beinamen leitet Sterne von ›coglione‹ (ital., Hoden) her.

Bartolino: Thomas Bartholinus (1616–1680), dänischer Anatom.

Cerebellum: lat., Kleinhirn.

Methelingius: Wortschöpfung Sternes, wahrscheinlich abgeleitet aus ›metheglin‹, einer dialektalen Bezeichnung für Honigwein.

animus: lat., Seele, Geist, Sinn.

anima: lat., Seele; Mit der Beschreibung der spitzfindigen Unterscheidung von geistiger Seele (animus) und Lebensgeistern (anima) verspottet Sterne zeitgenössische Auffassungen von den zwei Seelen des Menschen.

140 *medulla oblongata*: lat., das verlängerte Rückenmark.

Causa sine qua non: lat., Urgrund; Grund, ohne den nichts ist.

141 *Lithopaedus*: von Lithopaidon, grch., Steinkind; Sterne bezieht sich hier wie in der Fußnote auf dieser Seite auf einen Angriff Dr. Burtons (Dr. Slop) auf den Glasgower Geburtshelfer Dr. William Smellie (1697–1763, bei Sterne Smelvogt), der u. a. Untersuchungen über Veränderungen des Schädels während der Geburt veröffentlicht hatte. Burton warf Smellie vor, den Titel einer Zeichnung eines versteinerten Kindes (Lithopaedii Senonensis Icon) in einen Autor ›Lithopaedus‹ verwandelt zu haben. Sterne

macht sich gleichzeitig über pseudo-wissenschaftliche Anmerkungsapparate seiner Zeit lustig.

141 *Cerebrum*: lat., Großhirn.

Engel und Diener ...: Zitat aus Shakespeares ›Hamlet‹, I,4; es ist der Ausruf Hamlets beim Erscheinen des Geistes seines Vaters.

im Spachius: Gemeint ist die ›Collectio Gynaecorum‹, eine Sammlung von Arbeiten verschiedener Autoren über Frauenkrankheiten des deutschen Arztes Israel Spachius (1560–1610).

143 *Pelvis*: lat., das Becken.

os coxygis, eigtl. os coccygis: lat., das Steißbein.

Scipio Africanus: Publius Cornelius Scipio Africanus (um 235–183 v. u. Z.), römischer Feldherr, der u. a. 202 v. u. Z. bei Zama die Karthager unter Hannibal besiegte.

Manlius Torquatus (um 65 v. u. Z.): römischer Konsul, Freund Ciceros, soll wie Scipio Africanus durch Kaiserschnitt auf die Welt gekommen sein.

Eduard VI. (1538–1553): englischer König, Sohn Heinrichs VIII. und Jane Seymours, die bei seiner Geburt starb; dies gab Anlaß zu Gerüchten, sie habe einen Kaiserschnitt gehabt.

epigastrium: lat., Magengrube.

matrix: lat., Gebärmutter.

144 *›Don Belianis ...‹*: spanischer Ritterroman des 16. Jahrhunderts, eines der Bücher aus der Bibliothek Don Quijotes.

146 *Multitudinis imperitae ...*: lat., Ich fürchte das Urteil der unerfahrenen Menge nicht – dennoch bitte ich, sie möge meine Werklein mit Nachsicht behandeln. Es ist in ihnen immer mein Vorhaben gewesen, vom Scherz zum Ernst und hinwiederum vom Ernst zum Scherz überzuwechseln. Das Motto stammt aus John von Salisburys (um 1115–1180) ›Policraticus‹.

148 *Reynolds*, Sir Joshua (1723–1792): bedeutender englischer Porträtmaler, der auch Sterne mehrmals porträtierte.

Georg I. (1660–1727): erster englischer König aus dem Haus Hannover, er beherrschte kein Englisch.

149 *Cleanthes*: Kleanthes von Assos (um 331–232 v. u. Z.), Nachfolger des Zenon von Kition an der stoischen Schule.

Diogenes Babylonius: Diogenes von Seleukia, der ›Babylonier‹ (2. Jh. v. u. Z.), einer der Leiter der stoischen Schule, nahm an der Philosophengesandtschaft nach Rom teil (156/155 v. u. Z.)

und trug wesentlich mit zur Verbreitung der stoischen Lehre im römischen Reich bei.

Dionysios, Heracleotes: Die genaue Bedeutung ist umstritten: entweder meint Sterne Dionysios von Herakleia (um 328–248 v. u. Z.), einen bedeutenden stoischen Schriftsteller, oder er bezieht sich auf zwei Personen: Dionysios von Halikarnassos (um 50 v. u. Z.–10 u. Z.), einen griechischen Rhetoriker und Historiographen, und Herakleides von Tarsos (um 150 v. u. Z.), einen Schüler des Stoikers Antipater.

Antipater: Antipatros von Tarsos (2. Jh. v. u. Z.), ein Leiter der stoischen Schule; Schüler und Nachfolger des Diogenes von Seleukia.

Panaetius: Panaitios von Rhodos (um 185–109 v. u. Z.), ein Leiter der stoischen Schule, Schüler des Antipatros von Tarsos, trug zur Verbreitung der stoischen Lehre in Rom bei.

Posidonius: Poseidonis (um 135–51 v. u. Z.), Schüler des Panaitios von Rhodos, Philosoph, Naturforscher, Historiker und Ethnograph.

Cato: Marcus Porcius Cato Uticensis, ›der Jüngere‹, (95–46 v. u. Z.), aktivster Vertreter der römischen Optimaten, Gegner Cäsars, beging nach dessen Sieg Selbstmord.

Varro, Marcus Terentius (116–27 v. u. Z.): römischer Stoiker; seine Erkenntnisse beeinflußten über Jahrhunderte die nachfolgende Wissenschaft.

Seneca, Lucius Annaeus (um 4 v. u. Z.–65 u. Z.): römischer Tragödiendichter, Rhetoriker, Philosoph und Politiker.

Pantenus: Pantainos (gest. vor 200), stoischer alexandrinischer Philosoph, der zum Christentum konvertierte.

Clemens aus Alexandrien: Titus Flavius Clemens Alexandrinus (um 150–um 220), versuchte, Anschauungen der griechischen Philosophie und christliche Vorstellungen zu vereinbaren.

150 *Herrn Kritiker*: bezieht sich auf die Angriffe der ›Monthly Review‹, denen Sterne wegen der Veröffentlichung seiner Predigten unter dem Namen Yorick (eines Spaßmachers!) ausgesetzt war.

151 *Avison Scarlatti*: Charles Avison (um 1710–1770) englischer Komponist und Herausgeber einer Sammlung von Werken des italienischen Komponisten Domenico Scarlatti (1685–1757), die zu Sternes Zeit in England unter der Bezeichnung ›Avison's Scarlatti‹ bekannt war.

151 *con furia*: ital., mit Wut.
con strepito: ital., mit viel Lärm.

153 *Hymen*: griechischer Gott der Heirat.

155 *Händel des Herzogs von Monmouth*: James Scott, Herzog von Monmouth (1649–1685), illegitimer Sohn Charles' II. von England (1630–1685), versuchte 1685 erfolglos, mit Gewalt den englischen Thron zu erobern.
bona fide: lat., nach bestem Wissen und Gewissen.

158 *Textus de Ecclesia* ...: Ernulf (1040–1124) nahm diese Zusammenfassung von Flüchen oder Exkommunikationsformeln in seine Sammlung von Gesetzen und Dokumenten der Kirche von Rochester auf, wo er seit 1114 als Bischof eingesetzt war. Diese Sammlung wurde im 18. Jh. wiederaufgelegt.

159 *Dathan und Abiram*: biblische Gestalten, die mit ihren Anhängern wegen ihres Auflehnens gegen Moses von der Erde verschlungen wurden. Vgl. 4. Mose, 18, 1–35.

165 *Varro ... dreißigtausend*: Sterne bezieht sich auf die 1621 erschienene ›Anatomy of Melancholy‹ (1621, Schwermut der Liebe) des englischen Schriftstellers Robert Burton (1577–1640), die er auch im gesamten ›Tristram Shandy‹ häufig verwendete. Hier verwechselt er aber die Aussage Burtons, daß Hesiod (um 700 v. u. Z.) von 30 000 heidnischen Göttern sprach, mit der Varros (vgl. 8. Anm. zu S. 149), der 300 Götter zählte.
Cid Hamet: Sidi Hamet Benengli – von Cervantes erfundener arabischer Historienschreiber, dessen Schriften er angeblich findet und im ›Don Quijote‹ erzählt.

166 *Garrick*, David (1717–1779): berühmter englischer Schauspieler und Theaterdirektor; seinen Ruf erwarb er vor allem durch die Darstellung von Shakespeare-Charakteren. Er war einer der ersten, die den ›Tristram Shandy‹ lobten.
Bossu: René le Bossu (1631–1680), einflußreicher französischer klassizistischer Kritiker des 17. Jh., der ein seinerzeit bekanntes Werk zur epischen Dichtung verfaßte.

167 *Dominichino*: Il Dominichino, eigtl. Domenico Zampieri (1581–1641), italienischer Maler und Baumeister.
Guido: Guido Reni (1575–1642), italienischer Barockmaler.

168 *Justinian* I. (482–565): Kaiser von Konstantinopel 527–565, ließ das römische Recht im ›Corpus juris civilis‹ zusammenfassen und niederschreiben.

Trebonius (gest. 545): römischer Rechtsgelehrter.

Wilhelm der Eroberer: William I. (um 1027–1087), normannischer Herzog und englischer König (seit 1066); eroberte England, nachdem er 1066 in der Schlacht bei Hastings das angelsächsische Heer unter Harold II. besiegt hatte.

169 *Ciceros zweite Philippika*: Die zweite der vierzehn Schmähschriften Ciceros gegen Antonius war ungefähr fünfzig Seiten lang.

177 *Lukian* (um 125–180): griechischer satirischer Schriftsteller und Philosoph.

178 *Die Vorrede ...*: Sterne verspottet hier die Unsitte der Zeit, übertrieben lange und komplizierte Vorreden zu verfassen.

Agelastes: grch., der Mürrische.

Triptolemus: der griechischen Mythologie entlehnter Name, bedeutet ›der Erzkrieger‹.

Phutatorius: von ›putator‹, lat., der Beschneider – alle drei Figuren sind Sternesche Erfindungen, die vermutlich Anspielungen auf Zeitgenossen darstellen.

Didius: Vgl. Anm. zu S. 13.

De fartendi et illustrandi fallaciis: lat., Über die Fehler beim Furzen und Beleuchten.

179 *Monopolus*: grch., von ›Monopol‹, Alleinverkaufsrecht.

Kysarcius: grch., Fleisch- (d. h. Arsch-)küsser.

Gastripheres: grch., Wanstträger.

Somnolentius: lat., Schlafmütze – alle sind von Sterne erfundene Figuren.

182 *Suidas*: fälschlich angenommener Autor für das um 1000 entstandene größte griechische Lexikon, die Suda (auch Suidas).

183 *Äskulap*: griechischer Gott der Heilkunde.

John o'Nokes ... Tom o'Stiles: von John-a-Nokes und John-a-Stiles; fiktive Namen, die in England auf die beiden Parteien eines Rechtsstreites angewendet wurden.

189 *Marston Moor*: Moorland in England, westlich von York; während der englischen bürgerlichen Revolution siegte hier 1644 das Parlamentsheer gegen die königlichen Truppen.

194 *Pacuvius*, Marcus (um 220–um 130 v. u. Z.): römischer Tragödiendichter und Maler.

Ricaboni, Lodovico (1677–1753): italienischer Dramatiker.

Madame Pompadour: Jeanne Antoinette Poisson, Marquise de

Pompadour (1721–1764), einflußreiche Mätresse Ludwigs XV. von Frankreich.

196 *Mrs. Bridget*: Zu Sternes Zeit wurden auch unverheiratete Frauen mit Mistress angesprochen.

Vinea: transportable antike Schutzvorrichtungen, die von den Angreifern beim Erstürmen von Festungen verwendet wurden.

Ballista: antikes Geschütz zum Verschießen großer Mengen Steine oder Pfeile.

Marcellinus, Ammianus (4. Jh.): griechischer Geschichtsschreiber und Söldner im Dienste Roms.

Pyroboli: grch., Feuerwerfer.

197 *Terebra*: lat., Bohrer.

Scorpio: antike Kriegsmaschine, mit der Speere, Steine u. a. von den Festungsmauern heruntergeschleudert wurden.

Alberoni, Giulio (1664–1752): Kardinal, Staatsmann und erster Minister Spaniens unter Philipp V.; er verletzte absichtlich den Frieden von Utrecht und zwang damit 1719 England, Frankreich, Österreich und Holland in eine Allianz gegen Spanien.

198 *Bernoulli*, Johann (1667–1748): Schweizer Mathematiker.

Act. Erud. Lips: Acta Eruditorum, Leipzig 1695; Leipziger Gelehrtenzeitschrift, der erwähnte Bericht findet sich in der Februarausgabe, S. 56 ff.

202 *Nase*: Die Nase hatte zu Sternes Zeiten auch die Slangbedeutung bzw. die umgangssprachliche Konnotation ›Penis‹. Im Folgenden spielt Sterne ständig auf diese konnotativen Elemente an.

204 *Pantagruel*: Hauptfigur aus François Rabelais' (um 1495–1553) berühmten Roman ›Gargantua und Pantagruel‹ (1532–1564), in dem ein Nasenjahrmarkt vorkommt. Das satirische Werk hat den ›Tristram Shandy‹ nachhaltig beeinflußt und wird von Sterne häufig apostrophiert.

205 *Heinrich VIII.* (1491–1547): englischer König seit 1509; er hatte sechs Frauen, die Scheidung von seiner ersten Frau Katharina von Aragonien, um die zweite zu heiraten (Anne Boleyn, die Mutter Elizabeths I.), war der äußere Anlaß für die Trennung der englischen Kirche von Rom.

206 *Ex confesso*: lat., zugestandenermaßen.

Gregorius, auch Gregorianus (um 290): römischer Rechtsgelehrter, sammelte die vorherigen kaiserlichen Gesetze im ›Codex Gregorianus‹.

Hermogenes (um 300): römischer Rechtsgelehrter, Verfasser des ›Codex Hermogenensis‹.

Des Eaux: möglicherweise ein absichtlicher Irrtum Sternes; er bezieht sich auf Ludwig XIV. ›Ordonnance des eaux et forêts‹, eine Verordnung zum Schutz der Seen, Flüsse und Wälder Frankreichs.

208 *Bruscambille*: Bühnenname des französischen Komödianten Deslauriers (gest. um 1634); der Prolog über lange Nasen befindet sich in seinem Werk ›Fantaisies ou Pensées Facétieuses‹ (1612), das Sterne besaß.

209 *Prignitz*: von Sterne erfundene Figur.

Andreas Scroderus: Andreas Schroeder (gest. 1638), norddeutscher Gelehrter, Verfasser verschiedener theologischer, juristischer und philosophischer Schriften; eine Abhandlung über Nasen ist nicht bekannt.

Paraeus: Ambroise Paré (um 1510–1590), französischer Arzt, Leibarzt von Karl IX.; er wird ›der Vater der modernen Chirurgie‹ genannt.

Bouchet, Guillaume (um 1513–1594): französischer Schriftsteller, begann 1584 die Herausgabe einer Schriftenreihe unter dem Titel ›Abendkonferenzen‹ (Les Serées).

Hafen Slawkenbergius: von Sterne erfundene Figur.

Dialog zwischen …: Sterne meint hier einen Dialog aus den ›Colloquia‹ (Gespräche) des Erasmus von Rotterdam (1469 bis 1536).

Tickletobys kitzlige Stute: Anspielung auf eine Passage aus ›Gargantua und Pantagruel‹, Tickletoby ist ein Slangwort für ›Penis‹.

210 *ab urb. cond.*: ab urbe condita, lat., seit Gründung der Stadt (Rom), für die das Jahr 753 v. u. Z. errechnet wurde; übliche Zeitrechnung der römischen Historiker.

Paraleipomenon: grch., Ausgelassenes, Weggelassenes, besonders Schriften.

Nihil me …, Nec est …: lat., Ich bin durchaus zufrieden mit meiner Nase. … Es liegt kein Grund vor, weshalb sie Verdruß bereiten sollte.

212 *ad excitandum focum*: lat., zum Anblasen der Feuerstätte/des Herdes; Sterne übersetzt frei ›Feuer‹, um das folgende (unübersetzbare) Wortspiel von focum/ficum bzw. fire/fig (Herd bzw. Feuer/Feige) vorzubereiten.

disgrazias: ital., Unglücksfälle.

213 *Whitefield*, George (1714–1770): einer der Gründer der Methodistensekte, der behauptete, daß die Seele ohne Hilfe der Vernunft sagen könne, ob Gott oder Teufel sie bedränge.
Prolegomena: grch., Vorrede.
215 *Franz IX.*: vermutlich ein absichtlicher Fehler Sternes, denn einen Herrscher dieses Namens gab es nicht. Vgl. 3. Anm. zu S. 209.
Taliacotius: Gaspare Tagliacòzzo (1546–1599), italienischer Chirurg, berühmt für seine Nasenoperationen.
mensuram legitimam: lat., das gesetzmäßig zustehende Maß. – Der gesamte, Prignitz zugeschriebene Abschnitt ist eine Anspielung auf ›Gargantua und Pantagruel‹.
216 *Ponocrates*: Lehrer des Gargantua.
Grangousier: Gargantuas Vater.
218 *medius terminus*: lat., der mittlere Begriff, das Mittelglied bei einem Vernunftschluß.
231 *der heilige Nikolaus*: Schutzpatron Rußlands, Beschützer der Kinder und Schüler, Gelehrten, Seeleute, Jungfrauen, Diebe u. a.
233 *die heilige Radagunda*: Radegunde (518–587), Gründerin des Klosters in Poitiers und Schutzheilige des Jesus-College, Cambridge, das Sterne besucht hatte.
235 *Elfenkönigin*: im Original ›Queen Mab‹, eine Anspielung auf Shakespeares ›Romeo und Julia‹, I,4, wo beschrieben wird, wie sie der Menschen geheime Wünsche in ihre Träume verwandelt, indem sie ›den Schlafenden quer auf der Nase hinfährt‹.
die Büßerinnen ...: eine Laiengemeinschaft, deren Angehörige nach den Prinzipien des Franziskanerordens lebten.
Nonnen des Kalvarienbergs: Benediktinerinnen aus Poitiers, der Orden wurde im frühen 17. Jahrhundert gegründet.
Kluniazenserinnen: Das erste Kloster wurde 910 vom Herzog von Aquitanien gegründet, das erste Nonnenkloster des Ordens 1056 in Marcigny.
Prämonstratenserinnen, Karthäuserinnen: zwei Orden, die für die Strenge ihrer Regeln bekannt waren.
der heilige Antonius: Gemeint ist eine fiebrige Krankheit, die als ›St. Antons Feuer‹ bezeichnet wird und eine Hautrötung hervorruft.
Ursulinerinnen: 1535 gegründeter Orden; der erste zu Lehrzwecken gegründete Nonnenorden.

236 *Butterwecken*: im Original ›buttered buns‹, eine Slangbezeichnung für Prostituierte.

237 *Chrysippos*: Vgl. 3. Anm. zu S. 137.

Crantor: Krantor von Soloi (um 335–um 275 v. u. Z.), griechischer Philosoph, Platon-Kommentator und Begründer der Trostliteratur.

240 *petitio principii*: lat., Forderung des Beweisgrundes, Scheinbegründung; Terminus der Logik.

241 *ex mero motu*: lat., aus eigenem Antrieb.

Jakob Sturmius: Jakob Sturm (1489–1553), einflußreicher Straßburger Ratsherr; gründete 1538 das protestantische Gymnasium, aus dem sich die Universität entwickelte.

242 *Horoskop*: Der lateinische Text der Anmerkung ist Bayles ›Dictionnaire‹ (Vgl. 3. Anm. zu S. 269) entnommen und von Sterne frei übersetzt worden.

Lucas Gauricus (1476–1558): Bischof von Civila Ducale, Mathematiker und Astrologe, er verlegte Luthers Geburtsdatum auf den 20. 10. 1484, da dies seiner Meinung nach eine für Ketzer günstige Konstellation hatte.

koitierten: Anspielung auf das griechische Wort ›synodos‹, das sowohl ›Konjunktion‹ als auch ›Coitus‹ bedeuten kann.

243 *Alexandrinische Bibliothek*: Während der Regierung der Ptolomaier-Dynastie gegründet, galt die Bibliothek von Alexandria mit mehr als 400 000 Manuskripten als die bedeutendste des Altertums. Sie wurde bei der Belagerung Cäsars in Alexandria durch einen Brand vernichtet.

246 *Beguinen*: Mitglieder eines weiblichen Laienordens, die vorwiegend karitative Dienste leisteten.

Protasis, Epitasis, Katastasis ... Peripetia: grch., Einleitung, steigende Handlung. Höhepunkt ... plötzliches Umschlagen; Termini der antiken Dramaturgie.

Personae Dramatis: lat., Personen des Dramas.

251 *Colbert*, Jean Baptiste (1619–1683): französischer Staatsmann und erster Minister Ludwig XIV., reformierte das Staatswesen. Das von Sterne genannte Werk sollte nachweisen, wie Ludwig führender Monarch Europas werden könnte.

255 *in Mackays Regiment*: Hugh Mackay (um 1640–1692) war kommandierender General der britischen Division in Flandern.

259 *Georg oder Eduard*: Anspielung auf Georg III. und seinen Bru-

der, Eduard, Herzog von York, den Sterne 1760 in London getroffen hatte.

262 *Avicenna* (980–1037): latinisierte Form von Ibn Sina, persischer Universalgelehrter, verfaßte Schriften zu nahezu allen Wissensgebieten. Angeblich hatte er Aristoteles' ›Metaphysik‹ vierzig Mal gelesen und kannte sie auswendig, ohne ein Wort davon zu verstehen. Erst die Lektüre eines anderen Werkes über die Metaphysik gab ihm den Schlüssel zum Verständnis des Aristoteles.

Licetus Fortunius (1577–1657): Professor für Philosophie, Medizin und Physik; kam als Siebenmonatskind auf die Welt.

264 *Eselinnen Hiobs*: Hiob hatte 500 Esel, bevor ihn Gott mit Unglück schlug, und 1000, nachdem sein Glück zurückkehrte. Vgl. Hiob 1,3 und 42,12.

269 *ich zitiere aus dem Gedächtnis*: Sterne gibt frei den Inhalt des Montaigneschen Essays ›Über die Erfahrung‹ wieder.

La Vraisemblance … : frz., Die Wahrscheinlichkeit steht nicht immer auf der Seite der Wahrheit.

Bayle, Pierre (1647–1706): französischer Gelehrter, Verfasser eines bedeutenden Wörterbuches, das Sterne besaß und häufig benutzte.

272 *Pythagoras* von Samos (um 560–um 480 v. u. Z.): griechischer Philosoph und Mathematiker, Gründer einer Philosophenschule, der er strenge Gesetze gab.

Lykurg, auch Lykurgos (vermutlich 9. Jh. v. u. Z.): sagenhafter Gesetzgeber Spartas.

Solon (um 640–um 560 v. u. Z.): Staatsmann und Dichter, reformierte die Gesetze Athens.

Mohammed (um 570–632): arabischer Prophet, Begründer des Islam.

277 *Doktoren der Sorbonne*: Vgl. S. 55ff.

Franz I. (1494–1547): französischer König seit 1515, bekannt vor allem für seine Kriege mit Kaiser Karl V.

Menagiana: Sammlung verschiedener Anekdoten, des Franzosen Gilles Ménage (1613–1692), aus der Sterne hier eine aufgreift.

278 *Sadrach, Mesach, Abed-Nego*: drei Juden des Alten Testaments, die Nebukadnezars glühenden Ofen überlebten. Vgl. Daniel 3, 12–30.

279 *Franz der Neunte*: Vgl. 1. Anm. zu S. 215.

Herzog von Ormond: Trims wirklicher Name ist James Butler (vgl. S. 89); James Butler hieß auch der zweite Herzog von Ormonde (1665–1745), ein irischer General, der 1712 kommandierender General in Flandern war.

281 *Turpilius*: Titus Turpilius Silvanus (um 100 v. u. Z.), römischer Kommandant von Vaga in Nordafrika (im Jugurthinischen Krieg) oder Labeo Turpillius von Venedig (1. Jh.), römischer Adliger und linkshändiger Maler.

Hans Holbein, der Jüngere (1497–1543): deutscher Maler, Hofmaler Heinrichs VIII., berühmt für seine Porträts, soll ebenfalls Linkshänder gewesen sein.

Schrägbalken im Wappen: Ein diagonaler Balken von links oben nach rechts unten bedeutete in der Heraldik gewöhnlich uneheliche Geburt.

282 *Homenas*: kirchliche Figur aus ›Gargantua und Pantagruel‹.

283 *wie Montaigne … beklagt*: Die Passage bezieht sich auf Montaignes Essay ›Über die Erziehung der Kinder‹.

Didius … Dr. Kysarcius: Vgl. 2. Anm. zu S. 179 bzw. Anm. zu S. 13.

284 *Phutatorius*: Vgl. 4. Anm. zu S. 178 – die anderen Figuren der Episode vgl. ebd.

287 *Acrites*: grch., einer, dem es an Einsicht mangelt.

Mythogeras: grch., Zuträger; beides von Sterne erfundene Figuren.

De concubinis retinendis: lat., Über das Festhalten der Beischläferinnen.

289 *Euklid* (um 300 v. u. Z.): griechischer Mathematiker, dessen Erkenntnisse von großem Einfluß auf die Wissenschaft waren.

sublunarisch: lat., unter dem Mond, irdisch.

290 *›Mann von Witz‹*: Vgl. Shakespeares ›Hamlet‹, V,1.

292 *De re concubinaria*: lat., Über den Beischlaf.

293 *in nomine patriae et filia et spiritum sanctos*: verballhorntes Latein für ›in nomine patris et filii et spiritus sancti‹. Auf deutsch würde die entstellte Segnungsformel etwa lauten: Im Namen des Vaterlandes und die Tochter und den Geist, die Heiligen. Sterne spielt dabei auf einen authentischen Fall an, in dem eine solche Formel im Nachhinein vom Papst für gültig erklärt wurde.

Leo III.: Papst von 795–816, er krönte Karl den Großen zum römischen Kaiser.

294 *Swinburn*: Henry Swinburne (um 1560–1623), englischer Kirchenrechtler; Sterne zitiert hier fast wörtlich aus dessen Schrift ›A Treatise of Testaments and Last Wills‹ (1591, Kurze Abhandlung über Testamente und letzte Willensäußerungen).

Brook: Sir Robert Brooke (gest. 1571), englischer Jurist, verfaßte einen ›La Graunde Abridgement‹ (1568, Großer Abriß des Kirchenrechts).

Lord Coke: Sir Edward Coke (1552–1634), Richter und Rechtsgelehrter, erläuterte und verteidigte in umfangreichen Werken das englische Rechtssystem.

295 *juris consulti*: lat., Rechtsgelehrte.

296 *Liberi sunt* ...: lat., Kinder sind vom Blute ihres Vaters und ihrer Mutter, aber Vater und Mutter sind nicht vom Blute ihrer Kinder.

Bald.: Vgl. 3. Anm. zu S. 360.

Selden, John (1584–1654): englischer Jurist und Orientalist, dessen Aussprüche von seinem Sekretär 1689 gesammelt herausgegeben wurden als ›Table Talk‹ (Tischgespräche).

argumentum commune: lat., gewöhnliche Beweisführung; Beweis, der beiden Seiten gerecht wird.

298 *Mississippi-Aktien*: 1717 gründete der schottische Bankier John Law (1671–1729) eine Gesellschaft zur Erschließung der französischen Besitzungen entlang des Mississippi. Übermäßige Spekulationen brachten das Unternehmen 1720 in den Ruin.

299 *tantum valet* ..., *quantum sonat*: lat., Es ist soviel wert, ... wie es klingt.

304 *Dixero si quid* ...: lat., Wenn mir im Scherz vielleicht ein allzufreies Wort entschlüpft sein wird, so wirst du es mir doch wohl nachsehen. Vgl. Horaz, ›Satiren‹ 1,4 103 ff.

Si quis calumnietur ...: lat., Wenn jemand mir verleumderisch vorwerfen sollte, dies sei leichtfertiger, als es einem Theologen ziemt, oder bissiger, als es sich für einen Christen schicken wolle: nicht ich, sondern Demokrit war es, der das gesagt hat.

Si quis Clericus ...: lat., Wenn ein Geistlicher oder ein Mönch von Witzen wußte, die das Lachen erregten, so soll er verdammt sein.

305 *Zoroaster*: griechische Form von Zarathustra (um 1600 v. u. Z.), sagenhafter persischer Religionsstifter; ein Buch des Namens ›Peri physeos‹ (Über die Natur) ist nicht überliefert.

Chrysostomus (um 347–407): Kirchenvater und Patriarch von Konstantinopel.

jeder Nachahmer: die bewußte Ironie der Anspielung liegt darin, daß Sterne gerade selbst Absätze aus Burtons ›Anatomy of Melancholy‹ bearbeitet übernommen hat.

Tartüffs: Tartüff, die Titel- und Hauptfigur eines Dramas von Molière gilt als Inbegriff der Heuchelei.

306 *Königin von Navarra*: Gemeint ist Margarete, Königin von Navarra (1492–1549), die Schwester Franz' I. und Verfasserin des ›Heptamerone‹, einer Sammlung in Anlehnung an Boccaccios ›Decamerone‹ entstandener Liebesgeschichten. Einige andere Namen sind authentische Namen ihrer Hofleute.

309 *Fi donc!*: frz., Pfui!

Kaplan von d'Estella: Diègo de Estelle (um 1524–1587), franziskanischer Lehrer aus dem Dorf Estella in Navarra; er verfaßte ein Buch über die Liebe und über die menschlichen Eitelkeiten.

310 *Sanson*, Nicolas (1600–1667): französischer Kartograph und Geograph im Dienste des Königs.

311 *Agrippina*, Vipsania die Ältere (14 v. u. Z.–33 u. Z.): Gemahlin des Germanicus, Mutter des Caligula; zwei ihrer Söhne wurden ermordet.

312 *Plutarch* (um 46–um 120): griechischer Schriftsteller, seine Schriften, besonders die ›Vergleichenden Lebensbeschreibungen‹ waren allgemein bekannt.

Xenophon (um 430–um 355 v. u. Z.): griechischer Historiograph und Schriftsteller; in seinem Hauptwerk, der als Roman angelegten ›Kyrupädie‹, gibt er ein die Monarchie verherrlichendes Bild über Bildung und Erziehung eines idealen Herrschers.

Epiktet (um 50–um 130): griechischer Philosoph, lehrte als freigelassener Sklave in Rom stoische Philosophie.

Theophrastus: Theophrast (um 372–287 v. u. Z.), griechischer Philosoph, Schüler des Aristoteles.

Cardan: Gerolamo Cardano (1501–1576), italienischer Mathematiker und Schriftsteller.

Budaeus: Guillaume Budé (1467–1540), französischer Gelehrter und Diplomat.

Petrarca, Francesco (1304–1374): italienischer Dichter und Humanist der Frührenaissance.

312 *Stella*: Diègo de Estelle, vgl. 2. Anm. zu S. 309.
der heilige Augustinus: Aurelius von Hippo (354–430), bedeutendster Kirchenvater, Begründer der mittelalterlichen Scholastik.
der heilige Cyprian: Thascius Caecilius Cyprianus (um 200–258), Bischof von Karthago.
der heilige Bernhard (1091–1153): bedeutender Mystiker des Mittelalters, gründete das Kloster von Clairvaux und rief zum zweiten Kreuzzug auf.
David ... Absalom: Absalom war der dritte und liebste Sohn Davids, er erhob sich gegen seinen Vater. Seine Truppen wurden geschlagen und Absalom gegen den Willen des Vaters auf der Flucht getötet. Davids Schmerz um den Sohn überstieg die Freude über den Sieg. Vgl. 1. Samuel 18–19.
Hadrian ... Antinous: Antinous (110–130) war der Lieblingsknabe des römischen Kaisers Hadrian (76–138). Er ertrank im Nil.
Niobe: in der griechischen Mythologie Mutter von (nach Homer) sechs Söhnen und sechs Töchtern. Als sie sich gegenüber der Mutter von Apollo und Artemis, Leto, damit brüstete, töteten Apollo und Artemis alle Kinder Niobes bis auf eines, worauf Niobe zum Stein wurde, der trotzdem weiterweinte.
Apollodorus und Kriton: nach Platons Phaidon 59 und 117 zwei enge Freunde und Verehrer des Sokrates, die ihren Schmerz angesichts seines Todes am verzweifelsten äußerten.
Tullius ...: Sterne spielt hier auf die Entstehung von Ciceros ›De Consolatione‹ an, das dieser nach dem Tode seiner Tochter schrieb. Wie häufig geht Sterne aber frei mit der Geschichte um und ignoriert, daß vor allem die veränderte politische Lage (Sieg des Gegners Cäsar) Cicero die Möglichkeit gab, sich der Philosophie zu widmen.
314 *Magna Charta*: lat., großer Brief, große Verfassungsurkunde, bezieht sich auf die Magna Charta Libertatum (Großer Freiheitsbrief), den König Johann 1215 den englischen Feudalbaronen gewähren mußte.
315 *Servius Sulpicius*, Rufus (gest. 43 v. u. Z.): römischer Staatsmann und Freund Ciceros, dem er einen Beileidsbrief zum Tode von dessen Tochter schrieb.
der ... ewige Jude: in der christlichen Mythologie ein Jude, der zum Umherwandern bis zu Christi Wiederkehr verdammt

wurde, da er Christus zum Schnellergehen aufgefordert hatte, als dieser das Kreuz nach dem Kalvarienberg schleppte.

317 *Vespasian*: Titus Flavius Vespasianus (9–79), römischer Kaiser, dessen letzte Worte typisch für seinen etwas zynischen Humor sind: ›Ich glaube, ich werde zu einem Gott.‹ Es ist anzunehmen, daß sich Sterne bei diesen wie auch bei den folgenden letzten Worten römischer Kaiser auf die Angaben in Francis Bacons Essay ›Of Death‹ (Über den Tod) stützt.

Galba: Servius Sulpicus Galba (um 3 v.u.Z.–69 u.Z.), römischer Kaiser, Nachfolger Neros, wurde bei einem Aufstand in seiner Sänfte auf dem Forum Romanum getötet. Er soll zu seinen Mördern gesagt haben: ›Schlagt zu, wenn es dem Wohle des römischen Volkes dient.‹

Septimus Severus: Septimius Severus (146–211), römischer Kaiser, starb nach Bacon mit den Worten an seine Diener: ›Schnell herbei, wenn noch etwas zu erledigen übrig ist!‹; Sterne mißinterpretiert hier Bacon, bei dem steht, Severus starb ›in despatch‹, d. h. entweder ›in Eile‹ oder ›beim Aufgeben einer Depesche‹.

Tiberius: Claudius Nero Tiberius (42 v.u.Z.–37 u.Z.), römischer Kaiser, versuchte seinen sich rapide verschlechternden Gesundheitszustand zu verheimlichen. Bacon zitiert Tacitus: ›Bereits verließen die Körperkräfte den Tiberius, aber nicht seine Verstellungskunst.‹

Cäsar Augustus: Gaius Julius Caesar Octavianus (63 v. u. Z.–14 u. Z.), erster römischer Kaiser; er starb in den Armen seiner Frau mit den Worten: ›O Livia, vergiß unsere Liebe nicht! Lebe und lebe wohl!‹

Cornelius Gallus: Gaius Cornelius Gallus (69/68–26 v. u. Z.), römischer Prätor, starb nach Plinius (›Naturalis historiae‹ VII, 184) beim Geschlechtsverkehr.

323 *barbati*: lat., bärtige, altväterische.

325 *grünen Nachtgewändern und alten Hüten*: to have ›green gowns‹ (ein Slangwort für Geschlechtsverkehr, insbesondere mit Jungfrauen) und ›old hats‹ (Slangbezeichnung für die weiblichen Genitalien).

328 *Ufern des Nils*: Anspielung auf die mythologische Überlieferung, daß durch den Nilschlamm Leben von selbst entstehen kann.

329 *Tod des Sokrates*: Der griechische Philosoph (470–399 v. u. Z.) wurde wegen angeblicher Verführung der Jugend und Nichtach-

tung der Staatsgötter verurteilt. Vor seinem Tod durch den Giftbecher hielt er eine berühmte Verteidigungsrede.

330 *Eleazar*, Ben Ananias: Tempelhauptmann in Jerusalem zur Zeit des Jüdischen Krieges (66–70).

Josephus, Flavius (um 38–um 100): jüdischer Historiker, einer der Anführer des Aufstandes gegen die Römer. Er geriet in Gefangenschaft und wurde später römischer Bürger. In seinem Buch ›De bello judaico‹ (Vom jüdischen Krieg) sagt er allerdings nichts von dem, worauf Sterne anspielt. Dieser bereitet damit lediglich die Verspottung zeitgenössischer Theorien vor.

Alexander der Große (356–323 v. u. Z.): König von Makedonien, dehnte durch zahlreiche Eroberungen sein Reich bis an den Indus aus. 334 v. u. Z. befand er sich in der Gegend des einstigen Troja.

332 *Kalliope*: grch., ›die Schönstimmige‹, Muse der epischen Dichtung, mitunter der Poesie überhaupt.

333 *Xenophon*: Vgl. 2. Anm. zu S. 312.

334 *Jean de la Casse*: Giovanni della Casa (1503–1556): Erzbischof von Benevent, italienischer Dichter und Schriftsteller; ›Galatheo‹, eine Art Sittenlehre, entstand zwischen 1551 und 1554 und umfaßte nur ungefähr 100 Seiten.

339 *Schlacht bei Steenkerke*: erfolgloser Angriff der Alliierten Armeen auf die Franzosen im Jahre 1692.

Graf Solms: Heinrich Maastricht, Graf Solms (1636–1693), kommandierte den Hauptteil der Armee Wilhelm III. in der Schlacht bei Steenkerke.

340 *Cutts*: Baron John Cutts of Gowran (1661–1707), wie die folgenden von Sterne genannten Offiziere Teilnehmer der Schlacht bei Steenkerke auf Seiten der Alliierten.

342 *Konfuzius*, (551–479 v. u. Z.): chinesischer Philosoph und Beamter.

343 *Philippika*: Strafrede; benannt nach den Reden des griechischen Rhetors Demosthenes gegen König Philipp II. von Makedonien.

344 *De sede vel subjecto …*: lat., Über den Ort oder Gegenstand der Beschneidung.

Spencer, John, Dean of Ely (1630–1693): englischer Theologe, begründete mit dem genannten Werk die vergleichende Religionswissenschaft. Es erschien 1685 in Cambridge.

Maimonides: Rabi Moses ben Maimon (1135–1204), der bedeutendste jüdische Philosoph und Gelehrter des Mittelalters, der bis in das 18. Jahrhundert von Einfluß war.
Kappadokier ... Kolcher: Bewohner Kleinasiens.
Troglodyten: grch., Höhlenbewohner; Sterne bezieht sich wohl hauptsächlich auf die Angehörigen eines Volkes, im südlichen Ägypten, wie sie bei Plinius erwähnt werden.
Solon (um 640–um 560 v. u. Z.): griechischer Reformer und Dichter, einer der Sieben Weisen.
345 *Philo*: Philon von Alexandria (um 25 v. u. Z.–um 45 u. Z.), jüdisch-griechischer Philosoph; das Zitat entstammt seinem Werk ›De circumcisione‹ (Über die Beschneidung), mit dem das erste seiner ›Vier Bücher über die Einzelgesetze‹ (De specialibus legibus) eingeleitet wird.
Bochart, Samuel (1599–1667): französischer protestantischer Geistlicher aus Rouen, der zahlreiche theologische, naturwissenschaftliche und historische Abhandlungen schrieb.
346 *Ilos*: Figur der griechischen Mythologie, Sohn des Tros und Gründer von Ilion (Troja).
Sanchuniatho: Der Phöniker Sanchunjaton (14./13. Jh. v. u. Z.): Verfasser einer phönikischen Geschichte, die nur in neueren Bearbeitungen erhalten ist. Möglicherweise ist er selbst eine Erfindung des Philo von Byblos (um 64–141), der sich in einem Werk auf ihn und seine Geschichte Phönikiens bezieht.
Pharao-neco: Necho, ägyptischer König der 26. Dynastie (610–595 v. u. Z.): Er schlug das Heer König Jorias' von Juda und ging dadurch in die biblische Geschichte ein.
Gymnast: Gymnaste, Gestalt aus Rabelais' Roman ›Gargantua und Pantagruel‹; die folgende Erzählung ist stark an den Roman angelehnt.
349 *Politian*, Angelo Ambrogini (1454–1494): italienischer Gelehrter, Humanist und Dichter.
Hesiod (um 700 v. u. Z.): einer der ersten griechischen Dichter; die von Yorick zitierte Stelle ist Hesiods Gedicht ›Werke und Tage‹ entnommen und lautet wörtlich: ›Erst ein Haus und dann ein Weib und Ochsen zum Ackern‹.
352 *Talmud*: hebr., Lehre, Belehrung; neben dem Alten Testament Hauptwerk der jüdischen Glaubenslehre.
353 *Lord Verulam*: Sir Francis Bacon, auch Baron Verulam genannt

(1561–1626), englischer Philosoph und Politiker, der seine Philosophie hauptsächlich auf Erfahrung gründet.

353 *Ars longa* und *Vita brevis*: Anspielung auf die ersten Worte der ›Aphorismen‹ des Hippokrates ›Vita brevis, ars longa‹ lat., Das Leben ist kurz, die Kunst lang.

peripatetisch: auf die Schule des Aristoteles bezogen; der große Philosoph hatte die Angewohnheit, bei seinen Reden und Vorträgen in einer Wandelhalle (Peripatos) umherzugehen.

355 *van Helmont*, Johan Baptist (1579–1644): flämischer Arzt und Chemiker.

Quod omne animal ...: lat., Nach dem Koitus ist jedes Lebewesen traurig.

vice versa: lat., umgekehrt.

356 *Belagerung von Limerick*: Sie fand 1690 statt. Wilhelm III. mußte sie wegen heftigen Regens aufgeben.

Ödipus: Figur der griechischen Mythologie. Er löste die Rätsel der Sphinx.

358 *Phimosis*: Phimose, Vorhautverengung.

359 *Konsubstantiale*: lat., Stoffe gleicher Art.

Imprimente: lat., Hineingedrücktes.

Okkludente: lat., Ausgeschlossenes.

360 *Skaliger*, Julius, eigtl. Giulio Cesare Scaligero (1484–1558): italienischer Philosoph, Naturwissenschaftler und Arzt, der erst mit ungefähr vierzig Jahren begann, sich der Wissenschaft zu widmen.

Peter Damianus: St. Petrus Damiani (1007–1072), italienischer Benediktiner, Kardinal, Bischof von Ostia seit 1057, Theologe und Dichter, der in Armut und ohne Bildung aufgewachsen war.

Baldus: Petrus Baldus de Ubaldis (1327–1400), italienischer Rechtsgelehrter; die Anspielung auf seine späte Entscheidung für die Jurisprudenz ist von Sterne erfunden, denn Baldus promovierte bereits in jungen Jahren zum Doktor des Rechtes.

Eudamidas (4. Jh. v. u. Z.): König von Sparta.

Xenokrates (um 396–314 v. u. Z.): griechischer platonischer Philosoph.

361 *Laokoon*: in Vergils ›Aeneis‹ trojanischer Priester, der die Trojaner vor den Griechen warnte und daher auf Geheiß der Trojafeindlichen Götter von zwei aus dem Meer kommenden Schlan-

gen zusammen mit seinen Söhnen erwürgt wurde. Im Original steht ›Virgil's snake‹ (Vergils Schlange), was sich möglicherweise auf eine andere Passage der ›Aeneis‹ bezieht, wo der griechische Krieger Androgeos ›wie in Angst vor einer Schlange‹ flieht. (Vgl. Aeneis, 2. Buch).

Raimundus Lullus, eigtl. Ramón Llull (um 1235–1315): katalanischer Schriftsteller, Mystiker und Missionar.

Pellegrini: wahrscheinlich Matteo Pellegrini (gest. 1652), italienischer Humanist und Pädagoge.

365 *zehn Kategorien*: Aristoteles nennt im wesentlichen acht Kategorien, auf die die Vielfalt allen Seins zurückgeführt werden kann: Substanz, Quantität, Qualität, Relation, Ort, Zeit, Tun und Leiden. Zwei weitere Kategorien (Lage und Besitz) bleiben oft unberücksichtigt.

Vinzenz Quirino: Vincenzo Quirino (1479–um 1514); venezianischer Humanist, Philosoph und Staatsmann.

Kardinal Bembo, Pietro (1470–1547): italienischer Humanist, Historiker und Dichter.

Alphons Tostatus: Alphonsus Tostatus (um 1410–um 1455); spanischer Theologe, der mit 22 Jahren die Doktorwürde erlangte.

366 *Grotius*, Hugo, eigtl. Huig de Groot (1583–1645): niederländischer Jurist, Theologe, Philosoph und Historiker. Er promovierte mit 16 Jahren.

Heinsius, Daniel (1580–1655): niederländischer Dichter und Philologe, der angeblich im Alter von 10 Jahren eine lateinische Elegie verfaßte.

Joseph Skaliger: Giuseppe Giusto Scaligero (1540–1609), Sohn von Julius Skaliger (vgl. 1. Anm. zu S. 360); ebenfalls ein bedeutender Philologe.

Ferdinand von Cordoba (1422–1480): spanischer Theologe, Musiker, Maler und Philologe.

Servius: Maurus Servius Honoratus (um 400), römischer Grammatiker und Vergilkommentator.

Martianus Capella (5. Jh.): Autor einer berühmten Enzyklopädie über die Sieben Freien Künste, die besonders im Mittelalter stark beachtet und kommentiert wurde.

Lipsius, Justus, eigtl. Joest Lips (1547–1606): niederländischer Gelehrter; u. a. Herausgeber des Tacitus.

Marcus Antonius: Marcus Aurelius Antonius (121–180), römischer

Kaiser und einflußreicher Philosoph. Seine ›Selbstbetrachtungen‹ sind bis heute mit Gewinn lesbar.

371 *Gregor von Nazianz* (329/30–um 390): Bischof von Konstantinopel; einer der Kirchenväter der östlichen Kirche.

Julian: Flavius Claudius Iulianus (331–363), römischer Kaiser, genannt Julianus Apostata (der Abtrünnige), da er bei seiner Thronbesteigung dem Christentum abschwor.

der heilige Ambrosius (um 340–397): Bischof von Mailand, Kirchenvater und Verfasser bekannter Kirchenhymnen.

Demokritus: Demokrit (um 460–um 370 v. u. Z.): griechischer Philosoph, vermutlich der Lehrer von Pythagoras, welcher möglicherweise mit ›Protageras‹ gemeint ist. Angeblich erregte dieser Demokrits Aufmerksamkeit, als er sehr intelligent und geschickt ein Bündel Holz zusammenband. Es könnte mit Protagoras auch der griechische sophistische Philosoph dieses Namens (um 480–410 v. u. Z.) gemeint sein.

Pellegrina: Vgl. 3. Anm. zu S. 361; Sterne macht sich hier erneut über dessen Erziehungsauffassungen lustig.

382 *von wasserländischer Gelehrsamkeit*: Sterne bezieht sich auf Dr. Daniel Waterland (dt. Wasserland, 1683–1740), einen Geistlichen, dessen Predigten er gelegentlich verarbeitete. Die ganze Passage gibt offenbar Auskunft über Sternes eigene Gewohnheiten.

385 *Paidagunes*: von Paidagogos, grch., Erzieher; die ironisch-abwertende Form läßt auf die Verspottung eines zeitgenössischen Kritikers durch Sterne schließen.

moderato: ital., gemäßigt, mäßig.

lentamente: ital., langsam.

tenuto: ital., gehalten.

grave: ital., ernsthaft, feierlich.

adagio: ital., sanft, langsam.

l'ottava alta: ital., in der hohen Oktave, eine Oktave höher.

con strepito: ital., lärmend, rauschend.

Siciliana: alter sizilianischer Hirtentanz, danach wiegenliedartiger Instrumentalsatz in der barocken Musik.

alla capella: ital., für Singstimmen allein, ohne Instrumentenbegleitung.

con l'arco: ital., mit dem Bogen (für Streichinstrumente).

senza l'arco: ital., ohne den Bogen, d. h. pizzicato (gezupft).

386 *ritratto*: ital., Porträt, Abbild.

387 *Blonederdondergewdenstronke*: lautmalerische Wortschöpfung Sternes, der damit vermutlich die als besonders einfältig angesehenen niederländischen Kritiker verspottet.

Eugen: Prinz Eugen von Savoyen (1663–1736), berühmter Feldherr im Dienste des österreichischen Kaisers Karl VI. Er war u. a. die führende Persönlichkeit im Kampf gegen die Türken (1716–1718), die mit der Niederlage vor Belgrad 1717 den Krieg verloren.

391 *Cluverius*: Philipp Clüver (1580–1622), deutscher Altertumsforscher und Geograph, Verfasser vieler Schriften über die Erdgeschichte. Sterne bezieht sich auf Clüvers ›Germania antiqua‹.

Gerichtsbetten: Anspielung auf den Thron des französischen Königs im Parlament, der ›lit de justice‹ genannt wurde. Die zunächst wertfreie Bezeichnung wurde in zunehmendem Maße auf den Versuch angewandt, das Parlament zur Zustimmung zu den Plänen des Königs zu zwingen. Gerade mit dieser konnotativen Bedeutung spielt wohl auch Walter Shandy.

395 *Albertus Rubenius*: Albert Rubens (1614–1657), Sohn von Peter Paul Rubens. Er war als Altertumsforscher und Antiquar bekannt und verfaßte u. a. ein Werk über die Bekleidung im Altertum.

De re vestiaria veterum: lat., Über die Kleidung der Alten.

Suetonius: Gaius Suetonius Tranquillus (um 75–um 140): römischer Historiograph und Biograph, bekannt vor allem als Verfasser von Kaiserbiographien.

396 *latus clavus*: lat., breiter Purpurstreifen (der Tunika der römischen Patrizier und Senatoren).

Egnatius: Giambattista Cipelli, genannt Egnazio (um 1473–1553), italienischer Humanist; wie die folgenden Personen ein bekannter Renaissance-Gelehrter.

Sigonius: Carlo Sigonio (1520–1584), italienischer Humanist, Professor für Griechisch.

Bossius Ticinensis: Hieronymus Bossi (1. H. 17. Jh.), italienischer Gelehrter.

Bayfius: Lazares de Baïf (1496–1547), französischer humanistischer Gelehrter und Diplomat Franz I.

…: Vgl. 6. Anm. zu S. 312.

… Claudius, eigtl. Claude de Saumaise (1588–1653): …er klassischer Philologe.

397 *Lipsius*: Vgl. 7. Anm. zu S. 366.
Lazius, Wolfgang (1514–1565): Wiener Arzt, Historiker und Kartograph.
Isaac Casaubon (1559–1614): französischer Philologe und Herausgeber antiker Literatur, lebte seit 1610 in England.
Joseph Skaliger: Vgl. 3. Anm. zu S. 366.
Pococurante: sorglose oder gleichgültige Person, von pocoruante, ital., sorglos, unbeschwert.

398 *Herzog von Marlborough*: John Churchill, Herzog von Marlborough (1650–1722), englischer Staatsmann und Feldherr, Oberkommandierender der britischen Truppen im Spanischen Erbfolgekrieg.

400 *Schamade*: Trommel- oder Trompetensignal, das gegeben wurde, wenn die belagerte Stadt oder Festung sich ergab.

402 *Proteus*: in der griechischen Mythologie alter Meeresgott, der die Gabe der Prophezeiung besaß, jedoch, um sie nicht gebrauchen zu müssen, nach jeder Befragung seine Gestalt wechselte.

410 *Schlüssel zu meiner Bibliothek*: Vgl. V. Buch, 1. Kapitel.
Karl XII., König von Schweden (1682–1718): seit 1697 König, führte Feldzüge gegen Rußland und Polen, wurde 1709 von Zar Peter I. bei Poltawa geschlagen.
Gräfin von K...: Maria Aurora Gräfin von Königsmarck (1662–1728), Geliebte des sächsischen Kurfürsten und polnischen Königs August des Starken. Als dieser sie dem schwedischen König entgegenschickte, um ihn von seinen Eroberungsplänen in Polen abzuhalten und um Frieden zu bitten, blieb Karl XII. trotz ihrer legendären Schönheit ungerührt. Karl XII. und Aurora von Königsmarck sind die einzigen historisch nachweisbaren Figuren der Passage, alle anderen hat Sterne erfunden; die Namen sind von geographischen Bezeichnungen abgeleitet.
Frieden von Utrecht: Vertrag, der 1713 den Spanischen Erbfolgekrieg beendete.
in Königin Marias Herz: Unter der Herrschaft Marias, der älte-
sten Tochter Heinrichs VIII., Königin von 1553–1558, ve
England Calais, seine letzte Besitzung auf französisch
Ob des Verlustes soll sie gesagt haben, man fän
Tode das Wort ›Calais‹ in ihr Herz eingraviert

411 *Tertullus*, wahrscheinlich Quintus Septimius Florens Tertullianus (um 160–um 220): Rhetor und ältester lateinischer Kirchenvater.

413 *Guy, Graf von Warwick*: Held des gleichnamigen englischen Versromans aus dem frühen 14. Jh.

Parismus und Parismenus: Vgl. 2. Anm. zu S. 55.

Valentine und Orson: mittelalterliche französische Romanzendichtung, die bis ins 18. Jahrhundert in England verbreitet war.

König Priamos: wie die anderen Namen der Passage Figuren der griechischen Mythologie, überliefert vor allem in Homers ›Ilias‹, wo jedoch Priamos Hektors Leichnam erhält.

415 *Quanto id diligentius* ...: lat., Wieviel sorgfältiger wir doch sein sollten beim Zeugen von Kindern.

Cardan: Vgl. 5. Anm. zu S. 312.

418 *Plotin*: Plotinos (um 204–270): griechischer neuplatonischer Philosoph, der die Liebe in zwei Arten einteilte: die höhere, geistige Liebe bezeichnete er als göttlich, die niedere, fleischliche als dämonisch.

Ficinus: Marsilio Ficino (1433–1499), italienischer Arzt und Philosoph, Platonkommentator.

Dr. Baynyard: englischer Arzt des 18. Jahrhunderts; mit Sir John Floyer Verfasser einer ›History of Cold-Bathing‹ (Geschichte des Kaltbadens), in der er gegen die Verordnung von Mitteln, in denen Extrakte der spanischen Fliege (eines Aphrodisiakums) enthalten war, polemisierte.

419 *Gregor von Nazianz*: Vgl. 1. Anm. zu S. 371; Sterne gebraucht hier ein ursprünglich ernst gemeintes Zitat ironisch: ›Gut! ... Daß du in deinen Leiden philosophierst!‹

Philagrius (um 275): Freund des Gregor von Nazianz, der ständig unter einer Krankheit litt.

Rhasis: Muhammad Rhazes (865–925), persischer Arzt, Alchemist und Philosoph, sein Einfluß in bezug auf die Medizin reichte bis ins 18. Jahrhundert hinein.

Dioscorides: Dioskurides Pedanius (um 50), griechischer Arzt, Verfasser einer bis ins Mittelalter hinein wirkenden Arzneimittelkunde.

397 *Budae*… Aëtios (6. Jh.), byzantinischer Arzt, der frühere und medi-
Salmasius, Kenntnisse seiner Zeit in sechzehn Bänden zusammen-
französisch…

419 *Gordonius*: Bernard de Gordon (um 1305), französischer Arzt und Verfasser einer bis ins 17. Jh. wieder aufgelegten medizinischen Abhandlung.

421 *Proposition*: lat., Vorschlag, erste Rede.

Replik: lat., Erwiderung.

Duplik: lat., Entgegnung auf die Erwiderung. Alle drei Begriffe sind ironisch angewandte Termini der Rhetorik.

422 *Inv. T. S.*: Abkürzung für ›von Tristram Shandy erfunden‹.

Scul. T. S.: Abkürzung für ›von Tristram Shandy gestochen‹.

427 *Allons!*: frz., Los! Vorwärts!

St. Thomas von Canterbury: Thomas a Becket (um 1118–1170), Erzbischof von Canterbury, Kanzler Heinrichs des II. von England. Er kämpfte um die Stärkung der päpstlichen Macht in England und wurde deswegen von Anhängern des Königs in der Kathedrale von Canterbury am Altar ermordet. Canterbury wurde danach zu einer berühmten Wallfahrtsstätte.

429 *Addison*: Vgl. 4. Anm. zu S. 60.

Stadtschreiber von Ephesos: Heraklit (um 550–um 480 v. u. Z.) gab sein Amt als Stadtschreiber von Ephesos auf, um sich ganz der Philosophie widmen zu können.

431 *Tour de Guet*: frz., Wachturm.

Tête de Gravelines: frz., Kopfstück, Frontseite (der Befestigung von Calais) nach Gravelines (bei Dünkirchen) zu, also nach Osten.

Eduard III. (1312–1377): seit 1327 König von England; er erhob Erbansprüche auf französische Gebiete und begann damit den Hundertjährigen Krieg zwischen England und Frankreich. Calais wurde 1347 eingenommen.

Eustace de St. Pierre: Eustache de Saint Pierre (um 1287–um 1371), reicher Bürger von Calais, der bei der Eroberung der Stadt durch Eduard III. mit sechs anderen Bürgern dem König mit bloßen Händen und Füßen und einem Strick um den Hals entgegenging, um die Stadt vor der Plünderung und Zerstörung zu bewahren. Der Bittgang hatte Erfolg.

432 *Rapin*, Paul de Rapin (1661–1725): französischer Historiker, verfaßte u. a. eine Geschichte Englands.

ma chère fille: frz., meine liebe Tochter.

436 *Reynolds*: Vgl. 1. Anm. zu S. 148.

437 *bei der heiligen Genoveva*: Ste.-Geneviève (um 422–um 502), die Schutzheilige von Paris.

›*Mache sie, daß sie einem Rade gleichen!*‹: Vermutlich Anspielung auf die Sprüche Salomos 20.26 ›Ein weiser König zerstreut die Gottlosen und bringt das Rad über sie‹.

438 *Ixion*: In der griechischen Mythologie wurde der thessalische König Ixion wegen seiner Vermessenheit, Hera, die Gattin des Zeus, verführen zu wollen, von diesem verdammt, im Hades an ein sich ewig drehendes, brennendes Rad gebunden zu sein.

Pythagoräer: Nach der Auffassung des Pythagoras war der Körper das Grab der Seele, die nur unsterblich werden kann, wenn der Mensch ein ›reines‹ Leben führt und nicht seinen fleischlichen Lüsten nachgibt.

439 *Lessius*: Leonhardus Leys (1554–1623), flämischer Jesuit und Theologe. Der Titel des Buches, auf das Sterne anspielt, lautet: ›De perfectionibus moribusque divinis‹ (1620).

Franziskus Ribbera: Francisco de Ribera (1537–1591), spanischer jesuitischer Bibelkommentator.

Priapus: Priapos, in der griechischen Mythologie Gott der Fruchtbarkeit.

441 *Curé*: frz., Pfarrer.

443 *gourmands*: frz., Feinschmecker.

pardi: frz., Bei Gott! Gewiß!

444 *Lilly*: William Lyly (um 1468–1522), englischer Gelehrter und Verfasser einer Grammatik des Lateinischen.

446 *consideratis considerandis*: lat., alles in Betracht ziehend.

447 *Andouillets*: frz., kleine Würstchen. Rabelais verwendet das Wort häufig mit sexuellen Konnotationen.

des Mannes aus Lystra: Nach der Bibel ein Mann mit ›schwachen Beinen‹, der von Paulus geheilt wurde, so daß er wieder laufen konnte. Vgl. Apostelgeschichte 14, 8–10.

453 *bouger*: frz., sich bewegen; das Verb hatte im 18. Jahrhundert sexuelle Konnotationen, obwohl es nicht so vulgär war, wie Sterne glauben machen will. Das Verhalten der Nonnen bezieht sich mehr auf das ähnlich klingende Substantiv ›bougre‹ (frz., zum Henker, zum Teufel).

453 *fouter*: von foutre, frz., wegstoßen; mit der vulgären Bedeutung von ›kopulieren‹.

456 *Séquier*: Dominique Seguier (1593–1659), Bischof von Auxerre; er ließ die Grüfte der Abtei öffnen und beschrieb dann genau
368 den Zustand der darin begrabenen Heiligen.

456 *Heribald*: Héric d'Auxerre (841–um 876), Mönch in Auxerre.

457 *Maxima ... Maximus*: lat., die Größte ... der Größte. Aus der Wortbedeutung der Namen entsteht Mr. Shandys Wortspiel.

des heiligen Germanus von Auxerre (um 378–448): Bischof von Auxerre, gründete das dortige Kloster.

Optatius: Abt von Auxerre; Walter Shandy spielt im Zusammenhang mit diesem Namen auf ›optatus‹ an, lat., erwünscht, ersehnt.

458 *Don Pringello*: Scherzname für einen Architekten, mit dem Sterne befreundet war. Die Anmerkung bezieht sich auf die ›Crazy Tales‹ (1762, Verrückte Geschichten) von Sternes Freund Hall-Stevens (vgl. Anm. zu S. 30), der den Spitznamen Antony führte.

459 *Hermitage ... Côte-Rôtie*: berühmte Weinberge an der Rhone.

462 *Pontius Pilatus*: 26–36 römischer Statthalter von Judäa, der Jesus zum Tode durch Kreuzigung verurteilte; der französische Archäologe Jacob Spon (1647–1685) beschreibt jedoch in ›Recherches des antiquités et curiosités de la ville de Lyon‹ (1673), die Sterne für dieses Kapitel verarbeitet hat, daß die dem Pilatus zugeschriebenen Gebäude in Wirklichkeit wohl einem Italiener namens Humberto Pilati gehörten und nur über den Namen die Verbindung zustande kam.

465 *Konklusion*: lat., Schlußfolgerung; Terminus der Rhetorik.

467 *Pardonnez-moi*: frz., Verzeihen Sie mir.

468 *Bon Dieu!*: frz., Guter Gott!

Öl: im Original ein nicht übersetzbares Wortspiel: ›I go by water‹ (Ich reise zu Wasser) und ›going by oil‹ (im Sinne von: sterben mit Öl, d. h. mit der Letzten Ölung).

469 *Par le Roy*: frz., durch den König (verordnet); Im Namen des Königs.

Und so wurde der Frieden geschlossen: Anspielung auf den 1763 zwischen England und Frankreich geschlossenen Frieden von Paris, der für England nicht mit dem erwarteten Ergebnis ausfiel.

470 *Dodsley*: Vgl. 2. Anm. zu S. 17.

Becket: Thomas Becket publizierte die Bücher V–IX des ›Tristram Shandy‹.

471 *à la folie*: frz., bis zur Narrheit.

J'en suis bien mortifiée: frz., Das tut mir sehr leid.

472 *Tenez*: frz., Da!

473 *nichts anderes zu sehen*: Den berühmten Papstpalast läßt Sterne mit ironischer Absicht aus.

479 *Beim heiligen Bougre*: Vgl. 1. Anm. zu S. 453.

480 *Viva la joia! ...*: frz., Es lebe die Freude! Nieder mit der Traurigkeit!

481 *Perdrillos Pavillon*: Vgl. Anm. zu S. 458.

483 *Pope*, Alexander (1688–1744): klassizistischer englischer Dichter und Literaturkritiker; einer der großen Satiriker seiner Zeit.

486 *Longinus*: Sterne bezieht sich hier auf eine rhetorische Formel, die Longinus aus einem Gespräch zwischen Alexander dem Großen und seinem Kanzler berichtet. Sinngemäß sagt der Kanzler, wäre er Alexander, würde er bestimmte Friedensangebote akzeptieren, worauf Alexander erwidert, das würde er auch, wäre er der Kanzler.

491 *dem alten Hut, der aufgestülpt wurde ...*: im Original the affair of an *old hat cocked* – and *a cocked old hat*, ein nicht übersetzbares Wortspiel. ›old hat‹ (alter Hut und vulgärer Ausdruck für die weiblichen Genitalien), ›cocked‹ von ›to cock‹ (nach oben biegen, aufstülpen, auf ›cock‹ – vulgärer Ausdruck für Penis – bezogen).

493 *Hypallage*: grch., Verwechslung, Verdrehung. Terminus der Rhetorik.

495 *Ilion*: eigtl. Ileum, lat., Krummdarm.

Colon: grch., Grimmdarm.

496 *von Dan bis Berscheba*: Orte in Nord- bzw. Südpalästina.

502 *Urbeconditas*: Wortspielerei Sternes; von ab urbe condita, vgl. 1. Anm. zu S. 210.

505 *Wenzel* (1361–1419): König von Böhmen, deutscher König von 1378–1400.

Karl IV. (1316–1378): seit 1346 deutscher König, seit 1355 römischer Kaiser, Verfasser der Goldenen Bulle (1356).

Schwarz, Berthold Schwar(t)z (2. H. d. 14. Jh.): deutscher Franziskanermönch; der angebliche Erfinder des Schießpulvers.

Don Pedro: Der Bezug ist unklar, vermutlich ein Irrtum Sternes.

506 *König Alphons*: Alfons XI., König von Kastilien und Leon (1312–1351), besiegte die Mauren.

Mönch Bacon: Roger Bacon (um 1220–1292): englischer Gelehrter, Alchemist und Philosoph. Der erste Europäer, der detailliert die Herstellung von Schießpulver beschrieb.

508 *Schlacht bei Landen* und Neerwinden: Sie fand am 29.7.1693 statt. Der Oberkommandierende der siegreichen Franzosen war François Henri Herzog von Luxembourg (1628–1695).

510 *caeteris paribus*: lat., wenn die anderen Dinge gleich sind; unter den gleichen Voraussetzungen.

518 *Rhodope*: Das Zitat stammt aus Helidoros' Liebesroman ›Aithiopika‹; Rhodopis war eine thrakische Kurtisane.

520 *Ein Teufelsaug* ...: Die Verse stammen aus Robert Burtons ›Anatomy of Melancholy‹.

524 *Hilarions*: Hilarion der Eremit (291–371), christlicher Heiliger, angeblich Begründer des Eremitentums in Palästina.

528 *Ficinus*: Vgl. 2. Anm. zu S. 418.

Velasius: Francisco Valles de Covarrubias (16. Jh.); spanischer Schriftsteller und Arzt, Platonkommentator.

Dione: in der griechischen Mythologie Mutter der Aphrodite.

532 *Scarron*, Paul (1610–1660): französischer Dichter, Dramatiker und Erzähler.

Ziegenfleisch ... Rotwild ...: Das Fleisch der Tiere galt als Aphrodisiakum, während die weiter unten empfohlenen Pflanzen als Mittel galten, fleischliche Lüste zu zügeln.

Älian: Claudius Aelianus (um 170–um 235) römischer Schriftsteller, verfaßte u. a. ›De natura animalium‹ (17 Bände).

534 *Non enim excursus* ...: lat., ›Denn das ist bei ihm keine ungehörige Abschweifung, sondern eben sein Thema.‹

Si quid urbaniuscule ...: lat., Wenn wir irgendwelche zu leichtfertigen Anspielungen gemacht haben sollten, dann bitte ich dich bei den Musen, den Grazien und dem göttlichen Geiste aller Dichter, es mir nicht übelzunehmen.

544 *›Die Sendung Moses‹*: ›The Divine Legation of Moses‹ (1737–1741), theologisches Werk des Bischofs von Gloucester, William Warburton (1698–1779). Er war ein Gönner Sternes. Da dieser jedoch in seinen Werken nicht von seinen Angriffen und Schärfen lassen wollte, kam es zur Abkühlung der Beziehung und später – vor allem auch durch die ironische Anspielung auf das genannte Werk – zur offenen Feindschaft zwischen beiden.

›Die Geschichte einer Tonne‹: ›A Tale of a Tub‹ (Ein Märchen von einer Tonne); das 1704 erschienene Werk des großen irischen Satirikers Jonathan Swift, hatte Sterne stark beeinflußt.

548 *Abendmahlstag*: Zu Sternes Zeit meist der erste Sonntag des Mo-

nats, an dem Walter Shandy gewöhnlich ›eine andere kleine Familienangelegenheit ... zur Erledigung angesetzt‹ hatte. Vgl. I. Buch, 4. Kapitel.

551 *thersitischer Satire*: Thersites war in der griechischen Mythologie und besonders in Homers ›Ilias‹ der häßlichste und bösartigste Mann im Heer der Griechen vor Troja. Shakespeare verwendet in seinem Drama ›Troilus und Cressida‹ die Figur des Thersites als sittenkritischen, bissig-satirischen Kommentator des Handlungsgeschehens.

Erzbischof von Benevent: Vgl. Anm. zu S. 334.

560 *manche Leute einen glauben machen möchten*: Die 1766 erschienenen ›Travels through France and Italy‹ (Reisen durch Frankreich und Italien) enthalten viele Klagen des Autors, Tobias Smollett, über aufgetretene Beschwernisse.

565 *Zeuxis* von Herakleia (um 420 v. u. Z.): griechischer Maler; vermutlich meint Sterne jedoch den Maler Nealkes (um 340 v. u. Z.), von dem Plinius berichtet, daß es ihm nicht gelang, den Schaum vor dem Maul eines Pferdes natürlich darzustellen. Als er vor Wut den mit Farbe getränkten Schwamm auf das Bild warf, soll er den gewünschten Effekt erzielt haben.

565 *Kuchenbäcker von Lerné*: Vgl. Rabelais' ›Gargantua und Pantagruel‹ 1,25.

568 *Drakes Anatomie*: James Drake (1667–1707); englischer Arzt und Verfasser einer bekannten medizinischen Abhandlung.

Whartons Gehirnlehre: Thomas Wharton (1614–1673); Autor eines medizinischen Werkes über das Gehirn.

Graafs Knochen- und Muskellehre: Reinier de Graaf (1641–1673): niederländischer Arzt, der sowohl eine Knochen- und Muskellehre als auch eine Abhandlung über die Bauchspeicheldrüse sowie über die Geschlechtsteile verfaßte. Sternes Anmerkung soll nur auf das Interesse der Witwe Wadman verstärkt hinweisen.

577 *Inhaber des großen Zehntenrechts*: Ein Mitglied der Gemeinde (meist ein angesehenes und reiches) hatte das Recht, den Kirchenzehnten einzutreiben, woraus bestimmte Vorteile, aber auch Verpflichtungen entsprangen.

578 *Europa*: in der griechischen Mythologie phönikische Königstochter, die von Zeus, der ihr in Gestalt eines Stiers erschien, entführt und auf dem nach ihr benannten Erdteil abgesetzt wurde.

Inhalt